U0897994

全国高等学校医疗保险专业第一轮规划教材

医疗保险统计学

李君荣　郭怀兰　主　编

科 学 出 版 社

北　京

内 容 简 介

本书内容编排是按照医疗保险研究的流程，以研究设计作为起点，选择了与医疗保险科研及实际应用较为密切的统计学内容。内容包括绪论、医疗保险研究设计、数值变量资料的统计描述、随机变量及其分布、抽样误差与抽样分布、数值变量资料的统计推断、方差分析、分类变量资料的统计描述和假设检验、线性回归分析（包括简单回归、多重线性回归、逐步回归等）、相关分析（包括简单相关、复相关、偏相关和典型相关等）、非参数统计、Logistic 回归、生命统计、生存分析、常用综合评价、常用统计预测方法、统计图表、医疗保险统计报表体系以及计算机数据管理与分析等。

本书可供卫生管理类专业，特别是医疗保险方向的全日制本科学生使用，也可作为相关专业人员的科研参考书。

图书在版编目（CIP）数据

医疗保险统计学 / 李君荣，郭怀兰主编．—北京：科学出版社，2015. 8
全国高等学校医疗保险专业第一轮规划教材
ISBN 978-7-03-045429-4

Ⅰ. 医… Ⅱ. ①李… ②郭… Ⅲ. 医疗保险-保险统计-高等学校-教材
Ⅳ. F840. 684

中国版本图书馆 CIP 数据核字（2015）第 190792 号

责任编辑：丁 毅 郭海燕 刘 亚 / 责任校对：胡小洁
责任印制：徐晓晨 / 封面设计：陈 敬

科 学 出 版 社 出版
北京东黄城根北街 16 号
邮政编码：100717
http://www.sciencep.com
北京虎彩文化传播有限公司 印刷
科学出版社发行 各地新华书店经销
*
2015 年 8 月第 一 版 开本：787×1092 1/16
2018 年 7 月第二次印刷 印张：26 3/4
字数：737 000
定价：78.00 元
（如有印装质量问题，我社负责调换）

全国高等学校医疗保险专业第一轮规划教材
编写委员会

《医疗保险统计学》编委会

主　　编　李君荣　郭怀兰

副 主 编　王　玖　王学梅　陶群山　陈　丹

编　　者　（按姓氏笔画排序）

王　玖　滨州医学院
王学梅　内蒙古医科大学
王诗淇　内蒙古医科大学
吕　杰　辽宁医学院
刘长俊　湖北医药学院
刘丽群　江苏大学
刘晓红　潍坊医学院
李君荣　江苏大学
张胜利　福建中医药大学
陈　丹　湖北中医药大学
林　海　湖北医药学院
易　颖　广州中医药大学
赵林海　安徽医科大学
胡乃宝　滨州医学院
郭怀兰　湖北医药学院
唐艳林　江苏大学
陶群山　安徽中医药大学
韩冬梅　包头医学院

学术秘书　唐艳林　江苏大学

全国高等学校医疗保险专业第一轮规划教材
出版说明

教材建设是专业建设中最基本的教学条件建设,直接关系到教学效果和人才培养质量。中国自20世纪80年代开始探索医疗保险制度改革之路,90年代启动试点和扩大试点范围,1998年国务院正式作出决定在全国建立城镇职工基本医疗保险制度,21世纪初开始新型农村合作医疗制度试点,随后又进行城镇居民基本医疗保险制度试点和建立城乡居民医疗救助制度。2009年开始的深化医药卫生体制改革(俗称“新医改”),使我国基本医疗保险制度建设得以迅猛发展,实现了历史性跨越。到目前为止,覆盖人数已达13亿人,95%的国民有了基本医疗保障,全民医保体系初步形成。

伴随着医疗保险事业的发展,我国医疗保险专业建设也走过了20年历程。目前全国已有约40所高校设立医疗保险专业(方向),这对教材建设提出了更高的要求。

为适应新时期医疗保险专业人才培养和高等医疗保险教育的需要,体现最新的教学改革成果,经相关核心高校商讨,决定编写全国高等学校医疗保险专业第一轮规划教材。2014年5月成立了“全国高等学校医疗保险专业第一轮规划教材编写委员会”,经编委会反复论证,确定了12门专业基础课和专业课作为该专业核心课程,并决定进行相关教材的编写。此后在全国范围内进行了主编、副主编、编者的申报遴选工作。2014年8月在江苏大学隆重召开“全国高等学校医疗保险专业第一轮规划教材主编、副主编聘任会暨全体编委会会议”,编写工作正式展开。

本次规划教材是我国第一套医疗保险专业系列教材,是医疗保险专业高教工作者20年集体智慧的结晶,必将对我国高等学校医疗保险专业建设和人才培养产生深远的影响。

全国高等学校医疗保险专业第一轮规划教材编写委员会

2015年5月10日

前　言

随着我国新医改的不断推进，医疗保险所面临的挑战日益增大，不仅需要对各种数据进行归纳、汇总，以反映日常业务运行情况，同时还要研究如何扩大服务领域、积累保险基金、提供经济补偿、预测医疗服务市场、提高管理水平、制定科学合理的医疗保险发展规划等。医疗保险统计学是探索医疗保险业务活动特点及其规律的有效手段，是分析和拓展医疗保险业务及科学研究的有力工具。医疗保险专业的学生通过学习医疗保险统计学，掌握相关的原理和方法，以便将来工作中正确搜集、整理和分析医疗卫生服务和医疗保险信息，将有助于科学地总结和分析医疗保险运行规律，为有关决策部门提供依据，促进医疗保险基金管理、医院管理和卫生经济的健康发展。

我国第一本《医疗保险统计学》本科教材自出版以来，就深受广大师生的欢迎和好评，然而该书至今已十一年了，要求重新编写本书的呼声也越来越高。全国医疗保险专业教材组委会联合科学出版社拟出版一套系列教材，医疗保险统计学就是其中之一，受到已开办医疗保险专业的有关院校的热烈响应。编委会充分考虑医疗保险专业培养复合型人才的特点，根据历年在教学、医疗保险基金管理、医院管理实践中所应用的统计方法，结合各校的实际情况，对原书进行了较多改动。

本书在撰写过程中，坚持简明实用、适合本科生的教学目标，对概念和原理的解释力求准确；对理论、方法、技术等知识的介绍，努力做到科学规范；对语言文字的叙述，力戒烦琐。所有统计方法的名称尽量与国际较为权威的 SPSS 软件保持一致，并从实例入手，由浅入深讲述其基本原理、基本概念、基本方法，以及各种统计方法的用途和应用条件，便于实际操作时模仿和借鉴。

全书共二十章。第一章为绪论；第二章为医疗保险研究设计；考虑到医疗保险的专业特点，在第三章数值变量资料的统计描述中保留总量指标；第四章为随机变量及其分布；第五章为抽样误差与抽样分布；第六章为数值变量资料的统计推断；第七章为方差分析；第八章和第九章介绍分类变量资料的统计描述和χ^2 检验，第十章为回归分析（包括简单回归、多重线性回归、逐步回归等）；第十一章为相关分析（包括简单相关、复相关、偏相关和典型相关等）；第十二章为常用非参数统计方法；第十三章为 Logistic 回归；将涉及生命统计的内容合并为第十四章；第十五章为生存分析；第十六章为常用综合评价方法；第十七章为常用统计预测方法；第十八章为统计图表，增加了许多医疗保险专业常用的统计图表；第十九章和第二十章分别是医疗保险统计报表体系和计算机数据管理与分析，这两章都是应实际业务部门的要求编写的，具有很强的实践性。书中大部分章节附有思考题，可供学生实习、自测和课堂教学用。

在本书编写过程中，得到所有参编单位的大力支持，特别是科学出版社、江苏大学医学院和管理学院、湖北医药学院领导的支持。本书学术秘书唐艳林老师为本书的出版付出了辛勤劳动。科学出版社编辑对文字编辑付出了辛勤汗水，令人感动。特向所有对本书给予关心和支持的各位领导和同仁以及被引用文献的有关作者致以诚挚的谢意。

限于时间和水平，本书不妥之处在所难免，敬请广大读者批评指正，以便修订时参考。

李君荣　郭怀兰

2015 年 6 月

目　　录

第一章
绪 论

随着我国医疗保险事业的不断推进和完善，信息的传播速度与交流日益加快，人们获取知识的渠道与方法不断增加，面对各种各样的信息，都会涉及大量的数字信息资料。人们要想去分析、挖掘和利用医疗保险数字信息资料，为医疗保险政策、决策提供数据支持，就要对医疗保险信息的变化有更加深入的认识。然而，事物的变化现象有必然和偶然之分，且常常是偶然性(不确定性)掩盖了必然性，妨碍了人们对客观规律的认识。如何去伪存真、去粗取精，正确地从表面纷繁杂乱的不确定性现象中揭示其内在的规律，正是统计学(statistics)所面临的根本任务。

第一节 统计学发展简史

“统计”一词由来已久，其涵义在历史长河中不断演变。拉丁语“state”的意思是各种现象的状态和状况。在原始社会里，人类最初的一般计数活动，已经蕴藏着统计萌芽。随着奴隶制国家的产生，统治阶级为了对内统治和对外战争，需要征兵征税，开始了人口、土地和财产及世袭领地的统计工作。进入封建社会，统计工作已初具规模，一些君主和开明的政客日益认识到统计对于治国强邦的重要作用。到了封建社会末期，特别是进入资本主义社会后，由于社会生产力的迅速发展，社会分工日益精细，交通、航运、贸易日益发达，国际市场逐步形成，政府不仅需要有人口、土地、财富、赋税和军事等国情国力方面的统计，各企业主、商人为了经营管理也需要统计，统计逐步扩展到了工业、农业、商业、银行、保险、邮电、海关等部门，并出现了专业性统计组织和研究机构。在这样的历史条件下，17 世纪中叶以后，随着各行各业统计实践的发展，客观上各专业领域要求总结经验，使之上升为理论，并进一步指导实践。欧洲开始出现一些统计理论著作，统计学应运而生，并形成了一些不同的学派。

一、古典统计学时期

古典统计学时期是统计学的萌芽期，指 17 世纪中叶至 18 世纪中叶，Pascal 和 Fermat 基于对别人赌博经验的兴趣，开创了概率论研究。许多学者将统计工作应用于政府服务，主要有两大学派。

(一) 政治算术学派

17 世纪中叶，英国代表人物是 W.Petty，代表作是《政治算术》，该书首次用计量和比较的方法对英国、法国与荷兰三国的经济实力、军事实力和内在潜力进行了分析，他主张一切论述都用数字、重量和尺度来进行，并提出用图表形式概括数字资料的理论和方法。其理论与方法对后来的统计学形成与发展有着深远的影响。

（二）国势学派

国势学派也称记述学派，该学派产生于18世纪的德国，主要代表人物是H.Coning和G.Achenwall。Achenwall一个主要的贡献是，首次把国势学定义为“statistic”，统计学的名称由此沿用下来。该学派后来逐渐发展为政府统计。

二、近代统计学时期

近代统计学时期是统计学的发展期，指18世纪末至19世纪末。期间，标志性事件有1834年伦敦统计学会成立(1887年更名为现在的皇家统计学会)，1885年成立了全球性的统计专业性学术组织——国际统计学会。在这段时期，统计学发展并形成了许多学派，其中最主要的是数理统计学派和社会统计学派。

（一）数理统计学派

许多统计学者研究赌博中的随机现象，这促使了概率论研究的深入，由此将概率论引进统计学也就自然而然。其奠基人是比利时学者A.Quetelet，他的老师P.S.Laplace主张用自然科学的方法研究社会现象，并正式将概率论引入统计学，使统计学进入了一个新的阶段：他最早用大数定律论证了社会生活现象复杂变化的偶然性中存在着规律性，C.F.Gauss(高斯)与其一道将正态分布理论用于描述误差的分布，解决统计学的准确性问题，并将统计学明确定义为一门既研究社会现象，又研究自然现象的独立的方法论科学，在英美等国得以较快发展，至19世纪末，正式从统计中分离出来，自成一派。

（二）社会统计学派

该学派是以德国为中心，由K.G.A.Knies首创，主要代表人物有C.L.E.Engel和G.V.Mayr等。他们认为统计学是一门社会科学，是研究社会现象变动原因和规律性的实质性科学，以此与数理统计学派的通用方法论相对立。社会统计学派研究社会总体而不是个别的社会现象，将政府统计与社会调查结合起来，形成自己的特点，在国际统计学界占有一定的地位，对日本等国的统计学界有一定的影响。

然而，社会经济不断发展，要求统计学提供更多的方法，社会科学本身也不断向定量化发展，日益重视方法论的研究，出现了从实质性科学向方法论转化的趋势。

三、现代统计学时期

现代统计学时期指20世纪初至今的统计学发展时期。K.Pearson(皮尔逊)提出描述生物变异的指标——标准差(standard deviation)，并且在1899年创办了世界上第一本统计学杂志*Biometrika*，1990年提出了χ^2检验的思想，他还创建了世界上第一所统计学校。这一时期的科学技术迅猛发展，社会生产发生了巨大变化。数理统计学同自然科学、工程技术紧密结合而广泛应用，获得迅速发展，进入了鼎盛时期。K.Pearson的学生W.S.Gosset(戈塞特)提出了小样本的t分布理论，R.A.Fisher(费希尔)又加以充实，并由J.Neyman等进一步发展，建立了统计假设理论，形成了当今广为应用的t检验，开创了小样本研究的新纪元。后来，A.Wald创立了决策理论，S.S.Wilks和J.Wishart等统计学家对样本分布理论加以充实和发展，R.A.Fisher首次提出了实验设计的概念和三个基本原则(对照原则、随机化原则和重复原则)，W.G.Cochran等对其进一步丰富和发展，拓宽了统计学的范围，在当今广为应用。在这期间，特别要提出的是数理统计学派吸取了生物学研究的有益成果，提出并发展了回归分析、相关分析、假设检验等方法。20 世纪 60 年代后，数理统计学的发展呈现出三个明显的趋势：一是越来越广泛的应用数学方法；二是出现了一些新的分支(如抽样理论、非参数统计、多元分析、时间序列分析等)，以及一些边缘学科(如经济计量学、医学统计学、天文统计学、工程统计学等)；三是应用更加广泛，尤其伴随着计算机的发展，各种统计软件层出不穷，使其所发挥的作用也越加明显。因而，数理统计学派已成为现代统计学的主流学派。

在各学派争论的同时，出现了一支不可忽视的学派，就是 Bayes 学派。该学派在近 50 年中逐渐形成体系，也开始走进教室，逐步并打破数理统计学派一统天下的局面，值得研究人员关注。

第二节 医疗保险统计学概述

统计学原理和方法几乎应用到自然科学和社会科学的各个领域，产生了许多应用性分支，诸如社会经济统计学、工业统计学、生物统计学、卫生统计学、农业统计学等。随着医疗保险事业的不断推进，如何将统计学原理和方法应用到医疗保险研究领域，由于该领域的研究对象是人，具有其特殊性，并受诸多的社会、经济、文化和心理因素等的影响，许多现象均具有不确定性，统计学更是大有用武之地，完全有理由成为一个统计学的分支。

一、医疗保险统计学定义

医疗保险统计学（statistics in health insurance）至今没有一个严格的定义，我国较早由李君荣和杨江林两位教授定义了该学科。医疗保险统计学是运用概率论和数理统计原理、方法结合医疗保险研究的实际情况，探讨医疗保险研究设计，以及医疗保险研究中的资料的搜集、整理、分析和推断的一门科学，是进行医疗保险日常管理和科学研究所必需的重要手段。它不仅仅是一门方法学，同时也是其自身研究领域的一门科学。例如，在保险业务中要检查计划完成情况，动态分析保险业务收入情况，计算各种费额，对社会经济现象和年保费增长趋势进行预测，以及填报、计算各种统计报表，有时为了预测保险给付额，常常要分析疾病登记资料，了解疾病的发生发展规律，这些都离不开统计学。

二、医疗保险统计学研究内容

医疗保险专业的学生学习统计学，其目的不言而喻。通过本学科的学习，要求同学充分认识原始资料的重要性，如实反映研究中的现象是每个科研人员必备的品质，记住：“数字不会说谎，但说谎者可以伪造数字”。

医疗保险统计学的研究内容非常广泛，几乎所有的统计原理和方法都能在医疗保险领域得以直接或间接的应用，根据目前该领域研究的现状，以及教学学时的限制，本书着重介绍的主要内容包括：医疗保险研究设计，统计分布理论，样本资料的统计描述，统计推断(包括参数估计及假设检验)，相关分析，回归分析，生命统计，多因素分析，生存分析，以及统计预测，医疗保险统计报表体系等。

医疗保险产生的自然条件是生死病残等事件的客观存在，其经济基础是商品生产和商品交换，统计则是医疗保险经营管理和发展的技术手段。生老病死事件的发生时间、对象和程度无法确定，但可以运用统计学原理和方法，揭示这些现象变化的关系和规律。例如，医疗保险费率的确定，是根据大量的生命统计资料以及其他的有关因素计算的。充分认识医疗保险统计的意义和作用，对于全面了解医疗保险的现状，制定医疗保险政策、改善医疗保险经营，以及促进医疗保险事业的发展有着很重要的现实意义。

围绕上述研究内容，最终是为国家或地方制定医疗保险工作的方针、政策提供依据，医疗保险大政方针的制定是建立在有关医疗保险、经济活动、卫生服务水平、居民健康状况等分析的基础上，不是“一拍脑袋”形成的；分析评价医疗保险业务经营情况和影响因素，以及医疗保险工作的好坏，无非从其科学性、先进性和效益性等方面进行评价。其中不乏大量的统计指标和指标体系，甚至多因素统计分析，如主成分分析用于医疗保险评价；分析疾病的发生、发展规律，医疗保险的经营、管理及科学研究都与疾病的发生与发展分不开，需要经常了解居民的健康水平，分析疾病的发生、发展规律，研究医疗费用的结构、消长，进而调整医疗保险费率、降低管理费用；建立、健全保险统计报表，对于日常管理及不同时期的比较，甚至不同地区间的比较和积累资料，都需要医疗保险统计作为基础。

三、医疗保险统计工作的基本步骤

医疗保险统计工作的步骤类似于科研工作，一般分为四个步骤：设计(design)、搜集资料(collection of data)、整理资料(sorting data)和分析资料(analysis of data)。前一步骤是后一步骤的基础，后一步骤又对前一步骤提出要求，相辅相成，缺一不可。任何一个步骤的缺陷，都会影响统计分析结果的真实性和结论的可靠性。

(一) 研究设计

统计工作首先要有一个全过程的设计，这是很重要的一步(详见第二章)，它包括专业设计与统计设计两方面。专业设计是医疗保险专业知识在科研选题、建立假说、确定研究对象和技术方法等方面的应用，是设计的个性体现；而统计设计则围绕专业设计确定统计设计类型、样本大小、分组方法、统计分析指标及统计分析方法选择等，是设计的共性体现。

(二) 搜集资料

1. 搜集资料的重要性

多数学者认为用“搜集”比较合适，即带有目的性地搜集资料，而不是漫无目的的“收集”。资料搜集的好坏是医疗保险统计工作(科研工作)的关键，如果搜集原始资料的计划不周密，原始记录不准确，就会造成整理资料、分析资料的困难，甚至得出错误的结论。

2. 资料的来源

资料又分为第一手资料和第二手资料。第二手资料是指已公布的资料，如数据银行、全国、全省卫生统计资料，统计年鉴等。无论是第一手资料还是第二手资料，都要求资料完整、准确、及时。资料完整是指观察单位及观察指标完整，不能有遗漏；准确是指数据真实、可靠，真实是统计学的灵魂；及时是指医疗保险资料具有时限性。

(1) 统计报表

统计报表有多种，包括医院工作报表、疫情报表、医疗保险报表、出生或死亡报表等。通常是由于工作需要，由国家或地方统一设计，要求有关卫生机构定期、逐级上报，其所含信息完全可以为科研所利用。

(2) 日常工作记录

在日常工作中，住院、门诊病历，各种医学检查记录等不仅是临床医疗工作的凭证，如果资料准确、完整，也是医疗保险科学研究非常宝贵的资料来源。

这些是经常性资料。为了使这些资料可以供医学科研使用，必须注意资料的完整性和正确性，防止重复和遗漏或者项目填写不清等情况发生，一旦发现错误，应及时纠正，否则得到的资料也不可靠。因此，医疗卫生人员必须从思想上认识原始记录的重要性。

(3) 专题调查或实验性研究资料

有些资料不能通过上述途径得到，如肝癌的病因学研究，某种药物的疗效观察等，必须进行专题调查或实验才能取得所需的资料。这类资料由于事先有较为严密的设计，其价值相对较高。

（三）整理资料

整理资料又称为统计归纳，即根据研究设计者整理分析计划的要求进行分组与汇总，使资料条理化、系统化的过程，目的是便于分析。

在整理资料之前，首先应对原始数据(raw data)进行复核检查，数据准确无误后方可进行整理、分析。复核、检查的手段有多种，可以通过手工核实、逻辑检查等方法发现一些常见的错误。

值得一提的是，随着计算机应用的普及，数据管理大多采用数据库进行，而后进行统计分析。在数据录入的过程中，录入错误不容忽视，否则对统计分析的质量带来严重影响，甚至歪曲结论。解决的办法除了加强责任心之外，目前较好的解决方法是通过输入两次，建立两个数据库，再编一比较程序比较两个数据库，若发现不一致，即表示有录入错误。

（四）分析资料

分析资料是本书要讲解的重点，是对整理过的资料作进一步的统计计算、分析的过程。统计分析包括统计描述和统计推断，其结果可用适当的统计图表等表示。同时，还必须结合专业知识给出恰如其分的专业结论。

以上四个步骤相互关联，不能截然分开，前一步骤是后一步骤的基础，后一步骤又对前一步骤提出具体要求。

第三节　常用的统计学基本概念

一、研究对象

医疗保险研究的研究对象(subject)，也称个体(individual)、观察单位(unit)，是根据研究目的确定的研究主体。根据研究目的，研究对象可以是患者、医生和管理人员，也可以是一个地区、医疗机构、科室等。

二、随机变量

医疗保险研究所搜集的资料，并不是对观察单位(个体)本身感兴趣，而是对其某项指标或者是特征感兴趣(即对观察单位进行测量、观察等)。这些指标或者特征在统计学上统称为变量(variable)，变量一律用大写拉丁字母表示，如 X，Y，Z，⋯。变量的取值，称为变量值，也称为观察值，习惯用小写拉丁字母表示。如研究对象是参保人，研究人员对参保人的年龄、收入、保费感兴趣，则年龄、收入、保费就是变量(X，Y，Z)，20 名参保人具体年龄即为观察值(x_1，x_2，⋯，x_{20})。本书若不作特别说明，所谓变量指的都是随机变量。

三、变量类型

根据观察值的特性，将变量分为数值变量和分类变量两大类。医疗保险研究者首先要分清变量类型，以便采用合适的统计指标和统计方法来处理。

（一）数值变量

数值变量(numerical variable)或称为定量变量(quantitative variable)，指对每个观察单位用定量方法测定某项特征(指标)量的大小。数值变量的取值是定量的，一般有度量衡单位。例如，参保人的年龄(岁)、收入(元)、血红蛋白含量(g/L)等都属于数值变量。这样所得资料称为数值变量资料。

（二）分类变量

分类变量(categorical variable)也称定性变量(qualitative variable)，将观察单位按某种属性或类别分组所得的各组单位数。分类变量的取值是定性的，表现为互不相容的类别或属性。根据属性或者类别的多少又可分为二分类变量和多分类变量，分述如下。

1. 二分类变量

将观察单位按两种属性分类，如性别作为一个变量，表现为互不相容的两类结果(男或女)；再如，生存和死亡，满意和不满意，参保和不参保等均为两互不相容的类别。

2. 多分类变量

将观察单位按多种属性进行分类，又包括两种情况。一种为无序分类(unordered categories)，如职业(工人，农民，…)，表现为结果之间彼此互斥、各类之间无程度上区别，即不能说何种职业为大；另一种为有序分类(ordered categories)，例如临床疗效的观察(治愈、显效、好转、无效等)，对医保政策的满意程度(结果为很满意、较满意、一般、较不满意、很不满意等)，各类结果之间有程度上的差别(等级关系)，即所谓的“半定量资料”。

变量的分类不是一成不变的，根据研究目的，在分析资料的过程中可以将各类变量资料进行转换。例如,观察一组参保职工的年龄(岁)，显然属数值变量，但若按照是否大于60岁来进行分组，可以分为两组(即老年组和非老年组)，再分别清点两组的人数，此时年龄作为一个变量就变成二分类变量；如果按照10岁一组，年龄又变成有序分类变量。

四、同质与变异

同质(homogeneity)是指性质相同或相近的事物。统计学常要求研究对象同质，是指性质相同或相近的观察对象。例如，研究某种疾病，一定要有统一的诊断标准；研究城镇在职职工参保情况，必须是户口在城镇的在职人员，称为同质观察单位。然而，即使是同质观察单位，就其某一特征(观察指标)而言，个体之间也是存在差异的，这种差异称为变异(variation)。例如,同一城市在职职工的收入却不相同，称为收入变异；某药物治疗某疾病,有的患者能治愈，有的患者好转，有的患者则无效甚至恶化、死亡，称为疗效变异。

五、总体与样本

总体(population)是指根据研究目的所确定的同质研究对象的全体，分为有限总体和无限总体。例如，要调查镇江市在职职工的收入情况，该市所有的单位或企业在职职工就构成了本次研究的总体，属于有限总体，其同质的基础是工作在镇江市范围内的单位或企业在职职工。样本(sample)是从总体中随机抽取的部分有代表性的观察单位，某指标的实测值即构成了样本。若要了解镇江市在职职工的收入，可以对总体中的所有职工进行调查，称之为普查，但限于时间、人力、物力和财力等方面的影响，普查的难度较大。然而，要达到上述研究目的，不是必须要普查，甚至是没有必要的。此时，可以在总体中随机抽取一部分有代表性的单位或企业职工作为本次研究的调查对象，该部分职工就组成了本次研究的样本。样本中包含的研究对象数称为样本含量(sample size)，本书一律用小写 n 表示。

六、参数与统计量

描述总体特征的统计指标统称为参数(parameter)，一律用希腊字母表示。而由样本的信息所计算的统计指标，称之为统计量(statistic)，一般用拉丁字母表示。例如，镇江市所有职工的平均收入就是一个参数，而根据职工样本所计算出的平均收入则是一个统计量。

七、抽样研究与抽样误差

从总体中随机地抽出一部分个体(样本)进行研究，称为抽样研究(sampling study)。由于总体中的个体往往存在着变异，而样本只是总体中的一部分，所以，由样本所计算出的统计量常常与总体的参数之间存在着差异，这种由于随机抽样所造成的样本统计量与总体参数之间的差异，称之为“抽样误差”(sampling error)(详见第五章)。

八、频率与概率

在一定条件下，一定会发生或一定不会发生的现象称为确定性现象。其表现结果为两种事件：肯定发生某种结果的称为必然事件；肯定不发生某种结果的称为不可能事件。在同样条件下可能会出现两种或多种结果，究竟会发生哪种结果，事先不能确定，称为随机现象，其表现结果称为随机事件。随机事件具有两个特征：①不确定性；②规律性，即每种结果发生的可能性的大小是确定的。

假设在相同条件下，独立地重复做 n 次试验，随机事件 A 在 n 次试验中出现了 m 次，则

$$f=\frac{m}{n}=\frac{A\text{发生的试验次数}}{\text{试验的总次数}}$$

称为事件 A 在 n 次试验中出现的频率(frequency)，m 称为频数(frequency number)。频率常用小数或百分数表示，显然有：$0\leqslant f\leqslant 1$。在医疗保险研究中常用的参保率、病死率等都可看成是频率。

实践表明，在重复试验中，事件 A 出现的频率，随着试验次数的不断增加，它越来越接近一个稳定的常数，这个常数称为事件 A 出现的概率(probability，P)，可以记为 $P(A)$ 。概率的这一定义称之为概率的统计定义，它描述了事件 A 发生的可能性。其值介于 0 和 1 之间，概率越近于 1，该事件发生的可能性就越大；某事件发生的概率等于 0，称为不可能事件；某事件发生的概率等于 1，称为必然事件；介于两者之间，称为随机事件。习惯上将概率 $P\leqslant 0.05$ 的事件称为小概率事件，其含意是该事件发生的可能性很小，可以认为在一次抽样中不会发生。

(李君荣　郭怀兰)

第二章

医疗保险研究设计

研究设计是所有学科领域科学研究必不可少的第一步，医疗保险研究也不例外。它关系到医疗保险研究目的的确定、研究方法的选择以及研究质量的控制等，是医疗保险研究的核心内容。合理的医疗保险研究设计方案对于提高其研究质量与研究水平都是非常重要的。

第一节　医疗保险研究设计概述

一、研究设计的意义

（一）医疗保险研究设计的基本过程

在医疗保险研究中，研究设计是必不可少的重要环节，要求研究者具有丰富的专业知识和统计学知识。一项研究的成功与否，关键在于是否能够设计出合理的研究方案而达到预期的研究目的。一个合理的研究方案涉及研究目的的确定、研究对象和研究方法的确定、研究计划的组织实施、资料的整理与分析、撰写论文等多个环节。

整个研究工作既有顺序上的先后，又要密切联系，前后呼应。研究计划的实施过程就是统计资料的搜集过程，完整、准确的原始数据是统计整理和统计分析的前提。

（二）医疗保险研究设计的意义

研究设计是根据特定的研究目的，对一项社会经济现象研究的全过程，包括资料的搜集、整理和分析等，进行科学、有效和周密的计划与安排，从而保证研究工作顺利进行。

研究设计的意义在于用较少的人力、物力和时间获得较为可靠的科学结论；使整个研究工作在“科学、严谨、有序、经济、高效、可靠”的总要求之下开展；确保研究结果的真实性和再现性(reproduction)。

二、研究设计的类型

医疗保险研究分为实验性研究和观察性研究两大类。观察性研究是人们客观地观察、记录和描述事物或现象的认识活动，它是人类认识客观世界和获取科学事实的基本方法。观察性研究对被观察的事物无须进行任何干预的情况下所进行的观察，是对处于自然状态下的事物或现象进行的观察。实验性研究是在观察性研究的基础上，在人为控制实验条件或者对所研究事物或现象施加一定干预措施的条件下所作出的进一步的研究。

（一）实验性研究

实验性研究(experimental study)又称干预性研究，主要是为达到某种实验目的而对研究对象给予人为干预措施的研究，并对干预效果进行评价。实验研究与调查研究相比最大的区别在于是否人为施加干预措施给研究对象。通常以人为对象的实验称为试验(trial)，根据受试对象的不同，实验研究可以分为动物实验(animal experiment)、临床试验(clinical trial)和现场试验(field trial)三种。动物实验的受试对象是动物，医学研究一般要先对动物进行实验，在确保无害的前提下才对患者进行临床试验。临床试验的受试对象是患者，一般用于评价药物或治疗方案的临床疗效及安全性。而现场试验的受试对象是自然人群，其目的是通过对某些危险性因素的干预或施加一定的保护措施以了解其在人群中所产生的预防效果。

必须强调的是，没有良好的研究设计，就得不到准确可靠的结果，而此时想利用统计方法来弥补的做法，是不科学而且非常有害的。专业知识是研究设计的个性，而统计学知识则是研究设计的共性问题，本章主要讲解研究设计的共性问题。

（二）观察性研究

观察性研究(observational study)也称调查性研究。在医疗卫生领域，观察性研究通常可以分为横断面研究、回顾性病例对照研究和前瞻性队列研究等。若不加说明，调查研究通常指的是横断面研究。横断面研究是医疗卫生、保险研究领域较常用的研究方法，通过搜集特定时间、特定区域和特定人群中疾病或卫生事件及相关因素，描述疾病或卫生事件在该事件、区域和人群中的分布状况，以及初步探讨与之相关联的因素。这种调查是在一个较短的时间内完成的，通常是在对研究事物或现象不太了解时进行的，一般为进一步的相关因素研究奠定基础和提供线索。根据研究目的，调查研究一般可分为描述性研究和分析性研究两种类型。

描述性研究是对疾病或卫生事件在时间、空间和人群的分布和强度进行描述，如通过样本数据推断相应的总体参数，它通常回答研究事物或现象“是什么”的问题；分析性研究侧重于探讨和分析疾病或卫生事件的相关因素及其影响作用的现象“是什么”的问题，也即分析变量之间的相互关系。在实际研究工作中，描述性研究和分析性研究之间并没有严格的界限，常常结合起来研究。

可见，横断面研究可以用来分析某一特定时间断面上特定人群中疾病或卫生事件的现状及其相关因素的分布状况。

横断面研究具有以下两个特点：一是横断面研究是用来研究事物或现象及其相关特征是客观存在的(包括研究因素和非研究因素)，而无须人为施加任何干预措施；二是在横断面研究中，研究因素不能随机地分配到研究对象中，这是调查研究区别于实验研究的重要特征之一。例如，在医疗保险的影响因素调查中，研究者不能随机地将调查对象按照年龄、收入等分成相应的处理组分别来研究作用效果。在比较两个社区某肿瘤患病率时，由于年龄和性别存在的不同，不能运用随机分配的方式将社区居民按照年龄和性别进行分组来控制。横断面研究反映的是某个时间断面上的情况，事物或现象的现状，以及与之相联系的因素有时是同时存在的，两者的先后顺序关系不明确，因而很难得出因果关系的结论。横断面研究只能为因果关系研究提供某种线索，难以作出明确的结论。

第二节　实验性研究

一、实验性研究的基本要素

任何实验性研究都包括三个基本组成部分，即实验对象、处理因素和实验效应。实验性研究就是某些处理因素作用于受试对象后表现出一定实验效应的过程。例如，研究降压药对高血压患者的治疗效果，其中高血压患者为受试对象，所用的降压药为处理因素，血压的变化值为实验效应。这三部分内容缺一不可，任何一项科学研究在进行设计时，首先应明确这三个要素，再制订详细的研究计划。

（一）实验对象

实验对象(study subjects)也称观察单位(unit)，是实验过程中接受处理并作为实验观察对象的基本单位，是处理因素作用的客体，并与统计分析中的一个观察值相对应。根据研究目的的不同，实验单位可以是人、动物，以及某个器官、血清、细胞、其他实验材料，也可以是一个家庭、社区等。对于实验对象的要求主要有两点：研究对象必须具有同质性和代表性，同质性是指对实验对象加以明确界定，在统计研究中，所有满足实验条件的研究对象称为总体；从总体中随机抽取参与实验的研究对象称为样本，样本必须具有代表性。

（二）处理因素

在实验过程中，虽然影响实验结果的因素是多方面的，但一般可以根据研究目的将这些因素区分为处理因素和非处理因素两类。处理因素(treatment factor)是指研究者根据研究目的人为确定的、需要考察其作用大小的实验条件。例如，采用药物治疗糖尿病，就要注意药物的种类、给药剂量、给药时间、给药途径等，从而验证该药物治疗糖尿病的效果。若一次实验中只研究一个因素对实验指标的影响，称为单因素试验；若一次实验中要研究两个或多个因素对实验指标的影响，称为多因素试验。

（三）实验效应

实验效应(experimental effect)是处理因素作用于受试对象所产生的反应或结果，一般需通过实验指标来反映，故称为效应指标。效应指标首先应有针对性，要能够评价实验的效果，验证实验前所提出的假设；其次，指标测定方法的选择对研究的成功与否至关重要，如果指标或者测定指标的方法选择不当，就很难准确地反映处理因素的作用效果，这会导致研究结果缺乏科学性。

效应指标分为主观指标与客观指标。主观指标是由被观察者(如患者)自身主观判断或观察者(如医生)定性判断对实验过程和结果的描述。例如，头晕、疼痛、愉快、好转等属于主观指标。主观指标是观察者和被观察者对实验过程和结果的主观认识，具有随意性、偶然性的特点，易受判断主体心理因素的影响，在研究设计中可作为辅助指标。客观指标是由仪器设备进行测量获取测量结果来反映受试对象的客观状态或观察结果。例如，血压、血脂、心率、体温、白细胞数等属于客观指标。在实验研究中，客观指标是医学研究的首选指标，应当尽可能地选择客观的、定量的指标来反映实验效应。

（四）非处理因素对研究的影响

影响实验的效应，除了处理因素，还受到一些非处理因素(又称为干扰因素或混杂因素)的影响，它们在实验过程中也起作用，往往会掩盖处理因素对效应的真实情况，而我们的研究只希望观察真实的实验因素效应，因此，对于混杂的控制，是研究人员必须要考虑的问题，常见的控制方法有下面两种。

1. 实验设计阶段

实验设计阶段控制混杂因素的影响手段主要有：①将混杂因素作为一个实验条件来控制，即把它控制在不起作用的水平上或使各组处于同一水平上；例如，医护人员的服务态度是影响某新药治疗冠心病疗效的一个混杂因素，不可能使其达到毫不起作用的程度，但可以尽量控制在同一水平——对不同组别的患者态度一样好；②平衡法，如作为研究对象的患者年龄有时成为某药疗效的一个混杂因素，可将试验组与对照组的年龄进行平衡；③转为实验因素，有时将明显的混杂因素作为一个实验因素来对待。例如，在析因试验中，常常采取这种形式。

2. 统计分析阶段的控制方法

在设计阶段由于种种原因对混杂因素未加控制或不便控制等，在统计分析阶段可考虑用统计学手段来分析混杂因素对结论的影响，常用的有分层分析、协方差分析及多因素分析(如多元logistic 回归等)。

二、实验设计的基本原则

实验设计(experiment design)是在20世纪30年代由统计学家R.A.Fisher首先提出并发展起来的。实验研究要能保持经济、高效的实验效果，需尽量较好地控制随机误差，避免或减少非随机误差，并以较少的实验对象去取得大量精确的信息。科学的实验设计需遵循对照(control)、随机化(randomization)和重复(replication)三个基本的统计学原则。

(一) 对照原则

只有比较才能发现差异，设立对照的意义在于鉴别处理因素与非处理因素引起的效应，消除和减少实验误差，所有的实验研究一般都设立对照。在确定接受处理因素的实验组时，必须同时设立不施加处理因素的对照组，这是非常重要的。因为只有设立了对照组，才能消除非处理因素对实验结果的影响，从而把处理因素的效应充分显示出来，这是控制各种混杂因素造成系统误差的基本措施。

例如，在研究药物对上呼吸道感染的疗效时，需要设立对照才能明确药物的疗效。因为上呼吸道感染具有自愈的倾向，即使药物本身没有疗效或者疗效甚微，也会导致出现疗效较好的结论。

设立对照需满足均衡性的要求。均衡是指在设立对照时除给予的处理不同外，对照组和实验组的其他重要的非处理因素应保持一致。在实验过程中，对照组和实验组应设立同期对照或平行对照，即确定对照组和实验组应始终处于同时同地，并在性别、年龄及健康状况上要保持一致。

1. 对照的基本要求

为了确保研究均衡性的要求，对照组的设置必须具备三个条件。

1) 对等(homogeneity)。对等是指除研究因素外，对照组应当具备与实验组对等的一切条件，包括环境状况和个体状况等。

2) 同步(synchronicity)。同步是指在整个研究进程中，对照组与实验组应始终处于同一个时间和空间。

3) 专设(purpose-design)。专设是指为了突出实验效果，对照组是应实验研究目的要求，专门针对实验组而设计。不能将文献资料记载的实验项目或其他研究资料作为本实验的对照组。

2. 对照的基本形式

对照有多种形式，可根据实验研究的目的及内容选择一种或多种。

(1) 空白对照

对照组不加任何处理因素。这在动物实验研究中常采用。例如，补充膳食铁对儿童生长发育的影响，实验组加铁强化剂，对照组则不用铁强化剂，实验因素完全是空白的，最后对比两组人群的生长发育情况。又如，观察某种新疫苗预防某种传染病的效果，实验组的一批儿童接种这种疫苗，对照组的一批儿童不接种这种疫苗，也不接种任何免疫制品，实验因素完全是空白的，最后对比两组的血清学和流行病学指标。

(2) 实验对照

在许多情况下，只有空白组对照常不能控制影响结果的全部因素，特别是处理因素带来的心理应激，而应采用与实验组操作条件一致的对照措施，为实验对照。对照组施加部分实验因素，但不是所研究的处理因素。例如，观察穴位注射某种药物，对照组也采用同样方法注射稀释药物的溶剂，取得两组的均衡，这样的对照组就成为溶媒性实验对照。在外科手术研究中，如进行心脏缺血的研究，往往对照组也采取同样的开胸等手术处理，即假手术组(sham)，这也是一种实验操作性实验对照。

(3) 标准对照

不设立专门的对照组，而是用现有标准方法或常规方法作为对照。例如，研究血红蛋白的变化时，以成年女性130g/L，成年男性140g/L为正常值。实验研究一般不用标准对照，因为影响因素太多，而无法可比。

(4) 自身对照

对照与实验在同一受试对象进行。例如，用药前与用药后的对比，先用 A 药与 B 药的对比，都属自身对照。同一患者身上的相近部位，如左臂实验，右臂对照。

(5) 相互对照

将不同的实验组间互为对照，不设立专门的对照组。例如，三种药物治疗同一疾病，对比这三种药物的疗效，就是最为常用的相互对照，这种情况就不必再设立空白或实验对照。

(6) 历史对照

研究者将以往的研究结果或他人的研究结果与本次研究结果作为对照。在采用历史对照应特别注意所用资料的可比性。历史对照一般不建议使用，除非影响实验的因素极小，鉴定指标非常明确，才能用历史对照，如儿童身高可以采用历史对照，得出儿童身高逐渐增加的长期趋势。

(二) 随机化原则

随机化(randomization)原则是指按照随机原理，每个符合研究条件的研究对象都有均等的被抽取并参加研究的机会。研究总体中每个研究对象抽取的机会相等，能够保证所得样本具有一定的代表性，因而，随机化原则是运用样本特征值来推断总体的特征值，其研究结论具有普遍性的意义。

1. 随机化的基本要求

在实验性研究中，随机化原则应用于受试对象的抽样、分组以及实验实施过程中。随机化主要体现在以下三个方面。

1) 随机抽样(random sampling)。随机抽样是按照随机抽样原理从符合条件的研究对象中随机抽取一定数量的个体作为受试对象，能够确保每个符合条件的研究总体单位被抽中的机会均等。随机抽样能够保证所取得样本具有代表性，从而使得研究结论具有普遍性。

2) 分组随机(random allocation)。将研究对象随机地分配到各个处理组，并且使得每个受试对象分配到各组的机会均等。通过随机分组能够使得非处理因素在各组间保持均衡，也能确保各组间具有可比性。

3) 随机实验顺序(random order)。为了满足实验均衡性的要求，在实验过程中每个受试对象需先后均等地接受实验处理，从而能够保障实验效应的充分显现。

2. 随机化的方法

随机化的方法有多种，对小样本的研究可以采用抓阄、抛硬币、抽签等方法，但大样本的研究则需采用随机数字表法，使用较为方便，一般的计算器可以产生随机数字，也查阅专门的随机数字表。随机数字表均互相独立，全部数字无论横向、纵向或斜向的各种顺序均呈随机状态，因此，使用时可从任何一处开始。

(三) 重复原则

重复(replication)是指在实验条件相同的情形下，多次进行实验或观察，以提高实验结果的可靠性与科学性。从广义上看，重复包括以下两个方面。

1）对同一实验单位进行重复观察。对同一实验单位进行多次重复观察，可以尽可能地减少实验误差，提高实验结果的精确度。例如，在测量血压时，一般需要重复测量3次，以3次的平均值作为测量的最终结果。

2）对多个实验单位进行重复实验。在实验性研究中，为了避免将个别情况误认为普遍情况，将偶然出现的现象作为普遍规律对待，需要选择一定数量的研究样本对多个实验单位进行实验，以确保研究结果的稳定性，使得假设检验能够达到预定的功效。

从统计学原理可以看出，要观察现象总体的数量特征必须按照大数定律的规律要求，从总体上去认识，而运用大数定律则必须对足够量的单位进行观察，反对对个别或少数单位进行观察。样本含量大，样本的代表性就好，有利于减少机遇对研究结果的影响。但实验的观察次数太多，易造成浪费又难以控制实验条件，对实验结果的可靠性反而造成影响。因此，正确估计样本量确保研究结果的真实性和结论的可靠性显得十分重要。

三、医疗保险研究中常见的实验类型

在医学研究中，研究者可以根据研究目的、处理因素的多少选择合适的研究实验。医疗保险中常见的实验类型有：完全随机设计、配对设计、随机区组设计等。

（一）完全随机设计

1. 基本概念

完全随机设计（completely randomized design）是医学研究、医疗保险领域科研中最为常用的一种设计方法。实验对象仅仅用随机的方法分配到各个处理组或对照组中，进行实验并观察实验效应，未考虑非处理因素对结果的影响；或分别从不同的总体中随机抽样进行对比观察的一种设计方法。这是一种单因素设计，因素水平可以是两个或多个。

2. 随机化分组的方法

如前所述，用于随机化分组的工具可有多种，较为常用的是查随机排列表，举例说明如下。

例2-1　设有15名患者，试用随机排列表将它们分成三组。先将这批患者编号为1，2，…，15，然后在随机排列表内（见附表16）随意确定一行，譬如从附表16第八行第一个数字开始，舍去16~20的数字，依横向抄录0~15的数字，它们依次录于患者编号下面。按预先规定，将随机数字为1~5者分入*A*组、6~10者分为*B*组、11~15者分为*C*组，结果列入表2-1中。

表2-1　15名患者随机化分组情况

患者编号	1	2	3	4	5	6	7	8	9	10	11	12	13	14	15
随机数字	14	7	9	5	6	11	12	2	4	13	10	15	3	8	1
归组	*C*	*B*	*B*	*A*	*B*	*C*	*C*	*A*	*A*	*C*	*B*	*C*	*A*	*B*	A

最后各组内患者的编号为：

*A*组：4　8　9　13　15

*B*组：2　3　5　11　14

*C*组：1　6　7　10　12

3. 统计分析

若效应指标是定量资料，则两组比较可采用t检验或秩和检验Mann-Whitney U检验，多组比较用单因素方差分析（one-way ANOVA）或秩和检验Kruskal-Wallis H检验等；若效应指标是定性资料（无序分类资料），则采用χ^2检验；若效应指标为等级资料，可考虑用秩和检验Mann-Whitney U

检验等方法来处理。各组的重复数(样本含量)可以相同，也可以不同，但以各组样本含量相等时统计效率最高。

4. 完全随机设计的优缺点

本设计方法简单、灵活、易理解，处理数和重复数都不受限制，这样可以充分利用全部试验单元；统计分析也较简单；样本含量的估计较简单；如果某个实验对象发生意外，信息损失小于其他设计，对数据的处理影响不大。由于本设计对非处理因素的干扰，单纯靠随机化的办法来对各处理组进行平衡，缺乏有效的控制，所以其实验误差往往偏高，精确度较低。因此该设计一般只用于实验对象同质性较好的条件下，而实验对象的变异较大时，该设计不提倡使用。

（二）配对设计

1. 基本概念

由于实验结果的随机误差是不可避免的，当个体与个体的差异不均匀时，将那些个体之间的差异较小的研究对象配成若干对子，每对中的两个对象用随机的办法分配给相应的处理组和对照组。这些配对条件保证了非处理因素在处理组和对照组间的均衡，以达到降低实验误差的目的。

2. 医学研究中常见的配对设计

(1) 基本做法

基本配对设计动物实验中，常将同种属、同窝别、同性别等组成对子，再用随机化的方法将每对中的动物分配到处理组和对照组中去；临床试验中，常将性别相同，年龄、职业相近，病情、病型(期)相同或相近的两个患者配成对子，再用随机化的方法将每对中的研究对象分配到处理组和对照组中去。

(2) 配对设计的扩展

1) 同一份标本一分为二，分别用两种不同的检测方法测量某一指标，然后比较两种检测方法，此属自身配对设计(self-controlled design)，即配对设计在概念上作了扩展。例如，结核患者痰培养，同一患者的痰可用甲乙两种方法来培养，即属自身配对(同时对照)。

2) 将对象接受处理前的变量值作为对照，处理后的变量值作为实验值，观察一定样本含量的对象，此属自身配对设计，在时间上作了扩展。在临床上，药物治疗前后的比较，要注意该设计不适用于慢性反复发作的疾病、自限性疾病等。例如，糖尿病患者注射胰岛素前后的血糖浓度变化，属自身配对(前后对照)，但两次测定的时间不能相隔太久，否则可能由于时间因素的影响而不符合配对的定义。

3) 同一观察对象的两侧器官或组织分别给予不同的处理，观察其效应，此属自身配对设计，在空间上作了扩展。该设计适用于临床上的局部作用的研究，如皮肤过敏试验、扩瞳药等。

(3) 随机化分组方法

例 2-2 若有 16 名健康者作为研究对象，已按性别相同，体重、年龄相近等要求配成 8 对，试将这 8 对研究对象随机分至甲乙两组中。

先将这 16 名研究对象编号，第一对对象中的第一个编号为 1.1，第二个编号为 1.2，余类推；再从附表 16 中任意指定一行，譬如第 3 行，舍去 9~20 的数字，横向抄录 8 个随机数字于研究对象编号下方，并规定遇奇数取甲乙顺序，遇偶数取乙甲顺序。结果列入表 2-2 中。

表 2-2 8 对研究对象随机分入甲乙两组

对象编号	1.1	1.2	2.1	2.2	3.1	3.2	4.1	4.2	5.1	5.2	6.1	6.2	7.1	7.2	8.1	8.2
随机数字	3		6		1		7		4		2		3		8	
归　组	甲	乙	乙	甲	甲	乙	甲	乙	乙	甲	乙	甲	甲	乙	乙	甲

这样两组对象的分配情况如下：

甲组：1.1　2.2　3.1　4.1　5.2　6.2　7.1　8.2

乙组：1.2　2.1　3.2　4.2　5.1　6.1　7.2　8.1

3. 统计分析

效应指标是定量资料，可考虑用配对 t 检验、符号秩检验；效应指标是定性资料，可考虑配对 χ^2 检验；效应指标是等级资料，则考虑用符号秩检验等。

4. 配对设计的优缺点

配对设计除降低实验误差，提高实验的精确度外，还可以扩展到空间、时间各方面。在实际工作中，配对条件不能过多、过严；否则，按照要求实验对象难以配成对子，尤其是在临床科研中。

（三）随机区组设计

1. 基本概念

随机区组设计(randomized block design)也称为配伍组设计。该设计首先是在农业实验中提出来的，认为小麦的产量不仅受其品种(处理)的影响，还受田块(block，区组)的影响。因此，将每个田块再分成几个单元，每个单元所受的处理(即不同品种的小麦)是随机的，这样的设计既可分析品种的作用，也可分析田块的影响，提高了实验效率。

应用到医学领域的科学实验，如将相同特征的患者(同性别，年龄、病情轻重相近等)按处理数的多少(比如是 g 个)归为一个区组，至于同一区组内每个患者接受何种处理，则是随机的。可见，本设计是配对设计的一种扩展，当 g 为 2 时，本设计就是配对设计。如果临床试验中，同一批研究对象除了治疗前后测定了某指标，在治疗过程中还测定了该指标，该设计从自身配对设计扩展为配伍设计，一个对象即为一个区组。

2. 随机区组设计的设计方法

首先设置“区组”，将性质相同或相近的实验对象归为一个区组，每个区组的例数就是处理组数；再将区组随机化，即各区组内的实验对象用随机化的方法，决定它们被分到哪一个处理组中。

例 2-3　现假设已按动物的基本特征设置好了 6 个区组，每个区组各有 4 个动物，如何进行随机化分组？

首先将第一区组的动物编号为 1，2，3，4，第二区组的动物编号为 5，6，7，8，余类推，第六区组的动物编号为 21，22，23，24。然后在随机数字表(附表 17)中任意指定一个起点，如在附表 17 第六行第一个数字为起点，并依横向抄录，以 3 个随机数字为一组(35，19，33)，给第一区组使用，将这 3 个数字分别除以 4，3，2，第一个数字 35 除以 4 后得到的余数为 3，应将 1 号动物分配至 C 组，第二个数字 19 除以 3 后余 1，即应将第 2 号动物分到剩下的 A，B，D 组的第一组(A 组)，第三个数字 33 除以 2，余数为 1，应将第 3 号动物分到剩下的 B，D 组的第一组(B 组)，第 4 号动物则归入 D 组。其他区组以此类推。见表 2-3。

表 2-3　24 只动物区组内随机化分配情况

动物编号	1	2	3	4	5	6	7	8	9	10	11	12	13	14	15	16	17	18	19	20	21	22	23	24
随机数字	35	19	33	—	29	64	84	—	15	27	27	—	99	84	18	—	68	46	13	—	41	86	6	—
除　数	4	3	2	—	4	3	2	—	4	3	2	—	4	3	2	—	4	3	2	—	4	3	2	—
余　数	3	1	1	—	1	1	0	—	3	0	1	—	3	0	0	—	0	1	1	—	1	2	1	—
归　组	*C*	*A*	*B*	*D*	*A*	*B*	*D*	*C*	*C*	*D*	*A*	*B*	*C*	*D*	*B*	*A*	*D*	*A*	*B*	*C*	*A*	*C*	*B*	*D*

四组的动物编号分别为：

A 组：2　7　10　15　17　23

B 组：3　5　9　13　20　21

C 组：4　8　12　14　18　24

D 组：1　6　11　16　19　22

3. 统计分析

当资料为数值变量资料时，可采用双向方差分析(two-way ANOVA)或秩和检验(Friedman M 检验)等。

4. 随机区组设计的优缺点

随机区组设计在统计分析时有一个假定，即区组与处理组间无交互作用，故不能分析交互作用。一般来说，本设计因为误差减低、均衡性好，可以提高效率，统计分析也较简易。这种设计的主要缺点是，一个区组内的观察对象发生意外，整个区组只好放弃或者不得已而采取缺项估计。

第三节　调查性研究

一、调查计划

调查研究(survey research)，又简称为调查、横断面研究、现况调查等。通过调查研究，可以了解某一特定时间断面上的特定人群中的疾病、卫生服务或医疗保险现状及与之相联系的各种因素(包括人口学因素、社会因素、卫生资源状况等)的分布情况。这些基本上都离不开现场的人群，是医学、经济学、社会学等研究中一种最常见的研究方式。调查设计是统计研究设计的一个重要部分，也是医学研究、保险研究及社会学研究诸多领域的重要手段。调查研究指的是一种未对研究对象进行任何“干预”的研究方法，是对研究对象进行客观、如实的观察或测量。它通常是采用自填式问卷或结构式访问的方法，通过抽样研究搜集资料，然后用统计分析的手段充分揭示其内在的联系。

调查研究一般具有以下三方面特征：一是一定规模的抽样研究，样本是随机的；二是搜集资料常采用特定的工具，即调查问卷，而且还有一套系统的、特定的程序要求；三是大量的量化资料常借助于计算机来分析才能得出结论。

调查研究是统计研究工作的开端，是整个统计工作的基础，决定着整个统计工作质量的重要环节。调查研究设计包括资料搜集、整理和分析的各个环节，以及对整个调查过程的科学规划和安排。

调查计划又称为统计调查方案。调查计划设计的要点有：确定研究设计的目的，确定调查对象和调查单位，确定调查项目和调查方法，设计调查表或调查问卷，制定调查组织实施计划及调查质量控制措施。具体统计调查方案包括以下内容。

（一）确定调查目的

确定调查目的是统计调查的首要问题，其任务是要通过统计调查解决什么问题，搜集哪些资料。确定了调查目的，就能确定向谁调查，调查什么，采取什么方式和方法进行调查等一系列问题，调查工作就能有序地展开。

研究设计的目的根据研究问题的性质可以分为探索性研究、描述性研究和解释性研究三类。探索性研究(exploratory research)是指研究的问题是前人没有研究的、全新的研究。探索性研究往往构想出较为精确的问题以便未来研究作进一步的回答。例如，对“非典疫情”的研究，只有对疾病的类型、形成原因及传播方式进行研究，才能设计出精确的治疗方案和预防办法。探索性研究的研究方法一般是通过观察或访问的方式搜集资料进行分析并确定初步结果。描述性研究(description research)是将某个情景、社会背景或关系精确地呈现出来，在医疗保险研究中，描述性研究是对疾病或卫生事件在时间、空间和人群的分布和强度进行描述。在描述性研究中，研究者往往始于一个明确界定的主题，再进行研究以获得对于这一主题的精确描述。例如，2013 年国家卫生和计划生育委员会在全国范围内开展的国家卫生服务调查中，对于慢性病患病情况的描述，其中 15 岁及以上人口的慢性病患病率为 33.1%，城市地区和农村地区分别为 36.7%，29.5%，与 2008 年比较，15 岁及以上人口慢性病患病率上升了 9 个百分点。解释性研究(explanatory research)是基于探索性研究和描述性研究之上，寻求现象发生的原因。解释性研究一般从理论假设出发，经过深入实地展开调查研究，搜集各种相关资料，并且通过对资料的分析来验证理论假设，最终达到对社会现象进行理论解释的目的。解释性研究一般需要建立计量模型进行双变量和多变量的统计分析，以实现对各影响因素的分析。

调查目的的确定要做到以下三点。首先要善于发现和提出研究的问题，问题可以从实际工作中发现，也可以从科学理论发展中提出，或者别人工作的必要重复与考核，以及自己以往工作的延续和发展。其次要复习有关文献，这样有助于形成自己的研究假设；了解前人做过的工作，避免低水平重复，或加以发展；寻找可借鉴的研究方法。最后明确研究目的和意义，研究目的可以分为阐明、描述事物和现象，回答具体问题，检验假设等方面。研究意义应着眼于社会效益、科学意义及经济效益等方面。

统计工作的任务就是通过参数估计来说明总体的特征，揭示研究对象或现象之间的相关联系并探究其形成机制或影响因素，而这些都要借助于统计指标加以研究分析。因此，调查研究设计要根据统计研究的目的确定调查项目，选择相应的统计指标。

例如，2013 年国家卫生和计划生育委员会在全国范围内开展了国家卫生服务调查，调查范围涉及全国 31 个省(自治区、直辖市)的 156 个县(市、区)，共调查住户 9.36 万，调查城乡居民 27.4 万。此次调查的目的是通过对全国城乡及不同类型地区家庭居民健康询问调查，了解城乡居民主要健康问题及卫生服务需求，研究卫生服务需求和利用水平及其特点，以及卫生服务的经济负担和对卫生服务的反应，研究医疗保障制度对居民卫生服务利用的影响等。根据调查的目的选择具体的统计指标。例如，在卫生服务需求及主要健康问题分析方面，选择了居民两周患病率、慢性病患病率、伤残率、疾病严重程度及其丧失劳动能力程度等健康指标；在研究居民卫生服务需求及卫生服务供给问题时，选择了居民就诊率、年住院率、住院机构的构成等指标；在了解城乡和不同类型地区医疗保障制度改革进展及居民医疗保健负担时，确定了居民医疗保障制度和医疗保健费用等相关指标。

调查目的需通过相关调查指标来体现，因此合理地设置调查指标有助于调查目的的实现。在调查指标选择上，要围绕研究目的，选择反映研究实际的指标，尽量确保资料搜集的全面性和准确性。

(二) 确定调查对象和调查单位

调查对象是根据调查目的确定的、需要进行调查研究的某一类社会经济现象的总体。调查单位就是构成该总体的个体，是在调查过程中应该登记其标志的具体单位，又称为观察单位。例如，调查某地区小学生的生长发育状况，调查对象是该地区在校的全体小学生，而调查单位即是每个在校小学生。

调查对象的选择会因调查目的的不同而异。例如，在对居民医疗保险需求进行调研时，如果研究的是农村居民的医疗保险状况，则选择所有农村家庭作为调查对象；如果研究的是医疗保险的城乡统筹问题，则可选择所有城乡家庭作为调查对象；如果研究医疗保险支付方式不同对卫生服务的需求影响，可选择不同支付方式的居民(自费、公费)群体作为调查对象。

在调研对象的选择上需要具体做到以下五点。

1）研究对象的数量确定。大多情况下，研究对象为数量大小不等的抽样人群，即样本人群。研究对象可以是一组、两组或多组人群。有时在设计和实施阶段是一组人群，而在资料分析时，为了充分利用数据信息，可能将其划分为两组，甚至是多组人群作比较。

2）研究对象的选择标准。根据什么标准选择对象，称为对象的规定或限定。如果对象是某一种患者，则需说明疾病的名称、型别（临床的、病理的）、诊断标准（最好是国家或国际统一的）、诊断依据（临床物理诊断或实验诊断等）。还要明确地限定人口学的特征，如性别、年龄、民族、职业等。

3）研究对象的来源。如为患者，需说明来自医院还是门诊，是根据病案还是登记簿选择的，或是直接去病房门诊选择的（常常由医生推荐），还是来自居民区普查得到的患者，患者自愿者等。研究对象也可以来自机关、工厂、单位、居民区，是否为兄弟姐妹或其他亲属以及同事，等等。其目的是为了解和避免样本的选择性偏倚，增加可比性。

4）具体的抽样方法。绝大多数现场调查研究不可能以全体目标人群作为对象，而是抽取一个样本。因此就有如何选择样本的问题，选择样本的过程称为抽样。抽样的方法在研究计划中要写明，以便人们衡量样本代表性的程度，即有助于估计研究的可靠性或精确性。如使用的是经典的抽样方法，写计划时仅需提出方法的名称，如单纯随机抽样、两阶段分层抽样等，并简述其过程的要点，如利用随机数字表等即可。

5）关于样本含量。样本含量是个估计数，是指在允许误差下使用最少的研究对象数目。某些研究存在着失访，设计时应对失访率有所估计，并且在确定样本量时将这个可能的失访数加进去。

（三）确定调查项目和调查方法

1. 确定调查项目

根据调查目的确定好调查对象和调查单位后，还需拟定调查提纲并确定调查方法。调查提纲是在调查前所确定的调查项目，即向调查单位了解相关的品质标志、数量标志和其他情况。

调查项目直接关系着调查资料的数量和质量，调查项目的繁简和选择标志的多寡，要根据调查目的和对象的特点，贯彻少而精的原则，妥善处理。调查项目的确定要遵循以下原则。

1）只需列出与本次调查研究目的相关的项目，与研究没有关系，可有可无、备而不用的标志不要列入，以免内容庞杂影响调查质量。

2）要从实际出发，取得有条件获取的确切资料的项目，没有条件取得资料的项目不要列入调查内容。

3）列入调查的项目之间尽可能存在一定的联系，以便对有关项目相互核对并检查错误。还需考虑调查项目同以往同类项目之间的衔接，以便进行动态对比，研究现象的发展变化情况。

4）列入的调查项目或标志的含义要明确具体，作出统一的解释或提示，以便调查人员或被调查者填写，也便于最终的统计汇总。

5）调查项目的答案要有确定的表示形式，一般采用文字式、是否式和数字式，其中数字式要标明计量单位，以便取得确切答案并有利于及时汇总。

确定调查项目和调查表即调查工具的设计或开发。调查工具是获取科学事实的基本手段。在医疗卫生领域，调查工具一般包括两类：一类是医学仪器或设备，以此获取人体的生理生化指标，资料可靠准确；一类是调查表或问卷，采用问卷进行调查时称为问卷调查。医疗保险统计研究涉及社会、经济、文化等社会经济因素对人体健康或疾病的影响，问卷调查获取数据资料是一种重要的调查方式。但问卷调查较医学仪器或设备相比，容易受到调查员和调查对象主观因素的影响，产生各种误差和偏倚。

调查问卷的每一问题都应考虑到调查研究的目的。调查问卷中的问题设计需用词得当，容易理解，避免使用专业术语。调查项目的设计要有严密的逻辑性，调查项目的回答要尽量使用客观指标，并尽可能地在调查表中显示。调查问卷的设计还需考虑被调查者的身份背景、知识与能力。调查问卷的具体设计见调查表的研制。

2. 确定调查方法

在调查项目确定的基础上，还要确定调查的方法。调查方法包括普查和抽样调查两种。普查(overall survey)是一种专门组织的一次性的全面调查，即对总体中的全部观察对象进行调查，如我国进行的历次人口普查。普查主要用于了解观察对象在某一时点上所处的状态。例如，某一时点的全国人口数，时点的患病率等。普查的涉及面较广，耗费大量人力、物力和财力，普查成本较高，在应用时需关注其成本效益和社会影响。在进行疾病普查时，需考虑以下条件：①疾病患病率的高低和病程的长短；②是否具有灵敏度和特异度较高的检查或诊断方法；③普查方式是否便于调查人员实际操作，并被群众所接受；④是否具有实施和治疗的条件。在患病率调查时，还需在尽可能短的时间内完成。

抽样调查(sampling survey)是一种非全面调查，是从调查对象的总体中随机抽取一部分单位进行调查，用这一部分单位的指标数值去推断总体指标数值，也称为抽样法。它既是搜集统计资料的方法，也是对现象总体作出具有一定可靠性的估计推断的方法。抽样调查不仅能节省调查成本，还有助于获得较为深入细致和准确的资料，在医疗卫生领域应用较为广泛。例如，疾病患病率的调查、医疗保险需求的调查、医疗服务供给的调查等。

抽样调查分为概率抽样和非概率抽样两种。概率抽样(probability sampling)是指总体中调查对象被抽中的概率是已知的或可以计算的。概率抽样获取的样本对总体的代表性较好，可以通过样本的指标值来对总体指标值进行推断，抽样误差也可以确定。非概率抽样(non-probability sampling)是指总体中每个调查对象被抽中的概率是未知的或不能计算的。非概率抽样的样本的代表性较差，难以对总体进行统计推断，其抽样误差也不能确定。但在总体和抽样框架不明确时，非概率抽样仍然得到一定的应用。

（四）制定调查的组织实施计划

调查的组织实施计划能够从组织上确保调查工作的顺利展开，其主要内容包括以下三个方面。

1. 确定调查时间和调查地点

调查时间，即要确定资料所属的时点或时期以及调查期限。例如，对于时点状态人口数、患病率、医疗机构数等进行调查，要规定统一的时点。对于时期现象(如对基层医疗的投资额、年度门诊量等)进行调查，要规定资料所属时期的长短。明确规定调查的时点或时期，是确保调查资料准确性的前提条件。调查地点是指登记调查资料的地点，调查地点和调查单位所在地点一般是一致的，但有时也是不一致的，在两者不一致的时候必须明确规定进行调查的地点。例如，在进行人口调查登记时，如果调查常住人口，不论调查者是否暂时外出居住，都应在每个居民的常住地点进行登记。

2. 调查员的准备

有两类人可以作为调查员，即研究者本人或专职的调查员。后者是以调查为专业的人员，或是临时训练的一般人员。一般以专业调查员为优，因为研究者本人要统管整个调查研究，不可能有足够的时间去现场，还因为研究人员难免不自觉地在调查中带入自己的偏见。如果新选一批人做调查员的工作，要考虑以下两点。

1）先确定调查员的候选人。人选要在专业人员与非专业人员，高文化水平与中等文化水平之间慎重权衡。候选人比需要的调查员人数多二分之一为宜，经过考试或考核后选定所需要数量的调查员。

2）对选中的调查员进行系统培训。程序是：培训者先讲解调查方法和要求，使学员逐项熟悉调查表；然后学员之间互相做模拟实习；再去现场由培训者示范。这个过程中，培训者对调查员辅导、纠正和考核。再次对不合格者进行淘汰，合格者参加工作。设计书中应介绍培训调查员的梗概。

如果启用老调查员，可以免去基本素质的训练，但也要对他们就这次调查的方法及要求进行培训。

3. 保证现场工作顺利实施及进行质量控制的措施

关于研究工作的质量控制，后面将要作全面而系统的介绍，这里仅就实施过程中的组织性措施，以及设计书中应当注意提及的问题简述如下。

1）组织措施。有明确的组织系统及各岗位职责及分工，常用课题负责人、现场督导员及调查员的三级系统。

2）工作制度。实行包括工作日志、汇报制度与督促检查制度，即随时与定期考核制度。

3）实行对调查结果抽样进行一致性检验的制度。通常在工作早期随机抽取10%的对象，由督导员再重新调查，看其结果与调查员所调查结果的一致性程度，也可进行调查员相互之间的一致性检验，或同一调查员先后之间的一致性检验，以考察调查的稳定性。

4）调查档案的核查、验收和保存的制度。

5）持续时间长的研究可以在适当的时候进行现场工作小结。

关于非调查资料的搜集，例如，标本的采取、运输、保存、检测、结果记录及保存，以及有关工作制度与这方面的质量控制均可仿上述精神及原则制订，并在设计书中提及。

二、常用抽样方法

前面已谈到抽样调查是用一定的抽样方法从总体中抽取一定数量的调查对象组成样本，与全面调查相比，有四个优点：费用较少，速度较快，覆盖面较大，正确性较高。前两点是很显然的，后两点是指在人力、物力有限的条件下，与其难以保证质量或进行范围较小的全面调查，不如进行人力、物力所能及的抽样调查，可获得较大的覆盖面和保证较高的质量。常用的随机抽样方法有五种，即单纯随机抽样(simple random sampling)、系统抽样(systematic sampling)、分层抽样(stratified sampling)，整群抽样(cluster sampling)和多阶段抽样(multi-stage sampling)。分述如下。

（一）单纯随机抽样

1. 抽样方法

将总体内的全部观察单位编上号码，再用随机数字表、电子计算器随机数字键等随机化工具选出进入样本的号码，已经入选的号码不能再次列入，直至达到预定的样本含量为止。这种抽样方法使得总体内每个单元被选为样本的概率是相等的。

例如，要了解某乡村居民保险购买率情况，该村共有居民2000人，试用单纯随机抽样方法抽取样本含量100人作为样本。

先将全村居民编号为1，2，…，2000；再查随机数字表(附表17)随意确定一起点和走向，譬如从第六行第一个数字开始，依横向抄录100组随机数字，每组为4个数字，凡后面出现与前面有相同的数字者弃去，它们是3519，3329，6484，…，8845。若首位数字≥8，则首位数字-8；若6≤首位数字<8，则首位数字-6；若4≤首位数字<6，则首位数字-4；若2≤首位数字<4，则首位数字-2；若首位数字<2，则首位数字不变。这样依次得：1519,1329,484,…,845，凡属于这些编号的居民就组成了所需的样本。

2. 优缺点

单纯随机抽样的优点是当总体内观察单位数与样本含量都不大时做起来比较容易，均数(或率)及其标准误的计算[详见公式(2-1)与(2-2)]也较简便。但这种方法在总体含量较大时，难以采用，因为编号、抽样、调查的实施等都有许多实际困难。在总体内各单元的变异大而样本又小时，样本的代表性较差。

$$S_{\bar{x}} = \sqrt{\left(1 - \frac{n}{N}\right)\frac{S^2}{n}} \tag{2-1}$$

$$S_p = \sqrt{\left(1 - \frac{n}{N}\right)\frac{p(1-p)}{n-1}} \tag{2-2}$$

式中 $\left(1 - \frac{n}{N}\right)$ 称为有限总体校正数(FPC)，$\frac{n}{N}$ 称为抽样比，N 为有限总体的含量。

3. 适用范围

这种抽样方法只适用于总体内个体间差异均匀的小型调查和实验室研究，后述内容中凡未特别指出，一般都是单纯随机抽样。同时这种抽样也是其他抽样方法的基础。

（二）系统抽样

1. 抽样方法

系统抽样也称为间隔抽样或机械抽样。首先必须确定总体的范围和样本含量，将总体内的观察单位依次编号。然后确定抽样比，即确定从每多少个单元(设为 k 个，k = 总体中所有个体数/样本含量)中抽一个单元进入样本。至于究竟抽其中第几个，则必须用随机化的方法决定，具体做法是在 1 至 k 个数中，随机选出一个数，把它作为起点，以后依次用相等的间隔，机械地从每 k 个单元中抽一个观察单位，组成样本。

例如，要了解某小学学生家长对意外伤害险购买情况，该校有学生 1200 人，试按系统抽样法抽取一含量为 120 人的样本。

此例中总体含量为 $N = 1200$，样本含量 $n = 120$，抽样间隔 $k = N/n = 10$，先将该校所有学生依次编号为 1~1200，再在 1~10 确定一个随机数字，如为 6，于是，以学生编号为 6，16，26，…，1196 者组成样本。

2. 优缺点

系统抽样的优点是：易于理解，简便易行，容易得到一个按比例分配的样本。在一般情况下，其抽样误差小于单纯随机抽样。缺点是：当总体内观察单位按顺序有周期性或单调递增(或递减)趋势时，系统抽样将产生明显的偏性；目前，尚无可靠的统计方法来估计其抽样误差，在实际工作中，一般可按单纯随机抽样来处理。

3. 适用范围

事先对总体内的个体分布有所了解，并且该分布应是随机的，这样才能最恰当地应用系统抽样；在多阶段抽样(见有关统计专著)中，用于后阶段抽样；在分层抽样中，每层可独立使用系统抽样。

（三）分层抽样

1. 抽样方法

在抽样过程中，将总体按某种特征划分为若干个组别、类型或区域等次级总体(统计学上称之为“层”)，先从每层内独立抽取一个随机样本，再合成为总体的一个样本，这种方法称为分层抽样。每层具体抽样方法可用单纯随机抽样或系统抽样法。分层的原则是分层后层内变异尽可能小，而层间变异可以较大。

一般来说，分层可以提高样本的精密度。各层可用相同的抽样比，即从各层抽取的样本单元数与各层大小成比例，这种分配样本各层单元数的方法，称为比例分配。若总的样本含量为 n，各层的样本含量应为

$$n_i = n\left(\frac{N_i}{N}\right) \tag{2-3}$$

该式也可用不同的抽样比，当总的样本含量定为 n 时，既考虑到层的大小(N_i)，又考虑到各层内的变异大小(如 σ_i)，则各层的样本含量可按式(2-4)或式(2-5)计算时，即可获得样本均数或率的最小抽样误差，这种分配样本方法称为最优分配。

$$n_i = n\frac{N_i\sigma_i}{\sum N_i\sigma_i} \tag{2-4}$$

$$n_i = n\frac{N_i\sqrt{\pi_i(1-\pi_i)}}{\sum N_i\sqrt{\pi_i(1-\pi_i)}} \tag{2-5}$$

在式(2-3)，(2-4)和(2-5)中：N 表示总体含量，N_i表示总体中第 i 层含量，n 表示样本含量，n_i为第 i 层样本含量，σ_i表示总体第 i 层的标准差(参数)，π_i表示总体第 i 层的率(参数)。

在实际工作中第 i 层总体的参数一般根据以往的经验、文献资料或预调查来估计，但更多的时候是未知或难以估计，故最优分配的一般原则是：从内部变异小的层少抽些单元，而从变异大的层则多抽些；从调查费用少的层多抽些，从费用多的层则少抽些；从包含有意义的个体多的层内多抽些，反之则可少抽些。

2. 优缺点

(1) 由于分层后各层内的个体同质性增加，使得抽样误差小于其他方法；

(2) 便于对各层进行独立分析，并可作相互比较；

(3) 由于各层特点不同，可对各层采用不同的抽样方法。

3. 适用范围

对总体内各层的个体情况有所了解，分层抽样适合于层内变异小而层间变异大时，效果较好。

(四) 整群抽样

1. 抽样方法

该抽样是以个体自然集结的或人为划分的群体(例如，家庭、街道、乡、村、工厂、学校等)作为抽样单元，总体中含有 K 个群，从中用随机化的方法抽取 k 个样本群，对抽中的 k 个群内所有个体则全部加以调查。这里的群体可以是本来就存在的集体单位或地理的、行政的区域，也可以是为便于调查而特意划分的。

例如，若调查某区全民医疗保险参保率，以该区的居委会为基本抽样单元(共 300 个居委会)，从中抽取 30 个居委会，然后对已抽取的 30 个居委会的居民全部进行调查。

各群内单元数相等或不等时，统计量的计算方法是不同的。

1) 群内观察单位数 m_i不等时，样本均数的计算公式为

$$\bar{x} = \frac{K}{Nk}\sum X = \frac{K}{Nk}\sum m_i\,\bar{x}_i \tag{2-6}$$

样本率的计算公式为

$$p = \frac{K}{Nk}\sum \alpha_i \tag{2-7}$$

式中 N 为总体含量，$\sum X$ 为样本各群全部观察值之和，$\bar{x}_i$ 为样本第 i 群的均数，$\sum \alpha_i$ 为各群阳性数之和。

2) 群内观察单位数 m_i相等时，样本均数的计算公式为

$$\bar{x} = \frac{\sum X}{km} = \frac{\sum \bar{x}_i}{k} \tag{2-8}$$

样本率的计算公式为

$$p=\frac{\sum \alpha_i}{km}=\frac{1}{k}\sum p_i \tag{2-9}$$

式中 p_i 为样本第 i 群的率，余符号同上。

2. 优缺点

整群抽样应用于大的总体时，其优点很明显：易为群众接受，节省人力、物力、时间等；整群抽样中，群间差异越小，抽取的“群”越多，则抽样误差越小。但在样本含量给定时，统计学效能不如单纯随机抽样。如果群间的变异较大，调查少数几个群，则对总体的代表性就较差。

3. 适用范围

整群抽样适用于群内变异大而群间变异小的总体。

（五）多阶段抽样

1. 抽样方法

从总体中先抽取范围较大的单元，称为一级单元（如县、区），再从每个抽中的一级单元中抽取范围较小的单元，称为二级单元（如乡、街道），还可以从抽中二级单元中再抽取范围更小的三级单元（如村、居委会），甚至更小的单元。各级抽样可结合使用不同的抽样方法（单纯随机抽样、系统抽样、整群抽样、分层抽样等）。最简单的情形是二阶段抽样（two-stage sampling）。

2. 优缺点及适用范围

大规模调查常采用多阶段抽样，并且可按行政区域逐级进行，在实际工作中应用较多。但由于多阶段抽样的设计变化甚多，其统计量的计算亦随之而异，而且计算较繁（参见有关统计专著）。

三、调查表的研制

（一）调查表的基本结构

调查表，也称为问卷（questionnaire），是调查研究中用来搜集资料的主要工具。它在形式上是一份精心设计的问题表格，其用途是用来测量人们的行为、态度和社会特征。虽然没有一份万能的统一调查表，每一次都应设计自己的调查表，但调查表的基本格式是相同的。

1. 封面信

封面信是一封致被调查者的短信，其作用是向被调查者介绍和说明本次调查的目的、调查单位或调查者的身份，调查的大致内容、调查对象的选取以及保密措施等。封面信的言语要简明、中肯，字数不宜太多。被调查者能否接受调查，并认真填写问卷，很大程度取决于封面信的质量。

2. 指导语

指导语是用来指导被调查者填答问卷的各种解释和说明。有些问卷较简单，指导语只需在封面信中提一下即可。例如，“请根据自己的实际情况在合适的答案上画圈或者在空白处直接填写”；若邮寄填答，还需加上类似于“为了减少您的麻烦，我们为您准备了一个写好地址、贴好邮票的信封。请您填好后，在＊月＊日前寄出，谢谢。”这样的指导语。有些较为复杂的问卷，指导语则应集中在封面信之后，并标有“填答说明”的标题。例如，

填　答　说　明
1. 请在每一个问题后适合自己情况的答案号码上画圈，或者在________处填上适当的内容；
2. 问卷右边的数码及方格供计算机处理用，您不必填写；
3. 问卷答案无对、错之分，只要真实反映您的观点；
4. 若无特殊说明，每一问题只能选择一个答案；
5. 填写问卷时，请不要与他人商量。

3. 问卷的主体

问卷的主体包括：①调查表的名称，编号；②一般项目，或者称为识别项目，如姓名、性别、出生日期、出生地、民族、职业等；③调查研究项目(研究变量)，这部分是根据研究目的(目标)有逻辑地按顺序分类编写；④结尾部分，通常包括调查人对调查可信程度的估计，监督、审核者对调查工作的评定、签字等；⑤结束部分：应包括调查人签字，调查日期。

（二）问卷设计的原则

在设计问卷之前，研究者头脑中要牢记下面四个原则。这些原则虽不直接涉及问卷设计的具体方法和技术，但其重要性不亚于具体方法。

1. 明确问卷设计的出发点

问卷设计要紧紧围绕所研究的问题和待测量的变量来进行。既不要漏掉一些必需的资料，也不应包含一些无关的资料。但是，若仅仅从研究者的需要角度来考虑，而忽视了被调查者的实际情况，那么所设计出的问卷往往不妥。例如，问题太多、太复杂，回答者难以回忆和计算等。因此，要充分认识到，我们调查的对象不是机器，而是情况各异的具体的人。要多为回答者着想，多从回答者的角度考虑问题，尽量为他们填答问卷提供方便，减少麻烦。

2. 明确阻碍调查的各种因素

由于需要被调查者的密切配合，问卷设计时必须对那些在调查过程中可能出现的阻碍因素有一个清醒的认识。归纳起来，阻碍调查的因素分为两大类。

1）主观因素。主观因素是由被调查者心理上和思想上对问卷产生各种不良反应所形成的障碍。例如，问卷表太厚，或者花时间太多，回忆、计算问题太多时，被调查者容易产生畏难情绪；有时问题涉及个人隐私，回答者也易产生顾虑；当问卷的封面信质量不高时，回答者对问卷调查不重视，缺乏合作等；问卷设计脱离生活实际，被调查者对问卷毫无兴趣，甚至置之不理，将问卷弃如废纸等；问题可能引起回答者的反感等。

2）客观因素。客观因素是由被调查者本身的能力、条件等方面的限制所形成的障碍。例如，被调查者阅读能力有限，看不懂问卷的内容和要求；有的被调查者理解能力有限，不能理解内容和填写的方法；还有的被调查者记忆能力、计算能力的限制。如果研究者不设身处地为被调查者考虑，那么就有一些被调查者会因为上述客观因素的限制而放弃答卷，从而减少了问卷的回收率，影响调查质量。

3. 明确与问卷设计紧密相关的各种问卷设计

要充分考虑调查的目的、调查的内容、样本的性质等因素的影响和制约。

1）任何一项调查，调查目的是其灵魂，决定着问卷的内容和形式。问卷必须问什么，不必问什么，都将受到研究假设的制约。

2）对于那些被调查者比较熟悉的、容易引起兴趣的内容，设计时相对容易，可详细些、深入些、直接些，数目也可以多些。但对那些被调查者不熟悉、较枯燥，特别是涉及个人敏感问题时，相对来说，问题只能问得简单些、粗略些、间接些，问题数量也应少些。特别是封面信的措辞要更加小心。

3）样本的构成对问卷设计者来说非常重要。被调查者是些什么人，其职业、文化程度、性别、年龄分布如何，他们之间的差异何在，都是问卷设计人员必须考虑的问题。所提问题要适合所有的人，不能只适合一部分人。用语要通俗易懂，避免用专门的术语。

4）问句不应带有引导性或暗示性，不要引出另外的意思。

5）要注意问句的现实性和逻辑性，特别是各问题之间的逻辑性。

6）每个问语只包含一个内容，不能是双中心或多中心的问句。

7）尽量用客观的、定量的问题。

8）语句要简练准确，不能引起误解或多解。

4. 多次修改，反复锤炼

（三）问卷设计的步骤

1. 探索性工作

问卷的设计首先是熟悉和了解一些基本情况，以便对各种问题的提法和可能回答有一个初步的认识。研究者可以到现场随便与各种对象交谈，并留心观察他们的特征、行为和态度。通过交谈可以避免设计一些含糊不清、不切实际的问题。

2. 设计问卷初稿

具体方法有卡片法和框图法两种。前者从具体问题入手，然后到部分，最后到整体；而后者则相反，先从整体结构开始，然后到部分，再到具体问题。实际工作中可将二者结合使用，先根据调查内容的结构，画出问卷总体的各个部分及其前后顺序，然后针对每一部分的内容，在卡片上写出一个个问题，并调整问题间的顺序，最后按整理好的卡片顺序打印成问卷初稿。

3. 问卷的试用(预调查)

一般而言，问卷初稿是不能直接用于正式调查的，必须对其进行试用和修改。这一步骤很重要，特别是大型调查更是必不可少。客观的评价可以从回收率、有效回收率、填写错误、填答不全等几个方面来检查分析；主观的评价方法有时也是不可少的，如请该研究领域中专家、分管领导和人员直接评阅问卷初稿，指出不妥之处，并提出建议。

4. 修改、定稿并印制

要注意各个环节均有可能出错，无论是版面安排上的不妥，还是文字、符号上的印刷错误，都会直接影响到最终的调查结果。

（四）问卷问题的设计

1. 问卷题型

1）填空式。它通常适用于只填写数字的问题。例如，年龄、各种费用、家庭人口等。

2）是否式。问题的答案只有是和不是(或者其他的肯定与否定形式)两种，回答者根据自己的具体情况选择其一。这一题型在各种民意测验中用得很多，其特点是答案简单明确，分析者可以将回答者分成两类不同的群体，但其信息量较小。

3）多项选择题。该题型给出的答案至少在两个以上，回答者根据自己的情况选择。

4）矩阵式。该题型将同一类型的若干问题集中在一起，构成一个问题的表达方式。

例如，你觉得下列现象在你熟悉的人中是否普遍？(请在每一行适当的方框内打钩)

	很普遍	比较普遍	不太普遍	不普遍	不知道
代亲朋好友开药	□	□	□	□	□
借卡给亲朋好友	□	□	□	□	□
看病需找熟人	□	□	□	□	□

2. 答案设计

大多数问卷主要是由封闭式问题所构成，而答案是封闭式问题很重要的组成部分，因此答案的设计就显得非常重要。关于答案的设计有两点是必须要注意的。

1）答案的互斥性。它指的是答案相互之间不能交叉重叠或相互包含，也就是说对回答者而言，最多只能有一个答案适合他，否则，该问题的答案就一定不是互斥的，应当避免。

2）答案的穷尽性。它指答案要包括所有的可能情况。对任何一个被调查者而言，问题的答案中总有一个是符合他的情况。如果有某个回答者的情况不包含在问题所列的答案中，那么，该问题的答案就不是穷尽的，或者说有遗漏。

3. 问题的语言与提问方式

问题应该含义清楚、简明易懂。设计问题的规则包括：语言简单，陈述简短，避免歧义，不应有倾向性，不要用否定式，不要直接询问敏感性问题，不要问回答者不知道的问题等。

（五）问题的数量与顺序

一份问卷究竟应该包括多少问题，要根据调查的目的、样本的性质、人力、物力和财力诸多因素综合考虑，没有固定的标准。一般而言，以被调查者在20分钟内完成为宜，最好不要超过30分钟。

安排问卷项目顺序的原则：①易于回答和易于引起应答者兴趣的问题放在前面；②敏感的问题放在后面；③后面需要利用其结果的项目放在前面；④顺序要合理，合乎逻辑性。例如，按时间先后排列；⑤核查回答的可靠程度时，常使用正反两类问题，这两类问题不能挨在一起；⑥识别项目放在研究项目之前；⑦封闭式问题放在前面，开放式的问题放在后面或最后；⑧最好是漏斗型地安排问题，即将分解开的枝节性问题放在前，逐步进行到较集中的和核心的问题上来。

（六）使用调查表时的注意事项

必须伴有使用指导语或指导手册，并严格按其中的要求和规定执行；调查工作及调查内容应保密；填写的字迹要工整、清楚，不要用铅笔填写，以免字迹失真；调查表要保持清洁；调查者最后要签名并注上日期，以示慎重和负责，并备查询。

最后，编写好的调查表样本应作为计划的附件。

（七）调查表的信度和效度

调查问卷中测量误差是不可避免的，其误差主要来源于两个方面：一方面是来源于问卷测量过程中的误差，称为测量误差，又称为随机误差；另一方面是来源于问卷质量造成的误差，称为系统误差。与两类误差相对应，在问卷测验结果中引入了信度和效度概念。信度和效度是衡量问卷质量的重要标志。

1. 信度

（1）信度的定义

信度(reliability)又称可靠性、重复性、稳定性或精密度，用以反映相同条件下重复测定结果的一致程度。

调查问卷的信度包括两层含义：

一是相同的个体在不同时间以相同的问卷测验，或以复本测验，是否能得到相同的结果，即问卷调查是否因时间、地点等因素变化而变化。

二是否能减少随机误差对问卷测量结果的影响，从而反映问卷所要测量的真实情况，即问卷的结果是否具有稳定性、可靠性和可预测性。一个好的问卷应当是稳定可靠的,且多次问卷测量结果应前后一致。

（2）信度分析

信度分析的基本原理是以问卷测验结果变异理论为基础，问卷测验变异结果可以分为系统变异和非系统变异两种。信度主要受非系统变异的影响，非系统变异主要受测量误差所导致，因而，减少测量误差可以控制非系统变异，从而提高问卷的信度。

信度在本质上是一个统计学的概念，是用以估计测量误差大小的尺度，是用来说明问卷调查中测量误差所占的比例，因而信度可以定义为真实分数误差的方差和测验实得分数的方差之比。其含义是真实分数的变异在实得分数变异中所占的比重。当实得分数的变异完全由真实分数的变异解释时，测验误差就为0，这时，问卷测验的信度就为1。问卷测验信度的公式为

$$r_{xx}=\frac{S_T^2}{S_X^2},\quad \text{或}\ r_{xx}=1-\frac{S_E^2}{S_X^2} \tag{2-10}$$

式中，S_T^2 表示真实分数的方差，S_X^2 表示实得分数的方差，S_E^2 表示误差的方差。

由于无法获知真实分数的方差，上式只能作为信度计算的理论公式，实践中需通过构建平行测验来计算测验的信度。

(3) 常用的信度系数

常用的评价信度的方法有三种：重复测量法、分半信度法和 Cronbach's α 系数。

1) 重复测量法。重测信度(test-retest reliability)假设短期内一批对象的状况没有发生改变，用同一问卷对每一对象先后重复测验两次，两次测验得分的相关系数称为重测信度。重测信度用 Pearson 积差相关公式计算：

$$r_{x_1x_2}=\frac{\dfrac{\sum x_1x_2}{n}-\bar{x}_1\bar{x}_2}{s_1s_2}\,\frac{n}{n-1} \tag{2-11}$$

式中，x_1，x_2 是同一答卷者两次测验得分；$\bar{x}_1$，$\bar{x}_2$ 是同一问卷两次测验平均分；s_1，s_2 是同一问卷两次测得的标准差；n 是参与该次问卷测验的答题者人数。

重测信度反映了在不同时间上的稳定性，因而又称为稳定性系数，可以作为预测答卷者将来行为表现的依据。重测信度也存在如下局限性：

问卷前后两次测验结果易受答卷者练习和记忆的影响，两次测验的时间长短也会影响重测信度。间隔时间越长，答卷者越易受环境的影响而发生变化，对第二次测试结果会产生影响；间隔时间越短，则答卷者第一次测试的记忆越会对第二次测验产生影响。

2) 折半信度法。折半信度法(split-half reliability method)在不可能进行重复调查的情况下，常用的方法是将问卷的题目分成两半，分别计算两半题目的总分，再计算两部分总分的相关系数，因而又称为分半信度系数，以此来衡量问卷的信度。

对问卷题目进行分半会造成对整个问卷信度的低估，为此需要对折半信度进行校正。其校正公式为斯皮尔曼-布朗(Spearman-Brown)公式：

$$r_{xx}=\frac{nr_{x_1x_2}}{1+(n-1)r_{x_1x_2}} \tag{2-12}$$

式中，r_{xx} 为折半信度，$r_{x_1x_2}$ 表示两半题目各自得分的相关系数，n 为原问卷相对于变化后问卷的倍数，计算分半信度时 $n=2$，

采用折半信度法测量信度的优点在于：折半信度法只在一个时间点上进行，不受上次测验结果的影响，同时克服了重复测量法中误差项之间容易出现相关的缺陷。其不足之处在于将所有的条目分为两半的方法比较武断，不同的分法可能会得到不同的结果。

3) Cronbach's α 系数法。折半信度系数是建立在奇、偶两条目分数的方差相等这一假定上，但实际数据往往不一定满足这一假定。L.J.Cronbach(克朗巴赫)于 1951 年提出了 Cronbach's α 系数用以评价问卷内部的一致性，α 系数取值在 0 到 1 之间，α 系数越高，信度越高，问卷的内部一致性越好。其计算公式为：

$$\alpha=\frac{n}{n-1}\left(1-\frac{\sum_{i=1}^{n}S_i^2}{S_T^2}\right) \tag{2-13}$$

式中，n 为问卷所包含的题目数，S_i^2 是答卷者第 i 题得分的方差，S_T^2 是答卷者问卷测验总得分的方差。

α 系数的应用条件比较苛刻，只有当问卷各题目得分方差相等且题目间相关性较高时，α 系数

才能更好地反映问卷测验的信度。在题目方差不齐时，α 系数只是信度估计的下限，此时 α 系数低估了问卷的信度。

2. 效度

效度是指测量的真实性、准确性程度，用以反映测量结果与“真实值”的接近程度。测验的效度越高，表示它所代表的结果越能代表所测行为的真实性。问卷的准确性或称为有效性是用问卷的效度加以刻画的，反映了问卷的系统误差的控制程度。

由于“真实值”往往不可知，所以对效度的评价常常不可能有绝对肯定的答案。在实际问题中可以通过指标来评价效度。一般来说效度的评价指标有四种类型：标准效度、内容效度、结构效度和区分效度。

1）标准效度(criterion validity)又称为校标效度，是用来说明问卷得分与某种外部准则间的关联程度，用问卷测量得分与效度准则之间的相关系数来表示。校标是检验预测效度的标准，是估计预测效度的主要依据。在估计标准效度时，需求出问卷分数与校标间的相关系数，所求结果即为标准效度。

2）内容效度(content validity)，是指问卷的贴切性和代表性，即问卷内容能否反映所要测量的特质，能否达到测验的目的，能否较好地代表所要测验的内容，以及引起预期反映的程度。内容效度的评价主要通过经验判断来进行，通常需考虑以下方面的问题：项目所测量的是否真属于应测量的领域，是否覆盖了应测领域的各个方面，测验题目的构成比例是否恰当。效度的评价一般采用专家评价的方法了解内容效度的大小。

3）结构效度（construct validity)，是指问卷对某一理论概念或特质测量的程度，即某问卷所测得的实际得分能解释某一特质的程度。由于在心理学及社会学领域中一些概念的定义不是十分准确，所以内容效度在实际应用中存在一定困难，而标准效度往往由于缺乏比较的标准而难于应用。结构效度往往能够避免以上局限性。结构效度的评价要借助于因子分析来完成，具体分析过程是：研究者根据某种理论结构设计问卷，采用问卷展开现场调查，对搜集到的数据进行验证性因子分析，考察实际数据是否支持事先假定的理论结构，反过来也可验证研究者的假设是否成立。

4）区分效度(discriminant validity)，即如果测量的结果能区分已知的不同特征的人群，那么该测量就具有区分效度。例如，在运用调查表对青少年心理健康素质的调查研究中，将研究对象分别分成正常组和心理问题组，计算量表各领域得分和总得分，再进行 t 检验或方差检验，比较这两类人群得分的差别是否具有统计学意义，从而能判断调查表是否具有区分度。

3. 影响信度和效度的原因

影响问卷信度和效度的原因主要来自于以下四个方面。

1）调查者。调查者的工作作风和工作态度是影响信度和效度的重要原因之一。例如，在调查期间是否按照随机原则进行，在实地调查过程中，调查者是否对调查对象予以正确的指导，有无暗示和启发等。

2）测量工具。它主要包括问卷的用语是否恰当，有无歧义；问卷的容量是否合适，所用的时间是否太长或太短等。

3）调查对象。涉及被调查者态度是否积极、认真，回答是否属实。

4）环境因素及其他偶然因素。其主要涉及调查时有无外界环境的干扰，资料数据录入、编码过程中有无疏忽或差错等。

四、调查表资料的整理与分析

（一）调查表的审查

在进行资料汇总前需要对问卷的原始资料进行检查审核，及时发现问题，纠正错误，这是保证统计研究质量的重要环节。一般对问卷的审查包括以下内容：调查对象的选择是否符合原研究设计的要求；调查指标的理解和操作定义是否出现误差；对询问问题的回答是否符合原来的设计要求；回答填写的数据是否真实、准确；对问卷中设计的检验性问题的回答是否经得起检验。在进行统计整理之前，仍然要对每份调查表逐一重新进行核查，以便再次填补缺项或改正错误，不合格者予以复查或废弃。

（二）数据的录入

调查数据的计算机录入是资料整理分析中极其重要的一个环节，也是进一步定量分析调查资料的前提。对于数据资料录入工作：一要对录入的组织工作高度重视，不仅计算机录入员要高度重视，而且调查研究的组织者、领导者也要高度重视。特别是要为录入员创造良好的工作条件和环境，提出严格要求，并及时进行检查。二要录入过程做到细致认真，录入员要认真阅读问卷、认真输入数据，一丝不苟、一字不差地做好录入工作。三要重视录入后的校对工作，要做到录入一段，校对一段，既可由录入员本人校对，也可换人校对，力争把数据录入的差错减少到最低限度。此外，在可能的条件下，最好采取双录入方法，既可以是一个录入员录入两次，也可以是两个录入员分别录入，然后互相校对、互相纠错，这样就有可能基本上消除录入的差错。有关调查表的录入可参见本书第二十章第一节。

（三）数据资料的分组

资料分组是统计整理分析中的另一重要问题。进行资料分组就是根据统计研究的目的和任务，按照选定的变异标志将总体划分为若干部分或组别，使得组与组之间存在差别性，同一组的观察单位保持相对的同质性。在进行分组时，要选择研究对象最主要的、本质的特征进行分组。分组可以按照类型分组，也可以按照数量分组。类型分组是按照分组因素的类别或特征进行分组。例如，可以按照观察单位的性别、职业、受教育程度、患病类型等特征进行分组；数量分组是按照分组因素的数量大小进行分组。例如，可以按照观察单位的年龄、体重、血压、血糖等进行分组。分组数的多少要根据数据资料性质及观察单位数的多少来决定。各组的组限确定要根据数据变量的性质来确定，使之能够更好地反映总体各单位的实际分布特征。

（四）数据资料的分析

资料分析阶段又称为研究阶段。资料的初步分析计划应说明统计指标的内涵和计算方法，预期作哪些统计描述和统计推断。例如，对发病率、死亡率、年龄别发病率和死亡率、参保率等的指标描述，对男、女性别发病率差异的假设检验，以及职业与参保率间的关系，收入与参保间关系的统计推断等。除此之外，还要提出上述分析项目所应用的统计学公式或模型。

五、调查的质量控制

（一）质量控制的目标

研究工作的质量控制(quality control)应贯穿于研究过程之中。一般来说，保持研究的高质量就是尽量降低研究中可能出现的各种误差，主要是随机误差和系统误差，系统误差也称偏性或偏倚(bias)。

1. 可靠性

可靠性(reliability)，也称重现性、信度，对立面是随机误差，即针对一个研究目标搜集材料，得到众多数据围绕该目标的紧密程度(精确度)，或重复测量多次，多次结果都围绕该目标的接近程度(重现性，reproduction)，反映测量手段在时间上的稳定性。信度的基本类型有再测信度、复本信度和折半信度等，常用的指标是 Cronbach's α 系数、组内相关系数、折半相关系数、Kappa 值等。

α 介于 0~1，一般认为，α 在 0.7 以上才有意义。

2. 真实性

真实性(validity)，也称准确度、效度，对立面是系统误差，就是研究工作所得资料往往以某个固定方向偏离真实目标，即使所得数据资料信度很好，但它所紧密地围绕的该目标是远远离开了真实的目标，所以称为偏性。偏性是可以避免和预先防止的。

3. 可比性

可比性(comparability)，对立面称为不均衡性，任何两组或两组以上资料比较都可能遇到这个问题，即在两组人群中，除了所要研究的因素在两组间不同而保持其固有自然状态，其余因素均应使其尽量相同。

4. 完整性

完整性(integrality)，对立面称为不完整性，取得任何数据资料都应遵守一定规格。如调查表中有 60 项，则 60 项均应填写清楚；如有四项漏掉了没填写，或不经调查又随意地填上主观的结果，这样使调查资料残缺不全，或形式上完整，实质上残缺不全，显然破坏了资料的完整，间接地影响了资料的真实性与可靠性，这是不应该发生的破坏研究工作质量的问题，应该完全避免。

（二）关于质量控制的几点必要的认识

1）质量问题是贯穿始终的，从研究最开始到研究结束为止，都可能产生质量问题。例如，选题，看文献，就可以带着研究者主观偏性去搜集有利于支持开展本研究工作的资料，而不注意或不屑一顾那些反对的文章。论文报告书写的时候，也可能尽力截取有利于预期结果的材料，而有意抛开所谓不利因素或阴性结果。这是研究者主观意识所带来的偏差。

2）质量问题遍及研究过程的各环节，研究工作大体分为三个阶段，即研究准备、现场搜集和资料整理分析阶段。每个阶段都存在质量控制的问题。

3）所产生的质量问题是大量的、各式各样的，这是因为研究的问题多半涉及人，而且问题日趋复杂，众多的疾病其发病原因都是多因素所致，其产生的偏差往往估计不到或难以捉摸，有时来自研究者方面，有时来自研究对象方面，有时是主观产生的偏差，有时是客观产生的偏差，有的明显(如回忆偏倚)，有的隐讳，因此要多加小心，认真仔细辨别。

4）多数的偏差要靠事先预防而无法事后弥补，所谓系统性误差就是这样，调查结果不是偏大就是偏小，无可挽救。

5）有些误差目前只要求辨别它，尚不能左右它。所以研究的质量控制目前只能达到一定水平，我们对某种误差能控制到什么程度，要有清楚的认识和估计。例如，经过努力可使资料填写得尽可能完整，但回忆偏差，则无法彻底消除。

6）关于质量控制系统的研究还很不够，目前很难有合理的体系给以归纳。

（三）质量控制的措施

1. 根本性、预防性的技术措施

1）设计研究工作或是实施研究工作之前，要对可能产生的各种误差有清醒的认识，有预见才能有预防。例如，预见到调查员水平不齐，则需事先加以培训。对各种资料的特性有所了解，知道死亡率和患病率指标有其局限性，不能反映发病情况，则应该寻找新发病例来取代死亡病例和现存病例，以预防偏差的产生。

2）调查对象和变量要给予明确的限定。这在设计阶段尤为重要，如果规定得含糊不清或缺少必要的限定，就会产生错分，而导致一系列严重的信息偏倚。

3）调查对象的选择和分配尽量做到随机化。一个随机样本就是无偏样本，它可以减少一系列偏差而增强样本的代表性，如果多组资料都采用随机抽样，也可适当地增强样本之间的可比性。

4）在有关研究中尽可能采用盲法。例如，无条件实行双盲，采用单盲也比不采用盲法为好，它可以减少观察对象和观察者的主观偏差。

5）两组或两组以上对象进行比较的研究，需尽量保持组间除研究因素以外诸因素之间的齐同，也称为保持比较各组之间的均衡性。

6）参加研究工作的有关人员要达到一定技术水准：这个水准在同等工作人员之间要大体相当。如果不齐或不够，则事先应给以培训使其一致。

7）测量的数据尽可能地定量化。

8）可适当加大样本含量。

9）可以在资料分析阶段利用统计学手段辨识有无混杂因素的影响，从而排除混杂因素的干扰。

2. 组织措施与规章制度

订立规章制度以保证研究质量，建立组织措施和监督检查制度，特别要对不合格和未得到预想结果的情况规定如何补救的办法。要重视预调查，预调查可以有助于了解我们制订的计划是否完善，有无漏洞，实施的可行性，可以锻炼和考核整个研究队伍，使研究者通过实践摸清工作的全过程，什么环节容易出现偏差，如何及时修改计划或纠正缺点错误。

3. 特殊的检查质量的办法

人们一直在努力寻找用某种指标或方法能够衡量出资料的可靠程度或真实程度，以估计是否有偏差或测定偏差的大小。

1）Kappa 一致性检验，这是核对资料可靠性的一种方法，即两个人先后调查同一批对象，所得结果相符的程度，或同一人先后对同一批对象调查结果相符的程度（详见有关专著）。

2）均衡性检验，即两组资料进行比较时，先检查一下各组变量，除需要研究的变量之外，其余主要的、可能对研究结果起影响的因素在两组之间是否大致相同，也就是检验可比性如何。

3）逻辑性复核，主要是在整理资料阶段核对统计数字的正确性，或检查其他记录，根据事物的逻辑查出错误而加以纠正。近年来，由于计算机的广泛使用，操作疏忽或疲倦等原因，数字键入错误、遗漏及逻辑不合等现象经常出现，不可不从保证质量的高度加以认真对待。

4）其他方法，如 Pearson（皮尔逊）两数列相关数法，以及 Kendall（肯德尔）等级相关系数等均可适用。

总之，目前定量的质量控制方法还不多，人们正在努力探索，虽然达到完全和完美的质量控制，目前尚属不易，但却可以事先预见到它的存在而妥善地采取预防性的措施来加以部分地解决。

六、医疗保险研究中常见的调查类型

医疗保险的统计调查研究需要根据调查目的选择适当的调查研究的类型，在此基础上才能有效地制订调查方案、确定调查对象和调查方法。根据统计研究调查对象范围的不同，可以将调查性研究分为全面调查和非全面调查。

（一）全面调查

全面调查（overall survey）也即普查，是指在特定的时间范围内，对总体中的每一个成员逐一进行调查，如我国的历次人口普查。从理论上看只有普查才能获得总体参数，没有抽样误差。普查的目的是全面了解研究总体在某一特定时点的分布和特征，如时点患病率，年中人口数。通过普查可以发现总体对象中某种疾病的患病率，以确定医疗保险政策和方案；通过普查，可以了解人群的健康状况，建立生理标准；普查的同时也会普及医学知识，使所有调查对象从中受益。普查具有以下特点。

1）概括性和普遍性。由于是对调查范围内所有研究对象的某一特征或项目进行全面的、无一遗漏的调查，所以占有资料全面，结论具有高度的概括性和普遍性，可以精确地反映总体的特征。例如，在一个地区开展食道癌的防治，为了摸清病情，早期发现，及时根治，可采用普查的方法。对某一地区血吸虫病的患病状况进行普查，了解血吸虫病的患病率、发病原因及螺情情况、行为习惯等，通过调查特定时点或时期和特定范围内人群中相关变量(因素)与疾病和健康状况的关系，即调查这个特定的群体中的个体是否患病和是否具有某些变量和特征的情况，从而探索具有不同特征的暴露情况与疾病和健康状况的关系。

2）准确性和标准性。普查资料的搜集一般采用统一的表格、统一的要求进行填写。普查的登记工作尽可能在最短期限内完成，并且要在方法上、步调上保持一致，历次普查的内容要保持一致，以此观察被研究对象的发展变化及其规律性。因此，普查获取的资料具有准确性和标准性。

3）一次性或周期性。普查费时长，耗资大，投入人力多，多为一次性调查或周期性调查。例如，第六次人口普查中央财政投入达到7亿元，加上地方政府的投入，总量达到80亿元。普查往往需要借助于相关行政领导部门的支持，并且事先经过周密的计划和设计。这在研究设计中应充分考虑到。

（二）非全面调查

非全面调查是从调查总体中依据某种方法抽取一部分对象进行调查，根据调查所得结果及选取对象所采取的方法推断总体的特征。非全面调查就是通过部分对象的调查以了解全体。非全面调查可以节省人力、物力和时间，并能获得更为细致和准确的资料，在实际调查研究中广泛应用。其前提是所选对象能够准确反映并解决所要调查的问题。因此，如何把握选择对象的标准及如何选择调查对象显得至关重要。根据选取对象的方法不同，非全面调查可以分为抽样调查、典型调查和个案调查。

1. 抽样调查

抽样调查是指从调查对象的总体中随机抽取一部分单位进行调查，用这一部分单位的指标数值推断总体指标数值。抽样调查既是搜集资料的方法，也是对现象总体作出具有一定可靠性的估计推断的方法，在统计研究中应用较广。抽样调查具有以下几个特点：抽样调查是通过随机抽样获取部分调查单位，计算出样本的特征值并借以反映总体的特征。抽样调查抽取样本时，遵循随机原则，完全排除主观意识的作用，以保证全部总体中每个单位都有同等的中选或不中选的可能性，所以也称为同等可能性原则。另外，抽样调查只涉及全部总体中的一部分单位，因此抽样误差的存在是不可避免的。抽样调查的类型及抽样方法在前面已经详细叙述，在此不再赘述。

2. 典型调查

典型调查就是根据调查的目的和要求，在对所研究对象进行初步的全面分析的基础上，从中选择有代表的典型单位，进行周密系统的调查，借以认识事物的本质及其发展变化规律性的一种调查研究方法。典型调查是按照统计调查预定的目的，在被研究对象中有意识地选取具有典型意义的或富有代表性的少数单位进行的调查研究，是一种专门组织的非全面调查。例如，镇江市是江苏省唯一的公立医院改革试点城市，选取镇江市三级、二级、一级公立医院各一家作为典型单位进行调查，以此对镇江市基本医保基金运行情况进行分析，探索改革前后三种基本医保基金对医疗服务的补偿及控费现状。

典型调查的特点是节省人力、物力和时间，调查内容比较深入、细致和全面。但前提条件是选择的典型单位必须具有代表性。典型单位是在充分考虑了调查目的和要求的情况下，通过对客观对象的全面分析后有意识地选定的，所以典型调查只要对为数不多的单位进行调查，就可能取得代表性较高的资料。但典型调查没有遵循随机抽样的原则，不能用于估计总体参数，典型调查在应用时具有一定的局限性。

3. 个案调查

个案调查是指对一个或一类调查对象进行深入、细致地调查研究，在此基础上，再扩展到现象的普遍联系的认识上。它的特点是所选取的对象并不要求具有典型性和代表性，其作用是全面、深入、细致地研究个体全貌及其发展规律。例如，在了解医疗保险的支付方式时，可以对某种特征病(如二型糖尿病)住院患者医药费构成及支付状况展开个案调查，了解相关情况。在实际应用中，既要了解总体参数，又要深入探索事物特征时，往往在抽样调查之前进行探索性的典型调查或个案调查，以了解被调查单位的特征，为制定调查计划提供线索和依据；也可以在抽样调查之后进行补充性的典型调查或个案调查，以深入、细致地了解被调查单位的具体情况。

一、选择题

1. 实验设计的基本原则是(　　)。

A. 随机、配对、盲法　　B. 重复、随机、配对　　C. 随机、盲法、配对
D. 随机、重复、盲法　　E. 对照、随机、重复

2. 实验设计和调查设计的根本区别是(　　)。

A．实验设计以动物为对象　　B. 调查设计以人为对象　　C. 实验设计可随机分组
D. 实验设计可人为设置处理因素　　E. 两者无区别

3. 实验研究与调查研究相比，主要优点在(　　)。

A. 节省时间　　B. 节省人力　　C. 节省经费
D. 干扰因素少　　E. 统计分析指标少

4. 分层抽样要求把总体分层，为了减少抽样误差，要求(　　)。

A. 层内个体差异小，层间差异大　　B. 层内个体差异大，层间差异小
C. 层内个体差异小，层间差异小　　D. 层内个体差异大，层间差异大
E. 分层完全随机

5. 已知某省山区、丘陵、平原的婴幼儿体格发育有较大的差异，现需制定该省婴幼儿体格发育有关指标的正常值指标范围，调查设计最好采取(　　)。

A. 简单随机抽样　　B. 分层抽样　　C. 机械抽样
D. 整群抽样　　E. 以上都不是

二、简答题

1. 研究设计的意义是什么？
2. 什么是实验研究？医疗保险实验性研究的基本类型有哪些？
3. 什么是调查研究？如何设计调查研究计划？
4. 常用的抽样调查方法有哪些？
5. 如何进行调查表的研制？

（陶群山）

第三章

数值变量资料的统计描述

研究计划实施的过程，就是在搜集原始资料(raw data)。原始资料在复核无误后，需要进行整理、加工和分析，以发现样本数据的分布(distribution)类型和分布特征，这些分布规律一方面对样本进行了描述，另一方面对于统计方法的选择具有指导意义。

第一节　频数分布与频数表

一、原始资料的检查与整理

真实准确的原始资料是进行统计描述、统计推断和预测的基础。对原始资料进行必要的检查(check)和整理(sort)具有重要的意义。

对原始资料的检查与整理，目的是净化数据，去粗取精、去伪存真，使其条理化、系统化，便于进一步的计算与分析。对原始资料的检查需要着重检查其完整性和正确性。完整性意味着资料没有缺漏和重复现象，各项资料都完整地体现了调查的实际情况；而正确性则意味着调查的各项数据是合理的、正确的。如果在检查的过程中发现有个别资料存在不完整、不正确的情形，需要对资料进行补充和改正；如果确实存在一定的困难，很难获得所需要的数据，只能将其剔除掉。

对原始资料的整理是将资料系统化、条理化的一个过程，是在对原始资料进行检查的基础上，进一步分组、汇总、制图等。频数表、统计表(图)等都是统计数据的主要显示方式。本节讲述数值变量(定量资料)的整理，其中最常用的是频数分布表，简称频数表(frequency table)。

表 3-1　某医疗保险机构 2013 年底工资收入情况

收入/元	人数(频数)	频率/%
2000～	20	10
3000～	40	20
4000～	80	40
5000～	40	20
6000～7000	20	10
总计	200	100

二、频数表的编制

将原始资料复核后，可以按一定的标准进行分组，每组的例数称为频数(frequence)。各组频数与总频数的比值称为频率。详见表 3-1。

实际上，组距包括等距的组距和不等距的组距。表 3-1 中的组距是等距的，也可以变成不等距的。如将“2000～”变为“3000 以下”，将“6000～7000”变为“6000 元以上”即可。频数分布表编制程序如下。

1. 计算极差

先找出其中的两个“极值”——最大值 X_{max} 和最小值 X_{min}，计算极差(range，R)，公式为

$$R = X_{max} - X_{min} \tag{3-1}$$

2. 计算组距

首先需要确定组段数(K)，然后再计算组距。组段数受样本含量的数量制约。样本含量越多，分的组也越多；反之，则越少。通常以 8～15 组为宜。组距尽量相对取整。

$$组距 = 极差 R \div 组段数(K) \tag{3-2}$$

3. 确定组距上下限

关键是第一组下限值的确定。下限值小于最小值 X_{min} 即可。上一组的上限值一定对应下一组的下限值。为避免交叉，可以规定下一组的数据都是从下限值开始，并大于下限值，即等于下限值的数据应包含在上一组中。

4. 列表

列出每一组段及其对应的频数、频率。以例 3-1 为例，来说明一下频数分布表的编制。

例 3-1 某市 2013 年测得 150 名 12 岁健康男童的体重(kg)如下，试编制频数分布表。

25.2	34.9	34.3	38.1	41.3	27.8	33.8	37.7	28.4	33.5	47.3	34.8
30.5	36.2	51.0	38.0	43.8	40.9	37.5	36.6	33.4	47.4	36.4	41.4
36.5	42.5	33.7	29.3	39.6	37.5	39.6	33.2	32.1	29.9	43.7	33.8
35.1	37.8	32.4	38.5	28.2	36.5	23.4	35.8	34.1	27.6	42.6	23.1
37.1	44.0	35.6	44.5	46.5	35.0	31.8	36.4	36.2	47.9	38.7	20.5
37.1	29.2	38.2	41.1	36.2	43.5	32.8	36.3	31.8	30.6	38.5	39.6
28.7	33.7	35.1	42.9	20.1	35.4	26.5	42.0	39.6	38.7	35.4	51.2
31.4	34.1	25.3	29.6	38.2	43.7	33.8	24.5	29.2	45.9	32.5	23.5
36.8	27.2	34.0	34.7	44.4	41.2	35.3	42.6	34.1	30.0	31.4	40.8
27.3	48.6	35.8	29.7	45.6	41.8	33.0	28.3	33.3	35.1	40.6	38.2
37.6	25.5	37.3	37.5	41.5	38.4	44.2	43.2	31.5	40.2	34.5	37.4
37.8	33.4	32.2	33.4	32.4	32.8	36.8	45.7	41.2	40.9	36.5	47.9
35.7	39.3	42.2	35.3	30.1	27.2						

第一步，确定 150 个数据里面的两个“极值”，最大值为 51.2，最小值为 20.1。依据公式(3-1)，极差 $R = 31.1$kg；

第二步，先确定组段数，再确定组距。依据分组规则，可以将 150 个数据初步分为 10 组，依据公式(3-2)，组距为 $31.1 \div 10 \approx 3$kg。

第三步，确定组距上下限。第一组段要包括最小值，最后一个组段要包括最大值。第一组段下限为 20，上限为 23，为避免交叉，各组段应从本组段下限开始，不应包括本组段上限，最后一组段应同时写出其上限和下限，记为 50~53，见表 3-2(1)栏。

第四步，计算各组段数据的个数(频数)，并计算频率。列表见表 3-2。

表 3-2 某市 2013 年 150 名 12 岁健康男童的体重频数分布

体重组段 (1)	频数 (2)	频率/% (3)	体重组段 (1)	频数 (2)	频率/% (3)
20~	2	1.33	38~	23	15.30
23~	7	4.67	41~	18	12.00
26~	10	6.67	44~	8	5.33
29~	15	10.00	47~	5	3.33
32~	25	16.70	50~53	2	1.3
35~	35	23.30	合计	150	100

三、编制频数表的注意事项

1) 表 3-2 组距为等距的频数表。从公式(3-2)可以看出，在极数确定情况下，组距的大小明显会因分组的不同而有差别。组段数越多，组距数值越小；组段数越小，组距数值越大。

2）如果数据明显集中在几个数值段，则需要编制不等距的组距频数表。它的编制需要从集中的数值中找出最大值和最小值。其次，按照等距组距频数表的编制方法，将集中的数据进行编制。接着，再增加两个组段，小于集中数值中的最小值和大于集中数值中的最大值两个组段。然后再通过计算每组段数据的个数，计算频率。最后列出不等距的组距频数表。

3）对于频率表，一些资料中还列出了组中值(class mid-value)数据。组中值的计算如下：

等距组距组中值 = (上限值+下限值) ÷ 2

不等距组距组中值，如果只有上限值，组中值 = 上限 - 相邻组的组距 ÷ 2；如果只有下限值，组中值 = 下限+相邻组的组距 ÷ 2；其他组按等距组距组中值计算。

四、频数分布的图示及分析

1. 频数分布的图示

常用的频数分布的表示图形有直方图(histogram)。直方图是在直角坐标系中，用横轴表示组段情况，纵轴表示频数，绘制成的图形。如例 3-1 中的数据绘制成直方图 3-1(如下)。

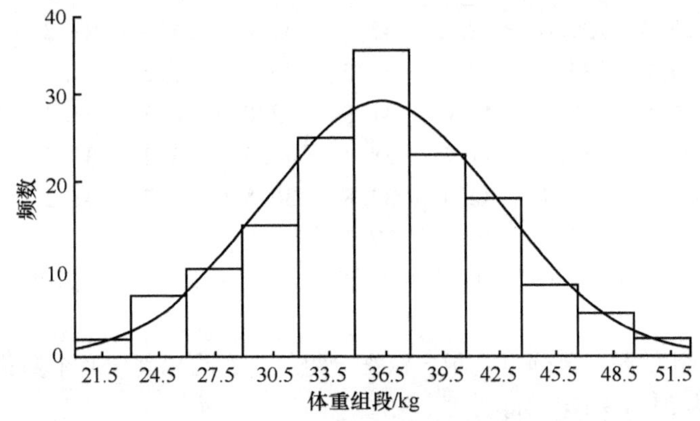

图 3-1　2013 年某市 150 名 12 岁健康男童的体重频数分布图

2. 频数分布的分析

(1) 频数分布的类型

从直方图频数的分布可看出，频数分布通常分为两种类型：对称分布和偏态分布。

对称分布是指所有的频数都具有向中央值集中的特点，中央值左右两侧频数分布基本对称。而偏态分布，指频数分布不对称，集中位置偏向一侧。若集中位置偏向数值小的一侧，称为正偏态分布；集中位置偏向数值大的一侧，称为负偏态分布。

观察图 3-1，可以发现大部分数据向中央值集中，左右两侧频数基本对称，所以它是对称分布。不同分布类型的资料，应采用不同的统计分析方法。

(2) 频数分布的特征

从频数表和图形中不仅可以直接观察数据的变化情况，还可以简单分析频数分布的特征。频数分布一般有集中趋势(central tendency)和离散趋势(tendency of dispersion)两个特征。集中趋势是观察值向某一值靠拢、集中。在图 3-1 中 150 名 12 周岁健康男童的体重大部分集中在中等体重上，35~人数最多；其离散趋势表现在，150 个数据以 35~为中心，其他两侧身高数据逐渐偏离这个区间数值，频数分布逐渐减少。一般来说，数值变量资料可通过频数分布的集中趋势和离散特征去分析研究规律。

五、频数表的用途

1）频数表可以揭示资料的分布类型和分布特征，观察资料的集中趋势和离散趋势。

2）便于发现某些特大或特小的离群值(outlier)。有时频数表中会出现某些特大或特小的离群值，必要时需要检查核实这些数值。

3）作为陈述资料的一种形式通常出现在有关刊物中。

第二节　医疗保险总量指标

一、总量指标的概念

总量指标又称为数量指标，是将搜集的原始资料，汇总整理后所得到的总计数值即为总量指标。它的数值是绝对数，即是一个加总的数值。总量指标是反映一定条件下某种事物的总体规模、总体水平和工作总量的指标。例如，人口总数，国民生产总值，某市卫生机构总数，某医院某年总诊疗人次数等。有时，总量指标也可以是社会经济现象总体在不同时间条件下的数量差额。例如，某医院2012年总诊疗为200万人次，比2011年增加了18万人次。这个18万人次也是一个总量指标。总量指标具有两个特点：第一，计算仅针对于有限总体；第二，总体范围不同，总量指标大小不同。

二、总量指标的作用

总量指标在统计实践和统计分析中都有着非常重要的作用。总的来说，包括三方面。

1. 总量指标反映一个地区(国家)一定条件下社会经济现象的总体规模

如果想了解一个国家、一个城市、一个乡镇等某项具体社会经济现象的基本情况，如人口总数、国民生产总值等情况，必须要了解这些反映国家国情和国力，以及一个地区或单位人力、物力和财力的基本数据。而且，通过这些数据，还可以在不同地区之间进行横向比较及在同一地区具体行业进行纵向比较。这些总量指标也为国家、地区、行业等提供研究资料。

2. 总量指标是国家进行经济管理、经济核算和经济活动分析的重要依据

进行经济管理、经济核算和经济活动分析，必须要明确当前这个地区、行业的总体水平、管理水平及社会效益等情况。例如，要对济南市60岁以上生活困难的老年人口进行补贴，必须要明确全市老年人口及生活困难的老年人口数字，还要知道他们的具体困难程度(家庭收入)、当地的生活水平等情况。除此以外，还可以通过搜集到的指标进行分析他们的消费支出比例情况，以此来确定需要对他们进行物质补贴的数量。

3. 总量指标是计算平均数和相对数的基础

总量指标计算是否科学合理，直接影响平均数和相对数的准确性。平均数和相对数是通过总量指标的绝对数值除以另一总量指标的绝对数值求得。以平均数的计算为例，某地区2011年劳动力平均收入水平＝当年劳动力获取的总收入÷当年总劳动人口，即是两个总量指标的绝对数相除得出平均数。相对数也是如此。所以，要想保证平均数和相对数的正确性，必须首先确保总量指标数值是准确无误的。

三、总量指标计算应用时应注意的问题

1）总量指标并非任何时候都有意义。例如，计算一个单位职工的平均年龄时，需要先计算所有职工的总年龄，这个总年龄在统计学上几乎是没有意义的，但确是计算平均年龄时必须的一个步骤。

2）注意时期总量和时点总量的区别。它们都是反映时间状态的指标，但是时期指标是总体在

一定时期内数量累计所达到的结果。例如，国家进出口总局每年都公布进出口的总量、医院统计的业务收入、保险公司公布的支出保费总额等都是时期指标。时点指标则表明在某一时点上某一事物所处的状态。例如，在具体的某一时间点，某产品库存量的数额，固定资产的净值等。

3）计算总量指标时，注意统计口径的一致性。

4）每个总量指标都反映了社会经济总体及其运动的一个方面，如果想反映整个总体的状况，需要采用互相衔接的统计指标体系，从相互联系的各个方面进行反映。

四、医疗保险专业常用统计指标

医疗保险是为了补偿疾病所带来的医疗费用的一种保险。医疗保险专业常用统计指标，对于全面反映医疗保险事业发展的规模、水平、结构、比例及跟踪国家政策的贯彻落实情况，揭露医疗服务管理中存在的问题等情况都具有非常重要的意义。在这些常用指标中，既有总量指标，也有在总量指标的基础上派生出的平均指标和相对指标，这三者共同反映医疗保险的具体运行情况。

1. 反映医疗保险覆盖情况的指标

该指标包括应参保单位数，申报登记单位数，应参保人数，实际参保人数，缴费单位数，缴费人数，医疗保险覆盖率，参保人群年龄构成，不同工资收入水平参保人群构成等。

2. 反映医疗保险基金筹集、运行、管理、支付及增减情况的指标

该指标包括医疗保险基金应(实)缴额，医疗保险基金收入、支出、结余，统筹基金收入、支出结余，个人账户支出额，医疗保险基金收缴率、结余率，住院费用统筹基金支付比例，医疗保险基金收入、支出、结余的发展速度、增长速度等。

3. 反映医疗保险的社会效益、被保险人健康水平改善情况的服务监督指标

该指标包括特殊慢性病门诊照顾人数，超基本医疗保险封顶人数，年人均住院天数，参保职工住院率，平均每天住院人次数，年人均住院费用比较等。

4. 反映被保险人群对医疗保险的满意程度的指标

该指标包括被保险人群对医疗保险的覆盖程度、医疗保险基金支付比例、结余，对特殊慢性病报销情况等问题的满意度。

第三节 集中趋势描述

将定量资料进行分组和频数表整理之后，仍不能全面描述研究对象在量的方面的综合特点和一般水平，因此，需要进行集中趋势(central tendency)的描述，即对频数分布的集中的位置和平均水平进行测量。

用来测量数值变量资料的集中位置的指标，医疗保险统计主要应用算术均数、几何均数、中位数等。这些指标在统计学上称为平均数或平均指标，反映了性质相同的一组观察值的集中趋势、中心位置或平均水平，可进行组间的分析比较等。

（一）均数

均数(mean)是算术均数(arithmetic mean)的简称，在数值上等于一组同质观察值总和与观察个数之商。均数适用于对称分布，尤其是正态分布资料(正态分布后述)，可以描述一组定量数据在数量上的平均水平。此时均数能够反映分布的集中趋势，其值位于分布的中心。若数据为偏态分布，均数就不能较好地反映分布的集中位置。

样本均数(sample mean)在统计学上常常用$\bar{x}$表示，总体均数(population mean)用μ表示。按样本含量的大小，均数的计算又分为直接法和加权法。

1. 直接法

当数据未分组时，此时样本含量较少(一般 $n \leqslant 30$)，可以直接将各观察值相加，然后以其和除以样本个数得出的结果即为均数。若原始数据分别为 x_1，x_2，…，x_n，那么均数 $\bar{x}$ 等于将所有数据 x_1，x_2，…，x_n 直接相加，再除以总例数 n，即

$$\bar{x} = \frac{x_1 + x_2 + \cdots + x_n}{n} = \frac{\sum X}{n} \tag{3-3}$$

式中，$\sum$ 是求和符号，x 是观察值，n 为观察值的个数，即样本含量。

例 3-2　某同学年底期末 5 门科目考试成绩如下：数学 85，英语 90，政治 95，语文 88，地理 90，请计算该同学的平均成绩。

$$\bar{x} = \frac{x_1 + x_2 + \cdots + x_n}{n} = \frac{\sum X}{n} = \frac{85 + 90 + 95 + 88 + 90}{5} = 89.6$$

2. 加权法

适用于样本数量比较多(一般 $n > 30$)或相同数据个数较多的情况。加权均数在数值上等于各观察值乘以其个数(或频数)除以各观察值个数(或频数)之和，即

$$\bar{x} = \frac{f_1x_1 + f_2x_2 + \cdots + f_kx_k}{f_1 + f_2 + \cdots + f_k} = \frac{\sum fX}{\sum f} \tag{3-4}$$

式中，f_i 为各组段的频数，x_i 为各组段的组中值，k 为组数，$f_i/\sum f$ 为权重。

1) 若已知各观察值的频率(权重)，可将各观察值乘以对应的频率，然后加和计算加权均数。

例 3-3　某医疗保险机构人员通过调查发现，某区 2300 名不同社区不同收入的老年人周基本消费如下：高消费者 1600 人，周消费为 200 元/人；中等消费者 500 人，周消费为 150 元/人；低等消费者 200 人，周消费水平为 100 元/人，请计算这些老人的平均消费水平。

解

$$\begin{aligned}\bar{x} &= \frac{f_1x_1 + f_2x_2 + \cdots + f_kx_k}{\sum f} \\ &= \frac{1600 \times 200 + 500 \times 150 + 200 \times 100}{1600 + 500 + 200} \\ &= \frac{415000}{2300} = 180.43\end{aligned}$$

该样本人群的平均消费水平为 180.43 元/人。

2) 对于已编制成频数表的资料，以各组段的组中值代替本组段的各观察值，以各组段的频数作 f，用加权法求均数。以表 3-1 数据为例，计算组中值，列成表 3-3，计算平均收入。

表 3-3　某医疗保险机构 2013 年底工资收入情况

收入/元	组中值 x_i	人数(频数)f_i	收入/元	组中值 x_i	人数(频数)f_i
2000~	2500	20	5000~	5500	40
3000~	3500	40	6000~7000	6500	20
4000~	4500	80	总计	—	200

根据公式 3-4

$$\bar{x} = \frac{2500 \times 20 + 3500 \times 40 + \cdots + 6500 \times 20}{20 + 40 + \cdots + 20} = 4500(\text{元})$$

因此,该样本人群的平均收入为4500元/人。

(二) 几何均数

几何均数(geometric mean),也是平均数中常用的一个指标,常用于原始数据呈倍数关系,或对数正态分布资料。样本几何均数用 G 表示,总体几何均数用 μ_G 表示。

几何均数的计算也有直接法和加权法之分。

1. 直接法

直接法计算几何均数等于对 n 个观察值的乘积开 n 次方根。一般情况下,用于小样本计算。

$$G = \sqrt[n]{x_1 \cdot x_2 \cdot \cdots \cdot x_n} = \sqrt[n]{\Pi X} \tag{3-5}$$

式中,Π 为连乘符号;G 为几何均数;x_i 为各观察值。在实际统计过程中,为了计算简便,可以采用两边取对数的方法来计算,即

$$\lg G = \frac{1}{n}(\lg x_1 + \lg x_2 + \cdots + \lg x_n)$$

得

$$G = \lg^{-1}\left(\frac{\sum \lg X}{n}\right) \tag{3-6}$$

例 3-4 5名学龄儿童的麻疹血凝抑制抗体滴度为1:25,1:50,1:50,1:100,1:400,求平均抗体滴度。

解 根据题意,该资料呈倍数关系,应用几何均数来计算平均抗体滴度。先求抗体滴度倒数,计算G。

$$G = \lg^{-1}\left[\frac{(\lg 25 + 2\lg 50 + \lg 100 + 1g400)}{5}\right]$$

$$= \lg^{-1}\left[\frac{(1.398 + 3.398 + 2 + 2.602)}{5}\right] = 75.79$$

然后再取倒数即可得到平均抗体滴度,即1:75.79。

2. 加权法

一般情况下,当样本资料较多时,或已将资料进行分组时,适用加权法求得几何均数。

$$G = \lg^{-1}\left(\frac{f_1\lg x_1 + f_2\lg x_2 + \cdots + f_k\lg x_k}{\sum f}\right) = \lg^{-1}\left(\frac{\sum f\lg X}{\sum f}\right) \tag{3-7}$$

式中,$\sum f$ 为总权数;f_1, f_2, f_3, …, f_n 为各组的频数;x_1, x_2, x_3, …, x_n 为各组变量值。

例 3-5 测得16名正常人的血清乙型肝炎表面抗原HBsAg滴度如下:7人为1:8,5人为1:16,1人为1:32,3人为1:64,请计算16名正常人的平均乙型肝炎表面抗原HBsAg滴度。

解 先将原始数据取倒数,用公式(3-7)计算几何均数,

$$G = \lg^{-1}\left(\frac{\sum f\lg X}{\sum f}\right) = \lg^{-1}\frac{7\lg 8 + 5\lg 16 + \lg 32 + 3\lg 64}{7 + 5 + 1 + 3} = \lg^{-1}\frac{19.23}{16} \approx 15.92$$

故平均滴度为1:15.92.

3. 注意事项

1)计算几何均数原始数据不允许出现0,因为0不与任何数字构成倍数关系;另外,数据中只能用正值计算,当数据全部为负值时,可将负号先去掉,等运算完之后再加入相应的负号。

2)几何均数是一种特殊的平均值,各比例值之间差别越小,均数的结果越接近几何均数。

3）几何均数受观察值中极端值影响较算数均数小，同一数据若同时计算几何均数和均数，结果必然为 $\bar{x} > G$ 。

（三）中位数

中位数(median)是特殊的平均数，它的特殊性主要体现在其计算依赖于观察值的位置所在。一组原始数据从小到大(或从大到小)顺序排列，位次居中的观察值即为中位数。样本中位数用 M 表示，总体中位数用 μ_M 表示。

1. 特点和适用范围

1）特点：由于中位数的大小取决于观察值分布的中点数值，所以它不受极端数值的影响，有时可用来表示现象的一般水平。各变量值与中位数离差的绝对值之和小于其他任何变量值之间离差的绝对值之和。

2）适用范围：对于呈明显偏态的资料；分布不清楚的资料及分布的一端或两端无确定数值的资料都是适用的。

2. 计算方法

（1）直接计算法

数据未分组时，将所有观察值按从小到大(常用排列方式)顺序排列，位置居中的观察值即为中位数。

$$M = X_{\frac{n+1}{2}} \quad (n\text{ 为奇数}) \tag{3-8}$$

或

$$M = \frac{X_{\frac{n}{2}} + X_{\frac{n}{2}+1}}{2} \quad (n\text{ 为复数}) \tag{3-9}$$

例 3-6　某校运动会 1 分钟跳绳比赛决赛结果如下：202，120，150，146，100，196，188，200，请计算其中位数。

解　将结果数据按从小到大进行排序：100，120，146，150，188，196，200，202，由公式(3-9)，

$$M = \frac{X_{\frac{n}{2}} + X_{\frac{n}{2}+1}}{2} = \frac{X_4 + X_5}{2} = \frac{150 + 188}{2} = 169$$

（2）频数表资料中位数的计算

计算公式为

$$M = L + \frac{W}{f_M}\left(\frac{n}{2} - \sum f_L\right) \tag{3-10}$$

式中，L 为中位数所在组的下限，W 为中位数所在组的组距，f_M 为中位数所在组的频数，$\sum f_L$ 为中位数所在组段之前的累计频数。

例 3-7　某地区调查了 100 户家庭人均月收入(元)水平，资料见表 3-4，请计算该地区的人均收入。

表 3-4　某地区家庭按人均月收入水平表

按月收入水平分组	家庭数(频数)	累计频数	按月收入水平分组	家庭数(频数)	累计频数
400~	45	45	1000 以上	5	100
600~	35	80	合计	100	—
800~	15	95			

根据题意，若计算其平均收入，首先要考虑用哪一种平均数表达。此为偏态分布，故计算中位数。计算的过程中，要找中位数所在的位置。由于 $\sum f$ 为 100，中位数应为观察值从小到大排

列的第 50 个位次。由表 3-4，可以发现对应的组为 600～组，所占比例(频数)为 35，累计频数为 80。据公式(3-10)可得

$$M = L + \frac{W}{f_M}\left(\frac{n}{2} - \sum f_L\right) = 600 + \frac{200}{35}(50 - 45) = 628.57$$

该地区的人均收入为 628.57 元。

3. 注意事项

1）对同一资料若同时计算 M 与 $\bar{x}$，如果资料为对称分布，则 $M = \bar{x}$；如果资料为单峰正偏态，则 $M > \bar{x}$；如果资料为单峰负偏态，则 $M < \bar{x}$。无论是单峰正偏态还是负偏态，中位数的代表性都会受到影响。

2）中位数不受原始数据极值的影响，从而在一定程度上提高了中位数对原始数据的代表性。

3）频数表法计算中位数，所有组距是否相等并不影响中位数的结果。

第四节　离散趋势描述

对于一组定量数据，要清晰地表达出各观察值的分布变化规律，除了描述集中趋势之外，还必须计算反映离散趋势的指标，以反映数据组中各观察值远离中心值的趋势。

（一）极差

极差又称全距，是所有观察值中最大值与最小值的差值。

极差 = 最大观察值 - 最小观察值，极差表明了观察值变动的范围和幅度，极差大，说明观察值的离散程度大，此时平均数的代表性比较差；极差小，说明观察值的离散程度小，此时平均数的代表性好。

例 3-8　请计算两组数据的极差：

第一组：1　3　5　7　9　10

第二组：1　2　4　4　9　10

第三组：2　4　5　7　8　9

前两组数据的极差都为 9，第三组数据的极差为 7。可以发现，第三组数据离散程度最小。由于前两组数据极差是一样的，但不能断言两组数据的离散程度相同，很明显第二组的离散程度大于第一组。

极差的特点如下：①计算简便，方法简单，反映定量数据的离散程度较为直观，易于理解。②易受极端值的影响，只能反映数据中最大值和最小值之间的差距，不能反映数据的具体分布情况和离散情况，代表性差。

（二）四分位数间距

四分位数由 p_{25}，p_{50}，p_{75} 将一组观察值等分为四部分，p_{25} 称下四分位数，p_{75} 称上四分位数，p_{50} 其实就是中位数。p_{75} 与 p_{25} 的差值即为四分位数间距(quartile interval，Q)，是上四分位数与下四分位数之差。用四分位数间距可反映变异程度的大小。四分位数间距越大，则数据的变异度越大；反之，说明变异度越小。与极差相比，四分位数间距较稳定。四分位数间距与中位数一起可全面描述偏态分布资料的分布特征。

1. 确定步骤

第一步，先确定四分位数的位置。所有的观察值按从小到大(常用)进行排序后，等分成四个部分的数，即下四分位数、中位数和上四分位数分别为 Q_1，Q_2，Q_3，则 Q_1，Q_2，Q_3 的位置可由下述

公式确定：

$$Q_1 \text{ 的位置} \frac{n+1}{4}$$

$$Q_2 \text{ 的位置} \frac{2(n+1)}{4}$$

$$Q_3 \text{ 的位置} \frac{3(n+1)}{4}$$

式中，n 表示观察值的个数。

第二步，计算四分位数间距

$$Q = Q_3 - Q_1 = P_{75} - P_{25} \tag{3-11}$$

例 3-9　以例 3-6 中的数据计算四分位数。

解

$$Q = Q_3 - Q_1 = \frac{188 + 196}{2} - \frac{100 + 120}{2} = 164$$

注意，对于组距式数据计算时需要按 $P_{75} - P_{25}$ 计算。

由于 P_{75} 与 P_{25} 的计算涉及百分位数，下面简单介绍百分位数及其计算。

2. 百分位数的计算

百分位数(percentile)是一个位置指标，样本的第 x 个百分位数记为 P_x，它是指把数据从小到大排列后处于第 x 百分位置的数值。P_x 将全部观察值分为两部分，理论上有 x% 的观察值比它小，有(100－x)% 的观察值比它大。例如，P_{25} 是指在全部观察值中，有 25% 的观察值小于 P_{25}，有 75% 的观察值大于 P_{25}。中位数是个特定的百分位数，即 P_{50}。

(1) 计算方法

$$P_x = L + \frac{W}{f_x}\left(n \cdot x\% - \sum f_L\right) \tag{3-12}$$

式中，P_x 为第 x 个百分位数，L, W, f_x 为 P_x 所在组的下限、组距和频数，n 为总例数，$\sum f_L$ 为 P_x 所在组段之前的累计频数。

例 3-10　计算表 3-4 中某地区家庭按人均月收入水平的四分位数。

解　根据公式(3-11)和(3-12)，四分位数间距

$$Q = Q_3 - Q_1 = P_{75} - P_{25} = 600 + \frac{200}{35}(75 - 45) - \left[400 + \frac{200}{45}(25 - 0)\right] = 260.32$$

(三) 离均差平方和

极差与四分位数间距因为只涉及了部分观察值，不能反映全部观察值的离散程度，所以稳定性较差。由于误差的不可控性，所以只由两个数据来评判一组数据是不科学的。离散度就是数据偏离平均值的程度。为了较全面地反映数据的离散程度，可以考虑总体中每个观察值 x_i 与总体均数 μ 的差额，即($x_i - \mu$)，这个差额称为离均差。

为了避免正负问题，在数学上有有两种方法：一种是取绝对值，也就是离均差绝对值之和；而为了避免符号问题，数学上最常用的是另一种方法——平方，这样就都成了非负数。因此，离均差的平方和(sum of squares of deviation from mean)成了评价离散度的一个指标。

离均差平方和简称为平方和(sum of squares, SS)，其含义是计算每个观察值与均数的差，将其平方后相加。$SS = \sum (X - \mu)^2$ 是统计中离散趋势的重要指标之一，对样本而言，$SS = \sum (X - \bar{x})^2$。

(四) 方差

由于离均差平方和涉及观察值的例数，对有限总体而言，观察值的例数 N 的数量直接影响离

均差平方和的大小，为了消除 N 的影响取其均值，就得到的总体方差(population variance)，用 σ^2 表示，即

$$\sigma^2 = \frac{\sum (X-\mu)^2}{N} \tag{3-13}$$

实际工作中，医疗保险研究的多为样本。对样本而言，μ 常常未知，故用样本均数 $\bar{x}$ 来代替总体均数 μ，以样本含量 n 来代替 N，得 $\frac{\sum (X-\bar{x})^2}{n}$。但这样计算的结果常比实际的 σ^2 小。英国统计学家戈塞特(Gosset)于1908年提出用 $n-1$ 代替 n 来作校正，即得样本方差(sample variance)，用 s^2 表示，即

$$s^2 = \frac{\sum (X-\bar{x})^2}{n-1} \tag{3-14}$$

式中，$n-1$ 称为自由度(degree of freedom)，其值是随机变量可以自由取值的个数，本书自由度一律用 υ 表示。

方差的特点：因为全面考虑了每个观察值，所以方差越大，资料的离散程度越大；不受观察值个数的影响且便于数学上的处理。这些都属于方差的优点，缺点是由于有平方，度量单位发生了变化，实际应用过程中有时显得不方便。

（五）标准差

标准差(standard deviation，SD)就是方差的开平方取其正值，标准差通常是相对于样本数据的平均值而定的，表示样本某个数据观察值相距平均值有多远。可以看出，标准差易受到极值的影响。标准差越小，表明数据越聚集；标准差越大，表明数据越离散。

样本标准差 s 是总体标准差 σ 的无偏估计，$n-1$ 是其自由度。

由于标准差是通过将方差开方取正值得到，所以，标准差的度量单位与原观察值单位相同。

$$\sigma = \sqrt{\frac{\sum (X-\mu)^2}{N}} \tag{3-15}$$

$$s = \sqrt{\frac{\sum (X-\bar{x})^2}{n-1}} \tag{3-16}$$

1. 计算方法

1）未分组资料，直接法，即

$$s = \sqrt{\frac{\sum (X-\bar{x})^2}{n-1}} = \sqrt{\frac{\sum X^2 - \frac{\left(\sum X\right)^2}{n}}{n-1}} \tag{3-17}$$

2）分组资料，加权法，即

$$s = \sqrt{\frac{\sum (X-\bar{x})^2 f}{\sum f-1}} = \sqrt{\frac{\sum fX^2 - \frac{\left(\sum fX\right)^2}{\sum f}}{\sum f-1}} \tag{3-18}$$

式中，X 为频数表中各组段的组中值，f 为各组段的频数。

例 3-11 现有两组同性别、同年龄的儿童，体重(kg)如下：

第一组：26 28 30 32 34

第二组：24 27 30 33 36

分别计算其标准差，描述其离散程度。

解 第一组

$$\sum X^2 = 26^2 + 28^2 + 30^2 + 32^2 + 34^2 = 4540$$

$$\sum X = 26+28+30+32+34 = 150$$

代入公式(3-17)，得

$$s = \sqrt{\frac{4540 - \frac{150^2}{5}}{5-1}} \approx 3.16(\text{kg})$$

同理，可计算出第二组的标准差为4.74。可见，第二组数据的离散程度要大于第一组。

例3-12 由表3-2，对分组资料求某市150名12周岁健康男童体重(kg)的标准差。

表3-5 加权法计算标准差

体重组段 (1)	频数 f (2)	组中值 X (3)	fX (4)	fX^2 (5)
20~	2	21.5	43	924.5
23~	7	24.5	171.5	4201.75
26~	10	27.5	275	7562.5
29~	15	30.5	457.5	13953.75
32~	25	33.5	837.5	28056.25
35~	35	36.5	1277.5	46628.75
38~	23	39.5	908.5	35885.75
41~	18	42.5	765	32512.5
44~	8	45.5	364	16562
47~	5	48.5	242.5	11761.25
50~53	2	51.5	103	5304.5
合计	150	—	5445	203353.5

解 由公式(3-18)，先求 $\sum fX = 5445$，$\sum fX^2 = 203353.5$，代入公式(3-18)，得

$$s = \sqrt{\frac{203353.5 - \frac{5445^2}{150}}{150-1}} = 6.19\ (\text{kg})$$

2. 标准差的用途

1）对近似正态分布资料来说，可以通过均数和标准差描述其平均水平和离散程度(分布特征)。

2）两组(或多组)均数接近的数据，在度量单位相同情况下，可以通过标准差衡量样本均数的代表性。标准差越大，表示观察值越离散，均数的代表性越差；反之，均数的代表性则越好。

3）计算医学参考值范围及计算均数的标准误。有关均数标准误的讲述详见第五章。

（六）变异系数

对于度量单位相同的两个或两个以上样本，平均水平彼此接近时，可以通过标准差比较它们的离异程度。当度量单位不同或均数相差较大时，则不能用标准差来比较它们之间的离异程度。这时需要计算变异系数(Coefficient of Variation，CV)进行比较。

变异系数又称离散系数，是标准差与均数之比，用百分数表示，即

$$\text{CV} = \frac{s}{\bar{x}} \times 100\% \qquad (3\text{-}19)$$

变异系数不受均数差异大小或度量单位不同的影响。常用于比较均数相差悬殊的几组资料的变异度或比较度量衡单位不同的几组资料的变异度。

例 3-13 已知两个不同年龄组男子体重的基本情况如下：3～5 岁组，均数为 18.2kg，标准差为 3.4kg；16～18 岁组，均数为 54.8kg，标准差为 5.3kg，试比较这两组数据的变异程度。

解 将数据代入公式(3-19)，求得变异系数 3～5 组为

$$CV=\frac{s}{\bar{x}}\times 100\%=\frac{3.4}{18.2}\times 100\%=18.68\%$$

16～18 岁组为

$$CV=\frac{s}{\bar{x}}\times 100\%=\frac{5.3}{54.8}\times 100\%=9.67\%$$

所以 16～18 岁组体重变异程度小于 3～5 岁组。

例 3-14 某地随机测量了 100 名健康男性的红细胞数和血红蛋白含量，其中红细胞均数为 4.66×10^{12}/L，标准差为 0.58×10^{12}/L，血红蛋白含量均数为 134.6g/L，标准差为 7.1g/L。求血红蛋白与红细胞的变异数。

解 由于红细胞数和血红蛋白含量单位不同，故不能直接比较标准差，应计算其变异系数，则

$$CV_{红细胞}=\frac{0.58}{4.66}\times 100\%=12.45\%$$

$$CV_{血红蛋白}=\frac{7.1}{134.6}\times 100\%=5.27\%$$

可见血红蛋白的变异度小于红细胞数的变异度。

复习思考题

一、选择题

1. 统计分组的组数和组距是互相制约的，表现有(　　)。

A. 组数越多，组距也越大　　B. 组数越多，组距就越小

C. 组距越小，组数也越少　　D. 组数与组距不存在关系

E. 组数量不影响组距的大小，但组距大小制约组数多少

2. 某原始资料数据大的一端没有确定数值，描述其集中趋势适用的统计指标是(　　)。

A. 中位数　　B. 几何均数　　C. 均数

D. 方差　　E. 频数分布

3. 算术均数与中位数相比，其特点是(　　)。

A. 不易受极端值的影响　　B. 能充分利用数据的信息　　C. 抽样误差较大

D. 更适用于偏态分布资料　　E. 更适用于分布不明确资料

4. 一组原始数据呈正偏态分布，其数据的特点是(　　)。

A. 数值离散度较小　　B. 数值离散度较大　　C. 数值分布偏向较大一侧

D. 数值分布偏向较小一侧　　E. 数值分布不均匀

5. 将一组定量资料整理成频数表的主要目的是(　　)。

A. 化为计数资料　　B. 便于计算　　C. 形象描述数据的特点

D. 为了能够更精确地检验　　E. 提供数据和描述数据的分布特征

6. 5 人接种流感疫苗一个月后测定抗体滴度为 1∶40，1∶80，1∶80，1∶160，1∶320，求平均滴度应选用的指标是(　　)。

A. 均数　　B. 几何均数　　C. 中位数

D. 百分位数　　E. 倒数的均数

二、填空题

1. 对原始资料的检查需要着重检查其(　　)和(　　)。
2. 变异指标的种类主要有(　　)，(　　)，(　　)和变异系数，其中，最常用的是(　　)。
3. 编制频数分布表，首先需要找出(　　)和(　　)，计算极差。
4. 频数分布的特征包括(　　)和(　　)。
5. 可以描述一组数据在数量上的平均水平，适用于对称分布的资料的指标是(　　)。
6. 各离均差平方和(　　)各观察值与任何其他数 $a(a \neq \bar{x})$ 之差的平方和。
7. (　　)适用于等比级数资料、各观察值间呈近似倍数关系的资料或对数正态分布资料。
8. 中位数适用于(　　)的资料，(　　)的资料，(　　)的资料。
9. (　　)与中位数一起可全面描述偏态分布资料的分布特征。
10. 在两组(　　)资料均数相近、度量单位相同的情况下，(　　)可以衡量样本均数的代表性。
11. 标准差越大，表示观察值的(　　)，均数的代表性(　　)。
12. 变异系数又称离散系数，以 CV 表示，是(　　)与(　　)之比。

三、计算题

1. 现测得 10 名乳腺癌患者化疗后血液尿素氮的含量(mmol/L)分别为 3.41，2.96，4.41，3.05，4.51，5.27，5.64，3.82，4.28，5.25，试计算其均数和中位数。

2. 某地 100 例 31~40 岁健康男子血清总胆固醇值(mg/dl)测定结果如下：

202　165　199　234　200　213　155　168　180　170　188　168　184　147　219　174　130　183
178　174　228　156　171　199　185　195　230　232　191　210　195　165　178　172　120　150
211　177　184　149　159　149　160　142　210　142　185　146　223　176　241　164　197　174
172　189　174　173　205　224　221　184　177　161　192　181　175　178　170　136　222　113
161　131　170　138　248　153　165　182　234　161　169　221　147　209　207　164　147　210
182　183　206　209　201　149　174　253　252　156

1）编制频数分布表并画出直方图；

2）根据频数表计算均值和中位数，并说明用哪一个指标比较合适。

3. 某疾控中心测得 5 份血清抗体滴度为 1∶2，1∶4，1∶8，1∶16，1∶32，求平均抗体滴度。

4. 表 3-6 为 10 例垂体催乳素微腺瘤的患者手术前后的血催乳素浓度，试说明用何种指标比较手术前后数据的变异情况较为合适。

表 3-6　手术前后患者血催乳素浓度

例号	血催乳素浓度/(ng/ml)		例号	血催乳素浓度/(ng/ml)	
	术前	术后		术前	术后
1	276	41	6	266	43
2	880	110	7	500	25
3	1600	280	8	1760	300
4	324	61	9	500	215
5	398	105	10	220	92

四、思考题

1. 定量资料的频数分布有哪两个重要特征？
2. 标准差有什么用途？
3. 何种情况下需要计算变异系数(CV)来反映其离散程度常用说明？
4. 总量指标计算应用时应注意什么问题？

(刘晓红)

第四章

随机变量及其分布

所有的自然现象和社会现象，可以分为确定性现象和随机现象两大类。在一定条件下必然出现某种结果的现象，称为确定性现象，如 1 个标准大气压下水在 100℃时会沸腾，多是物理化学研究的现象；在一定条件下可能出现这种结果，也可能出现那种结果的现象，即不能预先断定会出现哪种结果的现象，称为随机现象，如掷一颗骰子，点数是不确定的，出海可能遇到风暴也可能晴空万里等。为方便研究随机现象，需要引进一种“定量”的概念，可以用一个取值带有不确定性的变量来表示试验的各种结果，这个变量称为随机变量(random variable)。

第一节　随机变量的概率分布

随机变量是随机事件的数量表现，具有两个特点：①取值的随机性，即事先不能确定 X 取哪个数值；②取值的统计规律性，即 X 取某个值或 X 在某一个区间内取值有一定的概率。随机变量常用大写字母表示，如 X，Y 等，它们的取值常用小写字母 x，y 表示。

按随机变量的取值不同，随机变量可以分为离散型随机变量(discrete random variable)和连续型随机变量(continuous random variable)。随机变量 X 的取值可以一一列举(有限或可数无穷多个)，则称为离散型随机变量；随机变量 X 的取值充满某一区间(不能一一列举，即为不可数无穷多个)，则称为连续型随机变量。

实际工作中，为方便应用，常将数值变量(定量资料)看成是连续型随机变量，如身高、保费、血液中的红细胞数等；将分类变量(定性资料)看成是离散型随机变量，如性别、血型、各种险种等。

研究一个随机变量，首先要知道它可能取哪些值，其次知道它取这些值的可能性是多少，进而可以得到下列常用事件的概率，如 $\{X \leqslant x\}$，$\{X > x\}$，$\{x_2 < X \leqslant x_1\}$，$x$ 为任意常数，根据事件的关系和运算，只需要得到事件 $\{X \leqslant x\}$ 随 x 取值变化的概率规律即可，则其所形成的随 x 变化而变化的分布规律称为概率分布(probability distribution)。把 $F(x)= P(X\leqslant x)(-\infty< x < +\infty)$ 称为随机变量的分布函数，它的取值范围是 $[0,1]$，具有下列性质。

1）单调不减：若 $x_1 < x_2$，则 $F(x_1) \leqslant F(x_2)$。

2）极限性质：$F(-\infty) = \lim\limits_{x\to-\infty}F(x)=0$，$F(+\infty) = \lim\limits_{x\to+\infty}F(x)=1$。

3）右连续性：$F(x_0+0)=\lim\limits_{x\to x_0^+}F(x)=F(x_0)$。

概率分布表明随机变量分布的规律，具有一般意义，所以可以称为理论分布。有了分布函数，则可以求随机变量落在某个区间中的概率，即

$$P(a < X \leqslant b) = P(X \leqslant b) - P(X \leqslant a) = F(b) - F(a) \tag{4-1}$$

$$P(X > a) = 1 - P(X \leqslant a) = 1 - F(a) \tag{4-2}$$

一、离散型随机变量的概率分布

设离散型随机变量 X 的所有可能的取值为 x_1，x_2，…，x_n，且取这些值的概率分别为 p_1，p_2，…，p_n，即

$$P(X=x_k)=p_k \quad (k=1, 2, \cdots, n) \tag{4-3}$$

写成列表形式如下

X	x_1	x_2	…	x_n
P	p_1	p_2	…	p_n

式(4-3)称为离散型随机变量 X 的概率分布律或分布列。它与离散型随机变量的概率分布函数的关系是

$$F(x)=P(X\leqslant x)=\sum_{x_k\leqslant x}P(X=x_k)$$

由概率的性质可知，任一离散型随机变量的概率分布列都具有下述两个性质：

1）$p_k\geqslant 0$；

2）$\sum p_k=1$。

因此，离散型随机变量的概率分布列表明全部概率 1 在各个可能值之间分配的规律，全面描述了离散型随机变量的随机性质。保险中常用的离散型随机变量的分布有二项分布、泊松分布及超几何分布等。

离散型随机变量的期望 $EX=\sum x_k p_k$，方差 $DX=\sum (x_k-EX)^2 p_k$，标准差为 $\sqrt{DX}$。

例如，某一险种理赔时有三种情况，情况一出现时，理赔 1 万元，情况二出现时理赔 2 万元，情况三出现时理赔 4 万元，每种情况出现的概率分别是 0.3，0.5，0.2，则平均理赔钱数 EX 为 $0.3\times1+0.5\times2+0.2\times4=2.1$ 万元，表示平均理赔 2.1 万元，如果要了解理赔钱数的离散程度，则方差 $DX=(1-2.1)^2\times0.3+(2-2.1)^2\times0.5+(4-2.1)^2\times0.2=1.09^2$ 万元。

二、连续型随机变量的概率分布

由于连续型随机变量的取值不能一一列举，其随机性质无法像离散型随机变量那样表示，要用密度函数 $f(x)$ 和分布函数 $F(x)$ 来描述连续型随机变量的随机性质。

对于连续型随机变量 X，如果存在非负可积函数 $f(x)$，使得对其分布函数来说有

$$F(x)=P(X\leqslant x)=\int_{-\infty}^{x}f(t)\,\mathrm{d}t \qquad (-\infty<x<+\infty) \tag{4-4}$$

且非负可积函数 $f(x)$ 满足条件：$\int_{-\infty}^{+\infty}f(x)\,\mathrm{d}x=1$，即密度函数曲线与 x 轴所围成的图形的面积为 1，如图 4-1 所示。

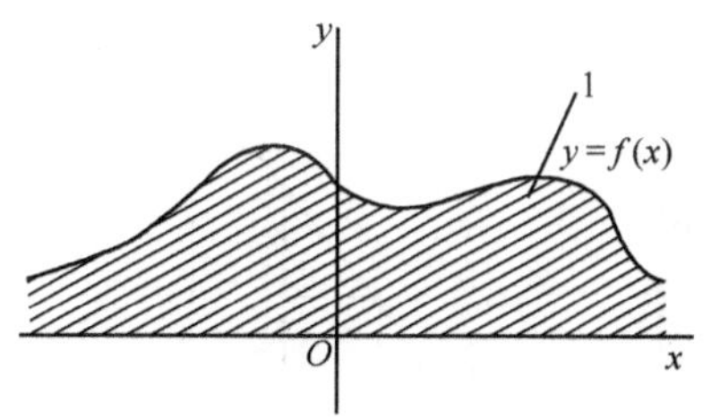

图 4-1　一般密度曲线 $f(x)$ 和 x 轴所围成的图形

称 $f(x)$ 为连续型随机变量 X 的概率密度函数(probability density function)，简称概率密度或密度函数。连续型随机变量的分布函数 $F(x)$ 和密度函数 $f(x)$ 都能对连续型随机变量随机性质完整刻画，两者的关系是 $F'(x)=f(x)$。

同时，对任意的 x_1，$x_2(x_1<x_2)$，有

$$P(x_1<X\leqslant x_2)=\int_{x_1}^{x_2}f(x)\,\mathrm{d}x \tag{4-5}$$

保险中常用的连续型随机变量的分布有正态分布、指数分布、伽马分布、贝塔分布、韦伯分布等。

连续型随机变量的期望(即均数) $EX = \int_{-\infty}^{+\infty} xf(x)\mathrm{d}x$，方差为 $DX = \int_{-\infty}^{+\infty} (x - EX)^2 f(x)\mathrm{d}x$，标准差为 $\sqrt{DX}$。

例如，某保险公司某类投资的收益率(%)为一随机变量，记为 K，设 K 的密度函数为 $f(x) = 1/6(0 \leqslant x \leqslant 6)$，则 $EK = \int_0^6 x\frac{1}{6}\mathrm{d}x = 3$，$DK = \int_0^6 (x-3)^2\frac{1}{6}\mathrm{d}x = 3$，则平均收益率为 3%。

第二节　正 态 分 布

正态分布(normal distribution)是概率统计中最重要的一个连续型分布，它首先由德国数学家和天文学家棣莫弗(de Moivre)于 1733 年提出，后来由高斯在研究误差理论的过程中进行了发展、改进和传播，因此又称为“高斯”分布，它的应用极为广泛，而且在理论上有着极其重要的地位。许多随机变量服从或近似地服从正态分布，如人的身高、体重、智商、肺活量、测量误差、大宗保单的精算问题等。这些随机变量的共同点是与均值较接近的数值出现的次数较多，离均值远的数值出现的次数较少，即属于“中间大、两头小”的分布形态。

一、正态分布的概念及特征

在许多实际问题中，遇到的随机变量受到许多相互独立的随机因素的影响，而每个个别因素的影响都不起决定性作用，且这些影响是可以叠加的。例如，人的身高除了会受到基因的主要影响，还会受到食物、水、空气、情绪等因素的随机变动的影响，而这些因素的波动在正常情况下是相互独立的，且每一个都不起决定性作用，又可以认为是相互叠加的。在概率论的中心极限理论(central limit theorem，CLT)中可以证明：具有上述特点的随机变量一般都可以认为服从概率密度函数为

$$f(x) = \frac{1}{\sqrt{2\pi}\sigma}\mathrm{e}^{-\frac{(x-\mu)^2}{2\sigma^2}} \quad (-\infty < x < +\infty) \tag{4-6}$$

的正态分布，其中参数 μ 是正态分布的均数，σ 是标准差。如果一个随机变量 X 服从正态分布，可记为 $X \sim N(\mu, \sigma^2)$。

例 3-1 某市 2013 年测得 150 名 12 岁健康男童的体重(kg)，绘出男童体重的直方图如图 4-2 所示，设想一下，当体重数据不断增多，分组组段不断细分时，直方图的每个直方也就不断变窄，其顶端连线就会不断接近于一条光滑的曲线，即正态分布的密度函数曲线。根据正态分布的密度函数式(4-6)绘出其图形，如图 4-3 所示。

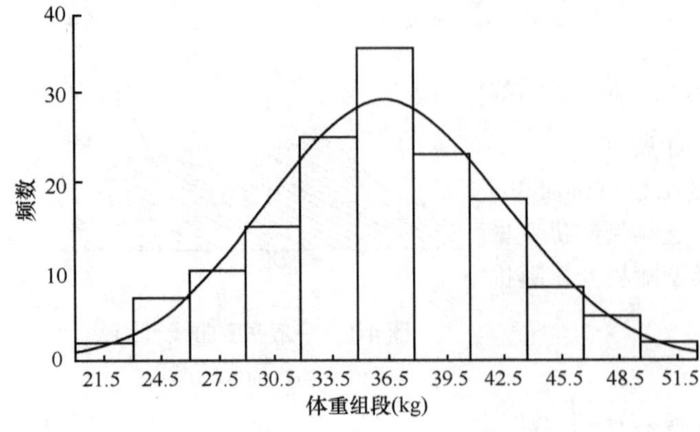

图 4-2　某市 2013 年 150 名 12 岁健康男童的体重分布

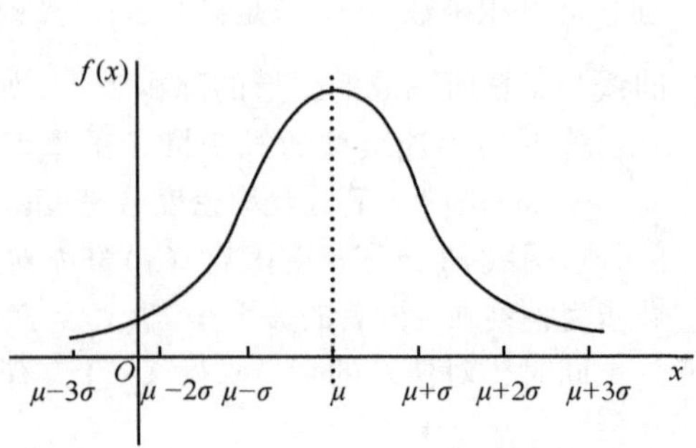

图 4-3　正态分布密度曲线

正态分布的分布函数为

$$F(x)=\frac{1}{\sqrt{2\pi}\sigma}\int_{-\infty}^{x}\mathrm{e}^{-\frac{(x-\mu)^2}{2\sigma^2}}\mathrm{d}x \tag{4-7}$$

正态分布的概率密度曲线具有下述特点：

1）分布以均数 μ 为中心，中间高，两头低，左右完全对称。

2）正态分布只有一个高峰，高峰的位置在 $X=\mu$ 处，峰值为 $\frac{1}{\sqrt{2\pi}\sigma}$。

3）正态分布的两个参数（μ 和 σ）分别决定了分布的位置和形状。其中 μ 是位置参数，σ 是形状参数。当 σ 恒定时，μ 变大，正态曲线向右移动；反之，μ 变小，正态曲线向左移动（图 4-4）。若 μ 恒定，σ 越大（数据越离散），正态曲线显得越“矮胖”；反之，σ 越小（数据越集中），正态曲线显得越“瘦高”（图 4-5）。

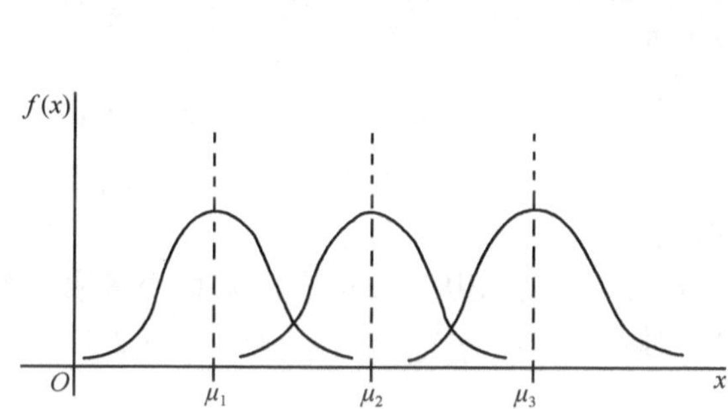

图 4-4　不同均数 μ 的正态分布示意图（$\mu_1<\mu_2<\mu_3$）

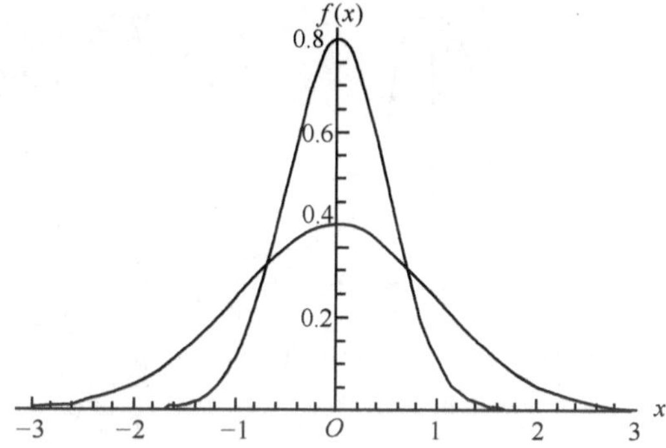

图 4-5　不同标准差的正态分布密度函数示意图

4）正态分布在 $\mu\pm\sigma$ 处各有一个拐点（凹变凸）。

5）对任一正态分布随机变量 $X\sim N(\mu,\ \sigma^2)$，进行如下线性变换

$$Z=\frac{X-\mu}{\sigma} \tag{4-8}$$

得到的新的随机变量 Z 一定服从均数为 0，标准差为 1 的正态分布，称此正态分布为标准正态分布（standard normal distribution），记为 $Z\sim N(0,\ 1)$。式（4-8）称为一般正态随机变量的标准化。标准正态分布的密度函数为

$$\varphi(z)=\frac{1}{\sqrt{2\pi}}\mathrm{e}^{\frac{-z^2}{2}}\quad(-\infty<z<+\infty) \tag{4-9}$$

标准正态分布是正态分布族中 $\mu=0$ 和 $\sigma=1$ 时的分布，同样具有正态分布的一般特征。标准正态分布的密度曲线如图 4-6 所示。

标准正态分布的分布函数为

$$\Phi(z)=\frac{1}{\sqrt{2\pi}}\int_{-\infty}^{z}\mathrm{e}^{-\frac{z^2}{2}}\mathrm{d}z \tag{4-10}$$

二、正态分布曲线下的面积规律

正态分布密度曲线下的面积有一定的分布规律，可以通过其分布函数积分求得。正态曲线下

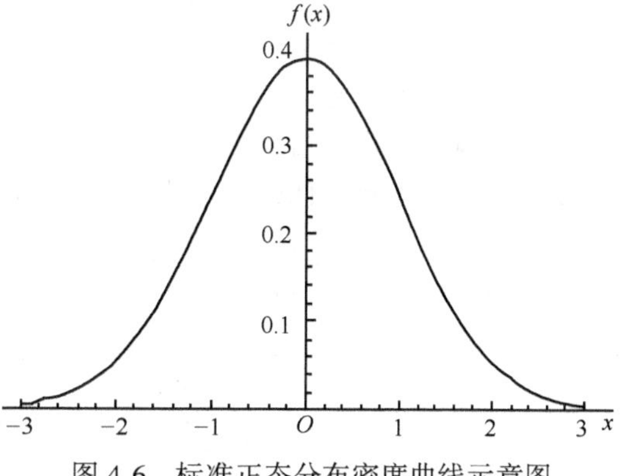

图 4-6　标准正态分布密度曲线示意图

面积分布的规律如图 4-7 所示，对应区间$(\mu-\sigma, \mu+\sigma)$的面积占全面积的 68.27%；对应区间$(\mu-1.96\sigma, \mu+1.96\sigma)$的面积占全面积的 95%；对应区间$(\mu-2.58\sigma, \mu+2.58\sigma)$的面积占全部面积的 99%。

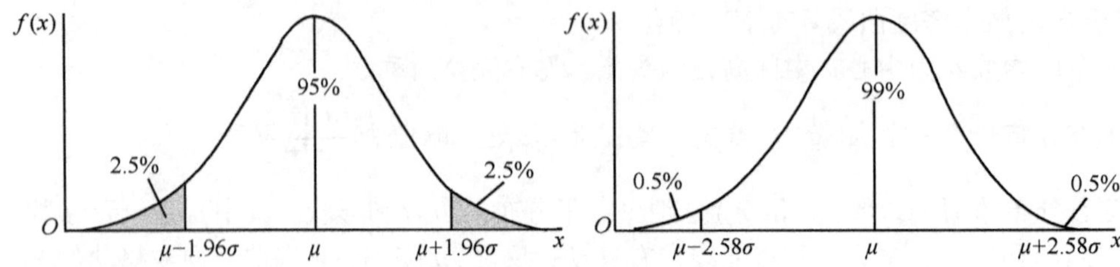

图 4-7　正态曲线下面积分布示意图

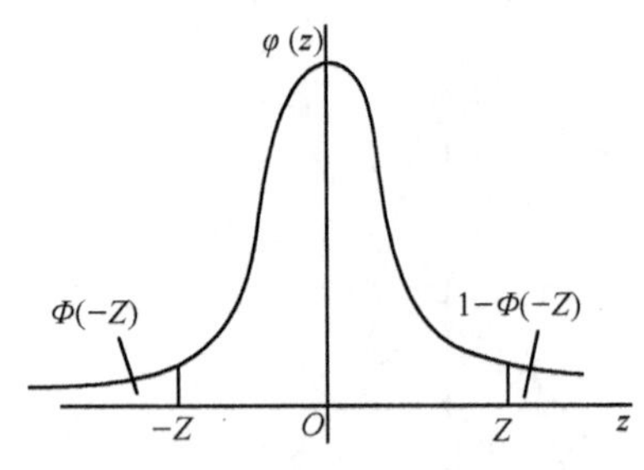

图 4-8　标准正态分布密度曲线下的面积规律

标准正态分布是$\mu=0$为对称轴的对称分布且分布曲线同横轴所包围的面积是常数 1，故有以下性质：

1）$\Phi(0)=0.5$；

2）$\Phi(-z)=\int_{-\infty}^{-z}\varphi(z)\,dz=\int_{z}^{+\infty}\varphi(z)\,dz=1-\Phi z,\ z>0$。

为了省去计算的麻烦，统计学家按式(4-10)编成了标准正态曲线下的面积(见附表 1)。

实际工作中经常要计算服从正态分布的随机变量取一个指定区间内的值的概率。若$X\sim N(0,1)$，且$a<b$为任意两个实数，那么

$$P(a<X\leqslant b)=P(X\leqslant b)-P(X\leqslant a)=\Phi(b)-\Phi(a) \tag{4-11}$$

$$P(X>a)=1-P(X\leqslant a)=1-\Phi(a) \tag{4-12}$$

具体数值可以通过后面附表 1 查表得到。

对于一般正态分布$X\sim N(\mu,\sigma^2)$，$a<b$为任意两个实数，利用正态分布的标准化可以得到一般正态分布随机变量落在某个区间中的概率为

$$P(a<X\leqslant b)=P\left(\frac{a-\mu}{\sigma}<\frac{X-\mu}{\sigma}\leqslant\frac{b-\mu}{\sigma}\right)=\Phi\left(\frac{b-\mu}{\sigma}\right)-\Phi\left(\frac{a-\mu}{\sigma}\right) \tag{4-13}$$

$$P(X>a)=1-P(X\leqslant a)=1-P\left(\frac{X-\mu}{\sigma}\leqslant\frac{a-\mu}{\sigma}\right)=1-\Phi\left(\frac{a-\mu}{\sigma}\right) \tag{4-14}$$

这样，求正态分布$X\sim N(\mu,\sigma^2)$在某区间上的概率就可转化为求标准正态分布在相应区间上的概率。

例 4-1　某厂生产的一种小型装置，该小型装置的寿命X服从均数为 10，标准差为 2(单位：年)的正态分布。求

1）小型装置的寿命大于 9 年的概率；

2）求小型装置中寿命为 9~11 年的概率；

3）如果工厂规定在保用年限期间遇到故障可免费换新，将要求免费换新的概率定为 3%，求保用年限。

解　由于$X\sim N(10,4)$，根据式(4-13)和式(4-14)，有

1）$P(X>9)=1-P(X\leqslant 9)=1-P\left(\frac{X-10}{2}\leqslant\frac{9-10}{2}\right)=1-\Phi(-0.5)=69.15\%$。

2）$P(9<X\leqslant 11)=P\left(\frac{9-10}{2}<\frac{X-10}{2}\leqslant\frac{11-10}{2}\right)$

$$=\Phi(0.5)-\Phi(-0.5)$$
$$=2\Phi(0.5)-1=38.3\%。$$

3）设保用年限为 b，则

$$P(X\leqslant b)=P\left(\frac{X-10}{2}\leqslant\frac{b-10}{2}\right)=\Phi\left(\frac{b-10}{2}\right)=3\%$$

查附表 1 得 $\frac{b-10}{2}\approx -1.88$，故 $b\approx 6$ 年，即工厂保用年限大约定为 6 年。

在实际工作中，对于服从正态分布的随机变量，其参数 μ 和 σ 常常是未知，样本观察值例数 n 较大时，可用样本均值 $\bar{x}$ 估计 μ，样本标准差 s 估计 σ，可作样本频数分布估计。

例 4-2　某市 2013 年 110 名 7 岁男童的身高，已知均数 $\bar{x}=119.95$cm，标准差 $s=4.72$cm，试

1）估计该地 7 岁男童身高在 110cm 以下者占该地 7 岁男童总数的百分数；

2）如果可以得到 $\bar{x}\pm s$，$\bar{x}\pm 1.96s$，$\bar{x}\pm 2.58s$ 范围内 7 岁男童人数占该组儿童总数的实际百分数，说明与理论百分数是否接近。

解　1）首先认为男童身高 X 服从正态分布 $N(\mu,\sigma^2)$，其参数 μ 和 σ 未知，可由 $\bar{x}$，s 估计，根据式(4-13)得

$$P(X\leqslant 110)=P\left(\frac{X-119.95}{4.72}\leqslant\frac{110-119.95}{4.72}\right)=\Phi(-2.11)\approx 1.74\%$$

也就是说，该地 7 岁男童身高在 110cm 以下者约占 1.74%。

2）计算结果见表 4-1。

表 4-1　110 名 7 岁男童身高的实际分布与理论分布比较

$\bar{x}\pm as$	公式计算	身高范围/cm	实际人数	百分比/%	理论分布/%
$\bar{x}\pm s$	119.95±1×4.72	115.23~124.67	75	68.18	68.27
$\bar{x}\pm 1.96s$	119.95±1.96×4.72	110.70~129.20	104	94.55	95.00
$\bar{x}\pm 2.58s$	119.95±2.58×4.72	107.77~132.13	109	99.10	99.00

通过计算可知本资料的实际分布与理论分布(正态分布)是很接近的。

三、正态分布在医疗保险中的应用

正态分布在医疗卫生中有着广泛的应用，在保险行业也是非常重要的分布。

（一）在医疗卫生工作中，医务人员经常应用正态分布来处理某些医学现象

健康人的一些生理、生化指标的观察值分布(如同年龄、同性别人的身高；同性别的正常成年人的白细胞计数、血糖浓度、血红蛋白含量等)是正态分布资料，在求得均数和标准差后，即可用正态分布法求出医学参考值范围。例如，某地调查正常成年男子 144 人的红细胞数(RBC)，可计算均数、标准差等统计量，要估计该地成年男子 RBC 的 95% 的参考值范围，考虑到 RBC 近似正态分布，可按正态分布来处理，又因 RBC 过高、过低均属异常，故按双侧估计 95% 界值，即 $(\bar{x}\pm 1.96s)$。一般而言，双侧界值公式为 $\bar{x}\pm zs$；单侧上界为 $\bar{x}+zs$；单侧下界为 $\bar{x}-zs$。常用 z 界值可由表 4-2 查出。

表 4-2　常用 z 界值表

参考值范围/%	单侧	双侧	参考值范围/%	单侧	双侧
80	0.842	1.282	95	1.645	1.960
90	1.282	1.645	99	2.326	2.576

例 4-3 某医院随机抽查的 200 名正常成年女子的红细胞数的均数$\bar{x}=4.23(\times 10^{12}/\mathrm{L})$，标准差$s=0.45(\times 10^{12}/\mathrm{L})$，试估计正常成年女子的红细胞数的95%的参考值范围。

解 下限：$\bar{x}-1.96s=4.23-1.96\times 0.45=3.35(\times 10^{12}/L)$。

上限：$\bar{x}+1.96s=4.23+1.96\times 0.45=5.11(\times 10^{12}/\mathrm{L})$。

所以正常成年女子红细胞数的95%的参考值范围是(3.35，5.11)($\times 10^{12}/\mathrm{L}$)。

应用正态分布理论估计医学参考值范围必须注意：①资料必须呈正态分布或近似正态分布或经过变量变换可变换成正态分布(参阅有关统计专著)。否则，应当用其他方法如百分位数法估计医学参考值范围。②样本含量必须足够大，否则估计出的医学参考值范围就不够可靠。③总体必须有明确的定义和范围。④观察仪器方法必须统一。

值得一提的是，在应用正态分布统计理论或百分位数法去估计医学参考值范围时一定要防止绝对化，必须知道$\bar{x}\pm 1.96s$的范围只包括95%的正常人群，必然会有5%的健康者被遗漏；用$\bar{x}\pm 2.58s$确定的医学参考值范围仍有1%健康者被遗漏。因此在临床实践中应根据各方面情况综合考虑，防止漏诊或误诊。

（二）正态分布在保险中的应用

健康保险定价的基本原理和人寿保险相同，那就是保险费收入要足以弥补保险公司的赔款支出。由于健康保险计算预期索赔的指标是发病率，而不是死亡率，而且发病率统计比死亡率统计要复杂得多，所以，健康保险无论在统计上还是在数学计算上都是一个复杂的过程。

一个被保险人在保险期限内是否发生保险事故是不确定的，或者说是随机的；被保险人发生损失的程度或者保险公司支付的保险给付也是不确定的、随机的。保险作为经营风险的行业，其经营是通过集中分散的投保人所缴纳的保险费建立起保险基金，用于补偿社会经济生活中因自然灾害或意外事故所造成的经济损失。只有保险费的不断流入，才能保证保险经营活动的连续性；也只有保险费科学、合理的计算，保险人才能稳定经营，维持保险经营活动所需的费用，获得预期的经济效益。因此，保险经营科学的核心在于保险费及保险费率的计算上，大数定律是保险费的计算的重要基础之一。

大数定律(law of large number)又称大数法则，是精算学重要的理论基础之一。大数定律表明，随机变量观察值的算术平均值具有相当的稳定性与秩序性：实际的平均值与理论的平均值，将随着观察次数的增加而充分接近，观察数越多，这种秩序性的稳定程度也越高。

保险经营的风险是一种可能发生，也可能不发生的随机现象。单个危险单位发生损失的概率可能很小，但损失多少的不确定性却很大；若结合众多危险单位，则可以减少这种不确定性。运用大数定律，可以将个别危险单位遭遇损失的不确定性，变成多数危险单位的可以预知的损失，从而能够比较准确地计算纯费率。承保的危险单位越多，偏差则越小，越接近预期损失，使保险能够集中大量危险单位来减少风险的不确定性，保证其财务稳定性。

在保险经营中，有关计算要基于数据的分布类型，能够精确地确定损失的分布是不多的，这样在保险经营中，需要进行逼近。在大宗保单的精算问题上，最常用的逼近方法是正态逼近，其理论依据是概率论中的中心极限定理，这样就会使复杂的计算得以简化。

对于健康保险，从以前保险给付总结的经验中可知，保险事故的经验数据和将来可能发生的概率之间会有某些联系和规律，因此保险公司经常用以前发生的经验数据给未来情况作预测。预测方法多种多样，如一元回归分析法，趋势平均法，正态分布法等，不同的数据类型应用不同的适合方法。

采用正态分布法计算健康保险的纯费率，至少要依据最近5年的保额损失资料。如果某种保险近年来的保额损失率变化不是呈逐年上升或逐年下降的趋势，那么可将其看成或近似看成服从正态分布，而且这一随机变量服从正态分布。正态分布法是把各年的保额损失率看成是一个随机变量，而且这一随机变量服从正态分布，根据以往若干年度实际发生的保额损失率，估计下一年度的保额损失率以多大的概率小于某一数值。

通过正态分布法能够计算出一个数值，以这个数值为纯费率，就能保证在未来年度中实际发生的保额损失率能够以很高的概率小于这一数值。这样保险公司在绝大多数年份就不至于发生亏损，从而保证业务的稳定性。

假设 μ 是保险公司经验保额损失率 X 的均数，σ 是 X 的标准差，根据概率论原理有

$$P(X<\mu+0.80\sigma)=0.7881;\quad P(X<\mu+1.00\sigma)=0.8413$$
$$P(X<\mu+1.50\sigma)=0.9332;\quad P(X<\mu+1.65\sigma)=0.9505$$
$$P(X<\mu+2.00\sigma)=0.9772;\quad P(X<\mu+2.35\sigma)=0.9906$$
$$P(X<\mu+3.00\sigma)=0.9987$$

也就是说，如果以 $\mu+0.80\sigma$，$\mu+1.00\sigma$，$\mu+1.50\sigma$，$\mu+1.65\sigma$，$\mu+2.00\sigma$，$\mu+2.35\sigma$，$\mu+3.00\sigma$ 作为纯费率，那么，保额损失率小于纯费率的概率分别是 78.81%，84.13%，93.32%，95.05%，97.72%，99.06%，99.87%。

因此，按照正态分布法计算纯费率的公式为

$$纯费率=\mu+a\sigma \tag{4-15}$$

其中，a 是安全系数，取值范围是 $0\leqslant a\leqslant 4$。a 取值越大，保额损失率小于纯费率的概率就越大，通常的观点是，对于商业性保险，a 一般取 2 已经足够。

例 4-4 某保险公司的一个健康险种 2007~2013 年中各年的保额损失率见表 4-3 第 2 栏。保险公司对该健康险种在 2014 年征收的纯费率应为多少？（假定安全系数取 1.5）

表 4-3 某保险公司某一健康险种 2007~2013 年中保额损失率表

年份	经验保额损失率 X_i/‰	$(X_i-\bar{x})$	$(X_i-\bar{x})^2$	年份	经验保额损失率 X_i/‰	$(X_i-\bar{x})$	$(X_i-\bar{x})^2$
2007	2.8	−0.2	0.04	2011	3.5	+0.5	0.25
2008	3.1	+0.1	0.01	2012	3.0	0	0
2009	2.5	−0.5	0.25	2013	3.4	+0.4	0.16
2010	2.7	−0.3	0.09	合计($n=7$)	21		0.8

由表 4-3 中的数据算出：$\bar{x}=3‰$，

$$s=\sqrt{\frac{1}{n-1}\sum_{i=1}^{n}(X_i-\bar{x})^2}=\sqrt{\frac{0.8}{7-1}}=0.365‰$$

若取 $a=1.5$，则保险公司对该健康险种在 2014 年征收的纯费率 $=3‰+1.5\times0.365‰=3.5475‰$。

（三）质量控制

当影响某一数量指标的随机因素很多，每个因素所起的作用均不太大时，这个指标的随机波动属于随机误差，则这个指标往往服从正态分布；相反，如果除随机误差外，还存在某些影响较大的因素（如环境、设备或人为因素）导致的系统性误差，这时指标的波动就不再服从正态分布了，利用这一原理，可以进行测量过程的质量控制，换句话说，实验中的随机误差一般服从于均数为 0，标准差为 σ 的正态分布。因此可利用正态分布原理来判断误差是否为随机误差，因而广泛应用于质量控制中。

质量控制的一个重要工具是控制图。控制图的基本原理：如果某一波动仅仅由个体差异或随机测量误差所致，那么观察结果服从正态分布。控制图共有 7 条水平线，中心线位于总体均数 μ

处，警戒限位于$\mu \pm 2\sigma$处，控制限位于$\mu \pm 3\sigma$，此外还有两条位于$\mu \pm \sigma$处，如果总体均数和总体标准差未知，也可以用样本估计值代替，这时，7 条水平线分别位于$\bar{x}$，$\bar{x} \pm s$，$\bar{x} \pm 2s$和$\bar{x} \pm 3s$处。依时间顺序记录观察数据，在控制图上依次描点，控制图通过科学地区分正常波动和异常波动，对工序过程的质量波动性进行控制，并通过及时调整消除异常波动，使过程处于受控状态。不仅如此，通过比较工序改进以后的控制图，还可以确认此过程的质量改进效果。因此，控制图在质量管理中有着广泛应用。

（四）正态分布是许多统计方法应用的理论基础

后面章节将讲述的t检验、相关分析与回归分析等多种统计方法均要求分析的指标（变量）服从正态分布。而对于非正态分布资料，实施这些统计处理时，其中一个重要途径是先作变量变换，使之转换成近似正态分布，然后再按正态分布的原理作统计处理。

第三节　二 项 分 布

二项分布（binomial distribution）与独立重复试验相联系。对于一个试验，如果每次试验都有两种可能结果："成功（事件A）"与"失败"，若两种结果的概率恒定，则称该试验为伯努利（Bernoulli）试验。独立重复做n次伯努利实验，称为n重伯努利实验，n重伯努利实验中我们所关心的事件A发生的次数服从二项分布。

一、二项分布的定义

（一）伯努利试验

任意一次试验中，只有事件A发生和不发生两种结果，该试验称为伯努利试验。例如，

毒性试验：白鼠　死亡　——生存

临床试验：患者　治愈——未愈

新农合：农民　愿意——不愿意

（二）伯努利试验序列

n次伯努利试验构成了伯努利试验序列。其特点如下：

1）每次试验结果，只能是两个互斥的结果之一（A或非A）；

2）每次试验的条件不变。即每次试验中，结果A发生的概率不变，均为π；

3）各次试验独立。即一次试验出现什么样的结果与前面已出现的结果无关。

（三）二项分布

1. 二项分布的概率函数

在n重伯努利实验中事件A发生的概率为π，若离散型随机变量X记为事件A发生的次数，其所有可能的取值为 0，1，…，n，且取这些值的概率分别为p_0，p_1，p_2，…，p_n，即

$$p_k = P(X = k) = C_n^k \pi^k (1 - \pi)^{n-k} \quad (k = 0,\ 1,\ 2,\ \cdots,\ n) \tag{4-16}$$

则称X服从二项分布，记为$X \sim B(n, \pi)$，其中n为试验次数，π为事件A发生的概率。式(4-16)即为二项分布的概率函数，反映在n次独立重复试验中，事件A发生的次数X取k的概率，$k = 0$，1，2，…，n。

2. 二项分布的分布函数

1）在 n 次独立重复试验中，事件 A 至少发生 k 次的概率：

$$P(X \geqslant k)=P(k)+P(k+1)+\cdots+P(n)=\sum P(X) \tag{4-17}$$

2）在 n 次独立重复试验中，事件 A 至多发生 k 次的概率：

$$P(X \leqslant k)=P(0)+P(1)+\cdots+P(k)=\sum P(X) \tag{4-18}$$

二、二项分布的性质及应用

（一）二项分布的性质

1）二项分布的概率总和为 1，即 $\sum_{k=0}^{n} C_n^k \pi^k (1-\pi)^{n-k}=1$。

2）对于 0 到 n 之间的整数 $m_1 \leqslant m_2$，有 $P(m_1 \leqslant X \leqslant m_2)=\sum_{k=m_1}^{m_2} C_n^k \pi^k (1-\pi)^{n-k}$。

3）二项分布的期望为 $EX=n\pi$，方差为 $DX=n\pi(1-\pi)$，标准差为 $\sqrt{n\pi(1-\pi)}$。

4）二项分布具有可加性，如果 $X \sim B(n_1, \pi)$，$Y \sim B(n_2, \pi)$，且 X，Y 相互独立，则 $X+Y \sim B(n_1+n_2, \pi)$。

5）二项分布的概率分布如图 4-7 所示。

由图 4-9 看出，随着 n 的增大，二项分布趋向对称，实际上，当 n 充分大时，它将趋向于正态分布。

在 n 重伯努利实验中，X 记为事件 A 发生的次数，把 $p=\frac{X}{n}$ 称为样本率，即事件 A 出现的频率，由 X 的期望方差得到 $Ep=E\frac{X}{n}=\frac{EX}{n}=\pi$，$Dp=D\frac{X}{n}=\frac{DX}{n^2}=\frac{\pi(1-\pi)}{n}$，标准差为 $\sigma_p=\sqrt{\frac{\pi(1-\pi)}{n}}$，此标准差又称为频率的标准误。在实践过程中，事件 A 发生的概率 π 往往不知道，则人们用样本中事件 A 出现的频率 p 来估计事件 A 出现的概率 π，此时频率的标准误的估计值为

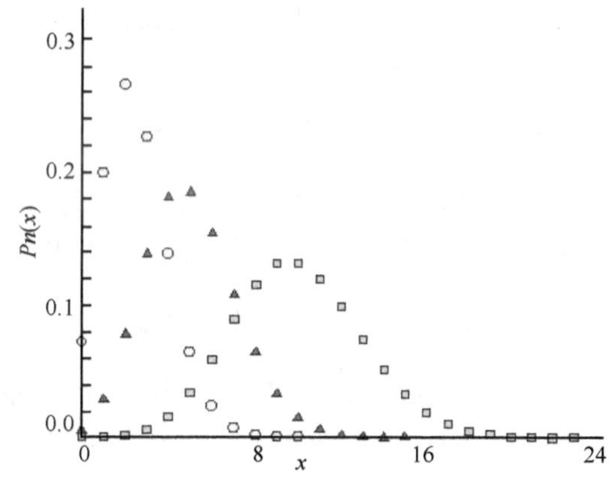

图 4-9　二项分布示意图

$\pi=0.1$，$n=25$，50，100

（分别用圆、三角、方形表示）

$$S_p=\sqrt{\frac{p(1-p)}{n}} \tag{4-19}$$

频率的标准误反映事件 A 发生的频率的抽样误差的大小，其值越大，反映样本频率越不可靠。

（二）二项分布的应用

二项分布常应用于药效判断、有返回抽样、试验方法、群检验等。为了便于计算相关的概率，人们制定了二项分布表，不同的表在结构上可能稍有不同，使用时要注意区别。

例 4-5　药效判断。如果知道某疾病患者的自然痊愈率是 0.25，为了试验某种药对治疗该病是否有效，把它给 10 个患者服用。如果医生事先规定一个决策规则：这 10 位患者服药后不足 4 人痊愈，就认为该药无效。试问，按照此规则，

1）虽然该药完全无效，但由于患者可能自然痊愈，所以，可能出现至少4个受试者痊愈的情况，从而错误地认为该药有效。求此种“无效当有效”错误的概率是多少？

2）虽然该药有效，服用后可把痊愈率提高到0.35，但通过试验，仍可能出现不足4个受试者痊愈的情况，从而错误地认为该药无效，请计算犯这种“有效当无效”错误的概率是多少？

作药效评价时，先作无效假设，记作H_0，如果否定H_0，就可能犯“无效当有效”的错误，称为第一类错误，其概率大小用α表示。如果接受H_0，即认为该药无效，这就有可能犯“有效当无效”的错误，称为第二类错误，其大小用β表示。由题中条件可得：

1）如果该药无效（H_0成立），设自然痊愈的人数是随机变量X，由$X \sim B(10, 0.25)$，按决策规则

$$\alpha = P(X \geqslant 4) = \sum_{k=4}^{10} \mathrm{C}_{10}^{k}\, 0.25^{k}\, 0.75^{10-k} = 0.2356$$

2）如果该药有效（H_0不成立），把痊愈率从0.25提高到0.35，设受试者中痊愈人数是随机变量X，则$X \sim B(10, 0.35)$，按决策规则

$$\beta = P(X < 4) = \sum_{k=0}^{3} \mathrm{C}_{10}^{k}\, 0.35^{k}\, 0.65^{10-k} = 0.5159$$

三、二项分布应用的条件

由二项分布的定义知，它是定义在一系列独立重复的试验基础上，因此在实际应用中应遵循一定的条件，分述如下。

（一）各次试验应该是独立的

每次试验中，随机事件的发生与否应该是互无影响的。例如，传染性疾病，就不能认为其发病人数服从二项分布，因此可通过某疾病发生人数是否服从二项分布来判断该病是否具有传染性。

（二）各次试验应该是“重复试验”

每次试验都要在条件基本相同的情况下重复进行。例如，在对食道癌的流行病因素调查中，应该在饮食习惯、水源等方面的条件都基本相同的情况下来进行，其发病人数才会较好地服从二项分布。

四、二项分布在保险研究中的应用

在保险业中，保险策略的制定常常基于某一地区某一具体事件发生率的大小，通常称为该地区的总体率。总体率要么已知，要么未知，通常要从该地区抽取一定的样本，根据样本率的大小来和总体率进行比较，从而制定相关策略。

（一）直接概率法

例4-6 保险公司对某种常见病进行投保，已知该病发病率为0.1，投保者年付保金3000元，如果发生该病，则保险公司付给发病人20000元，现有10000人参加该项投保。试问保险公司赔本的概率有多大？

对每个投保人来说，投保事件相当于作一次二项分布的试验，对10000个投保者来说，相当于发病人数$X \sim B(10000, 0.1)$，因此可用二项分布方法计算上述问题。

为了计算赔本概率，需计算发病人数的下限，设其为m，则

$$20000m \geqslant 10000 \times 3000$$

得 $m \geqslant 1500$，因而，根据式(4-17)可计算出保险公司赔本的概率为

$$P(X \geqslant 1500) = \sum_{k=1500}^{10000} C_{10000}^{k} 0.1^{k} 0.9^{10000-k}$$

直接计算该数值相当困难，需要寻找更好的方法，下面介绍一种近似计算的方法。

（二）正态近似法

二项分布的正态近似基于棣莫弗-拉普拉斯定理(de Moivre-Laplace theorem)。该定理意为：如果在 n 次独立的重复试验中，每一次某事件 A 发生的概率都是 π，则在这 n 次试验中事件 A 恰好发生 k 次的概率为 $P(X=k)=C_n^k\pi^k(1-\pi)^{n-k}$，如果 $n\to+\infty$，π 不趋向于"0"或"1"，且 $n\pi$ 与 $n(1-\pi)$ 均大于 5 时，则有二项分布的极限分布是正态分布，即

$X \overset{近似}{\sim} N(n\pi,\ n\pi(1-\pi))$，则

$$P(X=k)=C_n^k\pi^k(1-\pi)^{n-k} \approx \frac{1}{\sqrt{n\pi(1-\pi)}}\varphi\left(\frac{k-n\pi}{\sqrt{n\pi(1-\pi)}}\right) \tag{4-20}$$

对于 0 到 n 间的整数 $m_1 \leqslant m_2$，有

$$\begin{aligned} P(m_1 \leqslant X \leqslant m_2) &= P\left(\frac{m_1-n\pi}{n\pi(1-\pi)} \leqslant \frac{X-n\pi}{n\pi(1-\pi)} \leqslant \frac{m_2-n\pi}{n\pi(1-\pi)}\right) \\ &\approx \Phi\left(\frac{m_2-n\pi}{n\pi(1-\pi)}\right) - \Phi\left(\frac{m_1-n\pi}{n\pi(1-\pi)}\right) \end{aligned} \tag{4-21}$$

因而，在例 4-6 中，保险公司赔本的概率可用正态近似方法式(4-21)计算，

$$P(X \geqslant 1500) = 1 - P(X < 1500) = 1 - P\left(\frac{X-1000}{30} < \frac{1500-1000}{30}\right) \approx 1 - \Phi(16.63) \approx 0$$

在例 4-6 中，如果为了扩大影响，公司在广告人员工资的支出共耗费 1000 万元，问公司赔本的概率有多大？(暂不考虑管理成本)

设发病者为 m 人时，保险公司赔本，则

$$20000m \geqslant 10000 \times 3000 - 10000000$$

即 $m \geqslant 1000$，公司赔本。按式(4-21)，所求概率为

$$P(X \geqslant 1000) = 1 - P(X < 1000) = 1 - P\left(\frac{X-1000}{30} < \frac{1000-1000}{30}\right) \approx 1 - \Phi(0) = 0.5$$

例 4-7　某一年中某类保险者里面每个人死亡的概率等于 0.005，现有 10000 人参加人寿保险，试求在未来一年中在这些保险者里面，

1）有 40 个人死亡的概率；

2）死亡人数不超过 70 人的概率。

解　1）所求概率为

$$\begin{aligned} P(X=40) &= C_{10000}^{40} 0.005^{40} 0.995^{9960} \\ &\approx \frac{1}{\sqrt{10000 \times 0.005 \times 0.995}}\varphi\left(\frac{40-10000 \times 0.005}{\sqrt{10000 \times 0.005 \times 0.995}}\right) \approx 0.011 \end{aligned}$$

2）死亡人数不超过 70 人的概率为

$$P(X \leqslant 70) = P\left(\frac{X-50}{7.04} < \frac{70-50}{7.04}\right) \approx \Phi(2.84) = 0.997744$$

（三）样本率与总体率的比较

在保险业务中，保险公司常常要对某些事件发生的率进行判断，某一地区的总体率是基于以

往的经验，为了确定某地区某件事发生率的大小，常需根据样本率来进行推断，这实际上是一类单个概率的假设检验问题，它的理论基础就是前面所述的正态近似理论，下面以一例具体说明这种过程。

例 4-8 在国际象棋比赛中，执白子的棋手先走子。据说先走子的棋手占有优势。因此，在比赛中，两个棋手轮流执白子以便平衡可能存在的偏差。表 4-4 显示了 20 世纪 40 年代和 50 年代国际象棋比赛的结果。我们用统计学检验证实一下用白子的棋手是否有较多机会赢棋。

表 4-4 国际象棋比赛的结果

比赛结果	执白子赢棋	执黑子赢棋	合计
棋赛次数	334	296	630
赢棋比率(P)	0.53	0.47	1.00

1）在已进行的 n 次比赛中，设 X_i 为执白子的棋手赢棋的情况，如果他赢，记 $X_i = 1$，如果输则 $X_i = 0$，设总和 $X = \sum_{i=1}^{n} X_i$ 为 n 次比赛中执白子棋手赢的次数。设 π 为执白子的棋手将赢棋的概率，则 X 服从二项分布 $B(n, \pi)$。

2）原假设为 $H_0: \pi = 0.5$，即认为执白的选手没有更多机会赢棋。

备择假设为 $H_1: \pi > 0.5$，即认为执白的选手有更多机会赢棋。(单侧)

检验水平 $\alpha = 0.05$。

3）检验的统计量为

$$Z = \frac{p - \pi_0}{\sqrt{\pi_0(1 - \pi_0)/n}} = \frac{p - 0.50}{\sqrt{0.50(1 - 0.50)/n}}$$

如果 $H_0: \pi = 0.5$ 成立，则 $Z \sim N(0, 1)$。

从表 4-4 的数据，得样本率 $p = 0.53$，进而值 z 为

$$z = \frac{0.53 - 0.50}{\sqrt{0.50(1 - 0.50)/630}} = 1.5$$

$$z = 1.5 < z_{0.05} = 1.645\ (\text{单侧})，\text{则接受原假设}\ H_0: \pi = 0.5$$

4）结论：在这个样本中，没有足够的证据说明执白子的棋手有更多的机会赢棋。

第四节 泊松分布

泊松分布(Poisson's distribution)常看成试验次数 n 很大时二项分布的极限情况，自然界中的许多随机事件，如果是稀有事件则常看成服从泊松分布。例如，用显微镜观察玻璃片上每一小格细菌或小球的数目，稀有的非传染性疾病，在规定的人数或规定的时间内发生的病例数，高速公路上行驶的车辆在一年内发生事故的次数等。

一、泊松分布的定义

如果随机变量 X 的概率函数为

$$P(X = k) = \frac{\lambda^k}{k!} e^{-\lambda}, \quad k = 0, 1, 2, \cdots \tag{4-22}$$

则称 X 服从泊松分布，记作 $X \sim P(\lambda)$。

二、泊松分布的性质及应用

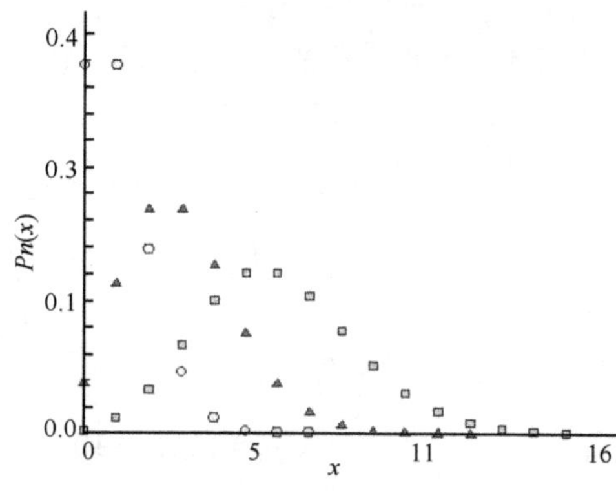

图 4-10 泊松分布示意图($\lambda = 1$ 圆、$\lambda = 3$ 三角、$\lambda = 6$ 方形)

1）泊松分布的总概率等于 1，即 $\sum_{k=0}^{\infty} \frac{\lambda^k}{k!} e^{-\lambda} = 1$。

2）泊松分布的期望(均数)等于方差，即

$$EX = DX = \lambda$$

3）泊松分布如图 4-10 所示。可见泊松分布的参数 λ 不大时，呈偏态分布，随着 λ 增大，会迅速逼近正态分布。一般认为，若 $\lambda \geqslant 20$ 时，已逼近正态分布，此时可按正态分布的原理来处理。

4）泊松分布具有可加性，即若 $X \sim P(\lambda_1)$，$Y \sim P(\lambda_2)$，X，Y 相互独立，则两者的加和 $X + Y \sim P(\lambda_1 + \lambda_2)$。即以较小的度量单位观察某一现象的发生数时，若它呈泊松分布，那么将若干个小单位合并，其总的发生数仍呈泊松分布。实际工作中，可利用其可加性使其近似正态，再按正态分布原理来处理，简化计算。

三、泊松分布应用的条件

泊松分布应用的条件除了与二项分布的应用条件完全相同，还有自己的特点：n 大 π 小(即用于稀有事件)；根据泊松定理知道二项分布可以用泊松分布来近似，$n\pi$ 近似等于一常数 λ，均数等于方差，且均为 λ .

例 4-9 假设人生三胞胎的概率是 10^{-4}，试问在 5 万次分娩中，

1）有 0，1，2 次三胞胎的概率是多少?

2）不超过 5 次生三胞胎的概率是多少?

解 1）$\lambda = n\pi = 50000 \times 10^{-4} = 5$，代入式(4-22)，得

$$P(X=0) = \frac{5^0}{0!} e^{-5} = 0.006738$$

$$P(X=1) = \frac{5^1}{1!} e^{-5} = 0.033690$$

$$P(X=2) = \frac{5^2}{2!} e^{-5} = 0.084224$$

2）$P(X \leqslant 5) = \sum_{k=0}^{5} P(X = k) = 0.615961$。

四、泊松分布在保险研究中的应用

保险公司常常对稀有事件进行设保，其理论基础源于泊松分布。

例 4-10 保险公司的某项寿命保险业务共有 2500 人参加，据调查，他们中每个人在一年里死亡的概率都是 0.002。如果规定每个参加该项保险的人在元旦那天付保险费 12 元。在这一年中若某受保人死亡，则其家属向保险公司领 2000 元。试问

1）保险公司该项业务亏本的概率是多少?

2）该项业务获利不少于 1 万元的概率是多少?

解 1）保险公司在该项业务中共收入 $2500 \times 12 = 30000$ 元，设在这一年中有 X 名参加该项保

险者死亡，则保险公司要支付2000X元。只要2000X > 30000，即X > 15人，保险公司的该项业务就会亏本。死亡人数X为随机变量，则$X \sim B(2500, 0.002)$，因为n大π小，故可近似看成泊松分布，$\lambda = n\pi = 5$，所以所求亏本概率为

$$p = P(X > 15) = 1 - P(X \leqslant 15) = 1 - \sum_{k=0}^{15} P(X = k) = 1 - \sum_{k=0}^{15} \frac{5^k e^{-5}}{k!} \approx 0.00069$$

2）该项业务要获利不少于1万元，即

$$30000 - 2000X \geqslant 10000$$

则$X \leqslant 10$，故所求概率为

$$p_1 = P(X \leqslant 10) = \sum_{k=0}^{10} P(X = k) = \sum_{k=0}^{10} \frac{5^k e^{-5}}{k!} \approx 0.9863$$

由上面计算可知，保险公司亏本的概率很小，而获利1万元以上的概率很大，接近99%。

五、二项分布、泊松分布与正态分布之间的关系

泊松分布是在二项分布的基础上建立起的一套具有独立特点的理论方法。由上节叙述的棣莫弗-拉普拉斯定理可知，当$n \to +\infty$时，二项分布又趋近于正态分布。对二项分布而言，当n很大，p很小时，直接计算比较困难，但通过泊松分布或正态分布的近似计算则会大大简化二项分布计算中的复杂程度，所以搞清何时可用泊松分布或正态分布来近似二项分布的计算非常重要。现举一例说明三种分布之间的联系。

例 4-11 若$X \sim B(100, 0.5)$，试以①二项分布概率函数；②二项分布的泊松近似；③二项分布的正态近似三种方式计算$P(X = 50)$，请说明用哪种方式计算较好。

解 1）按二项分布（公式(4-16)），有

$$P(X = 50) = C_{100}^{50}\, 0.5^{50}\, 0.5^{50} = 0.0796$$

2）按泊松分布近似（公式(4-22)），有$\lambda = n\pi = 50$，

$$P(X = 50) = \frac{50^{50}}{50!} e^{-50} \approx 0.0563$$

3）按正态分布近似（公式(4-20)），有

$$P(X = 50) = \frac{1}{\sqrt{n\pi(1-\pi)}} \varphi\left(\frac{k - n\pi}{\sqrt{n\pi(1-\pi)}}\right)$$

$$= \frac{1}{\sqrt{100 \times 0.5 \times 0.5}} \varphi\left(\frac{50 - 100 \times 0.5}{\sqrt{100 \times 0.5 \times 0.5}}\right) = 0.1$$

由上述计算可知，3）与1）的结果较接近，而且3）与1）比较起来，计算过程大大简化了；而2）的结果相对1）而言，相差较大，这是因为$\pi = 0.5$不算太小，所以针对“稀有事件”这句话而言，此例用泊松近似不太合适。

下面简要叙述一下三者间的关系。

1）当$\pi < 0.1$时，若$\lambda = n\pi < 10$，用二项分布的泊松近似计算，所得结果误差较小。

2）当$0.1 < \pi < 0.9$时，用二项分布的正态的近似计算，所得结果的误差较小。

3）$\lambda = n\pi > 20$时，泊松分布也接近于正态分布。

正态分布是连续分布，二项分布是离散分布。因此，当n不太大时，实际计算可对式(4-21)作以下修正：

$$P(m_1 \leqslant X \leqslant m_2) \approx \Phi\left(\frac{m_2 + 0.5 - n\pi}{n\pi(1-\pi)}\right) - \Phi\left(\frac{m_1 - 0.5 - n\pi}{n\pi(1-\pi)}\right)$$

$$P(m_1 < X \leqslant m_2) \approx \Phi\left(\frac{m_2 + 0.5 - n\pi}{n\pi(1-\pi)}\right) - \Phi\left(\frac{m_1 + 0.5 - n\pi}{n\pi(1-\pi)}\right)$$

$$P(m_1 \leqslant X < m_2) \approx \Phi\left(\frac{m_2 - 0.5 - n\pi}{n\pi(1-\pi)}\right) - \Phi\left(\frac{m_1 - 0.5 - n\pi}{n\pi(1-\pi)}\right)$$

$$P(m_1 < X < m_2) \approx \Phi\left(\frac{m_2 - 0.5 - n\pi}{n\pi(1-\pi)}\right) - \Phi\left(\frac{m_1 + 0.5 - n\pi}{n\pi(1-\pi)}\right)$$

一、单项选择题

1. 用均数和标准差可全面描述(　　)资料的分布特征。

A. 正偏态分布　　B. 负偏态分布

C. 对称分布　　D. 正态分布和近似正态分布

2. 正态曲线下，横轴上从均数μ到$+\infty$的面积为(　　)。

A. 97.5%　　B. 50%　　C. 95%　　D. 不确定(与标准差s有关)

3. 正态曲线下，横轴上从均数μ到$\mu+1.96\sigma$的面积为(　　)。

A. 97.5%　　B. 50%　　C. 47.5%　　D. 不确定(与标准差s有关)

4. 若$X \sim N(\mu, \sigma^2)$，则X的95%位数是(　　)。

A. $\mu+1.96\sigma$　　B. $\mu+1.64\sigma$　　C. $\mu-1.96\sigma$　　D. $\mu-1.64\sigma$

5. (　　)分布资料的中位数等于均数。

A. 正偏态分布　　B. 负偏态分布　　C. 对称分布　　D. 任意分布

6. 正态分布有两个参数μ，σ，则(　　)，曲线的形态越扁平。

A. μ越大　　B. σ越小　　C. μ越小　　D σ越大

7. 某项指标95%医学参考值范围表示的是(　　)。

A. 检测指标在此范围，判断“异常”正确的概率大于或等于95%

B. 检测指标在此范围，判断“正常”正确的概率大于或等于95%

C. 在“异常”总体中有95%的人在此范围之外

D. 在“正常”总体中有95%的人在此范围

8. 设事件A是一个稀有事件，X是发生的次数，在大量实验中，它发生k次的概率为$\frac{\lambda^k}{k!}e^{-\lambda}$，其中$\lambda$为事件$A$的平均发生次数，问$X$服从什么分布(　　)。

A. 正态分布　　B. 二项分布　　C. t分布　　D. 泊松分布

9. 当满足什么条件(　　)时，二项分布可用泊松分布来近似。

A. 均数较大　　B. 事件发生的概率π接近0.5时

C. 试验次数n很大而π很小时　　D. 试验次数n很大而π接近0.5时

10. 二项分布的期望与方差相比是(　　)。

A. 大于方差　　B. 小于方差　　C. 等于方差　　D. 等于标准差

11. 下列不具有可加性的分布是(　　)。

A. 正态分布　　B. 二项分布　　C. t分布　　D. 泊松分布

二、分析计算题

1. 一般可以认为各种考试成绩服从正态分布。假定在一次公务员资格考试中，只能通过考试人数的5%，而考生的成绩X近似服从$N(60, 100)$的正态分布，问至少要多少分才可能通过这次资格考试?

2. 保险公司在调查船舶险时发现某吨位船舶满载时，每遭一次波浪冲击，纵摇角度大于6°的概率$p=1/6$，若船舶遭受了90000次冲击，问其中有29500 ~ 30000次纵摇角度大于6°的概率是多少?

3. 表4-5是99名30~49岁正常成年男子的血清总胆固醇(mmol/L)的频数表，请据此资料：

1）求该地30~49岁正常成年男子的血清总胆固醇95%的参考值范围；

2）估计该地 30~49 岁正常成年男子的血清总胆固醇值小于 4.5mmol/L 的概率。

表 4-5　某地 99 名 30~49 岁正常成年男子的血清总胆固醇测定值的频数分布

血清总胆固醇/(mmol/L)	频数	血清总胆固醇/(mmol/L)	频数
2.5~	1	5.0~	17
3.0~	8	5.5~	9
3.5~	9	6.0~	6
4.0~	23	6.5~7.5	1
4.5~	25	合计	99

三、思考题

1. 正态分布、标准正态分布有何异同？
2. 参考值范围的含义是什么？如何确定参考值？
3. 双侧 95% 的参考值范围与总体的 $P_{2.5}$ ~ $P_{97.5}$ 范围有何区别与联系？
4. 对称分布资料在“均数 ±1.96 标准差”的范围内，也包括 95% 的观察值吗？
5. 二项分布、泊松分布、正态分布三者的关系是怎样的？

（易　颖）

第五章

抽样误差与抽样分布

在医学、保险等研究领域，通常采用抽样研究的方法，从总体中随机抽取一个有代表性的样本来进行研究。前已述及，反映总体特征的指标称为参数，由样本信息所计算的统计指标则统称为统计量。由于总体中的个体之间存在差异(变异)，在同一总体中随机抽取若干个样本含量相同的样本，每次得到的统计量(如样本均数)不一定完全相同，这些样本统计量间的差异，同时也反映了样本(统计量)与总体(参数)间的差异。

第一节　抽 样 误 差

一、抽样误差的概念

从总体中随机抽取若干个单位作样本所计算出来的样本指标，不一定与总体指标恰好相等，总会有一定的误差。误差包括系统误差、过失误差和随机误差。而抽样误差(sampling error)是指在没有系统误差和过失误差的前提下，单纯由于遵守随机化原则抽取样本，而产生的样本指标(统计量)与总体指标(参数)之间的随机性误差。由于总体中个体间的差异，抽样误差是不可避免的。然而，抽样误差具有随机性，使得我们可以运用大数定律等理论和方法对其加以计算，通过抽样设计程序将其控制在可以允许的范围之内，从而对总体指标作出科学的推断。

例如，从服从 $N(5, 1)$ 的总体中随机抽出两组样本，每组样本的样本含量(n)均为3，分别是5.1，5.2，4.9，以及5.2，4.8，4.9。可见，两组样本的样本均数分别是5.07和4.97，与总体均数(5)存在一定的差异，这便是抽样误差。

二、影响抽样误差的因素

控制抽样误差必须了解抽样误差受哪些因素的影响，通过有意识地调整各种影响因素来实现对抽样误差的控制。抽样误差的大小，主要受以下三个因素影响。

(一) 样本含量

在其他条件不变的情况下，可以采取增加样本含量来减小抽样误差。若抽样研究的样本含量与总体单位数目相等，则无抽样误差存在。此时抽样调查成了全面调查(普查)。

(二) 变量的变异程度

在其他条件不变的情况下，总体被研究标志(变量)的变异程度越大，则抽样误差越大；反之，抽样误差越小。若总体中各变量值之间没有差异，即变量的标准差为0，也就不存在抽样误差，此时样本指标(统计量)等于总体指标(参数)。

（三）抽样方法

常见的抽样方法有单纯随机抽样、系统抽样、分层抽样和整群抽样等(详见第二章)。按不同方法抽样，其抽样误差大小也不同。

三、测定抽样误差的作用

（一）可以说明统计量的可靠性大小

抽样误差越小，则统计量反映总体参数越可靠；反之，则统计量反映总体指标越不可靠。若抽样误差为0，则统计量等于参数，完全可靠。

（二）可以揭示样本指标与总体指标相差的可能范围，为统计推断提供依据

利用样本指标推断总体指标中的一项重要工作，就是测定抽样误差，它有利于提高推断的准确性。

一般来说，样本含量越大，抽样误差越小，越与总体的情况相接近，可靠性越高，换言之，越能阐明事物的规律性。但在实际工作中，由于条件限制，样本含量往往不可能太大，而只能从一个较小的样本资料来进行分析研究，计算出一系列的统计量。样本含量越小，抽样误差相应地越大，如果仅凭数字的表面值进行判断，不考虑偶然性问题，往往会导致错误的结论。但是，如果能够正确地应用“概率论”所导出的一些统计处理方法，就能辨别在科学研究中哪一些是有意义的，哪一些可能仅是由于偶然性所造成的，从而有助于得出一个正确的结论。

第二节　均数的抽样误差与标准误

从同一总体中随机抽取含量相等的样本时，由于抽样误差的存在，所得各样本均数有大有小。如果总体中各变量值是呈正态分布的，或者样本含量比较大时，则在抽得很多个样本并把这些样本的均数列成频数分布表时，就可看出样本均数以总体均数为中心呈正态分布。如以样本均数作变量值，则可求得说明样本均数的变异情况(样本均数的标准差)，称为均数标准误（standard error of mean，SEM)，可用公式(5-1)表示标准误的意义，即

$$\sigma_{\overline{X}} = \sqrt{\frac{\sum_{i=1}^{n} (\bar{x}_i - \mu)^2}{n}} \tag{5-1}$$

式中，$\sigma_{\overline{X}}$为均数的标准误，$\bar{x}$为样本均数，μ是总体均数，n为抽样次数。

均数的标准误和标准差相似，都是说明离散程度的指标。但标准差是表示一组变量值的离散程度，而均数标准误是说明样本均数$\overline{X}$这一特殊变量值离散程度的指标。

虽然均数的抽样误差可表现为样本均数与总体均数的差值，但由于总体均数常常是未知的，公式(5-1)实际上无法计算；再者，由于实际工作中，对同一问题很少作多次抽样研究，从这一点讲，公式(5-1)也是无法计算。那么，究竟如何衡量均数抽样误差大小呢？概率论中的中心极限定理(central limit theorem)解决了该问题。

中心极限定理认为：从均数为μ，标准差为σ的总体中作独立随机抽样，当样本含量n增大时，样本均数的分布将趋向于均数为μ，标准差为$\sigma_{\overline{X}}$的正态分布。$\sigma_{\overline{X}}$可用式(5-2)计算，即

$$\sigma_{\bar{X}} = \frac{\sigma}{\sqrt{n}} \tag{5-2}$$

实际工作中，研究者往往不知道总体标准差(σ)，且只进行了一次抽样并计算样本标准差(S)，所以只能用样本标准差来代替总体标准差(σ)，求得均数标准误的估计值 $S_{\bar{X}}$，即

$$S_{\bar{X}} = \frac{S}{\sqrt{n}} \tag{5-3}$$

均数标准误越小，说明抽样误差越小。总的来说，样本均数与总体均数越接近，也就表示用样本均数来估计总体均数时的可靠程度越大；反之，均数标准误越大，则表示用样本均数来估计总体均数时越不可靠。所以均数标准误又是说明用样本均数来估计总体均数可靠程度的一个指标。为了说明样本均数的这种可靠程度，常在均数后面附上标准误的数值(往往只是标准误 $\sigma_{\bar{X}}$ 的估计值 $S_{\bar{X}}$)，写成 $(\bar{x} \pm S_{\bar{X}})$。

第三节　常用的抽样分布

由样本的信息所计算的统计指标，称为统计量。统计量的分布称为抽样分布(sampling distribution)。它与变量的分布不同，后者是样本 X_1，X_2，…，X_n 的联合分布。对于正态总体，有三个重要的抽样分布，即χ^2 分布、t 分布和 F 分布，分述如下。

一、χ^2　分　布

χ^2 分布(chi-square distribution)，译为卡方分布，是从正态分布派生出来的一种分布，由赫尔默特(Helmert)和皮尔逊(Pearson)分别于 1875 年及 1900 年相互独立地在自己的研究工作中找到的概率分布。这一分布在统计中的应用非常广泛，在数理统计中也占有重要的地位。

(一)χ^2 分布的定义

设 Z_1，Z_2，…，Z_ν 是相互独立且同服从 $N(0, 1)$ 的随机变量，则称随机变量$\chi^2 = Z_1^2 + Z_2^2 + \cdots + Z_\nu^2$ 服从参数为 ν 的χ^2 分布，记为$\chi^2 \sim \chi^2(\nu)$，其密度函数为

$$f(x^2) = \begin{cases} \dfrac{1}{2^{\frac{\nu}{2}}\Gamma\left(\dfrac{\nu}{2}\right)} e^{-\frac{x}{2}} x^{\frac{\nu}{2}-1}, & x^2 > 0 \\ 0, & x^2 \leqslant 0 \end{cases}$$

其中，参数 ν 称为自由度，表示该统计量中包含的独立变量的个数。χ^2 分布的图形如图 5-1 所示，是一条偏向左侧的曲线。自由度越小则越偏，自由度越大越接近正态分布。

χ^2 分布具有可加性，设随机变量$\chi_1^2 \sim \chi^2(\nu_1)$，$\chi_2^2 \sim \chi^2(\nu_2)$，且它们互相独立，则

$$\chi_1^2 + \chi_2^2 \sim \chi^2(\nu_1 + \nu_2) \tag{5-4}$$

这个性质也可推广到多个独立的χ^2 分布的变量之和，也服从χ^2 分布(自由度为各变量自由度之和)。运用这一性质，可得下列推论。

若 x_1，x_2，…，x_n 为正态总体 $N(\mu, \sigma^2)$ 的一个随机样本，则有

$$\frac{(n-1)S^2}{\sigma^2} \sim \chi^2(\nu) \quad (\nu = n-1) \tag{5-5}$$

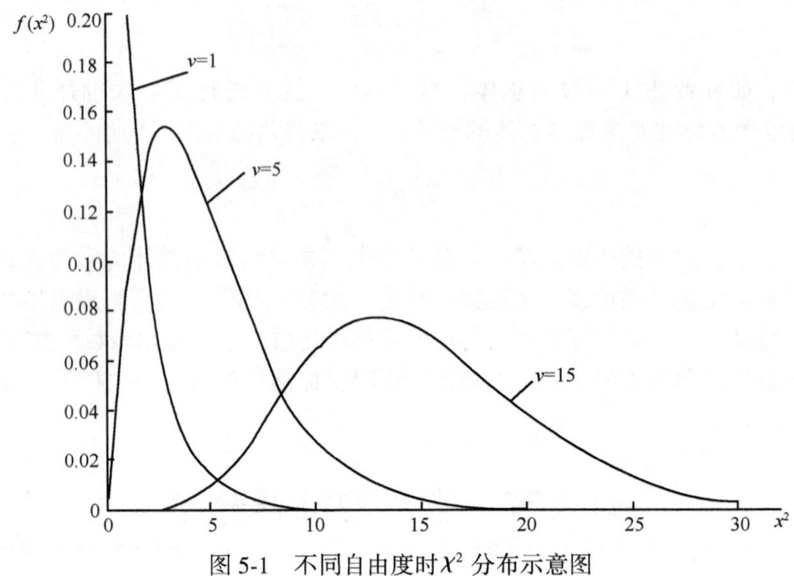

图 5-1　不同自由度时χ^2分布示意图

(二)χ^2分布的应用

统计学家皮尔逊在对离散型变量进行研究时，提出了可以用χ^2分布去近似地描述具有某种属性的实际频数(actual frequency)与理论频数(theoretical frequency)间的抽样误差，即

$$\chi^2=\sum\left(\frac{A_i-T_i}{T_i}\right)^2 \tag{5-6}$$

而且证明了，当自由度大于1时，公式(5-6)较好地近似χ^2分布；若样本含量n较大(如$n>40$)且$T_i>5$时，该统计量近似χ^2分布甚好。当自由度为1时，要对公式(5-6)进行校正，使之较好地服从χ^2分布(详见第九章)。

该分布在实际工作中常用于检验实际频数与理论频数间的差异是否具有统计学意义。因此，它既可用于两个或多个率(或构成比)间的比较，也常用于随机样本的总体来源，即总体是否服从某一特定的分布(称该检验为拟合优度检验)。

附表3是χ^2分布的上侧分位数(χ^2_α)表，根据自由度和显著性水平α就可查得其界值。

二、t 分布

t分布(t distribution)是戈塞特(W.S.Gosset)于1908年用笔名Student在*Biometrika*杂志上的一篇论文中发表的。因此，许多书刊也称为Student's t distribution。t分布的发现是数理统计走向一个独立学科的里程碑之一。

(一)t分布的定义

设随机变量$Z\sim N(0,1)$，$V\sim\chi^2(\nu)$，且Z与V相互独立，则称随机变量

$$T=\frac{Z}{\sqrt{V/\nu}}$$

服从自由度为ν的t分布，记为$T\sim t(\nu)$。

t分布的概率密度函数为

$$f(t)=\frac{\Gamma\left(\frac{\nu+1}{2}\right)}{\sqrt{\nu\pi}\,\Gamma\left(\frac{\nu}{2}\right)}\left(1+\frac{t^2}{\nu}\right)-\frac{\nu+1}{2}$$

$f(t)$ 是偶函数，它的图形关于 $t=0$ 对称，形状类似于正态曲线，如图 5-2 所示。当 ν 很大时 t 分布近似于 $N(0, 1)$。但对于小样本(一般认为 $\nu<50$)，两个分布相差较大。

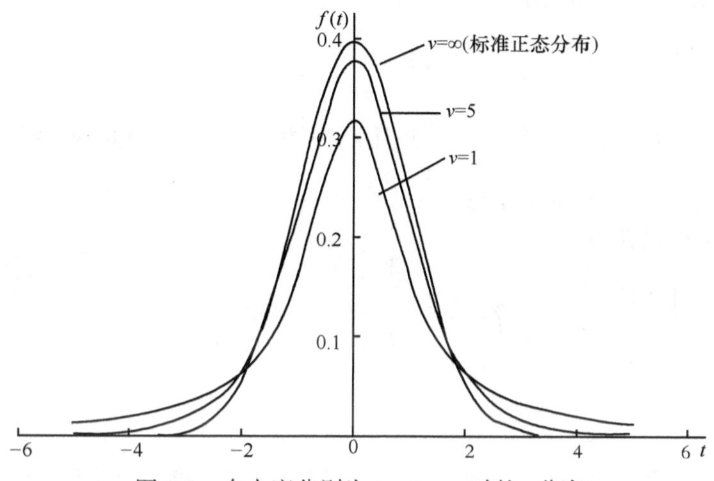

图 5-2　自由度分别为 1，5，∞ 时的 t 分布

t 分布是统计学中极其重要的分布，应用非常广泛。其应用的重要依据是下面的定理。

定理 5.1　设 x_1，x_2，…，x_n 为正态分布 $N(\mu, \sigma^2)$ 的一个随机样本，则

$$\frac{\bar{x}-\mu}{S/\sqrt{n}} \sim t(\nu)\quad(\nu=n-1) \tag{5-7}$$

定理 5.2　设 x_1，x_2，…，x_{n_1} 和 y_1，y_2，…，y_{n_2} 分别是同方差的正态总体 $N(\mu_1, \sigma^2)$ 和 $N(\mu_2, \sigma^2)$ 中所抽取的随机样本，它们相互独立，$\bar{x}$，$\bar{y}$ 分别是两者的样本均数，S_1^2，S_2^2 分别是两者的样本方差，则

$$\frac{(\bar{x}-\bar{y})-(\mu_1-\mu_2)}{S_c^2\sqrt{\frac{1}{n_1}+\frac{1}{n_2}}} \sim t(\nu)\quad(\nu=n_1+n_2-2) \tag{5-8}$$

其中 $S_c^2=\frac{(n_1-1)S_1^2+(n_2-1)S_2^2}{n_1+n_2-2}$。

（二）t 分布的性质

1）t 分布曲线是左右完全对称的曲线；

2）t 分布为单峰曲线，在 $t=0$ 处，其纵高值最大(即峰所在位置)；

3）t 分布曲线的离散度较标准正态曲线大，尤其是自由度小的 t 分布，更为明显，表现在曲线上，t 分布比标准正态分布的峰矮，尾部略高；

4）t 分布随自由度不同而异，当自由度增加时，t 分布接近标准正态分布，当自由度为无穷大时，t 分布就是标准正态分布。

（三）t 分布理论的应用

由定理 5.1 和定理 5.2 可知，t 分布理论常用于数值变量资料的假设检验(见第六章)，也可用

于相关系数和回归系数等的假设检验。

附表 2 是 t 分布的界值表，可以看出，随自由度增加，t 分布越来越接近标准正态分布。

三、F 分布

F 分布最早是在 1924 年由费希尔(R.A.Fisher)发现，到 1934 年由费希尔的学生斯奈迪克(G.W.Snedecor)完善，并用费希尔的第一个字母命名。

（一）F 分布的定义

设随机变量 $Z \sim \chi^2(\nu_1)$，$V \sim \chi^2(\nu_2)$，并且 Z，V 相互独立，则称随机变量 $F = \dfrac{Z/\nu_1}{V/\nu_2}$ 服从自由度为 (ν_1, ν_2) 的 F 分布，记作 $F \sim F(\nu_1, \nu_2)$。

F 分布的概率密度函数为

$$f(F)=\begin{cases}\dfrac{\Gamma\left(\dfrac{\nu_1+\nu_2}{2}\right)}{\Gamma\left(\dfrac{\nu_1}{2}\right)\Gamma\left(\dfrac{\nu_2}{2}\right)}\left(\dfrac{\nu_1}{\nu_2}\right)^{\frac{\nu_1}{2}}\cdot F^{\left(\frac{\nu_1}{2}-1\right)}\cdot\left(1+\dfrac{\nu_1}{\nu_2}F\right)^{-\frac{\nu_1+\nu_2}{2}}, & F>0\\ 0, \quad f\leqslant 0\end{cases}$$

F 分布有两个自由度，第一自由度(ν_1)是分子的自由度，第二自由度(ν_2)是分母的自由度。F 分布的概率密度函数 $f(X)$ 的图形是不对称的山状曲线，峰向左偏斜。随着 ν_1 与 ν_2 的同时增大，其均数趋于 1，且 $f(X)$ 的曲线趋于对称。图 5-3 示意了不同自由度时的 F 分布曲线。

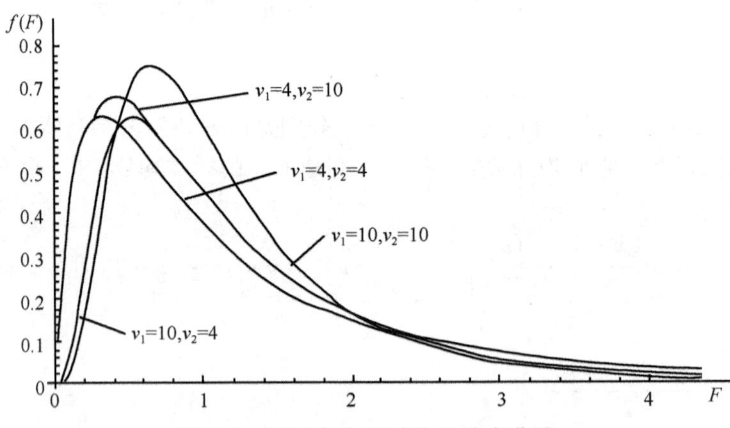

图 5-3　不同自由度时的 F 分布曲线

设 $x_1, x_2, \cdots, x_{n_1}$ 和 $y_1, y_2, \cdots, y_{n_2}$ 分别是来自正态总体 $N(\mu_1, \sigma_1^2)$ 和 $N(\mu_2, \sigma_2^2)$，且两样本相互独立，样本方差分别是 S_1^2，S_2^2，则

$$\frac{S_1^2/\sigma_1^2}{S_2^2/\sigma_2^2} \sim F(\nu_1, \nu_2) \quad (\nu_1 = n_1 - 1,\ \nu_2 = n_2 - 1)$$

若两总体方差相等(方差齐性)时，有

$$F = \frac{S_1^2}{S_2^2} \tag{5-9}$$

F 服从自由度为(ν_1，ν_2)的 F 分布，其中 $\nu_1 = n_1 - 1$，$\nu_2 = n_2 - 1$。可见 F 分布是方差比的分布，常用于方差齐性检验、方差分析等。

最后要提请注意的是这里所介绍的三个抽样分布：χ^2 分布、t 分布、F 分布都是对正态总体而言的，也就是这些样本都是来自正态分可总体，在以后使用时必须注意这一前提条件。

一、单项选择题

1. 抽样误差指的是(　　)。

A. 由某些固定的因素引起的误差　B. 由操作失误引起的误差

C. 选错样本引起的误差　D. 由于个体差异及抽样的引起的误差

2. 医学研究中抽样误差的主要来源是(　　)。

A. 测量仪器不准确　B. 生物个体变异

C. 统计设计不合理　D. 人为操作失误

二、思考题

1. $\sigma_{\bar{X}}$ 与 $S_{\bar{X}}$ 的含义与区别是什么？

2. 标准差与标准误的区别？

3. 标准误有何作用，影响标准误的因素有哪些？

4. 影响抽样误差的因素是什么？可以通过哪些方法减少抽样误差？

（易　颖）

第六章

数值变量资料的统计推断

医疗保险研究通常是抽样研究，研究的是样本，计算的是统计量。然而，研究样本不是目的，目的是用样本信息来推断总体的特征，称为统计推断(statistical inference)。统计推断的基本问题可以分为两大类，一类是参数估计(parameter estimate)，另一类是假设检验(hypothesis test)。没有统计推断的思维，就不具备科学研究的基本素养。

第一节　参数估计

一、参数估计的概念及意义

所谓参数估计就是用样本指标值(统计量)推断总体指标值(参数)。总体参数往往是未知的，而恰好又是人们所关心、想要知道的，研究者通过抽样研究得到统计量，然后用统计量推测参数，如在医疗保险研究中，根据样本所计算的平均参保费估计当地总体平均参保费；随机抽取某地高胆固醇血症患者，依据经过洛伐他丁治疗后血清胆固醇浓度(mmol/L)的变化值，估计这种治疗对血清胆固醇浓度的降低值的总体均数。

二、参数估计的方法

参数估计的方法有点估计与区间估计。参数的点估计(point estimation)是用样本统计量直接作为其总体参数的估计值，比如用$\bar{x}$直接估计μ，用s估计σ等。点估计方法简单，但是未考虑统计量与参数之间的抽样误差，其结果的准确度较低，估计值随样本的不同而变化，变异较大。

区间估计(interval estimation)是根据样本的信息，按预先给定的概率$1-\alpha$估计未知总体参数所处的范围，该范围称为参数的可信区间或置信区间(confidence bound/confidence interval, CI)。预先给定的概率$1-\alpha$称为可信度或置信度，常取双侧95%或99%。

可信区间通常是由两个界值即可信限/置信限(confidence limit, CL)构成的范围，其中较小值称为可信下限(lower limit, L)，较大值称为可信上限(upper limit, U)，可信区间表示为(L, U)，不包括L和U值本身。

三、总体均数可信区间的计算

根据总体标准差是否已知及样本量的大小，单一总体均数可信区间的计算方法可以分为以下两种情况。

(一) 总体标准差(σ)未知

1. n较小时，依据t分布原理

总体均数μ的双侧$1-\alpha$可信区间为

$$\left(\bar{x}-\frac{s}{\sqrt{n}}\cdot t_{\alpha/2,\ \nu},\ \bar{x}+\frac{s}{\sqrt{n}}\cdot t_{\alpha/2,\ \nu}\right)$$

简记为

$$\bar{x}\pm\frac{s}{\sqrt{n}}\cdot t_{\alpha/2,\ \nu} \tag{6-1}$$

总体均数的单侧 $1-\alpha$ 可信区间为

$$\mu>\bar{x}-\frac{s}{\sqrt{n}}\cdot t_{\alpha/2,\ \nu} \tag{6-2}$$

$$\mu<\bar{x}+\frac{s}{\sqrt{n}}\cdot t_{\alpha/2,\ \nu} \tag{6-3}$$

习惯上 α 取 0.05，有时 α 也取 0.01。式中，n 为样本量，$\bar{x}$ 为样本均数，s 为样本标准差，$t_{\alpha/2,\ \nu}$ 是自由度为 ν 的 t 分布的界值。

例 6-1　随机测得某地 15 名正常成人的血糖值，$\bar{x}=5.64$mmol/L，$s=1.08$mmol/L，试估计该地正常成人血糖的 95% 可信区间。

本例，$n=15$，$\bar{x}=5.64$，$s=1.08$，$\nu=n-1=14$。查 t 界值表得 $t_{\alpha/2,\ \nu}=2.145$（双侧）。按照式(6-1)，μ 的可信度为 95% 时，可信区间为 $5.64\pm\frac{1.08}{\sqrt{15}}\times2.145$，即(5.04，6.24)。

2. n 较大时，依据 t 分布正态近似的原理

当 n 足够大时，$\frac{\bar{x}-\mu}{s/\sqrt{n}}$ 近似服从标准正态分布 $N(0,\ 1)$，所以 μ 的可信度为 $1-\alpha$ 的可信区间为

$$\bar{x}\pm\frac{s}{\sqrt{n}}\cdot z_{\alpha/2} \tag{6-4}$$

显然，可信度为 95% 时，总体均数的可信区间为：$\bar{x}\pm1.96s_{\bar{x}}$；可信度为 99% 时，总体均数的可信区间为 $\bar{x}\pm2.58s_{\bar{x}}$。

例 6-2　某地 120 例 30～49 岁健康男子血清总胆固醇的均数 $\bar{x}=5.65$mmol/L，标准差 $s=0.87$mmol/L，试估计该地 30～49 岁健康男子血清总胆固醇总体均数的 95% 和 99% 可信区间。

解　可信度为 95% 的可信区间为

$$\bar{x}\pm1.96s_{\bar{x}}$$

即

$$5.65\pm1.96\times\frac{0.87}{\sqrt{120}}=(5.49,\ 5.81)$$

可信度为 99% 的可信区间为

$$\bar{x}\pm2.58s_{\bar{x}}$$

即

$$5.65\pm2.58\times\frac{0.87}{\sqrt{120}}=(5.49,\ 5.81)$$

（二）总体标准差（σ）已知

$\frac{\bar{x}-\mu}{\sigma/\sqrt{n}}$ 服从标准正态分布 $N(0,\ 1)$，同样可求得 μ 的可信度为 $1-\alpha$ 的可信区间为

$$\bar{x} \pm \frac{\sigma}{\sqrt{n}} \cdot z_{\alpha/2} \tag{6-5}$$

显然，可信度为95%时，总体均数的可信区间为 $\bar{x} \pm 1.96\sigma_{\bar{x}}$；可信度为99%时，总体均数 μ 的可信区间为 $\bar{x} \pm 2.58\sigma_{\bar{x}}$。

四、总体均数可信区间估计的注意事项

（一）可信区间的两个要素

评价一个区间估计好坏的标准有两个。一是可信度 $1-\alpha$，它是可信区间包含总体均数 μ 的概率。我们总是希望 $1-\alpha$ 越大越好，最好希望它是100%。二是可信区间的精度，即可信区间的宽度，此宽度越小越好。但是在样本含量确定的情况下，可信度和可信区间的长度不可能同时提高到任意值，二者互相制约。为了提高可信度，就得放宽可信区间，降低精度；反之提高了精度，必然会使可信度降低。为此，英国统计学家 Neyman 提出了在保证可信度的条件下，尽可能地提高精度的方法。在相同的可信度情况下，增大样本含量可减小可信区间宽度，即提高了精度。

（二）可信区间的意义

从总体中作随机抽样，每次抽样按上述公式都可求得一个可信区间，在这许多区间中包含 μ 的区间约有 $(1-\alpha)\%$，不含 μ 的约占 $\alpha\%$。例如，若 $\alpha = 0.05$，反复抽样1000次，则得到的1000个区间中约有950个包含 μ，有50个不包含 μ。并非说作一次抽样求得的可信区间包含 μ 的概率是 $1-\alpha$，因为对每一次具体的抽样来说，所求的可信区间要么包含 μ，要么不包含 μ。

（三）可信区间与可信限

可信区间的上、下端点分别称为可信上限和可信下限，可信区间是一个范围，而可信限是一个点值。如例6-2求得的可信区间是(5.45，5.85)。其中5.45mmol/L是总体均数的可信下限，5.85mmol/L是其可信上限。

（四）双侧可信区间与单侧可信区间

大部分情况下计算的是双侧可信区间，然而在一些实际问题中，有时人们感兴趣的往往是未知参数的可信下限或上限，这就是单侧可信区间。例如，某种药品的毒性要求越小越好，因此人们关心的仅是可信度为 $1-\alpha$ 的可信上限，这时计算两端都有界的可信区间就失去了意义。

例6-3 某疾病预防与控制中心为了解某企业所生产的同一批火腿罐头食品中亚硝酸盐的含量，随机抽取了该批罐头20听，测其亚硝酸盐含量，计算得样本均数为17.6mg/kg，标准差为1.64mg/kg。已知火腿罐头食品中亚硝酸盐含量的国家标准（以 $NaNO_2$ 计）是 ≤70mg/kg，试判断该批罐头中亚硝酸盐含量是否超标。

解 由于火腿罐头中亚硝酸盐含量应不高于国家标准值，故取单侧可信区间，求95%可信下限，即

$$\bar{x} - t_{\alpha,\ \nu} s_{\bar{x}} = 17.6 - 1.729 \times \frac{1.64}{20} = 17.00(\text{mg/kg})$$

故该批罐头中亚硝酸盐平均含量的95%可信区间下限为17.00mg/kg，故超标。

单侧可信区间用于估计总体参数至少或至多是多大。可信区间下限用于估计总体参数至少是多大；可信区间上限用于估计总体参数至多是多大。

（五）可信区间与医学参考值范围的区别

均数的可信区间不同于医学参考值范围。均数的可信区间是指按预先给定的概率 $1-\alpha$ 确定的未知参数 μ 的可能范围，医学参考值范围是指正常人的某项医学生理、生化指标的波动范围。无论从含义、计算公式及用途上二者均不相同。

第二节　假设检验的基本思想与步骤

由于抽样误差的存在，从某一总体中随机抽得的样本，所得的样本均数与该总体均数不一定完全相同；从同一总体随机抽得两个样本，这两个样本均数也会因存在抽样误差而不相等。那么，当遇到一个样本均数与某一总体均数有差别，或遇到两个样本均数有差别时，就需要判断这种差别是否由于抽样误差所致？还是其他因素（如处理）所致？要回答这些问题需要通过假设检验（hypothesis testing），亦称显著性检验（significance test）。假设检验是利用反证法思想和小概率原理，间接推断要解决的问题。

一、问题的引出

例 6-4　某课题组通过大量资料的研究、分析，显示城市居民年人均医疗保险支付费用约 2 万元，同期抽样调查北方的一个县 200 人，发现该样本年人均医疗保险支付费用约 1.8 万元，标准差为 0.2 万元，能否据此认为该县人均医疗保险支付费用不同于一般城市？

首先，可将 2005 年城市居民年人均医疗保险支付费用约 2 万元看成是一个已知的总体，其总体均数为 $\mu_0=2$，而该县居民年人均医疗保险支付费用均数看成是一个样本均数。造成这两个均数不等的原因，应该考虑以下两种可能：①该县居民年人均医疗保险支付费用样本来自已知总体（城市），两均数差别仅仅是由于抽样误差所致；②该样本不是来自已知的总体，属于本质不同，这里主要是经济、地域等因素的影响，而不仅仅是由于抽样误差所致。我们希望从该两原因中找出一个主要的原因。统计学上是通过假设检验来回答诸如此类问题的。

任何一个关于总体参数或分布的假设称为检验假设（hypothesis to be tested），简称假设。假设有两种：一种是无效假设（null hypothesis），也称为原假设、零假设，记为 H_0；另一种是备择假设（alternative hypothesis），也称为对立假设，记为 H_1。两个假设是根据研究目的、针对总体提出的对立假设，如例 6-4 中，H_0：某县居民年人均医疗保险支付费用与一般城市相同（将该县居民年人均医疗保险支付费用看成是城市的一样随机样本），即 $\mu=\mu_0$；H_1：某县居民年人均医疗保险支付费用与城市不同，即 $\mu\neq\mu_0$。

二、假设检验的一般步骤

进行假设检验首先要明确研究的设计类型、观察指标的类别以及分析的目的和要求，在其基础上选择相应的假设检验方法。下面以例 6-4 来说明假设检验的一般步骤。

1. 根据研究目的建立假设，确定检验水准

假设两均数的差别仅仅是由于抽样误差所致，这一假设称为无效假设，记为 H_0，则 $H_0:\mu=\mu_0$。备择假设则认为两均数的差别是由于样本来自另外一个总体，不是由于抽样误差所致，记为 H_1：$\mu\neq\mu_0$。假设检验的目的是想通过样本提供的信息在 H_0 和 H_1 中取舍一个，所以，在设定假设时，应当将 H_0 与 H_1 设为相互对立、互不相容的。如上例中的 $H_0:\mu=2$，H_1：$\mu\neq2$（即 $\mu>2$ 或 $\mu<2$）。

检验水准(test level)也称显著性水平(significance level)，记为α，实际工作中α常取为较小的数值，如$\alpha = 0.05$或$\alpha = 0.01$，有时也取0.10，α的意义见后。

2. 选定检验方法和计算检验统计量

根据研究目的、资料类型(变量类型及其分布)和研究设计类型等选用合适的检验方法。如例6-4属单样本设计，为数值变量资料，研究目的是推断样本均数与已知总体均数是否来自同一总体。若样本来自正态总体，可以选择单样本t检验。

确定检验方法后，可以通过样本的信息求出检验统计量。但是，要计算该检验统计量，必须假定无效假设H_0是成立的。

另外，需注意的是所有检验统计量在H_0成立的条件下都可以证明其抽样分布类型。如t检验中的t统计量就可以在H_0成立的前提下服从一定自由度的t分布。这是判断结果的理论基础。统计学家根据不同的问题已经推导出各种不同的检验统计量。

3. 确定P值，并作出统计推断

P值是指在无效假设成立的前提下，从H_0规定的总体中随机抽样，获得现有检验统计量以及比该检验统计量更为极端情况下(更大或更小)的概率。如果使用统计软件进行分析，则可得到精确的P值。若无统计软件，常根据计算出来的检验统计量的值查相应的抽样分布界值表，得到大于或等于检验统计量值的概率，即可得到近似P的范围。

如果该P值很小($P \leqslant \alpha$)，就有理由认为无效假设不成立，从而就“拒绝”它，与它对立的假设成立的概率较大，就接受备择假设，称为有统计学意义(statistical significance)；反之，若该P值不小($P > \alpha$)，就没有理由认为无效假设不成立，从而就不“拒绝”它，称为无统计学意义(no statistical significance，NS)。

三、假设检验的原理与基本思想

假设检验推断的原理是小概率原理和反证法的思想相结合。若某事件发生的概率很小(通常认为小于5%)，称为小概率事件。小概率事件在一次试验或抽样中不太可能发生，从而判定一次试验或抽样后不会发生；若一次试验发生的话，认为这是由于原先的假设错误才导致的，从而判断无效假设不成立，这就是小概率原理。

在假设检验的过程中，首先假定H_0成立，如果小概率事件发生($P \leqslant \alpha$)，这在一次试验中认为是不合理的，目前唯一能解释的就是原先的假定错误，因此拒绝H_0而接受H_1；如果小概率事件没有发生($P > \alpha$)，这是合理的现象，因此就没有理由拒绝H_0而接受H_1。这就是反证法的思路。

如例6-4，由后面计算结果$P < 0.05$，则有理由拒绝H_0，接受H_1。习惯上人们常用“接受H_1”来代替“拒绝”的说法，这在逻辑上似乎有点欠妥，一切概率运算都是在无效假设的基础上进行的，“拒绝无效假设”只是说明根据无效假设成立计算的概率不能充分合理地解释已经得到的样本数据。如果$P > \alpha$，表明在无效假设成立的前提下计算的概率能适当地解释眼前的数据，并非表示无效假设是完全正确的，确切的说法应该是还没有充分的理由认为H_0是不正确的，所以只好接受它。对于一次假设检验，要么不拒绝H_0，要么拒绝H_0。

第三节　t检验与z检验

在两个均数比较的假设检验中，使用最多的是t检验(t-test/Student's t-test)。t检验使用的条件是随机样本来自正态总体，两个小样本均数比较时还要求两样本方差来自同一个总体，即方差齐同(homogeneity of variance)。

当样本含量较大(如 $n>60$)时，t 分布近似于标准正态分布，t 检验可以用 z 检验来近似，z 检验是 t 检验的特例。

一、单样本 t 检验

单样本 t 检验(one sample t-test)，也称样本均数与总体均数的比较，目的是推断某一样本均数代表的未知总体均数 μ 是否与一已知的总体均数 μ_0 相同。μ_0 通常为某一理论值、标准值或经过大量观察所得的稳定值等。检验统计量为

$$t=\frac{\bar{x}-\mu_0}{s/\sqrt{n}},\qquad \nu=n-1 \tag{6-6}$$

在无效假设成立的前提下，公式(6-6)服从于自由度 $\nu=n-1$ 的 t 分布。

例 6-4 首先要分析该研究的设计类型，这里显然属于单样本设计(观察性研究)，目的是推断该县人均医保费用支出(未知总体)与一般城市(已知总体)是否相同?

计算描述性统计量，本例，$n=200$，$\bar{x}=1.8$，$s=0.2$。按照假设检验的一般步骤进行分析：

H_0：$\mu=\mu_0$(2 万)，即该县人均医保费用支出与一般城市相同；

H_1：$\mu\neq\mu_0$(2 万)，即该县人均医保费用支出与一般城市不相同；

$\alpha=0.05$。

按照反证法的思维，假定无效假设成立，即 $\mu_0=2$。那么，根据公式(6-6)，

$$t=\frac{\bar{x}-\mu_0}{s/\sqrt{n}}=\frac{1.8-2}{0.2/\sqrt{200}}=14.142$$

由于该检验统计量 t 服从于自由度为 $n-1$ 的 t 分布，所以查 t 界值表(附表 2)，得 $P<0.05$，按 $\alpha=0.05$ 水平拒绝 H_0，接受 H_1，可认为该地居民年均医保支出与一般城市不同。由于本例中样本量较大，t 分布趋近于标准正态分布，本例也可以按照 z 界值来判断 P 的范围。

单样本 t 检验要求资料近似正态分布，在分析时应加以考虑。

二、配对设计 t 检验

配对设计 t 检验(paired sample t-test)比较的目的是推断配对样本差值的总体均数 μ_d 与 0 是否有差异。其检验统计量为

$$t=\frac{\bar{d}-\mu_d}{s_d/\sqrt{n}},\qquad \nu=n-1 \tag{6-7}$$

式中，$\bar{d}$，s_d 分别是配对样本差值的均数与标准差，n 是对子数。在无效假设成立的前提下，式(6-7)服从于自由度 $\nu=n-1$ 的 t 分布。

配对设计主要有以下三种形式：①自身配对，同一受试对象处理前后的比较，推断该处理有无作用；②同源配对，同一受试对象分别给予两种处理，或者来自同一受试对象的不同部位的数据，推断两种处理的效果有无差别；③异源配对，按照某个或某些条件配对，性质相近的两个不同个体配对，对每对的两个受试对象分别给予两种处理，以推断两种处理有无差别。

例 6-5 为研究尼莫地平的降压效果，现选用高血压患者 10 例，分别测得服药前与服药后一个疗程的舒张压(kPa)如下，试分析此药对血压是否有显著性的影响?

病例号	1	2	3	4	5	6	7	8	9	10
用药前(kPa)	110	113	105	110	95	120	110	108	105	100
用药后(kPa)	85	87	100	95	80	95	110	93	95	90
差值(kPa)(d)25	26	5	15	15	25	0	15	10	10	

首先要分析该研究的设计类型，该例属于自身配对，因此，先计算用药前后舒张压差值 d 。要进行差值的总体均数(μ_d ，未知)与一已知的总体均数“0”比较，比较其是否来自同一总体。先进行统计描述，计算描述性统计量：$n = 10$，$\bar{d} = 14.6$，$s_d = 8.78$。按照假设检验的一般步骤进行分析。

$H_0: \mu_d = 0$，即尼莫地平无降压作用；

$H_1: \mu_d \neq 0$，即尼莫地平有降压作用；

$\alpha = 0.05$。

按照反证法的思维，假定无效假设成立，依据公式(6-7)计算，得

$$t = \frac{\bar{d}}{s_d/\sqrt{n}} = \frac{14.6}{8.78/\sqrt{10}} = 5.258, \quad \nu = n - 1 = 9$$

因该检验统计量 t 服从于自由度为 9 的 t 分布，故查 t 界值表，双侧 $t_{0.001/2,\,9} = 4.781$，$t = 5.258 > 4.781$，故 $P < 0.001$，按 $\alpha = 0.05$ 水平拒绝 H_0，接受 H_1，可以认为该药能降低高血压患者的血压。

例 6-6 甲、乙两个实验室每天同时从工厂的冷却水中取样，测量水中含氯量(ppm)一次，下面是 9 天的记录，问两实验室测定的结果之间有无显著差异？

日期	1	2	3	4	5	6	7	8	9
实验室 A	1.15	1.86	0.75	1.82	1.14	1.65	1.90	1.83	1.61
实验室 B	1.00	1.90	0.90	1.80	1.20	1.70	1.95	1.74	1.63
差值(d)	0.15	-0.04	-0.15	0.02	-0.06	-0.05	-0.05	0.09	-0.02

首先要分析该研究的设计类型，该例属于同源配对。因此，先计算两实验室测定结果的差值(d)。进行差值的总体均数(μ_d，未知)与一已知的总体均数“0”比较，比较其是否来自同一总体。先进行统计描述，计算描述性统计量：$n = 9$，$\bar{d} = -0.012$，$s_d = 0.089$。按照假设检验的一般步骤进行分析。

$H_0: \mu_d = 0$，即两实验室测定结果相同；

$H_1: \mu_d \neq 0$，即两实验室测定结果不相同；

$\alpha = 0.05$。

按照反证法的思维，假定无效假设成立，依据公式(6-7)计算，得

$$t = \frac{-0.012}{0.089/\sqrt{9}} = -0.404, \quad \nu = 8$$

查 t 界值表，双侧 $t_{0.5/2,\,8} = 0.706$，$|t| = 0.404 < 0.706$，故 $P > 0.50$，按 $\alpha = 0.05$ 水平不能拒绝 H_0，尚不能认为两实验室的测定结果之间有差异。

例 6-7 从 8 窝大鼠的每窝中选出同性别、体重相近的 2 只，分别喂以水解蛋白和酪蛋白饲料，一段时间后测定其体重增加量(g)，结果如下，问两种饲料对大鼠体重的增加量有无差别？

窝别	1	2	3	4	5	6	7	8
酪蛋白组	82	66	74	78	82	76	73	90
水解蛋白组	15	28	29	28	24	38	21	37
差值(d)	67	38	45	50	58	38	52	53

首先要分析该研究的设计类型，该例属于异源配对。因此，先计算配对结果的差值(d)，然后进行差值的总体均数(μ_d，未知)与一已知的总体均数“0”比较，比较其是否来自同一总体。先进行统计描述，计算描述性统计量：$n=8$，$\bar{d}=50.125$，$s_d=9.848$。按照假设检验的一般步骤进行分析。

$H_0: \mu_d = 0$；

$H_1: \mu_d \neq 0$；

$\alpha = 0.05$。

按照反证法的思维，假定无效假设成立，依据公式(6-7)计算，得

$$t = \frac{\bar{d}}{s_d/\sqrt{n}} = \frac{50.125}{9.848/\sqrt{8}} = 14.40, \quad \nu = 7$$

查 t 界值表得 $t_{0.001/2,\ 7}=5.408$，故 $P<0.001$，按 $\alpha=0.05$ 水平拒绝 H_0，接受 H_1，认为两种饲料对大鼠体重的增加量有差别。

配对样本 t 检验要求变量的差值近似正态分布，在分析时应加以考虑。

三、独立样本 t 检验

独立样本 t 检验(independent sample t-test)主要用于两种情景：一是实验性研究的完全随机设计(成组设计)的两组比较，二是观察性研究的两个独立样本的比较，因此统称为两样本均数比较的 t 检验。

独立样本 t 检验，两组样本含量可以相等也可以不等，以样本含量相等为好，检验效能最高。比较的目的是推断两组样本均数代表各自的总体均数 μ_1 和 μ_2 是否相同。检验统计量为

$$t = \frac{(\bar{x}_1 - \bar{x}_2) - (\mu_1 - \mu_2)}{\sqrt{\frac{\sum X_1^2 - \left(\sum X_1\right)^2/n_1 + \sum X_2^2 - \left(\sum X_2\right)^2/n_2}{n_1 + n_2 - 2}\left(\frac{1}{n_1} + \frac{1}{n_2}\right)}} = \frac{(\bar{x}_1 - \bar{x}_2) - (\mu_1 - \mu_2)}{\sqrt{\frac{(n_1 - 1)s_1^2 + (n_2 - 1)s_2^2}{n_1 + n_2 - 2}\left(\frac{1}{n_1} + \frac{1}{n_2}\right)}} \tag{6-8}$$

$\nu = n_1 + n_2 - 2$

若样本含量足够大，t 分布近似于标准正态分布。因此，t 检验也可用 z 检验近似，即

$$z = \frac{\bar{x}_1 - \bar{x}_2}{\sqrt{\frac{s_1^2}{n_1} + \frac{s_2^2}{n_2}}} \tag{6-9}$$

其中，n_1，n_2 是两组样本例数；$\bar{x}_1$，$\bar{x}_2$ 分别是两样本的均数；s_1^2，s_2^2 是两样本的方差。

该方法要求两样本均来自于正态分布总体，且要求两组总体方差相等，即 $\sigma_1^2=\sigma_2^2$(方差齐同)。式(6-9)适用于两样本含量较大(如 $n_1>50$ 且 $n_2>50$)。

例 6-8　某医院内分泌科为了观察某进口新药治疗 II 型糖尿病患者的效果，将 20 名Ⅱ型糖尿病患者随机均分成 2 组，一组患者接受该新药物治疗，另一组接受传统的 II 型糖尿病药物二甲双胍，测得空腹血糖(mmol/L)降低值如下，问两药的疗效有无差别?

二甲双胍组：1.2　1.8　1.3　0.7　1.3　1.7　1.2　1.0　0.8　1.0

进口药组：　0.7　0.9　1.0　0.8　1.1　1.2　2.1　1.3　1.9　2.3

首先要分析该研究的设计类型，该研究属于实验性研究，其研究对象为糖尿病患者，处理因素是药物(两水平，一水平是进口新药，另一水平是传统药物)，效应指标是空腹血糖，这里没有

考虑干扰因素的影响，只是单纯地将研究对象用随机化的办法分为两组，显然属完全随机设计。比较两种药物的疗效，实质上是两组资料空腹血糖下降值的总体均数比较。

统计分析先进行统计描述，计算描述性统计量，本例：$n_1=10$，$\bar{x}_1=1.20$，$s_1=0.35$；$n_2=10$，$\bar{x}_2=1.33$，$s_2=0.57$。按照假设检验的一般步骤进行分析。

$H_0:\mu_1=\mu_2$，即两组患者空腹血糖下降值的总体均数相等；

$H_1:\mu_1\neq\mu_2$，即两组患者空腹血糖下降值的总体均数不等；

$\alpha=0.05$。

按照反证法的思维，假定无效假设成立，根据公式(6-8)可得

$$t=\frac{1.20-1.33}{\sqrt{\frac{9\times 0.35^2+9\times 0.57^2}{18}\left(\frac{1}{10}+\frac{1}{10}\right)}}=-0.615$$

$$\nu=n_1+n_2-2=18$$

查 t 界值表，双侧 $t_{0.05/2,\ 18}=2.101$。故 $P>0.05$，按 $\alpha=0.05$ 水平不能拒绝 H_0，因此，尚无证据表明两药疗效有差别。

例 6-9 某地抽样调查了部分健康成人的血红蛋白含量，其中男性 360 人，平均数为 134.5g/L，标准差为 7.1g/L，女性 250 人，平均数为 117.6g/L，标准差为 8.3g/L，问该地健康成人的血红蛋白含量男、女之间有无差异？

解 $H_0:\mu_1=\mu_2$，即该地健康成人男、女血红蛋白含量相同；

$H_1:\mu_1\neq\mu_2$，即该地健康成人男、女血红蛋白含量不相同；

$\alpha=0.05$。

由于样本含量足够大，可用 z 检验进行。根据公式(6-9)可得

$$z=\frac{134.5-117.6}{\sqrt{\frac{7.1^2}{360}+\frac{8.3^2}{250}}}=26.22$$

查 z 界值表（t 界值表最后一行，即自由度为无穷大时），得 $P<0.001$，拒绝 H_0，接受 H_1，认为该地健康成人的血红蛋白含量男女之间有差别，男性高于女性。

独立样本 t 检验要求资料近似正态分布，同时还要求资料满足方差齐性，在分析时应加以考虑。

第四节 正态性检验与方差齐性检验

t 检验及方差分析（后述）都要求数据来自于正态分布总体，判断资料是否服从正态分布可用正态性检验（test of normality）来完成。

一、正态性检验

正态性检验的方法有图示法和计算法两大类。图示法主要有概率图（probability-probability plot, P-P plot）和分位数图（quantile-quantile plot，Q-Q plot），其他的图示法有直方图法、箱式图法、茎叶图法。计算法有两种，一种是对偏度（skewness）和峰度（kurtosis）分别测量并检验，以矩法（method of moment，又称动差法）较常用，效率最高。矩法是利用数学上的矩原理来检验偏度和峰度。偏度是指分布不对称的程度和方向，而峰度是指分布与正态曲线相比的冒尖程度或扁平程度，分别用

偏度系数(coefficient of skewness, g_1)和峰度系数(coefficient of kurtosis, g_2)来反映偏度和峰度，故又称偏度、峰度检验法。另一种计算法是只用一个指标来综合评判资料的分布，以 Shapiro-Wilk 检验(W 法)效率最高，适合于样本含量小于 100 的资料；Kolmogorov-Smirnov 检验(D 法)效率也高，适用于样本含量为 10~2000 的资料。

下面介绍应用较多的矩法。

$$g_1 = \frac{n}{(n-1)(n-2)}\sum\left(\frac{X-\bar{x}}{s}\right)^3 = \frac{n\sum X^3 - 3(\sum X)(\sum X^2) + \dfrac{2(\sum X)^3}{n}}{(n-1)(n-2)\dfrac{(\sum X^2)-(\sum X)^2/n}{(n-1)^{3/2}}} \tag{6-10}$$

偏度系数反映单峰分布资料的偏斜程度和方向，与 $g_1>0$, $g_1=0$, $g_1<0$ 对应的分布分别称作正偏态、正态和负偏态。当总体偏度系数 $\gamma_1=0$ 时，由于存在抽样误差，样本 $g_1\neq 0$，所以需对样本 g_1 作假设检验。

H_0: $\gamma_1=0$;

H_1: $\gamma_1\neq 0$;

$\alpha=0.1$。

检验统计量

$$z=\frac{|g_1|}{\sigma_{g_1}} \tag{6-11}$$

其中

$$\sigma_{g_1}=\sqrt{\frac{6n(n-1)}{(n-2)(n+1)(n+3)}} \tag{6-12}$$

$$g_2 = \frac{n(n+1)}{(n-1)(n-2)(n-3)}\sum\left(\frac{X-\bar{x}}{s}\right)^4 - \frac{3(n-1)^2}{(n-2)(n-3)} = \frac{(n+1)\left[n\sum X^4 - 4(\sum X)(\sum X^3) + 6(\sum X)^2(\sum X^2)/n - 3(\sum X)^4/n^2\right]}{(n-1)(n-2)(n-3)\{[\sum X^2-(\sum X)^2/n]/(n-1)\}^2} - \frac{3(n-1)^2}{(n-2)(n-3)} \tag{6-13}$$

峰度系数 g_2 反映单峰分布资料的峰态情况，$g_2>0$，$g_2=0$，$g_2<0$ 所对应的峰分别称作尖峭峰(leptokurtosis)、正态峰、平阔峰(plat kurtosis)。可检验总体峰度系数 γ_2 是否为 0 来推断是否是正态峰。

H_0: $\gamma_2=0$;

H_1: $\gamma_2\neq 0$;

$\alpha=0.1$。

检验统计量

$$z=\frac{|g_2|}{\sigma_{g_2}} \tag{6-14}$$

其中

$$\sigma_{g_2}=\sqrt{\frac{24n(n-1)^2}{(n-3)(n-2)(n+3)(n+5)}} \tag{6-15}$$

正态分布的偏度系数和峰度系数均为0，故正态性检验需对偏度系数和峰度系数都进行检验。

H_0：数据来自于正态分布，即 $\gamma_1=0$ 且 $\gamma_2=0$；

H_1：数据不是来自于正态分布，即 $\gamma_1\neq 0$ 或 $\gamma_2\neq 0$。

例 6-10 下面列出了114名12岁男童的身高值(cm)，试检验这些数据是否来自正态总体。

141 148 132 138 154 142 150 147 148 144 150 149 145 158 146 155
158 150 140 143 141 144 144 126 140 144 142 141 140 145 135 147 146
141 136 140 146 142 137 139 143 140 131 143 141 149 148 135 147 152
143 144 141 143 147 146 150 132 142 142 143 153 149 146 149 138 142
149 142 137 136 144 146 147 140 142 140 137 152 145 140 131 143 141
149 143 141 144 146 155 158 150 140 146 149 142 141 148 144 146 140
144 142 141 144 145 135 146 146 141 135 140 143 142

H_0：数据来自于正态分布，即 $\gamma_1=0$ 且 $\gamma_2=0$；

H_1：数据不是来自于正态分布，即 $\gamma_1\neq 0$ 或 $\gamma_2\neq 0$。

$\alpha=0.1$。

$$g_1=0.002884,\quad \sigma_{g_1}=0.2265,\quad z_1=0.0127,\quad P=0.992$$

$$g_2=0.864,\quad \sigma_{g_2}=0.449,\quad z_2=1.924,\quad P=0.0552$$

由上可见，峰度系数和偏度系数的 P 均大于 α，没有理由拒绝 H_0，可以认为本组数据服从正态分布。用矩法进行正态性检验以样本含量大于100为宜。

常用的统计分析软件SPSS和SAS均有进行正态性检验的模块。

二、方差齐性检验

决定正态分布的参数有两个即均数和标准差，在两组均数比较时要求样本来自正态总体且方差齐同。当方差齐同时，只比较两个总体的均数是否相同，即可作出统计推断。

方差齐性检验的方法依组数多少、各组样本含量是否相同而不同。最常用的方差齐性检验方法是Levene检验(Levene test)(具体方法见第七章)。两组资料的方差齐性检验可用 F 检验，而多组资料比较时的方差齐性检验最常用的方法是Bartlett法。

第五节 假设检验的注意事项

一、Ⅰ型错误与Ⅱ型错误

假设检验利用小概率事件原理和反证法，根据总体中的一部分——样本信息推断总体特征，实现了由部分归纳到全体的过程。这一归纳结论具有概率性，有时可能出现判断错误，一般地，将发生的错误归结为以下两类。

Ⅰ型错误(type Ⅰ error)又称第一类错误或拒真错误，它是指 H_0 实际上是成立的，但由于抽样的偶然性，拒绝了真实的 H_0 所犯的错误。犯第一类错误的概率记为 α，α 可取单尾，也可取双尾。α 的值由研究者根据实际需要确定，如 $\alpha=0.05$，表示理论上平均100次抽样中发生此类错误有5次。

Ⅱ型错误(type Ⅱ error)又称第二类错误或受伪错误，它是指 H_0 是不成立的，但由于样本的偶然性，没有拒绝不成立的 H_0 所犯的错误。犯第二类错误的概率记为 β。β 只取单尾，在假设检验中 β 一般未知。

在一次统计推断中，要么拒绝 H_0，要么不拒绝 H_0，所以两类错误在同一个具体问题中不会同时发生，客观实际与假设检验的结论总结见表6-1。

表 6-1 假设检验中的两类错误

客观实际	假设检验的结论	
	拒绝 H_0	不拒绝 H_0
H_0 成立	I 型错误(α)	推断正确($1-\alpha$)
H_0 不成立	推断正确($1-\beta$)	II 型错误(β)

在样本例数 n 一定的条件下，α，β 是互相制约着的，即降低 α，则 β 增大；反之亦然。图 6-1 说明了 α 与 β 之间的关系，设 H_0：$\mu=\mu_0$；H_1：$\mu>\mu_0$，若取 $\alpha=0.05$，在 H_0 成立即样本代表的总体是左边的正态分布曲线时，若计算出来的统计量 $t \geqslant t_{\alpha,\nu}$，则犯 I 型错误，即后边阴影面积为 α；在 H_0 不正确时，即 $\mu>\mu_0$，若计算出来的统计量 $t<t_{\alpha}$，ν，则犯II型错误，左边阴影面积为 β。α 减小时，如图 6-1 所示，$\alpha'<\alpha$，则必然有 $\beta'<\beta$。

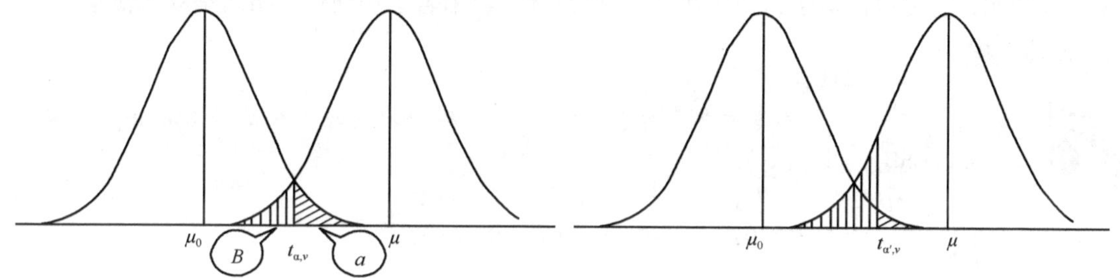

图 6-1 两类错误间的关系

$1-\beta$ 称为检验效能(power of a test)或把握度，它的意义是两总体确有差别，按设定的检验水平能发现该差异的能力。

二、假设检验的注意事项

1. 有严密的研究设计

这是假设检验的前提，样本应是从同质总体中随机抽取，这样的样本才具有代表性和均衡可比性。除了对比的主要因素外，影响结果的其他因素应做到相同或相近。

2. 选择合适的假设检验方法

不同的研究目的、不同的资料类型、不同的设计类型以及样本含量的大小，所用的假设检验方法都不一样。选择检验方法时，还要特别注意检验方法的适用条件。

3. 正确理解统计学意义的含义

差别有统计学意义，即拒绝 H_0，接受 H_1，有时也称差别有“显著性”(不提倡)，不能理解为差异大。当 $P \leqslant \alpha$ 时，P 越小，“高度统计学意义”只能说明我们越有理由拒绝 H_0，而不能说明它们之间差别越大。假设检验只能回答差异有无统计学意义，差异的大小只能依据专业知识予以确定。当 $P>\alpha$ 时，假设检验的结论是不拒绝 H_0。习惯上也称无显著性(non significant)，不应理解为差别不大，或一定相等，其实它包含了两种可能：一是 H_0 确实正确即差异是由抽样误差造成的，二是由于样本例数 n 少，抽样误差较大，而检验不出差别来。

4. 结论不能绝对化

统计推断的结论是根据概率 P 作出的，由于两类错误的存在，假设检验的结论不能绝对化。在报告结论时，应列出检验统计量值和尽可能确切的 P 值范围。

5. 注意统计学意义与专业意义的区别

统计学意义对应于统计结论，而医学意义、临床意义、生物学意义对应于专业结论，二者不能直接等同，有统计学意义不一定有专业意义，反之亦然。例如，由于样本较小，导致抽样误差大，结果无统计学意义，但是可能实际差异较大。或者样本量很大，抽样误差较小，有统计学意义，但可能无专业意义。

6. 单侧检验与双侧检验

在假设检验过程中，研究者可能有两种目的：①推断两总体均数有无差别，如不管是维生素K缺乏患者的血清凝血酶原浓度总体均数高于一般正常人，还是低于一般正常人，两种可能性都存在并且研究者都同样关心，此时应用双侧检验(two-sided test)；②如果人们事先有足够的理由(如根据专业知识)排除了一侧的可能性，则应当用单侧检验(one-sided test)。如果从专业讲，维生素K缺乏患者的血清凝血酶原浓度不会高于一般正常人，现在只关心的是维生素K缺乏患者的血清凝血酶原浓度是否低于一般正常人，则宜选用单侧检验。在大多数研究中，常常是双侧检验，一般不作说明，若为单侧检验，则应在文中有所交代(本书若不作交代，指的是双侧检验)。

一、单选题

1. 一个大样本成年男性舒张压测量资料的均数与中位数是84mmHg，标准差是10mmHg，则(　　)。

A. 约有95%男子的舒张压在64.4~103.6mmHg

B. 成年男子的舒张压总体均数95%可信区间为64.4~103.6mmHg

C. 总体中约有5%男子的舒张压超过103.6mmHg

D. 总体中约有5%男子的舒张压低于64.4mmHg

E. 总体中约有5%男子的舒张压 ≤ 84mmHg

2. $\sigma_{\bar{x}}$ 表示(　　)。

A. 总体均数的离散程度　B. 总体均数的标准差　C. 变量值 x 的可靠程度

D. 变量值 x 的离散程度　E. 样本均数的标准差

3. 在均数为 μ，标准差为 σ 的正态总体中随机抽样，$|\bar{x}-\mu| \geq$ (　　)的概率为0.05。

A. 1.96σ　B. $1.96\sigma_{\bar{x}}$　C. $t_{0.05,\ v}s$

D. $t_{0.05,\ v}s_{\bar{x}}$　E. $1.96s$

4. 统计推断的内容是(　　)。

A. 用样本指标估计总体指标　B. 检验统计上的“假设”　C. A和B均不是

D. A和B均是　E. 均不对

5. 确定假设检验的检验水准后，同一资料(　　)。

A. 单侧 t 检验显著，则双侧 t 检验必然显著　B. 双侧 t 检验显著，则单侧 t 检验必然显著

C. 双侧 t 检验不显著，则单侧 t 检验也不显著　D. 单侧 t 检验不显著，则双侧 t 检验可能显著

E. 单、双侧 t 检验结果没有联系

6. 两样本均数比较，经 t 检验，差别有显著性时，P 越小，说明(　　)。

A. 两样本均数差别越大　B. 两总体均数差别越大　C. 越有理由认为两总体均数有差别

D. 越有理由认为两样本均数有差别　E. 越有理由认为两总体均数差别很大

二、计算分析题

1. 某地随机抽样调查了部分健康成人的红细胞数和血红蛋白量，结果见表6-2。

表6-2　健康成人红细胞和血红蛋白含量

指标	性别	例数	均数	标准差	标准值
红细胞数/(10^{12}/L)	男	360	4.66	0.58	4.84
	女	255	4.18	0.29	4.33
血红蛋白/(g/L)	男	360	134.5	7.1	140.2
	女	255	117.6	10.2	124.7

就上表资料：

1）试估计该地健康成年女性红细胞数的均数。

2）该地健康成年男、女血红蛋白的含量是否不同？

3）该地男性两项血液指标是否均低于上表的标准值（若测定方法相同）？

2. 将20名某病患者随机分为两组，分别用甲、乙两药治疗，测得治疗前后（治后1个月）的血沉（mm/小时）见表6-3，试问甲、乙两药是否均有效？甲、乙两药的疗效有无差别？

表6-3　甲乙两药治疗前后血沉改变

甲药	患者号	1	2	3	4	5	6	7	8	9	10
	治疗前	10	13	6	11	10	7	8	8	5	9
	治疗后	6	9	3	10	10	4	2	5	3	3
乙药	患者号	1	2	3	4	5	6	7	8	9	10
	治疗前	9	10	9	13	8	6	10	11	10	10
	治疗后	6	3	5	3	3	5	8	2	7	4

3. 随机抽取某医院糖尿病患者和非糖尿病患者各10名，调查其四周住院费用（元）见表6-4。试问：糖尿病患者和非糖尿病患者的四周住院费用差异有无统计学意义？

表6-4　10名糖尿病患者与10名非糖尿病患者的四周住院费用

糖尿病患者/元	4810	4762	5051	4714	5195	5291	5243	4714	4666	4676
非糖尿病患者/元	5045	4995	5297	4944	5449	5550	5499	4944	4894	4884

三、简答题

1. 试简述 P 和 α 的区别。
2. 请解释均数间差别“无统计学意义”与“有统计学意义”的含义。
3. 请举例说明什么是配对设计。
4. 结合正态分布的决定因素，理解两个均数比较 t 检验的条件。

（郭怀兰）

第七章

方 差 分 析

前面介绍了两组定量资料比较的 t 检验，但在实际工作中常常遇到两组以上定量资料的比较。多组定量资料的比较若用 t 检验比较组间的差异，既不符合统计学原理，同时也会使得统计结果自相矛盾。

第一节　方差分析的基本思想

方差分析(analysis of variance，ANOVA)是一种检验两个或两个以上样本均数间差别有无统计学意义的方法，是由英国著名统计学家费希尔(R.A.Fisher)提出，故又称 F 检验。其基本思想是把全部观察值之间的变异—总变异，按设计和需要分为两个或多个组成部分，寻找各部分变异产生的原因，然后将其与随机误差进行比较，构建 F 统计量，借助 F 分布推论处理因素对实验结果有无影响。下面结合例 7-1 资料具体说明方差分析的基本思想。

例 7-1　某人研究北京机关工作人员血脂水平，随机抽取了不同年龄男性各 10 名，检测他们的总胆固醇(TC)含量(mmol/L)，其结果见表 7-1。问三个年龄组的总胆固醇平均含量之间是否有差别?

表 7-1　三组不同年龄北京机关工作人员血脂水平检测结果(单位：mmol/L)

	青年组	中年组	老年组	合计
	5.00	5.12	5.24	
	4.85	5.13	5.26	
	4.93	4.89	5.23	
	5.18	5.20	5.10	
	4.95	4.99	5.31	
	4.78	5.14	5.23	
	5.18	5.16	5.21	
	4.89	4.98	4.98	
	5.07	5.16	5.15	
	5.21	5.25	5.19	
n_i	10	10	10	30(n)
$\overline{X}_i$	5.004	5.102	5.190	5.099($\overline{X}$)
S_i^2	0.023	0.013	0.009	0.020(S^2)

在研究设计类型上，例 7-1 为观察性研究，是从三个人群分别随机抽取一定数量的观察资料，

测量某项指标进行比较，欲推断它们的总体均数是否相等，属于三个独立样本的比较。

对于类似例 7-1 多组定量资料的比较能否用第六章两组资料 t 检验进行两两比较(即对例 7-1 分别用青年组和中年组、青年组和老年组、中年组和老年组作 3 次两样本 t 检验)得出结论？不能！因为 t 检验每次只能比较两个均数，每次比较时犯第一类错误的概率被控制在规定的水平上(即事先给定的 α 值，例如，$\alpha = 0.05$)，而多次 t 检验(如 3 组需要 $C_3^2 = 3$ 次)比较，每次不犯第一类错误的概率为 $(1-0.05)=0.95$，当这些检验独立进行时，每次比较均不犯错误的概率为 $0.95^3 = 0.8574$，相应犯第一类错误的概率为 $1-0.8574=0.1426$，远大于设定的 0.05，并且随着比较次数的增大，犯第一类错误的总概率将不断增大并趋向于 1。因此，多个均数比较不宜用 t 检验。

设完全随机设计中将全部试验对象随机分成 g 组，第 i 组的试验对象给予第 i 种处理($i=1, 2, \cdots, g$)，第 i 个处理组的样本含量为 n_i，各处理组的样本含量之和记为 $n\left(n=\sum n_i\right)$。用 X_{ij} 表示第 i 个处理组($i=1, 2, \cdots, g$)的第 j 个观察值($j=1, 2, \cdots, n_i$)。$\overline{X}_i$ 表示第 i 个处理组的均数，$\overline{X}$ 表示所有观察值的总均数，将表 7-1 泛化，试验结果表达方式见表 7-2。

表 7-2 方差分析的数据格式

组别			
1	2	…	g
X_{11}	X_{21}	…	X_{g1}
X_{12}	X_{22}	…	X_{g2}
⋮	⋮		⋮
X_{1n_1}	X_{2n_2}	…	X_{gn_g}
n_1	n_2	…	n_g
$\overline{X}_1$	$\overline{X}_2$	…	$\overline{X}_g$
S_1^2	S_2^2	…	S_g^2

一、变异的分解

结合表 7-1 及表 7-2 中的数据 X_{ij}，可以看到有以下三种变异。

(一) 总变异

30 名北京机关工作人员血脂水平各不相同，这种变异称为总变异(total variation)。该变异既包含了随机误差(即个体差异和随机测量误差)，又包含了处理不同(即年龄组不同)对工作人员血脂水平的影响，反映了全部个体观察值之间总的变异情况，其大小用总离均差平方和 $SS_{总}$ 表示，计算公式为

$$SS_{总} = \sum_{i=1}^{g}\sum_{j=1}^{n_i}(X_{ij}-\overline{X})^2 \tag{7-1}$$

由式(7-1)可以看出，$SS_{总}$ 的大小与资料的离散程度有关，资料离散程度越大，$SS_{总}$ 越大；同时，$SS_{总}$ 还与样本例数有关，确切地说，与样本的自由度有关，自由度增大，$SS_{总}$ 增大。总的自由度 $v_{总} = n-1$。

(二) 组间变异

由于年龄组不同，三组机关工作人员血脂水平之间可能不同(各组的样本均数 $\overline{X}_i$ 各不相同)，这种变异称为组间变异(variation among groups)。它反映了三组处理的不同(若处理确实有作用)，

同时也包括了随机误差(含个体差异和随机测量误差)。其大小可用各组样本均数 $\overline{X}_i$ 与总的平均值 $\overline{X}$ 的离均差平方和 $SS_{组间}$ 表示，计算公式为

$$SS_{组间} = \sum_{i=1}^{g} n_i\ (\overline{X}_i - \overline{X})^2 \tag{7-2}$$

组间自由度 $v_{组间} = g - 1$。

由式(7-2)可以看出，当三组对应的总体均数相同时，三组资料来自同一总体，总体均数相同，各组样本均数和总的平均值 $\overline{X}$ 都是同一总体均数的点估计，彼此之间的差异较小并且仅属于抽样误差，故组间变异 $SS_{组间}$ 较小；当三组对应的总体均数不全相同时，各组样本均数分别是各自总体的均数估计值，而总的平均值 $\overline{X}$ 是三组样本均数的加权平均数，因此各组的样本均数与总的平均数 $\overline{X}$ 之差不仅含有抽样误差，而且含处理效应的估计值，所以当三组总体均数不同时，组间变异 $SS_{组间}$ 会增大。

(三) 组内变异

各年龄组内机关工作人员血脂水平各不相同，与本组的样本均数 $\overline{X}_i$ 也不相同，这种变异称为组内变异(variation within group)。组内变异仅反映随机误差(含个体差异和随机测量误差)，故又称误差变异。组内变异可用组内各测量值 X_{ij} 与所在组的均数 $\overline{X}_i$ 的差值的平方和 $SS_{组内}$ 表示，计算公式为

$$SS_{组内} = \sum_{i=1}^{g}\sum_{j=1}^{n_i}(X_{ij} - \overline{X}_i)^2 = \sum_{i=1}^{g}(n_i - 1)S_i^2 \tag{7-3}$$

组内自由度 $\nu_{组内} = n - g$ 。

可以证明，总离均差平方和分解为组间离均差平方和及组内离均差平方和，即

$$SS_{总} = SS_{组间} + SS_{组内} \tag{7-4}$$

相应总自由度分解为组间自由度和组内自由度，即

$$\nu_{总} = \nu_{组间} + \nu_{组内} \tag{7-5}$$

二、变异的比较

组间变异和组内变异与自由度有关，所以不能直接比较离均差平方和。为减小自由度的影响，将各部分的离均差平方和除以各自的自由度，得到相应的平均变异指标——均方(mean square，MS)。组间均方(mean square among groups)和组内均方(mean square within group)的计算公式分别为

$$MS_{组间} = \frac{SS_{组间}}{\nu_{组间}} \tag{7-6}$$

$$MS_{组内} = \frac{SS_{组内}}{\nu_{组内}} \tag{7-7}$$

由式(7-3)和式(7-7)可知：当只有两组时，组内均方 $MS_{组内}$ 恰好是两独立样本 t 检验中的合并方差，因此可以理解为组内均方是各个样本的合并方差，故组内均方与 H_0 是否成立无关。

将组间均方除以组内均方即得方差分析的检验统计量 F，即

$$F = \frac{MS_{组间}}{MS_{组内}} \tag{7-8}$$

当 $H_0: \mu_1 = \mu_2 = \cdots = \mu_g$ 成立时，各处理组的样本来自同一总体，无处理因素的作用，则组间变异和组内变异一样，只反映随机误差作用的大小，$MS_{组间}$ 与 $MS_{组内}$ 比较接近，故在大多数情况下 F 在 1 附近随机波动。相反，不同处理的作用不同，即 g 个总体均数不全相同时，在大多数情况下

$MS_{组间}$会较大或很大，$MS_{组内}$与 H_0 是否为真无关而不会有明显变化，故对应的 F 会较大或很大。那么 F 值要大到多少才有统计学意义？这需要查附表 4 的 F 分布界值表得到相应的 P 值，然后根据所取的检验水准 α 作出推断结论。在 F 分布界值表中，纵标目为分子自由度 ν_1，横标目为分母自由度 ν_2，表中分别给出了 $\alpha = 0.01$ 和 $\alpha = 0.05$ 时供方差分析用的单尾 F 界值（F 分位数），用 $F_{\alpha(\nu_1, \nu_2)}$ 表示。若计算的 F 值 $\geqslant F_{\alpha(\nu_1, \nu_2)}$，则 $P \leqslant \alpha$，在 H_0 成立时，这是一个小概率事件，一次随机抽样一般是不会发生的，因此可以拒绝 H_0，接受 $H_1: \mu_1, \mu_2, \cdots, \mu_k$ 不全相等；相反，若计算的 F 值 $< F_{\alpha(\nu_1, \nu_2)}$，则 $P > \alpha$，不拒绝 H_0。

第二节 不同设计类型的方差分析

一、单向方差分析

单向方差分析（one-way ANOVA）主要用于两种情景。对于实验性研究，完全随机设计（completely random design），研究人员不考虑干扰因素（混杂因素）的影响，只安排一个处理因素，处理因素有 g 个水平，将研究对象随机地分配到不同的处理组（g 个），推断 g 个组的总体均数是否相等；对于观察性研究，研究人员分别从 g 个不同的总体中随机抽取一定样本含量的样本，观察某项定量指标进行比较，推断它们的总体均数是否相等。

例 7-1 为观察性研究，$g = 3$。现用该例介绍单向方差分析的基本步骤。

（1）建立检验假设，确定检验水准

H_0：三个总体均数相等，即 $\mu_1 = \mu_2 = \mu_3$；

H_1：三个总体均数不全相等；

$\alpha = 0.05$。

（2）计算检验统计量

根据式（7-1）～（7-8）即表 7-3 中的公式和表 7-1 下部数据计算，也可用统计软件包 SPSS 等直接获得表 7-4 的方差分析表。注意，当组数 $g = 2$ 时，亦可用方差分析，与两个均数间的双侧 t 检验等价，且 $t^2 = F$。

表 7-3 完全随机设计资料方差分析的计算公式

变异来源	离均差平方和 SS	自由度 ν	均方 MS	F 值
组间变异	$\sum_{i=1}^{g} n_i (\overline{X}_i - \overline{X})^2$	$g - 1$	$\frac{SS_{组间}}{\nu_{组间}}$	$\frac{MS_{组间}}{MS_{组内}}$
组内变异	$\sum_{i=1}^{g}\sum_{j=1}^{n_i} (X_{ij} - \overline{X}_i)^2$	$n - g$	$\frac{SS_{组内}}{\nu_{组内}}$	
总变异	$\sum_{i=1}^{g}\sum_{j=1}^{n_i} (X_{ij} - \overline{X})^2$	$n - 1$		

$SS_{总} = (5.00 - 5.099)^2 + (4.85 - 5.099)^2 + \cdots + (5.19 - 5.099)^2 = 0.570$，$\nu_{总} = 30 - 1 = 29$

$SS_{组间} = 10 \times (5.004 - 5.099)^2 + 10 \times (5.102 - 5.099)^2 + 10 \times (5.190 - 5.099)^2 = 0.173$

$\nu_{组间} = 3 - 1 = 2$

$SS_{组内} = SS_{总} - SS_{组间} = 0.570 - 0.173 = 0.397$，　$\nu_{组内} = 30 - 3 = 27$

列出方差分析结果，见表 7-4。

表 7-4　例 7-1 资料的单向方差分析表

变异来源	SS	df	MS	F	P
组间	0.173	2	0.087	5.897	0.008
组内	0.397	27	0.015		
总变异	0.570	29			

(3)确定 P 值，作出推断结论

以 $\nu_1 = 2$，$\nu_2 = 27$，查 F 分布界值表(附表4)，$F_{0.01(2,\ 27)} = 5.49$，$P < 0.01$。按 $\alpha = 0.05$ 水准，拒绝 H_0，接受 H_1，表明三个年龄组北京机关工作人员的总胆固醇平均含量之间的差别有统计学意义(要注意这个结论是总的来说的，并不表明任意两年龄组间均有差别)。

二、双向方差分析

双向方差分析(two-way ANOVA)主要用于随机区组设计(randomized block design)，因是配对设计的扩展，故又称为配伍组设计。随机区组设计的具体做法是先按影响试验结果的非处理因素(如性别、体重、年龄、职业、病情、病程等)相同或相近的原则将受试对象配成区组(block)，再分别将各区组内的受试对象随机分配到各处理组(处理因素为 g 水平，故共 g 组)。这样可以使区组内的个体特征比较一致，减少了个体间差异对研究结果的影响；使各处理组受试对象数量相同，生物学特性比较平衡，增加了处理组间的均衡性；一般而言，随机区组设计较完全随机设计的效率要高。

例 7-2　将 18 名原发性血小板减少症患者按年龄相近的原则配为 6 个区组，每个区组中的 3 名患者随机分配到 A，B，C 三个治疗组中，治疗后的血小板升高值见表 7-5，问 3 种治疗方法的疗效有无差别？

表 7-5　三种不同治疗方法血小板的升高值　　(单位：$10^4/mm^3$)

区组	A	B	C	$\bar{X}_{i}$
1	3.8	6.3	8.0	6.03
2	4.6	6.3	11.9	7.60
3	7.6	10.2	14.1	10.63
4	8.6	9.2	14.7	10.83
5	6.4	8.1	13.0	9.17
6	6.2	6.9	13.4	8.83
$\bar{X}_{.j}$	6.20	7.83	12.52	8.85($\bar{X}$)

为了便于说明计算过程中所用公式及各符号的意义，将随机区组设计资料的试验结果用表 7-6 表示，第 i 区组中接受第 j 种处理的受试对象的观察值为 X_{ij} ($i = 1, 2, \cdots, b$; $j = 1, 2, \cdots, g$)。

表 7-6　随机区组设计的测量结果

区组编号	处理组					
	1	2	…	j	…	g
1	X_{11}	X_{12}	…	X_{1j}	…	x_{1g}
2	X_{21}	X_{22}	…	X_{2j}	…	x_{2g}
⋮	⋮	⋮		⋮		⋮

续表

区组编号	处理组					
	1	2	…	j	…	g
i	X_{i1}	X_{i2}	…	X_{ij}	…	x_{ig}
⋮	⋮	⋮		⋮		⋮
b	X_{b1}	X_{b2}	…	X_{bj}	…	x_{bg}

总均数记为 $\overline{X}=\sum_{j=1}^{g}\sum_{i=1}^{b}X_{ij}/n$ ，各处理组和各区组的均数分别记为

$$\overline{X}_{.j}=\sum_{i=1}^{b}X_{ij}/b \quad 和 \quad \overline{X}_{i.}=\sum_{j=1}^{k}X_{ij}/g$$

g 和 b 分别为处理组数和区组组数，总例数 $n=bg$ 。

1. 变异的分解

1）所有个体间的总离均差平方和为

$$SS_{总}=\sum_{j=1}^{g}\sum_{i=1}^{b}(X_{ij}-\overline{X})^2，自由度\ \nu_{总}=n-1=bg-1 \tag{7-9}$$

2）将总离均差平方和分解为处理组间(即治疗组间)、区组间和误差三部分，总自由度也相应地分解为三部分，各部分的离均差平方和表达式和自由度分别为

$$SS_{处理}=b\sum_{j=1}^{g}(\overline{X}_{.j}-\overline{X})^2，自由度\ \nu_{处理}=g-1 \tag{7-10}$$

$$SS_{区组}=g\sum_{i=1}^{b}(\overline{X}_{i.}1-\overline{X})^2，自由度\ \nu_{区组}=b-1 \tag{7-11}$$

$$SS_{误差}=\sum_{j=1}^{g}\sum_{i=1}^{b}(X_{ij}+\overline{X}-\overline{X}_{i.}-\overline{X}_{.j})^2=SS_{总}-SS_{处理}-SS_{区组}，自由度\ \nu_{误差}=(g-1)(b-1) \tag{7-12}$$

$SS_{处理}$反映了三组处理的不同(若处理确实有作用)，同时也包括了随机误差(含个体差异和随机测量误差)；$SS_{区组}$反映了不同区组的不同(若区组确实有作用，即干扰因素起作用)，同时也包括了随机误差(含个体差异和随机测量误差)；$SS_{误差}$仅仅反映随机误差(含个体差异和随机测量误差)的影响。

2. 构建检验统计量 F

为了消除样本量、区组数和处理数的影响，将上述离均差平方和除以相应的自由度，得到下列均方

$$MS_{处理}=\frac{SS_{处理}}{g-1},\quad MS_{区组}=\frac{SS_{区组}}{b-1},\quad MS_{误差}=\frac{SS_{误差}}{(g-1)(b-1)}$$

$$F_{处理}=\frac{MS_{处理}}{MS_{误差}},\quad F=\frac{MS_{区组}}{MS_{误差}}$$

双向方差分析的相关表达式整理见表 7-7。

表 7-7 双向方差分析的计算公式

变异来源	SS	ν	MS	F
总变异	$SS_{总}=\sum_{j=1}^{g}\sum_{i=1}^{b}(X_{ij}-\overline{X})^2$	$n-1$	$\frac{SS_{处理}}{\nu_{处理}}$	
处理间	$SS_{处理}=b\sum_{j=1}^{g}(\overline{X}_{.j}-\overline{X})^2$	$g-1$	$\frac{SS_{处理}}{\nu_{处理}}$	$\frac{MS_{处理}}{MS_{误差}}$
区组间	$SS_{区组}=g\sum_{i=1}^{b}(\overline{X}_{i.}-\overline{X})^2$	$b-1$	$\frac{SS_{区组}}{\nu_{区组}}$	$\frac{MS_{区组}}{MS_{误差}}$
误差	$SS_{误差}=SS_{总}-SS_{处理}-SS_{区组}$	$(g-1)(b-1)$	$\frac{SS_{误差}}{\nu_{误差}}$	

在各种处理效应相同的情况下，$MS_{处理}$ 一般比较小或很小并且在抽样随机误差的总体方差附近；但当各种处理效应不相同时，$MS_{处理}$ 一般会比较大。$MS_{误差}$ 是抽样随机误差的总体方差估计统计量，在大多数情况下，$MS_{误差}$ 在抽样随机误差的总体方差附近。区组效应检验统计量也是类似原理，故不再赘述。当处理因素为2水平时($g=2$)，即为配对设计，此时配对 t 检验的 t 值与 $F_{处理}$ 的关系为 $t^2=F_{处理}$。

3. 判断 *P* 值　*P* 值的判断依据 *F* 分布进行。

应用随机区组设计时，区组内各试验对象应均衡，区组之间试验对象具有较大的差异为好，这样利用区组控制非处理因素的影响，并在方差分析时将区组间的变异从组内变异中分解出来。因此，当区组间差别有统计学意义时，这种设计的误差比完全随机设计小，试验效率得以提高。

随机区组设计资料的方差分析属无重复数据的双向方差分析，下面以例7-2说明随机区组设计资料方差分析的步骤。

首先要分析该研究的设计类型，该例属于实验性研究，其研究对象为原发性血小板减少症患者，处理因素是治疗方法(三水平，分别是 *A*，*B*，*C* 三种状态)，效应指标是血小板的升高值，这里将主要的干扰因素(年龄)配成区组，每个区组有3例年龄相近的患者，这3例患者随机地分到3个不同的处理组中，显然属随机区组设计。比较三种药物的疗效，实质上是三组资料血小板的升高值的总体均数比较。

统计分析先进行统计描述，计算描述性统计量(表7-5下方)。按照假设检验的一般步骤进行分析。

(1) 建立检验假设，确定检验水准

1) 处理组间比较：

H_0：不同治疗组血小板升高值的总体均数相同；

H_1：不同治疗组血小板升高值的总体均数不全相同；

$\alpha=0.05$。

2) 年龄组间比较(区组间的比较)。

H_0：不同区组血小板升高值相同；

H_1：不同区组血小板升高值不全相同；

$\alpha=0.05$。

(2) 计算检验统计量(*F* 值)

按照反证法的思维，假定无效假设成立(即处理和区组均不起作用)，根据表7-7的公式计算可得 *F* 值(表7-8)。

表7-8　例7-2双向方差分析表

变异来源	SS	ν	MS	F	P
处理	129.00	2	64.50	79.34	<0.001
区组	50.13	5	10.03	12.33	0.001
误差	8.13	10	0.81		
总变异	187.26	17			

(3) 确定 *P* 值，作出推断结论

查附表4的 *F* 界值表，$F_{0.01(2,\ 10)}=7.56$，$F_{0.01(5,\ 10)}=5.64$，因此，组间及区组间均为 $P<0.01$。按 $\alpha=0.05$ 水准，拒绝 H_0，接受 H_1，可认为不同治疗组间血小板升高值不相同(这个结论是总的来说的，并不表明任意两种治疗方案间均有差别)，不同区组患者血小板升高值也不相同。

第三节　多个均数的多重比较

若方差分析的结论是拒绝无效假设 H_0，接受 H_1，只能认为在 α 检验水准上多个总体均数不全相等，但并不表明任意两组对应的总体均数有差异。如果想了解究竟哪几个均数间存在差异，还需要进行多个样本均数间的两两比较，称多重比较(multiple comparison)，更多文献及统计软件称为 Post-hoc test。多重比较的方法很多，一般分为两种情况。一种情况是，在设计阶段就根据研究目的或专业知识而计划好(planned comparisons)某些均数间的两两比较，用于证实性研究(confirmatory research)，如多个实验组与一个对照组比较，可选用 Dunnett-t 法；另一种是，在研究设计阶段未预先考虑或预料到，经假设检验得出多个均数不等的提示后，才决定多个均数间两两比较的探索性研究(exploratory research)，可选用 SNK 法。要根据研究的目的选择两两比较的方法。下面介绍两种常用的多重比较方法。

一、多个实验组与一个对照组比较

当根据研究工作需要，了解各实验组与对照组样本均数间的差别是否有统计学意义，寻找出哪些组与标准组(对照组)不同或比标准组好，而对实验组相互之间的差别不感兴趣，可选用 Dunnett-t 检验。Dunnett-t 检验，主要用于事先有明确假设的证实性研究，适用于 k-1 个实验组与一个对照组均数差别的多重检验。

检验统计量 Dunnett-t 有专门的界值表(附表 9)，计算公式为

$$\text{Dunnett-}t=\frac{\overline{X}_i-\overline{X}_0}{S_{\overline{X}_i-\overline{X}_0}},\qquad \nu=\nu_{误差} \tag{7-13}$$

式中

$$S_{\overline{X}_i-\overline{X}_0}=\sqrt{\mathrm{MS}_{误差}\left(\frac{1}{n_i}+\frac{1}{n_0}\right)} \tag{7-14}$$

$\overline{X}_i$，n_i 为第 i 个实验组的样本均数和样本例数；$\overline{X}_0$，n_0 为对照组的样本均数和样本例数。

例 7-3　续例 7-2 资料，问 B，C 两种治疗方法与 A 疗法(对照组)血小板升高值总体均数是否有差别？

本例用 Dunnett-t 检验。

解　1）建立检验假设，确定检验水准：

H_0：$\mu_i=\mu_0$，即各实验组与安慰剂组治疗组间血小板升高值总体均数相等；

H_1：$\mu_i\neq\mu_0$，即各实验组与安慰剂组治疗组间血小板升高值总体均数不等；

$\alpha=0.05$。

2）计算检验统计量。

根据例 7-2，$\overline{X}_0=6.20$，$\overline{X}_B=7.83$，$\overline{X}_C=12.52$，$n_i=n_0=6$，$\mathrm{MS}_{误差}=0.81$，$\nu_{误差}=10$。按式(7-13)和式(7-14)，得

$$\text{Dunnett-}t_B=\frac{7.83-6.20}{\sqrt{0.81\times\left(\frac{1}{6}+\frac{1}{6}\right)}}=3.14$$

$$\text{Dunnett-}t_C=\frac{12.52-6.20}{\sqrt{0.81\times\left(\frac{1}{6}+\frac{1}{6}\right)}}=12.16$$

3）确定 P 值，作出推断结论。

以误差的自由度 $\nu=\nu_{误差}=10$，不包含对照组的处理组数 $T=g-1=3-1=2$，查附表9的Dunnett-t 界值表(双侧)，得 $t_{0.05/2,\ 10}=2.57$，$t_{0.01/2,\ 10}=3.53$。$t_B>t_{0.05/2,\ 10}$，$t_C>t_{0.01/2,\ 10}$，都得 $P<0.05$。按 $\alpha=0.05$ 水准，拒绝 H_0，接受 H_1，差异有统计学意义。可认为 B，C 两种治疗方法与 A 疗法间血小板升高值总体均数有差别，B，C 两种治疗方法均优于 A 疗法治疗组。

二、多个均数两两比较

SNK(Student-Newman-Keuls)检验，亦称 q 检验，适用于多个样本均数两两之间的全面比较。检验统计量 q 有专门的界值表(附表8)，计算公式为

$$q=\frac{\overline{X}_i-\overline{X}_j}{S_{\overline{X}_i-\overline{X}_j}},\ \nu=\nu_{误差} \tag{7-15}$$

式中

$$S_{\overline{X}_i-\overline{X}_j}=\sqrt{\frac{\mathrm{MS}_{误差}}{2}\left(\frac{1}{n_i}+\frac{1}{n_j}\right)} \tag{7-16}$$

$\overline{X}_i$，n_i 和 $\overline{X}_j$，n_j 为两对比组的样本均数和样本例数。

例7-4 续例7-1资料，问青年组、中年组、老年组总胆固醇(TC)的含量两两之间是否有差别？

解 1）建立检验假设，确定检验水准：

H_0：$\mu_A=\mu_B$，即任两对比较组的总体均数相等；

H_1：$\mu_A\neq\mu_B$，即任两对比较组的总体均数不等；

$\alpha=0.05$。

2）计算检验统计量(q 值)。

首先将3个样本均数(表7-1)由小到大排列，并编组次见表7-9。

表7-9 不同年龄组总胆固醇含量平均水平排序

均数	5.004	5.102	5.190
组别	青年组	中年组	老年组
组次	1	2	3

表7-10 例7-1的多个均数两两比较的 q 值及 P 值

对比组次 (1)	$\overline{X}_i-\overline{X}_j$ (2)	a (3)	q (4)	$q_{0.05}$ (5)	$q_{0.01}$ (6)	P (7)
1，2	0.098	2	2.53	2.91	3.93	>0.05
1，3	0.186	3	4.81	3.51	4.50	<0.01
2，3	0.088	2	2.27	2.91	3.93	>0.05

列出对比组(表7-10(1)栏)，并计算两对比组的均数之差(表7-10(2)栏)。写出两对比组包含的组数 a(表7-10(3)栏)。

计算检验统计量 q 值。例7-1已求得 $\mathrm{MS}_{误差}=0.015$，$\nu_{误差}=27$。各组例数均为10，按公式(7-15)计算 q 值，其中 $S_{\overline{X}_i-\overline{X}_j}=\sqrt{\frac{0.015}{2}\left(\frac{1}{10}+\frac{1}{10}\right)}=0.0387$。结果见表7-10(4)栏。

3）确定 P 值，作出推断结论。

已知误差的自由度$\nu=27$，查附表8的q界值，得出相应的q界值[表7-10(5)(6)栏)]。以实际的q值和相应的q界值作比较，确定对应的P值[表7-10(7)栏]。

按$\alpha=0.05$水准，3个对比组中的1与3组拒绝H_0，接受H_1，差异有统计学意义，可认为青年和老年总胆固醇(TC)的含量有差别。但1与2组，2与3组不拒绝H_0，还不能认为青年与中年、中年与老年总胆固醇含量有差别。

以上介绍了多个样本均数间的多重比较的两种常用方法，还有其他一些方法，如Bonferroni法、Sidak法、Tukey法、Scheffe法等，可参考其他有关书籍。医疗保险研究大都属于观察性研究，SNK法用得较多。

第四节　方差分析的使用条件

从理论上讲，进行方差分析的数据应满足如下两个基本假设：

1）各样本是相互独立的随机样本，均服从正态分布；

2）各样本的总体方差相等，即方差齐性(homogeneity of variance)。

各样本是否均服从正态分布，要分别对各组试验结果进行正态性检验(检验方法详见第六章)。当样本含量较大时，无论资料是否来自正态分布总体，样本均数的抽样分布仍然服从或接近服从正态分布。但如果总体极度偏离正态，则需作数据转换，使其接近正态分布。对方差齐性的判断通常采用方差齐性检验(homogeneity of variance test)的方法。

一、方差齐性检验

当两个或多个总体方差齐性检验时可用Bartlett检验或Levene检验，前者要求资料服从正态分布，否则偏差较大；故近年来采用更多的是Levene检验，该法不依赖于总体分布的具体形式。在此仅介绍Levene检验法。

Levene检验法既可用于两总体方差齐性检验，也可用于多个总体方差齐性检验，所分析的资料可不具正态性。该法是将原始观察值X_{ij}转换为相应离差Z_{ij}，然后按式(7-17)计算F值，以相应自由度查F分布界值表(附表5-2)得到结论。

设从g个总体独立随机抽取g个样本，记第i个样本例数为n_i，其第j个观察值为X_{ij}，均数为$\overline{X}_i$ ($i=1, 2, \cdots, g$)。

Levene检验法的F统计量为

$$F=\frac{(n-g)\sum_{i=1}^{g} n_i\,(\overline{z_i}-\overline{z})^2}{(g-1)\sum_{i=1}^{g}\sum_{j=1}^{n_i}(z_{ij}-\overline{z_i})^2},\qquad \nu_1=g-1,\ \nu_2=n-g \tag{7-17}$$

式中，$n=\sum n_i$，g为组数。

Z_{ij}可根据资料选择下列三种计算方法：

(1)
$$Z_{ij}=|X_{ij}-\overline{X}_i| \tag{7-18}$$

$\overline{X}_i$为第i组的均数。

(2)
$$Z_{ij}=|X_{ij}-M_{d_i}| \tag{7-19}$$

其中M_{d_i}为第i个样本的中位数($i=1, 2, \cdots, g; j=1, 2, \cdots, n_i$)。

(3)
$$Z_{ij}=|X_{ij}-\overline{X}'_i| \tag{7-20}$$

其中 $\overline{X'}_i$ 为第 i 个样本截除样本含量10%后的均数($i=1, 2, \cdots, g$; $j=1, 2, \cdots, n_i$)。

按 $\alpha=0.10$ 水准，查 F 界值表(附表5-2)得 $F_{\alpha(g-1, n-g)}$，若 $F<F_{\alpha(g-1, n-g)}$，则 $P>0.10$。按 $\alpha=0.10$ 水准，不拒绝 H_0；反之，若 $F \geqslant F_{\alpha(g-1, n-g)}$，则 $P \leqslant 0.10$。拒绝 H_0，接受 H_1。

例7-5 请对例7-1资料作方差齐性的Levene检验。

解 1）建立检验假设，确定检验水准：

$H_0: \sigma_1^2=\sigma_2^2=\sigma_3^2$，即三个总体方差全相等；

H_1：三个总体方差不全相等；

$\alpha=0.10$。

2）计算检验统计量。

首先将例7-1原始观测值 X_{ij} 用式(7-17)转换为相应的离差 Z_{ij}，然后再作方差分析。具体计算步骤在此省略，仅列出最终计算结果见表7-11。

表7-11 例7-1的Levene方差齐性检验结果

离差 Z_{ij} 计算方法	F	P
$\lvert X_{ij}-\overline{X}_i \rvert$	1.937	>0.10

3）作出推断结论。

$F=1.937$, $P>0.10$，按 $\alpha=0.10$ 水准，不拒绝 H_0，可以认为三个总体方差齐。

二、变量变换

对于一些明显偏离正态性和方差齐性条件的资料，可以通过某种形式的数据变换使之满足方差分析、t 检验或其他统计方法对资料的要求。所谓数据变换(data transformations)，即对原始数据作某种函数变换，它虽然改变了资料分布的形式，但未改变各组资料间的关系，其缺点是分析结果的解释欠直观。常用的变量变换方法如下。

1. 对数变换

对数变换(logarithmic transformation)，就是将原始数据取自然对数或常用对数。其变换公式为

$$X'=\ln(X+a) \tag{7-21}$$

a 为零或正数。该变换适用于：

1）对数正态分布资料。例如，抗体滴度资料，疾病潜伏期，食品、蔬菜、水果中农药的残留量等。

2）标准差与均数成比例，或变异系数接近甚至等于某一常数的资料。

2. 平方根变换

平方根变换(square root transformation)，就是将原始数据开算术平方根。其变换公式为

$$X'=\sqrt{X} \quad 或 \quad X'=\sqrt{X+0.5} \tag{7-22}$$

该变换适用于方差与均数成比例的资料，如服从泊松分布的资料。

3. 平方根反正弦变换

平方根反正弦变换(arcsine square root transformation)又称角度变换(angular transformation)，就是将原始数据开平方根再取反正弦。其变换公式为

$$X'=\arcsin\sqrt{X} \tag{7-23}$$

该变换适用于百分比的数据资料，如参保率、淋巴细胞围护率等。

一、选择题

1. 完全随机设计资料的方差分析中，必然有(　　)。

A. $SS_{组间}>SS_{组内}$　　B. $MS_{总}=MS_{组间}+MS_{组内}$

C. $ss_{总}=SS_{组间}+SS_{组内}$　　D. $MS_{组间}>MS_{组内}$　　E. $\nu_{组内}>\nu_{组间}$

2. 定量资料两样本均数的比较，可采用(　　)。

A. t 检验　　B. F 检验　　C. χ^2 检验

D. t 检验与 F 检验均可　　E. q 检验

3. 当组数等于 2 时，对于同一资料，方差分析结果与 t 检验结果(　　)。

A. t 检验结果更为准确　　B. 方差分析结果更为准确

C. 完全等价且 $|t|=\sqrt{F}$　　D. 完全等价且 $F=\sqrt{t}$

E. 两者结果可能出现矛盾

4. 若单因素方差分析结果为 $F>F_{0.01(\nu_1,\nu_2)}$，则统计推断是(　　)。

A. 各样本均数都不相等　　B. 各样本均数不全相等

C. 各总体均数都不相等　　D. 各总体均数不全相等

E. 各总体均数全相等

5. 完全随机设计资料的方差分析中，组间均方表示(　　)。

A. 抽样误差的大小　　B. 处理效应的大小

C. 处理效应和抽样误差综合结果　　D. n 个数据的离散程度

E. 随机因素的效应大小

6. 随机区组设计要求(　　)。

A. 区组内个体差异小，区组间差异大　　B. 区组内没有个体差异，区组间差异大

C. 区组内个体差异大，区组间差异小　　D. 区组内没有个体差异，区组间差异小

E. 对区组内个体差异和区组间差异没有要求

二、思考题

1. 为什么不宜直接对多组定量资料进行方差分析?

2. 方差分析的基本思想是什么?

3. 方差分析的应用条件是什么?

4. Dunnett-t 检验和 SNK 检验都可用于均数的多重比较，二者有何不同?

5. 数据变换在资料处理中的作用是什么?

三、计算题

1. 某湖水在不同季节氯化物含量测定值如表 7-12 所示。问不同季节氯化物含量有无差别? 若有差别，进行 32 个水平的两两比较。

表 7-12　某湖水不同季节氯化物含量　　(单位：mg/L)

春	夏	秋	冬
22.6	19.1	18.9	19.0
22.8	22.8	13.6	16.9
21.0	24.5	17.2	17.6
16.9	18.0	15.1	14.8
20.0	15.2	16.6	13.1
21.9	18.4	14.2	16.9

续表

春	夏	秋	冬
21.5	20.1	16.7	16.2
21.2	21.2	19.6	14.8

2. 某高校在进行耐热锻炼中随机测定12名未经耐热锻炼的男生在不同温度条件下以同样的速度作等距离行走后生理紧张指数，结果见表7-13。试比较不同温度条件下对男生行走后生理紧张指数的影响。

表7-13 不同温度条件下男生行走后生理紧张指数

男生编号	26.0℃	28.8℃	31.0℃	32.5℃
1	1.93	2.46	3.18	3.24
2	1.53	1.75	1.84	2.21
3	1.30	1.99	3.13	3.41
4	0.97	2.60	2.91	3.15
5	2.15	3.05	3.39	3.62
6	1.00	2.71	2.97	3.28
7	0.79	1.82	2.81	2.88
8	2.02	2.84	3.22	3.49
9	2.12	2.14	2.69	3.05
10	3.11	3.14	3.11	3.25
11	1.38	1.80	2.48	3.61
12	2.94	2.19	2.93	3.56

四、案例辨析

某研究人员将15只小白鼠随机分为3组，比较小白鼠接种3种不同的细菌后存活的天数是否有差别，实验数据如下：

A细菌：2　4　5　7　9

B细菌：4　5　7　8　12

C细菌：8　9　10　17　23

表7-14 小白鼠接种3种不同的细菌后存活的天数

细菌类别	例数	$\overline{X} \pm s$	F值	P值
A细菌	5	5.40 ±2.70		
B细菌	5	7.20 ±3.11	4.53	0.034
C细菌	5	13.40 ±6.43		

该研究者对数据进行了方差分析(表7-14)；进而经SNK检验，C细菌与A细菌、C细菌与B细菌之间均有统计学差异，而A细菌与B细菌之间无统计学差异。

请问该研究者所做统计处理是否合理？为什么？正确的做法是什么？

提示：三组生存天数大小方差比近5倍之多，可能方差不齐。可通过适当的数据变换使其满足方差分析的前提条件。

（王　玖）

第八章
分类变量资料的统计描述

前已述及，分类变量包括无序分类变量和有序分类变量，无序分类变量构成计数资料，有序分类变量构成等级资料。如何对分类变量进行统计描述？其方法是不同于定量资料的。较为常用的是率、构成比、相对比等统计指标，这些指标都是通过两个指标之比来构造的，故统称为相对数(relative number)。

第一节　相对数概述

一、绝对数与相对数

总量指标表示社会经济总量指标，是反映社会经济现象在一定的时间、地点、条件下的总规模或总水平的统计指标。总量指标也称为绝对指标或绝对数。其表现形式是绝对数，但与数学中的绝对数不同，它不是抽象的绝对数，而是一个有名数。例如，2012 年我国财政收入为 117209. 8 亿元。有时，总量指标还可以表现为总量之间的绝对差数。例如，2012 年我国国内生产总值比上年增加 46218. 1 亿元。

社会经济现象是相互联系的。为了分析现象总体的数量关系，就要将有关的指标加以比较，需运用相对指标。相对指标又称相对数．它是两个有联系的指标数值对比的结果。用来对比的两个数，既可以是绝对数，也可以是平均数和相对数。例如，人口密度是人口数与土地面积两个绝对数之比，等等。相对指标的特点是把两个对比的具体数值概括化或抽象化了，使人们对事物有一个清晰的概念。

二、相对数的用途

相对数是应用很广的有关分类变量资料的统计描述指标。在实际工作中绝对指标、总量指标是制订工作计划和统计分析的基础，若仅仅用这类指标是不能进行深入比较的。例如，要考核甲乙两地医疗改革的推进情况，甲地有 50000 名在职职工参加了医疗保险，乙地有 70000 名在职职工参加了医疗保险，乙地比甲地多了 20000 人，但不能据此认为乙地医改推进得更快些。因为要比较两地的医疗保险推进情况，需要考虑两地的在职职工基数。例如，甲地有在职职工 60000 名，乙地有在职职工 100000 名，则

$$\text{甲地在职职工参保率} = \frac{50000}{60000} \times 100\% = 83.33\%$$

$$\text{乙地在职职工参保率} = \frac{70000}{100000} \times 100\% = 70.00\%$$

可见，甲地在职职工参保情况好于乙地，两地职工参保率的比较使我们对问题有了更深入的了解。这里用到了相对数(率)的概念，由此可见，计算相对数的目的是进一步分析比较。

相对数的表现形式有两种：一种是有名数，另一种是无名数。有名数是将对比的分子指标和分母指标的计量单位结合使用，以表明事物的密度、普遍程度和强度等。例如，人口密度用人/平方公里，平均每人分摊的粮食产量用千克/人等。

无名数是一种抽象化的数值，一般分为系数、倍数、成数、百分数、千分数等。

系数或倍数是将对比的基数作为1。两个数对比，其分子与分母数值相差不多时，可用系数形式表示，如固定资产磨损系数、工资等级系数、结构比例系数等。反之，分子数值与分母数值相差很大时，则常用倍数。例如，我国2012年家用电冰箱产量是8427万台，约为1990年产量的18倍。

成数是将对比的基数作为10。例如，粮食产量增加一成，即增长1/10。这里的成数是对十分数的一种习惯叫法。

百分数是将对比的基数作为100。它是相对指标中最常用的一种表现形式。当相对指标中的分子数值和分母数值较为接近时，采用百分数较合适。1/100用“1%”表示。千分数是将对比的基数作为1000。它适用于对比的分子数值比分母数值小得多的情况。例如，人口出生率、人口自然增长率等多用千分数表示，1/1000用“1‰”表示。

第二节 常用相对数的种类

常用的相对数指标有率、构成比、相对比和动态数列等。

一、相对比

相对比(relative ratio)又称比(ratio)，是A，B两个有关联指标之比，说明两者的对比水平，常用倍数或百分数来表示，其公式为

$$相对比=\frac{A}{B}(或\times 100\%) \tag{8-1}$$

相对比中A，B两指标可以是性质相同的，也可以是性质不同的，可以是绝对数，也可以是相对数或平均数。医疗保险专业常用的相对比有：人口密度、医生密度、保险深度、偿付率、偿付频率等。

1. 用于性质相同的两指标之比，相对比说明A是B的多少倍或百分之几

例如，表8-1中(6)栏“40～”岁组高血压患病率为12%，“20～”岁组高血压患病率为7%，两组患病率之比为0.12/0.07=1.71，表示“40～”岁组患病率为“20～”岁组患病率的1.71倍。

表8-1 某单位高血压患病情况

年龄/组 (1)	检查人数 (2)	患病人数 (3)	构成比/% (4)	患病率/% (5)	各年龄组患病率与20～岁组患病率之比 (6)
20～	2000	140	33.3	7.0	1.00
40～	1500	180	42.9	12.0	1.71
50～60	500	100	23.8	20.0	2.86
合计	4000	420	100.0	10.5	

例8-1 某单位医疗制度改革前一年支付医疗费53.8万元，改革后一年支付医疗费41.1万元。问改革后医疗按是改革前的百分之几？减少了百分之几？

$$\frac{41.1}{53.8}\times 100\% = 76.4\%$$

$$\frac{53.8-41.1}{53.8}\times 100\% = 23.6\%$$

改革后医疗费仅为改革前的 76.4%，减少了 23.6%。

例 8-2　某县 1996 年有专业医保人员 412 人，2012 年增至 1036 人。问 2012 年医保人员是 1996 年的多少倍？增加了多少倍？

$$\frac{1036}{412} = 2.51\ (251\%)$$

$$\frac{1036-412}{412} = 1.51\ (151\%)$$

2012 年医保人员是 1996 年的 2.51 倍，增加了 1.51 倍。

2. 用于性质不同的两个有联系指标之比，表示相对于指标 B 时，A 的情况

例 8-3　某年某医院年平均每日门诊人次(A)为 1782 人，病床数(B)450 张，求平均每日门诊人次与病床数之比。

$$\frac{1782}{450} = 3.96$$

平均每日门诊人次与病床数之比为 3.96∶ 1。

二、构　成　比

构成比(proportion，constituent ratio)又称构成指标，它表示事物内部各组成部分所占的比重或分布。公式为

$$构成比 = \frac{事物内部某一组成部分的观察单位数}{事物内部各组成部分的观察单位总数}\times 100\% \qquad (8\text{-}2)$$

由于其比例基数一律用 100%，故构成比亦称为百分比。例如，表 8-1 中(4)栏患病人数构成比，其中“20 ~ ”岁年龄组患病人数占全部患病总数的比重 = (140/420) ×100% = 33.3%。依次可求出“40 ~ ”“50 ~ 60”岁各级患病人数占全部患病人数的比重分别为 42.9% 和 23.8%。可见在全部患病人数中“40 ~ ”岁组患者所占比重最大。

构成比有两个特点：

1）各部分构成比之和为 100% 或 1。例如，表 8-1 中(4)栏各年龄组患病人数构成比之和为 100%。

2）事物内部某一部分构成比发生变化，其他部分的构成比也相应地发生变化。全部患病人数之和为 100%，假如“20 ~ ”岁组患病人数增多，所占比重增大，则其余各年龄组所占比重会相应减少。

三、率

率(rate)又称频率指标，说明某现象的发生频率或强度。计算公式为

$$率 = \frac{实际发生某现象的观察单位数}{可能发生某现象的观察单位总数}\times K \qquad (8\text{-}3)$$

其中，K 为比例基数，比例基数可为 100%，1000‰，…，10 万/10 万等。比例基数的选择，主要依据习惯，如治愈率、有效率习惯上用百分率；出生率、死亡率习惯上用千分率；某病死亡率，如恶性肿瘤死亡率习惯上用十万分率。对于不常用的频率指标，选择比例基数时，原则上乘以比例基

数后使结果有一至二位整数为宜。医疗保险专业常用的率指标有：参保率、两周就诊率、退保率、退保后“医疗保险卡”的注销率等。

例如，表 8-1 中(5)栏，“20 ~ ”岁组高血压患病率为该年龄组患病人数乘以该年龄组检查人数，即 $\frac{140}{2000} \times 100\% = 7\%$，表示“20 ~ ”岁组高血压的患病的频率。依次可求出其余各年龄组的高血压患病率。

例 8-4 某市对所辖范围内企业参保情况进行研究，结果见表 8-2，现计算不同企业类型的参保率。

表 8-2 不同企业参保情况比较

企业类型	应参保企业数	参保数	参保率/%
国有企业	384	322	83. 85
股份制企业	582	468	80. 41
合计	966	790	81. 78

常用的率有治愈率、缓解率、复发率等。它们也是频率的估计值，符合数理统计中的二项分布或多项分布，也可以简单地进行可信区间的计算和统计推断。

医学中有很多率的指标，但其中有许多并不符合上述率的定义。下面将对医学中称为率的一些指标进行说明，并进行分类以明确其性质。

1）真正意义上的率。一些指标是完全符合上述率的定义的。例如，对脑出血患者进行手术治疗，随访观察一定时期(如 1 年)，计算其死亡人数，由此计算的病死率；中草药治疗一批乙型肝炎患者，其表面抗原转阴率；肝癌患者的 5 年生存率以及白血病患者的 1 年缓解率等。

上述率指标均需观察一段时间后才能得出，在该段时间内，一部分观察对象的特征可能发生改变，是一动态过程，如患者从患病至被治愈就是相应概率的估计值，其分子是分母的一部分，数值在 0 ~ 1 变动。实际上它们也符合比例的定义，因而可以用后述介绍的方法计算其可信区间和进行差别的假设检验。

2）名称为率，实质为构成比的指标。在横断面调查中常可得出某人群某病的患病率，是对该人群中该病患者比例的描述，是静态的。研究者只关心在调查时研究对象是否患病，而对于其调查前、调查后的状态并不关心。

其他类似的还有入院诊断符合率、艾滋病知识知晓率、低体重儿发生率等。这些指标的特点也是分子是分母的一部分，数值也在 0 ~ 1 变动。它们也是相应概率的估计值。因而也可以用以后介绍的方法计算其可信区间和进行差别的假设检验。

3）名称为率，实质为相对比的指标。常见有下面两种情况：①分子与分母不是同一范畴的“率”，如婴儿死亡率，等于当年死亡婴儿数与当年活产婴儿数之比。当年死亡的婴儿不一定是当年出生，而当年出生的活产婴儿如果在 1 岁以内死亡也不一定在当年死亡。②分子可重复计数的“率”，如计算某村某年内腹泻的发病率(新发病例数与年平均人口数之比)，每个人在一段时间内可以是多个新病例。这也不符合率的定义。虽然可以说分子是分母的一部分，但一个人在 1 年中可能发生多次腹泻，其年发病率可能大于 1，因而也不符合上述率的定义。

对于 3) 中所列举的“率”则不能直接用后面介绍的有关率的统计推断方法作差别的统计意义检验，也不能简单地进行可信区间的计算。

相对数的意义不同、算法也不同，表 8-3 对常用相对数及其算法和用途进行归纳。

表 8-3　常用相对数的算法和用途

相对数	公式	说明问题
率	$\frac{\text{实际发生某现象的观察单位数}}{\text{可能发生某现象的观察单位总数}} \times K$	某现象的发生概率或强度
构成比	$A \div (A + B + \cdots)$	事物内部各组成部分所占比重或分布
相对比	$A \div B$	A 为 B 的若干倍或百分之几

第三节　应用相对数应注意的问题

一、应用相对数常见错误

1. 构成比与率是意义不同的两个统计指标，应用时容易相互混淆

构成比说明事物内部各组成部分所占的比重，而率则说明某事物或现象的发生频率或强度。常见的错误之一是以构成比代替率来说明问题。例如，表 8-1 中“40 ~”岁组患病人数占全部患病人数的构成比最大(42.9%)，而“50 ~ 60”岁组占患病总数的比重最轻(23.8%)，并不能说明“40 ~”岁组最容易患高血压，而“50 ~ 60”岁组员不易患高血压，要知患高血压的频率，应该计算患病率。表 8-1 表明，高血压患病率随年龄升高而升高，“50 ~ 60”岁组高血压患病率最高。但由于该年龄组检查人数最少，所以患病人数低于其他两组，使其构成比最低。

2. 计算相对数时，样本含量即分母太小

一般来说，观察单位足够多时，计算的相对数比较稳定，能够正确反映实际情况。观察单位少时，则偶然性大。例如，某医师用策疗法治疗 3 例患者，治愈 2 例，便报告治愈率达 66.7%，但以后其他医师用该疗法治疗多例患者，治愈率均未达到 66.7%。由此可见，观察例数少，结果不稳定，不能反映事物的客观规律性，有时甚至造成错觉。观察例数少，最好用绝对数来表示。如果必须用率表示，要同时列出率的可信区间。但在严格设计，严格控制实验条件的动物实验中，每组用 10 只动物，也可求出反应率或死亡率。

3. 对各组观察例数不等的几个率，直接相加求其总率

例如，表 8-1 中计算某单位高血压总患病率，不应为各年龄组患病率直接相加，即

$$\text{总患病率} = \frac{7.0 + 12.0 + 20.0}{3} = 13.0\%$$

正确计算应该是分子的合计除以分母的合计：

$$\text{总患病率} = \frac{\text{各年龄组患病人数之和}}{\text{各年龄组检查人数之和}} = \frac{140 + 180 + 100}{2000 + 1500 + 500} = 10.5\%$$

二、应用相对数的注意事项

1. 在进行相对数的比较时应注意资料的可比性

可比性是指对研究结果有影响的非处理因素在各处理组之间应尽可能相同或相近。因为影响率(或构成比)的因素往往是多方面的，只有控制了其他方面因素的影响即保证各组的可比性，才能正确反映处理因素的效应。在实验性研究中(如评价某种新药或新疗法效果的研究)，不论研究结果为计数资料还是计量资料都要保证不同处理组间的可比性。可比性主要包括：

1) 研究对象应同质。他们在年龄、性别、种族及其他主要影响因素方面尽可能相同。随机分组(实验对象被随机分配到不同处理组)是保证可比性的重要手段。

2）除处理因素外，其他实验条件尽可能相同。

例如，某医药管理部门要确定一种新的减肥药是否比市场售的减肥药更有效，如更有效将用新药取代市售药。在该研究中，分配在新药组和市售药组的受试者应在年龄、性别、体重等方面尽可能相同，可采用随机分配的方法以保证两组的可比性。两组用药时间应一致，同时研究期间还要保证两组受试者在饮食、体育活动等方面尽可能相同，只有这样才能正确反映两种药物的减肥效果。

3）观察对象结构是否相同。在观察性研究中由于研究者不能采取随机分配的方法来平衡或消除非研究因素对研究结果的影响，同时也不能控制实验条件。所以，在比较研究结果时（如比较不同组的率时），应考虑影响率的其他因素在各组间构成是否相同，若两组资料的年龄、性别构成不同，可以对其构成进行调整和控制后再作比较，即率的标准化。

2. 对样本率（或构成比）比较时应随机抽样并作假设检验

进行样本率（或构成比）的比较，与均数的抽样研究一样，应遵循随机化抽样原则。由于样本率（或构成比）也有抽样误差，所以不能凭数值的表面大小作结论，而应作差别的假设检验。

三、率的标准化

当两个人群的总率进行比较时，若这两个人群的内部构成（如年龄、性别、病情轻重等）存在差异，而年龄、性别等因素对率有影响（即不同性别、年龄、病情轻重的率不等），此时内部构成的差异会影响到人群总率的高低，为消除构成的影响，需对总率进行标准化（standardization）。

例如，由表 8-4 可见，甲乙两厂同工种工人某病患病率均随工龄的增加而增高，而且甲厂各工龄组某病患病率均高于乙厂，显然甲厂某病患病情况比乙厂严重。但是在比较两厂患病情况时，使用分工龄组患病率不够综合，为了给人以概括的印象，常是比较两厂某病总患病率。而这里甲厂某病总患病率为 6.0%，乙厂为 8.4%，似乎乙厂患病情况比甲厂严重，这和分工龄组患病率比较结果截然相反。原因何在？试看表 8-4，甲乙两厂各工龄组工人构成不同，乙厂工龄 ≥3 年的工人所占比重大于甲厂，就使乙厂某病患病人数相对增多。因此造成了乙厂某病总患病率高于甲厂。显然，上述矛盾是由于甲乙两厂工人工龄构成不同造成的。要正确比较两厂总患病率，必须消除这种构成影响，将两厂工人工龄按照统一标准构成进行校正，使两厂工人工龄长短构成一致。这种选择统一构成，然后计算标准化率的方法称为率的标准化法。

表 8-4 甲乙两厂同种工人某病的患病率

工龄（年）	甲厂			乙厂		
	人数	患病人数	患病率/%	人数	患病人数	患病率/%
<3	400	12	3.0	100	2	2.0
≥3	100	18	18.0	400	40	10.0
合计	500	30	6.0	500	42	8.4

综上所述，标准化法的基本思想就是采用统一的标准人口构成，以消除人口构成不同对人群总率的影响，使算得标准化率具有可比性。推而广之，两人群发病率、死亡率、出生率、病死率等的比较，也常考虑人群性别、年龄等构成的影响，需对率进行标准化。率的标准化方法分直接法和间接法，本书只介绍直接法标准化率。

（一）直接法计算标化率所需的条件

1. 资料条件

已知实际人群的年龄组（组别）率，且各年龄组率无明显交叉。年龄组率的交叉是指低年龄组率甲人群高于乙人群，而高年龄组则乙人群高于甲人群。

2. 选择标准

可选择标准人群的年龄组人口数或构成比。理论上用同一标准人群的年龄组人口数和用其构成比算得的标化率结果应相同，但由于运算中四舍五入的影响结果可能稍有出入,则

1）标准人群的选择，可根据研究目的选择有代表性的、较稳定的、数量较大的人群。例如，世界性的、全国的、全省的、本地区或本单位历年累计的数据。

2）选择相互比较的人群合并数据作标准。

3）选择相互比较的人群之一作标准。

国际间的比较需采用世界通用的标准，如世界卫生组织常用下列人口年龄(岁)构成作肿瘤死亡率的标准化。

年龄组	0 ~	1 ~	5 ~	10 ~	15 ~	20 ~	25 ~	30 ~	35 ~	40 ~
构成比/%	2.4	9.6	10.0	9.0	9.0	8.0	8.0	6.0	6.0	6.0
年龄组	45 ~	50 ~	55 ~	60 ~	65 ~	70 ~	75 ~	80 ~	85 ~	
构成比/%	6.0	5.0	4.0	4.0	3.0	2.0	1.0	0.5	0.5	

（二）直接法标准化率的计算

$$p' = \sum \left(\frac{n_i}{n}\right) p_i \tag{8-4}$$

即

$$标准化率(p') = \frac{n_1p_1 + n_2p_2 + n_3p_3 + \cdots + n_ip_i}{n}$$

式中，$\frac{n_i}{n}$ 为标准人口的各年龄人口数除以标准人口的总人口数，即年龄构成比。

直接法的基本思想：以标准人口的各年龄人口构成比 $\left(\frac{n_i}{n}\right)$ 为权重，计算各地区的死亡率 (p_i) 的加权算术平均数。这样计算出来的标准化率应用了相同的人口年龄构成比，消除了年龄这个混杂因素的影响。

(1)以相互比较的人群合并数据作标准即以合并各组人口数为标准，计算标准化率

例 8-5　以甲乙两厂各工龄组合计人口数为标准，对表 8-4 资料进行标准化，见表 8-5。

表 8-5　标准化患病率计算表(一)

工龄(年) (1)	标准人口数 (2)	甲厂		乙厂	
		原患病率/% (3)	预期患病人数 (4)=(2)×(3)	原患病率/% (5)	预期患病人数 (6)=(2)×(5)
<3	500	3.0	15	2.0	10
≥3	500	18.0	90	10.0	50
合计	1000	6.0	105	8.4	60

以甲乙两厂各工龄组合计人口数为标准，即假设两厂均有 1000 人，其中工龄 < 3 年的 500 人，工龄 ≥ 3 年的 500 人。以此假设为共同的标准，分别乘以甲乙两厂不同工龄组原患病率，得出甲乙两厂预期的患病人数，见表 8-5(4)栏和(6)栏。

甲厂标化患病率 = (15 + 90)/(500 + 500) × 100% = 10.5%

乙厂标化患病率 = (10 + 50)/(500 + 500) × 100% = 6.0%

可见乙厂标化患病率低于甲厂，与分工龄组比较的结论一致，消除了工龄构成不同的影响。

(2)以相互比较的人群中任一人群的年龄组人口数为标准，计算标准化率

例 8-6 以表 8-4 资料为例，用甲厂工人人口数为标准，计算标准化率，见表 8-6。

表 8-6 标准化患病率计算表(二)

工龄(年) (1)	甲厂			乙厂		
	人数 (2)	患病人数 (3)	患病率/% (4)	人数 (5)	原患病率/% (6)	预期患病人数 (7) = (5) × (6)
<3	400	12	3.0	400	2.0	8
≥3	100	18	18.0	100	10.0	10
合计	500	30	6.0	500	8.4	18

以甲厂各工龄组人口数为标准，即假设两厂均有 500 人，其中工龄 < 3 年的 400 人，工龄 ≥ 3 年的 100 人。以此假设为共同的标准，乘以乙厂不同工龄组原患病率，得出乙厂预期的患病人数，见表 8-6(7)栏。因为是以甲厂为标准，则甲厂的原患病率即可表示为标准化患病率。

乙厂标化患病率 = (8 + 10)/(400 + 100) × 100 = 3.6%

甲厂标化患病率为 6.0%，高于乙厂标化患病率 3.6%。

(3)另选一较大人群的人口数为标准，计算标准化率

某年甲乙两县居民食管癌死亡率见表 8-7。甲乙两县居民的食管癌死亡率均随年龄的增高而增高，且乙县各年龄组食管癌死亡率均高于甲县，显然乙县食管癌死亡情况比甲县严重。但是在比较两县食管癌的总死亡率时，却发现甲县食管癌死亡率为 43.12/10 万，乙县为 39.46/10 万，甲县高于乙县，这和各年龄组死亡率比较结果截然相反。进一步观察发现甲乙两县各年龄组人口构成不同，甲县 50 岁以上三个年龄组人口构成比均大于乙县，就使甲县食管癌死亡人数相对增多，因此造成了甲县食管癌总死亡率高于乙县。为了消除年龄构成不同造成影响，需进行率的标准化。

表 8-7 计算甲乙两县各年龄组人口数及食管癌死亡率

年龄组(岁) (1)	甲县				乙县			
	人口数 (2)	人口构成 (3)	死亡数 (4)	死亡率 (1/10 万) (5)	人口数 (6)	人口构成 (7)	死亡数 (8)	死亡率 (1/10 万) (9)
0 ~	1756897	0.6520	0	0	1725819	0.6580	0	0
30 ~	244942	0.0909	12	4.9	289298	0.1103	25	8.6
40 ~	251678	0.0934	91	36.2	250480	0.0955	125	49.9
50 ~	206947	0.0768	307	148.3	191204	0.0729	344	179.9
60 ~	143893	0.0534	460	319.7	114355	0.0436	371	324.4
70 ~	90270	0.0335	292	323.5	51670	0.0197	170	329.0
合计	2694627	1.0000	1162	43.12	2622826	1.0000	1035	39.46

选择当地另一较大人群为标准，该人群各年龄组人口数及构成比见表 8-8。

表 8-8　某地较大人群的各年龄组人口数及构成比

年龄组/岁 (1)	标准人口数 (2)	标准人口构成比/% (3)
0 ~	3860241	0.6417
30 ~	553681	0.0920
40 ~	566717	0.0942
50 ~	482455	0.0802
60 ~	344998	0.0574
70 ~	207377	0.0345
合计	6015469	1.0000

分别以该人群年龄组人口数及构成比为标准对甲、乙两县食管癌进行标准化，见例 8-7 及例 8-8。

例 8-7　对表 8-7 资料，另选取一较大人群的年龄组人口数为标准(表 8-8(2)栏)，求甲、乙两县食管癌的标化死亡率，计算见表 8-9。

表 8-9　计算甲乙两县食管癌标准化死亡率

年龄组 (1)	标准人口数 N_i (2)	甲县		乙县	
		原食管癌死亡率 p_i/(1/10 万) (3)	分配食管癌死亡率 n_ip_i/(1/10 万) (4) = (2) × (3)	原食管癌死亡率 p_i/(1/10 万) (5)	分配食管癌死亡率 n_ip_i/(1/10 万) (6) = (2) × (5)
0 ~	3860241	0	0	0	0
30 ~	553681	4.9	27	8.6	48
40 ~	566717	36.2	205	49.9	283
50 ~	482455	148.3	715	179.9	868
60 ~	344998	319.7	1103	324.4	1119
70 ~	207377	323.5	671	329.0	682
合计	6015469 (n)	43.12	2721 ($\sum n_ip_i$)	39.46	3000 ($\sum n_ip_i$)

$$甲县食管癌标准化死亡率\ p' = \frac{2721}{6015469} \times 100000/10\ 万 = 45.23/10\ 万$$

$$乙县食管癌标准化死亡率\ p' = \frac{3000}{6015469} \times 100000/10\ 万 = 49.87/10\ 万$$

可见甲县食管癌标化死亡率低于乙县，与分年龄组比较食管癌死亡率结论一致。

例 8-8　对表 8-7 资料，另选取一较大人群的年龄组人口构成比(表 8-8(3)栏)为标准，求甲乙两县食管癌的标化死亡率，计算见表 8-10。

表 8-10　计算甲乙两县食管癌的标化死亡率

年龄组 (1)	标准人口构成比 $\frac{n_i}{n}$ (2)	甲县		乙县	
		原食管癌死亡率 p_i/(1/10 万) (3)	分配食管癌死亡率 $\frac{n_i}{n}p_i$/(1/10 万) (4) = (2) × (3)	原食管癌死亡率 p_i/(1/10 万) (5)	分配食管癌死亡率 $\frac{n_i}{n}p_i$/(1/10 万) (6) = (2) × (5)
0 ~	0.6417	0	0	0	0

续表

年龄组(岁) (1)	标准人口构成比 $\frac{n_i}{n}$ (2)	甲县		乙县	
		原食管癌死亡率 p_i/(1/10万) (3)	分配食管癌死亡率 $\frac{n_i}{n}p_i$/(1/10万) (4)=(2)×(3)	原食管癌死亡率 p_i/(1/10万) (5)	分配食管癌死亡率 $\frac{n_i}{n}p_i$/(1/10万) (6)=(2)×(5)
30~	0.0920	4.9	0.45	8.6	0.79
40~	0.0942	36.2	3.41	49.9	4.70
50~	0.0802	148.3	11.89	179.9	14.43
60~	0.0574	319.7	18.35	324.4	18.62
70~	0.0345	323.5	11.16	329.0	11.35
合计	1.0000	43.12	45.26 (p')	39.46	49.89 (p')

甲县食管癌标化死亡率 p' = 各年龄组分配食管癌死亡率 = 45.26/10万

乙县食管癌标化死亡率 p' = 各年龄组分配食管癌死亡率 = 49.89/10万

例8-7中甲县用标准人口的年龄组人口数进行标准化，标化率为45.23/10万；例8-8中甲县用该标准人口的年龄组人口构成比进行标准化，标准化率为45.26/10万，两者的差异是由于计算误差引起的。

标准化法的目的是消除内部构成因素对总率的影响，选择统一构成的人群作为标准人口，对资料进行校正。已知不同人群各年龄组率(且无明显交叉)，选择标准人群各年龄组人数或构成比，即可用直接法进行标化。

已知标准人群年龄组人口数时，

$$\text{标准化率} = \frac{\sum \text{标准人群各年龄组人口数} \times \text{被标化人群各年龄组率}}{\sum \text{标准人群各年龄组人口数}}$$

已知标准人群年龄组人口构成比时，

$$\text{标准化率} = \sum \text{标准人群各年龄组人口构成} \times \text{被标化人群各年龄组实际率}$$

(三) 应用标化率要注意的问题

1) 标准化只能解决不同人群内部构成不同对其总率有影响的情况，标准化法不能解决所有可比性问题。

2) 标准化后的标化率，已经不再反映当时当地的实际水平，它只表示相互比较的几组资料间的相对水平。例如，比较两县食管癌死亡率，经过标化的食管癌标准化死亡率已不是两县当时实际食管癌死亡水平，它只说明在相同的标准下，两县食管癌死的相对水平谁高谁低。

3) 由于选择的共同标准不同，计算出来的标准化率会有所不同，但相互比较资料间的相对水平不变，即不论采用何种标准，高者总高，低者总低：标准化率仅限于采用共同标准进行标准化的组间比较。如例8-5和例8-6由于选择的标准人口不同，计算出的标准化率不同，但均是甲厂高于乙厂，即它们之间的相对水平不变。

4) 各年龄组率间若出现明显交叉，如低年龄组死亡率甲地高于乙地，而高年龄组则乙地高于甲地，此时宜比较各年龄组死亡率，而不用标准化法。

第四节　医疗保险动态数列

一、动态数列的概念

（一）动态数列的意义和作用

世界上的一切事物都是经常处于不断地运动之中，人类社会也在不断发展变化，而社会经济现象的运动、发展、变化更为显著。统计在研究保险经营活动的数量变化时，既要从静态上研究，还要对其运动与发展的过程进行动态分析，以掌握研究现象的发展规律及变动状况。

所谓动态，是指客观事物在时间上的发展变化。为了进行动态分析，需要编制动态数列(dynamic series)。动态数列是指一系列按时间顺序排列起来的统计指标(包括绝对数、相对数或平均数)，用以说明事物在时间上的变化和发展趋势。

研究动态数列具有重要的作用。通过动态数列的编制和分析，首先可以描述社会经济现象的发展状况和结果；其次可以研究社会经济现象的发展速度、发展趋势，探索现象发展与变化的规律，并据以进行统计预测；最后可以利用不同的但有相互联系的数列进行对比分折或相关分析。例如，表 8-11 是某地区保险业务收入发展情况的动态数列。

表 8-11　某地区 1990~1995 年保险业务收入

年份	1990	1991	1992	1993	1994	1995
保险费收入/万元	4050	6200	7340	9400	12800	20080

动态数列由两个基本要素所构成：一个要素是研究现象发展水平所属的时间，如表 8-11 中每年保险费收入所属年份；另一个要素是反映现象发展水平的统计指标数值，即表中各年实际达到的收入总额。

动态数列是一种特殊的变量数列，其特殊性主要表现为：数列是以统计指标本身的时间限制要素作为排序标志，它反映了时间变异和指标变异的相互对应关系。例如，我国 2006 ~ 2012 年国民经济某些主要指标的动态数列见表 8-12。

表 8-12　我国 2006 ~ 2012 年国民经济主要指标

年份	2006	2007	2008	2009	2010	2011	2012
国内生产总值/亿元	216314	265810	314045	340903	401513	473104	519322
第三产业产值占国内生产总值的比重/%	40. 9	41. 9	41. 8	43. 4	43. 2	43. 4	44. 6
全国人口年末数/万人	131448	132129	132802	133802	134091	134735	135404
全国职工年平均工资/元	20856	224721	28898	32244	36539	41799	46769

（二）动态数列的种类

动态数列按其所排列指标的性质不同，可分为绝对数动态数列、相对数动态数列和平均数动态数列三种。其中绝对数动态数列是基本的动态数列，其他数列是根据绝对数动态数列计算而得的派生数列。表 8-12 中的国内生产总值及全国人口年末数就是绝对数动态数列。

1. 绝对数动态数列

动态数列中各项指标数值，如果都是绝对数，这种动态数列称为绝对数动态数列，如表 8-11 中保险费收入数列。它反映研究现象的规模或水平的变动情况。绝对数动态数列按指标反映的时态不同，可分为时期数列和时点数列两种。

1）时期数列，每个指标都是反映某种现象在一段时间内发展过程的总量。例如，表 8-11 中保险业务收入，以及表 8-12 中的国内生产总值就是时期数列。时期数列的特点是：数列中各个指标的数值是可以相加的，数列中每一个指标数值的大小与所属的时期长短有直接的联系，数列中每个指标的数值通常是通过连续不断的登记而取得的。

2）时点数列，各指标为间断的若干时间点上的数据，如一段时期内每年年中人口数、年末人口数、年末人口性别比例等。例如，表 8-12 中的全国人口年末数就是时点数列。时点数列有如下特点：数列中各个指标的数值是不能相加的，数列中每一个指标数值的大小与其时间间隔长短没有直接联系，数列中每个指标的数值通常是通过一定时期登记一次而取得的。

2. 相对数动态数列

动态数列中的每项指标数值，如果都是相对数，则称为相对数动态数列，它反映研究现象数量之间相互联系的发展变化过程，在相对数动态数列中，各项指标数值是不能相加的。如表 8-12 中的第三产业产值占国内生产总值的比重就是相对数动态数列。

3. 平均数动态数列

动态数列中的每项指标数值，如果都是平均数，则称为平均数动态数列。它反映研究现象总体某标志一般水平的发展变化趋势，在平均数动态数列中，各项指标数值也不能相加。例如，表 8-12 中的全国职工年平均工资就是平均数动态数列。

（三）编制动态数列的原则

编制动态数列是为了进行对比分析，因此在编制时应注意遵循以下四个基本原则。

1. 指标值所属的时期长短应该相等

动态数列中各项指标数值的大小与时期长短直接有关，因此在时期数列中，各指标值所属时期长短应相等，以便于对比。但在特殊研究目的下，可把时期不同的指标值编为时期数列。

例 8-9 我国几个重要时期钢产量资料，见表 8-13。

表 8-13 我国各时期的钢产量

年份	1900 ~ 1949	1953 ~ 1957	1981 ~ 1985	1986 ~ 1990
钢产量/万吨	776	1667	20304	27372

上表资料说明解放前后几个“五年计划”时期我国钢产量的发展变化。

2. 指标的内容必须相同

动态数列中的指标名称与内容或涵义要完全一致。如果把内容不相同的一些指标数值编成数列反映现象的变动就会产生错误的结论。例如，将商业性医疗保险的保险费收入与社会医疗保险的保险费收入混同起来编制一个动态数列进行比较分析，这一点在我国医疗保险业处在变革时期更要注意。

3. 指标值所属的总体范围应该一致

研究现象的指标所包括的总体范围前后应该一致，若前后包括的范围有所变动会直接影响到时期数列指标值的变化，使得前后不能对比。如果某个地区行政区划分有了变动，则前后期的保险指标就不能直接比较，必须将资料进行适当的调整，使总体范围前后一致，再作动态分析，才能正确地说明我们所研究的问题。

4. 指标的计算方法必须统一

动态数列中每项指标的计算口径、计量单位、计算方法等必须统一，如果前后不相同，其各项指标值的大小也将随着变动，而失去可比性。例如，研究某企业劳动生产率的增长情况，若各时期指标的计算方法不一致，有的按生产工人计算，有的按全部职工计算，或者有的按产品的实物量计算，有的则按价值计算，这样，各指标之间显然是没有可比性的，也不能用动态数列来正确说明该企业劳动生产率的变动情况。

为研究保险现象的发展水平和速度，认识其发展的趋势和规律性，需要计算分析一系列动态分析指标。动态数列常用的分析指标见表 8-14(3)～(8)栏。

表 8-14　某地区(2000～2005 年)保险业务收入的动态分析指标

年份	保险业务收入/万元	绝对增长量/万元		发展速度/%		增长速度/%	
		累计	逐年	定基	环比	定基	环比
(1)	(2)	(3)	(4)	(5)	(6)	(7)	(8)
2000	4050	—	—	—	—	—	—
2001	6200	2150	2150	153.09	153.09	53.09	53.09
2002	7340	3290	1140	181.23	118.39	81.23	18.39
2003	9400	5350	2060	232.10	128.07	132.10	28.07
2004	12800	8750	3400	316.05	136.17	216.05	36.17
2005	20080	16030	7280	495.80	156.87	395.80	56.87

二、动态分析的水平指标

（一）发展水平与平均发展水平

1. 发展水平

在动态数列中，各项具体的指标数值称为发展水平或动态数列水平。它反映社会经济现象在不同时期所达到的水平，是计算其他动态分析指标的基础。发展水平一般是指总量指标，如国内生产总值、年末人口数等；也可用相对指标来表示，如第三产业产值占国内生产总值比重；或用平均指标来表示，如全国职工年平均工资等。

在动态数列中，由于发展水平所处的位置不同，则有最初水平、最末水平、中间各项水平、基期水平和报告期水平之分。

在动态数列中，第一个指标数值称为最初水平，最后一个指标数值称为最末水平，其余各指标数值称为中间各项水平。在对两个时间的发展水平作动态对比时，作为对比基础时期的水平称为基期水平，作为研究时期的指标水平称为报告期水平或计算期水平。如果用符号 a_0，a_1，a_2，…，a_{n-1}，a_n 代表数列中各个发展水平，则 a_0 是最初水平，a_n 是最末水平，其余是中间各项水平。例如，表 8-14 中，2000 年的 4050 万元，就是最初水平，2005 年的 20080 万元，就是最末水平。又如，前例“某地区(1990～1995 年)保险业务收入统计”的动态数列中，1990 年的 4050 万元，就是最初水平，1995 年的 20080 万元，就是最末水平。最初水平和最末水平不是固定不变的，而是随着统计研究的目的而改变。例如，表 8-14 若是要研究从恢复国内业务以来到 2005 年业务收入的情况，则以 2000 年为基础。如果要研究“十五”时期的业务收入水平，那么 2001 年的收入就是最初水平了。

根据发展水平在动态分析中的作用不同，把被研究时期的发展水平称为报告期水平或计算期水平。把用于作为比较基础时期的发展水平称为基期水平。例如，表 8-14 中对比 2001 与 2000 年的保费收入，则 2000 年的收入就是基期水平，2001 年的收入就是报告期水平。基期和报告期水平不是固定不变的，它们随对比的时间而确定，今年的报告期水平，可能就是将来的基期水平。

2. 平均发展水平

将不同时期的发展水平加以平均而得的平均数称为平均发展水平，在统计上又称为序时平均数或动态平均数。它与前面讲的一般平均数有相同的一面，又有明显的区别。相同的是：两者都是将现象的个别数列差异抽象化，概括地反映现象的一般水平。区别是：①平均发展水平是同一现象在不同时期上发展水平的平均，从动态上说明其在某一段时间内发展的一般水平，它是根据动态数列来计算的；而一般平均数是同质总体内各单位标志值的平均，从静态上说明其在具体历史条件下的一般水平，它是根据变量数列来计算的。②平均发展水平是对同一现象不同时间上的数值差异的抽象化，而一般平均数是对同一时间总体某一数量标志值差异的抽象化。此外，平均发展水平还可解决动态数列中某些可比性问题。例如，由于各月的日历天数不同，会影响到企业总产值的大小，如果以计算出各月的每日平均总产值指标来进行对比，就具有可比性，更能反映总产值的发展变化情况。

动态数列分时期数列和时点数列，它们各具有不同性质，因而计算序时平均数的方法也就不一样。

（1）由时期数列计算序时平均数

由于数列中各项指标数值相加等于全部时期的总量，所以可直接用数列中各时期指标值的和除以时期项数即得序时平均数。其计算公式如下：

$$\bar{a}=\frac{a_1+a_2+\cdots+a_n-1+a_n}{n}=\frac{\sum_{i=1}^{n}a_i}{n} \tag{8-5}$$

式中，$\bar{a}$ 为序时平均数；a_1，a_2，…，a_{n-1}，a_n 为各期发展水平；n 为时期项数。

例 8-10 某保险公司 2011 年上半年的业务收入资料见表 8-15。

表 8-15 某保险公司 2011 年上半年的业务收入 （单位：万元）

月份	1月	2月	3月	4月	5月	6月
业务收入	214	186	235	392	357	282

$$\text{月均业务收入}=\frac{214+186+235+392+357+282}{6}=\frac{1666}{6}=278(\text{万元})$$

（2）由时点数列计算序时平均数

由于不可能掌握现象发展过程中每一时点上的数字，只能间隔一段时间后统计其余额，所以时点数列的序时平均数是假定某一时间间隔内现象的增减变动比较均匀或波动不大的前提下推算出来的近似值。现分别就几种不同情况加以叙述。

1）根据连续时点数列计算序时平均数。在连续时点数列中有连续变动和非连续变动两种情况：对连续变动的连续时点数列求序时平均数，可用简单算术平均法求序时平均数，其计算公式为

对非连续变动的连续时点数列求序时平均数，可用加权算术平均法计算序时平均数，其计算公式为

$$\bar{a}=\frac{\sum a}{n} \tag{8-6}$$

$$\bar{a}=\frac{\sum af}{\sum f} \tag{8-7}$$

例 8-11 某企业 4 月 1 日参保职工有 300 人，4 月 11 日新增参保人数 9 人，4 月 16 日减少参保人数 4 人，则该企业 4 月份平均参保职工人数为

$$\bar{a}=\frac{300\times10+309\times5+305\times15}{10+5+15}=304(\text{人})$$

2）根据间断时点数列计算序时平均数。在间断时点数列中有间隔相等和间隔不等两种情况：

对间隔相等的间断时点数列求序时平均数，可采用简单算术平均法计算序时平均数，其计算公式为

$$\bar{a}=\frac{\frac{a_1+a_2}{2}+\frac{a_2+a_3}{2}+\cdots+\frac{a_n-1+a_n}{2}}{n-1}=\frac{\frac{a_1}{2}+a_2+a_3+\cdots+a_n-1+\frac{a_n}{2}}{n-1} \tag{8-8}$$

式中，$\bar{a}$ 表示序时平均数；a 表示各项时点指标数值；n 表示时点个数。这种计算方法称为“首末折半法”。

对间隔不等的间断时点数列求序时平均数，需首末折半后用相应的时点间隔数加权计算，其计算公式为

$$\bar{a}=\frac{\frac{a_1+a_2}{2}f_1+\frac{a_2+a_3}{2}f_2+\cdots+\frac{a_n-1+a_n}{2}f_n-1}{\sum_{n=1}^{n-1}f} \tag{8-9}$$

式中，$\bar{a}$ 表示序时平均数；a 表示各时点值；f 表示各时点间隔的距离。

例 8-12　见表 8-16。

表 8-16　某企业 2011 年第二季度商品库存额

日期	3 月	4 月	5 月	6 月
月末库存额/万元	100	86	104	114

根据表 8-16 资料，可计算各月和第二季度的平均商品库存额：

$$4\text{ 月份平均库存额}=\frac{100+86}{2}=93(\text{万元})$$

$$5\text{ 月份平均库存额}=\frac{86+104}{2}=95(\text{万元})$$

$$6\text{ 月份平均库存额}=\frac{104+114}{2}=109(\text{万元})$$

$$\text{第二季度平均库存额}=\frac{93+95+109}{3}=99(\text{万元})$$

上述计算第二季度平均库存额的两个步骤，可以合并简化为

$$\text{第二季度平均库存额}=\frac{\frac{100+86}{2}+\frac{104+86}{2}+\frac{104+114}{2}}{3}=\frac{93+95+109}{3}=99(\text{万元})$$

例 8-13　某公司一险种历年费率调整情况见表 8-17，试计算平均费率。

表 8-17　某公司某险种历年费率情况

时点(i)	时间	费率/‰	间隔时间/年
1	1991 年 1 月 1 日	6.0	—
2	1992 年 7 月 1 日	7.1	1.50
3	1993 年 8 月 1 日	8.0	0.83
4	1995 年 1 月 1 日	7.0	1.67
5	1996 年 1 月 1 日	5.5	1.00

$$\bar{a}=\frac{\frac{6.0+7.1}{2}\times1.5+\frac{7.1+8.0}{2}\times0.83+\frac{8.0+7.0}{2}\times1.67+\frac{7.0+5.5}{2}\times1.00}{1.5+0.83+1.67+1.00}=6.973$$

故该公司平均费率为6.973‰。

（二）增长量与平均增长量

1. 增长量

增长量是说明社会经济现象在一定时期内所增长的绝对数量，是报告期水平与基期水平之差，反映报告期比基期增长的水平，即

$$增长量=报告期水平-基期水平$$

由于采用的基期不同，增长量可以分为逐期增长量和累计增长量。

$$逐期增长量=报告期水平-前一期水平 \tag{8-10}$$

用符号可表示为：a_1-a_0，a_2-a_1，…，a_n-a_{n-1}。

$$累计增长量=报告期水平-最初水平 \tag{8-11}$$

用符号可表示为：a_1-a_0，a_2-a_0，…，a_n-a_0。

1）累计增长量：以最初始数为基础，各年数值与其相减即得。例如，表8-14(3)栏：

$$2001年累计增长量=6200-4050=2150$$

$$2002年累计增长量=7340-4050=3290$$

说明事物在一定时期的绝对增长量。

2）逐期增长量：即下一期数减上一期数。例如，表8-14(4)栏：

$$2001年逐期增长量=6200-4050=2150$$

$$2002年逐期增长量=7340-66200=1140$$

说明相邻两期的绝对增长量。

逐期增长量与累计增长量的关系是：

1）逐期增长量之和等于累计增长量，即

$$(a_1-a_0)+(a_2-a_1)+\cdots+(a_n-a_{n-1})=a_n-a_0$$

2）相邻两个累计增长量之差，等于相应时期的逐期增长量，即

$$a_n-a_{n-1}=(a_n-a_0)-(a_{n-1}-a_0)$$

2. 平均增长量

平均增长量是说明社会经济现象在一定时期内平均每期增长的数量，从广义来说，也是一种序时平均数，即是逐期增长量动态数列的序时平均数，反映现象平均增长水平。其计算公式为

$$平均增长量=\frac{逐期增长量之和}{逐期增长量个数}=\frac{累计增长量}{动态数列项数-1} \tag{8-12}$$

例8-14 “十一五”时期我国水泥产量资料见表8-15，现具体计算增长量和年平均增长量指标。

表8-18 “十五”时期我国水泥产量 （单位：万吨）

年份		2001	2002	2003	2004	2005
水泥产量		66104	72500	86208	96682	106400
增长量	逐期	—	6396	13708	10474	9718
	累计	—	6396	20104	30578	40296

$$“十一五”时期水泥年平均增长量=\frac{6396+13708+10474+9718}{4}$$

$$=\frac{40296}{4}=10074(万吨)$$

$$或 = \frac{40296}{5-1} = 10074(万吨)$$

三、动态分析的速度指标

（一）发展速度与增长速度

1. 发展速度

发展速度是表明社会经济现象发展程度的相对指标。它根据两个不同时期发展水平相对比而求得，一般用百分数或倍数表示。计算公式为

$$发展速度 = \frac{报告期水平}{基期水平} \tag{8-13}$$

由于采用的基期不同，发展速度可分为定基发展速度和环比发展速度。定基发展速度是指以报告期水平与某一固定时期水平之比计算的发展速度，用来说明报告期水平已经发展到了固定时期水平的百分之几(或多少倍)，表明这种现象在较长时期内总的发展程度，因此有时也称为“总速度”。环比发展速度是以报告期水平与前一时期水平之比计算的发展速度，用来说明报告期水平已经发展到了前一期水平的百分之几(或多少倍)，表明这种现象逐期的发展程度。如果计算的单位时期为一年，这个指标也可称为“年速度”。这两种发展速度可用公式表示如下：

$$定基发展速度 = \frac{报告期水平}{某固定初期水平} \tag{8-14}$$

用符号可表示为：$\frac{a_1}{a_0}$，$\frac{a_2}{a_0}$，…，$\frac{a_n}{a_0}$。

$$环比发展速度 = \frac{报告期水平}{前一期水平} \tag{8-15}$$

用符号可表示为：$\frac{a_1}{a_0}$，$\frac{a_2}{a_1}$，…，$\frac{a_n}{a_{n-1}}$

（1）定基发展速度

定基发展速度统一用某个时间(年)的数据作基数(一般以初始数据作基数)，以各时间数据与之相比(或 × 100%)。表 8-14(5)列为各年保险业务收入与 2000 年保险业务收入之比。

2001 年定基发展速度 = 6200/4050 = 153.09%

2002 年定基发展速度 = 7340/4050 = 181.23%

定基发展速度可以反映事物在一定时期的发展速度。

（2）环比发展速度

以前一个时间(年)数据作为基数，以相邻的后一年时间数据与之相比。如表 8-14(6)栏。

2001 年环比发展速度 = 6200/4050 = 153.09%

2002 年环比发展速度 = 7340/6200 = 118.39%

环比发展速度表示年度之间的波动或发展速度。

定基发展速度和环比发展速度之间的关系表现为以下几点：

1）定基发展速度等于环比发展速度的连乘积，即

$$\frac{a_n}{a_0} = \frac{a_1}{a_0} \times \frac{a_2}{a_1} \times \frac{a_3}{a_2} \times \cdots \times \frac{a_n}{a_{n-1}}$$

2）两个相邻时期的定基发展速度之比，等于它们的环比发展速度，即

$$\frac{a_n}{a_0} \div \frac{a_{n-1}}{a_0} = \frac{a_n}{a_{n-1}}$$

在保险业务统计分析过程中，可以利用上述关系进行推算，即根据已知的环比发展速度，推算相应的定基发展速度，或者根据已知定基发展速度，推算相应的环比发展。

2. 增长速度

增长速度是表明社会经济现象增长程度的相对指标。它可以根据增长量与基期发展水平对比求得。通常用百分比或倍数表示。其计算公式为

$$增长速度=\frac{增长量}{基期水平}=\frac{报告期水平-基期水平}{基期水平}=发展速度-1(或100\%) \tag{8-16}$$

由上式可知，增长速度和发展速度既有区别又有联系。两者的区别在于概念的不同：增长速度表示社会经济现象报告期比基期增长的程度，而发展速度则表示报告期与基期相比发展到了什么程度，二者不能混淆。增长速度为正值，说明研究现象增长的程度和发展方向是上升的；若为负值，说明研究现象降低的程度和发展方向是下降的。

由于采用的基期不同，增长速度也有定基增长速度和环比增长速度之分。定基增长速度是累计增长量与某一固定时期水平之比的相对数，它反映社会经济现象在较长时期内总的增长程度。环比增长速度是逐期增长量与前一期发展水平之比的相对数，它表示社会经济现象逐期的增长程度。但这两个指标是不能直接进行互相换算的。

（1）定基增长速度

定基增长速度是报告期累计增长量与某一固定基期水平之比，表明所研究现象在较长时期内总的增减程度。其计算公式为

$$定基增长速度=\frac{累计增长量}{固定基期水平}=定基发展速度-1(或100\%) \tag{8-17}$$

例如，表8-14(7)栏：

$$2001年定基增长速度=153.09\%-1=53.09\%$$
$$2002年定基增长速度=181.23\%-1=81.23\%$$

表示与初始年相比，一定时期的增长速度。

（2）环比增长速度

环比增长速度是逐期增长量与前期水平之比，表明所研究现象逐期增长的相对程度。

$$环比增长速度=\frac{逐期增长量}{前期水平}=\frac{环比发展水平-前期水平}{前期水平}=环比发展速度-1 \tag{8-18}$$

例如，表8-14(8)栏：

$$2001年环比增长速度=153.09\%-1=53.09\%$$
$$2002年环比增长速度=118.39\%-1=18.39\%$$

表示与前一个时间相比的增长速度，即年度之间的增长速度。

（二）平均发展速度与平均增长速度

为了观察社会经济现象在一个较长时期内逐期平均发展变化的程度和逐期平均增长变化的程度，就需计算平均发展速度和平均增长速度指标，这是动态研究中很重要的两个分析指标。

1. 平均发展速度

平均发展速度是各期环比发展速度的序时平均数。由于环比发展速度是根据同一现象在不同时间发展水平对比而得的动态相对数，所以，它不能应用上述所讲的计算序时平均数的方法来计算。在实际工作中，计算平均发展速度的方法主要有两种，即几何平均法和方程法。本书只介绍几何平均法。几何平均法的公式为

$$平均发展速度=\sqrt[n]{\frac{第n年数据}{基期数据}} \tag{8-19}$$

用字母表示即为

$$平均发展速度=\sqrt[n]{\frac{a_1}{a_0}\times\frac{a_2}{a_1}\times\cdots\times\frac{a_{n-1}}{a_{n-2}}\times\frac{a_n}{a_{n-1}}}=\sqrt[n]{\frac{a_n}{a_0}}$$

式中，a_0 为基期指标；a_n 为第 n 年指标。

上式说明一定时期的平均发展速度。平均发展速度>1，平均增长速度就为正值，表明某种现象在一个较长时期内逐年平均递增的程度，此时该指标又称为“平均递增速度”或“平均递增率”；反之，称为“平均递减速度”或“平均递减率”。

平均速度指标在医疗保险工作中有很广泛的应用：①反映医改成就；②用于编制和分析长期计划；③用于不同国家或地区比较。

对于表 8-14 计算该地区保险业务 5 年平均发展速度：

$$五年平均发展速度=\sqrt[5]{\frac{20080}{4050}}=1.3774=137.74\%$$

平均发展速度即是环比发展速度的平均数，故前面所述有关相对数和平均数的原则，均应遵守。计算和应用平均发展速度时的注意事项如下：①要结合具体研究目的适当选择基期，并注意其所依据的基本指标在整个研究时期的同质性；②在分析较长历史时期资料时，应计算分段平均速度来补充总平均速度，或用突出的速度来补充平均速度；③平均速度指标应与其所依据的各个基本指标(如各发展水平、增长量、环比速度、定基速度等)并结合具体情况进行分析研究和补充说明；④可以与有关的其他经济现象结合使用，进行比较研究，如医疗费用增长与 GDP 增长的关系等。

2. 平均增长速度

平均增长速度是各期环比增长速度的序时平均数，它表明现象在一定时期内逐期平均增长变化的程度。根据增长速度与发展速度之间的运算关系，要计算平均增长速度，首先要计算出平均发展速度指标，然后将其减 1(或 100%)求得，即

$$平均增长速度=平均发展速度-1 \tag{8-20}$$

上式说明一定时期的平均增长速度。对于表 8-14，计算该地区保险业务 5 年平均增长速度：

$$五年平均增长速度=1.3774-1=0.3774=37.74\%$$

动态数列分析是借助于一系列按顺序排列的统计指标，如绝对增长量、发展速度、增长速度及平均发展速度等说明事物在时间上的变化和发展趋势。对历史资料进行动态分析，除研究发展水平与速度之外，有时还经常分析现象的长期趋势和季节变动的影响，详见第十七章。动态数列常用公式可总结见表 8-19。

表 8-19　常用动态数列指标

指标		计算公式	意义
增长量	累计	各年数据－初始年数据	一定时期的增长量
	逐期	(后一期数据)－(相邻前一期数据)	相邻两期的增长量
发展速度	定基	各年数据/初始年数据	一定时期的发展速度
	环比	(后一期数据)/(相邻前一期数据)	两期之间发展速度
增长速度	定基	定基发展速度－1	一定时期的增长速度
	环比	环比发展速度－1	两期之间增长速度
平均发展速度		$\sqrt[n]{\frac{第 n 年数据}{基期数据}}$	一定时期的平均发展速度
平均增长速度		平均发展速度－1	一定时期的平均增长速度

一、选择题

1. 动态数列的构成要素是(　　)。

A. 变量和次数　　B. 时间和指标数值

C. 时间和次数　　D. 主词和宾词

2. 动态数列中，每个指标数值可以相加的是(　　)

A. 相对数动态数列　　B. 时期数列

C. 间断时点数列　　D. 平均数动态数列

3. 定基增长速度与环比增长速度的关系为(　　)。

A. 定基增长速度等于相应的各个环比增长速度的算术和

B. 定基增长速度等于相应的各个环比增长速度的连乘积

C. 定基增长速度等于相应的各个环比增长速度加1后的连乘积再减1

D. 定基增长速度等于相应的各个环比增长速度连乘积加1(或100%)

二、简答题

1. 常用的相对数指标有哪些？它们的意义和计算有何不同？为什么不能以比代率？

2. 应用相对数时有哪些注意事项？

3. 率的标准化法的基本思想是什么？直接标化法需要的条件是什么？选择标准人群需注意些什么？

4、动态数列分析常用的指标有哪些？

三、计算题

1. 某年某地抽样研究各年龄组恶性肿瘤死亡情况，结果见表8-20(1)～(3)栏。

表8-20　某年某地各年龄组恶性肿瘤死亡情况

年龄/组 (1)	人数 (2)	恶性肿瘤死亡数 (3)	恶性肿瘤死亡构成比/% (4)	恶性肿瘤死亡率/ (1/10万) (5)	各年龄组死亡率之比 (与0～20岁比) (6)
0～	82920	4			
20～	46638	12			
40～	28161	42			
60及以上	9371	32			
合计	167090	90			

试计算(4)～(6)栏指标，并说明其意义。可否认为“40～岁”组人员易死于肿瘤？为什么？

2. 抽样调查某企业职工高血压病，结果见表8-21。据此，某医生认为：该企业单位高血压发病率为8%，并随年龄逐增，其中40岁以上患者占全部病例90.3%。60岁以上者发病率为100%。高血压发病与性别有关，男性为10.2%，女性为4.5%，男性明显高于女性($P<0.01$)。以上分析是否妥当？试加以评述。

表8-21　某企业高血压病例分布

年龄组	男			女		
	受检人数	病例数	发病率/%	受检人数	病例数	发病率/%
20～	333	5	1.5	712	4	0.6
30～	301	4	1.3	142	9	6.3
40～	517	64	12.4	185	27	14.6
50～	576	93	16.2	61	9	14.8
60～	12	12	100.0	—	—	—
合计	1739	178	10.2	1100	49	4.5

3. 某企业2009年第一季度职工人数及产值资料见表8-22

表 8-22　某企业 2009 年第一季度产值及职 2 人数

项目	1月	2月	3月	4月
产值/百元	4000	4200	4500	4800
月初职工人数/人	60	64	68	67

要求：1)编制第一季度各月劳动生产率的动态数列；

2)计算第一季度的月平均劳动生产率；

3)计算第—季度的劳动生产率。

4. 某地区2010年的粮食总产量为500万吨，若2014年的要求达到600万吨，则每年应该以怎样的速度递增？若该地区一直以这样的速度增长，到2017年时粮食产量将会达到多少？

（陈　丹）

第九章
分类变量资料的χ^2检验

对于效应变量是数值变量(定量资料)的组间比较，前面已介绍 t 检验和方差分析等方法。如果效应变量是分类变量(定性资料)的组间比较，英国统计学家 K.Pearson(皮尔逊)于 1900 年提出了以χ^2分布(Chi-square distribution)为理论依据的一种统计分析方法，即χ^2检验(Chi-square test)。χ^2检验用途广泛，本章主要介绍两个及两个以上样本率(或构成比)资料比较，配对分类资料的比较及频数分布的拟合优度检验(goodness of fit test)等。

第一节 四格表资料的χ^2检验

一、四格表资料

例 9-1 为了解城镇居民医疗保险参保情况，某研究者随机抽取甲、乙两社区进行调查，调查结果见表 9-1，问两社区城镇居民的医疗保险参保率是否有差别?

表 9-1 甲、乙两社区城镇居民医疗保险参保率比较

社区	参保	未参保	合计	参保率/%
甲	96(87.42)a	15(23.58)b	111($a+b$)	86.49
乙	82(90.58)c	33(24.42)d	115($c+d$)	71.30
合计	178($a+c$)	48($b+d$)	226(n)	78.76

表 9-1 中四个格子 $\begin{array}{|c|c|}\hline 96 & 15 \\ \hline 82 & 33 \\ \hline\end{array}$ 的数据是基本数据，其余数据都是从这四个数据推算得出的。因此，这种资料称四格表(fourfold table)资料，常用于两样本率(或构成比)资料比较。

二、χ^2检验的基本思想

χ^2检验的基本思想可通过基本公式(9-1)理解

$$\chi^2 = \sum \frac{(A-T)^2}{T} \tag{9-1}$$

式中，A 是实际频数(actual frequency)，T 是理论频数(theoretical frequency)，即假定 H_0：$\pi_1=\pi_2$ 成立前提下四个格子的频数。

例 9-1 中检验假设为两社区总体参保率相等，均等于合计的参保率 78.76%(178/226)。因此，理论上甲社区参保人数为 111×(178/226) = 87.42，未参保人数为 111×(48/226) = 23.58；同理，乙社区参保人数为 115×(178/226) = 90.58，未参保人数为 115×(48/226) = 24.42。理论频数 T 也可由公式(9-2)求得。

$$T_{RC}=\frac{n_R n_C}{n} \tag{9-2}$$

式中，T_{RC}为第R行、第C列格子的理论频数，n_R，n_C分别为第R行、第C列的合计数，n为总例数。按公式(9-2)计算表9-1中第1行第1列的理论数即$T_{11}=111\times178/226=87.42$，同理可算出其余三个格子的理论数(表9-1括号内的数字)。对于四格表资料，只要计算出一个格子的理论数，也可根据周边的合计数计算出其他格子的理论数。把每个格子的实际频数和理论频数代入公式(9-1)，即可算出检验统计量χ^2值。χ^2值反映了四格表中四个格子的实际频数与理论频数的吻合程度。

χ^2检验的基本思想：如果无效假设H_0成立，则各格子实际频数A与理论频数T的差别仅由随机误差所致，一般不会太大，即统计量χ^2值会比较小；反之，A与T相差越大，χ^2值就越大，相应的P值也就越小，即出现大的χ^2值的概率是很小的。当$P\leqslant\alpha$，说明A与T相差较大，则有理由认为无效假设H_0不成立，因而拒绝H_0；反之，则没有理由拒绝H_0。

χ^2值的大小除了与$A-T$差值的大小有关外，还取决于格子数的多少(严格地说是自由度ν的大小)，由于每个格子$(A-T)^2/T\geqslant0$，所以，χ^2值会随着格子数的增加而变大，亦即自由度ν越大，χ^2值也会越大。所以，只有考虑了自由度ν的影响，χ^2值才能正确反映A和T的吻合程度。自由度ν可由公式(9-3)计算

$$\nu=(\text{行数}-1)(\text{列数}-1) \tag{9-3}$$

当自由度ν一定时，其χ^2分布曲线也就确定。不同自由度χ^2分布曲线图如9-1所示。由公式(9-3)可得，四格表资料的自由度是1，即$\nu=(2-1)(2-1)=1$。χ^2检验时，根据自由度ν和检验水准α，查χ^2界值表(附表3)可得χ^2界值，若$\chi^2\geqslant\chi^2_{0.05,\nu}$，则$P\leqslant0.05$，按$\alpha=0.05$的检验水准拒绝$H_0$；若$\chi^2<\chi^2_{0.05,\nu}$，则$P>0.05$，尚不能拒绝$H_0$。

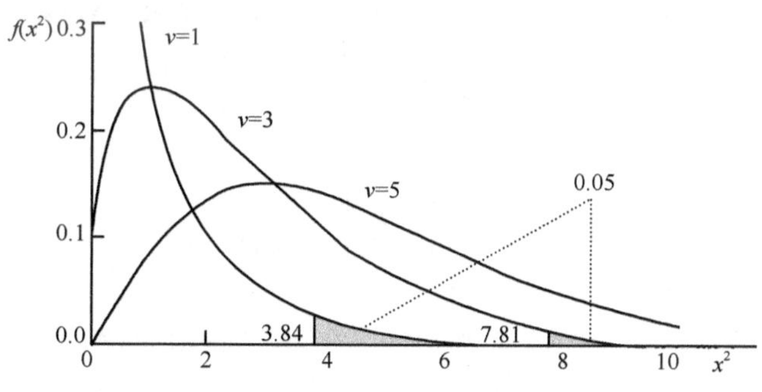

图9-1　不同自由度的χ^2分布曲线

三、四格表资料的χ^2检验

(一)χ^2检验基本步骤

以例9-1四格表资料说明。

1. 建立检验假设，确定检验水准

H_0：$\pi_1=\pi_2$，即两社区城镇居民的医疗保险总体参保率相等；

H_1：$\pi_1\neq\pi_2$，即两社区城镇居民的医疗保险总体参保率不相等；

$\alpha=0.05$。

2. 计算检验统计量χ^2值

利用公式(9-1)代入A和T值(见表9-1数据)，则

$$\chi^2=\sum\frac{(A-T)^2}{T}=\frac{(96-87.42)^2}{87.42}+\frac{(15-23.58)^2}{23.58}+\frac{(82-90.58)^2}{90.58}+\frac{(33-24.42)^2}{24.42}=7.783$$

3. 确定 *P* 值，判断结果

$\nu=(2-1)(2-1)=1$，查χ^2界值表(附表3)，$\chi^2_{0.01,1}=6.63$，本例$\chi^2>\chi^2_{0.01,1}$，得$P<0.01$，按$\alpha=0.05$水准，拒绝H_0，接受H_1，两社区样本参保率差异有统计学意义，认为两社区城镇居民总体参保率不相等，甲社区参保率高于乙社区。

（二）四格表资料χ^2检验专用公式

当四格表资料每个格子的理论频数$T\geqslant 5$且$n\geqslant 40$时，计算χ^2值也可利用四格表资料χ^2检验的专用公式(由基本公式9-1推导而来)，即

$$\chi^2=\frac{(ad-bc)^2n}{(a+b)(c+d(a+c)(b+d)}\tag{9-4}$$

式中，a，b，c，d为四格表的实际频数，n为总例数。将例9-1数据代入公式(9-4)得

$$\chi^2=\frac{(96\times 33-15\times 82)^2\times 226}{111\times 115\times 178\times 48}=7.783$$

可见，与公式(9-1)计算结果相同。

（三）四格表资料χ^2统计量的连续性校正

χ^2分布是一种连续型分布，而分类变量资料是离散型分布，由此计算的χ^2统计量也是不连续的，为改善χ^2统计量分布的连续性，英国统计学家Yates(耶茨)提出连续性校正(correction for continuity)的方法，也称Yates校正(Yates's correction)。χ^2统计量的连续性校正可用

$$\chi^2=\sum\frac{(|A-T|-0.5)^2}{T}\tag{9-5}$$

或

$$\chi^2=\frac{(|ad-bc|-n/2)^2n}{(a+b)(c+d)(a+c)(b+d)}\tag{9-6}$$

表示。式(9-5)和式(9-6)等价。

例9-2 某研究者要比较A，B两种药物治疗急性细菌性感染患者的疗效差异，将53例患者随机分为两组进行临床试验。试验结果见表9-2，问两种药物的总体有效率有无差别?

表9-2 *A*，*B* 两种药物治疗急性细菌性感染患者的疗效

药物	有效	无效	合计	有效率/%
A	28(24.91)a	2(5.09)b	30($a+b$)	93.33
B	16(19.09)c	7(3.91)d	23($c+d$)	69.57
合计	44($a+c$)	9($b+d$)	53(n)	83.02

1. 建立检验假设，确定检验水准

H_0：$\pi_1=\pi_2$，即两种药物的总体有效率相等；

H_1：$\pi_1\neq\pi_2$，即两种药物的总体有效率不相等；

$\alpha=0.05$。

2. 计算检验统计量χ^2值

当样本例数n较少时，首先根据公式(9-2)求出最小的理论频数T_{min}，即行、列合计数均为最小

值所对应的格子的理论数。本例最小的理论数是 $T_{22}=\dfrac{23\times 9}{53}=3.91$，且 $n=53>40$，故本例需用四格表资料的连续性校正公式(9-5)或公式(9-6)计算χ^2值，即

$$\chi^2=\frac{\left(|ad-bc|-\dfrac{n}{2}\right)^2 n}{(a+b)(c+d)(a+c)(b+d)}=\frac{\left(|28\times 7-2\times 16|-\dfrac{53}{2}\right)^2\times 53}{30\times 23\times 44\times 9}=3.667$$

3. 确定 *P* 值，判断结果

$\nu=(2-1)(2-1)=1$，查χ^2界值表(附表3)，$\chi^2_{0.05,1}=3.84$，本例$\chi^2<\chi^2_{0.05,1}$，得 $P>0.05$，按 $\alpha=0.05$ 水准，尚不拒绝 H_0，两种药物的有效率差异无统计学意义，尚不能认为两药的总体有效率不等。

（四）四格表资料的直接计算概率法

在四格表资料的假设检验中，当 $n<40$ 或有 $T<1$ 或其他检验方法所得的概率 P 接近检验水准 α 时，用直接计算概率的方法即 Fisher(费希尔)确切概率法(Fisher's exact probabilities)。Fisher 确切概率法是一种直接计算概率的假设检验方法，该方法由 Fisher 于 1934 年提出，其理论依据是超几何分布(hypergeometric distribution)，不属于χ^2 检验的范畴，但经常作为四格表资料假设检验的补充，故列入本章内容。

Fisher 确切概率法的基本思想：在四格表周边合计不变的前提下，利用超几何分布直接计算表中四个格子数据的各种组合的概率 P_i，然后根据 P 值的定义计算单侧或双侧累计概率 P，与检验水准 α 比较得出结论。各种组合概率 P_i 可由公式

$$P_i=\frac{(a+b)!\ (c+d)!\ (a+c)!\ (b+d)!}{a!\ b!\ c!\ d!\ n!} \tag{9-7}$$

计算。式中，a，b，c，d 为四格表的实际频数，n 为总例数，！为阶乘符号，$0!=1$，i 为各种组合的序号，$\sum P_i=1$。

例 9-3 某研究者将 15 例脑出血患者随机分为两组，一组患者采用 A 方案治疗，另一组采用 B 方案治疗，结果见表 9-3。问两种治疗方案的总体有效率有无差别？

表 9-3　两种方案治疗脑出血患者有效率比较

疗法	有效	无效	合计	有效率/%
A 方案	1	8	9	11.11
B 方案	4	2	6	66.67
合计	5	10	15	33.33

本例 $n=15<40$，宜用 Fisher 确切概率法。其步骤如下。

1. 建立检验假设，确定检验水准

H_0：$\pi_1=\pi_2$，即两种治疗方案的总体有效率相等；

H_1：$\pi_1\neq\pi_2$，即两种治疗方案的总体有效率不相等；

$\alpha=0.05$。

2. 计算概率

在周边合计数不变的前提下，以最小行、列合计所对应的格子为基础，其取值变动范围为从 0 到最小周边合计。本例中，将 c 格子从 0 递增至 5 得到六个四格表，并按 c 由小到大排列，结果见表 9-4。

表 9-4　Fisher 确切概率法计算用表

序号 1		序号 2		序号 3		序号 4		序号 5*		序号 6	
有效	无效	有效	无效	有效	无效	有效	无效	有效	无效	有效	无效
5	4	4	5	3	6	2	7	1	8	0	9
0	6	1	5	2	4	3	3	4	2	5	1
$P_1=0.042$		$P_2=0.252$		$P_3=0.420$		$P_4=0.240$		$P_5=0.045$		$P_6=0.001$	

*表 9-3 资料。

由公式(9-7)计算各种组合四格表的概率 P_i，结果见表 9-4 最后一行。例如，

$$P_1=\frac{(5+4)!\ (0+6)!\ (5+0)!\ (4+6)!}{5!\ 4!\ 0!\ 6!\ 15!}=0.042$$

3. 确定 P 值，判断结果

根据 P 值的定义将小于等于样本四格表概率的所有四格表对应的概率相加，得双侧概率为

$$P_{双}=P_1+P_5+P_6=0.089$$

按 $\alpha=0.05$ 水准，尚不拒绝 H_0，差异无统计学意义，尚不能认为两种方案有效率不等。

若本例研究目的是推断 A 方案治疗该病的有效率是否低于 B 方案，则应采用单侧检验。根据表 9-4 得，$P_{单}=P_5+P_6=0.047$，按 $\alpha=0.05$ 水准，拒绝 H_0，接受 H_1，差异有统计学意义，可认为两种治疗方案总体有效率有差别。

注意：①当两样本例数 n 相等时，也可只计算一侧的累计 P 值，再乘以 2 得双侧 P 值；②假设检验选用双侧还是单侧，取决于专业知识和研究目的，并且在实验设计时已经确定。

（五）四格表资料分析的注意事项

四格表资料实际是由两种类型研究获得的，一是实验性研究，完全随机设计两组的比较，效应指标是二分类变量；二是观察性研究，两个独立样本的比较，分析的指标是二分类变量。对于四格表资料的分析，Fisher 确切概率法是精确的检验方法，χ^2检验只是一种近似检验，通常认为：

1）当 $n\geqslant 40$ 且所有 $T\geqslant 5$ 时，用χ^2 检验基本公式(9-1)或专用公式(9-4)；

2）当 $n\geqslant 40$ 且有 $1\leqslant T<5$ 时，用四格表资料χ^2检验连续性校正公式(9-5)或(9-6)；

3）当 $n<40$ 或有 $T<1$ 时，或χ^2 检验所得 P 值接近检验水准 α 时，则用 Fisher 确切概率法。

第二节　行×列表资料的 χ^2 检验

两个样本率(或构成比)的比较，其资料的基本数据有 2 行 2 列，称 2×2 表或四格表资料。当基本数据超过 2 行 2 列的资料，称为行×列表或 $R\times C$ 表资料。行×列表资料的χ^2 检验适用于多个样本率(或构成比)资料的比较。

行 × 列表资料的χ^2 检验专用公式(9-8)，由χ^2 检验基本公式(9-1)推导而来。

$$\chi^2=n\left(\sum\frac{A^2}{n_R n_C}-1\right) \tag{9-8}$$

式中,A 为每个格子的实际频数；n_R，n_c 分别为与 A 值对应的行、列合计数；n 为总例数(样本含量)。

一、行×列表资料的χ^2检验步骤

例 9-4　某研究者将 241 例急性淋巴细胞白血病患者随机分为 3 组，分别采用 A，B，C 三种治

疗方案进行治疗，结果见表 9-5，问三种不同疗法白血病的缓解率有无差别？

表 9-5　三种不同疗法白血病的缓解率比较

疗法	缓解	未缓解	合计	缓解率/%
A 法	56	22	78	71.79
B 法	38	45	83	45.78
C 法	17	63	80	21.25
合计	111	130	241	46.06

1. 建立检验假设，确定检验水准

H_0：三种不同疗法白血病的总体缓解率相等；

H_1：三种不同疗法白血病的总体缓解率不等或不全相等；

$\alpha = 0.05$。

2. 计算检验统计量χ^2值

$$\chi^2 = n\left(\sum \frac{A^2}{n_R n_C} - 1\right)$$

$$= 241\left(\frac{56^2}{78 \times 111} + \frac{22^2}{78 \times 130} + \frac{38^2}{83 \times 111} + \frac{45^2}{83 \times 130} + \frac{17^2}{80 \times 111} + \frac{63^2}{80 \times 130} - 1\right)$$

$$= 40.615$$

3. 确定 *P* 值，判断结果

$\nu = (3-1)(2-1) = 2$，查χ^2界值表（附表 3），$\chi^2_{0.005,\ 2} = 10.60$，本例$\chi^2 > \chi^2_{0.005,\ 2}$，得 $P < 0.005$，按 $\alpha = 0.05$ 水准，拒绝 H_0，接受 H_1，差异有统计学意义，认为三种不同疗法白血病的总体缓解率不全相等。

例 9-5　为了解新型农村合作医疗对于农村贫困居民卫生服务利用的影响因素，研究者抽取甲、乙两个地区居民进行调查，结果见表 9-6，问甲、乙两地居民应住院者未住院原因构成比是否不同？

表 9-6　甲、乙两地居民未住院原因构成情况

地区	自感病轻	经济困难	就诊太贵	没有时间	其他	合计
甲	61	106	202	98	72	539
乙	101	135	312	45	28	621
合计	162	241	514	143	100	1160

1. 建立检验假设，确定检验水准

H_0：两地居民应住院者未住院原因构成比相同；

H_1：两地居民应住院者未住院原因构成比不同或不全相同；

$\alpha = 0.05$。

2. 计算检验统计量χ^2 值

$$\chi^2 = n\left(\sum \frac{A^2}{n_R n_C} - 1\right)$$

$$= 1160\left(\begin{aligned}&\frac{61^2}{539 \times 162} + \frac{106^2}{539 \times 241} + \frac{202^2}{539 \times 514} + \frac{98^2}{539 \times 143} + \frac{72^2}{539 \times 100} + \frac{101^2}{621 \times 162} + \frac{135^2}{621 \times 241}\\ &+ \frac{312^2}{621 \times 514} + \frac{45^2}{621 \times 143} + \frac{28^2}{621 \times 100}\end{aligned}\right)$$

$$= 70.466$$

3. 确定 P 值，判断结果

$\nu=(2-1)(5-1)=4$，查χ^2界值表(附表3)，得$\chi^2_{0.005,4}=14.86$，$P<0.005$，按$\alpha=0.05$水准，拒绝H_0，接受H_1，差异有统计学意义，认为两地居民应住院者未住院原因构成比不同或不全相同。

二、行×列表资料χ^2检验的注意事项

行×列表资料是四格表资料的扩展，其χ^2检验对理论数也有要求，应注意如下四点。

1）作行×列表资料χ^2检验时，理论频数不宜太小，否则会导致结论偏性。若有1/5以上格子的理论频数小于5，或有任意一个格子的理论频数小于1时，有下列4种处理方法：①尽可能增加样本含量，以增加理论频数；②Fisher确切概率法；③若专业上允许，可将较小理论频数所在行或列的实际频数与相邻行或列中的实际频数合并；④可采用似然比χ^2检验。

2）当多个样本率或构成比比较的χ^2检验结论为拒绝H_0时，只能认为各总体率或构成比之间总的来说有差别，但不能说明它们彼此之间都有差别。若要进一步推断彼此之间的差别，需进一步作多个样本率(或构成比)的多重比较，如χ^2分割法等。

3）效应指标为有序多分类变量时，称为单向有序行×列表资料，不宜用χ^2检验比较组间差别，应选用秩和检验或Ridit分析。

4）双向有序多分类资料，应根据行×列表资料中两个变量的性质、分析目的，选用相应的统计分析方法。如仅仅分析组间的差别有无统计学意义，可看成单向有序$R\times C$列联表的资料分析；若分析行列变量间的关系可用Spearman等级相关、Kendall相关分析；若要分析两个有序分类变量是否存在线性变化趋势，可用线性趋势检验等统计方法分析(见有关统计专著)。

三、行×列表资料的χ^2分割法

如上所述，当行×列表资料的χ^2检验结论为拒绝H_0，差别有统计学意义时，只能认为各总体率(或构成比)之间总的来说有差别，若进一步比较各组之间是否有差别，若直接用四格表资料的χ^2检验进行多重比较，将会加大犯Ⅰ型错误α的概率。多个样本率(或构成比)的两两比较常用的方法有：①χ^2分割法；②Scheffe可信区间法；③调整检验水准或检验界值。任何两两比较的方法都存在一定的缺陷，在作多个样本率两两比较时，各种方法得出的结论应结合实际来分析。本节仅介绍χ^2分割法，其余方法可参阅有关统计学书籍。

基本思想：多个样本率比较的χ^2检验结论为拒绝H_0，差别有统计学意义时，若直接用分割法把$R\times 2$表分成多个独立的四格表进行两两比较χ^2检验，必须重新规定检验水准α'，目的是为保证检验假设中Ⅰ型错误α的概率不变。根据分析目的不同，g个样本率两两比较次数不同，重新规定的检验水准的估计方法也不同，通常有两种以下情况。

（一）多组间的两两比较

g个样本组间，任两组均进行比较，需进行C_g^2次检验，检验水准α'可用(9-9)

$$\alpha'=\frac{\alpha}{C_g^2}=\frac{\alpha}{\frac{g(g-1)}{2}} \tag{9-9}$$

估计。

（二）多个实验组与同一个对照组的比较

分析目的为各实验组与同一个对照组比较，而各实验组间不需要比较。检验水准α'可用公式

(9-10)估计

$$\alpha' = \frac{\alpha}{(g-1)} \tag{9-10}$$

由于重新估计的α'通常很小，无法从附表3的χ^2界值表中得出P值，现将多个样本率比较时常用的χ^2值与对应的概率P值整理于表9-7中。

表9-7　$\nu=1$时的χ^2界值表(供多个样本率间多重比较用)

χ^2	P	χ^2	P	χ^2	P
5.73	0.01666	7.24	0.00714	8.05	0.00455
6.24	0.01250	7.48	0.00625	8.21	0.00417
6.96	0.00833	7.88	0.00500	8.49	0.00358

例9-6　对例9-4中表9-5的资料进行两两比较，以推断是否任意两种疗法治疗白血病的缓解率均有差别？

1. 建立检验假设，确定检验水准

$H_0: \pi_A=\pi_B$，任两个对比组的缓解率相等；

$H_1: \pi_A \neq \pi_B$，任两个对比组的缓解率不相等；

$\alpha=0.05$。

本例为3个实验组间的两两比较，其检验水准α'用公式(9-9)估计得

$$\alpha' = \frac{0.05}{\frac{3(3-1)}{2}} = 0.0167$$

2. 计算检验统计量χ^2值

用公式(9-4)分别计算任两两对比组的检验统计量χ^2值，结果见表9-8。

3. 确定P值，判断结果

查调整后χ^2界值表(表9-7)，确定P值，结果见表9-8。按$\alpha'=0.01666$检验水准，自由度均为1，得出A法与B法，B法与C法，A法与C法比较均拒绝H_0，接受H_1，差异有统计学意义，认为三种治疗方案白血病的缓解率均有差别，A法缓解率最高，其次是B法，C法最低。

表9-8　三种疗法治疗白血病的缓解率两两比较

对比组	缓解	未缓解	合计	χ^2	P
A法	56	22	78	11.198	<0.00358
B法	38	45	83		
B法	38	45	83	10.967	<0.00358
C法	17	63	80		
A法	56	22	78	40.593	<0.00358
C法	17	63	80		

例9-7　若以表9-5的资料中C法为对照组，A，B两法为实验组，试分析两实验组与对照组的总体缓解率有无差别？

1. 建立检验假设，确定检验水准

$H_0: \pi_T=\pi_C$，各实验组与对照组的缓解率相等；

$H_1: \pi_T \neq \pi_C$，各实验组与对照组的缓解率不相等；

$\alpha = 0.05$。

本例为各实验组与同一对照组的比较，其检验水准 α' 用公式(9-10)估计得

$$\alpha' = \frac{0.05}{3-1} = 0.025$$

2. 计算检验统计量 χ^2 值

用公式(9-4)分别计算 A 法与 C 法、B 法与 C 法比较的检验统计量 χ^2 值，结果见表 9-8。

3. 确定 P 值，判断结果

查调整后的 χ^2 界值表(表 9-7)确定 P 值，结果见表 9-8。按 $\alpha' = 0.025$ 检验水准，自由度均为 1，得出 A 法与 C 法，B 法与 C 法比较均拒绝 H_0，接受 H_1，差异有统计学意义，认为 A，B 两法治疗白血病的缓解率均比 C 法高。

第三节　配对设计分类变量资料的 χ^2 检验

在医学、保险学等研究领域，当配对设计的效应指标为二分类变量时，如阳性、阴性，满意、不满意时，则需要采用配对四格表资料的 χ^2 检验。

例 9-8　某研究者用两种不同方法对 81 份肺癌患者血清学样品进行检测，结果如下：甲乙两种方法检验均为阳性的有 26 份样品，甲法阳性乙法阴性的有 15 份样品，甲法阴性而乙法阳性的有 30 份样品，两法测得结果均为阴性的有 10 份样品。整理成表 9-9。问两种血清学检测方法结果是否相同?

表 9-9　两种方法对肺癌患者血清学样品检测结果

甲法	乙法		合计
	+	−	
+	26(a)	15(b)	41
−	30(c)	10(d)	40
合计	56	25	81

同一样品用两种不同方法检测，故本例为配对设计的二分类变量资料，选用配对四格表资料的 χ^2 检验。由表 9-9 可以看出，a 和 d 为两法检测结果一致的情况，b 和 c 为两法检测结果不一致的情况，比较两法检测结果有无差异，只需比较 b 和 c。在检验假设(H_0：$B = C$)成立前提下，b 和 c 格子的理论频数为 $\frac{b+c}{2}$，将这两个格子的实际频数和理论频数代入 χ^2 检验基本公式(9-1)，得配对设计四格表的 χ^2 检验公式，即

$$\chi^2 = \frac{(b-c)^2}{b+c} \tag{9-11}$$

上式是统计学家 McNemar(麦克尼马尔)提出的，故配对设计四格表的 χ^2 检验亦称为 McNemar 检验。公式(9-11)用于 $b+c \geqslant 40$，当 $b+c < 40$ 时，需要进行校正，用公式(9-12)：

$$\chi^2 = \frac{(|b-c|-1)^2}{b+c} \tag{9-12}$$

例 9-9　配对四格表资料 χ^2 检验步骤如下。

1. 建立检验假设，确定检验水准

H_0：$B = C$，两种血清学检测方法的不一致部分是由随机误差引起的；

H_1：$B \neq C$，两种血清学检测方法的不一致部分是本质的不同；

$\alpha = 0.05$。

2. 计算检验统计量 χ^2 值

本例，$b+c>40$，不需要校正，则用公式(9-11)得

$$\chi^2 = \frac{(15-30)^2}{15+30} = 5.0$$

3. 确定 P 值，判断结果

$\nu = 1$。查χ^2界值表(附表3)，得$\chi^2_{0.05,1} = 3.84$，$P<0.05$，按$\alpha = 0.05$水准，拒绝H_0，接受H_1，差异有统计学意义，可认为两种血清学检测方法的检测结果不同。

第四节　频数分布的拟合优度检验

在医疗保险、生物医学统计工作中，常需判定某事物的频数分布是否符合某一理论分布，如果符合，就可将它按该理论分布来处理。拟合优度检验常可用于判断频数分布是否符合正态分布、二项分布或泊松分布等，适用面非常广。

拟合优度检验是根据样本的频数分布检验其总体是否服从某特定的理论分布，其原理是按照该理论分布计算理论频数，利用χ^2检验推断实际频数和理论频数的吻合程度。

例 9-10　130 个单位容积内的细菌计数结果见表 9-10(1)(2)栏。问该单位容积内的细菌计数是否服从泊松分布？

表 9-10　泊松分布的拟合优度检验

细菌数 X_i (1)	实际频数 A_i (2)	概率 $P(X)$ (3)	累积概率 (4)	理论频数 $T_i = nP(X)$ (5)	$\frac{(A_i-T_i)^2}{T_i}$ (6)
0	6	0.057181	0.057181	7.43	0.275
1	21	0.163625	0.220805	21.27	0.003
2	26	0.234109	0.454915	30.43	0.645
3	37	0.223304	0.678219	29.03	2.188
4	20	0.159749	0.837968	20.77	0.029
5	12	0.091425	0.929393	11.89	0.001
≥6	8	0.070607	1.000000	9.18	0.152
合计	130(n)	1.000000	—	130.00	3.293

本例：$n = 130$，

$$\sum A_iX_i = 372, \quad \sum A_iX_i^{\ 2} = 1366$$

$$\bar{X} = \frac{372}{130} = 2.862, \quad S^2 = \frac{1366 - 372^2/130}{130\text{-}1} = 2.337$$

均数与方差相近，可考虑进行泊松分布的拟合优度检验。

拟合优度的检验步骤如下。

1. 建立检验假设，确定检验水准

H_0：本资料来自泊松分布的总体；

H_1：本资料不是来自泊松分布总体；

$\alpha = 0.10$。

2. 计算检验统计量χ^2值

按式(4-22)泊松分布概率函数 $P(X) = e^{-\lambda}\dfrac{\lambda^X}{X!}$，$\lambda \approx \overline{X} = 2.862$，求得 X 为 0，1，2，…的概率 $P(X)$、累计概率、理论频数 T_i，以及各行的 $\dfrac{(A-T)^2}{T}$，见表 9-10(3) ~ (6)栏。

3. 确定 P 值，判断结果

自由度 ν = 组数 - 1 - 理论分布参数的个数，本例计算拟合泊松分布，该分布只有一个参数，故 $\nu = 7 - 1 - 1 = 5$。查χ^2界值表(附表 3)，$\chi^2_{0.1} = 9.24$，本例$\chi^2 = 3.293 < \chi^2_{0.1,5}$，得 $P>0.1$，按 $\alpha = 0.1$ 水准，不拒绝 H_0，认为本资料服从泊松分布。

一、选择题

1. 四格表中 4 个格子基本数字是(　　)。
A. 两个样本率的分子和分母　B. 两个构成比的分子和分母
C. 两对实测阳性绝对数和阴性绝对数　D. 两对实测数和理论数
E. 以上说法都不对

2. 四格表资料若有一个实际数为 0(　　)。
A. 就不能作χ^2检验　B. 就必须用校正χ^2检验
C. 还不能决定是否可作χ^2检验　D. 一定可作χ^2检验
E. 以上说法都不对

3. 四格表资料的χ^2检验(两样本率的比较)，下列说法错误的一项为(　　)。
A. χ^2值为各个格子的理论频数与实际频数之差的平方与理论频数之比的和
B. 可能为单侧检验，也可能为双侧检验
C. χ^2值越大越有理由认为理论频数与实际频数吻合程度越好
D. 理论上每个格子的理论数与实际频数的差绝对值相等
E. 以上说法均不对

4. 用两种方法检查已确认的乳腺癌患者 120 名，甲法检出 72 名，乙法检出 60 名，甲、乙两法检出一致数为 42 名，欲进行两种方法检出结果有无区别的比较，应进行(　　)。
A. 成组设计的两样本均数比较的 t 检验　B. 配对设计的 t 检验
C. 四格表资料两样本率比较的χ^2检验　D. 配对设计的四格表资料的χ^2检验
E. 方差分析

5. 四个百分率作比较，有 1 个理论数小于 5，大于 1，其他都大于 5(　　)。
A. 只能作校正χ^2检验　B. 不能χ^2检验
C. 作χ^2检验不必校正　D. 必须先作合理的合并
E. 以上说法都不对

6. 利用χ^2检验不适合解决的实际问题是(　　)。
A. 两组有序多分类资料的药物疗效研究结果比较
B. 两个样本率或构成比比较
C. 三个不同剂量组的药物有效率比较
D. 根据样本的频数分布检验其总体是否服从某特定的理论分布(如正态分布)
E. 配对设计二分类变量资料的差异性分析

二、问答题

1. χ^2验的基本思想是什么？主要应用于哪些方面的分析？
2. 四格表资料分析的注意事项是什么？配对分类变量资料的χ^2检验和一般四格表资料的χ^2检验有何区别？

3. 行×列表资料的χ^2检验注意事项是什么？χ^2分割法应用于什么情况？

4. 拟合优度的χ^2检验主要应用于哪些方面的分析？

三、计算分析题

1. 某研究者要评价某药治疗胃溃疡的疗效，将68例胃溃疡患者随机分到两组，试验组采用新药治疗，对照组采用某阳性对照药治疗。一个月后观察疗效，资料见表9-11。问两药治疗胃溃疡疗效有无差异？

表 9-11　某药治疗胃溃疡的疗效比较

组别	有效	无效	有效率/%
试验组	26	8	76.5
对照组	20	14	58.8

2. 某药品检验随机抽取42名成年人，研究某抗生素的耐药性，资料见表9-12。问两组人群的耐药率有无差异？

表 9-12　两组人群的耐药性比较

组别	不敏感	敏感	耐药率/%
曾服该药	7	14	33.3
未服该药	1	20	4.8

3. 为了观察不同喂养方式婴儿腹泻率，某医生将44例婴儿随机分为两组，一组采用人工喂养，另一组采用母乳喂养，搜集两组婴儿腹泻发生情况见表9-13。问两种不同喂养方式婴儿腹泻率有无差异？

表 9-13　两种不同喂养方式婴儿腹泻率比较

组别	发生	不发生	腹泻率/%
人工喂养	8	14	36.4
母乳喂养	1	21	4.5

4. 某医师将140例大肠杆菌样品分别接种在A，B两种培养基上，培养结果见表9-14。问两种培养基的培养效果有无差别？

表 9-14　两种培养基培养大肠杆菌结果比较

A 培养基	B 培养基		合计
	+	−	
+	57	31	88
−	15	37	52
合计	72	68	140

5. 某实验室分别用乳胶凝集法和免疫荧光法对58名系统红斑狼疮患者血清中抗核抗体进行测定，结果见表9-15。问两种方法的检测结果有无差别？

表 9-15　两种检测方法检测红斑狼疮患者的抗核杭体结果

乳胶凝集法	免疫荧光法		合计
	+	−	
+	11	12	23
−	2	33	35
合计	13	45	58

6. 某放射科医师将100名已经确诊的肺结核患者分别用痰涂片细胞学检查和X线胸片检查进行比较分析，两种方法的阳性率分别为痰涂片细胞学检查70%，X线胸片检查80%，两种方法检查结果均为阳性的病例占全部病例的60%。问两种方法的诊断结果有无差异？

7. 现有三种药物，欲研究其治疗心绞痛的疗效，资料见表9-16。问各组间的心绞痛缓解率是否有差异？

表9-16　三种药物治疗心绞痛的缓解率比较

组别	缓解	未缓解	缓解率/%
*A*药	51	12	81.0
*B*药	39	20	66.1
*C*药	29	16	64.4

8. 某医生将临床试验研究中两组高血压患者血型资料整理见表9-17。问两组患者血型总体构成有无差别？

表9-17　两组患者的血型构成

组别	*A*	*B*	*O*	*AB*	合计
试验组	78	30	12	30	150
对照组	72	39	19	20	150

（刘长俊）

第十章

回归分析

前述章节所讨论的统计方法仅限于一个效应指标(变量)，重点描述了某一变量的统计特征或比较该变量在两组或多组间的差别。然而在生物医学、医疗保险等研究领域中，研究人员同时感兴趣的变量有两个甚至多个，如何分析两个乃至多个变量间的关系，如成年人的身高与体重、年龄与医疗费用之间的关系，继而推广到一个变量如何从数量上影响另一个变量，此时常用回归分析，回归分析就是研究两个乃至多个变量之间数学关系的一种重要的统计方法。

第一节　直线回归

一、直线回归概述

“回归”(regression)一词是由英国生物统计学家高尔顿(Galton)在1886年对遗传现象作研究时提出。后由他的学生皮尔逊(K.Pearson)在伦敦调查了1078对父亲与长子的身高(英寸)数据，依据儿子身高(Y)随父亲身高(X)增长趋势的散点图，并得出儿子的身高估计值$\hat{Y}$与父亲的身高X大致呈如下关系：

$$\hat{Y}=0.516X+33.73$$

如今，回归概念的理解早已不同于高尔顿的原意，提及历史的目的在于了解回归这个词的来源和含义，并对其有个直观的理解。

直线回归(liner regression)是建立一个描述应变量(Y)依赖自变量(X)变化而变化的直线方程，并要求各点到该直线的纵向距离平方和最小。例如，儿童的年龄和身高通常被认为是共同变化的，它们之间是一种相互依赖的关系，如果希望通过年龄推断身高，那么身高是应变量，其分布依赖于年龄。因此，在回归分析时如何确定两个变量中哪个是应变量，哪个是自变量是每一位研究人员必须考虑的问题。

二、直线回归方程的一般形式

在回归分析中两变量的地位是不相同的，通常是一个变量影响另一个变量，前者称为自变量(independent variable)，或解释变量(explanatory variable)，用X表示；后者称为应变量(dependent variable)，或反应变量(response variable)，用Y表示。这里介绍的回归分析是最简单的一种，即直线回归(linear regression)，又称为简单回归(simple regression)。

直线回归方程的一般表达式为

$$\hat{Y}=a+bX \tag{10-1}$$

这个回归方程所描述的直线称为回归直线。式中的a，b决定直线的走向，其中a称为常数项，(constant)是回归直线在Y轴上的截距(intercept)；b称为回归系数(regression coefficient)，即回归直线的斜率(slop)。

在回归方程中，a 的统计意义是当 X 取值为0时相应 Y 的均数估计值；b 的统计意义是当 X 变化一个单位时 Y 平均改变的估计值。当 $b>0$ 时，Y 随 X 的增大而增加；反之，$b<0$ 时，Y 随 X 增大而减小；当 $b=0$ 时，直线与 X 轴平行，Y 与 X 无直线关系。由式(10-1)看出回归系数 b 表示自变量 X 每改变一个单位，应变量 Y 平均变动的单位数。

三、直线回归方程的求法

确定直线回归方程，关键是如何求出方程中的常数项 a 和回归系数 b 。其原则是最小二乘法(least squares method，LSM)，通俗地讲，便是图 10-1 中的各实测点与待求直线(回归线)的铅垂(竖直)距离最近，使得 $\sum(Y-\hat{Y})^2$ 最小，在这个原则指导下可以求出回归线的截距 a、斜率 b。

令
$$Q=\sum(Y-\hat{Y})^2=\sum[Y-(a+bX)]^2$$
要使上式达到最小，这里，$i=1,2,\cdots,n$ (n 为样本含量)。可取 Q 分别关于 a，b 的偏导数，并令其等于零，即

$$\begin{cases}\dfrac{\partial Q}{\partial a}=-2\sum(Y-a-bX)=0\\ \dfrac{\partial Q}{\partial b}=-2\sum(Y-a-bX)X=0\end{cases}$$

得正规方程组

$$\begin{cases}na+\left(\sum X\right)b=\sum Y\\ \left(\sum X\right)a+\left(\sum X^2\right)b=\sum XY\end{cases}$$

该方程组有唯一解

$$b=\frac{\sum(X-\bar{X})(Y-\bar{Y})}{\sum(X-\bar{X})^2}=\frac{\sum XY-\sum X\sum Y/n}{\sum X^2-(\sum X)^2/n}=\frac{l_{XY}}{l_{XX}} \tag{10-2}$$

$$a=\bar{Y}-b\bar{X} \tag{10-3}$$

例 10-1 通过调查，某地 10 所学校每月教职工缴纳养老保险主要由职工个人缴纳与学校缴纳，其平均金额资料见表 10-1(2)(3)栏，试求由个人缴纳保险金额推算学校为教职工缴纳养老保险金额的回归方程。

表 10-1 某地 10 所学校教职工缴纳养老保险金额

学校序号 (1)	个人缴纳养老金金额 X/元 (2)	单位缴纳养老金金额 Y 元 (3)	X^2 (4)	Y^2 (5)	XY (6)
1	110	528.3	12100	279101	58113
2	118	529.9	13924	280794	62528
3	120	535.8	14400	287082	64296
4	123	529.2	15129	280053	65092
5	131	560.2	17161	313824	73386
6	137	601.4	18769	361682	82392
7	144	583.0	20736	339889	83952

续表

学校序号 (1)	个人缴纳养老金金额 X/元 (2)	单位缴纳养老金金额 Y 元 (3)	X^2 (4)	Y^2 (5)	XY (6)
8	149	610.2	22201	372344	90920
9	152	607.5	23104	369056	92340
10	160	641.1	25600	411009	102576
合计	1344	5726.6	183124	3294834	775595

1）将原始数据在直角坐标纸上绘制散点图，如图 10-1 所示。可见呈线性趋势，再进行下列步骤；否则的话不必进行直线回归分析。

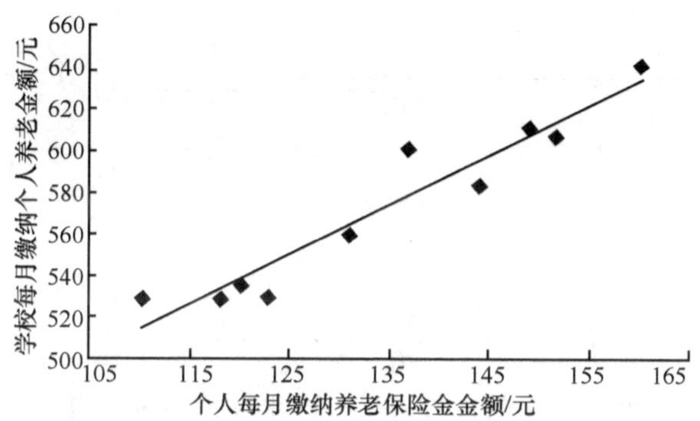

图 10-1　某地 10 所学校教职工缴纳养老保险金额散点图

2）求公式(10-2)和公式(10-3)中的中间数据：$\sum X$，$\sum X^2$，$\sum Y$，$\sum XY$（见表 10-1 合计栏），计算问题就迎刃而解。

本例 $n=10$，$\sum X=1344$，$\sum X^2=183124$，$\sum Y=5726.6$，$\sum XY=775595$，代入公式

$$b=\frac{775595-1344\times 5726.6/10}{183124-(1344)^2/10}=2.385$$

$$\overline{X}=\sum X/n=1344/10=134.4$$

$$\overline{Y}=\sum Y/n=5726.6/10=572.66$$

$$a=572.66-2.385\times 134.4=252.12$$

至此，就可得直线回归方程：$\hat{Y}=252.12+2.385X$。

3）画直线，取相距较远的两 X 值，分别代入方程求出相应的 $\hat{Y}$ 值，得两点坐标，过此两点的直线即为回归直线。

本例，取

$$X=110,\quad \hat{Y}=252.12+2.385\times 110=514.6$$

$$X=150,\quad \hat{Y}=252.12+2.385\times 150=609.9$$

过点(110，514.6)和(150，609.9)作直线(图 10-1)。注意：所绘直线必然通过点 $(\overline{X},\overline{Y})$，若将此线左端延长与纵轴相交，交点的纵坐标必等于截距 a；在实际绘图时，回归直线应在 X 的实测范围或实际可应用范围内绘制，不可随意延长。

四、直线回归方程的检验

前面所求得的回归方程 $\hat{Y}=a+bX$ 是由样本的信息所计算，抽样误差在所难免，必须对其进行假设检验。我们知道，即使 X，Y 的总体回归系数 β 为零，由于抽样误差的存在，其样本回归系数 b 也不一定为零。因此有必要作 β 是否为零的假设检验，其方法可用方差分析或 t 检验，两者完全等价。

（一）t 检验法

H_0：$\beta=0$；H_1：$\beta\neq 0$。

显著性水平 $\alpha=0.05$。

检验统计量计算公式

$$t=\frac{b-0}{S_b}=\frac{b}{S_{Y.X}\div\sqrt{l_{XX}}}=\frac{b\sqrt{l_{XX}}}{\sqrt{\mathrm{MS}_{剩}}}=\frac{b\sqrt{l_{XX}}}{\sqrt{\dfrac{l_{YY}-l_{XY}^2/l_{XX}}{n-2}}},\quad \nu=n-2 \tag{10-4}$$

式中，S_b 为回归系数之标准误，$S_{Y\cdot X}$ 为剩余标准差。本例

$$t=\frac{2.385\sqrt{2490.40}}{\sqrt{\dfrac{15439.24-5939.96^2/2490.40}{10-2}}}=10.43$$

$\nu=10-2=8$。查 t 界值表，得 $P<0.01$。按 $\alpha=0.05$ 水准拒绝 H_0，接受 H_1，可认为该回归方程有统计学意义。

（二）方差分析法

根据前述方差分析的基本思想，首先分析一下应变量 Y 的离均差平方和，可见（图 10-2），对于任一点 $P(X,Y)$，其纵坐标被回归线和 $\overline{Y}$ 截成三段：$Y=\overline{Y}+(\hat{Y}-\overline{Y})+(Y-\hat{Y})$，移项有 $Y-\overline{Y}=(\hat{Y}-\overline{Y})+(Y-\hat{Y})$。

不难证明，

$$\sum(Y-\overline{Y})^2=\sum(\hat{Y}-\overline{Y})^2+\sum(Y-\hat{Y})^2 \tag{10-5}$$

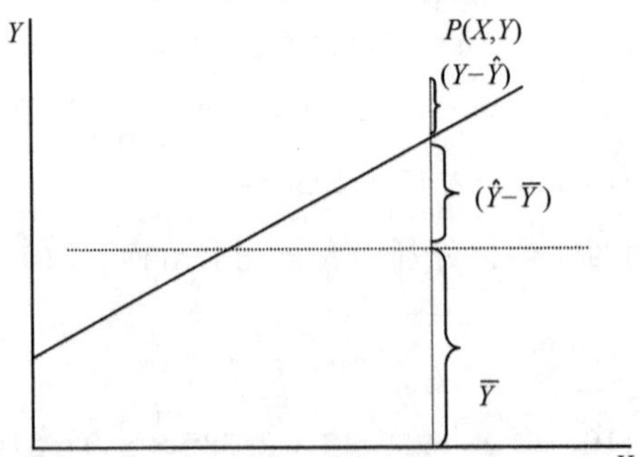

图 10-2 应变量 Y 的离均差平方和划分示意

式(10-5)中的 $\sum(Y-\overline{Y})^2$ 是 Y 的离均差平方和，说明 Y 的总变异，用 $\mathrm{SS}_{总}$ 表示，其自由度为 $\nu_{总}=n-1$；$\sum(\hat{Y}-\overline{Y})^2$ 反映了在 Y 的总变异中由于 X 与 Y 的线性关系而使 Y 变异减小的部分，即

在Y的总变异中可以用X来解释的部分，其值越大，说明回归的效果越好，用$SS_{回}$表示，其自由度为$\nu_{回}=1$；$\sum(Y-\hat{Y})^2$反映X对Y的影响之外的因素对Y变异的作用，即Y的总变异中X解释所剩余的部分，用$SS_{剩}$表示其自由度为$\nu_{剩}=n-2$。因此，Y的总变异及其自由度分别分解为

$$SS_{总}=SS_{回}+SS_{剩}$$

$$\nu_{总}=\nu_{回}+\nu_{剩} \tag{10-6}$$

按照方差分析的思想，构造检验统计量

$$F=\frac{SS_{回}/\nu_{回}}{SS_{剩}/\nu_{剩}}=\frac{MS_{回}}{MS_{剩}},\ \nu_{回}=1,\ \nu_{剩}=n-2 \tag{10-7}$$

在实际工作中，$SS_{回}$可按公式(10-8)计算，即

$$SS_{回}=bl_{XY}=\frac{l_{XY}^2}{l_{XX}}=b^2l_{XX} \tag{10-8}$$

$$SS_{剩}=SS_{总}-SS_{回} \tag{10-9}$$

公式(10-8)中$SS_{回}$称为回归平方和，是X与Y的直线关系而导致的Y的变异，由于X的变化引起Y的变化。$SS_{回}$越大，说明回归的效果越好。$SS_{剩}$称为剩余平方和，是指X以外的因素引起的Y的变异(如抽样误差)，它的存在不能用X的变化而解释。$SS_{剩}$越大，直线回归的估计误差越大，在散点图上各散点距离回归直线越远。

现仍以例10-1作说明。H_0：回归方程无统计学意义，即总体回归系数为零($\beta=0$)；H_1：回归方程有统计学意义，即总体回归系数不为零($\beta\neq 0$)；$\alpha=0.05$。

本例，$l_{XX}=\sum(X-\bar{X})^2=\sum X^2-\frac{(\sum X)^2}{n}=183124-\frac{1344^2}{10}=2490.4$

$$l_{YY}=\sum(Y-\bar{Y})^2=\sum Y^2-\frac{(\sum Y)^2}{n}=3294834-\frac{5726.6^2}{10}=15439.2$$

$$l_{XY}=\sum(X-\bar{X})(Y-\bar{Y})=\sum XY-\frac{(\sum X\sum Y)}{n}=775595-\frac{1344\times 5726.6}{10}=5939.96$$

所以，

$$SS_{回}=\frac{l_{XY}^2}{l_{XX}}=14167.7$$

$$SS_{剩}=SS_{总}-SS_{回}=15439.2-14167.7=1271.5$$

$F=89.14$，$P<0.01$。拒绝H_0接受H_1故可认为在养老金缴纳上，个人缴纳金额与学校缴纳金额之间有直线回归关系存在，结论同t检验(可以验证：$F=t^2$)。

五、直线回归在医疗保险中的应用

（一）描述两变量间的依存关系

通过回归系数的假设检验，若认为两变量间存在直线回归关系，则两变量间的依存关系可用直线回归方程来定量描述。

（二）利用回归方程进行预测

所谓利用回归方程进行预测就是把自变量代入回归方程，对应变量进行估计，可求出应变量取值的波动范围，即个体Y值的预测区间(prediction interval，PI)。

Y的$1-\alpha$预测区间为

$$(\hat{Y}-t_{\alpha(n-2)}S_Y,\ \hat{Y}+t_{\alpha(n-2)}S_Y) \tag{10-10}$$

其中，S_Y 为总体中当 X 为某定值时 Y 的标准差，其计算公式为

$$S_Y=S_{Y.X}\sqrt{1+\frac{1}{n}+\frac{(X-\bar{X})^2}{\sum(X-\bar{X})^2}} \tag{10-11}$$

$$S_{Y.X}=\sqrt{\frac{l_{YY}-l_{XY}^2/l_{XX}}{n-2}}$$

若对所有 X 估计对应 Y 的预测区间，并将上限、下限分别相连，得 Y 值的预测带(prediction band)。

（三）利用回归方程进行统计控制

统计控制是利用回归方程进行逆估计，如要求应变量 Y 在一定范围内波动，可以通过控制自变量 X 的取值来实现。

例 10-2 某医师以 20 例糖尿病患者研究血糖(mmol/L)与胰岛素(mU/L)间的关系，建立了血糖(Y)与胰岛素(X)的回归方程为 $\hat{Y}=18.965-0.463X$，剩余标准差 $S_{Y.X}=1.672$。现要使某糖尿病患者的血糖水平控制在正常范围上限6.72mmol/L之内，问该患者血中的胰岛素应控制在什么水平上?

解 取95%的控制水准，按公式(10-10)，以 $S_{Y.X}$ 代替 S_Y，将6.72作为单侧预测区间的95%的上限，则有

$$\hat{Y}+t_{0.05(18)}S_{y.x}=6.72$$

已知 $S_{y.x}=1.672$，按自由度18查 t 界值表，单侧 $t_{0.05(18)}=1.734$，则

$$(18.965-0.463X)+1.734\times1.672=6.72$$

解上述方程得 $X=32.71$。因此，只要将胰岛素水平控制在32.71mU/L以上，就有95%可能使血糖不超过正常范围上限6.72mmol/L。

第二节　多重线性回归

直线回归是回归分析中最简单的一种，研究一个应变量与单个自变量之间呈直线关系的一种统计方法。由于事物之间的联系通常是多方面的，一个应变量的变化可能受多个自变量的影响，如职工的医疗费用支出，除与年龄有关外，还与性别、职业、收入、文化程度、费用支付方式等因素有关；糖尿病患者血糖变化可能受糖化血红蛋白、胰岛素、甘油三酯、血清总胆固醇等多种生化指标的影响。

用线性方程来描述和分析一个应变量与多个自变量的数量关系，称为多重线性回归(multiple linear regression)。

一、多重线性回归基本形式

设应变量为 Y，自变量为 X_1，X_2，…，X_m，所谓 Y 与自变量 X_1，X_2，…，X_m 的多重回归，就是指 Y 与 m 个自变量 X_1，X_2，…，X_m 有如下线性关系：

$$\hat{Y}=b_0+b_1X_1+b_2X_2+\cdots+b_mX_m \tag{10-12}$$

式中，$\hat{Y}$ 是 Y 的估计值或预测值(predicted value)，表示当给定各自变量的值时，应变量 Y 的估计值；b_0 为常数项，b_i 称为偏回归系数(partial regression coefficient)，表示在其他自变量不变的条件下，X_i 每改变一个单位时 Y 的平均变化量，如 b_1 表示当 X_2，…，X_m 固定的条件下，X_1 每增加一个

单位时 Y 的平均改变量，可看出多重线性回归是简单直线回归扩展为 m 个自变量的形式。

二、多重线性回归的求法

回归分析的目的之一就是要建立一个回归方程，以使研究人员能够根据已知的自变量去预测应变量的取值。m 元回归方程中有 $m+1$ 个待估系数。回归系数的估计仍然用最小二乘法(LSM)。LSM 要求剩余平方和(sum of squares for residuals)

$$Q=\sum(Y_i-\hat{Y}_i)^2=\sum[Y_i-(b_0+b_1X_{1i}+\cdots+b_mX_{mi})]^2 \tag{10-13}$$

达到最小。这里，$i=1, 2, \cdots, n$ (n 为样本含量)。根据微分知识，回归系数必须满足下列联立方程组

$$\frac{\partial Q}{\partial b_0}=0,\quad \frac{\partial Q}{\partial b_1}=0,\quad \cdots,\quad \frac{\partial Q}{\partial b_m}=0 \tag{10-14}$$

才能求得极值。

或者以下正规方程组

$$\begin{cases} nb_0+(\sum X_1)b_1+(\sum X_2)b_2+\cdots+(\sum X_m)b_m=\sum Y \\ (\sum X_1)b_0+(\sum X_1^2)b_1+(\sum X_1X_2)b_2+\cdots+(\sum X_1X_m)b_m=\sum X_1Y \\ \cdots\cdots \\ (\sum X_m)b_0+(\sum X_mX_1)b_1+(\sum X_mX_2)b_2+\cdots+(\sum X_m^2)b_m=\sum X_mY \end{cases} \tag{10-15}$$

也可使公式(10-13)达到极小。

上面方程组的解法很多，考虑到对 b_i 进行假设检验时要用到上式系数矩阵的逆，故重点介绍求逆矩阵的方法来解。令

$$Y=\begin{pmatrix} Y_1 \\ Y_2 \\ \vdots \\ Y_n \end{pmatrix},\quad X=\begin{pmatrix} 1 & X_{11} & X_{12} & \cdots & X_{1m} \\ 1 & X_{21} & X_{22} & \cdots & X_{2m} \\ \vdots & \vdots & \vdots & & \vdots \\ 1 & X_{n1} & X_{n2} & \cdots & X_{nm} \end{pmatrix}$$

X 称为设计矩阵(design matrix)或增广矩阵。Y，X 各元素为相应实际资料的观察值。由此可求得正规方程组(式 10-15)的系数矩阵 A 及常数项矩阵 B，即

$$A=\begin{pmatrix} n & \sum X_1 & \sum X_2 & \cdots & \sum X_m \\ \sum X_1 & \sum X_1^2 & \sum X_1X_2 & \cdots & \sum X_1X_m \\ \vdots & \vdots & \vdots & & \vdots \\ \sum X_m & \sum X_mX_1 & \sum X_mX_2 & \cdots & \sum X_m^2 \end{pmatrix}=X^{\mathrm{T}}X$$

$$B=\begin{pmatrix} \sum Y \\ \sum X_1Y \\ \vdots \\ \sum X_mY \end{pmatrix}=X^{\mathrm{T}}Y$$

按线性代数的方法，可求 A^{-1}，记作 C，即

$$C=A^{-1}=\begin{pmatrix} C_{00} & C_{01} & C_{02} & \cdots & C_{0m} \\ C_{10} & C_{11} & C_{12} & \cdots & C_{1m} \\ \vdots & \vdots & \vdots & & \vdots \\ C_{m0} & C_{m1} & C_{m2} & \cdots & C_{mm} \end{pmatrix}=(X^TX)^{-1}$$

由此可得

$$b=\begin{pmatrix}b_0\\b_1\\b_2\\\vdots\\b_m\end{pmatrix}=A^{-1}B=(X^{\mathrm{T}}X)^{-1}X^{\mathrm{T}}Y$$

此即为线性方程的最小二乘估计(LSE)。最小二乘估计是方差最小线性无偏估计(best linear unbiased estimate，BLUE)且是唯一的，这就是著名的 Gauss-Markov 定理。这个重要定理奠定了最小二乘估计在线性模型中参数估计的理论地位。

三、实例分析

1）用样本数据建立回归方程。

2）对由样本计算的回归方程进行线性假设检验，当方程无统计学意义时，表明所有自变量(m个)与应变量不存在线性关系，或由于样本例数太少或由于遗漏了与应变量有关的自变量。

3）当回归方程有统计学意义时，表明在 m 个自变量中至少有一个自变量对应变量产生了影响，有必要检验到底是哪一个或哪几个自变量产生了影响。此时可对每个自变量的偏回归系数再进行假设检验，若某个自变量的偏回归系数无统计学意义，应把该自变量删掉，重新建立不包含该自变量的多元方程。

例 10-3 某地 29 名 13 岁男童身高 X_1(cm)，体重 X_2(kg)，肺活量 Y (L)的实测数据见表 10-2，试建立肺活量与身高、体重的多重线性回归方程。

表 10-2 某地 29 名 13 岁男童身高、体重、肺活量的实测数据

编号	身高 X_1/cm	体重 X_2/kg	肺活量 Y/L	编号	身高 X_1/cm	体重 X_2/kg	肺活量 Y/L
1	135.1	32.0	1.75	2	139.9	30.4	2.00
3	163.6	46.2	2.75	4	146.5	33.5	2.50
5	156.2	37.1	2.75	6	156.4	35.5	2.00
7	167.8	41.5	2.75	8	149.7	31.0	1.50
9	145.0	33.0	2.50	10	148.5	37.2	2.25
11	165.5	49.5	3.00	12	135.0	27.6	1.25
13	153.3	41.0	2.75	14	152.0	32.0	1.75
15	160.5	47.2	2.25	16	153.0	32.0	1.75
17	147.6	40.5	2.00	18	157.5	43.3	2.25
19	155.1	44.7	2.75	20	160.5	37.5	2.00
21	143.0	31.5	1.75	22	149.4	33.9	2.25
23	160.8	40.4	2.75	24	159.0	38.5	2.50
25	158.2	37.5	2.00	26	150.0	36.0	1.75
27	144.5	34.7	2.25	28	154.6	39.5	2.50
29	156.5	32.0	1.75				

资料来源：杨树勤主编，卫生统计学，人民卫生出版社．1986，121 页

本例中，
$$Y=\begin{pmatrix}1.75\\2.00\\\vdots\\1.75\end{pmatrix},\ X=\begin{pmatrix}1&135.1&32.0\\1&139.9&30.4\\\vdots&\vdots&\vdots\\1&156.5&32.0\end{pmatrix}$$

$$A=X^{\mathrm{T}}X=\begin{pmatrix}29&4424.7&1076.7\\4424.7&677060.37&165239.8\\1076.7&165239.8&40832.39\end{pmatrix},\ B=X^{\mathrm{T}}Y=\begin{pmatrix}64.00\\9826.65\\2427.325\end{pmatrix}$$

$$C=A^{-1}=\begin{pmatrix}15.632356&-0.126109&0.098131\\-0.126109&0.001137&-0.001275\\0.098131&-0.001275&0.002597\end{pmatrix}$$

于是各偏回归系数为

$$b=A^{-1}B=\begin{pmatrix}b_0\\b_1\\b_2\end{pmatrix}=\begin{pmatrix}-0.565664\\0.005017\\0.054061\end{pmatrix}$$

回归方程为：$\hat{Y}=-0.565664+0.005017X_1+0.054061X_2$。

在该方程中，$b_1=0.005017\mathrm{L/cm}$，表示在体重不变的前提下，身高每增加1cm，肺活量平均增加0.005017L；$b_2=0.054061\mathrm{L/kg}$，表示在身高不变的情况下，体重每增加1kg，肺活量平均增加0.054061L。截距 $b_0=-0.565664$，表示 X_1，X_2 都为0时，Y 的估计值在这里没有实际意义。$\hat{Y}$ 是根据方程估算出来的值，例如，当 $X_1=150$，$X_2=32$ 时，$\hat{Y}=1.9168$，表示对所有身高为150cm，体重为32kg的13岁男童，估计平均肺活量为1.9168L。

多重线性回归方程也可表达为

$$Y_i=\hat{Y}_i+e_i,\ i=1,\ 2,\ \cdots,\ n \tag{10-16}$$

即 Y 的值可分解为两部分，一部分是由自变量解释的部分 $\hat{Y}$；另一部分是现有自变量所不能解释的部分，称为残差或剩余项(residual)。

四、多重线性回归方程的检验与偏回归系数的检验

由样本求得回归方程后，为了确定回归方程及引入的自变量是否有统计学意义，需进一步作统计检验。方差分析法可以将回归方程中所有自变量 X_1，X_2，…，X_m 作一整体来检验它们与应变量 Y 之间是否具有线性关系，并对回归方程的预测或解释作出综合评价。

（一）回归方程假设检验

H_0：$\beta_1=\beta_2=\cdots=\beta_m=0$；

H_1：各 $\beta_j(j=1,\ 2,\ \cdots,\ m)$ 不全为0。

可将应变量 Y 的总变异分为回归平方和与残差平方和之和，即

$$\sum(Y-\bar{Y})^2=\sum(\hat{Y}-\bar{Y})^2+\sum(Y-\hat{Y})^2$$

上式也可记为

$$SS_{总}=SS_{回}+SS_{剩}$$

其中，回归平方和

$$SS_{回}=b_1l_{1Y}+b_2l_{2Y}+\cdots+b_ml_{mY}=\sum b_jl_{jY}$$

残差平方和

$$SS_{残} = SS_{总} - SS_{回}$$

用方差分析进行检验假设：$H_0: \beta_1 = \beta_2 = \cdots = \beta_m = 0$ 是否成立，

$$F = \frac{SS_{回}/m}{SS_{残}/(n-m-1)} = \frac{MS_{回}}{MS_{残}}$$

如果 $F > F_{\alpha(n-m-1)}$ 在 α 水平上拒绝 H_0，接受 H_1，认为 Y 与 m 个自变量 X_1，X_2，…，X_m 之间存在线性回归关系。反之，Y 与 m 个自变量间不存在线性回归关系。

（二）偏回归系数的假设检验

回归方程有统计学意义，并不代表所有的自变量对 Y 的线性影响都存在，因此还有必要对方程中的每一个自变量进行检验。即对各偏回归系数进行假设检验，检验各总体偏回归系数是否为"0"。检验步骤如下：

H_0：$\beta_j = 0$；

H_1：$\beta_j \neq 0$，$(j = 1, 2, \cdots, m)$；

$\alpha = 0.05$。

$$t_j = \frac{b_j}{S_{b_j}} \tag{10-17}$$

其中，b_j 为偏回归系数的估计值，S_{b_j} 为 b_j 的标准误。如果 H_0 成立，t_j 服从于自由度为 $\nu = n - m - 1$ 的 t 分布；如果 $|t_j| \geq t_{(\alpha/2,\ n-m-1)}$，则在 α 水平上拒绝 H_0，接受 H_1，说明 X_j 与 Y 有线性回归关系。

（三）标准偏回归系数

在多重线性回归方程中，由于各自变量的测量单位不同，偏回归系数的绝对值大小不能反映各自变量对应变量的影响。若要了解在所有自变量中，哪一个对应变量的影响最大，哪一个最小，就必须应使自变量无量纲化，即对数据作标准化。将原始数据减去相应变量的均数后再除以该变量的标准差

$$X'_j = X_j - \overline{X}_j / S_j$$

由转换的数据计算得到的回归方程称为标准化回归方程，相应的偏回归系数称为标准化偏回归系数(standard partial regression coefficient)。其绝对值大小可直接比较各个变量 X_j 对 Y 的影响强度，在有统计学意义的前提下，标准化偏回归系数的绝对值越大，相应自变量对 Y 的作用越大。

第三节　自变量筛选

在进行多重线性回归分析中，通过假设检验后，有的偏回归系数有统计学意义，有的则无统计学意义。因此，为了保证回归方程中每个自变量都具有统计学意义，就要根据每个偏回归系数的检验结果将无统计学意义的自变量从回归方程中剔除，以保留有统计学意义的自变量。

一、自变量筛选方法

自变量的正确选择要根据专业知识和研究目的，在此基础上剔除对应变量没有作用的自变量，并结合统计学方法进行筛选。目前常用方法为"逐步选择法""逐步回归法""全局择优法"。

（一）逐步选择法

1. 前进法

前进法的思想是变量由少到多，每次增加一个，直至没有可引入的变量为止。首先分别对应

变量 Y 建立 m 个一元线性回归方程，并分别计算这 m 个一元回归方程的 m 个回归系数的 F 检验值，记为 $\{F_1^1, F_2^1, \cdots, F_m^1\}$，选其最大的记为

$$F_j^1 = \max\{F_1^1, F_2^1, \cdots, F_m^1\}$$

给定显著水平 α，若 $F_j^1 > F_{\alpha(1, n-2)}$，则首先将 X_j 引入回归方程，为方便，设 X_j 就是 X_1。

依上述方法接着做下去。直至所有未被引入方程的自变量的 F 值均小于 $F_{\alpha(1, n-p-1)}$ 时为止。这时，得到的回归方程就是最终确定的方程。

2. 后退法

后退法与前进法相反，首先用全部 m 个变量建立一个回归方程，然后在这 m 个变量中选择一个最不重要的变量，将它从方程中剔除。设对 m 个回归系数进行 F 检验，记求得的 F 值为 $\{F_1^m, F_2^m, \cdots, F_m^m\}$，选其最小者记为 F_j^m，即

$$F_j^m = \min\{F_1^m, F_2^m, \cdots, F_m^m\}$$

给定显著性水平 α，若 $F_j^m \leqslant F_{\alpha(1, n-m-1)}$，则首先将 X_j 从回归方程中剔除，为方便，设 X_j 为 X_m。

接着对剩下的 $m-1$ 个自变量重新建立回归方程，进行回归系数的显著性检验，像上面那样计算出 F_j^{m-1}，如果又有 $F_j^{m-1} \leqslant F_{\alpha(1, n-(m-1)-1)}$，则剔除 X_j，重新建立 Y 关于 $m-2$ 个自变量的回归方程，依此下去，直至回归方程中所剩余的 p 个自变量的 F 检验值均大于临界值 $F_{\alpha(1, n-p-1)}$，没有可剔除的自变量为止。这时，得到的回归方程就是最终确定的方程。

（二）逐步回归法

逐步回归的基本思想是“有进有出”。具体做法是将变量一个一个引入，当每引入一个自变量后，对已选入的变量要进行逐个检验，当原引入的变量由于后面变量的引入而变得不再显著时，要将其剔除。这个过程反复进行，直到既无显著的自变量选入回归方程，也无不显著的自变量从回归方程中剔除为止。这样就避免了前进法和后退法各自的缺陷，保证了最后所得的回归子集是“最优”回归子集。

在逐步回归中需要注意的一个问题是引入自变量和剔除自变量的显著性水平 α 值是不相同的，要求 $\alpha_{进} < \alpha_{出}$，否则可能产生“死循环”。也就是当 $\alpha_{进} \geqslant \alpha_{出}$ 时，如果某个自变量的显著性 P 值在 α 进与 $\alpha_{出}$ 之间，那么这个自变量将被引入、剔除、再引入、再剔除，循环往复，以至无穷。

自变量的所有可能子集构成 $2m-1$ 个回归方程，当可供选择的自变量不太多时，用前边的方法可以求出一切可能的回归方程，然后用几个选择准则去挑出“最好”的方程，但是当自变量的个数较多时，要求出所有可能的回归方程是非常困难的。逐步回归法(stepwise regression)是在前进法和后退法两种方法的基础上，进行双向筛选的一种方法，可以克服当自变量个数较多所产生的不易挑选最佳方程的问题。它本质是前进法，每引入一个自变量进入方程后，对方程中的每一个自变量作基于偏回归平方和的 F 检验，对于选中和剔除自变量的 F 检验，可以设置相同或不同的检验水准，一般对于小样本可把 α 设为 0.10 或 0.15；对于大样本把 α 设为 0.05。

其特点为每一步只引用或剔除一个自变量 X_j，决定其取舍则基于对偏回归平方和的 F 检验（H_0：$\beta_j = 0$；H_1：$\beta_j \neq 0$），即

$$F = \frac{SS_{回}^{(1)}(X_j)}{SS_{残}^{(1)}/(n-p-1)} \tag{10-18}$$

其中，p 为进行到 L 步时方程中自变量的个数，$SS_{回}^{(1)}(X_j)$ 为第 L 步时 $SS_{残}^{(1)}$ 的偏回归平方和，为第 L 步时的残差平方和。对给定的检验水平 α，若 $F \geqslant F_{\alpha(1, n-p-1)}$，则可决定引入相应的自变量。

应当注意的是，不同的逐步回归方法所得结果不尽相同；不同的界值所得结果也不同；方程的优劣与界值 F 的大小无必然联系；逐步回归所得方程不一定是真正最优的，而是局部的、相对的

最优。因此，从寻求最优方程的角度说，界值要多取几个，以便得到多种不同组合的方程，从中找出“最优”，免得遗漏；从因素分析的角度看，多取几个界值，可以得到多组对应变量有统计学意义的变量组合，再结合逐步向前法和逐步向后法剔选变量的过程，可以得到更多的信息，找到最优方程的可能性也就大一些。

例 10-4 为研究影响糖尿病患者糖化血红蛋白的主要危险因素，调查某医院老年病科就诊的 180 例糖尿病患者的糖化血红蛋白(Y)、年龄(X_1)，体重指数(X_2)，总胆固醇(X_3)、收缩压(X_4)与舒张压(X_5)情况，现截取 20 名患者信息(表 10-3)，试使用逐步回归分析影响糖化血红蛋白的主要因素。

表 10-3 20 例糖尿病患者调查资料

序号	X_1	X_2	X_3	X_4	X_5	Y
1	49	32.19	6.0	148	86	7.6
2	67	24.77	2.7	151	98	7.4
3	64	25.24	7.0	151	80	7.4
4	66	24.26	4.8	157	87	7.2
5	68	30.28	3.5	136	83	7.3
6	48	26.18	7.6	137	87	7.6
7	66	26.36	5.9	157	91	7.5
8	47	32.07	5.7	157	89	7.7
9	64	28.44	6.1	154	82	7.3
10	75	30.65	6.9	137	86	7.7
11	53	23.43	7.1	161	86	7.5
12	46	30.56	2.9	146	79	7.3
13	59	25.19	6.0	158	80	7.3
14	76	27.26	5.4	124	85	6.9
15	63	23.93	6.7	133	89	7.5
16	74	24.94	7.9	166	82	7.9
17	52	22.82	5.3	149	71	7.3
18	64	24.34	2.5	126	93	6.8
19	54	25.44	2.6	151	83	6.9
20	78	28.98	7.2	147	74	7.5

资料来源：颜红，徐勇勇，赵耐青，《医学统计学》，多重线性回归

采用后退法，先把所有自变量引入回归方程，然后把无统计学意义的自变量剔出回归方程，具体计算过程见表 10-4。

表 10-4 后退法计算示意

步骤		常数	X_1	X_2	X_3	X_4	X_5
(1)	回归系数	3.876	−0.004	0.029	0.108	0.008	0.013
	P 值		0.384	0.047	0.001	0.037	0.133
(2)	回归系数	3.736		0.031	0.012	0.009	0.010
	P 值			0.033	0.001	0.022	0.194

续表

步骤		常数	X_1	X_2	X_3	X_4	X_5
(3)	回归系数	4.799		0.031	0.097	0.008	
	P 值			0.036	0.001	0.036	
(4)	回归系数	4.917	-0.001	0.031	0.099	0.008	
	P 值		0.788	0.047	0.001	0.057	

表 10-4 示意了逐步回归计算过程：①当全部变量进入回归方程，X_1 的 P 值最大，无统计学意义，故剔除；②剔除 X_1 后，X_5 的 P 值最大，无统计学意义，故剔除；③剔除 X_1 与 X_5 后，所有自变量均有统计学意义，再将 X_1 纳入，看 X_1 是否适合进入回归方程；④ X_1 的 $P > 0.05$，故可认为(3)的回归方程是最好，即

$$\hat{Y} = 4.799 + 0.031X_2 + 0.097X_3 + 0.008X_4$$

根据上述结果，可认为体重指数 X_2、总胆固醇 X_3 和收缩压 X_4 是影响糖化血红蛋白的主要因素。当其他变量固定时，体重指数每增加 1 个单位，糖化血红蛋白平均升高 0.3%；总胆固醇升高 1mmol/L，糖化血红蛋白平均升高 0.097%；收缩压每升高 10mmHg，糖化血红蛋白平均升高 0.08%，且这三个自变量对应变量的影响均有统计学意义。

（三）全局择优法

全局择优法是对自变量各种不同的组合所建立起来的回归方程进行比较，从而从全部组合中挑出一个最优的回归方程，其主要方法有“校正决定系数选择法”和“Cp 统计量选择法”。全局择优法适用于自变量数较少时，可以求出所有可能的回归(all possible regressions)，然后运用上述准则从中选出“最优”回归方程。对自变量数为 m 的情形，一切可能的回归有 $2^m - 1$ 个。

二、评价回归方程

在多重线性回归分析中，直接建立 Y 与全部自变量之间的线性回归模型通常是不可取的，因为不能说这些自变量对建立回归模型都是必要的。因此，在建立回归方程的过程中有必要考虑对变量进行筛选，从许多自变量中挑选出对 Y 有影响的自变量，有利于提高回归方程的质量。

正如第二节所介绍，可用决定系数(determination coefficient, R^2)和复相关系数(multiple correlation coefficient, R)，校正决定系数与校正复相关系数，剩余标准差等衡量方式对回归方程的预测或解释能力作相应的粗综合评价，在此基础上进一步对各变量的重要性作出评价。

（一）决定系数

类似一元直线回归，多元回归中也可以用决定系数 R^2 来说明回归方程的效果。通过最小二乘法拟合的回归线好不好，取决于它对实际问题的解释能力和预测能力，如果它能较好地解释应变量 Y 的变化并能较好地预测 Y，则它就是一条拟合得好的回归线。

$$R^2 = \frac{SS_{回}}{SS_{总}} = 1 - \frac{SS_{残}}{SS_{总}} \quad (10\text{-}19)$$

该公式反映了回归分析中回归平方和占总平方和的比例。其值越接近于1，说明应变量 Y 的变异可以用自变量解释的部分越多，回归分析的实际效果越好。

决定系数的平方根定义为复相关系数。复相关系数的性质与决定系数的性质是一样的，反映了应变量与自变量间的密切程度。显然有：$0 \leqslant R \leqslant 1$。即复相关系数只反映应变量与多个自变量

间关系的密切程度，而不反映相关的方向。当只有一个应变量 Y 与一个自变量 X 时，R 就等于 Y 与 X 的简单相关系数的绝对值（详见第十一章）。

R^2 与 R 均反映模型的拟合情况，其值越大越好。从相关的角度来看，R 反映的是应变量与自变量线性组合的总的相关关系，其特点是当方程中变量增加时，复相关系数总是增加的，即使增加的变量无统计学意义。因而，当根据 R 或 R^2 的大小判断方程的优劣时，结论总是变量最多的方程最好，显然用这一标准衡量方程的优劣是有缺陷的。

（二）校正决定系数

由于 R^2 的计算未考虑到变量个数的影响（严格地说，是自由度的影响），所以，在应变量相同，根据 R^2 的值来比较两个可供选择的模型时，往往不能正确地评价，此时可计算校正决定系数（adjusted determination coefficient）：

$$R_c^2 = 1 - \frac{SS_{剩}/(n-m-1)}{SS_{总}/(n-1)} \tag{10-20}$$

其中，m 为自变量的个数，n 为样本含量。R_c^2 的平方根即为校正复相关系数。两者的意义也是反映模型的拟合优度，但它对方程中自变量数的影响进行了“校正”，即当有统计学意义的变量进入回归方程，使校正复相关系数增加，而当无统计学意义的变量进入到方程中时，校正复相关系数反而减少。用它作为衡量方程优劣的标准，方程中应尽可能多地包含所有有意义的自变量，而尽可能少地包含无意义的自变量。

（三）剩余标准差

$$S_{Y,\ 12\cdots m} = \sqrt{\frac{\sum (Y-\hat{Y})^2}{n-m-1}} \tag{10-21}$$

剩余标准差（residual standard deviation，$S_{Y,\ 12\cdots m}$）反映回归方程的估计精度，是残差的标准差，其意义同直线回归，其值越小说明回归效果越好。剩余标准差可用于偏回归系数的假设检验、Y 的容许区间及置信区间的估计、自变量的选择等。其平方是剩余方差（residual mean square），也称均方误差（mean square error，MSE）。一般它随回归方程中自变量的增加而减少，但当增加一些无统计意义的自变量后，剩余标准差反而会增大，这一性质与校正复相关系数相似。在实际工作中，用该指标筛选出的方程与用校正复相关系数筛选出的方程常是一致的。

（四）C_p 统计量

$$C_p = \frac{(SS_{残})_p}{(MS_{残})_m} - [n - 2(p+1)] \tag{10-22}$$

其中，$(SS_{残})_n$ 是由 p（$p \leqslant m$）个自变量作回归的误差平方和，$(MS_{残})_m$ 是从全部 m 个自变量的回归模型中得到的残差均方。可以证明，当由 p 个自变量拟合的方程理论上为最优时，C_p 的期望值是 $p+1$，因此应选择 C_p 最接近 $p+1$ 的回归方程为最优方程。但是，如果全部自变量中没有包含对 Y 有主要作用的变量，则不适宜用 C_p 方法选择自变量。

另外，判断回归方程好坏的标准还有赤池信息准则（Akaike's Information Criterion，AIC）等。在运用这些准则时要注意，只有在应变量的假定条件相同，且模型参数估计方法相同时，才能相互比较。应引起注意的是，这里的准则是判断一个应变量与一组自变量的线性关系，自变量可以有不同的组合，但应变量只有一个。

三、实例演示

例 10-5 对 27 位车主用于购买汽车保险的投保金额与参保险种、事故发生时个人承担金额等内容进行调查，其中投保金额 Y（千元）、车辆附加险 X_1（百元）、第三者责任险 X_2（百元）、发生事故后个人承担金额 X_3（百元）、机动车交通事故责任强制保险 X_4（百元）的实测数据见表 10-5，试建立收入与其他几项参保关系的多重线性回归方程。

表 10-5 27 位车主用于购买汽车保险的投保金额与参保险种金额测量结果

序号	车辆附加险 X_1/百元	第三者责任险 X_2/百元	事故发生后个人承担金额 X_3/百元	交强险 X_4/百元	投保金额 Y/千元
1	5.68	1.90	4.53	8.2	11.2
2	3.79	1.64	7.32	6.9	8.8
3	6.02	3.56	6.95	10.8	12.3
4	4.85	1.07	5.88	8.3	11.6
5	4.60	2.32	4.05	7.5	13.4
6	6.05	0.64	1.42	13.6	18.3
7	4.90	8.50	12.60	8.5	11.1
8	7.08	3.00	6.75	11.5	12.1
9	3.85	2.11	16.28	7.9	9.6
10	4.65	0.63	6.5	7.1	8.4
11	4.59	1.97	3.61	8.7	9.3
12	4.29	1.97	6.61	7.8	10.6
13	7.97	1.93	7.57	9.9	8.4
14	6.19	1.18	1.42	6.9	9.6
15	6.13	2.06	10.35	10.5	10.9
16	5.71	1.78	8.53	8.0	10.1
17	6.40	2.40	4.53	10.3	14.8
18	6.06	3.67	12.79	7.1	9.1
19	5.09	1.03	2.53	8.9	10.8
20	6.13	1.71	5.28	9.9	10.2
21	5.78	3.36	2.96	8.0	13.6
22	5.43	1.13	4.31	11.3	14.9
23	6.50	6.21	3.47	12.3	16.0
24	7.98	7.92	3.37	9.8	13.2
25	11.54	10.89	1.20	10.5	20.0
26	5.84	0.92	8.61	6.4	13.3
27	3.84	1.20	6.45	9.6	10.4

试用全局择优法对表 10-5 中数据的自变量进行选择。

最优选择法过程见表 10-6。

表 10-6 最优选择法过程

方程中的自变量	R_c^2	C_P	方程中的自变量	R_c^2	C_P
X_2，X_3，X_4	0.546	3.15	X_2，X_3	0.408	9.14
X_1，X_2，X_3，X_4	0.528	5.00	X_1，X_3	0.375	10.78
X_1，X_3，X_4	0.488	5.96	X_4	0.347	11.63
X_1，X_2，X_4	0.447	7.97	X_1	0.284	14.92
X_1，X_4	0.441	7.42	X_1，X_2	0.275	15.89
X_2，X_4	0.440	7.51	X_3	0.231	17.77
X_3，X_4	0.435	7.72	X_2	0.179	20.53
X_1，X_2，X_3	0.408	9.88			

$m=4$，故回归方程拟合数为 $2^m-1=2^4-1=15$。最优组合均为 X_2，X_3，X_4，即由第三者责任险、个人承担金额和交强险与投保金额建立的回归方程最优。

表 10-7 方差分析表

变异来源	自由度	SS	MS	F	P
总变异	26	222.5519			
回 归	3	133.098	44.366	11.41	0.0001
残 差	23	89.454	3.889		

"最优"回归方程为 $\hat{Y}=6.4996+0.4023X_2-0.2871X_3+0.6632X_4$。

结果表明：汽车保险金额的变化与第三者责任险、个人承担金额和交强险有线性回归关系，其中与发生事故后个人承担金额呈负相关，即汽车投保金额越高，事故发生后个人承担金额越少。

第四节 线性回归分析的注意事项

一、线性回归分析的条件及其检验

经典的直线回归分析的应用条件，要求资料符合下列条件：①线性(linear)，建议从散点图初步看两变量间的关系是否呈现线性趋势；②独立性(independent)，即被分析的 n 个个体间必须是独立的；③正态性(normal)，即给定自变量 X 后，应变量 Y 的取值分布为正态分布或者说残差服从正态分布；④方差齐性(equal variance)，即各点残差的总体方差相等。综合上述条件，可表示为 LINE。也即随机误差项 ε 的线性、正态性和方差齐性，另外就是自变量的独立性。自变量的独立性可以用专业来判断，而 ε 的线性、正态性和方差齐性都可以用残差图来进行诊断。线性回归分析的检验前面章节已完整叙述，本节将不再赘述。

二、哑 变 量

哑变量(dummy variables)又称虚拟变量、指标变量等，用以量化分类变量，通常取值为(0，1)，但这些数值不代表量的大小，仅仅表示不同的类别。引入哑变量可使线形回归模型变得更复杂，但对问题描述更简明，一个方程能达到两个方程的作用，而且接近现实。回归分析中，定义哑变量时为了避免共线性，当回归模型包含截距时，如变量有 k 个类别，需定义 k-1 个哑变量来表示这些类别；当回归模型中不包含截距时，需定义 k 个哑变量来表示这些类别。

医疗保险研究中常见的指标一般分为定性、等级和定量三种。实际应用线性回归时要求应变量是定量指标，且满足线性回归分析的条件。而对自变量的性质没有强制性的要求。

如果自变量为定量指标，且与应变量的关系是线性的，则直接以原变量的取值进入分析；如自变量与应变量是非线性相关关系，则需作适当的变量变换，使其呈线性关系，方可对变换后变量作回归分析。如果自变量为定性的分类变量时，常常将分类变量数量化后再进行分析。但需要注意的是，当 k 大于 2 时，不能用常规分析的逐步回归的方法进行自变量的选择，而应将 $k-1$ 个哑变量作为一个整体来考虑是否引入方程。

（一）模型中引入哑变量的作用

1）分离异常因素的影响。例如，分析我国 GDP 的时间序列，必须考虑“文革”因素对国民经济的破坏性影响，剔除不可比的“文革”因素。

2）检验不同属性类型对应变量的作用。例如，工资模型中的文化程度、季节对销售额的影响。

3）提高回归方程的预测精度，相当于将不同属性的样本合并，扩大了样本容量(增加了误差自由度，从而降低了误差方差)。

（二）如何定义哑变量

1. 定性的因素

影响卫生经济变量的定性因素如性别、民族、职业、地区及其他社会特征等。例如，

$$X_1=\begin{cases}1, & \text{男性}\\0, & \text{女性}\end{cases},\quad X_2=\begin{cases}1, & \text{汉族}\\0, & \text{少数民族}\end{cases}$$

2. 截距或斜率的变动

暂时性异常因素的影响是指诸如战争、重大自然灾害及重大政治事件等所产生的影响，使得应变量与自变量之间的数量依存关系在一定时期内与其他各时期相比具有显著差异。这种差异表现为描述变量间数量依存关系的回归线(面)在两个不同时期内：①截距的变动。②斜率的变动。

3. 截距和斜率同时变动

例如，观察我国社会总产值 Y 随时间 X 而增长的过程，必须考虑 3 年自然灾害这一特殊因素的影响，因此，在回归方程：$Y_t=b_0+b_1X_t$ 中引入虚拟变量，设应变量 D_i 为自然灾害，$D_i=0$ 表示“自然灾害时期(1959～1962)年”，$D_i=1$ 表示“非自然灾害时期(其他年份)”。

这样，在 1959～1962 年抽取的样本，哑变量 D_t 取值 0，其他年份取值 1，作回归分析，得到回归方程为

$$Y_t=b_0+b_1X_t+b_2D_t$$

实际上，这个回归模型代表了两个不同截距的回归方程。

1）1959～1962 年，$D_t=0$，模型为 $Y_t=b_0+b_1X_t$。

2）其他年份，$D_t=1$，模型为 $Y_t=(b_0+b_2)+b_1X_t$。

可以对参数 β_2 进行假设检验(检验是否为零)，就可知道自然灾害对社会总产值有无显著影响。该方法主要是分离或者区分不同类型属性对应变量的影响。

4. 资料分组

有些变量虽然是数值变量，但在某些特定情况下把它看成虚拟变量是方便的。例如，年龄因素虽然可以用数字计量，但如果将年龄作为分类变量，则可看成是哑变量。家庭教育经费支出不仅取决于其收入，而且与子女的年龄因素有关，这是因为家庭成员中若有适龄子女(6～22 岁)，则家庭教育经费支出较多。因此，可按年龄划分为两个年龄组，即 6～22 岁年龄组和其他年龄组。

例如，家庭教育经费支出回归方程为

$$\hat{Y}_i = b_0 + b_1 X_i + b_2 Z_i$$

其中，$\hat{Y}_i$ 为第 i 个家庭的教育经费支出估计，X_i 为第 i 个家庭的收入，Z_i 为哑变量用以表示第 i 个家庭中是否有 6~22 岁的成员。于是，应变量 Z_i 为年龄划分组，$Z_i = 1$ 表示“16~22 岁年龄组”，$Z_i = 0$ 表示“其他年龄组”。

5. 对于等级资料(有序分类资料)的两种处理方法

1）将等级数量化后直接进入分析，如果 Y 的改变在每个等级上是近似相等的，则该法效果是好的。

2）将其视为定性指标，用哑变量表示，一般用于 Y 在每个等级上的变化不相等时。通常的做法是，先将其用哑变量表示，且以最高等级或最低等级作为对比的基础，如果在方程中，哑变量的系数与等级的变化是成比例的，则说明 Y 的改变与原等级变量是近似线性的，则再用原变量分析。

三、违背回归模型基本假设的情形

在经典基本假设下，应用普通最小二乘法可以得到无偏的、有效的参数估计量。但是，在实际应用中，完全满足这些基本假设的情况并不多见，如果违背了某一项基本假设，那么应用普通最小二乘法估计模型就不能得到无偏的、有效的参数估计量，就需要发展新的方法估计模型。违背回归模型基本假设的情形主要包括：异方差性、自相关和多重共线性等情况。

（一）异方差性

前已述及回归模型的剩余项 e_i 有如下假设：①服从正态分布，且 $Ee_i = 0$；②e_i 的方差是一个常数 σ^2，即 $\mathrm{Var}(e_i) = \sigma^2 (i = 1, 2, \cdots, n)$；③不同样本点之间是独立的，即 e_i 与 $e_j (i \neq j)$ 的协方差(covariance)为零：$\mathrm{Cov}(e_i, e_j) = 0 (i, j = 1, 2, \cdots, n)$。

在这些假设下，最小二乘法估计的回归方程具有最小方差、线性、无偏的特性，即最佳线性无偏估计。在实际卫生经济、医疗保险等问题研究中，e_i 表示忽略的自变量及测量误差对因变量的影响。因此，满足第一个假设是容易的，但往往不能满足后两个假设。破坏了第 2 个假设，称为异方差性(variance heterogeneity)；破坏了第三个假设，称为自相关(下述)。

如果出现异方差性，使得参数的假设检验和可信区间的建立发生困难，普通最小二乘法不再具有最小方差特性，使得回归方程的预测精度降低。

关于异方差的检验，目前提出的方法有十余种之多，但很难说哪一种方法是最好的，常用的方法有：残差图法、等级相关检验法、Glejser 检验、Goldfeld-Quandt 检验、Bartlett 检验等。克服异方差性的方法有变量变换后再建立模型、加权最小二乘法(WLS)、广义最小二乘法(GLS)等(详见有关专著)。下面简要介绍残差分析识别异方差性。

残差是观测值 Y_i 与回归估计值 $\hat{Y}_i$ 之差，残差分析(residual analysis)是指通过残差分布深入了解实际资料是否符合回归模型假设，尤其在识别离群点方面，有着重要作用。若将每个残差值减去所有残差值的均数，再除以所有残差值的标准差，便得到标准化残差(standardized residual)。

残差分析通常是通过标准化残差图(standardized residual plot)来进行的。针对现有的回归方程，用各点的残差 e 即 $Y - \hat{y}$ 为纵坐标，相应的预测值 $\hat{y}$ 或自变量 X 为横坐标来绘制的图形称为残差图(residual plot)。当标准化残差图中的散点分布绝大部分在±2 倍标准差之间，在以 0 参考线的上下随机且均匀地散布时，可以认为模型与数据拟合得较好；一般认为在±3 标准差以外区域出现的点所对应的原始数据为离群点，在±2 标准差以外、±3 标准差以内区域出现的点多对应的原始数据可能为离群点。

如图 10-3 表示。作线性回归分析理想的残差图如图 10-3(a)所示，残差均匀地分布在 0 的两侧，无明显的特殊结构；如出现一个残差明显偏离 0，如图 10-3(b)中的 P 点，要考虑是否为异常点，要从专业上检查原因，如标本是否出现溶血等，若找出原因可考虑删除该点；图 10-3(c)散点呈弯曲的点带形状，显示存在非线性关系。可能不满足线性要求，提示在回归分析中加入自变量的二次项可能效果更好(非线性关系可以采用曲线拟合的方法，例如，方差不齐的采用加权最小二乘法)；图 10-3(d)散点呈喇叭状，提示残差的方差不齐，即存在异方差性；图 10-3(e)散点提示残差与观察时间有较强的线性相关，也不适宜用直线回归分析来处理该资料。

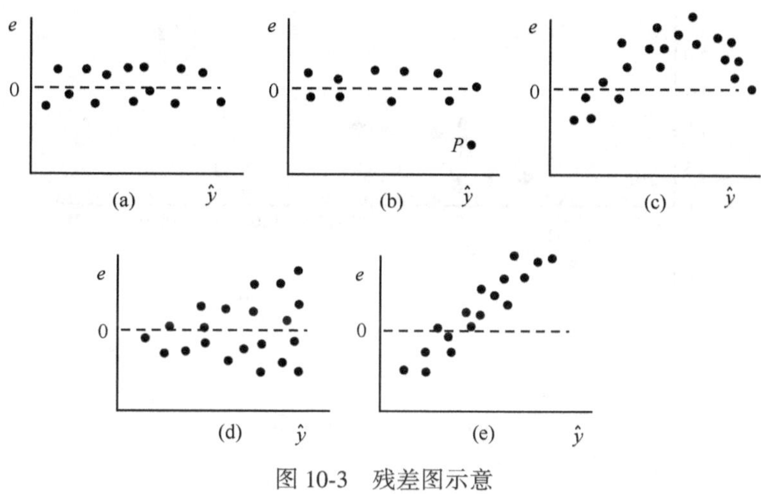

图 10-3　残差图示意

例 10-6　在对 27 个保险公司人员组成的研究中，记录了保险公司管理人员数 Y 与保险销售人员数 X(表 10-8)，试建立管理人员数 Y 与工人数 X 的回归方程。

表 10-8　27 个保险公司人员组成

编号	X	Y	编号	X	Y
1	294	30	15	615	100
2	247	32	16	999	109
3	267	37	17	1022	114
4	358	44	18	1015	117
5	423	47	19	700	106
6	311	49	20	850	128
7	456	56	21	930	130
8	584	62	22	1025	160
9	438	68	23	1021	97
10	697	78	24	1200	100
11	688	80	25	1250	112
12	630	84	26	1500	210
13	709	88	27	1650	135
14	627	97			

计算得到中间结果：

$$\sum X = 20506, \quad \sum Y = 2470,$$

$$\sum X^2 = 19211648, \quad \sum Y^2 = 271100, \quad \sum XY = 2224881。$$

建立线性回归方程：

$$\hat{Y} = 18.625 + 0.096X$$

进行 F 检验，Y 与 X 的回归关系有统计学意义。绘制（e_{is}，x_i），$i=1$，2，…，27 的标准残差（图 10-4）。

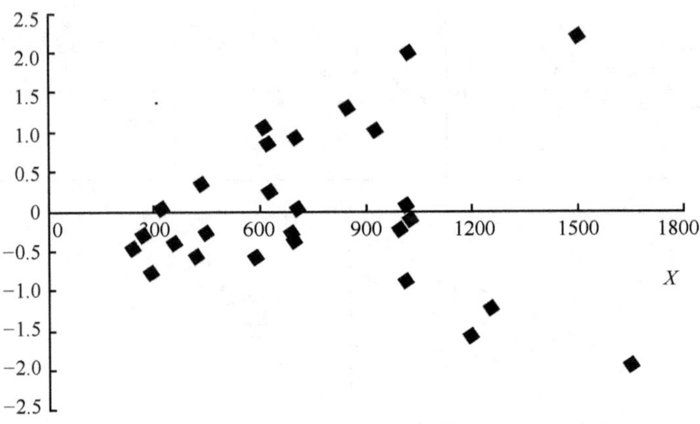

图 10-4　标准残差图

其中

$$e_{is} = \frac{Y_i - \hat{Y}_i}{S}, \quad S = \sqrt{\frac{1}{25}\sum_{1=1}^{27}(Y_i - \hat{Y}_i)^2}$$

由图 10-4 可得到，95% 的点落在 e_{is} ±2 的带形区域里，呈现“喇叭状”，随机性受到影响，说明存在异方差性。

（二）自相关

所谓自相关（auto-correlation）一般是指同一个变量之间逐次值之间的相关，但这里讲的序列相关是回归模型中剩余项的逐次值之间的相关。其来源主要有以下五方面的因素。

1）因变量的自相关。许多经济变量往往会有自相关，尤其时间序列数据更是如此。例如，生产函数中的产值、消费函数中的消费额等，它们在第 t 期的数值往往有赖于 $t-1$ 期的数值，所以是自相关的。而我们知道，因变量与剩余项有相同的分布，前者的自相关必然会引起后者的自相关。

2）剔除了自相关的自变量。在建立线性回归方程时，总是选择最重要的几个自变量进入方程中，而略去某些次要的自变量，如果略去的自变量是自相关的，则必然在剩余项中反映出来，使得剩余项自相关。但当剔除了若干个自相关的自变量后，由于它们可能相互抵消，反而使剩余项无自相关。

3）随机剩余项本身的特性所决定。

4）确定的回归模型的数学形式与所研究经济问题的真实关系不一致，剩余项也可能自相关。例如，某些药品的销售受季节的影响，如果选用了线性模型，其周期性就并入了剩余项之中，使剩余项在时间上是自相关的。

5）在处理时间序列数据时，经济学家常常采用内插的办法来弥补数据的不足，同时对偏离较大的数据进行“修匀”，也会使剩余项自相关。

如果存在自相关，用最小二乘法估计的模型参数虽是无偏的，但不是有效的；使得假设检验失效，预测失效。与异方差性检验一样，自相关的检验方法也很多，其中用得较多的是杜宾-沃森检验(Durbing-Watson test)、冯诺曼比检验等(详见有关专著)。出现自相关也可以用变换原始数据的办法解决，使得以变换后的数据为样本所建立的新模型满足基本假设。

(三) 多重共线性

前已述及，对于多重线性回归模型要求各自变量之间不存在明显的线性相关；否则，将使回归系数的估计发生困难，导致最小二乘法失效。然而，在经济活动中影响应变量的自变量之间，往往有一定程度的相关关系。例如，商品的需求函数：

$$Y = \beta_0 + \beta_1 P + \beta_2 Q + \beta_3 I$$

其中，Y 为需求量，P 为商品的价格，Q 为商品的质量水平，I 为居民的收入。一般来说，质量较高的商品，价格也比较高。可以认为价格与质量水平这两个变量之间存在着一定的关系。这种自变量与自变量之间的关系给多重线性回归模型的参数估计带来了麻烦，使得：

1) 在某个检验水平 α 下，回归方程的统计检验 $P < \alpha$，而各偏回归系数的检验均出现 $P > \alpha$ 的矛盾现象；

2) 偏回归系数的估计值明显地与实际情况不符，如偏回归系数的符号与专业知识知晓的情况相反，或者是偏回归系数的绝对值大(或小)得不可信；

3) 根据专业知识，该自变量与应变量之间关系密切，而偏回归系数的检验结果却 $P > \alpha$；

4) 增加(或剔除)一个变量，或者改变(或删除)一个观察值，引起偏回归系数的估计值发生大的变化。

以上问题的发生，在排除了数据质量、样本的代表性有问题等因素后，应该考虑是由于自变量之间的线性关系造成的，称为多重共线性(multicollinearity)。

1. 多重共线性的识别

比较简便的方法是以自变量 X_1，X_2，…，X_k 中的一个(如 X_i)作为应变量，其余 $k-1$ 个自变量作为自变量建立回归方程，这样可以建立 k 个回归方程。分别计算这 k 个方程的方差膨胀因子(variance inflation factor，VIF)：

$$\mathrm{VIF}_i = (1 - R_i^2)^{-1},\ i = 1,\ 2,\ \cdots,\ k \tag{10-23}$$

其中 R_i^2 是自变量 X_i 对模型中其他 $k-1$ 个自变量回归的决定系数。若 VIF_i($i = 1, 2, \cdots, k$)中最大的一个值大于 10，表明多重共线性可能严重地影响最小二乘估计值。

2. 多重共线性的处理

克服多重共线性的办法虽有很多文献加以讨论，但目前尚无十全十美的办法，大体上这些方法可以归为三类：一是筛选自变量，通过将引起多重共线性的变量从模型中剔除出去，从而解决多重共线性问题，如逐步回归法就是成功应用的一种方法；二是适当选取参数估计方法，如利用有偏估计替代最小二乘法，岭回归分析(ridge regression)、主成分回归分析等；三是其他方法，如通过改变变量定义形式(差分法)，或增加样本含量提高估计精度，或利用已知信息得到变量之间的线性关系代入方程，减少自变量个数等方法。

四、回归分析的注意事项

1) 回归分析要有实际意义，线性回归用于预测时，最好不要外推。

2) 注意线性回归分析的应用条件。自变量与应变量间的关系是线性的；自变量取不同值时，应变量的分布是正态的且方差相等；各观察值间是独立的。当资料不满足正态性和方差齐性时，也可以建立多重线性回归方程，但不可估计 Y 的容许区间和置信区间。

3）方程与变量的检验。回归方程有统计学意义，并不表示方程中每个自变量均有统计学意义，因此除了对方程进行检验，还要对每个自变量的作用进行检验。

4）变量的筛选方法很多，最常用的是逐步前进法和逐步后退法。用逐步回归分析所得结果不一定是全局最优的，而是局部最优的。运用逐步回归分析的目的，除建立方程外，更重要的是观察变量进出方程的过程，深入分析变量的独立作用和联合作用。因此，在进行逐步回归时，需多用几个剔选变量的界值，考察不同界值时变量进出方程的情况，达到深入分析的目的。被剔除的变量不一定是与应变量无关或关系不大的变量，可能是其作用被其他变量代替了。如果根据专业知识基本明确某些变量与应变量有线性关系，则这些变量可不参加变量的筛选，而直接让这些变量保留在方程中，如果这些变量参加了变量剔选，且被剔出方程，则需要给予解释。在实际工作中，可以多建立几个回归方程，容许多个方程同时存在，并通过以后的实践来考察其优劣。

理论上剔除变量和选择变量是同一个界值。但实际分析时总选两个界值，$P_{剔}$略大于 $P_{选}$，或 $P_{剔}$略小于 $P_{选}$，以免计算机进入“死循环”。

5）样本含量。有的学者认为，作多重线性回归分析需要的样本含量 n 一般是所研究的自变量个数 m 的 10~20 倍。这一要求在复相关系数大于 0.5 时尚可，而对较小的复相关系数可能仍然偏小。

一、单项选择题

1. 已知 $r = 1$，则一定有（　　）。

A. $n-2$　　B. $n-1$　　C. n　　D. $2n-1$　　E. $2(n-1)$

2. 将某研究资料作线性相关分析，t 检验的结果为 $t_r = 4.04$，若作线性回归分析，求 t_b 为（　　）。

A. $t_b > 4.04$　　B. $t_b < 4.04$　　C. $t_b = 4.04$　　D. $t_b \neq 4.04$　　E. 以上都不对

3. 多重回归中要说明那个自变量对应变量作用大，应采用（　　）。

A. 偏回归系数　　B. 偏回归系数的标准误

C. 标准偏回归系数　　D. 偏回归系数检验 t 值

E. 偏回归系数检验 P 值

二、简答题

1. 经检验认为回归方程有意义，是否表明两变量之间存在因果关系？

2. 标准化偏回归系数与偏回归系数有何区别？

三、计算分析题

1. 某市疾控中心对 12 所高校男生平均身高与肺活量进行调查，结果见表 10-9，试分析两者之间的线性关系，并建立线性回归方程。

表 10-9　12 所高校男生平均身高与肺活量

编号	身高/m	肺活量/L
1	1.73	4.65
2	1.72	4.28
3	1.77	4.38
4	1.71	4.36
5	1.72	4.22
6	1.73	3.97
7	1.69	4.29
8	1.82	3.91

续表

编号	身高/m	肺活量/L
9	1.74	3.85
10	1.73	3.97
11	1.78	4.21
12	1.8	3.98

2. 临床中认为血清和中低密度脂蛋白增高和高密度脂蛋白降低是引起动脉硬化的一个重要原因，建立课题要了解患有动脉粥样硬化的患者载脂蛋白AI，载脂蛋白B，载脂蛋白E，载脂蛋白C，低密度脂蛋白中的胆固醇，高密度脂蛋白中的胆固醇含量，调查患者500人，现截取30名，资料记录见表10-10。

表10-10 患者血清中低、高密度脂蛋白中的胆固醇含量及载脂蛋白的测量结果

序号	载脂蛋白AI/(mg/dL)	载脂蛋白B/(mg/dL)	载脂蛋白E/(mg/dL)	载脂蛋白C/(mg/dL)	低密度脂蛋白/(mg/dL)	高密度脂蛋白/(mg/dL)
1	173	106	7.0	14.7	137	62
2	139	132	6.4	17.8	162	43
3	198	112	6.9	16.7	134	81
4	118	138	7.1	15.7	188	39
5	139	94	8.6	13.6	138	51
6	175	160	12.1	20.3	215	65
7	131	154	11.2	21.5	171	40
8	158	141	9.7	29.6	148	42
9	158	137	7.4	18.2	197	56
10	132	151	7.5	17.2	113	37
11	162	110	6.0	15.9	145	70
12	144	113	10.1	42.8	81	41
13	162	137	7.2	20.7	185	56
14	169	129	8.5	16.7	157	58
15	129	138	6.3	10.1	197	47
16	166	148	11.5	33.4	156	49
17	185	118	6.0	17.5	156	69
18	155	121	6.1	20.4	154	57
19	175	111	4.1	27.2	144	74
20	136	110	9.4	26.0	90	39
21	153	133	8.5	16.9	215	65
22	110	149	9.5	27.4	184	40
23	160	86	5.3	10.8	118	57
24	112	123	8.0	16.6	127	34
25	147	110	8.5	18.4	137	54

续表

序号	载脂蛋白 AI /(mg/dL)	载脂蛋白 B /(mg/dL)	载脂蛋白 E /(mg/dL)	载脂蛋白 C /(mg/dL)	低密度脂蛋白 /(mg/dL)	高密度脂蛋白 /(mg/dL)
26	204	122	6.1	21.0	126	72
27	131	102	6.6	13.4	130	51
28	170	127	8.4	24.7	135	62
29	173	123	8.7	19.0	188	85
30	132	131	13.8	29.2	122	38

资料来源：陈长生，卫生统计学，科学技术文献出版社：174

试分析由该资料能得到那些结果？(检验水准 $\alpha = 0.05$)

(王学梅)

第十一章 相关分析

第十章已经学习过回归分析，不同于回归分析中用于分析一个变量数量上对另一个变量的依赖，只分析两变量间的相互伴随的变化关系时，就运用到了本章学习的相关分析。例如，医疗保险参保人数与保险费支出，社会机动车拥有量与保险公司承保车辆，年龄与胆固醇的关系等，两变量之间的变化都有一定的关系和规律。相关分析的任务就是要解决两个乃至多个变量间相互关系并用适当的统计指标来表达。

第一节 线性相关分析

一、线性相关的概念

一般来说，现象间的相互关系分为函数关系和相关关系。函数关系指变量间存在相互依存的关系，它们之间的关系值是确定的。相关关系是两个现象之间变化不确定的随机关系，是不完全确定的依存关系。相关关系是相关分析的研究对象，而函数关系是相关分析的工具。要确定两个指标间有无关联，最简单的办法就是在直角坐标系中绘图，把一个指标取作变量 X，另一个取作 Y，一对测得值可看成从两变量所服从的某种分布中的一系列样本取值，据此在直角坐标系中一一标出对应的点，这样的图形称作散点图。

描述两个变量相互关系最简单的统计方法就是直线相关分析，研究人员关心两个变量是否有直线相关(linear correlation)关系，如果有直线相关关系，那么它们之间的关系是正相关(positive correlation)，还是负相关(negative correlation)，以及相关程度(degree of relationship)如何？正是直线相关分析要解决的。

散点图是直观反映两变量关系的一种统计图形，如图 11-1 和图 11-2 所示。图 11-1(a)图，散点分布在一椭圆形范围内，两变量 X，Y 同时增大或减小，变量趋势是同向的，称正相关；反之，X，Y 间呈反向变化，称负相关，如图 11-1(c)所示；(b)(d)两图散点在一直线上，(b)图显示 X，Y 是同向变化称为完全正相关(perfect positive correlation)；反之，(d)图显示 X，Y 呈反向变化，称为完全负相关(perfect negative correlation)。(e)(f)(g)(h)四图，显示两变量间没有直线相关关系，称为零相关(zero correlation)。相关分析的任务就是对上述两变量相关关系给以定量的描述。

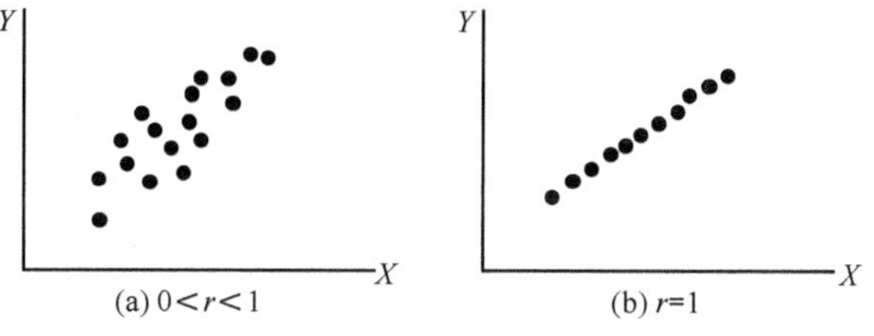

(a) $0<r<1$　　(b) $r=1$

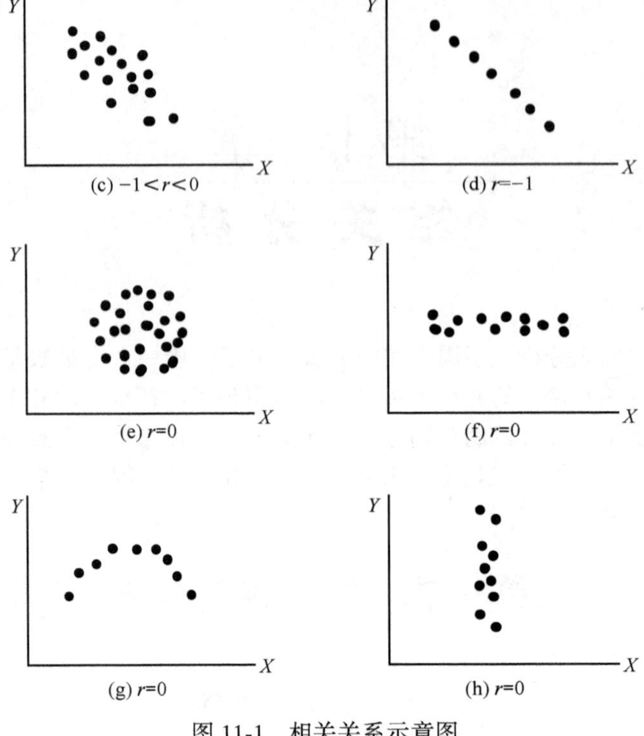

图 11-1　相关关系示意图

二、相关系数的定义和意义

相关系数(correlation coefficient)又称为积差相关系数(coefficient of product moment correlation)、皮尔逊相关系数(Pearson's correlation coefficient)、简单相关系数(simple correlation coefficient)等，以符号 r 表示样本相关系数(总体相关系数用 ρ 表示)。它是用于描述具有直线关系的两个变量间相关关系的密切程度与相关方向的统计指标，计算公式为

$$r=\frac{\sum(X-\bar{x})(Y-\bar{y})}{\sqrt{\sum(X-\bar{x})^2}\sqrt{\sum(Y-\bar{y})^2}}=\frac{l_{XY}}{\sqrt{l_{XX}}\sqrt{l_{YY}}} \tag{11-1}$$

其中，l_{XX} 为变量 X 的离均差平方和，l_{YY} 为变量 Y 的离均差平方和，l_{XY} 为变量 X 与 Y 的离均差积和。其计算公式分别为

$$l_{XY}=\sum(X-\bar{x})(Y-\bar{y})=\sum XY-\frac{(\sum X)(\sum Y)}{n} \tag{11-2}$$

$$l_{XX}=\sum(X-\bar{x})^2=\frac{\sum X^2-(\sum X)^2}{n} \tag{11-3}$$

$$l_{YY}=\sum(Y-\bar{y})^2=\frac{\sum Y^2-(\sum Y)^2}{n} \tag{11-4}$$

相关系数没有单位，其值为 $-1\leqslant r\leqslant 1$。r 值为正表示正相关，r 值为负表示负相关，r 值为零表示零相关。在相关系数 r 具有统计学意义的前提下，$|r|$ 等于 1 为完全相关，$|r|$ 越接近 1，表示相关程度越密切。在生物医学、医疗保险研究中，由于影响因素众多，完全相关的例子很少，r 值多介于 -1 与 1 之间。

例 11-1 为研究年平均收入(元)与受教育年限(年)之间的关系，现抽取20个地区居民每千人的受教育年限及其年平均收入情况。得到资料见表11-1。据此数据如何判断这两项指标间有无关联?

表 11-1 20个地区居民年平均收入与受教育年限情况

序号	每千人受教育的年限/年	平均收入/元	序号	每千人受教育的年限/年	平均收入/元
1	2	5012	11	12	21690
2	4	9680	12	13	24750
3	8	28432	13	14	30100
4	8	8774	14	14	24798
5	8	21003	15	15	28532
6	10	26565	16	15	26000
7	12	25428	17	16	38908
8	12	23113	18	16	22050
9	12	22500	19	17	33060
10	12	19456	20	21	48276

首先绘制散点图，如图11-2所示。

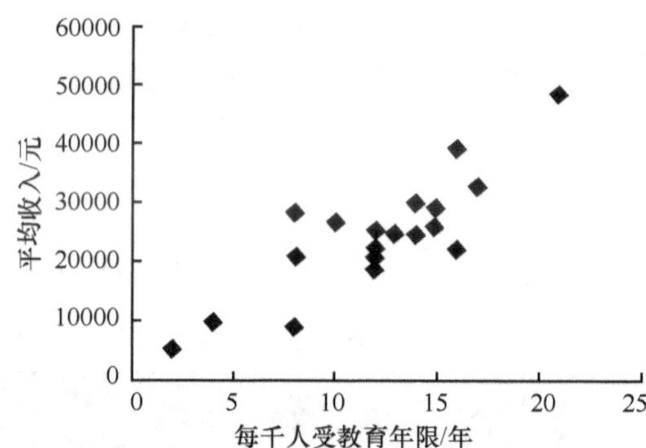

图 11-2 20个地区居民每千人的受教育年限与年平均收入的关系

从图11-2可看出趋势：年平均收入高的，受教育年限更长一些；反之，年平均收入低的人，受教育年限也比较短。初步看出年平均收入与受教育年限之间可能存在着正相关关系。

三、线性相关分析的步骤

例 11-2 在某次市场调查中发现，接受本科以上教育的用户可能与购买大额保险的投保人重合。因此，为了检验这一假设是否成立，随机选择10个城市，分别调查接受本科以上教育的人数(千人)和对应年份购买大额保险的发放量(千张)，调查结果见表11-2。

表 11-2 10个城市每千人受高等教育人数与大额保险的发放量

城市序号	每千人受高等教育的人数	保险发放量/千张	城市序号	每千人受高等教育的人数	保险发放量/千张
1	106	33	4	135	45
2	113	39	5	148	49
3	125	41	6	168	50

续表

城市序号	每千人受高等教育的人数	保险发放量/千张	城市序号	每千人受高等教育的人数	保险发放量/千张
7	171	50	9	196	57
8	182	52	10	205	61

计算步骤如下。

（一）绘制散点图

先根据原始资料作散点图(图 11-3)，初步判断呈直线关系，可以作直线相关分析。

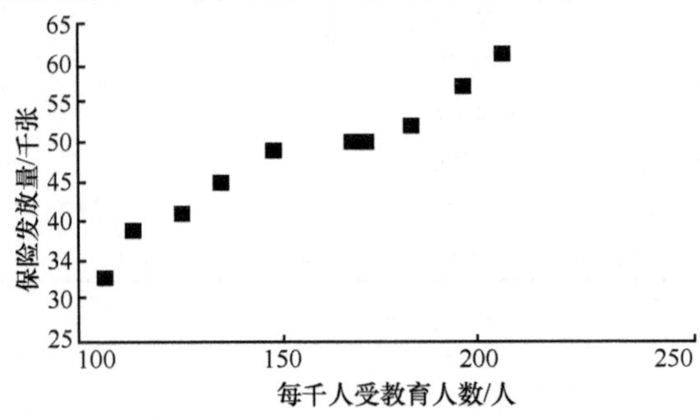

图 11-3　10 个城市受教育人数与大额保险的发放量散点图

（二）相关系数的计算

由原始数据求 $\sum X$，$\sum Y$，$\sum X^2$，$\sum Y^2$ 及 $\sum XY$ 等中间结果，其过程见表 11-3。

表 11-3　相关系数计算表

城市序号	每千人受高等教育人数/X	保险发放量千张/Y	X^2	Y^2	XY
1	106	33	11236	1089	3498
3	113	39	12769	1521	4407
3	125	41	15625	1681	5125
4	135	45	18225	2025	6075
5	148	49	21904	2401	7252
6	168	50	28224	2500	8400
7	171	50	29241	2500	8550
8	182	52	33124	2704	9464
9	196	57	38416	3249	11172
10	205	61	42025	3721	12505
合计	1549 ($\sum X$)	477 ($\sum Y$)	250789 ($\sum X^2$)	23391 ($\sum Y^2$)	76448 ($\sum XY$)

按式(11-1)计算相关系数。

$$r=\frac{l_{XY}}{\sqrt{l_{XX}l_{YY}}}=\frac{\sum (X=\bar{x})(Y-\bar{y})}{\sqrt{\sum (X-\bar{x})^2 (Y-\bar{y})^2}}=0.97$$

（三）相关系数的假设检验

由样本所计算的相关系数 r 是总体相关系数 ρ 的估计值，抽样误差在所难免。若从总体相关系数 $\rho = 0$ 的总体中随机抽样，因为存在抽样误差，样本相关系数 r 不一定等于 0。因此，计算出不等于零的样本相关系数后，还不能直接根据 $r \neq 0$ 就对 X，Y 的关系作出判断，应该考虑到这个不等于 0 的样本相关系数，是否有可能从 $\rho = 0$ 的总体中抽取而来，需要作 ρ 是否等于 0 的假设检验。常用的对相关系数进行检验办法有两种。

1. 采用 t 检验

建立假设：$H_0:\rho = 0$，即 X 与 Y 之间无线性相关关系；$H_1:\rho \neq 0$，即 X 与 Y 之间有线性相关关系。公式如下：

$$t = \frac{r - 0}{S_r} = \frac{r}{\sqrt{\dfrac{1 - r^2}{n - 2}}} \tag{11-5}$$

式中，S_r 为相关系数的标准误。H_0 成立时，t 服从自由度为 $\nu = n - 2$ 的 t 分布。求得 t 值后，查 t 界值表（见附表 2），判断 P 值，按所取检验水准作出推断结论。

在例 11-2 中，对计算得到的 r 值作 t 检验，判断获得本科以上教育的用户与购买大额保险间是否存在直线相关关系。进行 t 检验如下。

（1）建立假设

$H_0:\rho = 0$，两变量间无直线相关关系；

$H_1:\rho \neq 0$，两变量间有直线相关关系；

$\alpha = 0.05$。

（2）计算统计量 t

$n = 10$，$r = 0.97$，按式(11-5)计算 t 值：

$$t = \frac{r - 0}{S_r} = \frac{r}{\sqrt{\dfrac{1 - r^2}{n - 2}}} = \frac{0.97}{\sqrt{\dfrac{1 - 0.97^2}{10 - 2}}} = 11.3$$

（3）确定 P 值，作出判断

$\nu = n - 2 = 10 - 2 = 8$，查 t 值表，得 $t_{0.001,\ 8} = 5.041$，即 $P < 0.001$，按 $\alpha = 0.05$ 水准拒绝 H_0，接受 H_1，可认为具有本科及以上学历和购买大额保险的发放量呈正相关关系。

查表法：由自由度 $\nu = n - 2 = 10 - 2 = 8$，查 r 临界值表，将算得的 r 值与 $r_{0.001,\ 8}$ 比较，可得 $r_{0.001,\ 8} = 0.872$，同样得到 $P < 0.001$，拒绝 H_0。可以认为本科及以上学历和购买大额保险的发放量之间存在正相关关系。

2. 直接查相关系数临界值表

根据自由度 $\nu = n - 2$，查临界值表(附表 13)，若 $|r| \geqslant r_{\alpha,\ \nu}$，则 $P \leqslant \alpha$；反之，$P > \alpha$。本例自由度 $\nu = n - 2 = 10 - 2 = 8$，查 r 临界值表，将算得的 r 值与 $r_{0.001,\ 8}$ 比较，可得 $r_{0.001,\ 8} = 0.872$，也同样得到 $P < 0.001$，拒绝 H_0。可以认为本科及以上学历和购买大额保险的发放量之间存在正相关关系。

四、进行线性相关分析时的注意事项

1）进行相关分析要有实际意义，不能把毫无关联的两事物或现象作相关分析。两事物间有无实际意义主要靠专业知识来确定。

2）相关表示两个变量之间的相关关系是双向的，分析两个变量之间到底有无相关关系可首先绘制散点图，散点图呈现出直线趋势时，再作分析。

散点图可使研究人员直观地看出两变量间是否存在线性关系，并发现可能存在的异常点(outlier)，如图 11-4 中的 P 点和 Q 点。只有当散点图表明两变量间的关系呈线性趋势时，才能进行相关分析，否则可能会造成假象。如图 11-4(a)中的 P 点的存在，会掩盖原有的线性趋势；图 11-4(b)中的 Q 点的存在，会造成有线性趋势的假象。需要说明的是，对待这类观察点是否为异常点要谨慎处理。

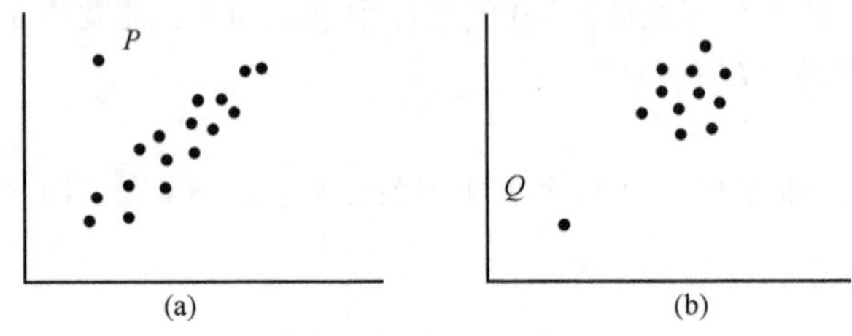

图 11-4　异常点对相关分析的影响

3）相关系数的计算适用双变量正态分布资料，如果资料不符合该条件，可首先通过变量转换使之正态化，再根据变换值计算相关系数；在实际工作中，完全符合上述要求的资料并非经常遇到，但只要与正态分布相差不远，在实际用中仍有相当好的效果。如果变量(一个或两个)呈明显偏态分布时，就需经过适当的变量变换，使资料接近正态分布再作相关回归分析，或者直接采用等级相关法。

4）据公式计算出的相关系数仅是样本相关系数，它是总体相关系数的估计值，与总体相关系数之间存在着抽样误差。要判断两个事物之间有无相关及相关的密切程度，必须作假设检验，当检验拒绝了无效假设时，才可以认为两个事物之间存在着相关关系，然后再根据计算出的相关系数判断相关关系的方向和关系的密切程度。

5）不要把相关系数的假设检验结果误认为两事物或现象间相关的密切程度。例如，假设检验结果得出“$P<0.01$”或“$P<0.05$”的结果时，其统计结论都可以认为“直线相关关系成立”，$P<0.01$ 的结果比 $P<0.05$ 的结果更有理由认为相关关系成立，但并不能得出相关关系更密切的结论，两种结论可能出错的概率分别为“<0.01”与“<0.05”。

6）相关分析是用相关系数来描述两个变量间相关关系的密切程度和方向，而两个事物之间的关系，既可能是依存因果关系，也可能是相互伴随关系。决不可因为两事物间的相关系数有统计学意义，就认为二者之间存在着因果关系，要证明两事物之间确定存在因果关系，必须凭借专业知识加以阐明。不过，当事物之间的内在联系未被认清之前，相关分析可以从数量上为因果关系研究提供线索。

7）要注意资料的同质性。对于待分析的两变量，其样本必须取自同质的总体，否则可能会造成不良后果，掩盖事物间关系的真相。如图 11-5（a)掩盖了两个不同样本各自的相关性，造成无线性相关关系的假象；图 11-5(b)使两个各自均无线性相关的样本虚拟出“线性相关关系”。对于此类问题应该进行分组分析方能得到正确结果。

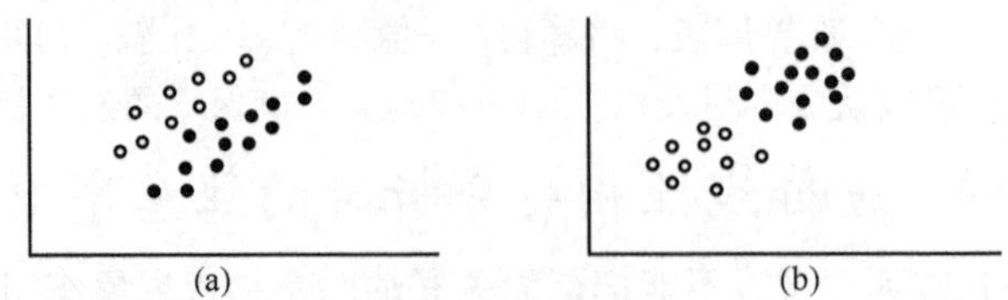

图 11-5　样本来自不同总体时对相关性的影响

●为 A 样本的观察点；

○为 B 样本的观察点

第二节　复相关分析

上述简单相关分析只能研究两个变量间的相互关系，在实际研究过程中经常会遇到研究一个变量与多个变量的线性相关关系，此为复相关分析(analysis of multiple correlation)。

复相关分析中变量可有三个或更多，变量间的关系也比较复杂。以最简单的三个变量(X_1，X_2，X_3)来讲，可用简单相关系数分别表示两个变量间的相关程度(不考虑其他因素对它们的影响)，也可用复相关系数表示三个变量间的相关程度。从相关分析角度来说，复相关中的变量没有因变量与自变量之分，但是在实际应用中，复相关分析经常与多元线性回归分析联系在一起，因此，复相关分析一般指因变量 Y 与 m 个自变量 X_1，X_2，…，X_m 的线性相关。

一、复相关系数及意义

(一)复相关系数

本节介绍的复相关系数(multiple correlation coefficient)也称多重相关系数、全相关系数。它是应变量 Y 与 m 个自变量(X_1，X_2，…，X_m)之间相关程度的度量，体现了线性组合间相关关系的密切程度，常用 $R_{Y.12\cdots m}$ 表示(记为 R)，是简单相关系数的扩展，区别在于简单相关系数 r 反映一个变量与另一个自变量间相互关系的密切程度与方向，复相关系数 R 反映一个变量与一组自变量(多个自变量)之间线性关系的密切程度。

复相关系数定义为决定系数的平方根，其性质与决定系数的性质是一样的，反映了因变量与自变量间的密切程度。显然有：$0 \leqslant R \leqslant 1$。即复相关系数只反映一个变量与多个变量间相互关系的密切程度，而不反映相关关系的方向。当只有一个应变量 Y 与一个自变量 X 时，R 就等于 Y 与 X 的简单相关系数的绝对值。

复相关系数的特点：①当方程中变量增加时，复相关系数总是增加的，故 R 总是比简单相关系数 r_{Y1}，r_{Y2} 大。②方程中包含的变量数越多，R 越大，越表示应变量 Y 与自变量线性组合间总的相关关系密切。在实际应用中，常根据 R 的大小判断方程的优劣，其结果总是变量最多的方程最好。因而，在用 R 值衡量方程的优劣时应与专业知识相结合。

可用公式(11-6)计算复相关系数：

$$R=\sqrt{\frac{SS_{回}}{SS_{总}}}=\sqrt{1-\frac{SS_{剩}}{SS_{总}}}=\sqrt{\frac{\sum(\hat{Y}-\bar{Y})^2}{\sum(Y-\bar{Y})^2}} \tag{11-6}$$

式中，$SS_{剩}$ 为剩余平方和，$SS_{总}$ 为应变量 Y 的总离均差平方和。

例 11-3　对全国 29 个地区人群的工资收入与年龄和参保重大疾病险金额进行调查，其中收入 X_1(千元)，平均年龄 X_2(岁)，参保金额 Y(万元/年)的实测数据见表 11-4，试描述收入、平均年龄与参保金额间的多元相关关系。

表 11-4　全国 29 个地区人群的工资收入、年龄、参保重大疾病险金额的实测数据

编号	收入 X_1/千元	平均年龄 X_2/岁	参保金额 Y/(万元/年)	编号	收入 X_1/千元	平均年龄 X_2/岁	参保金额 Y/(万元/年)
1	135.1	32.0	1.75	3	163.6	46.2	2.75
2	139.9	30.4	2.00	4	146.5	33.5	2.50

续表

编号	收入 X_1/千元	平均年龄 X_2/岁	参保金额 Y/(万元/年)	编号	收入 X_1/千元	平均年龄 X_2/岁	参保金额 Y/(万元/年)
5	156.2	37.1	2.75	18	157.5	43.3	2.25
6	156.4	35.5	2.00	19	155.1	44.7	2.75
7	167.8	41.5	2.75	20	160.5	37.5	2.00
8	149.7	31.0	1.50	21	143.0	31.5	1.75
9	145.0	33.0	2.50	22	149.4	33.9	2.25
10	148.5	37.2	2.25	23	160.8	40.4	2.75
11	165.5	49.5	3.00	24	159.0	38.5	2.50
12	135.0	27.6	1.25	25	158.2	37.5	2.00
13	153.3	41.0	2.75	26	150.0	36.0	1.75
14	152.0	32.0	1.75	27	144.5	34.7	2.25
15	160.5	47.2	2.25	28	154.6	39.5	2.50
16	153.0	32.0	1.75	29	156.5	32.0	1.75
17	147.6	40.5	2.00				

分析全国29个地区人群的 X_1, X_2 和参保金额 Y 三个变量的相关程度。

1. 计算三个变量相互间的简单相关系数(表11-5)

表11-5 X_1，X_2 和参保金额 Y 的相关矩阵

变量	X_1	X_2	Y
X_1	1.0000	0.7421	0.5884
X_2	0.7421	1.0000	0.7362
Y	0.5884	0.7362	1.0000

1）收入与平均年龄之间相关系数 r_{12} 为0.7421，由 r 值与1比较，越接近1，说明相关性越强，r 值的正/负说明是正/负相关。由此得出，收入与平均年龄有相关性，且相关性较强，随着年龄的增长，收入越高。

2）收入与参保金额之间相关系数 r_{Y1} 为0.5884，说明收入与参保金额之间有正相关，但不能说明两者有密切相关。收入越高，用于参保的金额越大。

3）平均年龄与参保金额之间相关系数 r_{Y2} 为0.7362，说明平均年龄与参保金额之间有正相关，且两者间有密切的相关关系，平均年龄越年长，用于参保的金额越大。

4）通过两两分析，比较简单相关系数

$$r_{12} > r_{Y2} > r_{Y1}$$

初步说明，平均年龄与收入之间相关关系最为密切。

2. 计算复相关系数

已知 $SS_{剩} = 2.5579$，$SS_{总} = 5.6336$，代入式(11-22)得

$$R=\sqrt{1-\frac{SS_{剩}}{SS_{总}}}=\sqrt{1-\frac{2.5579}{5.6336}}=0.7389$$

同简单相关系数一样，根据公式(12-3)计算出的复相关系数 R 仅是样本复相关系数，它是总体复相关系数的估计值。要判断变量间有无相关及相关的密切程度，必须作假设检验。

3. 复相关系数的假设性检验

H_0：总体复相关系数 ρ 为零；

H_1：总体复相关系数 ρ 不为零；

$\alpha=0.05$。

则

$$F=\frac{R^2/m}{(1-R^{2)}/(n-m-1)} \tag{11-7}$$

如果 $F \geqslant F_{\alpha(n-m-1)}$，则在 α 水平上拒绝 H_0，认为各总体复相关系数不均为零。否则接受 H_0，可认为总体复相关系数 ρ 也为零。本例中，$P<0.05$，可认为其复相关关系存在。

注意：同一资料对复相关系数 R 的假设检验与多重线性回归方程的假设检验结果一致。

4. 校正复相关系数

在第十章多重线性回归分析中，由于 R^2 的计算未考虑到变量个数的影响(严格地说，是自由度的影响)，此时可计算校正的复相关系数比较变量个数不同时关系更为合理。

$$R_C=\sqrt{1-\frac{SS_{剩}/(n-m-1)}{SS_{总}/(n-1)}} \tag{11-8}$$

其中，m 为自变量的个数，n 为样本含量。

二、偏相关系数概念及意义

很多情况下人们利用简单相关系数的大小来解释两变量间相互关系的密切程度和方向，没有考虑到这种相关性是否是由于其他变量的变化引起的。一般而言，客观事物间的关系错综复杂，各变量间是相互影响的。

(一) 偏相关系数

偏相关系数(partial correlation coefficient)也称为部分相关系数，是指其他变量固定时，某两变量间的相关关系，或者说是扣除了其他因素对分析因素的影响后，表示两个因素相关程度的统计指标。偏相关系数考虑了各变量间的相互影响，计算时固定其他因素，因此不仅计算结果与简单相关系数有差别，而且正负符号也不完全一致。相同资料时，其符号与偏回归系数 b_i 的符号一致。一般 $|r_{iY}|$ 越接近1，则 X_i 与 Y 的线性关系越密切。

1. 计算偏相关系数时的条件

1) 原始资料服从多元正态分布；

2) 数据必须是随机抽取的；

3) 不分自变量和应变量(本章所有相关分析，理论上是不区分自变量和应变量的)。

2. 偏相关系数具有双向关系

当 X_2 固定时，X_1 与 X_3 无所谓第一变量还是第二变量。例如，婴儿出生体重(X_1)与母亲怀孕前体重(X_2)、身高(X_3)都有关系。如果不考虑 X_3 的影响，只计算 X_1，X_2 间的相关系数 r，则 r 的大小往往不能反映客观事物的真实情况，当 r 值较大时，r 可能反映 X_1，X_2 间的关系，也可能是因 X_3 对 X_1 的作用和 X_3 对 X_2 的作用的客观反映；反之，X_1，X_2 之间算得的一个较小 r 值，也不一定就

意味着 X_1，X_2 之间的关系薄弱，其关联可能因 X_3 的影响而被抵消。因此，在分析多个变量间的关系时，仅用简单相关系数不能正确地反映变量间的真实关系，想要发现婴儿出生体重与母亲怀孕前体重(X_2)间的相关性，必须去除母亲孕前身高(X_3)的作用影响，求婴儿出生体重(X_1)与母亲孕前体重(X_2)之间的偏相关系数(partial correlation coefficient)。

分析 X_1，X_2，X_3 三个变量(不分自变量与应变量)的关系时，把 X_3 对 X_1，X_2 的作用扣除掉以后，X_1，X_2 之间的偏相关系数记为 $r12.3$，把 X_2 对 X_1，X_3 的作用扣除掉以后，X_1，X_3 之间的偏相关系数记为 $r13.2$，类似地，还有 $r23.1$。由此可见，三个变量可有三个简单相关系数 $r12$，$r13$，$r23$，还可以有三个偏相关系数 $r12.3$，$r13.2$，$r23.1_1$，其值都介于 $-1\sim1$。这种偏相关系数只固定了一个变量，故称一级偏相关系数，其计算公式为

$$r_{ij\cdot k}=(r_{ij}-r_{ik}\times r_{jk})/\sqrt{(1-r_{ik}{}^2)(1-r_{jk}{}^2)} \tag{11-9}$$

其中 i，j，k 分别为三个变量的下标；$i\neq j\neq k$；i，j，$k=1$，2，3。

如果固定两个变量求另两个变量间的相关系数，则称为二级偏相关系数，余类推。

以例 11-3 为例，全国 29 个地区人群的收入 X_1(千元)、平均年龄 X_2 (岁)和参保金额 Y (万元/年)三个变量的偏相关系数如下。

已知：$r1Y=0.5884$，$r2Y=0.7362$，$r12=0.7421$，代入公式(11-9)，得

$$r_{1Y.2}=(0.5884-0.7362\times0.7421)/\sqrt{(1-0.7362^2)(1-0.7421^2)}=0.0927$$

$$r_{2Y.1}=(0.7362-0.5884\times0.7421)/\sqrt{(1-0.5884^2)(1-0.7421^2)}=0.5527$$

同样也可得 $r_{12.Y}$。其中 $r_{12.Y}$ 表示固定 Y 时的 X_1，X_2 的偏相关系数。分析四个变量(X_1，X_2，X_3，X_4)间的关系可计算 6 个偏相关系数，即 $r_{12.34}$，$r_{13.24}$，$r_{14.23}$，$r_{23.14}$，$r_{24.13}$，$r_{34.12}$。如 $r_{12.34}$ 表示 X_3，X_4 固定时，X_1 与 X_2 的偏相关系数。

求偏相关系数的另一个方法是用矩阵运算的方式来进行。其优点是不仅可用于 3 个变量时，还可用于任意多个变量时偏相关系数的计算(具体计算方法略)。

偏相关系数的假设检验也可查相关系数界值表(附表 13)，一阶偏相关系数共涉及 3 个变量，自由度 $\nu=n-k-1$，本例 $\nu=29-2-1=26$，$r_{0.05(26)}=0.454$，$r_{0.01(26)}=0.546$，现 $r_{1Y.2}<r_{0.05(26)}$，所以 $P>0.05$，而 $r_{2Y.1}>r_{0.05(26)}$，故 $P<0.01$，即在扣除了平均年龄的影响后，收入与参保金额间相关性不强，而扣除人群收入后，平均年龄与参保金额间相关有非常显著的意义。可见人群收入、平均年龄两因素中对参保金额有显著影响的因素实际上是年龄。说明在多元回归方程中的自变量并非都对应变量 Y 有显著作用。

(二) 偏相关与简单相关分析的比较

简单相关系数与偏相关系数均要求变量都是从正态分布总体中所取得的，即正态变量中的随机样本，不分自变量和应变量，r 和 R 都具有双向的关系。简单相关分析只考虑两个变量之间的相互影响，相关系数 r 反映两个变量之间关系的密切程度及方向。偏相关系数是当影响分析变量的因素较多，在扣除了其他因素对分析变量的影响后，表示两个因素相关程度的统计指标。偏相关系数考虑了各变量间的相互影响，计算时固定其他因素，因此不仅计算结果与简单相关系数有差别，而且正负符号也不完全一致。

第三节　典型相关分析

一、典型相关分析简介

典型相关分析(canonical correlation analysis)是研究两组变量之间相关关系的一种多元统计方

法，揭示两组变量之间的内在联系。

1. 典型相关分析的基本原理

前面章节已介绍用简单相关系数来衡量两个随机变量之间的线性相关关系；用复相关系数研究一个随机变量和多个随机变量的线性相关关系。然而，这些统计方法在保险专业日常工作中尤其是研究两组变量之间的相关关系时却无能为力。例如，要研究居民生活环境与健康状况的关系，人口统计变量(户主年龄、家庭年收入、户主受教育程度)与消费变量(每年去餐馆就餐的频率、每年出外看电影的频率)之间是否具有相关关系？阅读能力变量(阅读速度、阅读才能)与数学运算能力变量(数学运算速度、数学运算才能)是否相关？这些多变量间的相关性如何分析？

为了从总体上把握两组指标之间的相关关系，分别在两组变量中提取有代表性的两个综合变量 U_1 和 V_1(分别为两个变量组中各变量的线性组合)，利用这两个综合变量之间的相关关系来反映两组指标之间的整体相关性。通过前面的学习，已经明确两个随机变量之间相关关系可以用简单相关系数来衡量，一个随机变量与一组随机变量间相关关系可以用复相关系数来衡量。如果考虑两组随机变量间关系时若应用两个随机变量相关关系，分别考虑两组变量每一个变量间的相关，或用复相关关系，考虑一组中每一个变量与另一组变量的相关，这样作分析会非常复杂。因此，为了用较少变量反映两组间变量的相关关系，可以考虑两组变量的线性组合，从两个线性组合中找到最相关的综合变量，通过较少的综合变量反映两组变量相关性质，从而引出了典型相关分析。

2. 典型相关分析的目的

典型相关分析是识别并量化两组变量之间的联系，将两组变量相关关系的分析，转化为一组变量的线性组合与另一组变量线性组合之间的相关关系分析。

3. 典型相关分析的基本思想

典型相关分析方法(canonical correlation analysis)最早源于荷泰林(H.Hotelling)。他所提出的方法于1936年在《生物统计》期刊上发表的一篇论文《两组变式之间的关系》，经过多年的应用及发展，逐渐达到完善，在20世纪70年代臻于成熟。

其基本思想和主成分分析非常相似。首先在每组变量中找到变量的线性组合，使其具有最大相关性，然后再在每组变量中找到第二对线性组合，使其与第一对线性组合不相关，而第二对本身具有最大相关性。如此继续下去，直到两组变量之间的相关性被提取完毕为止。有了这样线性组合的最大相关——讨论两组变量间的相关就转化为研究线性组合的最大相关，从而达到减少研究变量的个数。被选出的线性组合配对称为典型变量，它们的相关系数称为典型相关系数。典型相关系数度量了这两组变量之间联系的强度。典型相关分析的实质就是在两组随机变量中选取若干个有代表性的综合指标(变量的线性组合)，用这些指标的相关关系来表示原来的两组变量的相关关系。

4. 典型相关分析的操作步骤

通过变量转换，把彼此相关的原变量(原指标)转换成彼此独立的新变量(新指标)，减少相关系数的个数，在两组指标中寻找代表两组指标的典型变量和相应的相关系数，按其提取的相关成分从大到小将每组指标进行线性组合。典型指标之间的相关成分提取了原来两组指标间所有的相关信息，从而简化了研究问题的复杂性。

假设要进行典型相关分析的一组指标(变量)有 p 个：X_1，X_2，…，X_p；另一组指标有 q 个：Y_1，Y_2，…，Y_q。其格式见表11-6，X，Y 是两个相互关联的随机变量。习惯上，为了避免因各变量量纲不同影响结果，通常先作变量的标准化转化。

表 11-6 典型相关分析数据的一般格式

序号	X_1	X_2	…	X_p	Y_1	Y_2	…	Y_q
1	x_{11}	x_{12}	…	x_{1p}	y_{11}	y_{12}	…	y_{1q}
2	x_{21}	x_{22}	…	x_{2p}	y_{21}	y_{23}	…	y_{2q}
3	x_{31}	x_{32}	…	x_{3p}	y_{31}	y_{32}	…	y_{2q}
⋮	⋮	⋮		⋮	⋮	⋮		⋮
n	x_{n1}	x_{n2}	…	x_{np}	y_{n1}	y_{n2}	…	y_{nq}

1）将所有变量标准化。记标准化后的变量为 X'_1，X'_2，…，X'_p 和 Y'_1，Y'_2，…，Y'_q。

$$X_i{}' = \frac{X_i - \overline{X}_i}{S_i}\text{，}Y_i{}' = \frac{Y_i - \overline{Y}_i}{S_i} \tag{11-10}$$

其中 $\overline{X}_i$ 和 S_i 是变量 X_i的均数和标准差，标准化后，变量 X'_i 的均数为 0，方差为 1；$\overline{Y}_i$ 和 S_i 是变量 X_i的均数和标准差，标准化后，变量 Y'_i 的均数为 0，方差为 1。

2）寻找第一对标准化典型相关变量。寻找适当的组合系数（a_{11}，a_{12}，…，a_{1p}）和（b_{11}，b_{12}，…，b_{1q}），使得

$$U_1 = a_{11}X'_1 + X'_2 + \cdots + a_{1p}X'_p \tag{11-11}$$

$$V_1 = b_{11}Y'_1 + b_{12}Y'_2 + \cdots + b_{1q}Y'_q \tag{11-12}$$

之间的相关系数 Corr(U_1，V_1) 最大。

如第一对标准化典型相关变量满足：

① U_1 与 U_2, V_2 不相关；

② V_1 与 U_2, V_2 不相关，且 Corr(U_1，V_1) 在所有的线性组合中最大。

其中 U_1和 V_1称为第一对典型变量(canonical variable)；（a_{11}，a_{12}，…，a_{1p}）和（b_{11}，b_{12}，…，b_{1q}）称为第一对标准化典型系数(canonical coefficients)；Corr(U_1，V_1)称为第一典型相关系数。

3）寻找第二对标准化典型相关变量。寻找第二套适当的组合系数（a_{21}，a_{22}，…，a_{2p}）和（b_{21}，b_{22}，…，b_{2q}），使得

$$U_2 = a_{21}X'_1 + a_{22}X'_2 + \cdots + a_{2p}X'_p \tag{11-13}$$

$$V_2 = b_{21}Y'_1 + b_{22}Y'_2 + \cdots + b_{2q}Y'_q \tag{11-14}$$

4）寻找第三对，第四对，……标准化典型相关变量及第三套，第四套，……组合系数。

这样最多可以找到 $m = \min(p, q)$ 对标准化典型变量。显然，

$$\text{Corr}(U_1, V_1) \geqslant \text{Corr}(U_2, V_2) \geqslant \cdots \geqslant \text{Corr}(U_m, V_m)$$

将以上满足条件的综合变量对 U_i，V_i为第 i 对典型相关变量(简称典型变量)，称他们之间的相关系数 Corr(U_i，V_i) 为第 i 典型相关系数。

也就是说，在理论上，典型变量的对子数和相应的典型相关系数的个数，可等于两组指标中指标数目少的那一组指标个数。第一对典型变量 U_1 和 V_1 提取的相关成分最多；第二对典型变量 U_2和 V2 提取的相关成分次之；依次类推，最后一对典型变量 U_m 和 V_m 提取的相关成分最少。究竟取前面几对典型变量，除了可对相关系数进行假设检验外，还要结合对典型变量和相应的典型相关系数的实际解释而定。实际上，求得的典型变量对数往往越少越好，最好是第一对典型变量就提取了足够的相关成分，用一对典型变量就够了。典型相关分析好坏的关键在于能结合专业知识对各典型变量对及其相关成分作出合理的解释。

例 11-4 康复俱乐部对 20 名中年人测量了三个生理指标：体重（X_1），腰围（X_2），脉搏

(X_3)；三个训练指标：引体向上次数(Y_1)，起坐次数(Y_2)，跳跃次数(Y_3)。分析生理指标与训练指标的相关性。数据详见表 11-7。

表 11-7 康复俱乐部数据

序号	体重 X_1	腰围 X_2	脉搏 X_3	引体向上次数 Y_1	起坐次数 Y_2	跳跃次数 Y_3
1	154	31	46	17	251	260
2	202	40	77	12	210	120
3	138	33	60	15	200	180
4	169	34	50	17	120	38
5	193	38	62	12	101	121
6	176	29	50	20	200	204
7	211	42	79	4	80	62
8	191	36	55	5	162	164
9	189	36	60	13	155	58
10	247	46	80	1	50	50
11	193	36	50	8	139	145
12	156	35	60	15	210	210
13	167	35	60	6	125	40
14	154	33	55	16	225	230
15	166	39	52	13	210	185
16	189	39	74	2	110	60
17	157	32	50	18	230	240
18	162	35	62	12	105	37
19	182	36	70	4	101	42
20	176	40	77	4	60	25

根据表 11-7 数据可得典型相关系数见表 11-8。

表 11-8 典型相关系数

R_1	R_2	R_3
0. 807	0. 315	0. 143

根据前述的典型相关性系数进行显著性检验，可认为第一对典型变量间相关关系有统计学意义，第二对典型变量间相关关系无统计学意义(计算过程略)。通过以上检验可知，说生理指标和训练指标之间只有一对典型变量，即

$$U_1 = -0.009X_1 - 0.102X_2 - 0.042X_3$$
$$V_1 = 0.127Y_1 + 0.003Y_2 + 0.001Y_3$$

相关系数为 0. 807，可见两者相关性密切，即可认为生理指标和训练指标间相关关系有统计学意义。

由于生理指标和训练指标量纲不同，在对数据进行分析时，应先对数据进行标准化，或者直接使用相关系数矩阵进行典型相关性分析。结果见表 11-9。

表 11-9　标准化后 X 的相关系数

生理指标	1	2	3
X_1	-0.218	-0.960	1.291
X_2	-0.408	-0.440	-2.080
X_3	-0.463	1.307	0.988

表 11-10　标准化后 Y 的相关系数

训练指标	1	2	3
Y_1	0.753	-0.184	1.348
Y_2	0.201	2.098	-1.304
Y_3	0.110	-2.109	-0.231

可得到标准化后的第一对典型变量

$$U_1^* = -0.218X_1^* - 0.408X_2^* - 0.463X_3^*$$

$$V_1^* = 0.753Y_1^* + 0.201Y_2^* + 0.111Y_3^*$$

其中 X_j^* 和 Y_j^* 分别为原始变量 X_i，Y_i 标准化后的结果。

生理指标与其自身典型变量间的相关系数见表 11-11。

表 11-11　生理指标与其自身典型变量间的相关系数

生理指标	1	2	3
X_1	-0.827	-0.495	0.267
X_2	-0.955	-0.138	-0.264
X_3	-0.929	0.355	0.107

以上结果说明，生理指标第一典型变量与体重的相关系数为 -0.827，与腰围的相关系数为 -0.955，与脉搏的相关系数为 -0.929. 即，生理指标的第一对典型变量与体重、腰围、心率呈负相关,其中，腰围的相关性最强。第一典型变量主要反映了体型的状态(胖瘦情况)。

训练指标与其自身典型变量间的相关系数见表 11-12。

表 11-12　训练指标与其自身典型变量间的相关系数

训练指标	1	2	3
Y_1	0.980	0.029	0.199
Y_2	0.875	0.098	-0.475
Y_3	0.785	-0.380	-0.490

以上结果说明，训练指标第一典型变量与引体向上次数的相关系数为 0.980，与起坐次数的相关系数为 0.875，与跳跃次数的相关系数为 0.785。即，训练指标的第一对典型变量与引体向上次数、起坐次数、跳跃次数呈正相关。其中，引体向上次数的相关性最强。第一典型变量主要反映了训练的程度。

二、典型相关分析的应用

（一）典型相关分析的用途

目前，典型相关分析已应用于心理学、市场营销等领域。例如，用于研究个人性格与职业兴趣的关系，市场促销活动与消费者响应之间的关系等问题的分析研究。

在实际分析问题中，当我们面临两组多变量数据，并希望研究两组变量之间的关系时，就要用到典型相关分析。

例如，为了研究扩张性财政政策实施以后对宏观经济发展的影响，就需要考察有关财政政策的一系列指标（如财政支出总额的增长率、财政赤字增长率、国债发行额的增长率、税率降低率等）与经济发展的一系列指标（如国内生产总值增长率、就业增长率、物价上涨率等）两组变量之间的相关程度；为探讨在校学生生长发育指标与身体素质之间的相互关系，可对生长发育指标（如身高、体重、胸围、肺活量四项指标）与反映身体素质指标（如 50 米跑、跳远、跳高、实心球抛掷）进行典型相关分析。

又如，为了研究扩张性财政政策实施以后对宏观经济发展的影响，就需要考察有关财政政策的一系列指标（如财政支出总额的增长率、财政赤字增长率、国债发行额的增长率、税率降低率等）与经济发展的一系列指标（如国内生产总值增长率、就业增长率、物价上涨率等）两组变量之间的相关程度。

再如，为了解不同家庭特征与家庭消费模式之间的关系，就需要考察各种宏观指标（如户主年龄 Y_1、家庭收入 Y_2、户主受教育程度 Y_3）与各种反映医疗保健消费、文化教育消费状况的指标（如药物购买支出、健康体检频率、保健食品消费额等）两组变量之间的相关关系。

（二）典型相关分析应用中的四个问题

1. 基本假设和数据要求

1）要求两组变量中每对典型变量之间为线性关系；

2）每个典型变量与本组所有观测变量的关系也是线性关系。若属于非线性关系，要先线性化。如经济水平与收入、年龄和其他一些社会发展水平之间并非线性关系，这种情况要先取对数。

2. 从相关矩阵出发计算典型相关

对于不同量纲和数量级别的数据，需要对数据进行标准化处理，以消除量纲和数量级别的影响，然后再进行典型相关分析。

3. 典型载荷分析

它是指原始变量与典型变量之间相关性分析，有助于更好解释分析已提取的 p 对典型变量。

4. 典型冗余分析

预期了解每组变量提取出的典型变量所能解释的改组样本总方差的比例，从而定量测定典型变量所包含的原始信息量的大小。

第四节 相关分析与回归分析的应用

一、相关分析与回归分析时应注意的问题

（一）要有实际意义

直线相关与回归分析要有实际意义，毫无联系的两个事物或两种现象作相关与回归分析是没有必要的。

（二）分析步骤

进行直线相关与回归之前，应先用原始数据绘制散点图。当散点图呈直线趋势时，才宜作直线相关与回归分析。

（三）应用条件

相关分析应用于正态双变量资料，如不符合该条件，应作相应变量转化。两个事物如果存在相关关系，可能因为因果关系，也可能是伴随关系，应结合专业实际作出正确分析。

（四）结果解释

两事物间有相关关系，不一定就是因果关系，也可能是伴随关系。因相关分析只是用相关系数来描述两变量之间直线关系的密切程度和相关方向，并不能说明两变量间有因果关系。若两变量间存在因果关系，则必定存在相关关系。

（五）变量间关系

当 X 与 Y 均呈正态分布时，以 X 作自变量推算 Y，与以 Y 作自变量推算 X 的方程式不同，所计算的回归系数 b 与截距 a 也是不相等的。

二、区别与联系

研究两个变量间的关系，一般用回归分析或相关分析。在回归分析中，一个变量视为自变量，另一个变量视为因变量(尽管它们不一定是因果关系)。自变量可有研究者确定，因此不一定是随机变量，因变量被假定为随机变量，通过抽样得到。通过多次重复研究，自变量取值因由研究者确定，可保持不变，而因变量的值在抽取过程中将发生变化。回归分析的目的在于给出一个描述两者关系的函数方程，用于得到当已知自变量值时，预测相应因变量的值。而相关分析是研究两个变量的相关程度，两个变量均假定为随机变量。因为两个变量的样本观察值均由抽样得到，所以样本不同，观测值不同。

（一）应用情况不同

相关和回归都是分析两变量间关系的统计方法。相关表示相互关系，相关系数说明两个变量间关系的密切程度，相关分析主要是描述两个变量之间线性关系的密切程度；回归表示从属关系，回归方程说明两个变量间的数量关系，回归分析不仅可以解释变量 X 对变量 Y 的影响大小，还可以由回归方程进行预测和控制。

（二）资料要求不同

相关与回归分析时若一个变量 X 是选定的，另一个变量 Y 是从正态分布总体中抽取出的，宜作回归分析。当两变量 X，Y 都是从正态分布总体中所取得的，即正态双变量中的随机样本，这时若只需说明两变量间的相互关系可作相关分析。若要由一个变量推算另一个变量可作回归分析，此时可以计算两个回归方程：

由 X 推 Y 的回归方程：$\hat{Y} = a_{y \cdot x} + b_{y \cdot x}X$；

由 Y 推 X 的回归方程：$\hat{X} = a_{x \cdot y} + b_{x \cdot y}Y$。

（三）变量地位不同

相关分析中，变量 X 与变量 Y 处于平等的地位；回归分析中，变量 Y 称为应变量，处于被解释的地位，X 称为自变量，用于预测应变量的变化。

（四）变量的要求不同

相关要求两个变量均为随机变量，且呈双变量正态分布；回归要求应变量 Y 是随机变量且服从正态分布，而自变量 X 是能精确测量和严格控制的变量,也可以是随机变量。

（五）统计意义不同

相关反映两变量间的伴随关系，这种关系是相互的，对等的，不一定有因果关系；回归则反映两变量间的依存关系，有自变量与应变量之分，一般来讲，“因”或较易测定、变异较小者定位自变量。这种依存关系可能是因果关系或从属关系。

（六）量纲不同

由 r 和 b 的计算公式可推知，相关系数 r 无单位，回归系数 b 有单位。

（七）符号一致

对一组数据若同时计算 r 和 b ，它们的正负号是一致的。r 为正号表示两变量间的相互关系是同方向变化的；b 为正表示 X 每增(减)一个单位，Y 平均增(减) b 个单位。

（八）假设检验等价

对同一样本 t_r 和 t_b 是等价的。由于 r 的假设检验计算比较简单，也可以直接查表，而 b 的假设检验计算较繁。实际应用中一般只需对相关系数作假设检验。

（九）用回归解释相关

由于决定系数等于相关系数的平方

$$r^2 = \frac{SS_{回归}}{SS_{总}}$$

当 $SS_{总}$ 固定不变时，回归平方和的大小决定了 r 的大小。回归平方和越接近总平方和，则 r 越接近 1，r^2 越小表示回归平方和在总平方和中所占比例越小。例如，当 $r=0.20$，$n=100$ 时，经检验按 $\alpha=0.05$ 拒绝 H_0，接受 H_1，认为两变量有相关关系。但 $r^2=(0.20)^2=0.04$，表示回归平方和在总平方和中仅占 4%，说明两变量间的相关关系实际意义不大。

三、注意事项

（一）根据分析目的选择变量及统计方法

相关系数用于说明两变量间直线关系的方向和密切程度，X，Y 没有主次之分；直线回归则用于定量刻画变量 Y（应变量）对 X（自变量）在数值上的依存关系，具体哪一个作为应变量主要根据专业要求确定。需要注意的是，不能把毫无关联的两种现象勉强作回归或相关分析。例如，购买高档手机的消费者普遍具有大学本科以上学历，这些消费者同时购买保险的金额比其他人群高，购买次数比其他人群高，如果购买手机人数和购买保险金额间存在统计学意义（$P<0.05$），能说明两者间有什么关系和讨论意义吗？

（二）进行相关、回归分析前应绘制散点图

散点图是考察数据是否满足线性分布的较为直观的方法。如果图中发现有明显远离主题数据

的观察值，称为异常点(outlier)，这些点对正确评估两变量间关系有较大影响。对异常点的识别和处理要通过专业知识和对现有数据进行分析。

(三) 对结果的正确解释和应用

反映两变量关系密切程度或数量上影响大小的统计量应视回归系数或相关系数的绝对值而非假设检验的 P 值。P 的大小只能说明是否有理由认为变量间有直线关系的存在，而不能说明是否关系密切。

一、单项选择题

1. 工人工资(元)依劳动生产率(千元)的回归方程为 $\hat{Y} = 10 + 70X$，这意味着(　　)。

A. 如果劳动生产率等于1000元，则工人工资为70元

B. 如果劳动生产率每增加1000元，则工人的工资平均提高70元

C. 如果劳动生产率每增加1000元，则工人工资为80元

D. 如果劳动生产率等于1000元，则工人工资为80元

E. 如果劳动生产率每下降1000元，则工人工资平均减少70元

2. 下列属于负相关的现象是(　　)。

A. 商品流转的规模越大，流通费用水平越低

B. 流通费用率随商品销售额的增加而减少

C. 国民收入随投资额的增加而增长

D. 生产单位产品所耗工时随劳动生产率的升高而减少

E. 某产品产量随工人劳动生产率的提高而增加

3. 某食品科调查克山病区6分主食大米中硒含量与该地区居民血硒含量，计算得 $r = 0.808$，$0.05 < p < 0.10$，下结论时应慎重。原因在于(　　)。

A. 若将双侧变为单侧结论相反

B. 若适当增加样本含量可能拒绝 H_0

C. 若进行数据变换，可能得到不同的结论

D. 若将校验水准由0.05改为0.10，则拒绝 H_0

二、简答题

1. 简述简单相关、偏相关与复相关的区别。

2. 简单相关与线性回归的区别与联系。

3. 应用相关分析应注意哪些问题？

三、计算题

我国2003年1月到2006年2月居民消费价格指数(CPI)与工业品出厂价格指数(PPI)资料数值，见表11-13。

表11-13　我国2003年1月到2006年2月居民消费价格指数(CPI)与工业品出厂价格指数

时间	PPI/%	CPI/%	时间	PPI/%	CPI/%
2003年1月	102.4	100.4	2004年8月	106.8	105.3
2003年2月	103.9	100.2	2004年9月	107.9	105.2
2003年3月	104.6	100.9	2004年10月	108.4	104.3
2003年4月	103.6	101.0	2004年11月	108.1	102.8
2003年5月	102.0	100.7	2004年12月	107.1	102.4
2003年6月	101.3	100.3	2005年1月	105.8	101.9

续表

时间	PPI/%	CPI/%	时间	PPI/%	CPI/%
2003 年 7 月	101.4	100.5	2005 年 2 月	105.4	103.9
2003 年 8 月	101.4	100.9	2005 年 3 月	105.6	102.7
2003 年 9 月	104.4	101.1	2005 年 4 月	105.8	101.8
2003 年 10 月	101.2	101.8	2005 年 5 月	105.9	101.8
2003 年 11 月	101.9	103.0	2005 年 6 月	105.2	101.6
2003 年 12 月	102.3	103.2	2005 年 7 月	105.2	101.8
2004 年 1 月	103.5	103.2	2005 年 8 月	105.3	101.3
2004 年 2 月	103.5	102.1	2005 年 9 月	104.5	100.9
2004 年 3 月	103.9	103.0	2005 年 10 月	104.0	101.2
2004 年 4 月	105.0	103.8	2005 年 11 月	103.2	101.3
2004 年 5 月	105.7	104.4	2005 年 12 月	103.2	101.6
2004 年 6 月	106.4	105.0	2006 年 1 月	103.1	101.9
2004 年 7 月	106.4	105.3	2006 年 2 月	103.0	100.9

资料来源：徐国祥，统计学学习指导与习题，世纪出版集团

1）通过该表是否能得到居民消费价格指数(CPI)与工业品出厂价格指数间存在相关？

2）对 PPI 于 CPI 之间的相关系数进行假设检验。

（王学梅　王诗淇）

第十二章

非参数统计方法

前面讲述的统计推断方法，尤其是定量资料，通常都要求样本来自的总体分布类型是已知的(如正态分布)，在这种假设基础上，对总体参数(如总体均数)进行估计或检验，称为参数统计(parametric statistics)。但实际上，有些资料并不符合上述条件，此时可以用变量转换的方法(如用对数转换等)将之转为正态分布，然后再用相应的参数统计方法。然而有些资料没有适当的转换方法，或有时总体分布不能确定，则需要应用一种不必依赖某一特定分布类型的统计方法，称为任意分布(distribution free)统计方法。

第一节　非参数统计概述

一、非参数统计概念

不以特定分布为前提，对总体参数不作推断的统计方法称为非参数统计(nonparametric statistics)，也称为任意分布统计。非参数统计方法不对总体的分布类型作任何假设，它不依赖于特定的总体分布类型，因此也无法对总体参数作出推断，而仅仅比较总体的分布或者分布位置是否相同。

非参数统计的方法很多，本章介绍检验效能相对比较高、比较系统、完善的秩和检验(rank sum test)和常用来研究指标之间关联性的等级相关。

二、非参数统计优缺点

非参数统计方法的优点：①非参数统计方法不受总体分布类型的影响，适用范围广。②搜集资料方便。不论研究的是何种类型的变量，包括那些难以准确测量，只能以严重程度、优劣等级等表示的资料，都可以利用非参数统计来处理，使用灵活。③计算简便，在样本含量较少时，利用手工运算可以快速得到初步结果。

非参数统计方法的缺点：①对于符合参数统计方法的资料，如果采用非参数方法处理，会使得检验效能降低，第二类错误的概率增大；②该方法历史较短，方法体系上还不完善，一些较为复杂的设计类型，无法采用相应的非参数法来处理；③非参数统计不能对总体参数进行估计，因此没有概括性的数字说明总体的数量特征。

三、非参数统计适用范围

非参数统计适用范围广泛，主要适用于以下三种情况：

1）分布为偏态或者分布形式未知的数值变量资料，尤其在 $n<30$ 时；

2）有序分类变量资料(又称等级资料)；

3）个别数据偏大，或者数据的一端或两端没有明确数值的资料(又称开口资料)。

这三种情况也正是参数统计无能为力的时候，所以非参数统计是参数统计有力的补充。

第二节　常用的秩和检验

秩和检验在非参数统计中属于检验效能较高，又比较系统和完整的方法，其中秩(rank)的含义就是等级、次序或顺序的意思。

一、Wilcoxon 符号秩检验

Wilcoxon 在 1945 年提出了符号秩检验(Wilcoxon's signal rank test)，可用于配对设计数值型资料差值的比较或者单个样本与已知总体中位数的比较。

(一) 配对设计比较的符号秩和检验

配对设计资料的 Wilcoxon's 符号秩检验，主要用于配对的差值严重偏离正态分布时，对配对 t 检验条件不适合时的有效替换方法。

例 12-1　为了促进公平竞争氛围的形成，保障参保职工的利益，某城市调查了该市两家定点医院急性单纯性阑尾炎、胆囊结石伴慢性胆囊炎、子宫肌瘤等 9 个单病种费用结算情况，结果见表 12-1。试分析两家定点医院医疗费用(千元)结算情况是否一致。

表 12-1　某市两家医院 9 个单病种医疗费用结算情况

病种编号 (1)	甲医院 (2)	乙医院 (3)	差值 (4)	正差值秩 (5)	负差值秩 (6)
1	1.50	1.45	0.05	1	—
2	2.60	2.70	-0.10	—	2
3	3.80	3.90	-0.10	—	3
4	2.80	2.50	0.30	8	—
5	4.00	3.80	0.20	6.5	—
6	1.60	1.80	-0.20	—	6.5
7	1.00	1.00	0.00	—	—
8	0.80	0.65	1.50	5	—
9	2.00	2.10	-0.10	—	4

首先要分析该研究的设计类型，该例属于配对设计。因此，先计算两实验室测定结果的差值(d)，本例差值列在表 12-1(4)列。该差值不呈正态分布，因此配对 t 检验就有问题，现用该例来说明 Wilcoxon's 符号秩检验。检验步骤如下。

1. 建立假设

H_0：差值总体中位数 $M_d = 0$(即差值的正负号随机地分布在"0"的两侧)；

H_1：差值总体中位数 $M_d \neq 0$；

$\alpha = 0.05$。

2. 编秩

依差值的绝对值从小到大编秩，并将秩次按差值的正负分两栏，见表 12-1(5)(6)栏。编秩遇差值为零时，舍去不计，同时有效样本例数减 1；遇有绝对值相同、符号相反的差值时，各取平均秩次，见表 12-1 的 5，6 号病种的差值；符号相同的差值不必取平均秩次，只需按顺序编秩次，见表 12-1 的 2，3，9 号病种的差值。

3. 确定检验统计量 *T*

分别求正负秩次之和，见表 12-1(5)(6)栏的合计：$T_+ = 20.5$，$T_- = 15.5$，任取其中一个作为统计量 T。本例可取 $T = 15.5$ 作为统计量。

4. 确定 *P* 值，作出统计推断

当有效样本例数 $n \leqslant 50$ 时，查 T 界值表(见附表 10)。若统计量落在 T 界值范围之内，则 $P>0.05$；若统计量落在 T 界值范围之外(包括恰好等于界值)，则 $P \leqslant 0.05$。本例对子数 $n = 9 - 1 = 8$，查附表 10，得 $T_{0.05} = (3, 33)$，$T = 15.5$，故 $P>0.05$，按 $\alpha = 0.05$ 的检验水准接受 H_0，可认为两家医院虽然不同病种的收费标准有所不同，但 9 个病种总体收费水平的差别尚无统计学意义。

如果 $n>50$，可以利用秩和分布的正态近似性来处理。当 $n>50$ 时，T 分布将逐渐逼近均数为 $n(n+1)/4$、标准差为 $\sqrt{n(n+1)(2n+1)/24}$ 的正态分布，因此可用正态近似法，求出 Z 值：

$$Z = \frac{T - n(n+1)/4}{\sqrt{\dfrac{n(n+1)(2n+1)}{24}}} \tag{12-1}$$

如果存在较多相同的秩，需要对 Z 值进行校正：

$$Z_c = \frac{T - n(n+1)/4}{\sqrt{\dfrac{n(n+1)(2n+1)}{24} - \dfrac{\sum (t_j^3 - t_j)}{48}}} \tag{12-2}$$

式中，t_j为第 j 个($j=1, 2, \cdots$)相同秩的个数。

Wilcoxon's 符号秩检验的基本思想：假设两家医院的收费水平在总体上相同，则差值的正负号应随机地分布在“0”的两侧。正差值的秩和与负差值的秩和理论上应该相等，即使有差别，如果仅仅是随机因素造成，差别也不会太大，即在 H_0成立的条件下，不太可能会出现正的秩和与负的秩和相差悬殊的情况。如果二者相差较大，就要怀疑 H_0是否成立，从而认为两组数据分布不相同。

(二) 单样本设计符号秩检验

单样本 t 检验在不符合应用条件时也可以用 Wilcoxon's 符号秩检验来处理。Wilcoxon's 符号秩检验可以推断单个样本代表的总体中位数和已知中位数之间有无差别。

例 12-2 某医生调查了 12 名脱发患者，测量发铜含量(μg/g)，测量值见表 12-2。已知健康人群的发铜含量的总体中位数为 11.21μg/g。问脱发患者的发铜含量是否低于健康人群？

表 12-2 12 名脱发患者的发铜含量测定结果

发铜含量 x_i (1)	差值 d_i (2)	正差值秩 (3)	负差值秩 (4)
6.11	−5.10	—	12
6.21	−5.00	—	11
6.27	−4.94	—	10
6.58	−4.63	—	9
6.78	−4.43	—	8
7.12	−4.09	—	7
7.34	−3.87	—	6
8.56	−2.65	—	5

续表

发铜含量 x_i (1)	差值 d_i (2)	正差值秩 (3)	负差值秩 (4)
9.72	-1.49	—	4
10.64	-0.57	—	3
11.16	-0.05	—	1
11.32	0.11	2	—

首先要分析该研究的设计类型，这里显然属于单样本设计(观察性研究)，目的是推断该地脱发患者的发铜平均水平(未知总体)与健康人群的发铜平均水平(已知总体)是否相同?

根据专业知识或者进行正态性检验，发现发铜含量不服从正态分布，其平均水平可用中位数来表达。因此本例不适合使用单样本 t 检验，可选 Wilcoxon's 符号秩检验。

1. 建立假设，确定检验水准

H_0：差值的总体中位数 $M_d=0$；

H_1：差值的总体中位数 $M_d<0$；

$\alpha=0.05$。

2. 编秩

首先求出各对数据与已知总体中位数的差值，$d_i=x_i-11.21$，见表中(2)栏，按差值的绝对值由小到大编秩：1，2，…，n，并标明原差值的正负号。编秩时，如果差值为 0，舍去不计；如果差值的绝对值相等，则取平均秩次，秩次符号与原差值的符号一致。

3. 确定检验统计量

分别求出正负秩之和 T_+，T_-，无论正负都是以秩的绝对值求和的，所以负秩的秩和也为正。选择绝对值较小的秩和作为检验统计量，本例中 $T_+=2$，$T_-=76$，故取 $T=2$。

4. 确定 *P* 值，作出统计推断

当 $n\leqslant 50$ 时，可以查 T 界值表，见附表 10，本例中，$n=12$，查表得到单侧 0.05 的 T 界值(17，61)，因此 $P<0.05$。按 $\alpha=0.05$ 的检验水准，拒绝 H_0，认为脱发患者的发铜含量低于健康人群。

如果 $n>50$，可以利用秩和分布的正态近似性来处理，见公式(12-1)或公式(12-2)。

二、Mann-Whitney *U* 检验

Mann-Whitney U 检验的目的是推断两样本代表的总体分布是否相同，适用于完全随机设计处理因素两水平，或者观察性研究两独立样本比较，其效应指标是定量资料但不符合 t 检验的条件，或者效应指标是等级资料。

(一) 基于原始数据的两独立样本比较

该试验主要用于两种情景：①对于实验性研究主要用于完全随机设计(成组设计)的两组比较；②对于观察性研究，主要用于两个独立样本的比较。

例 12-3　在某保险公司两个营销部中调查 20 名营销员上一年的年度营销业绩，资料见表 12-3，试分析两个部门的营销业绩是否有差别。

表 12-3 两个营销部 20 名营销员上年营销情况

部门 1 营销额	秩	部门 2 营销额	秩
(1)	(2)	(3)	(4)
9	1	11	2
18	3	24	6
18	4	24	6
24	6	32	10
29	8	60	12
31	9	98	14
55	11	100	16
86	13	146	18
90	15	148	19
140	17	180	20
$n_1 = 10$	$T_1 = 87$	$n_2 = 10$	$T_2 = 123$

首先要分析该研究的设计类型，该例属于观察性研究，其研究对象为营销员，观察指标是上年营销额，比较两独立部门。如果上年营销额近似正态分布且满足方差齐性，可用独立样本 t 检验。然而该资料经正态性检验不服从正态分布，不适合用两独立样本的 t 检验，可以用两样本比较的秩和检验。

1. 建立假设检验，确定检验水准

H_0：两部门的营销额总体分布相同；

H_1：两部门的营销额总体分布不同；

$\alpha = 0.05$。

2. 编秩求秩和

将两组营销额由小到大统一编秩。编秩时遇到相同数值可以求平均秩，若在同一组内部，也可以不用求平均秩，顺次编秩。本例中有三个营销额都是 24 万，本应占有 5~7 的秩，求平均秩为 6。编好秩后，每组再分开求秩和。以较小的样本含量为第一组，记作 n_1，对应秩和记作 T_1，较大的样本含量记作 n_2，对应秩和记作 T_2。

3. 确定检验统计量 T

若两组样本含量不一致，则取较小样本含量一组对应的秩和作为统计量，即 $T = T_1$；若两组样本含量相等，则任选其中一组的秩和作为统计量，即 $T = T_1$或 $T = T_2$。本例中两组样本一致，可以取 $T = 87$。

4. 确定 P 值，作出统计推断

查 T 界值表(见附表 11)，本例 $n_1 = 10$，$n_2 - n_1 = 0$，双侧 0.05 对应的 T 界值范围是(78，132)，$T = 87$ 落在该范围内，$P>0.05$，按 $\alpha = 0.05$ 的水准接受 H_0，可以认为两个部门的营销额分布相同，即两个部门的营销额无统计学差别。

该 T 界值表要求 $n_1 \leqslant 10$ 且 $n_2 - n_1 \leqslant 10$，若超出范围，也可以根据秩和 T 的近似正态性，服从总体均数为 $n_1(n+1)/2$，方差为 $n_1 n_2(n+1)/12$ 的正态分布，构造检验统计量 Z 值，进行 Z 检验，即

$$Z = \frac{|T - n_1(n+1)/2| - 0.5}{\sqrt{n_1 n_2 (n+1)/12}} \tag{12-3}$$

其中 $n=n_1+n_2$，0.5 为连续性校正数。Z 值服从于标准 Z 态分布。

若相同的秩过多(超过总数的 25%)，Z 值还需要进行校正为 Z_C 值：

$$Z_C=\frac{Z}{\sqrt{C}} \tag{12-4}$$

其中 $C=1-\frac{t_j^3-t_j}{n^3-n}$，$n$ 是总的样本含量，t_j为第 j 个($j=1$，2，…)相同秩的个数。　(12-5)

本法的基本思想：如果 H_0成立，则两样本来自分布相同的总体，两样本的平均秩次 T_1/n_1 与 T_2/n_2 应相等，或很接近，且都与总体平均秩次$(n+1)/2$ 相差很小。样本含量为 n_1 的样本对应秩和 T_1 与平均秩和 $n_1(n+1)/2$ 相差较小，T_1 与平均秩和 $n_1(n+1)/2$ 相差较大的可能性很小。若 T_1 与平均秩和 $n_1(n+1)/2$ 相差较大，在给定 α 值时，若则可以拒绝 H_0，反之接受 H_0。

(二) 基于频数资料两样本比较

例 12-4　为研究某中药治疗冠心病的疗效，将符合诊断标准的病例随机分成两组，一组给予该中药治疗，另一组给予不含任何活性成分的安慰剂，以心电图改善作为评价疗效的指标，两组患者疗效见表 12-4，问该中药治疗冠心病是否有效?

表 12-4　两组冠心病患者的疗效

疗效	某中药	安慰剂	合计	秩次范围	平均秩次	秩和	
						中药	安慰剂
加重	1	5	6	1~6	3.5	3.5	17.5
无效	18	35	53	7~59	33	594	1155
改善	26	9	35	60~94	77	2002	693
显效	10	5	15	95~109	102	1020	510
合计	55	54	109	—	—	3619.5	2375.5

首先要分析该研究的设计类型，该例属于实验性研究，其研究对象为冠心病患者，处理因素是治疗方案(两水平，一是中药治疗，另一水平是安慰剂)，效应指标是疗效(等级资料)，这里没有考虑干扰因素的影响，只有单纯地将研究对象用随机化的办法分为两组(中药组与安慰剂组)，显然属完全随机设计。由于效应指标是半定量的等级资料，无法用独立样本 t 检验，只能用非参数检验，这里介绍 Mann-Whitney U 检验。

1. 建立假设，确定检验水准

H_0：两组患者疗效分布的位置相同，即该中药治疗冠心病无效；

H_1：两组患者疗效分布的位置不同，即该中药治疗冠心病有效；

$\alpha=0.05$。

2. 编秩求秩和

本例为等级资料，编秩时，相同等级编为相同秩次。先计算各等级合计人数，由此确定各等级的秩次范围，并求出平均秩。如本例中，加重者共 6 人，其秩次范围 1~6，平均秩次为 3.5，依次类推。在各等级平均秩次的基础上分别求两组秩和，中药组秩和 $T_1=3619.5$，安慰剂组秩和 $T_2=2375.5$。

3. 确定检验统计量

本例中 $n_1=55$，$n_2=54$，已经超出了附表 11 的范围，且相同秩的个数较多，故采用校正的正态近似法，即

$$Z=\frac{|2375.5-54\times(54+55+1)/2|-0.5}{\sqrt{55\times 54(54+55+1)/12}}=3.6$$

$$C=1-\frac{6^3-6+53^3-53+35^3-35+15^3-15}{109^3-109}=0.8492$$

$$Z_C=\frac{Z}{\sqrt{C}}=\frac{3.6}{\sqrt{0.8492}}=3.91$$

4. 确定 *P* 值，作出推断结论

查标准正态分布表，得 $P<0.001$，按 $\alpha=0.05$ 的检验水准，拒绝 H_0，接受 H_1，可认为两组患者疗效分布的位置不同，该中药治疗冠心病有效。

三、Kruskal-Wallis *H* 检验

Kruskal-Wallis *H* 检验可用于多个样本的比较。适用于两种情景：①完全随机设计多组比较；②观察性研究多个独立样本的比较。也就是资料不满足单向方差分析的条件时，如定量的效应变量不呈正态分布或者是效应变量是等级资料，目的是推断多个样本代表的总体分布是否相同。设有 g 个独立样本，每组样本含量为 n_i（$i=1, 2, \cdots, g$），则 $n=\sum n_i$。

（一）基于原始数据多个样本比较

例 12-5 为了了解某市职工医疗保险个人账户资金沉淀情况，该市医疗保险基金管理中心对不同年龄段参保职工的个人账户进行了抽查，资料见表 12-5，试分析不同年龄段个人账户节余金额是否有差异。

表 12-5 某市不同年龄段参保职工个人账户节余情况

编号	<35 岁		35~45 岁		>45 岁	
	余额/千元	秩次	余额/千元	秩次	余额/千元	秩次
	(1)	(2)	(3)	(4)	(5)	(6)
1	0.6	10.5	0.4	6	0.1	1
2	0.7	14.5	0.4	6	0.2	2
3	0.7	14.5	0.6	10.5	0.2	3
4	0.7	14.5	0.6	10.5	0.3	4
5	0.8	18.5	0.7	14.5	0.4	6
6	1.0	22	0.8	18.5	0.5	8
7	1.1	23	0.8	18.5	0.6	10.5
8	1.2	24	0.9	21	0.8	18.5
R_i	—	141.5	—	105.5	—	53
n_i	—	8	—	8	—	8

首先要分析该研究的设计类型，该例属于观察性研究，其研究对象为参保职工，观察指标是个人账户节余金额，比较三个年龄段。如果个人账户节余金额近似正态分布且满足方差齐性，可用单向方差分析。然而该资料不满足正态分布和方差齐性的要求，可考虑用 Kruskal-Wallis *H* 检验。检验步骤如下。

1. 建立检验假设，确立检验水准

H_0：三个年龄段个人账户余额总体分布相同；

H_1：三个年龄段个人账户余额总体分布不全相同；

$\alpha = 0.05$。

2. 编秩求秩和

将不同年龄段个人账户余额由小到大排序，并统一编秩。如遇同组相同数据，秩次顺序；遇不同组相同数据取平均秩次。本例有2个0.2，在同一组内，按顺序编为2和3；有3个0.4，分别在(4)栏和(6)栏，其平均次为$(5+6+7)/3=6$；有4个0.6，分别在(2)(4)(6)栏，其平均秩次为$(9+10+11+12)/4=10.5$，余类推。求秩和：将各组秩次相加(即R_i)，下标i表示组序($i=1, 2, 3, \cdots$)。

3. 计算检验统计量 *H* 值或 H_C 值

$$H = \frac{12}{n(n+1)} \sum \frac{R_i^2}{n_i} - 3(n+1) \tag{12-6}$$

式中，n_i是指第i个样本的样本含量，n是总样本含量，R_i是指第i个样本对应的秩和。

如果遇到相同观察值较多时，还需要对H值进行校正，即

$$H_C = \frac{H}{C} \tag{12-7}$$

$$C = 1 - \sum \frac{t_j^3 - t_j}{n^3 - n}$$

式中，n是总样本含量，t_j为第j个($j=1, 2, \cdots$)相同秩的个数。

本题中：$H = \dfrac{12}{24(24+1)} \dfrac{141.5^2 + 105.5^2 + 53^2}{8} - 3(24+1) = 9.9038$。

本例有3个0.4，4个0.6，4个0.7，4个0.8，相同秩超过25%，故需要计算H_c，即

$$H_C = \frac{H}{1 - \dfrac{\sum (t_j^3 - t_j)}{n^3 - n}} = \frac{9.9038}{1 - \dfrac{(3^3-3)+(4^3-4)+(4^3-4)+(4^3-4)}{24^3 - 24}} = 10.0524$$

4. 确定 *P* 值，作出推断

若组数$g=3$，每组例数$\leqslant 5$，可查附表12(H界值表)，得出P值。若最小样本的例数大于5，则H近似服从自由度$\nu = g-1$的χ^2分布。本例各组例数均>5，超出了附表的查找范围，按$\nu = 3-1=2$查χ^2分布表，得$\chi^2_{0.01,\ 2}=9.21$，$P<0.01$。按$\alpha = 0.05$检验水准拒绝H_0，接受H_1，认为不同年龄段个人账户余额有差别。

（二）基于频数资料的多个样本比较

例 12-6　为了研究肝炎所致食管、胃底静脉曲张破裂出血的有效止血方法，某医师将符合条件的患者随机分成了4组，分别采用生长抑素(A组)、垂体后叶素(B组)、生长抑素加奥美拉唑(C组)、垂体后叶素加奥美拉唑(D组)进行疗效对比，资料见表12-6，问四种方法的止血效果是否相同？

表 12-6　四种方法的止血疗效

疗效	*A*组	*B*组	*C*组	*D*组	合计	秩次范围	平均秩次
显效	8	9	17	18	52	1~52	26.5
有效	5	6	4	3	18	53~70	61.5
无效	5	6	1	1	13	71~83	77.0
合计	18	21	22	22	83	—	—
R_i	904.5	1069.5	773.5	738.5	—	—	—

1. 建立假设，确定检验水准

H_0：四种方法治疗效果的总体分布相同；

H_1：四种方法治疗效果的总体分布不同或不全相同；

$\alpha = 0.05$。

2. 编秩求秩和

本例为四组等级资料，与两组等级资料时类似，编秩时，相同等级编为相同秩次。先计算各等级合计人数，由此确定各等级的秩次范围，并求出平均秩次。如本例中，显效共 52 人，其秩次范围1~52,平均秩次为 26.5，依次类推。在各等级平均秩次的基础上求秩和。

3. 计算检验统计量 H 值或 H_C 值

$$H = \frac{12}{n(n+1)}\sum \frac{R_i^2}{n_i} - 3(n+1)$$

$$= \frac{12}{83 \times 84}\left(\frac{904.5^2}{18} + \frac{1069.5^2}{21} + \frac{773.5^2}{22} + \frac{738.5^2}{22}\right) - 3 \times 84$$

$$= 9.45$$

由于相同秩次较多，故需要校正，则

$$C = 1 - \sum \frac{t_j^3 - t_j}{n^3 - n} = 1 - \frac{52^3 - 52 + 18^3 - 18 + 13^3 - 13}{83^3 - 83} = 0.7402$$

$$H_C = H/c = 12.77$$

本例可查χ^2 界值表得 $P<0.01$。按 $\alpha = 0.05$ 的检验水准，拒绝 H_0，接受 H_1，可以认为四种方法治疗效果的总体分布不全相同。

（三）多个独立样本的两两比较

当多个样本比较的秩和检验拒绝 H_0，接受 H_1时，可认为各总体分布不同或者不全相同。如需了解哪两个总体分布相同，哪两个总体分布不同，可进一步作组间的两两比较。多个独立样本的两两比较可以用原始数据先秩变化，然后进行方差分析，后采用 Post-hoc 检验方法中的 SNK 或 LSD 等进行两两比较，也可以采用 Nemenyi 检验或扩展 t 检验等，以下就用实例来说明 Nemenyi 检验的操作方法。

例 12-7 对例 12-5 的资料作三个年龄段个人账户节余金额的两两比较。

1. 建立假设，确定检验水准

H_0：任两组的总体分布相同；

H_1：任两组的总体分布不同；

$\alpha = 0.05$。

2. 求检验统计量χ^2

$$\chi^2 = \frac{(\bar{R}_A - \bar{R}_A)^2}{\frac{n(n+1)}{12}\left(\frac{1}{n_A} + \frac{1}{n_B}\right)}, \quad \nu = g - 1 \tag{12-8}$$

若相同秩较多还需要对χ^2 值校正，校正公式：

$$\chi_C^2 = \frac{\chi^2}{C} \tag{12-9}$$

其中 $C = 1 - \sum \frac{t_j^3 - t_j}{n^3 - n}$，$n$ 是总样本含量，t_j为第 j 个(j=1，2，…)相同秩的个数。R_A，R_B分别为

任何两个对比组 A 和对比组 B 的秩和，n_A 和 n_B 为相应的样本含量，$\overline{R}_A$ 及 $\overline{R}_B$ 为相应的平均秩和。例 12-5 的资料中各组的平均秩和：$\overline{R}_1=17.6875$，$\overline{R}_2=13.1875$，$\overline{R}_3=6.625$，$n=24$，由于相同秩次较多，故需要校正，$C=1-\sum\frac{t_j^3-t_j}{n^3-n}=0.9852$，本例两两比较的结果可列成表 12-7。

表 12-7　三个样本间两两比较的秩和检验

对比组 A 与 B (1)	R_A-R_B (2)	χ_C^2 (3)	$\chi^2_{0.05,2}$ (4)	$\chi^2_{0.01,2}$ (5)	P (6)
<35 岁与 35~45 岁	4.5000	1.6443	5.99	9.21	>0.05
<35 岁与>45 岁	11.0575	9.9282	5.99	9.21	<0.01
35~45 岁与>45 岁	6.5625	3.4970	5.99	9.21	>0.05

3. 确定 P 值，作出统计推断

<35 岁与 35~45 岁组之间经 Nemenyi 检验，$P>0.05$，接受 H_0，认为这两组年龄段的人群个人账户节余金额没有差异；<35 岁与>45 岁组之间经 Nemenyi 检验，$P<0.01$，拒绝 H_0，认为这两组年龄段的人群个人账户节余金额有差异；35~45 岁与>45 岁组之间经 Nemenyi 检验，$P>0.05$，接受 H_0，认为这两组年龄段的人群个人账户节余金额没有差异。

第三节　等级相关

直线相关分析法适用于双变量正态分布的资料，有些资料并不服从双变量正态分布或者分布不明，有些是等级资料或者是以率或构成比等相对数构成的资料，对于这些资料可采用非参数分析方法来研究变量之间的关联性，如 Spearman 等级相关(Spearman's rank correlation)、Kendall 相关等。

一、Spearman 相关

Spearman 等级相关可以用来分析非双变量正态分布资料的两个变量间数量上的关联性。

例 12-8　某保险公司在 12 个地区开展大病住院医疗保险，搜集到资料见表 12-8。资料中 X 表示承保深度，即参保人数对该地区人口数的比例，以百分率计。Y 表示因大病住院赔付系数，即住院赔付额对保费收入的比例，也以百分率计。

表 12-8　12 个地区大病住院医疗保险承保深度及赔付系数

地区编号	承保深度 X	承保深度秩次 P_i	赔付系数 Y	赔付系数秩次 Q_i
1	8.3	10	1.0	2
2	2.5	2	4.2	12
3	4.0	3	3.8	10
4	6.9	7	2.4	5
5	9.8	12	0.8	1
6	6.6	6	3.4	8
7	5.5	4	2.8	6

续表

地区编号	承保深度 X	承保深度秩次 P_i	赔付系数 Y	赔付系数秩次 Q_i
8	7.5	8	3.9	11
9	8.2	9	1.5	4
10	2.1	1	3.1	7
11	9.0	11	1.4	3
12	6.2	5	3.6	9

（一）Spearman 等级相关系数的计算

Spearman 等级相关系数的计算需要对原始数据先进行秩变换，本例中对承保深度 X 从小到大编秩，遇到相同数值用平均秩替代，承保深度的秩记作 P_i，然后对赔付系数 Y 以同样的方式编秩，记作 Q_i，与 Pearson 相关系数的公式类似，Spearman 等级相关系数 r_s 的公式如下：

$$r_s = \frac{l_{pq}}{\sqrt{l_{pp} \cdot l_{qq}}} \tag{12-10}$$

$$l_{pq} = \sum_{i=1}^{n} (p_i - \bar{p})(q_i - \bar{q}) \tag{12-11}$$

$$l_{pp} = \sum_{i=1}^{n} (p_i - \bar{p})^2 \tag{12-12}$$

$$l_{qq} = \sum_{i=1}^{n} (q_i - \bar{q})^2 \tag{12-13}$$

本例题经计算得到：$r_s = \frac{l_{pq}}{\sqrt{l_{pp} \cdot l_{qq}}} = -0.734$（计算过程略）。

（二）样本等级相关系数 r_s 的假设检验

根据样本计算的等级相关系数与总体等级相关系数之间存在抽样误差，因此必须对该样本等级相关系数是否来自总体等级相关系数 ρ_S 为零的总体进行假设检验。

检验步骤如下。

1. 建立假设，确立检验水准

$H_0: \rho_s = 0$；$H_1: \rho_s \neq 0$；$\alpha = 0.05$。

2. 确定 P 值，作出推断

本例 $n = 12, r_S = -0.734$，查 r_s 界值表（见附表 15），得 $0.01>P>0.005$，按 $\alpha = 0.05$ 水准拒绝 H_0，接受 H_1，可认为承保深度与赔付系数间呈负相关关系。

二、Kendall 相关

分析两个变量之间的相关，也可用 Kendall 等级相关分析法。它的基本思想是：以一个变量的等级为标准，用一个统计量来衡量另一个变量的等级与它不一致的情况。系数 r_K 也在±1 之间变动。完全不相关时 $r_K = 0$。Kendall 等级相关可对两个或多个变量作分析。

例 12-9 以例题 12-8 数据分析 12 个地区大病住院医疗保险承保深度和赔付系数的关联。

Kendall 相关系数的计算需要对其中的一个变量按从小到大排列，并直接顺次编秩，然后对另一变量编秩。如本例先对承保深度 X 从小到大排列，具体情况见表 12-9。

表 12-9　12 个地区大病住院医疗保险承保深度及赔付系数

地区编号 (1)	承保深度 X (2)	承保深度秩次 P_i (3)	赔付系数 Y (4)	赔付系数秩次 Q_i (5)	累计秩个数 (6)
10	2.1	1	3.1	7	5
2	2.5	2	4.2	12	0
3	4.0	3	3.8	10	1
7	5.5	4	2.8	6	3
12	6.2	5	3.6	9	1
6	6.6	6	3.4	8	1
4	6.9	7	2.4	5	1
8	7.5	8	3.9	11	0
9	8.2	9	1.5	4	0
1	8.3	10	1.0	2	1
11	9.0	11	1.4	3	0
5	9.8	12	0.8	1	0
合计	—	—	—	—	$s=13$

表 12-9 中按照承保深度 X 从小到大排列，其中(6)栏的累计秩个数根据赔付系数秩次 Q_i((5)栏)计算而来。例如,(5)栏中第一个秩次是 7，在其后还有 11 个秩次，累计有 5 个秩次比 7 大，因此(6)栏第一个累计秩次个数为 5；(5)栏中第二个秩次是 12，在其后还有 10 个秩次，累计有 0 个秩次比 12 大，因此(6)栏第二个累计秩次个数为 0；(5)栏中第三个秩次是 10，在其后还有 9 个秩次，累计有 1 个秩次比 10 大，因此(6)栏第三个累计秩次个数为 1，余类推。最后求出(6)栏的合计数 s，本题 $s=13$。

（一）Kendall 相关系数的计算

Kendall 相关系数的计算公式：

$$r_K=\frac{2s}{\frac{1}{2}n(n-1)}-1 \tag{12-14}$$

其中 n 为样本含量，s 为表 12-9 中的累计秩个数的合计值，本题 $n=12$，$s=13$，$r_K=-0.606$。

（二）样本等级相关系数 r_K 的假设检验

根据样本计算的等级相关系数与总体等级相关系数之间存在抽样误差，因此也必须对该 Kendall 等级相关系数是否来自总体等级相关系数 ρ_k 为零的总体进行假设检验。检验步骤如下。

1. 建立假设，确立检验水准

$H_0: \rho_k=0$；$H_1: \rho_k\neq 0$；$\alpha=0.05$。

2. 确定 P 值，作出推断

本例 $n=12$，$r_K=-0.606$。查 r_k 界值表(见附表 14)，得 $P<0.01$，按 $\alpha=0.05$ 水准拒绝 H_0，接受 H_1，可认为承保深度与赔付系数间呈负相关关系。

三、列联表关联性研究

χ^2 检验可以进行列变量与行变量的独立性研究。若列变量与行变量相互独立，说明两者之间无关联；反之两者之间有关联。描述这种关联程度的指标有 ϕ 系数、列联系数和 Cramer's V 系数。ϕ 系数用于四格表资料的关联程度描述，列联系数和 Cramer's V 系数可以用于多行或多列的列联表资料的关联程度描述。

（一）ϕ 系数

ϕ 系数是描述四格表资料行变量与列变量之间关联程度的系数，具体公式为

$$\phi = \sqrt{\frac{\chi^2}{n}} \tag{12-15}$$

式中，χ^2 是四格表 χ^2 检验中的 χ^2 统计量的值，n 为四格表的总实际频数，即总的样本含量。ϕ 系数越接近 0 表示关联程度越小，越接近 1，表示关联程度越高。

例 12-10 要了解吸烟与肺癌的关系，随机调查了 450 名 60 岁以上成年人，并按是否吸烟和是否患肺癌进行整理，资料如见表 12-10。

表 12-10 450 名成年人吸烟与肺癌患病情况调查结果

是否吸烟	患肺癌	未患肺癌	合计
是	80	190	270
否	10	170	180
合计	90	360	450

检验步骤如下。

1. 建立假设，确立检验水准

H_0：吸烟组与非吸烟组肺癌患病率相同，即吸烟与肺癌无关联；

H_1：吸烟组与非吸烟组肺癌患病率不同，即吸烟与肺癌有关联；

$\alpha = 0.05$。

2. 计算统计量

$$\chi^2 = \sum \frac{(A-T)^2}{T} = 39.1204$$

3. 确定 P 值，作出推断

本例 $\gamma = 1$，查 χ^2 界值表（见附表 3），得 $P<0.01$，按 $\alpha = 0.05$ 水准拒绝 H_0，接受 H_1，可认为吸烟与肺癌有关联，关联程度可以计算 ϕ 系数：

$$\phi = \sqrt{\frac{\chi^2}{n}} = 0.2948$$

表示吸烟与肺癌有一定的关联，关联程度一般。

ϕ 系数只适用于描述四格表资料行变量与列变量之间的关联程度，多行多列 χ^2 检验中行变量与列变量之间关联程度的描述需要计算列联系数和 Cramer's V 系数。

（二）列联系数和 Cramer's V 系数

列联系数（contingency coefficient）可用来描述多行多列 χ^2 检验中行变量与列变量之间的关联程度，公式为

$$列联系数 = \sqrt{\frac{\chi^2}{\chi^2 + n}} \quad (12\text{-}16)$$

列联系数的最大值为 $\sqrt{(k-1)/k}$，其中 $k = \min(R, C)$，R 是列联表的行数，C 是列数。如四格表中 $k = 2$，四格表中的列联系数最大值为 0.707，所以四格表列联系数的取值范围就是 0~0.707。因此，两个列联系数是不能直接比较的。为了便于比较，需将列联系数调整到 0~1，调整公式如下：

$$V = \sqrt{\frac{\chi^2}{n(k-1)}}, \quad (12\text{-}17)$$

该调整过的系数称为 Cramer's V coefficient，简称 V 系数，V 系数的取值范围则是 0~1，关联程度的比较更加方便。列联系数和 Cramer's V 系数越接近 0，关联程度越低；反之，关联程度越高。

例 12-11　要了解不同收入人群对某商品购买习惯是否有差别，调查了 537 名不同收入的消费者，调查结果见表 12-11。

表 12-11　537 名不同收入的商品消费者消费习惯调查

收入组别	经常购买	偶尔购买	不购买	合计
低收入组	25	36	69	130
中低收入组	40	26	51	117
中等收入	47	19	74	140
高收入组	46	37	57	140
合计	158	118	251	527

检验步骤如下。

1. 建立假设，确立检验水准

H_0：不同收入人群购买习惯相同，即购买习惯与收入无关联；

H_1：不同收入人群购买习惯不同，即购买习惯与收入有关联；

$\alpha = 0.05$。

2. 计算统计量

$$\chi^2 = \sum \frac{(A-T)^2}{T} = 17.6258$$

3. 确定 *P* 值，作出推断

本例 $\nu = (R-1)(C-1) = 6$，查 χ^2 界值表（见附表 3），得 $P<0.01$，按 $\alpha = 0.05$ 水准拒绝 H_0，接受 H_1，可认为不同收入人群购买习惯不同，即购买习惯与收入有关联。

列联系数 $= \sqrt{\frac{\chi^2}{\chi^2 + n}} = 0.1799$，$V = \sqrt{\frac{\chi^2}{n(k-1)}} = 0.1293$，说明购买习惯与收入有关联，但是关联程度较低。

理论上还需对样本是否来自总体 ϕ 系数、列联系数和 Cramer's V 系数为 0 进行假设检验，来验证总体上有无关联，但这些检验与上述 χ^2 检验是等价的，故无需重复阐述。

复习思考题

一、最佳选择题

1. 符合参数检验要求的资料，如果采用了非参数检验，会使(　　)。

A. 第一类错误增大　　B. 第二类错误增大

C. 第一类错误减小　　D. 第二类错误减小

2. 非参数统计和参数统计相比，(　　)。

A. 适用范围更广　　B. 计算简便

C. 搜集资料方便　　D. 以上均是

3. 进行配对符号秩和检验时，其无效假设应为(　　)。

A. 总体参数相同　　B. 差值的总体中位数为0

C. 两样本统计量相同　　D. 两总体分布位置不相同

4. 以下属于参数统计方法的是(　　)。

A. F 检验　　B. χ^2 检验　　C. H 检验　　D. T 检验

5. 等级资料的比较，宜选用(　　)。

A. t 检验　　B. t' 检验　　C. χ^2 检验　　D. 秩和检验

6. 两个小样本数值变量资料比较的假设检验，首先应考虑(　　)。

A. 用 t 检验　　B. 用 u 检验

C. 用秩和检验　　D. 资料符合 t 检验还是秩和检验的条件

7. 在作相关回归分析时，如遇变量(一组或两组)呈明显偏态时，以下(　　)适用。

A. 经过适当的变量变换(如对数变换)　　B. 用等级相关法

C. A，B 都对　　D. A，B 都不对

8. 两样本均数的比较，用秩和检验的条件为(　　)。

A. 两组样本必须是接近正态分布　　B. 两组样本必须方差齐性

C. 两组样本不接近正态分布才能作秩和检验　　D. 无上述各种条件

二、分析计算题

1. 为研究先后出生的孪生兄弟间智力是否存在差异，对12对孪生兄弟测试的结果如下，问差异是否存在？

配对号：	1	2	3	4	5	6	7	8	9	10	11	12
先出生者得分：	86	71	77	68	91	72	77	91	70	71	88	87
后出生者得分：	88	77	76	64	96	72	65	90	65	80	81	72

2. 在缺氧条件下，观察5只猫与15只兔的生存时间(分钟)，结果如下。试判断猫与兔在缺氧条件下生存时间的差异是否具有统计学意义。

猫：　25　34　44　46　46

兔：　15　15　16　17　19　21　21　23　25　27　28　28　30　35

3. 在八个不同时间对两份血样测定血钠含量(mEg/l)，资料如下：

检验时间：	1	2	3	4	5	6	7	8
血样：Ⅰ	130	120	123	130	123	120	128	117
血样：Ⅱ	140	138	136	136	141	140	144	132

问：1）这两份血样的血钠含量随时间的变化趋势是否一致？

2）两血样血钠含量是否不同？

3）不同时间检测结果是否不同？

4）估计两血样平均血钠含量相差数在什么范围？

4. 对314人分别测PPD(纯结核蛋白衍化物)及OT试验结果见表12-12，问OT阳性和PPD阳性是否有关？

表 12-12　PPD及OT试验结果

PPD	OT 试验	
	+	−
+	27	248
−	56	13

5. 表12-13中为年龄与视力的分布资料，试分析年龄与视力是否有关。

表 12-13　不同年龄组的视力情况

视力	年龄组				眼数合计
	5~10	11~20	21~40	40~	
0.6 及以下	4	9	39	147	199
0.7~0.9	11	37	22	94	164
1.0~1.2	143	317	182	139	781
1.5 及以上	411	1183	355	160	2109
合计	569	1546	598	540	3253

6. 某地区 1982 年 4 所医院出院患者疗效统计见表 12-14，比较其医疗质量。

表 12-14　某地区 1982 年 4 所医院出院患者疗效统计

等级	医院序号			
	1	2	3	4
治愈	4493	1929	3032	698
好转	1909	509	1324	457
未愈	187	49	127	21
病死	220	72	97	32
合计	6809	2559	4580	1208

7. 40 只小鼠随机分配到不同的饲料组，每组 10 只小鼠。在喂养一定时间后，测得鼠肝中铁的含量(μg/g)见表 12-15。试检验不同饲料对鼠肝中铁的含量有无影响？

表 12-15　不同饲料组小鼠肝中铁的含量　　(单位 μg/g)

1	2	3	4
2.23	5.59	4.50	1.35
1.14	0.96	3.92	1.06
2.63	6.96	10.33	0.74
1.00	1.23	8.23	0.96
1.35	1.61	2.07	1.16
2.01	2.94	4.90	2.08
1.64	1.96	6.84	0.69
1.13	3.68	6.42	0.68
1.01	1.54	3.72	0.84
1.70	2.59	6.00	1.34

8. 配对比较两种方法治疗扁平足效果记录如下，问那种方法好？

病例号：	1	2	3	4	5	6	7	8	9	10	11	12	13	14	15	16
甲 法：	好	好	好	好	差	中	好	好	中	差	好	差	好	中	好	中
乙 法：	差	好	差	中	中	差	中	差	中	差	好	差	中	差	中	差

三、问答题

1. 参数检验与非参数检验相比，各有何优缺点？

2. 对同一资料，又出自同一研究目的，用参数检验和非参数检验所得结果不一致时，应以何为准？

3. 配对比较的假设检验，符合参数检验的条件，能否出现 t 检验结果 $P>0.05$，而非参数检验结果 $P<0.05$？如果出现上述情况，此时应怎样解释检验结果？

4. 为什么秩和检验的编秩在不同对比组间出现相同数据要给予“平均秩次”，而同一组的相同数据不必计算“平均秩次”？

（唐艳林）

第十三章

Logistic 回归

第十章介绍了线性回归模型，该模型只能处理应变量为数值变量(定量资料)的情景，在实际工作中，经常会遇到应变量是分类变量(定性资料)的情况，此时线性回归就无能为力了。而Logistic 回归属于概率型非线性回归，专门研究应变量为分类变量，分析其与多个自变量之间关系的一种多变量统计分析方法。它广泛用于医学、保险等领域研究，分析某事件发生与否与各影响因素之间的关系。如医疗保险领域研究职工是否愿意参保与收入、年龄、受教育程度、健康水平等因素之间的关系；如居民是否发生食管癌与吸烟、饮酒、不良饮食习惯等危险因素的关系。应变量可能为二分类变量，如成功与失败、参保与未参保、有效与无效、阳性与阴性等，也可能为多分类变量，显然不能满足线性回归分析中的假设(LINE)；而且，在多数情况下，若按线性回归模型来预测应变量时，Y 的预测值不一定在 0~1 取值，这就给回归分析的结果解释带来困难，因而不能用多重线性回归，用 Logistic 回归模型来处理这类具有独立二分类(或多分类)应变量资料时，可以避免以上的不足。

Logistic 回归按设计的不同，分为非条件 Logistic 回归与条件 Logistic 回归；按应变量分类情况，分为二分类 Logistic 回归与多分类 Logistic 回归。本章将主要介绍应变量为两分类的非条件回归分析与应变量为多分类的非条件 Logistic 回归分析。

第一节　两分类 Logistic 回归

一、基本概念

Logistic 回归模型

Logistic 回归模型是一种概率模型。设应变量 Y 是一个二分类变量，取值为

$$Y=\begin{cases}1, & \text{出现阳性结果(参保、发病、有效、死亡等)}\\0, & \text{出现阴性结果(未参保、未发病、无效、存活等)}\end{cases}$$

m 个自变量分别是：X_1，X_2，…，X_m。若用 P 表示阳性事件发生的概率，则 $Q=(1-P)$ 为阳性事件未发生的概率，两者的概率分别为

$$P=\frac{e^{\beta_0+\beta_1X_1+\beta_2X_2+\cdots+\beta_mX_m}}{1+e^{\beta_0+\beta_1X_1+\beta_2X_2+\cdots+\beta_mX_m}} \tag{13-1}$$

$$Q=\frac{1}{1+e^{\beta_0+\beta_1X_1+\beta_2X_2+\cdots+\beta_mX_m}} \tag{13-2}$$

式中，β_0 为常数项，β_1，β_2，…，β_m 为偏回归系数。

如果对 P 进行 logit 变换：

$$\text{logit}(P)=\ln\frac{P}{1-P} \tag{13-3}$$

这里 $P/(1-P)$ 是流行病学中的一个常用指标：比数(odds)，logit(P)实际上是比数的自然对数。显然有 logit(P)与自变量 X_1，X_2，…，X_m 之间呈线性关系：

$$\text{logit}(P) = \beta_0 + \beta_1 X_1 + \beta_2 X_2 + \cdots + \beta_m X_m \tag{13-4}$$

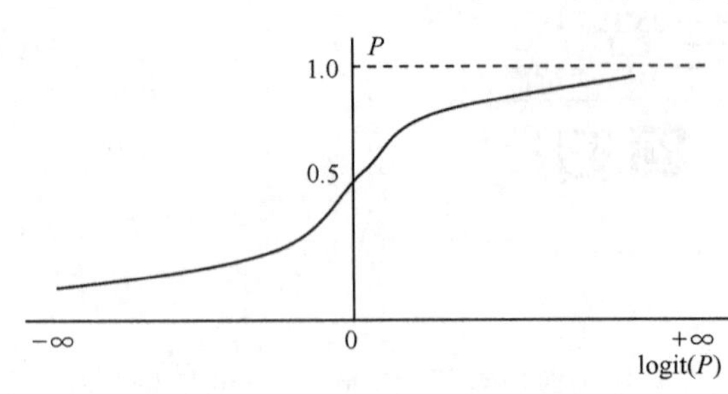

图 13-1　Logistic 概率曲线示意

公式(13-1)，公式(13-2)，公式(13-4)可能出现在不同的文献中，它们是等价的。故称由式(13-4)描述的 logit(P)与各自变量间的回归关系称为 Logit 回归。Logit(P)变换将取值在[0，1]内的变量 P 变换到 $(-\infty, +\infty)$，所以 logit(P)可以在 $(-\infty, +\infty)$ 中取值(图 13-1)，这是数学上的一种 Logistic 曲线。Logistic 模型对自变量 X_1，X_2，…，X_m 没有任何限制。这给其应用带来极大的方便，可以应用到流行病学、临床医学、卫生事业管理、医疗保险、商业性保险、计划生育等诸多领域。例如，在卫生服务研究中，研究患者是否就诊与患者的性别、年龄、文化程度、病情的轻重、收入情况等因素(自变量)有关；在医疗保险研究中，职工是否自愿购买补充商业性医疗保险，与其年龄、收入、行业、风险意识、当事人有关保险方面的知识、险种的设置、国家宏观经济情况、法制建设、银行利率等诸多因素有关；在疾病的疗效考核中，研究疗效(治愈、显效、好转、无效四个等级)与治疗方法、患者的病情轻重、年龄、既往体质等因素有关。

二、模型中参数的解释与求法

(一) 模型参数解释

如果将 logit(P)看成是应变量，Logistic 回归的形式就与第十章介绍的多重线性回归完全一致，且有许多类似之处，如模型中偏回归系数 β_j ($j=1, 2, \cdots, m$)的解释，表示其他自变量不变时，X_j 每改变一个单位，应变量 logit(P)的平均改变量，但也有不同之处。

1) Logistic 回归模型的应变量 Y 为分类变量(可以是二分类，也可以是多分类)，其分析建立在二项分布的基础上，多重线性回归建立在正态分布基础之上；

2) Logistic 回归系数的估计(参数估计)不能用最小二乘法(LSE)，而要用极大似然估计(maximum likelihood estimation，MLE)；

3) 对于模型的检验和回归系数的检验也不再使用 F 检验和 t 检验，而是采用似然比检验和 Wald 检验等；

4) 模型中系数 β_0 的解释，其意义取决于研究资料搜集的方式，β_0 为所有自变量 X 均取 0 时的状态，称为基线(base line)状态。

(二) 模型参数的估计

上面谈及，Logistic 回归系数的估计采用的是极大似然法，其基本原理如下。

1) 首先，构造基于二项分布的似然函数(likelihood function)

$$L = \prod_{i=1}^{n} P^{Y_i} Q^{1-Y_i} = \prod_{i=1}^{n} \left(\frac{e^{(\beta_0 + \sum \beta_j X_j)}}{1 + e^{(\beta_0 + \sum \beta_j X_j)}} \right)^{Y_i} \left(\frac{1}{1 + e^{(\beta_0 + \sum \beta_j X_j)}} \right)^{1-Y_i}$$

$$= \prod_{i=1}^{n} \frac{[e^{(\beta_0 + \sum \beta_j X_j)}]^{Y_i}}{1 + e^{(\beta_0 + \sum \beta_j X_j)}} \tag{13-5}$$

式中，i 表示第 i 个样本($i=1, 2, \cdots, n$)，j 表示第 j 个变量($j=1, 2, \cdots, m$)。

2）为简化计算，对该似然函数取自然对数，得

$$\ln L = \sum_{i=1}^{n} \left\{ Y_i \left(\beta_0 + \sum \beta_j X_j \right) - \ln \left[1 + e^{(\beta_0 + \sum \beta_j X_j)} \right] \right\} \tag{13-6}$$

3）对该对数似然函数（公式（13-6））求各参数 β_j $(j = 0, 1, 2, \cdots, m)$ 的一阶偏导数并令其等于0，即

$$\frac{\partial \ln L}{\partial \beta_j} = 0 \quad (j = 0, 1, 2, \cdots, m) \tag{13-7}$$

4）解公式（13-7）所列非线性方程组的方法很多，通常应用牛顿迭代法（Newton-Raphson 迭代），就可得到参数 β_j $(j = 0, 1, 2, \cdots, m)$ 的极大似然估计值 $b_j (j = 0, 1, 2, \cdots, m)$，从而得到 Logistic 回归方程，即

$$p = \frac{e^{(b_0 + b_1 X_1 + b_2 X_2 + \cdots + b_m X_m)}}{1 + e^{(b_0 + b_1 X_1 + b_2 X_2 + \cdots + b_m X_m)}} \tag{13-8}$$

或

$$p = \frac{1}{1 + e^{-(b_0 + b_1 X_1 + b_2 X_2 + \cdots + b_m X_m)}} \tag{13-9}$$

或

$$\text{logit}(P) = b_0 + b_1 X_1 + b_2 X_2 + \cdots + b_m X_m \tag{13-10}$$

上述三种形式等价。当然，如果 p 是某事件发生的概率，回归方程也可表达成该事件不发生的概率：

$$q = \frac{1}{1 + e^{(b_0 + b_1 X_1 + b_2 X_2 + \cdots + b_m X_m)}}$$

三、Logistic 回归方程的检验以及各偏回归系数的检验

Logistic 回归分析中的假设检验类似于多重线性回归，主要包括两种：对回归方程进行检验与对各偏回归系数进行检验。

（一）检验回归方程有无统计学意义

检验回归方程有无意义似然比检验用得最多，也就是检验所有的偏回归系数是否均为0。其无效假设为

H_0：$\beta_1 = \beta_2 = \cdots = \beta_m = 0$；

H_1：各总体偏回归系数不全为零；

$\alpha = 0.05$。

检验统计量为

$$G = 2[\ln L - \ln L(-1, -2, \cdots, -m)] \tag{13-11}$$

样本含量足够大，该统计量在无效假设成立时近似服从于自由度为 m 的 χ^2 分布。在式（13-11）中，$\ln L(-1, -2, \cdots, -m)$ 表示扣除所有自变量（X_1，X_2，…，X_m）后，回归方程的对数似然函数；$\ln L$ 是包含所有自变量时，回归方程的对数似然函数。两者之差恰好描述了 Logistic 回归方程由于加入了这些自变量对应变量的影响。

（二）检验各回归系数有无统计学意义

在各统计软件中，常用的检验各回归系数有无统计学意义通常有三种方法，即似然比检验、Wald 检验或比分检验。三种检验都是逐个检验各偏回归系数是否为0。由于比分检验与 Wald 检验

结果类似，故不作介绍。

1. 似然比检验

该法用得最多，也最可靠。对于检验第 j 个自变量($j=1, 2, \cdots, m$)是否有统计学意义时，无效假设为

H_0：$\beta_j=0$；

H_0：β_j 不全为“0”；

$\alpha=0.05$。

检验统计量为

$$G=2[\ln L-\ln L(-j)] \tag{13-12}$$

样本含量足够大，该统计量在无效假设成立时近似服从于自由度为 1 的 χ^2 分布。在式(13-12)中，$\ln L(-j)$ 是扣除自变量 X_j 后，回归方程的对数似然函数；$\ln L$ 是包含所有变量时，回归方程的对数似然函数。两者之差描述了回归方程中由于自变量 X_j 的加入对应变量的影响。

2. Wald 检验

检验统计量为

$$Z=\frac{b_j-0}{S_{b_j}} \tag{13-13}$$

式中，Z 为标准正态离差，服从于标准正态分布。参数 β_j（总体偏回归系数）的 95% 可信区间

$$b_j \pm 1.96S_{b_j} \tag{13-14}$$

是基于该检验统计量推导而来。

四、偏回归系数的意义

由公式(13-10)可见，单纯从数学意义上讲，与多重线性回归分析中回归系数的解释并无不同，亦即 b_j 表示自变量 X_j 每改变一个单位时，应变量 logit(P)的平均变化量。然而，这对实际应用者而言是无法理解的一个抽象概念。为便于读者理解，有必要补充相关流行病学概念。

Logistic 回归中的常数项(b_0)表示，在无自变量的影响下，效应事件(应变量)发生与不发生的概率之比(比数)的对数值。

Logistic 回归中的偏回归系数(b_j)，表示其他自变量固定，某一自变量改变一个单位时，效应事件发生与不发生事件的概率之比的对数变化值，即 OR(odds ratio)的对数值。不同变量类型的自变量，其解释略有不同。为了说清楚该问题，有必要搞清楚几个基本概念。

（一）相关知识

1）相对危险度(relative risk，RR)：$RR=\frac{p_1}{p_2}$；

2）比数：$odds=\frac{p}{1-p}$；

3）比数比(odds ratio，OR)：$OR=\frac{p_1/(1-p_1)}{p_2/(1-p_2)}$，在患病率较小情况下，OR≈RR。

OR 的解释同 RR，表示暴露组与非暴露组结局率(如发病率)之比，分析结局与暴露(exposure)之间联系强度。RR ＝ 暴露组的发生率/非暴露组的发生率(表示暴露组结局的发生率是非暴露组的多少倍)。RR＝1，无意义，结局与暴露无关；RR>1，正关联，表示暴露增加结局的风险；RR<1，负关联，表示暴露减少结局的风险。

（二）如何解释不同类型的自变量

1）自变量 X_j 为二分类变量时，存在(暴露) $X_j=1$，不存在(未暴露) $X_j=0$，根据式(13-10)和上述 OR 的概念，显然有 Logistic 回归中的偏回归系数 (b_j) 就是暴露与非暴露比数比之对数值，即 $b_j=\ln(\mathrm{OR}_j)$ ，换句话说：

$$\mathrm{OR}_j=\mathrm{e}^{bj} \tag{13-15}$$

因此，Logistic 回归不直接对偏回归系数 (b_j) 解释，而是解释 e^{b_j}，即用 OR 来解释某一自变量对应变量的影响。根据 Wald 检验可知，Logistic 回归的总体偏回归系数 95% 可信区间为公式(13-14)，因此，总体 OR 的 95% 可信区间为

$$\mathrm{e}^{(b_j\pm 1.96sbj)} \tag{13-16}$$

这样，自变量 X_j 的解释就变得非常容易。当自变量为暴露时发生阳性结局的风险是非暴露时风险的 OR 倍。

2）自变量 X_j 为无序多分类变量时，为方便起见，常用 1，2，…，k 分别表示 k 个不同的类别。进行 Logistic 回归分析前需将该变量转换成 $k-1$ 个哑变量，这样哑变量都是一个二分变量，每一个哑变量均有一个估计系数，即偏回归系数，其解释就完全同二分类变量了。

3）自变量 X_j 为有序分类变量时，如以最小等级作参考组，并按等级顺序依次取为 0，1，2，…。此时，e^{b_j} 表示 X_j 增加一个等级时的比数比，e^{kb_j} 表示 X_j 增加 k 个等级时的比数比。

4）自变量 X_j 为数值变量时，e^{b_j} 表示 X_j 增加一个计量单位时的比数比。

五、例题分析

例 13-1 商业保险公司为研究居民对购买分红保险的意愿($Y=1$ 表示愿意购买，$Y=0$ 表示不愿购买)，考虑到此险种的可能影响因素较多，该公司共抽样调查了 68 户家庭户主资料，见表 13-1。设变量 X_1 表示年龄(岁)，X_2 表示性别(0 表示女性，1 表示男性)，X_3 表示家庭人均月收入(元)，X_4 表示文化程度(1 = 小学，2 = 初中，3 = 高中，4 = 大学，5 = 硕士及以上)，X_5 表示婚姻状况(1 = 在婚，2 = 未婚，3 = 离婚，4 = 丧偶)，实际计算时要转换为哑变量。

表 13-1 68 名户主购买分红保险的意愿及背景资料

编号	Y	X_1	X_2	X_3	X_4	X_5
1	1	65	1	900	1	1
2	1	54	0	1200	2	1
3	0	54	0	1000	3	4
4	1	54	1	1200	2	1
5	1	52	0	2600	2	1
6	1	51	0	2400	3	1
7	0	50	1	1900	4	1
8	1	48	0	1500	3	2
9	1	47	0	1800	3	1
10	1	47	1	1800	4	1
11	1	47	1	2500	3	1
12	1	46	1	1600	3	1

续表

编号	Y	X_1	X_2	X_3	X_4	X_5
13	0	46	0	1700	3	1
14	1	46	0	3200	3	2
15	1	45	1	3000	4	1
16	1	45	0	2000	3	1
17	1	45	0	1600	4	1
18	1	45	0	1200	4	1
19	0	44	1	1700	3	3
20	1	44	1	2100	3	2
21	1	44	1	1100	4	1
22	1	43	1	2600	3	1
23	1	43	0	1000	4	1
24	1	43	1	2000	4	2
25	0	43	1	2700	5	1
26	1	43	1	2100	4	1
27	0	43	0	1100	4	1
28	0	43	1	1200	4	1
29	1	41	0	2300	4	1
30	0	38	0	1200	2	1
31	1	37	0	2300	4	1
32	0	37	0	1200	3	2
33	0	37	1	1200	3	3
34	0	36	0	1300	3	1
35	0	35	1	800	3	3
36	0	35	0	1000	4	1
37	0	35	0	2100	4	1
38	1	34	0	1500	5	1
39	1	34	1	2100	3	1
40	0	34	0	1900	4	2
41	0	34	0	1000	4	4
42	0	4	1	1300	4	2
43	1	33	0	3500	4	2
44	0	33	0	800	4	3
45	0	33	1	1200	3	1
46	0	32	0	900	4	1
47	0	32	1	1200	4	2
48	0	32	1	1000	5	4
49	0	32	1	1100	4	1

续表

编号	Y	X_1	X_2	X_3	X_4	X_5
50	0	32	0	1800	4	1
51	0	32	1	1300	4	1
52	0	31	0	1200	5	1
53	0	30	1	1300	4	1
54	0	30	0	800	3	1
55	0	30	1	1200	4	1
56	0	29	1	2700	5	1
57	0	28	1	800	4	2
58	0	28	1	1300	4	1
59	0	28	1	2300	4	4
60	1	28	0	1000	4	1
61	0	27	1	800	4	1
62	0	26	1	1000	4	1
63	0	26	0	1900	4	2
64	1	25	1	1000	4	1
65	0	23	1	1000	5	3
66	0	21	0	1000	4	1
67	0	20	0	900	5	1
68	0	20	1	1700	4	2

本例着重研究户主购买分红保险的概率及其影响因素。由于户主购买分红保险的意愿是二分类变量，该调查属横断面调查，故可用非条件 Logistic 回归分析。结果见表 13-2，有必要对自变量进行筛选，结果见表 13-3。

表 13-2 方程中的自变量及有关参数的估计值

变量	回归系数(b_j)	标准误 SE(b_j)	Wald χ^2 值	P 值	OR
X_1	0.154	0.054	8.101	0.004	1.167
X_2	-0.239	0.700	0.116	0.733	0.788
X_3	0.001	0.001	3.651	0.056	1.001
X_4	-0.277	0.550	0.254	0.615	0.758
X_5			0.104	0.991	
$X_5(1)$	21.559	17421.5	0.000	0.999	—
$X_5(2)$	21.270	17421.5	0.000	0.999	—
$X_5(3)$	0.936	23686.6	0.000	1.000	—
常数项	-28.284	17421.5	0.000	0.999	—

表 13-3 筛选后进入方程中的自变量及有关参数的估计值

变量	回归系数(b_j)	标准误 SE(b_j)	Waldχ^2 值	P 值	OR	总体 OR 95% CI
X_1	0.150	0.042	12.955	0.000	1.162	1.071~1.261
X_3	0.001	0.001	5.962	0.015	1.001	1.000~1.002
常数项	-8.302	1.908	18.924	0.000		

从表 13-3 可以看出，经 Waldχ^2 检验，最终纳入方程的自变量为 X_1 和 X_3。得到 Logistic 方程，居民对购买分红保险意愿的概率为

$$p=\frac{e^{-8.302+0.150X_1+0.001X_3}}{1+e^{-8.302+0.150X_1+0.001X_3}}$$

说明上述人群购买分红保险的意愿与年龄、家庭收入有关。在该例中，最好将年龄和家庭收入转换为有序分类变量，则更好解释。利用上述方程进行预测，以 0.5 作为分割点，即用 Logistic 回归方程计算出的概率 $p\geqslant 0.5$ 为预测愿意购买，$p<0.5$ 预测为不愿购买。与实际数据进行比较，结果见表 13-4。

表 13-4 Logistic 回归方程的预测值与实际值比较

预测值	实际值		合计
	购买	不购买	
购买	22	6	28
不购买	5	35	40
合计	27	41	68

从表 13-3 可以看出，27 个实际愿意购买者中，利用该方程能够被成功预测有 22 人，灵敏度为 81.5%，41 个实际不愿意购买的人中，被成功预测的有 35 人，特异度为 85.4%，总体预测成功率为 83.82%，由此可见该 Logistic 回归方程解释能力较强。

第二节 多分类结果变量的 Logistic 回归简介

第一节介绍应变量为二分类结果的非条件的 Logistic 回归模型。在医学、保险等研究领域，经常会遇到应变量为多分类的情景，如肺癌根据癌细胞的分化程度和形态，可分为鳞癌、未分化癌、腺癌以及肺泡细胞癌 4 种类型，若简单地看成有无患肺癌，显然是信息利用不足；再如疾病的严重程度可分为“无、轻度、中度、重危”等，若忽略其结果的有序性，也必将损失信息。因此，按照应变量是否有序，分为多类结果变量的 logistic 回归(polytomous logistic regression)和有序结果变量的 Logistic 回归(ordinal logistic regression)两大类。本章只介绍多类结果变量的 Logistic 回归。

为叙述简便，不妨考虑应变量为三类结果的情景，这三类结果分别为 A，B，C，根据具体情况，可指定其中的一类为参照组。令 $Y=1$ 表示 A 类，$Y=2$ 表示 B 类，$Y=0$ 表示 C 类，C 类为参照组。Logistic 回归模型为

$$\begin{cases}\operatorname{logit}(P_{1/0})=\ln\left[\dfrac{P(Y=1|X)}{P(Y=0|X)}\right]=\alpha_1+\beta_{11}X_1+\cdots+\beta_{1m}X_m=g_1\\ \operatorname{logit}(P_{2/0})=\ln\left[\dfrac{P(Y=2|X)}{P(Y=0|X)}\right]=\alpha_2+\beta_{21}X_1+\cdots+\beta_{2m}X_m=g_2\end{cases}\tag{13-17}$$

可见该模型是由两个 logit 函数组成的方程组，其中 $2\times(m+1)$ 个参数，m 是自变量的个数。第一个 logit 函数中的 β_{1j} $(j=1,2,\cdots,m)$ 表示：A 类与 C 类相比，X_i 改变一个单位时，比数比的对数值；第二个 logit 函数中的 β_{2j} $(j=1,2,\cdots,m)$ 表示：B 类与 C 类相比，X_i 改变一个单位时，比数比的对数值；A 类与 B 类相比的 logit，可用上述两模型之差得到，即

$$\operatorname{logit}(P_{1/2})=g_1-g_2 \tag{13-18}$$

由于应变量结果为三类，且只有三类，显然有

$$P(Y=1|X)+P(Y=2|X)+P(Y=0|X)=1$$

或简写为：$P_1+P_2+P_0=1$。

因此，三类结果的条件概率分别为

$$\begin{cases}P_1=P(Y=1|X)=\dfrac{e^{(g_1)}}{1+e^{(g_1)}+e^{(g_2)}}\\P_2=P(Y=2|X)=\dfrac{e^{xp(g_2)}}{1+e^{(g_1)}+e^{(g_2)}}\\P_0=P(Y=0|X)=\dfrac{1}{1+e^{(g_1)}+e^{(g_2)}}\end{cases} \tag{13-19}$$

不失一般性，对 K 类结果的应变量，其 Logistic 回归模型可表示为

$$\operatorname{logit}(P_k)=\ln\left[\frac{P(Y=k|X)}{P(Y=0|X)}\right]=\alpha_k+\beta_{k1}X_1+\cdots+\beta_{km}X_m=g_k \tag{13-20}$$

式中，$k=1,\cdots,K-1$。各类结果的条件概率为

$$P_k=P(Y=k|X)=\frac{e^{(g_k)}}{\sum\limits_{i=0}^{K-1}e^{(g_i)}},\ k=0,1,2,\cdots,K-1 \tag{13-21}$$

这里，$g_0=0$。关于模型中参数的解释以及假设检验都与二分类 Logistic 回归类似，但要注意，相应的 logit 函数是比较的哪两类，同一变量在不同的 logit 函数中的效应可能不同，可以通过似然函数来比较。

第三节　Logistic 回归分析的正确使用

近年来 Logistic 回归广泛应用于医学、社会科学研究的各个领域，如流行病学和病因学的横断面研究、队列研究和病例-对照研究以及临床的诊断判别模型和治疗效果评价等。医疗保险学应用也越来越广泛，如医疗费用影响因素、保险公司偿付能力预测等。其主要作用用于三个方面：一是寻找危险因素，正如上面所说的寻找某一疾病的危险因素等；二是进行预测，如果已经建立了 Logistic 回归方程，则可以根据回归方程，预测在不同的自变量情况下，发生某病或某种情况的概率有多大；三是进行判别，根据 Logistic 回归方程，判断某人属于某种情况的概率有多大。在具体运用 Logistic 回归分析时要注意以下事项。

一、应用 Logistic 回归模型的注意事项

（一）Logistic 回归模型的应用条件

由于 logistic 回归似然函数的构造是基于二项分布的，首先应符合二项分布的应用条件，如各观察对象间是相互独立的，所以该模型不适用于传染病的研究；再者，各观察对象的观察时间长

短应相同；多个危险因素的联合作用为相乘模型而非相加模型。

（二）关于样本含量

Logistic 回归的所有统计推断都建立在大样本基础上，因此要求有足够的样本含量。一般认为，如果样本含量大于自变量个数的 20 倍，参数估计的偏差是可以接受的。

（三）出现回归方程不可解释的原因

首先，要检查原始资料的质量；有无异常值；样本含量是否足够；考虑的变量是否太多；自变量间是否有共线性存在；模型的应用条件是否成立等。然后，针对其原因提出解决方案。

（四）模型评价

建立模型并进行假设检验只表明了模型以及回归系数是否具有统计学意义，但并不表明模型拟合的效果如何。评价模型拟合效果，即评价模型的预测值与观测值的一致性，这就是拟合优度检验。拟合优度检验是 Logistic 回归分析过程中不可缺少的一部分，拟合效果好，所作出的结论才更符合事实。

（五）变量的赋值

在 Logistic 回归中，连续变量、有序分类变量和无序分类变量都可以作为回归模型的自变量。对自变量的结果值编码方法（习惯上称为赋值）不同，则自变量的对应参数估计值及符号将有所不同，从而对结果的解释方式也不同。

连续型变量可以按原数据形式参与分析，也可离散化成有序分类变量，或离散化后用几个哑变量来描述。原数据形式建模相对简单且保持了信息的完整性，但有时所估参数的实际意义却不突出。例如，年龄为高血压的危险因素，当年龄由 x 岁增加到 $x+1$ 岁，患高血压的优势比是年龄增加 1 岁与增加前的优势之比。实际上，相对于生命的全过程，1 岁的变化对患高血压的影响微不足道，这个优势比的实际意义并不重要。二分类变量，一般用 0 和 1 赋值，如暴露：1，非暴露：0；男性：1，女性：0 等。赋值较小的水平常被作为参照水平，关于这类变量的优势比就是水平 1 和水平 0 优势之比。有序多分类变量，可以按等级的秩次赋值，这样关于这类变量的优势比就是秩次 $k+1$ 和秩次 k 的优势之比。对于无序多分类变量，则应转化为哑变量形式，m 个类别需要 $m+1$ 个哑变量。

（六）Logistic 回归分析的软件

可作 logistic 回归分析的软件比较多，如 SAS，SPSS，S+，STATA 等。同一资料用不同的软件计算，其计算结果可能略有不同，主要是模型的表达不同所致，应引起注意。

一、单选题

1. Logistic 回归分析适用于应变量为（　　）。

A. 分类值的资料　　B. 连续型的计量资料

C. 正态分布资料　　D. 一般资料

2. OR 值的含义为（　　）。

A. 相对危险度　　B. 比数比（优势比）

C. 危险因子　　D. 保护因子

二、分析题

利用本章例 13-1 数据，求解出购买分红保险意愿的 logistic 回归方程为

$$p=\frac{e^{-8.302+0.150X_1+0.001X_3}}{1+e^{-8.302+0.150X_1+0.001X_3}}$$

回答以下问题。

1）自变量 X_1 前的系数值 1.150，其含义是什么？

2）分析比较回归方程中 5 个自变量的 logistic 回归系数是否都有意义？可以用哪些方法剔除？

3）试比较剔除无统计意义的自变量后，logistic 回归方程预测准确度(以 0.5 作为分割点)是否有提高？

三、问答题

1. logistic 回归分析适用的范围是什么？应注意哪些问题？

2. logistic 回归方程中，如何解释偏回归系数 b_i 的意义？

（赵林海）

第十四章

生命统计

生命统计(vital statistics)是以人口生命事件为内容的统计活动，即有关人口生命事件的原始登记、资料整理、统计和分析。生命事件包括人口的出生、死亡、婚姻，以及有关民事身份的变动等。生命统计是了解人群健康水平，制订卫生工作计划与评价卫生工作效果的重要依据，也是制定医疗保险政策和确定医疗保费的重要依据。本章将介绍人口统计、疾病统计、人口寿命表等内容。

第一节　人口统计

一、人口统计在医疗保险实际工作中的意义

人口统计(demography)是研究和描述人口数量、分布、结构、变动及其规律，以及其与社会经济发展之间的关系，是国家管理和社会管理的一项重要基础工作。人口既是国家的资源，又是政府各项工作的服务对象。人口的数量、结构及变动与人口本身的生物学性质有关，同时还与所生活的环境(自然环境与社会环境)密切相关，受各种环境因素影响。因此，人口统计不仅反映人口自身的特征，也反映环境因素的存在、变化及与人口的相互作用。这些对医疗保险工作有着直接和间接的重要意义，主要表现在以下三方面。

(1) 制订我国医疗保险政策的依据。医疗保险政策的制订是根据全国每人每年消耗的医疗资源和发生的医疗费用制订的，这些费用的计算需要有人口总数，并且按性别年龄构成、职业文化构成等社会学方面的特征分别进行统计。

(2) 医疗保费的制订依据。医疗保费的制订基于国家财力，根据人群中各种常见病的患病率和死亡率以及全人群、特殊人群的期望寿命，而人口统计为此提供了数据。

(3)医疗保险学术研究的需要。在医疗保险调查研究、医疗保险评价等研究中，经常应用人口统计资料作一些相对指标的基数；地区间比较常涉及地区间的人口年龄构成、性别构成等是否有差别，以此判断地区间是否具有可比性。

二、静态人口统计

人口统计有静态人口统计和动态人口统计。静态人口统计是指在某一时点的人口数量和分布结构状况，如人口数量、性别、年龄、职业、文化程度等的构成。人口动态指标，反映某一时期内人口的变化情况，包括由出生、死亡引起的人口自然变动指标，人口从一个地区向另一个地区迁移的人口迁移变动指标等。

静态人口统计可通过调查获得，调查的方法通常有普查和抽样调查两类。人口普查是搜集、整理和分析一个国家或地区在某一特定时间的人口、经济和社会资料的全过程。一般每隔 5~10 年举行一次人口普查，我国于 1953 年、1964 年、1982 年、1990 年、2000 年、2010 年进行了六次人口普查。人口普查资料可从国家和地方各级统计局获得。人口普查周期长，耗费大量人力、物力、财力和时

间，每次调查项目不能太多。若要对某个国家或地区的人口问题进行广泛深入的研究，常通过抽样调查获得内容丰富的资料。描述人口学特征的常用指标有人口总数、人口学特征指标。

（一）人口总数

人口总数(population size)指一个国家或地区在某一特定时间的人口数。在对人口进行统计时，为避免重复或遗漏，需明确规定每个被调查对象的登记地点。2010 年 11 月 1 日零时为标准时点的第六次全国人口普查显示，全国大陆总人口为 133972 万人。国际上统一规定了两种统计人口数的方法：一种称为实际制，指标准时点某地实际存在的人口数(包括临时在该地的人)；另一种称为法定制，指某地的常住人口数。卫生领域的许多工作，如传染病的防治、计划免疫、计划生育管理等都是采用实际人口。

由于人口数量经常变动，某一时点的人口数只能代表这一时点的人口规模，而不能代表其他时点或某一时期(如一年)的人口规模。在实际应用中，有时用某一期间的平均人口数代表人口总数。平均人口数通常是指相邻两年年末(12 月 31 日)人口数的平均值；当人口数在一年中均匀变动时，也可用年中(7 月 1 日)人口数代表全年的平均人口数。平均人口数常用作计算出生率、死亡率、发病率等指标的分母。

（二）人口学特征指标

1. 人口金字塔

人口学的基本特征包括性别、年龄、文化、职业等，其中最常用来描述人口结构的是年龄和性别。将年龄和性别结合起来可用人口金字塔(population pyramid)表示，纵坐标为年龄分组，自下而上为低龄到高龄，横坐标为年龄组人数构成比，一般男左女右。因其形状类似金字塔，故称为人口金字塔。可分为增长型、静止型和缩减型三种类型。增长型为塔顶尖、塔底宽；稳定型为塔顶、塔底宽度基本一致，在塔尖处才逐渐收缩；缩减型为塔顶宽，塔底窄。人口金字塔能形象直观地反映已有资料中男女性别人口的年龄结构，也可以分析过去人口的出生死亡情况以及今后人口的发展趋势。

基于人口金字塔，可以做纵向的年龄分析和横向的性别比较。图 14-1 是根据 2000 年和 2010 年我国第五次和第六次人口普查资料绘制的人口金字塔。从纵向分析，塔身突出部分表示人口增长，收缩部分表示人口减少。2000 年和 2010 年的人口结构在图形中均有两个明显的突出。2000 年的塔身突出在 10 岁和 30 岁组，2010 年的塔身突出在 20 岁和 40 岁组，说明 20 世纪 70 年代初和 90 年代初有两个出生高峰。从人口金字塔各年龄组男女人口数的横向对比，可以看出不同年龄组性别比例有所不同。特别在低年龄组和高年龄组，图形是不对称的，低年龄组往往男多于女，高年龄组女多于男。

人口出生率和死亡率高低及人口寿命的长短决定了人口金字塔的形状。其中，寿命决定了人口金字塔高度，出生率和死亡率共同决定了人口金字塔的宽度。出生率、死亡率及人口寿命在一定程度上反映了人口的健康状况，因此，不同类型的人口金字塔也可反映人群的健康水平。

2. 常用的人口构成指标

1）性别比(sex ratio)：指男性人口与女性人口的比值。

$$性别比 = \frac{男性人口数}{女性人口数} \times 100\% \tag{14-1}$$

常用的有出生性别比、全人口性别比、不同职业人群性别比、特殊人群性别比及各年龄段的性别比。根据大量观察，出生婴儿男多于女，出生性别比一般为 104% ~ 107%，但由于男性死亡率一般高于女性，到青壮年时期，人口性别比在 100% 左右，到老年期，则降至 100% 以下。第六次人口普查显示，男性人口占 51.27%，女性人口占 48.73%，总人口性别比由 2000 年人口普查的 106.74%下降为 105.20%。

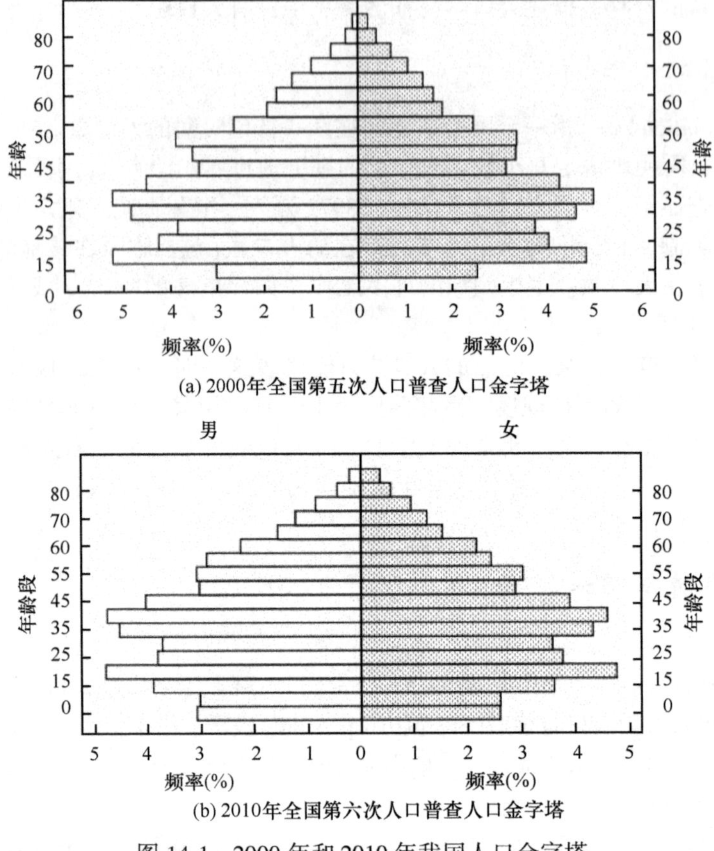

(a) 2000年全国第五次人口普查人口金字塔

(b) 2010年全国第六次人口普查人口金字塔

图 14-1　2000 年和 2010 年我国人口金字塔

2）老年(人口)系数：65 岁及以上老年人口占总人口的比重。

$$老年(人口)系数 = \frac{65\text{ 岁及以上人口数}}{人口总数} \times 100\% \tag{14-2}$$

该指标反映人口是否老化及老化的程度，可作为划分人口类型的尺度。一般认为，老年系数超过 7%(或 60 岁以上比例超过 10%)即进入老龄化社会。我国早在 2000 年已进入人口老龄化社会，是世界上农村老年人口最多的国家，2010 年第六次人口普查显示 60 岁及以上人口占 13.26%，其中 65 岁及以上人口占 8.87%。

3）少年儿童(人口)系数：指 14 岁及以下少年儿童在总人口中所占比重，是从另一侧面反映人口老化程度的指标。其大小主要受生育水平的影响。

$$少年儿童人口系数 = \frac{14\text{ 岁及以下少年儿童人口数}}{人口总数} \times 100\% \tag{14-3}$$

4）负担系数(dependency ratio)：又称抚养比或抚养系数，是指人口中非劳动年龄人数与劳动年龄人数之比。一般以 15~64 岁为劳动年龄，14 岁及以下和 65 岁及以上为非劳动年龄或被抚养年龄。一般发达国家的总负担系数低于发展中国家，老年负担系数高于发展中国家，而少年儿童负担系数低于发展中国家。

$$负担系数 = \frac{0 \sim 14\text{ 岁少年儿童人口数} + 65\text{ 岁及以上人口数}}{15 \sim 64\text{ 岁人口数}} \times 100\% \tag{14-4}$$

5）老少比：指 65 岁及以上的老年人口与 14 岁及以下的少年儿童人口之比，表示每 100 名少年儿童对应多少老年人，是划分人口类型的标准之一。

$$老少比=\frac{65\text{ 岁及以上人口数}}{0\sim14\text{ 岁人口数}}\times100\% \quad (14\text{-}5)$$

分析某国家或地区人口年龄构成类型时，可将老年(人口)系数、少年儿童(人口)系数、老少比等指标结合年龄中位数指标界线值，以鉴别该人口年龄结构的类型(年轻型、成年型、老年型)。国际通用的人口年龄类型标准见表 14-1。

表 14-1 人口年龄构成不同类型各项指标的界值

指标	年轻型人口	成年型人口	老年型人口
0~14 岁/%	>40	30~40	<30
65 岁及以上/%	<4	4~6	>7
老少比/%	<15	15~30	>30
年龄中位数/岁	<20	20~30	>30

第六次全国人口普查结果显示，0~14 岁人口占 16.60%，65 岁及以上人口占 8.87%，我国已进入老年型人口社会。

三、出 生 统 计

出生统计是人口统计的基本数据，它是分析和研究人口发展趋势的基础，也是确定有关妇幼保健政策和设施、全民医疗保险政策的依据。我国规定凡是出生时为活产者，接生人员或医院有责任填写出生报告单，家属在一个月内据此向当地公安机关申报出生，即使婴儿出生后不久即死亡，也应同时既报出生也报死亡。

出生资料的搜集，需避免重复和遗漏，一般以当地常住人口为准。目前，我国的出生资料来源大致有三条途径。①公安户籍部门：各地公安部门是当地常住人口的出生和死亡登记的职能机构。可以根据上年年末人口总数及出生、死亡数推算该年年末(指 12 月 31 日 24 时)的人口总数。年平均人口数为前一年年末人口总数与当年年末人口总数之平均；②计划生育部门或妇幼保健机构：计划生育部门也具有当地生育状况的经常性登记职能；③专门调查：如人口普查以及一些专门的抽样调查(如 1‰生育率调查、婴儿死亡调查等)。

1. 测量出生水平的常用指标

1）粗出生率(crude birth rate，CBR)：指某年某地平均每千人口的活产数，是反映一个国家或地区人口自然变动的基本指标。

$$粗出生率(\text{CBR})=\frac{\text{同期该地活产数}}{\text{某年某地平均人口数}}\times1000‰ \quad (14\text{-}6)$$

该指标受人口年龄性别结构的影响较大，只能粗略反映生育水平。活产(live birth)指妊娠 28 周以上、体重 1000g 以上，从母体娩出时具有生命现象(至少具有呼吸、心跳、脐带波动和随意肌收缩四项指征)的胎儿。

2）总生育率(general fertility rate，GFR)：指某年某地平均每千名育龄妇女的活产数。

$$总生育率(\text{GFR})=\frac{\text{同年该地活产数}}{\text{某年某地 }15\sim49\text{ 岁妇女数}}\times1000‰ \quad (14\text{-}7)$$

从生物学和生理学角度，一般认为 15~49 为育龄期。从法律角度，我国法定婚龄男 22 岁、女 20 岁，故女 20 岁以上为育龄期；而国际上多数国家以 15~49 作为育龄妇女的年龄界限。

总生育率消除了总人口中年龄性别结构不同对生育水平的影响，较粗出生率能更确切地反映生育水平。但在育龄妇女中，不同年龄阶段生育能力有很大差别，故该指标受育龄妇女内部年龄结构的影响。

3）年龄别生育率(age-specific fertility rate，ASFR)：也称年龄组生育率，指每千名某一年龄组育龄妇女年平均活产数。

$$\text{年龄别生育率(ASFR)}=\frac{\text{同年该年龄组妇女的活产数}}{\text{某年某年龄组妇女总人数}}\times 1000‰ \quad (14\text{-}8)$$

因不同年龄妇女的生育能力不同，一般年轻妇女生育能力较年长者强，以25~30岁妇女生育能力最强。该指标消除了育龄妇女内部年龄结构不同对生育水平的影响，在实际卫生统计工作中常用。

4）总和生育率(total fertility rate，TFR)：表示每个妇女一生平均生多少个孩子。总和生育率的基本含义是：假定同时出生的一代妇女，按照某年的年龄别生育率渡过其一生的生育经历，则年龄别生育率之和乘年龄组组距，就是这一代妇女平均每人可能生育的子女数。

$$\text{总和生育率(TFR)}=i\times\sum \text{ASFR} \quad (14\text{-}9)$$

式中i为年龄别的组距，$\sum$ ASFR表示各年龄别生育率之和。如某年某地的年龄组生育率之和为500/千，年龄别组距为5(岁)，则总和生育率为2.5，即该地每个妇女一生平均生2.5个孩子。总和生育率是用某年横断面的年龄别生育率资料计算的，因此消除了人口年龄性别结构对生育水平的影响，不同时间、不同地区的总和生育率可以直接比较，是测量生育水平较理想的指标。

2. 出生缺陷统计

出生缺陷，是指出生时发现的遗传性疾病和不具遗传倾向的各种先天畸形，而出生缺陷监测的对象是指后者。人类胚胎和胎儿的先天畸形往往是孕前或怀孕早期受到不良环境影响的结果，也是早期流产、死胎、死产、新生儿死亡和婴幼儿夭折的重要原因，存活的畸形儿不仅本人痛苦，也给家庭和社会造成很大的负担。这在制定社会医疗保险政策，特别是实行全民医疗保险的地区，这部分人的医疗费用应值得关注。

我国出生缺陷监测始于1986年10月，由华西医科大学牵头在29个省(市、自治区)对120多万围生儿进行出生缺陷监测。基本摸清了我国出生缺陷的种类、顺位和分布，并编著出版了《中国出生缺陷地图集》。这是我国开展最早、面最广的一次出生缺陷横断面调查。卫生部于1988年将出生缺陷监测作为常规工作，1996年卫生部将其与孕产妇死亡监测、5岁以下儿童死亡监测“三网合一”。目前，重点监测23种出生缺陷，包括无脑畸形、脊柱裂、脑膨出、脑积水、腭裂、唇裂、唇裂合并腭裂、小耳、外耳其他畸形、食管闭锁或狭窄、尿道下裂、膀胱外翻、马蹄内翻足、多指(趾)、并指(趾)、肢体短缩、先天性膈疝、脐膨出、腹裂联体双胎、唐氏综合征、先天性心脏病等，突出了常见、多发、致死致残的疾病。1996年我国出生缺陷发生率为87.341/万，2005~2010年分别为138.96/万、145.50/万、147.94/万、134.94/万、145.43/万、146.40/万，总体上我国出生缺陷发生率呈持续上升趋势。总率的高低更多地反映了出生缺陷诊断水平的变化。

四、死亡统计

死亡(mortality)是主要的生命事件之一。在出生后的任何时候，全部生命现象永远消失称为死亡。死亡只能发生在活产之后，活产之前的死亡称为胎儿死亡。

死亡原因统计，简称死亡统计(mortality statistics)，是研究一个国家或地区人群健康水平的重要方法，它是研究居民死亡率、死亡原因及其变动规律。死亡界限清楚，资料搜集确切，可用其死亡率、死亡原因、期望寿命等指标，反映一个国家或地区的居民健康水平，在一定程度上反映一个国家或地区的社会经济、文化教育、卫生服务以及生物物理等因素对居民健康状况的影响。

（一）ICD死亡原因分类

WHO（世界卫生组织）召开的第20次世界卫生大会提出了根本死亡原因的概念。在进行死亡统计时，如果死亡只涉及一个原因，则死亡原因分析死因分类较简单，但是，在许多情况下，死亡常由两个或更多的疾病条件促成，因此，生命统计的传统办法是选择其中之一进行统计，为了使死亡原因的描述达到国际间一致，在1948年国际疾病分类第6次修定会议决定使用“根本死亡原因”的表述。我国从1987年起采用国际疾病分类方法进行死因统计工作。

根本死亡原因（underlying death cause）的定义包括二个部分：①直接导致死亡的一系列病态事件中最早的那个疾病或损伤；②造成致命损伤的事故或暴力情况。这个定义主要是从防止死亡的角度来考虑死因，目的在于中断疾病的中间环节，有效地阻止死亡的发生。根本死亡原因是带有根本性的，引起一系列疾病，最终导致死亡的那个原因，不管那个原因发生在死前多长时间都应予以考虑。根本死亡原因可以是一个明确的疾病诊断，可以是一个无明确诊断的医学情况，如症状、体征、临床表现等，也可以是一个意外的损伤或中毒的外因。例如：患者男性，65岁，患慢性十二指肠溃疡6年，半月前慢性十二指肠溃疡穿孔、手术，5天前发生腹膜炎，死亡。该患者死前形成的一系列疾病是：慢性十二指肠溃疡→慢性十二指肠溃疡穿孔→手术→腹膜炎→死亡，其根本死亡原因应为慢性十二指肠溃疡。

总之，根本死亡原因包括了任何促成死亡的先行条件，而不是指临死前的症状或情况，如心力衰竭、呼吸衰竭、周身衰竭等。

（二）常用死亡统计指标

1. 测量死亡水平的指标

1）粗死亡率（crude death rate，CDR）：简称死亡率（mortality rate），指某地某年平均每千人口中的死亡数，反映当地居民总的死亡水平。

$$死亡率=\frac{同期内死亡总数}{某年平均人口数}\times 1000‰ \tag{14-10}$$

一般情况下，老人和婴儿的死亡率较高，男性死亡率高于女性。因此，在分析比较不同时期或不同地区的粗死亡率时，要注意所比较资料的人口年龄或性别构成是否齐同，如不一致应按年龄或性别标准化后再作比较。死亡率可按照不同性别、年龄、疾病等特征分别计算死亡专率（specific death rate），如年龄别死亡率（age-specific death rate，ASDR），亦称年龄组死亡率，指某年某年龄别平均每千人口中的死亡数。

2）婴儿死亡率（infant mortality rate，IMR）：指某年活产儿中未满1周岁婴儿的死亡频率，是反映社会卫生状况、婴儿保健工作以及人群健康状况的重要指标之一，也是死亡统计指标中较敏感的指标。

$$婴儿死亡率=\frac{同年不满1周岁婴儿死亡数}{某年活产总数}\times 1000‰ \tag{14-11}$$

婴儿死亡率分为新生儿死亡率与新生儿后期死亡率两部分。新生儿死亡率（neonatal mortality rate，NMR）指某地某年活产儿中未满28天的新生儿死亡频率；新生儿后期死亡率（post-neonatal mortality rate，PNMR）指某地某年活产儿中满28天但未满1周岁的新生儿死亡频率。

3）围生儿死亡率（perinatal mortality rate）：围生期是指孕产妇分娩前后的一定时期，指从妊娠满28周（胎儿或新生儿出生体重达到1000g及以上或身长达到35cm及以上）至出生后7天以内的时期。死胎指妊娠28周及以上，临产前胎儿死于宫内，出生后无生命征兆者；死产指妊娠28周及以上，临产前胎儿存活，产程中胎儿死亡，出生后无生命征兆者。

$$围生儿死亡率=\frac{妊娠28周以上的死产数+7天内新生儿死亡数}{妊娠28周以上的死产数+活产数}\times 1000‰ \quad (14\text{-}12)$$

或

$$围生儿死亡率=\frac{体重1000g以上的死产数+7天内新生儿死亡数}{体重1000g以上的死产数+活产数}\times 1000‰ \quad (14\text{-}13)$$

围生儿死亡率是衡量孕前、孕期、产期、产后保健工作质量的敏感指标之一。

4）5岁以下儿童死亡率(child mortality rate under age 5)：是近些年来国际组织推荐并应用较多的综合反映儿童健康水平和变化的主要指标。

$$5岁以下儿童死亡率=\frac{同年5岁以下儿童死亡数}{某年活产总数}\times 1000‰ \quad (14\text{-}14)$$

5）孕产妇死亡率(maternal mortality rate)：指某年中由于怀孕和分娩及并发症造成的孕产妇死亡人数与同年出生活产数之比。

$$孕产妇死亡率=\frac{同年内孕产妇死亡数}{某年内活产总数}\times 1000‰ \quad (14\text{-}15)$$

孕产妇死亡定义为：妇女在妊娠期至产后42天以内，由于任何与妊娠有关的原因所致的死亡称为孕产妇死亡，但不包括意外事故死亡。“与妊娠有关的原因”分为两类：①直接产科原因：包括对妊娠合并症(妊娠期、分娩期及产褥期)的疏忽、治疗不正确等；②间接产科原因：妊娠之前已存在的疾病，由于妊娠使病情恶化引起的死亡。孕产妇死亡率的计算必须具有医疗部门的诊断资料。

6）死因别死亡率(cause-specific death rate，CSDR)：指某种原因(疾病)所致的死亡率，也称某病死亡率。

$$死因别死亡率=\frac{同年内某种原因死亡人数}{某年平均人口数}\times 10万/10万 \quad (14\text{-}16)$$

死因别死亡率是死因分析的重要指标，它反映各类病伤死亡对居民生命的危害程度。

7）病死率(fatality rate，FR)指在某一期间内(1年)患某病者因该病死亡的百分比，说明一种疾病的严重程度，也可反映一个医疗单位医疗水平和质量。

$$某病病死率=\frac{观察期间某病死亡人数}{同期某病患者数}\times 100\% \quad (14\text{-}17)$$

2. 死因构成及死因顺位的指标

1）死因构成比(proportion of dying of a specific cause)：也称比例死亡比(proportionate mortality rate，PMR)或相对死亡比，指全部死亡人数中，死于某死因者所占的百分比，说明各种死因的相对重要性。

$$某类死因占总死亡数的构成比=\frac{因某类死因死亡人数}{总死亡人数}\times 100\% \quad (14\text{-}18)$$

2）死因顺位：指按各类死因构成比的大小由高到低排列的位次，说明各类死因的相对重要性，反映某人群中的主要死亡原因，从而明确医疗卫生保健工作的重点和方向。2011年部分市县前10位疾病死亡专率及死亡原因构成见表14-2。

表14-2　2011年部分市县前10位疾病死亡专率及死亡原因构成(合计)

顺位	市			县		
	死亡原因	死亡专率(1/100000)	构成/%	死亡原因	死亡专率(1/100000)	构成/%
1	恶性肿瘤	172.33	27.79	恶性肿瘤	150.83	23.62
2	心脏病	132.04	21.30	脑血管病	138.68	21.72
3	脑血管病	125.37	20.22	心脏病	123.69	19.37

续表

顺位	市			县		
	死亡原因	死亡专率(1/100000)	构成%	死亡原因	死亡专率(1/100000)	构成%
4	呼吸系病	65.47	10.56	呼吸系病	84.97	13.31
5	损伤及中毒	33.93	5.47	损伤及中毒	56.50	8.85
6	内分泌营养和代谢病	18.64	3.01	消化系病	13.84	2.17
7	消化系病	16.35	2.64	内分泌营养和代谢病	10.56	1.65
8	神经系病	7.63	1.23	传染病	6.75	1.06
9	泌尿生殖系病	6.60	1.06	泌尿生殖系病	6.50	1.02
10	传染	5.51	0.89	神经系病	4.85	0.76

第二节 疾病统计

疾病统计(morbidity statistics)是用统计指标描述疾病在人群中的发生频率，描述疾病的地理分布特点和描述疾病的时间变化趋势。疾病统计通过抽样数据对总体人群的疾病发生参数进行估计，对疾病发生的影响因素进行推断。疾病统计应用统计模型对疾病的时间变化趋势规律进行检验，并对人群将来的发病趋势进行预测。

疾病统计是人们认识疾病，掌握疾病发生规律，采取有效疾病防治措施，保障人群健康的基础;也是开展疾病流行病学研究、病因学研究和社区干预研究的基础和前提条件。

疾病统计的目的是掌握疾病的发生发展规律，了解疾病流行的地理分布、人群分布和时间变化趋势，评价疾病对人群健康的危害，探索影响疾病发生的重要危险因素和相互关系，为制订和选择疾病预防措施，编制区域卫生规划和制订卫生政策提供重要依据。

一、疾病统计在医疗保险实际工作中的意义

医疗保险制度是一个国家维护人民健康、促进社会经济发展的一种社会保障制度，是社会保障体系的重要组成部分。

我国目前实施的城镇职工医疗保险制度，是政府通过对医疗资金的筹集、医疗费用的支付、医疗服务的供给体制等制定一整套章程、规则、办法来保障人民的健康。影响卫生费用的因素很多，政府要确定正确的卫生工作方针，首先需要了解和掌握社会经济因素、人口因素、疾病因素、医学科技因素、医疗服务及其他因素等，尤其是医疗卫生机构工作信息、居民健康状况、疾病统计数据等信息。

影响健康的危险因素是多方面的，可以从不同角度对其进行分类。从保险医学角度，通常把对死亡率有影响的因素称作危险因素，包括医学上的危险因素、环境上的危险因素和道德(心理)上的危险因素等。其中疾病是影响人类健康和寿命的一个重要的危险因素，研究疾病在人群中的发生和分布情况，尤其是对那些死亡率、发病率较高的疾病加以研究并掌握其特征，对于预测医疗卫生经费、开展新的医疗保险险种、确定医疗保险基金筹资比例和支付比例、研究单病种付费管理条

例以及制定医疗保险费用结算管理办法等提供科学的依据。

二、疾病统计的对象和观察单位

疾病统计的对象首先是目标人群。一般来说，疾病统计都是按行政区域划分目标人群，例如县区辖内的户籍居民。还有以社区居民、大型厂矿企业的职工、部队军人和学校学生等为独立的目标人群。目标人群一般覆盖所有年龄组，但部分慢性非传染性疾病可能仅覆盖成年人，例如高血压、糖尿病常以 18 岁以上人群为目标人群。

其次疾病统计的对象是患病的患者。疾病统计的目标疾病一般是病因确切、分类清楚、诊断标准明确的疾病。疾病监测系统搜集目标人群中所有新发或患有目标疾病的患者资料，这些资料一般来自统计区域有诊断能力的医疗单位，或是来自对目标人群的普查或抽样调查。这些诊断出来的患者就是疾病统计的对象。

在目标人群中，一部分患者因为没有自觉的症状或体征而没有到医疗单位就诊，或者到疾病监测系统未覆盖的医疗单位就诊而没有搜集到资料，无法作为疾病统计对象，这些情况可能导致结果的偏倚，但只要保持疾病监测系统的一贯性和统一资料搜集标准，这种偏倚不会严重影响疾病统计数据的分析和解释。

在疾病统计中的观察单位有两种形式：①以病例为观察单位，即新发或患有某种疾病则为一个观察单位。以病例为观察单位的疾病统计方便分析特定疾病的发生频率和分布规律。②以患者为观察单位，即以患有疾病的人为观察单位，而不管该人患有几种疾病和什么疾病。以患者为观察单位的疾病统计方便评价疾病对人群健康的危害和人群总的疾病负担。疾病统计单位应根据不同的目的来确定。

三、疾病统计资料的来源

疾病统计资料来源于疾病监测系统。我国的疾病监测根据功能和管理机构不同，形成了若干监测系统。首先是传染病疫情报告管理系统，它是中国疾病预防控制信息系统的一部分。中国疾病预防控制信息系统是在 2003 年 SARS 爆发之后由中国疾病预防控制中心(CDC)牵头逐步建立起来的网络直报系统。该系统按照个案、实时、在线的原则，对 37 种国家法定传染病实施实时病例个案网络直报(表 14-3)。该系统采用国家、省、地市、县和乡镇 5 级传染病网络监测报告体系，形成国家、省级和地市级 3 级网络平台结构。在各地级市建立区域公共卫生信息系统，形成地区局域网，连接到地区的所有卫生医疗单位、卫生行政单位和保险公司。

表 14-3　37 种法定传染病基本信息表

类别	编号和疾病
甲类	1. 鼠疫，2. 霍乱，
按甲类管理的乙类	3. 传染性非典型肺炎，4. 人感染高致病性禽流感，5. 炭疽，6. 脊髓灰质炎，
乙类	7. 病毒性肝炎，8. 艾滋病，9. 麻疹，10. 流行性出血热，11. 狂犬病，12. 流行性乙型脑炎，13. 登革热，14. 痢疾，15. 结核，16. 伤寒副伤寒，17. 流行性脑脊髓膜炎，18. 百日咳，19. 白喉，20. 新生儿破伤风，21. 猩红热，22. 布鲁氏菌病，23. 淋病，24. 梅毒，25. 钩端螺旋体病，26. 血吸虫，27. 疟疾，
丙类	28. 流行性感冒，29. 流行性腮腺眼炎，30. 风疹，31. 急性出血性结膜炎，32. 麻风病，33. 斑疹伤寒，34. 黑热病，35. 包虫病，36. 丝虫病，37. 其他感染性腹泻

中国疾病预防控制信息系统的功能已经扩展到单病/专病(例如艾滋病、鼠疫、肺结核、禽流感)

的监测系统，突发公共卫生事件报告信息系统和救灾防病信息管理系统。还有肿瘤登记报告系统、中国慢性病及其危险因素监测、地方病登记报告系统、精神病登记报告系统、职业病登记报告系统、结核病登记报告系统、HIV 感染及艾滋病登记报告系统、心脑血管事件登记报告系统等。

四、疾病统计常用指标

（一）反映疾病发生频率或风险的指标

1）发病率(incidence rate)，常用于描述疾病的发生频率和评价人群发病风险。

$$\text{某病某时期发病率}=\frac{\text{某时期人群新发某病病例数}}{\text{该人群某时期平均人口数}}\times K \tag{14-19}$$

某病指符合国家或国际诊断标准定义的某种疾病。时期指对目标人群的观察时限，一般慢性非传染性疾病的发病率常取时限为年，一些急性传染病或常见病则可以取两周，或者是一个月，或者是一个流行季节，主要是避免对象多次重复发病对统计数据的影响。平均人口数一般用期初人口数和期末人口数的平均值估计。K 为比例基数，可以取 100%、1000‰或 100000/10^5。比例基数的选择可以根据习惯，例如高血压、糖尿病的患病率一般取 100%，出生率、总死亡率一般取 1000‰，肿瘤发病率或死亡率取 100000/10^5。也可以根据整数位至少有一位有效数字为原则选择。发病率的资料来源一般来自疾病监测和发病登记报告系统，例如传染病报告系统，肿瘤发病登记系统。

2）患病率(prevalence rate)，描述疾病在人群中现患情况，反映人群患病的比率。

$$\text{某病某时点患病率}=\frac{\text{某时点人群现患(包括新和旧病例)某病病例数}}{\text{该时点调查或受检人数}}\times K \tag{14-20}$$

时点在理论上是无长度的，但实际应用中当时间长度短到可以忽略不计就行了，一般不超过一个月。患病率适合描述慢性非致命性疾病，例如糖尿病、高血压、骨质疏松病等。

3）某病检出率，描述人群中患有某病的风险。指体检人群中反映患某病的某项指标的阳性率。例如结核病的痰涂片阳性率，乙肝病毒抗原阳性率等。

$$\text{某病检出率}=\frac{\text{检查时发现某病的病例数}}{\text{该时点受检人数}}\times K \tag{14-21}$$

4）某病感染率，描述人群感染某传染性疾病的风险。指在调查人群中感染某疾病的比例。例如某些寄生虫病的感染率、梅毒感染率等。

（二）反映疾病危害程度的指标

1）死亡率(mortality rate)，常用于描述一定时期内目标人群死于某病的频率和风险。

$$\text{某病某时期死亡率}=\frac{\text{某时期人群死于某病病例数}}{\text{该人群某时期平均人口数}}\times K \tag{14-22}$$

公式中时期指对目标人群的观察时限，一般常取时限为年。平均人口数一般用期初人口数和期末人口数的平均值估计。与发病率相同，K 是一个比例基数，可以取 100%、1000‰或 100000/10^5。

2）病死率(fatality rate)，表示在一定时间内患有某病的患者因该病死亡的频率。见式(14-17)。

3）生存率(survival rate)表示患有某病的患者在一定时期内生存的概率。某些疾病，例如恶性肿瘤，用治愈率和病死率来描述疾病的危害或疗效不合适，更常用生存率反映疾病的危害。生存率估计方法等详见第十五章生存分析。

4）残疾统计。残疾指患者在心理、生理、人体结构上某种组织器官功能丧失或不正常。从不同的角度残疾的定义有所不同，一般从三方面分类：①形态残疾(impairment)，伤病导致人体外表、结构缺陷，②功能残疾(disability)，伤病导致人的视力、听觉、语言、行动等功能障碍，③社会功能残疾(handicap)，伤病导致人的社会地位和交往改变。根据不同的残疾严重程度，残疾也可以分成若干等级。描述残疾主要有残疾患病率和残疾构成比。

$$残疾患病率=\frac{残疾患者人数}{调查人数}\times 100\% \tag{14-23}$$

$$残疾构成比=\frac{某级(某类)残疾数}{所有残疾数}\times 100\% \tag{14-24}$$

五、国际疾病分类简介

国际疾病分类(international classification of diseasesICD)，是依据疾病的某些特征，按照规则将疾病分门别类，并用编码的方法来表示的系统。目前全世界通用的是第10次修订本《疾病和有关健康问题的国际统计分类》，仍保留了ICD的简称，并被统称为ICD-10。近几十年来，在WHO的倡导下和推动下，ICD已为大多数成员国所接受，成为疾病、损伤和死亡原因分类的标准化工具，对掌握医疗卫生信息，疾病资料的国际间交流，促进世界卫生保健工作，起着重要的作用。

(一) ICD的基本历史

1987年我国开始推广使用ICD-9。ICD-9更多地考虑到临床的需要，为了适合医疗评价，健康保险统计以及中央对医疗卫生事业拨款提供依据等各方面的需要，其分类比以往的更为精细。ICD各次修订时间、地点列于表14-4。

表14-4 ICD各次修订时间地点

	修订时间	地点	分类	主持
ICD-1	1900	巴黎	死因分类	伯蒂隆
ICD-2	1909	巴黎	死因分类	伯蒂隆
ICD-3	1920	巴黎	死因分类	伯蒂隆
ICD-4	1929	巴黎	死因分类	混合委员会
ICD-5	1938	巴黎	死因分类	WHO
ICD-6	1948	巴黎	疾病分类	WHO
ICD-7	1955	巴黎	疾病分类	WHO
ICD-8	1965	日内瓦	疾病分类	WHO
ICD-9	1975	日内瓦	疾病分类	WHO
ICD-10	1990	日内瓦	疾病分类	WHO

注：混合委员会是由国际统计学研究所与国际联盟卫生组织对等人数组成

《疾病和有关健康问题的国际统计分类》ICD-10，是以ICD-9的基本内容为基础做了较大修改、变动，经国际疾病分类第10次国际修订会议批准，43届世界卫生大会通过，定于1993年1月1日起生效的国际疾病分类，为保持其连续性，简称仍使用“国际疾病分类(ICD)”。当前，世界各国已开始使用ICD-10，1996~1998年，ICD-10三卷的中文译本已陆续出版，为推广、使用ICD-10创造了必要的条件。为保持与国际疾病分类标准化进程同步，有利于我国疾病、死因统计数据与其他国家之间的对比与交流，我国自2001年开始使用ICD-10。

（二）ICD-10 的主要内容

ICD-10 共分 21 章疾病，共计 6.3 万个条目。此外，还包括有肿瘤的形态学编码，特殊类目表，以及已被世界卫生大会通过的定义，命名条例等。

ICD-10 的 21 章疾病中，每一条目均设三、四位数编码，其中第一位为英文字母，每个字母都与特定的一章有关，只有字母 D 和 H 除外。U 未编，备用。

各章内容及编码范围见表 14-5。

表 14-5 ICD-10 各章内容与编码范围

内容	编码
某些传染病和寄生虫病	A00~B99
第二章 肿瘤	C00~D48
第三章 血液及造血器官疾病和某些涉及免疫机制的疾患	D50~D89
第四章 内分泌、营养和代谢疾病	E00~E90
第五章 精神和行为障碍	F00~F99
第六章 神经系统疾病	G00~G99
第七章 眼和附器疾病	H00~H59
第八章 耳和乳突疾病	H60~H95
第九章 循环系统疾病	I00~I99
第十章 呼吸系统疾病	J00~J99
第十一章 消化系统疾病	K00~K93
第十二章 皮肤和皮下组织疾病	L00~L99
第十三章 肌肉骨骼系统和结缔组织疾病	M00~M99
第十四章 泌尿生殖系统疾病	N00~N99
第十五章 妊娠、分娩和产褥期	O00~O99
第十六章 起源于围生期的某些情况	P00~P96
第十七章 先天畸形、变形和染色体异常	Q00~Q99
第十八章 症状、体征和临床与实验室异常所见，不可归类在他处者	R00~R99
第十九章 损伤、中毒和外因的某些其他后果	S00~T98
第二十章 疾病和死亡的外因	V01~Y98
第二十一章 影响健康状态和与保健机构接触的因素	Z00~Z99

（三）ICD-10 的主要结构

ICD-10 结构分三卷，第一卷为类目表，第二卷为指导手册，第三卷为字母顺序索引。

第一卷类目表，共包括 21 章，每章标题后列有该章编码范围，章内设节，编有各节标题与节内编码范围，节内为三位数类目内容及编码，类目内设有四位数亚目内容及编码，少数亚目内设有 5 位数细分类的内容与编码。在每章、节后面，部分三位数类目后面，少数四位数亚目后面列有该分类的注释，其形式为：包括，不包括和注，用以说明该部分的内涵。在不包括的疾病之后，括号内为该疾病的正确编码。

第二卷为指导手册，详细地介绍了应用 ICD 中的有关问题，概括介绍分类的历史背景。所提供的对 ICD 基本描述，对疾病和死因编码的指导以及对数据报告的分析、解释，可成为阅读和使用 ICD-10 的指南。

第三卷是汉语拼音字母顺序的编码索引，是第一卷类目表不可缺少的辅助部分。本卷共收入疾病(包括症状、体征和不明确情况)，损伤(包括损伤的临床表现及其外部原因)，以及药物和化学物质中毒的有关术语和编码约 7 万条，其中有相当一部分是第一卷没有出现的术语。

索引共包括 3 个部分。第一部分是疾病、综合征、病理情况，损伤、体征、症状、问题及与保健机构接触的其他理由，即医师要记录的信息类型。它包括所有可分类到 A00~T98 和 Z00~Z99 的术语，但不包括药物和其他化学物质引起的中毒或其他有害效应。第一部分中还列有肿瘤表(第三卷第 1054~1089 页)，按首字汉语拼音顺序排列，其后编有肿瘤解剖部位编码，每一肿瘤列出 5 个编码，分别表示：原发(恶性)、继发(恶性)、原位、良性、动态未定或未知，供选用。第二部分是损伤外部原因的索引。这里的术语不是医学诊断，而是对暴力发生情况的描述(例如：火、爆炸、跌落、加害、碰撞、沉没等)。它包括所有可分类到 V01~Y98 的术语。第三部分是引起中毒或其他有害效应的药物和其他化学物质的索引。表中的每种物质都列有 4~5 个编码，供选用。

(1) 第十九章中毒本身的编码(T36~T65)。

(2) 第二十章意外中毒和暴露于有害物质的编码(X40~X49)。

(3) 故意自害的编码(X60~X69)。

(4) 意图不确定的中毒的编码(Y10~Y19)。

(5) 对药物、药剂和生物制品，在治疗中使用这些物质引起的有害效应的编码(Y40~Y59)。

为了检索的方便，在 3 个部分中，均设有 2 个索引表，即主导词首字汉语拼音音节索引表，主导词首字笔画检字表，可供由 2 个途径检索内容。

分类家族核心为 ICD-10 的 3 位数编码。为了保持 ICD 本身和分类家族概念的完整性以及信息间的国际可比性,WHO 要求，不得对 ICD-10 中的三位数类目和四位数亚目的内容做任何改动。分类家族包括与诊断有关的分类和非诊断性分类两组主要分类类型，也包括为初级卫生保健信息搜集和使用的初级卫生保健的信息支持和国际疾病命名法。分类家族还包括定义、标准和方法的概念性框架。

第三节　人口寿命表

本章前三节介绍了一些常用的人口出生、疾病和死亡的统计指标，其实还有由寿命表(life table)生成的期望寿命(life expectancy，e_x)，该指标既可以反映各个年龄组的死亡水平，又可以以期望寿命的形式说明人群健康水平，是反映国家或地区卫生状况的基本指标。本节将介绍简略寿命表和去死因寿命表的编制方法，并对有关指标的应用给予说明。

一、人口寿命表的概念及其意义

寿命表(life table)，亦称生命表，是根据特定人群的年龄别死亡率编制出来的一种统计表。根据编制目的和资料来源不同，寿命表可分为：队列寿命表(cohort life table)和现时寿命表(current life table)两大类。每一类又包含许多不同的寿命表。保险统计、卫生统计学中最常用的是现时寿命表，流行病学、基础医学和临床医学研究中常用队列寿命表。队列寿命表其数据由纵向随访得到，反映某一特定人群(队列)的死亡经历。由于人的生命周期长，用队列寿命表研究人群的生命过程，不仅随访人数要很多，而且随访时间要数十年，甚至上百年；另外队列寿命表反映的是历史情况，不适宜反映当前的人群健康状况。因此，在编制人群寿命表时，一般较少使用队列寿命表，而较多使用现时寿命表。

现时寿命表数据由横断面观察得到。以获得的某年(或者某一时期)所有年龄组死亡率为已知数据，然后人为假定同时出生的一代人(一般以 10 万人为基础)，按照这些年龄组死亡率先后死去，直至全部死亡为止，分别算出这一代人在不同年龄组的"死亡概率""死亡人数""尚存人数"及"期望寿命"等指标，由此编制一张现时寿命表。由于人口寿命表是根据年龄别死亡率编制而成，因此，寿命表中各指标不受人口年龄构成的影响，不同人口的寿命指标具有良好的可比性。如果该地的情况有了改变，年龄别死亡率的某一部分有所升高或降低，寿命表各指标亦随之改变。

现时寿命表和队列寿命表根据年龄分组的不同，分完全寿命表(complete life table)和简略寿命表(abridged life table)两种。完全寿命表是以 0 岁为起点，直至某一人群的生命极限，年龄间隔 1 岁 1 组，编制完全寿命表时观察人数要足够多。因为完全寿命表中年龄分组细，各年龄组死亡率又低，观察人数少，容易出现年龄组死亡率不够稳定；简略寿命表除 0 岁作为一个独立组外，各年龄组均大于 1 年，习惯上以每 5 岁(有时以 10 岁)作为 1 个年龄组，85 岁及以上合并为最后一个年龄组，简略寿命表由于年龄分组少，每个年龄组人口数较多，年龄组死亡率比较稳定。简略寿命表适用于人口较少的人群死亡分析。简略寿命表除减少计算量外，还可以弥补完全寿命表的不足。如在完全寿命表中需按每岁一组的资料编制，但每岁一组的人口与死亡登记资料经常不易获得，尤其在登记工作不健全及非普查年份，可用编制简略寿命表弥补不足。

人口寿命表编制需要完整可靠的人口资料与死亡登记资料。至今，我国先后进行了六次人口普查，公安部门户籍管理日趋完善，加之，卫生部门与公安部门密切配合，死亡登记资料日益完整，这些为在我国范围内编制寿命表建立了可靠的基础。编制寿命表一般以日历年度的人口资料为依据，统计资料的准确与否，直接影响到寿命表的准确与可靠性。我国目前在搜集人口出生、死亡资料过程中，普遍存在新生儿出生与死亡数字的漏报问题，这对计算婴儿死亡率的准确性影响较大，进而明显地影响寿命表指标的准确性。因此，对于编制寿命表的人口、死亡基本资料，尤其是婴儿死亡率必须认真核查、补漏和校正。

二、寿命表中主要指标和意义

1. 年龄和年龄组

寿命表中的年龄 X 采用"实足年龄(exact age)"，其不同于"虚岁"。习惯上"虚岁"是指存活的年头，如一个婴儿 1995 年 2 月生，到 1996 年 1 月时，他的虚岁已是两岁了，因为这个婴儿已活了 1995 及 1996 两个年头。而寿命表的年龄是"实足年龄"，如寿命表中 1 岁时尚存人数，即刚满一年(刚过第一个生日)的人数。每一年龄组的下限值记为 X。完全寿命表(complete life table)的年龄组是每 1 岁为 1 组。刚出生到不足 1 岁记为"0~"，实足 1 岁到不足 2 岁记为"1~"，一般将 85 岁及以上合并为"≥85"。简略寿命表(abbreviated life tables)一般是 5 岁为 1 个年龄组，但婴儿死亡率对寿命表的影响相当大，所以简略寿命表将第 1 个 5 岁年龄组拆分成组距为 1 岁的"0~"岁组和组距为 4 岁的"1~"岁组，从实足 5 岁开始年龄组的组距才为 5 岁。

2. 平均人口数(P_x)与实际死亡人数(D_x)

平均人口数和实际死亡人口数是编制寿命表的依据，可靠的按性别和年龄分组的平均人口数和准确的死亡登记资料是寿命表编制的必备资料。平均人口数可由公安部门或人口普查或调查获得。实际死亡数亦可由公安部门和调查获得。人口数与死亡数中，出生数与婴儿死亡数字的正确性，对编制好寿命表十分重要。因而在编制某地区寿命表时，应对人口死亡数的基本资料，尤其婴儿出生、死亡数必须认真核查。

3. 平均存活年数(a_X)

在"$X \sim X+i$"岁年龄组(i 为组距)，每位死亡者平均存活年数记为 a_X。完全寿命表每一年龄组平均存活年数设为 0.5 年，简略寿命表组距为 5 的年龄组平均存活年数设为 2.5 年。但由于婴儿或幼儿的早期死亡率较高，特别是新生儿第一周死亡占有较大的比重，因此寿命表的"0～"岁组平均存活年数远小于 0.5。由我国 1981 年与 1982 年部分地区的婴儿死亡资料计算得到"0～"岁组男性平均存活年数为 $a_0 = 0.1450$，女性为 $a_0 = 0.1525$，取 2 位小数，则男女统一用 $a_0 = 0.15$。

4. 年龄组死亡率(m_X)

年龄组死亡率(mortality rate，m_X)是某年龄组实际死亡人数与相应的该年龄组平均人口数之比，记为

$$m_X = \frac{D_X}{P_X} \tag{14-25}$$

5. 年龄组死亡概率(q_X)和生存概率(p_X)

"$X \sim X+i$"岁年龄组死亡概率(probability of dying，q_X)的计算基于年龄组死亡率 m_X，表示 X 岁尚存者在今后 i 年内死亡的概率。该指标与死亡率 m_X 的意义完全不同，年龄组死亡率只是表示某年龄组人口的平均死亡水平，但这两个指标间存在下列函数关系：

$$q_X = \frac{i \times m_X}{1 + (i - a_X) \times m_X} \tag{14-26}$$

此外，还有下列特殊情况："0～"组死亡概率一般以婴儿死亡率代替；最后一个年龄组通常是大于等于某年龄(如 85 岁)的死亡人数，其平均存活年数无法得到，所以不能采用公式计算。但因为所假定的个体一定在此年龄组死亡，所以最后一个年龄组的死亡概率为 1。

生存概率(probability of survival，p_x)表示 X 岁尚存者在今后 i 年内存活的概率，具体为 $p_X = 1 - q_X$。

6. 尚存人数(l_X)

尚存人数(number of survivors)记为 l_X，亦称生存人数，是指同时出生的一代人(一般假定为 10 万人，即"0～"岁组的尚存人数 $l_0 = 100000$)刚满 X 岁时尚能生存的人数。

7. 死亡人数(d_X)

指"理论"死亡人数(number of dying，d_X)，表示假想的同时出生的一代人中，X 岁尚存者按死亡概率死于年龄组"$X \sim X+i$"的平均人数，即

$$d_X = q_X \times l_X \tag{14-27}$$

8. 生存人年数(L_X)

生存人年数(number of survival person-years，L_X)，指假想的同时出生的一代人中，X 岁尚存者在今后 i 年内的平均生存人年数，又称为寿命表人年数。

$$L_X = \frac{i}{2}(l_X + l_{X+i}) \tag{14-28}$$

但是"0～"岁年龄组的生存人年数计算公式为

$$L_0 = l_1 + a_0 \times d_{0\,(14\text{-}29)}$$

最后一个年龄组死亡率、尚存人数分别记为 m_w，l_w，则该年龄组生存人年数计算公式为

$$L_w = \frac{l_w}{m_w} \tag{14-29}$$

9. 生存总人年数(T_X)

生存总人年数(total number of survival person-years，T_X)，指假想的同时出生的一代人中，X 岁尚存者今后存活的平均总人年数，它是 X 岁及 X 岁以上的各年龄组生存人年数的总和，即

$$T_X = \sum L_X = T_{X+i} + L_X \tag{14-30}$$

由式(14-30)可见，计算应从最大年龄组开始累加生存人年数。最大年龄组的 $T_X = L_X$。

10. 期望寿命(e_X)

期望寿命(life expectancy，e_X)是寿命表最广泛使用的指标，指同时出生的一代人活到 X 岁时，尚能生存的平均年数，即

$$e_X = \frac{T_X}{l_X} \tag{14-31}$$

给定某一时点所有年龄组的死亡率，由寿命表计算所得出生时的期望寿命(e_0)为假想的同时出生的一代人未来的平均存活年数。这是不同国家、不同时期死亡水平比较的最常用指标。

一般情况下，随着 X 的增大，期望寿命会减少，但在较高婴儿死亡率的国家，“1～”岁组期望寿命可能反而会高于“0～”岁组期望寿命。

三、简略寿命表

例 14-1 已知我国某市 2011 年男性的各年龄组年平均人口数、实际死亡人数(表 14-6 内第 2 列与第 3 列)，试用该数据编制简略现时寿命表。

现在基于表 14-6 资料，阐明编制简略现时寿命表的步骤及要点。

1）基本数据。表内第 1～3 列为基本数据，第 1 列“X～”中为实足年龄，第 4 例死亡率为第 2 列年平均人口数与第 3 列实际死亡人数按照死亡率公式(14-25)计算得到。

2）年龄组死亡概率。第 5 列“0～”岁组的死亡概率由第 2 列与第三列数字计算获得，即为 203/27280 = 0.007441，也称为婴儿死亡率。其他各年龄组的死亡概率由式(14-26)求得。如“1～”岁组的死亡概率应为

$$q_1 = \frac{i \times m_X}{1 + (i - a_X) \times m_X} = \frac{4 \times 0.000582}{1 + (4 - 2) \times 0.000582} = 0.002326$$

式中，$i = 4$ 为该组段组距，$a_X = 2$ 为该组段死亡者平均存活年数，$m_X = 0.000582$ 为该年龄段死亡率。“5～”岁组的死亡概率应为

$$q_5 = \frac{5 \times 0.000122}{1 + (5 - 2.5) \times 0.000122} = 0.000608$$

式中，$i = 5$ 为该组段组距，$a_X = 2.5$ 为该组段死亡者平均存活年数，$m_X = 0.000122$ 为该年龄段死亡率。其余各年龄组死亡概率以此类推。但是最后一个年龄组死亡概率应为 1，即“ ≥85”岁组的死亡概率 $q_{85} = 1.000000$。

3）尚存人数与死亡人数。第 6 列的“0～”岁组尚存人数为 100000，此为人为假定的队列的总人数。第 7 列的“理论”死亡人数由第 5、6 列相应行数据之乘积，即为 0.007441×100000 = 744，用“0～”岁组的尚存人数与死亡人数相减即可获得“1～”岁组的尚存人数，即为 100000 − 744 = 99256；“1～”岁组的死亡人数为 0.002326×99256 = 231，则“5～”岁组的尚存人数为 99256 − 231 = 99025。其余各年龄组的尚存人数与死亡人数以此类推。

4）生存人年数。“0～”岁组生存人年数可按照公式 $L_0 = l_1 + a_0 \times d_0$ 求得，即为 99256 + 0.15 × 744 = 99367；“1～”岁组生存人年数为

$$L_1 = \frac{i}{2}(l_X + l_{X+i}) = \frac{4}{2}(99256 + 99025) = 396562$$

“5～”岁组生存人年数为

$$L_5 = \frac{i}{2}(l_X + l_{X+i}) = \frac{5}{2}(99025 + 98965) = 494975$$

其余各年龄组的生存人年数以此类推。另外，“ ≥85”岁组的生存人年数为

$$L_w = \frac{l_w}{m_w} = \frac{62839}{0.085637} = 733779$$

5）生存总人年数。根据生存总人年数公式(14-30)计算第 9 列，从最大年龄组开始由下向上累计，本例有 $T_{85} = L_{85} = 733779$，$T_{80} = T_{85} + L_{80} = 733779 + 342824 = 1076603$，$T_{75} = T_{80} + L_{75} = 1076603 + 394001 = 1470604$，余类推。

6）期望寿命。根据期望寿命公式(14-31)计算第 10 列，本例出生时男性期望寿命为

$$e_0 = \frac{T_0}{l_0} = \frac{8683391}{100000} = 86.83$$

“1～”岁组期望寿命为

$$e_1 = \frac{T_1}{l_1} = \frac{8584023}{99256} = 86.48$$

其余类推。

具体各年龄组简略现时寿命表指标见表 14-6。

表 14-6　我国某城市 2011 年男性简略现时寿命表

年龄组/岁	年平均人口数	实际死亡人数	死亡率	死亡概率	尚存人数	死亡人数	生存人年数	生存总人年数	期望寿命
X～	P_X	D_X	m_X	q_X	l_X	d_X	L_X	T_X	e_X
(1)	(2)	(3)	(4)	(5)	(6)	(7)	(8)	(9)	(10)
0～	27280	203	—	0.007441	100000	744	99367	8683391	86.83
1～	118527	69	0.000582	0.002326	99256	231	396562	8584023	86.48
5～	139775	17	0.000122	0.000608	99025	60	494975	8187461	82.68
10～	206583	19	0.000092	0.000460	98965	45	494710	7692487	77.73
15～	249453	76	0.000305	0.001522	98919	151	494220	7197777	72.76
20～	276965	116	0.000419	0.002092	98769	207	493327	6703557	67.87
25～	327667	141	0.000430	0.002149	98562	212	492281	6210229	63.01
30～	336922	161	0.000478	0.002386	98350	235	491165	5717948	58.14
35～	272271	235	0.000863	0.004306	98116	423	489522	5226784	53.27
40～	223391	313	0.001401	0.006981	97693	682	486760	4737262	48.49
45～	198248	369	0.001861	0.009263	97011	899	482809	4250502	43.81
50～	118349	283	0.002391	0.011885	96112	1142	477706	3767693	39.20
55～	94593	280	0.002960	0.014692	94970	1395	471362	3289987	34.64
60～	69828	294	0.004210	0.020832	93575	1949	463001	2818625	30.12
65～	53335	246	0.004612	0.022799	91625	2089	452905	2355624	25.71
70～	27967	403	0.014410	0.069544	89536	6227	432116	1902719	21.25
75～	16775	384	0.022891	0.108261	83310	9019	394001	1470604	17.65
80～	8981	300	0.033404	0.154147	74291	11452	342824	1076603	14.49
85～	2604	223	0.085637	1.000000	62839	62839	733779	733779	11.68

四、去死因寿命表

去死因寿命表(cause eliminated life table)主要用于研究某种死因对居民死亡的影响，其基本思想是：如果消除了某种死因，则原死于该死因的人则不死于该死因，寿命就会有所延长。去死因寿命表的优点是：①以某死因耗损的期望寿命和尚存人数合理地说明了该死因对人群生命的影响程度；②去死因寿命表的指标既能综合说明某死因对全人口的作用，又能分别说明某死因对各年龄组人口的作用；③去死因寿命表的指标同样不受人口年龄构成的影响，便于相互比较。

例 14-2 已知某城市 2011 年女性的各年龄组年平均人口数(见表 14-7 第 2 列)、全死因死亡数(第 3 列)及肿瘤死亡数(第 4 列)，用此数据编制去肿瘤死因简略现时寿命表。

去死因寿命表中各项指标的意义与全死因寿命表相同，为了加以区分，在特定指标的右上角标记“′”表示某死因或去某死因。编制去死因寿命表的关键是求去某死因后各年龄组生存概率，然后可以按照前面介绍编制寿命表的方法编制去死因寿命表。

1）基本数据。表 14-7 中的第 1、2、3 列数据与表 14-6 完全相同。第 4 列的肿瘤死亡数是编制去死因寿命表的必备数据。

2）去肿瘤死亡比例。该指标由第 3、4 列数据计算，是去肿瘤后的死亡人数占全死因死亡人数的比例，记为 r'_X。公式为

$$r'_X = \frac{D_X - D'_X}{D_X} \tag{14-32}$$

本例中

$$r'_0 = \frac{203 - 3}{203} = 0.98522,\ r'_1 = \frac{69 - 5}{69} = 0.92754$$

其余以此类推。

3）全死因死亡概率。按照上部分简略现时寿命表计算死亡概率方法计算，列于第 6 列。

4）全死因生存概率。结合第 6 列数据计算生存概率，有 $p_X = 1 - q_X$。

5）去肿瘤死因后生存概率。该指标是编制去死因寿命表的关键指标。计算公式为

$$p'_X = (p_X)^{r'_X} \tag{14-33}$$

本例中

$$p'_0 = (p_0)^{r'_0} = (0.992559)^{0.98522} = 0.992668$$

$$p'_1 = (p_1)^{r'_1} = (0.997674)^{0.92754} = 0.997842$$

其余以此类推。

6）去肿瘤死因后尚存人数和死亡人数。定义 $l'_0 = 100000$，则去肿瘤死因后死亡人数计算公式为

$$d'_X = (1 - p'_X) \times l'_X \tag{14-34}$$

如“0～”岁组的去肿瘤死亡人数为

$$d'_0 = (1 - p'_0) \times l'_0 = (1 - 0.992668) \times 100000 = 733$$

由“0～”岁组去肿瘤死亡后尚存人数与死亡人数相减可以得到“1～”岁组的去肿瘤死亡后尚存人数：

$$l'_1 = l'_0 - d'_0 = 100000 - 733 = 99267$$

再如，“1～”岁组的去肿瘤死亡人数为

$$d'_1 = (1 - p'_1) \times l'_1 = (1 - 0.997842) \times 99267 = 214$$

“5～”岁组的去肿瘤死亡后尚存人数为

$$l'_5 = l'_1 - d'_1 = 99267 - 214 = 99053$$

其余以此类推。

7）去肿瘤死因后生存总人年数。按照生存总人年数计算公式可以计算“0~”“1~”“5~”和“85~”岁组的去肿瘤死因后生存人年数分别为

$$L'_0 = l'_1 + 0.15 \times d'_0 = 99267 + 0.15 \times 733 = 99378$$

$$L'_1 = \frac{4}{2}(l'_1 + l'_5) = \frac{4}{2}(99267 + 99053) = 396640$$

$$L'_5 = \frac{5}{2}(l'_5 + l'_{10}) = \frac{5}{2}(99053 + 99000) = 495132$$

$$L'_{85} = \frac{l'_{85}}{m'_{85}} = \frac{70144}{(223 - 5)/2604} = 837865$$

上式 m'_{85} 为“85~”岁组的去肿瘤死因后死亡率，可以由第 2、3、4 列进行计算。

8）去肿瘤死因后生存总人年数。从最后年龄组开始对去肿瘤死因后生存人年数进行累加得到对应组的去肿瘤死因后生存总人年数。

$$T'_{85} = L'_{85} = 837865$$

$$T'_{80} = T'_{85} + L'_{80} = 837865 + 379348 = 1217213$$

其余以此类推。

9）去肿瘤死因后期望寿命。该指标由第 12 列与第 9 列相比得到。“0~”组的期望寿命为

$$e'_0 = \frac{8935924}{100000} = 89.36$$

其余以此类推。

结合表 14-6 全死因寿命表，则 2011 年该城市男性因肿瘤死亡而减少的出生时的期望寿命为

$$e'_0 - e_0 = 89.36 - 86.83 = 2.53$$

即出生时人群期望寿命因肿瘤而损失 2.53 岁。

具体各年龄组指标值见表 14-7。

表 14-7 某城市 2011 年男性去肿瘤死因简略现时寿命表

年龄组/岁	年平均人口数	全死因死亡人数	肿瘤死亡人数	去肿瘤死亡比例	死亡概率	生存概率	去肿瘤死因后					
							生存概率	尚存人数	死亡人数	生存人年数	生存总人年数	期望寿命
$X\sim$	P_X	D_X	D'_X	r'_X	q_X	p_X	p'_X	l'_X	d'_X	L'_X	T'_X	e'_X
(1)	(2)	(3)	(4)	(5)	(6)	(7)	(8)	(9)	(10)	(11)	(12)	(13)
0~	27280	203	3	0.98522	0.007441	0.992559	0.992668	100000	733	99378	8935924	89.36
1~	118527	69	5	0.92754	0.002326	0.997674	0.997842	99267	214	396640	8836290	89.02
5~	139775	17	2	0.88235	0.000608	0.999392	0.999464	99053	53	495132	8439651	85.20
10~	206583	19	6	0.68421	0.000460	0.999540	0.999685	99000	31	494920	7944521	80.25
15~	249453	76	16	0.78947	0.001522	0.998478	0.998798	98968	119	494544	7449601	75.27
20~	276965	116	36	0.68966	0.002092	0.997908	0.998557	98849	143	493890	6955057	70.36
25~	327667	141	35	0.75177	0.002149	0.997851	0.998384	98707	160	493135	6461166	65.46
30~	336922	161	40	0.75155	0.002386	0.997614	0.998206	98547	177	492294	5968031	60.56
35~	272271	235	47	0.80000	0.004306	0.995694	0.996554	98370	339	491005	5475737	55.66

续表

年龄组/岁	年平均人口数	全死因死亡人数	肿瘤死亡人数	去肿瘤死亡比例	死亡概率	生存概率	去肿瘤死因后					
							生存概率	尚存人数	死亡人数	生存人年数	生存总人年数	期望寿命
40~	223391	313	82	0.73802	0.006981	0.993019	0.994843	98031	506	488893	4984732	50.85
45~	198248	369	155	0.57995	0.009263	0.990737	0.994617	97526	525	486317	4495839	46.10
50~	118349	283	121	0.57244	0.011885	0.988115	0.993179	97001	662	483350	4009522	41.33
55~	94593	280	146	0.47857	0.014692	0.985308	0.992942	96339	680	479996	3526172	36.60
60~	69828	294	162	0.44898	0.020832	0.979168	0.990592	95659	900	476047	3046176	31.84
65~	53335	246	111	0.54878	0.022799	0.977201	0.987423	94759	1192	470817	2570129	27.12
70~	27967	403	113	0.719600	0.069544	0.930456	0.949453	93568	4730	456014	2099311	22.44
75~	16775	384	99	0.742190	0.108261	0.891739	0.918475	88838	7243	426084	1643297	18.50
80~	8981	300	29	0.903330	0.154147	0.845853	0.859653	81596	11452	379348	1217213	14.92
85~	2604	223	5	0.977580	1.000000	0.000000	0.000000	70144	70144	837865	837865	11.94

五、寿命表分析及其应用注意事项

（一）寿命表分析

寿命表主要指标如尚存人数、死亡人数、死亡概率和期望寿命都可以用来评价居民健康状况。尤其是期望寿命已成为国内外评价不同地区、不同时期居民健康水平的重要指标之一。

1. 寿命表尚存人数

给定年龄组的死亡率，尚存人数可以反映假想的同时出生的100000人的生存过程。以某地2001年和2011年男性寿命表尚存人数为纵轴，年龄为横轴，所绘制的曲线见图14-2。与2001年相比，按照2011年所有年龄组的死亡率去生存和死亡，假想的一代人消亡的过程较缓慢，老年人口比例较大，人口总体寿命延长。$l_x = l_0/2$ 时的年龄称为寿命表的中位年龄。本例中2011年男性人群的中位年龄在“80~”岁组。

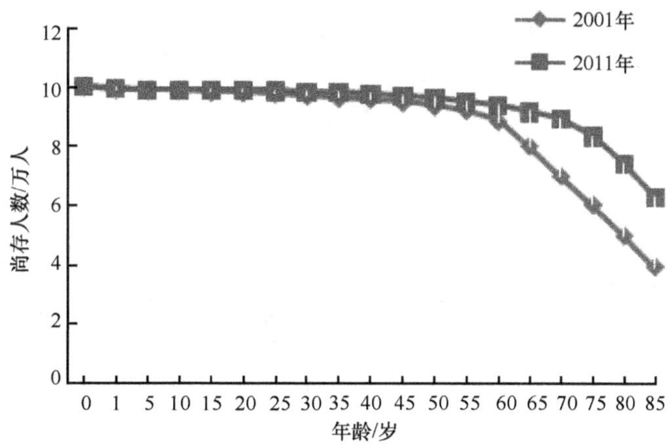

图14-2 某城市2001年与2011年男性尚存人数随年龄的变化

2. 寿命表死亡概率

给定所有年龄组的死亡率，寿命表死亡概率反映假想的同时出生的一代人 X 岁时的死亡风险。一般用半对数线图，横坐标为年龄，纵坐标为死亡概率的对数(图 14-3)。一般说来，婴幼儿和老年人死亡概率高，因此图形通常显示为不对称的 U 型曲线。健康水平高的地区，年轻阶段死亡概率曲线较低，尤其是婴幼儿段。

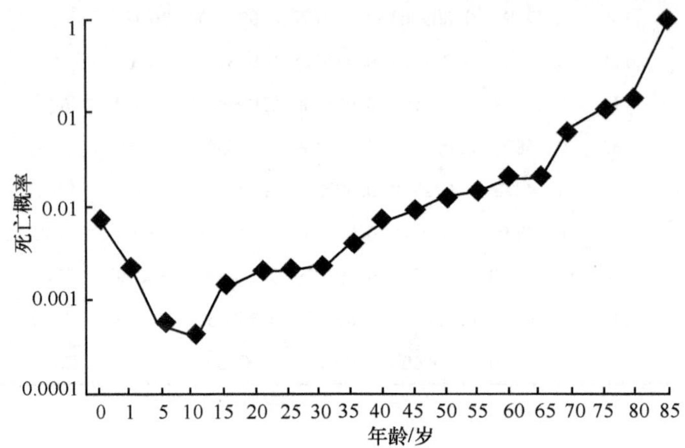

图 14-3　某城市 2011 年男性死亡概率随年龄的变化

3. 期望寿命

期望寿命是评价居民健康状况的主要指标。刚满 X 岁者的期望寿命受 X 岁以后所有年龄组死亡率的综合影响。出生时的期望寿命受所有年龄组死亡率的影响，可概括地说明某人群的健康水平。期望寿命已成为国内外评价不同地区、不同时期居民健康水平的重要指标之一。

期望寿命一般用线图表示(图 14-4)。分析不同地区、不同时期人口的期望寿命曲线时，要注意曲线的起点 e_0、曲线头部的弯曲程度(反映婴儿死亡率的高低)，以及整个曲线的高度和曲线的变化。如果年龄组死亡率下降，尤其是婴儿死亡率下降，则期望寿命曲线的起点上升，曲线头部弯曲程度变小，整个曲线位置上移。

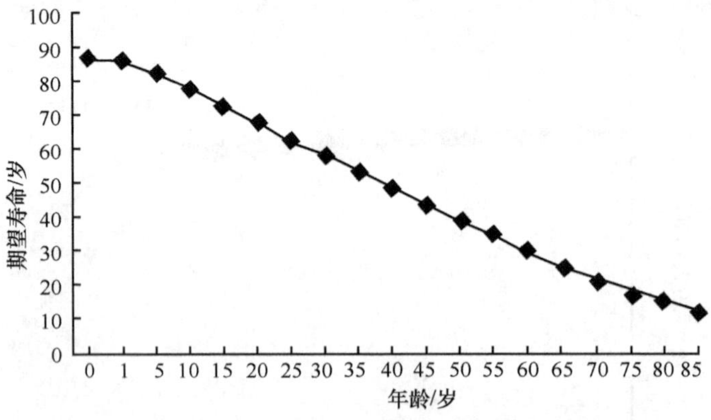

图 14-4　某城市 2011 年期望寿命随年龄的变化

(二) 寿命表应用注意事项

1) 各年龄组人口数及死亡数据准确可靠。数据可靠是编制确切合理寿命表的前提。

2）编制寿命表需要一定的人口数量。如若人口数较小时，按照年龄段分组时会造成年龄组死亡率变动太大。

3）编制寿命表须对婴儿死亡进行核实与补漏。婴儿死亡率的变化对期望寿命有较大影响，故需要对其进行核对。

4）在和平发展年代（无战争、灾难等因素），社会因素对人群平均寿命的影响不是一年两年能改变的，在实际应用中不必年年编制寿命表，可以5年、10年编制一次。

六、寿命表在保险中的应用

寿命表除了在人口学和公共卫生学领域应用广泛外，也是保险精算学特有的课题。保险精算工作者利用寿命表来计算保险费、年金以及寿命意外保险等。由于每个人的死亡时间在正常情况下是未知的（或者说是随机的），这种由生命死亡时间的不确定性所引起的损失，正是建立人寿保险寿命表的原因。

人寿保险是以人的生存和死亡为保险事故的保险，被保险人在保险期内死亡或生存到一定年龄，保险人依照契约规定给付保险金。由于保险费的交付在前，而保险金的给付在后以及其他的原因，这就要求对投保人保险费的计算必须考虑到生存率、死亡率、利率及年金等人寿保险精算基础因素。

（一）人寿保险中寿命表的主要种类及选用

人寿保险中常用寿命表有：国民寿命表、经验寿命表、基础寿命表和年金寿命表。

国民寿命表是根据全体国民或者在一定特定地区的人口死亡统计数据编制的寿命表。它主要来源于人口普查统计资料及死亡统计资料，而死亡的统计对象是一国的全体公民。

经验寿命表是根据人寿保险公司、社会保险所积累的以往死亡记录等资料编制的寿命表。保险公司一般选用的是经验寿命表。由于国民寿命表统计的范围很大，老弱病残无所不包，而经验寿命表所统计的对象仅为被保险人，他们只有在身体合格的情况下，才能参加人寿保险。因此经验寿命表的死亡概率一般低于国民寿命表，对保险机构更具有现实意义。经验表又可分为选择寿命表、终极寿命表、综合寿命表三种。

基础寿命表是指人寿保险公司计算保费使用的寿命表。实践中常常根据需要选用终极表作为保险精算的基础寿命表。基础寿命表一般用于下列情况：①总保费的计算；②发展万能保险及其他当期假设保单的当期死亡率成本；③发展分红保单的红利标准及实际的红利给付；④保险人自己的经验死亡率研究，尤其在确认趋势方面；⑤依一般公认会计原则所准备的财务报表；⑥资产份额、标准办公室及其他财务研究及预测。

年金寿命表是根据年金购买者的死亡资料编制的寿命表。这种寿命表的死亡率较其他一般寿险的死亡率较低，这主要由于年金的给付以被保险人生存为给付条件，因此被保险人如果对自己的健康状况没有把握是不会冒着损失保险费的风险而去盲目购买生存年金保险的。

作为保险公司的经营者，在选用寿命表时，首先应该看到在制订人寿保险费的诸多因素中最主要的因素就是保险费的费率，而直接与费率有关的就是死亡率。在人寿保险业务经营中，普通死亡保险和两全保险中被保险人的死亡率与生存保险中被保险人的死亡率有所不同。一般的购买生存保险的被保险人其身体状况较好，死亡率也较低。若保险人经营生存保险业务，在计算保费时，要用年金寿命表；而经营人寿保险业务应使用经验寿命表，而不能用国民寿命表，同时还应注意安全性、稳定性、合理性等。

（二）寿命表在保险中的应用实例

人寿保险费由两部分构成：纯保险费和附加保险费。人寿保险纯保险费率的计算，一般要求有下列信息：①被保险人的年龄及性别；②欲提供的给付；③欲使用的死亡率；④预定利率。这些信息部分主要基于寿命表，如死亡率。寿命表以年龄为纲，全面地反映某一国家和地区一定人群的生死状况，为厘定人寿保险纯费率提供基本依据。

纯保险费可分为：自然纯保险费、趸缴纯保险费、均衡纯保险费。现以人寿保险中定期死亡保险的趸缴纯保险费计算为例，说明寿命表对保险费率厘定的作用。

定期死亡保险又叫定期人寿保险，是人寿保险中最简单的形式，是以被保险人在保险期限内死亡为条件支付保险金的一种形式。也就是说，只有当保险人在保险期间死亡时，保险机构才支付保险金，如继续存活，则不予支付。

1. 一年定期人寿保险的趸缴纯保险费计算

假设要确定对45岁男性发行的保额10000元，1年定期寿险保单的趸缴纯保费；同时，假设保险费在每一年保单年初缴纳，而满期理赔在保单年度终了时给付。问题是，各保单所有人在年初应缴纳多少金额，使得保险人能够在年度末对每一位在期间内死亡的被保险人给付10000元，而且所缴纳的金额在给付赔款之前计息储存的。保险人感兴趣的是必须给付死亡保险金的概率。换言之，即45岁男性在年度内死亡的概率，这可查寿命表(表14-8)所得。

假设一家保险公司对45岁男性发行了9210289(此为45岁时生存者的总数)张1年定期保单。若此群体得到的实际死亡率经验符合寿命表(1980CSO表)中的预期经验，则在1年中应有41907人死亡。由于每一个死亡案代表保险人一份10000元的责任，又由于假设理赔金在年度末给付，届时保险人必须备有419070000元来支付理赔。然而全部的金额并不必须都向保单所有人收取，因为他们被要求在年度初缴纳保险费，而保险人能够将这些钱以假设5%的利率投资1年。1元按利率5%贴现1年的值等于0.952元。因此保险人在年度初期仅拥有0.952元/年×419070000元=398954640元。在年末时便可有充分的资金给付每人10000元给41907位死者。这样可接着计算出个人年初应缴纳的保险费398954640/9210289=43.3元。因此，对于45岁的1年定期保单的趸缴纯保费，每个被保险人年初应缴纳43.3元。

表14-8 监理官1980年男性标准普通寿命表(CSO)(部分)

年度开始的年龄	指定年度开始的生存数	指定年度死亡数	每年的死亡率	每年的生存率
X	l_X	d_X	q_X	p_X
40	9377225	28319	0.003020	0.996980
41	9348906	30758	0.003290	0.996710
42	9318148	33173	0.003560	0.996440
43	9284975	35933	0.003870	0.996130
44	9249042	38753	0.004190	0.995810
45	9210289	41907	0.004550	0.995450
46	9168382	45108	0.004920	0.995080
47	9123274	48536	0.005320	0.994680
48	9074738	52089	0.005740	0.994260
49	9022649	56031	0.006210	0.993790
50	8966618	60166	0.006710	0.993290

续表

年度开始的年龄	指定年度开始的生存数	指定年度死亡数	每年的死亡率	每年的生存率
X	l_X	d_X	q_X	p_X
51	8906452	65017	0.007300	0.992700
52	8841435	70378	0.007960	0.992040
53	8771057	76396	0.008710	0.991290
54	8694661	83121	0.009560	0.990440
55	8611540	90763	0.010470	0.989530
56	8521377	97655	0.011460	0.988540
57	8423722	105212	0.012490	0.987510
58	8318510	113049	0.013590	0.986410
59	8205461	121195	0.014770	0.985230
60	8084266	129995	0.016080	0.983920

2. 五年定期人寿保险的趸缴纯保险费计算

假设计算一份对45岁男性发行的5年定期寿险保单的趸缴纯保费，即在45岁时一次缴清，用来购买保障在未来5年之内任何时间死亡的保险的费用数额。这有两个事实：①保险费只在保单生效时，以一笔金额交付一次；②死亡保险金将在发生死亡的年度末给付，而非5年期间的终末。有些收取的金钱只能赚得1年的利息，另一部分则赚得2年的利息，依次类推。那么，成本计算不能只借着以在5年间死亡的总概率乘以保单面额再予以折现。因此，有必要分别计算出每年的死亡率成本。在本例中，被保险事件的概率则是一位45岁男性在第1、2、3、4、5年内死亡的机会。以精算符号表示，概率如下：

$$\frac{d_{45}}{l_{45}}=\frac{41907}{9210289}=0.00455$$

$$\frac{d_{46}}{l_{45}}=\frac{45108}{9210289}=0.00490$$

$$\frac{d_{47}}{l_{45}}=\frac{48536}{9210289}=0.00527$$

$$\frac{d_{48}}{l_{45}}=\frac{52089}{9210289}=0.00566$$

$$\frac{d_{49}}{l_{45}}=\frac{56031}{9210289}=0.00608$$

用以上概率乘以保险金额，再乘以1元现值，计算中持有金钱的时间长度折现。能够用于第1年度的理赔金额将被持有1年，第2年度的理赔金额持有2年，依此类推最后一年的理赔资金则持有5年。相对应于第1、2、3、4、5年的贴现率分别为0.952，0.907，0.864，0.823，0.784。因此，5年的保险成本计算分别为

$$10000\times0.00455\times0.952=43.32\text{ 元}$$

$$10000\times0.00490\times0.907=44.44\text{ 元}$$

$$10000\times0.00527\times0.864=45.53\text{ 元}$$

$$10000\times0.00566\times0.823=46.58\text{ 元}$$

$$10000\times0.00608\times0.784=47.67\text{ 元}$$

5年合计227.54元，即若忽略费用支出、税赋等，每一位保单所有人支付227.4元给保险公司，并以利率5%计息储存，将可产生足够的金钱来支付这份5年定期保单所有的预期死亡理赔。只要以每年基础持续计算保险成本的程序，则任何较长期的定期保险契约的趸缴纯保费都可以决定。

一、选择题

1. 总和生育率是指(　　)。

A. 一批妇女一生平均生育的子女数

B. 一批妇女按某年的年龄别生育水平计算，一生平均生育的子女数

C. 一批妇女某年的平均活产数

D. 某年龄段的育龄妇女某年的平均活产数

E. 每千名育龄妇女的活产数

2. 老年人口比重增大，可使(　　)。

A. 粗死亡率增高　　B. 粗死亡率下降　　C. 婴儿死亡率下降

D. 出生率迅速下降　　E. 少儿系数减小

3. 婴儿死亡率是指(　　)。

A. 0岁死亡率

B. 活产婴儿在生活一年内的死亡概率

C. 某年不满1岁婴儿死亡数与同年活产总数之比

D. 某年不满1岁婴儿死亡数与同年婴儿总数之比

E. 某年不满28天新生儿死亡数与同年活产总数之比

4. 人口金字塔可以用来反映(　　)。

A. 人口出生情况　　B. 人口死亡情况　　C. 人口的年龄性别构成情况

D. 人口迁入迁出情况　　E. 人口的性别构成情况

5. 某病病死率和某病死亡率均为反映疾病严重程度的指标，两者的关系为(　　)。

A. 病死率高，死亡率一定高　　B. 病死率高，死亡率不一定高

C. 青年人口中，病死率高，死亡率也高　　D. 女性人口中，病死率高，死亡率也高

E. 死亡率大于病死率

6. 简略寿命表是根据某一人群的(　　)计算而编制出的一种统计表。

A. 总死亡率　　B. 年龄组死亡率　　C. 人口构成比

D. 性别死亡率　　E. 某病的年龄别死亡率

7. 随访观察某种慢性病1000人的治疗结果，第一年死了100人，第二年死了180人，第三年死了144人，则该慢性病的3年生存率的算法为(　　)。

A. $(0.9+0.8+0.8)/3$　B. $1-0.10\times0.20\times0.20$　　C. $1-0.10-0.20-0.20$

D. $0.9\times0.92\times0.856$　　E. $0.90\times0.80\times0.80$

8. 某地某年女性简略寿命表中0岁组的期望寿命为68.5岁，则去除某死因后的期望寿命会(　　)。

A. 大于68.5　　B. 小于68.5　　C. 等于68.5

D. 大于等于68.5　　E. 不一定

二、思考题

1. 试用2010年我国人口普查资料绘制的人口金字塔说明我国人口的现状及发展趋势。

2. 试分析疾病统计在医疗保险中的意义和作用。

三、计算题

1. 表14-9为某市1998年男性居民的按年龄分组的生存资料，试编制简略寿命表。

表 14-9 某市 1998 年男性居民的按年龄分组的生存资料

年龄组/岁	平均人口数	实际死亡人数	年龄组/岁	平均人口数	实际死亡人数
0~	18753	246	40~	56806	134
1~	54325	60	45~	65863	239
5~	64063	46	50~	54243	346
10~	94683	64	55~	43355	528
15~	114332	90	60~	32004	763
20~	126941	123	65~	24445	972
25~	118930	127	70~	12818	897
30~	91922	104	75~	5813	647
35~	62290	92	80~	2685	517

注：$a_0 = 0.145$

2. 表 14-10 为我国 2010 年全国第六次人口普查分性别、年龄的人口数据。

表 14-10 2010 年全国第六次人口普查数据的性别和年龄分布

年龄/岁	人口数			占总人口比例*/%		
	合计	男	女	合计	男	女
0~	75532610	41062566	34470044	5.67	3.08	2.59
5~	70881549	38464665	32416884	5.32	2.89	2.43
10~	74908462	40267277	34641185	5.62	3.02	2.60
15~	99889114	51904830	47984284	7.49	3.89	3.60
20~	127412518	64008573	63403945	9.56	4.80	4.76
25~	101013852	50837038	50176814	7.58	3.81	3.76
30~	97138203	49521822	47616381	7.29	3.72	3.57
35~	118025959	60391104	57634855	8.86	4.53	4.32
40~	124753964	63608678	61145286	9.36	4.77	4.59
45~	105594553	53776418	51818135	7.92	4.03	3.89
50~	78753171	40363234	38389937	5.91	3.03	2.88
55~	81312474	41082938	40229536	6.10	3.08	3.02
60~	58667282	29834426	28832856	4.40	2.24	2.16
65~	41113282	20748471	20364811	3.08	1.56	1.53
70~	32972397	16403453	16568944	2.47	1.23	1.24
75~	23852133	11278859	12573274	1.79	0.85	0.94
80~	13373198	5917502	7455696	1.00	0.44	0.56
85~	5631928	2199810	3432118	0.42	0.17	0.26
90~	1578307	530872	1047435V0.12	0.04	0.08	
95~	369979	117716	252263	0.03	0.01	0.02
100~	35934	8852	27082			
合计	1332810869	682329104	650481765	100.00	51.19	48.81

*本资料中空项表示数字很小

就此资料作如下分析：

1) 计算全人口的性别比；2) 计算育龄期妇女(15~49 岁)占总人口的百分比；

3) 计算负担系数；4) 计算老龄人口的比重。

(胡乃宝　王　玖)

第十五章

生 存 分 析

在医疗保险研究中，经常要分析研究对象(参保人)出现的结局(生存或死亡、发病或不发病、退保或续保等)所经历的时间，以比较不同险种远期效应的优劣。参保人出现某种特定结局所经历的时间统称为生存时间。在该类研究中，同时搜集参保人的一些相关因素，以分析哪些因素对延长生存时间有利，哪些因素对延长生存时间不利。由于生存时间大都不呈正态分布，而且研究对象常常有失访。用经典的统计分析方法如前面章节中介绍的 t 检验或方差分析等方法不能分析此类资料。生存分析(survival analysis)是研究特定人群的生存过程，在充分利用截尾数据所提供的不完全信息的前提下，既考虑结局，同时又考虑生存时间的一种统计方法，因而在医疗保险研究等领域有着非常广泛的应用。

第一节　生存时间及其分布函数

生存分析中用生存时间的长短来评价疾病的疗效或参保的效果。所谓生存时间(survival time)，狭义地讲是从某个标准时点至死亡止，即研究对象的存活时间。例如，患有某病的患者从发病到死亡或者从确诊到死亡所经历的时间。广义地讲，“死亡”可定义为某种研究目的的“结局”发生，例如，参保人从参保到退保经历的时间，参保到死亡经历的时间，接触毒物到出现毒反应经历的时间等。在保险研究，常将生存时间称为剩余寿命。但无论是狭义还是广义的生存时间，它须有三个要素，即起点、终点和时间跨度(天、周、月或年等)。

一、生存时间数据

在实际工作中，生存时间数据有完全数据和截尾数据两种形式。

1. 完全数据(complete data)　在随访研究中，当观察到某患者的明确结局时，该参保人所提供的关于生存时间的信息是完整的，用符号 t 表示。

2. 截尾数据(censored data)　在随访研究中，由于某些原因未能观察到患者的明确结局，因而不知道该患者确切的生存时间，这类数据所提供的信息不完整，称之为截尾数据，用符号 t^{+} 表示。它告诉我们该患者至少在观察到的时间长度内没有死亡。产生截尾现象的可能原因主要有以下两方面：

(1) 患者失访。患者由于搬迁而失去联系，或由于意外死亡而未能观察到规定的终点。

(2) 由于大多数研究受经费、时间的限制，不可能无限期延长，最终观察的时点是固定的，在研究终止时，研究对象仍然没有出现死亡或某个特定结局。例如，某研究计划观察五年，但部分患者的生存期超过五年，或者有的对象进入研究的时间较晚，虽没有满五年，但已到了研究的截止时间。图 15-1 示意了随访研究中生存时间的完全数据和截尾数据。

生存资料特点：①包含有特定结局和发生特定结局所经历的时间；②结局为二分类的互斥事

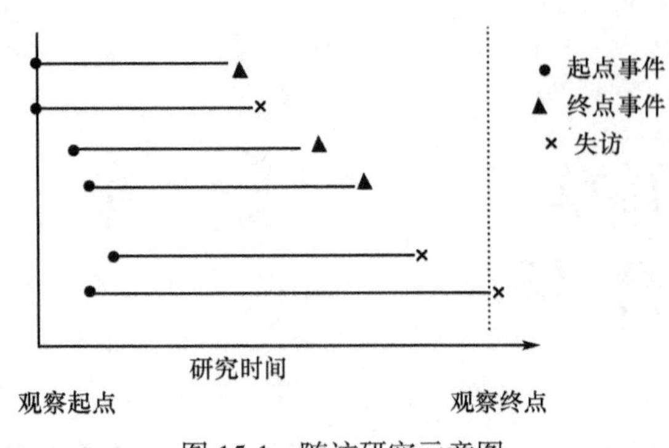

图 15-1 随访研究示意图

件，如“生存”与“死亡”或“缓解”与未缓解；③生存时间的统计从某个统一时间如患者确诊或保险生效开始，观察到某规定时间结束；④在观察时间截止前有人能观察到完整数据，有人无法观察到特定结局而出现截尾数据。

二、生存时间资料的整理

设样本含量为 n，记第 i 例患者的生存时间为 t_i，则全部 n 例患者的生存时间可用随机变量 T 表示，其取值非负，记为：t_1，t_2，…，t_n。若出现截尾，用 t^+ 表示。

例 15-1 某保险公司观察 7 名参保者三年(36 个月)，其生存时间(月)为：8，16，21^+，24，36^+，36^+，36^+。(注：以参保作为起点，退保作为终点)

对于观察例数较多的资料，可按一定的时间区间分组整理，类似频数表整理。设第 i 个时间区间 $[t_i,\ t_{i+1})$ 开始时的病人数为 n_i，在此区间内死亡数为 d_i，则在第 $i+1$ 个区间开始时的患者数 $n_{i+1}=n_id_i$。其数据整理见例 15-2。

例 15-2 169 名急性白血病患者的缓解期(年)资料经分组整理后列于表 15-1 中。

表 15-1 169 名急性白血病患者的分组资料及生存函数计算

生存时间(年)* t_i~	期初观察患者数(n_i)	期内死亡数(d_i)	概率密度函数 $\hat{f}(t_i)$	生存函数 $\hat{S}(t_i)$	风险函数 $\hat{h}(t_i)$
0~	169	108	0.639	0.361	0.639
1~	61	35	0.207	0.154	0.574
2~	26	14	0.083	0.071	0.538
3~	12	5	0.030	0.041	0.417
4~	7	3	0.018	0.024	0.429
5~	4	2	0.012	0.012	0.500
6~	2	1	0.006	0.006	0.500
7~8	1	1	0.006	0.000	1.000

* 以就诊时间作为起点。本资料引自余松林《临床随访资料的统计分析方法》，人民卫生出版社 1991 年版

三、生存时间函数

由于生存时间资料多为正偏态分布且常常存在截尾情况，因而其统计处理比较复杂，有其独特之处。描述生存时间分布规律的函数很多，统称为生存时间函数，其中最主要的有概率密度函数、分布函数、生存函数和风险函数。

1. 概率密度函数

概率密度函数(probability density function)简称为密度函数，用 $f(t)$ 表示。它表示一个个体死于 $(t,\ t+\Delta t)$ 区间内的概率极限，这一函数表示死亡速度的快慢。密度函数可用公式(15-1)表达。

$$f(t)=\lim_{\Delta t\to 0}\frac{\Pr\{t<T<(t+\Delta t)\}}{\Delta t} \tag{15-1}$$

如果观察例数较多，可用公式(15-2)来估计密度函数。

$$\hat{f}(t)=\frac{\text{从 } t \text{ 时刻开始的一个时间区间内死亡人数}}{\text{观察总数}\times\text{该时间区间的宽度}} \tag{15-2}$$

2. 分布函数

分布函数(distribution function)常称为死亡概率或累积死亡概率，这一函数表示一个患者从起点到时间 t 为止的死亡概率，随时间而上升，当 $t\to\infty$时，死亡概率趋向于 1，即表示该个体最终必然死亡。其定义为

$$F(t)=\int_0^t f(t)\,\mathrm{d}t \tag{15-3}$$

3. 生存函数

生存函数(survival function)又称为生存概率，表示一个患者生存时间长于 t 的概率，其意义正好与死亡概率相反。其定义为

$$S(t)=\int_t^{\infty} f(t)\,\mathrm{d}t=1-F(t) \tag{15-4}$$

在实际工作中，生存概率可用公式(15-5)来估计。

$$\hat{S}(t)=\frac{\text{生存时间长于 } t \text{ 的个体数}}{\text{观察总数}} \tag{15-5}$$

4. 风险函数

风险函数(hazard function)表示一个生存到时间 t 的个体，在从 t 到 $(t+\Delta t)$ 这一区间内死亡概率的极限，也就是一个生存到时间 t 的个体在时间 t 的瞬时死亡率(条件死亡速率)。其定义为

$$h(t)=\lim_{\Delta t\to 0}\frac{\Pr(t\leqslant T\leqslant (t+\Delta t)\mid T=t)}{\Delta t} \tag{15-6}$$

实际工作中，$h(t)$可用时间区间 $[t_i,\ t_{i+1})$ 内的死亡人数对该区间开始时的患者数之比来估计(用单位时间长度表示，可以是年、月、周、天等)。即

$$\hat{h}(t)=\frac{\text{死于区间 } t_i \text{ 到 } t_{i+1} \text{ 内的患者数}}{\text{在 } t_i \text{ 时生存的患者数}\times\text{该区间包含的单位时间数}}$$

风险函数随时间延长可表现为递增、递减或其他波动形式。图 15-2 给出了五种不同的风险函数曲线。

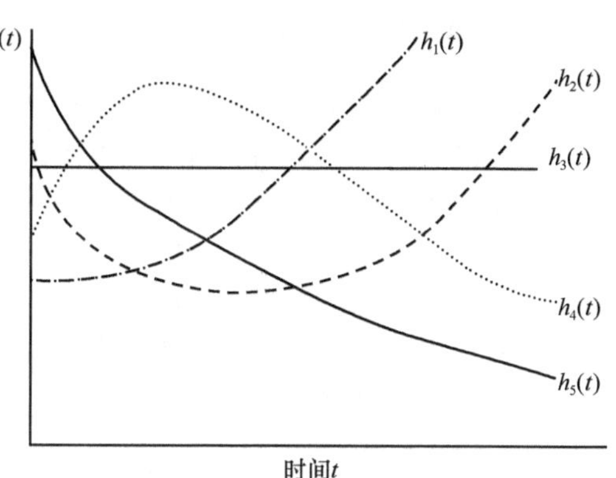

图 15-2 五种不同风险函数示意

图 15-2 中，$h_1(t)$是一种随时间上升的曲线，表示风险随时间而增加。例如，老年人随年龄增加，年龄别死亡率的变化就属于该类型，因此在医疗保险精算时应加以注意。$h_2(t)$是一 U 型风险曲线，开始时死亡风险较大，然后逐渐降低进入一个相对稳定的、较低的风险水平，随着时间的推移，风险又开始加大，人的一生所经历的风险正是这样一种情景。$h_3(t)$是一平衡型的风险，它与时间无关，如人口从少年至中年阶段，其死亡风险稳定在一个较低且相对稳定的水平；$h_4(t)$是一单峰型的风险曲线，开始时风险逐渐加大，以后又逐渐降低，如急性白血病患者经过治疗后，其复发的风险经过一个高峰以后又逐渐降低；$h_5(t)$是一种随时间下降的曲线，表示风险随时间而减小。

5. 函数间的关系

$$S(t)=P(T>t)=1-F(t)$$

$$F(t)=1-S(t)=\int_0^t f(t)\mathrm{d}T$$

$$f(t)=F'(t)=-S'(t)$$

$$h(t)=\frac{f(t)}{S(t)}$$

四、暴露因素与结局

（一）观察结局

生存分析中观察结局常称为终检变量(censored variable)，它是我们在研究中所关心的终点事件，当观察对象出现终点事件时记为1，相反则记为0(统称截尾)。在医疗保险研究中，终点事件必须在研究之前就有明确的、统一的规定。

（二）暴露因素与混杂因素

医疗保险研究中，除对主要研究因素(暴露因素)进行观察外，还须对干扰因素(即混杂)的影响进行有效的控制。

第二节　生存资料的非参数统计方法

一、生存率的非参数估计

该类方法对生存资料的总体分布无特定要求，它是利用生存资料中生存时间(包括截尾)的前后顺序来估计生存率。主要方法有乘积极限法(product-limit method)和寿命表法(life-table method)。

（一）乘积-极限法

乘积-极限法亦称为Kaplan-Meier法。适用于例数少而不需分组的资料。其基本原理是：利用条件概率以及概率的乘法原理来计算生存率。

从随访开始($t_0=0$)到生存时间长于t_i年的生存率为

$$S(t_i)=S(t_{i-1})S(t_i|t_{i-1}) \tag{15-7}$$

式中$S(t_i|t_{i-1})$表示已生存t_{i-1}年条件下再生存一年到达t_i年的条件概率。

例15-3　某医生用新疗法治疗急性白血病患者16例，其生存时间(月)见表15-2第二栏，试计算不同时间的生存率并估算生存时间的中位数。

表15-2　16例急性白血病患者的生存率估计(PL法)

序号i(1)	生存时间 t_i(2)	期初观察人数n_i(3)	死亡人数d_i(4)	条件死亡概率 $\hat{F}(t_i\|t_{i-1})$ (5)	条件生存概率 $\hat{S}(t_i\|t_{i-1})$ (6)	生存率 $\hat{S}(t_i)$ (7)	标准误 $SE[\hat{S}(t_i)]$ (8)
1	2^+	16	0	0.0000	1.0000	1	0.0000
2	4	15	1	0.0667	0.9333	0.9333	0.0644
3	6^+	14	0	0.0000	1.0000	0.9333	0.0644
4	6^+	13	0	0.0000	1.0000	0.9333	0.0644
5	7.5^+	12	0	0.0000	1.0000	0.9333	0.0644

续表

序号 i(1)	生存时间 t_i(2)	期初观察人数 n_i(3)	死亡人数 d_i(4)	条件死亡概率 $\hat{F}(t_i \mid t_{i-1})$ (5)	条件生存概率 $\hat{S}(t_i \mid t_{i-1})$ (6)	生存率 $\hat{S}(t_i)$ (7)	标准误 $SE[\hat{S}(t_i)]$ (8)
6	8.5	11	1	0.0909	0.9091	0.8485	0.0999
7	9^+	10	0	0.0000	1.0000	0.8485	0.0999
8	10	9	1	0.1111	0.8889	0.7542	0.1256
9	12^+	8	0	0.0000	1.0000	0.7542	0.1256
10	13	7	1	0.1429	0.8571	0.6464	0.1468
11	18	6	1	0.1667	0.8333	0.5387	0.1569
12	19^+	5	0	0.0000	1.0000	0.5387	0.1569
13	24	4	1	0.2500	0.7500	0.4040	0.1657
14	26	3	1	0.3333	0.6667	0.2693	0.1558
15	31	2	1	0.5000	0.5000	0.1347	0.1231
16	43^+	1	0	0.0000	1.0000	0.1347	0.1231

1）首先，对生存时间进行排序和编号，见表 15-2 第 1、2 栏。

2）统计期初观察人数 n_i(第 3 栏）和死亡人数 d_i(第 4 栏)。若是死亡，$d_i=1$；若是截尾，$d_i=0$。

3）计算条件死亡概率 $\hat{F}(t_i \mid t_{i-1})$ 和条件生存概率 $\hat{S}(t_i \mid t_{i-1})$

$$\hat{F}(t_i \mid t_{i-1}) = \frac{d_i}{n_i} \tag{15-8}$$

$$\hat{S}(t_i \mid t_{i-1}) = 1 - \hat{F}(t_i \mid t_{i-1}) \tag{15-9}$$

显然，对于所有截尾点 $\hat{F}(t_i \mid t_{i-1})$ 为 0，$\hat{S}(t_i \mid t_{i-1})$ 为 1_x，见表 15-2 第 5、6 栏。

4）利用概率乘法原理，计算生存率。即按公式(15-8)计算。见表 15-2 第 7 栏。

5）生存率的标准误：由于 $\hat{S}(t_i)$ 是根据样本资料计算所得，有必要估计其抽样误差大小 $SE[\hat{S}(t_i)]$，计算公式如下：

$$SE[\hat{S}(t_i)] = \hat{S}(t_i)\sqrt{\sum_{j=1}^{i} \frac{d_j}{n_j(n_j - d_j)}} \tag{15-10}$$

本例中，生存时间为 10 个月的生存率 = 0.7542($i=8$)的标准误为

$$SE[\hat{S}(t_i)] = SE(0.7542) = 0.7542\sqrt{\frac{1}{15\times14}+\frac{1}{11\times10}+\frac{1}{9\times8}} = 0.1256$$

6）生存曲线：以生存时间为横轴，生存率为纵轴绘图，即 Kaplan-Meier 生存曲线(图 15-3)。

7）总体生存率的可信区间估计：在假定生存率近似正态，总体生存率之($1-\alpha$)可信区间为

$$S(t_i) \pm Z_\alpha \cdot SE[S(t_i)] \tag{15-11}$$

8）中位生存时间：由于生存时间的分布是偏态的，故平均生存时间常用中位生存时间(median survival time)来计算，其意义是 50% 的个体存活且有 50% 的个体死亡的时间，也即生存率为 50% 时在生存曲线中所对应的生存时间，中位生存时间常用内插法进行估计。

本例中，中位生存期的估计在 18~24 个月之间，用内插法估计如下：

$(18-24):(18-t) = (0.5387-0.4040):(0.5387-0.5)$

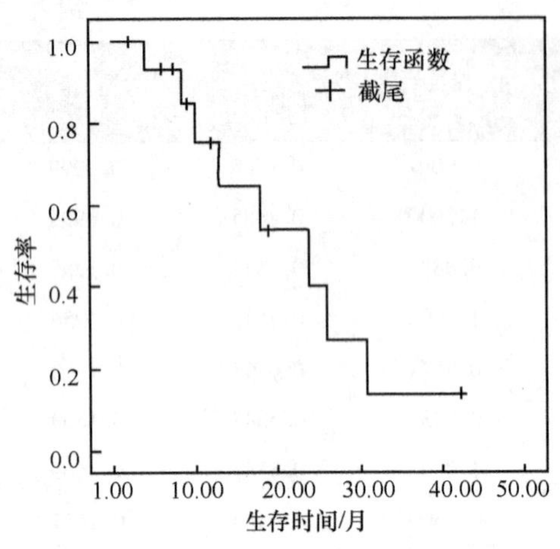

图 15-3 Kaplan-Meier 生存曲线示意

计算出 $t=19.6741$，即急性白血病患者的中位生存期约为 19.6741 个月。

（二）寿命表法

寿命表法适用于观察例数较多的分组资料。根据寿命表的用途和资料来源不同，可分为现时寿命表、定群寿命表等形式。寿命表法计算生存率的基本原理是将整个随访时间划分为若干个时间区间，分别计算每个时间区间开始时的观察个体数、死亡数和失访数，进而计算每个时间区间的条件死亡率 $\hat{F}(t_i|t_{i-1})$ 和条件生存率 $\hat{S}(t_i|t_{i-1})$ 。根据概率的乘法原理，t 时刻的生存率 $\hat{S}(t_i)$ 为 t 时刻前各时间区间条件生存率的乘积。

例 15-4 某医院自某年以来共手术治疗 116 例卵巢癌患者，通过随访获得各年的生存情况见表 15-3 第(2)～(5)栏。该资料的时间区间为 1 年，试计算各年生存率。

表 15-3 手术治疗 116 例卵巢癌患者的生存率计算(时间单位：年)

时间区间 $[t_{i-1},t_i)$ (1)	期初人数 n'_i (2)	期内截尾数 w_i(3)	期内有效人数 n_i(4)	期内死亡数 d_i(5)	条件死亡率 $\hat{F}(t_i\|t_{i-1})$ (6)	条件生存率 $\hat{S}(t_i\|t_{i-1})$ (7)	累积生存率 $\hat{S}(t_i)$ (8)	标准误 SE $[\hat{S}(t_i)]$ (9)
[0, 1)	116	0	116.0	31	0.2672	0.7328	0.7328	0.0411
[1, 2)	85	0	85.0	9	0.1059	0.8941	0.6552	0.0441
[2, 3)	76	4	74.0	6	0.0811	0.9189	0.6021	0.0456
[3, 4)	66	7	62.5	7	0.1120	0.8880	0.5346	0.0471
[4, 5)	52	6	49.0	8	0.1633	0.8367	0.4473	0.0484
[5, 6)	38	4	36.0	10	0.2778	0.7222	0.3230	0.0483
[6, 7)	24	4	22.0	7	0.2917	0.7083	0.2288	0.0455
[7, 8)	13	3	11.5	5	0.3704	0.6296	0.1441	0.0415
[8, 9)	5	1	4.5	3	0.4615	0.5385	0.0776	0.0360
[9, ∞)	1	0	1.0	0	1.0000	0.0000	0.0000	0.0000

1）确定时间的分组区间 $[t_{i-1},t_i)$ 。一名活到 t_{i-1} 时点上的患者，在区间 $[t_{i-1},t_i)$ 内可能出现三种情况：①继续生存到区间终点；②在区间内死亡；③在区间内截尾。最后一个区间的终点理论上在无穷大处，故没有确切的宽度。

2）截尾人数 w_i。包括在区间 $[t_{i-1},t_i)$ 内的失访人数，以及一些进入观察较晚因而中途从区间 $[t_{i-1},t_i)$ 内撤出的人数。

3）期内死亡人数 d_i。死于区间 $[t_{i-1},t_i)$ 的患者数。

4）期初观察人数 n'_i。在时点 t_{i-1} 上生存的患者数，$n'_i=n'_{i-1}-w_{i-1}-d_{i-1}$

5）期内有效人数 n_i。$n_i=n'_i-\frac{w_i}{2}$ 。假定截尾者平均每人观察了半个区间 $[t_{i-1},t_i)$ ，这样可校正截尾对计算的过大影响。

6）条件死亡率 $\hat{F}(t_i|t_{i-1})$ 。$\hat{F}(t_i|t_{i-1})=\dfrac{d_i}{n_i}$。

7）条件生存率 $\hat{S}(t_i|t_{i-1})$ 。它是在 t_{i-1}时点上尚生存的人能够渡过区间 $[t_{i-1},\ t_i)$ 而生存到 t_i 上人数之比。$\hat{S}(t_i|t_{i-1})=\dfrac{(n_i-d_i)}{n_i}=1-\hat{F}(t_i|t_{i-1})$ 。

8）累积生存率 $\hat{S}(t_i)$ 。指能活到时间 t_i的概率，因而 $\hat{S}(t_0)=1.0$, $\hat{S}(t_\infty)=0.0$。计算仍按公式(15-7)。

9）生存率的标准误 SE $[\hat{S}(t_i)]$ 用公式(15-11)。

二、生存率的组间比较

生存率的比较可以从两方面来考虑。一是给定生存时间 t 的生存率之间的比较，这是一种时点生存率比较的方法，如两种或多种治疗方案的 3 年生存率比较、5 年生存率比较等，不能对整个生存期进行评价；另外可以对两条或多条生存曲线进行比较，比较的是生存过程，能够较全面地评价各组整个生存期，概括能力较强，因而应用较广，主要有 logrank 检验和 Gehan 检验等方法。

Logrank 检验亦称为时序检验、对数秩检验，logrank 检验方法的基本原理是在 H_0成立(各组总体生存过程相同)的前提下，计算各时刻的期望死亡数，然后与实际死亡数进行比较，作假设检验，若 H_0成立，则实际与期望死亡数不应相差太大，否则有理由拒绝 H_0。该法的检验统计量为

$$\chi^2=\sum_{\text{group}=1}^{g}\frac{(A-T)^2}{T},\ \nu=g-1 \tag{15-12}$$

公式(15-12)中的 g 是比较的组数，logrank 检验法适用于两组或多组生存数据的比较。限于篇幅，本书只结合实例介绍两组资料生存率的近似比较方法。

例 15-5 单位：某医生为评价两种方法治疗小细胞肺癌的生存率有无差别，从出院日开始随访，生存数据(单位：月)资料排列如下：

甲疗法组　　3，3+，5，6，9+，11，13，16，20+，36+

乙疗法组　　10，13+，14，18，21，26，32，38，40+，43+

首先作生存率曲线，见图 15-4，可直观地、粗略地进行比较。

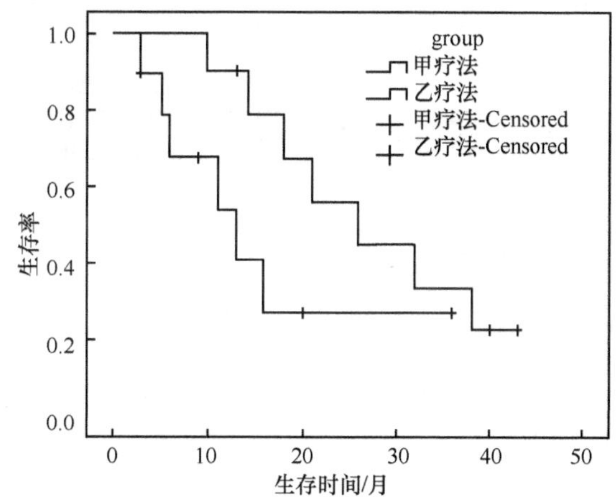

图 15-4　甲、乙两种疗法的生存曲线比较

Logrank 检验步骤如下：

1）建立检验假设和确定检验水准

H_0：两种疗法总体生存率曲线分布(生存过程)相同；

H_1：两种疗法总体生存率曲线分布不同。

$\alpha=0.05$。

2）在 H_0成立的前提下，计算 χ^2 值。

先将生存时间排序，并标明治疗组别、是否截尾值，若两组有相同生存时间，则排在同一行。见表 15-4 第(1)~(5)栏。再列出两组各时点的期初病例数，见表 15-4 的(6)~(8)栏；分别按公式(15-13)计算两组各时点的理论死亡数，见表 15-4 的第(9)、(10)栏；求出两组理论死亡数之合计。以上结果整理为表 15-5。

$$e_{1i} = \frac{d_i}{n_i} \times n_{1i}\ ,\ e_{2i} = \frac{d_i}{n_i} \times n_{2i} \tag{15-13}$$

表 15-4 两种疗法理论死亡数之计算

序号 i (1)	组别 (2)	生存时间(t_i)(3)	死亡数 (d_i)(4)	截尾数 (w_i)(5)	期初病例数			理论病死数	
					n_{1i}(6)	n_{2i}(7)	合计 n_i(8)	e_{1i}(9)	e_{2i}(10)
1	1	3	1	0	10	10	20	0.5000	0.5000
2	1	3^+	0	1	9	10	19	0.0000	0.0000
3	1	5	1	0	8	10	18	0.4444	0.5556
4	1	6	1	0	7	10	17	0.4118	0.5882
5	1	9^+	0	1	6	10	16	0.0000	0.0000
6	2	10	1	0	5	10	15	0.3333	0.6667
7	1	11	1	0	5	9	14	0.3571	0.6429
8	1	13	1	0	4	9	13	0.3077	0.6923
9	2	13^+	0	1	3	9	12	0.0000	0.0000
10	2	14	1	0	3	8	11	0.2727	0.7273
11	1	16	1	0	3	7	10	0.3000	0.7000
12	2	18	1	0	2	7	9	0.2222	0.7778
13	1	20^+	0	1	2	6	8	0.0000	0.0000
14	2	21	1	0	1	6	7	0.1429	0.8571
15	2	26	1	0	1	5	6	0.1667	0.8333
16	2	32	1	0	1	4	5	0.2000	0.8000
17	1	36^+	0	1	1	3	4	0.0000	0.0000
18	2	38	1	0	0	3	3	0.0000	1.0000
19	2	40^+	0	1	0	2	2	0.0000	0.0000
20	2	43^+	0	1	0	1	1	0.0000	0.0000
合计	—	—	13	7	—	—	—	3.6588	9.3412

表 15-5 logrank 检验中间数据总结表

组别	实际死亡数(A)	理论死亡数(T)
甲疗法	6	3.6588
乙疗法	7	9.3412

$$\chi^2 = \frac{(6 - 3.6588)^2}{3.6588} + \frac{(7 - 9.3412)^2}{9.3412} = 2.0849$$

3）查自由度为 1 的 χ^2 界值表，$P>0.05$，尚无理由拒绝 H_0，不能认为两种疗法的生存过程之间有差别。

第三节　生存资料的参数统计法

第二节所述方法没有直接利用生存时间的具体数值来进行分析，而是利用生存时间的顺序来计算生存率并进行比较，这些方法均不假定生存数据的分布类型，因而属非参数统计范畴。因为非参数法对信息的利用不够充分，为此，统计学家构造了许多生存时间的概率模型，并对生存时间的分布类型作出假定，常见的模型有：指数模型、Weibull 模型、Compertz 模型、Gamma 模型、对数正态模型、泊松模型等。

一、指数模型

（一）指数分布模型

若生存时间 T 服从指数分布(exponential distribution)，其概率密度函数为

$$f(t)=\begin{cases}\lambda e^{-\lambda t}, & t\geqslant 0,\ \lambda>0\\ 0, & t<0\end{cases} \tag{15-14}$$

分布函数为
$$F(t)=1-e^{-\lambda t},\ t\geqslant 0 \tag{15-15}$$

生存函数为
$$S(t)=1-F(t)=e^{-\lambda t} \tag{15-16}$$

风险函数为
$$h(t)=\frac{f(t)}{S(t)}=\lambda \tag{15-17}$$

这里，λ 是指数分布的风险率，又称为尺度参数(scale parameter)。可见，生存时间若服从指数分布，风险函数不受生存时间 t 的影响，即风险率不随生存时间变化，这是指数分布模型的特点。平均生存时间为 $\frac{1}{\lambda}$。

（二）带协变量的指数分布模型(指数回归模型)

实际工作中，除了用指数分布模型描述生存过程以外，更多的时候是利用指数分布来分析生存时间的影响因素。如果生存时间受危险因素的影响，上述四个函数均受其影响。

1. 模型

设 X_1，X_2，…，X_m 为影响生存时间的 m 个因素，定义：若 $X=(1, X_1, X_2, \cdots, X_m)$ 为危险因素向量(协变量向量)，则服从于指数分布的生存时间 T，其概率密度函数为

$$f(t, X)=\lambda(X)\exp[-\lambda(X)t] \tag{15-18}$$

其中，$\lambda(X)=\exp(X\beta')=\exp(\beta_0+\beta_1X_1+\cdots+\beta_mX_m)$。

分布函数为
$$F(t, X)=1-\exp[-\lambda(X)t],\quad t\geqslant 0 \tag{15-19}$$

生存函数为
$$S(t, X)=1-F(t, X)=\exp[-\lambda(X)t] \tag{15-20}$$

风险函数为
$$h(t, X)=\frac{f(t, X)}{S(t, X)}=\lambda(X) \tag{15-21}$$

2. 模型中参数的意义

由模型可知，不同的暴露状况有不同的生存时间分布和不同的风险率函数。

当各协变量均为 0 时的风险率：$h(t, 0)=\exp(\beta_0)$，e^{β_0} 描述了基线状态(baseline)的风险率。参数 β_i (i = 1, 2, …, m)的意义同其他模型，e^{β_i} 表示当其他变量不变时，X_i 每变动一个单位引起的风险率变动的倍数。

3. 参数的估计及其假设检验

通过最大似然法估计模型中的参数(常用 Newton-Raphson 迭代法求解)。用似然比 χ^2 检验对模型进行检验，用 Wald 检验或似然比检验对变量进行检验(各主流统计软件中均可计算)。

二、Weibull 模型

当实际资料不适合用指数分布进行拟合时，表示风险函数 $h(t)$ 或 $h(t, X)$ 可能受生存时间的

影响，此时，应选择其他的时间分布模型进行拟合，以对实际资料进行更为合理的解释，首选模型当推 Weibull 模型。

（一）Weibull 分布模型

若生存时间 T 服从 Weibull 分布，其概率密度函数为

$$f(t)=\lambda\gamma t^{(\gamma-1)}\exp(-\lambda t^{\gamma}) \tag{15-22}$$

可见 Weibull 分布中有两个参数：λ 是尺度参数(scale parameter)，其意义同指数分布；γ 为形状参数(shape parameter)，它决定了生存时间分布的形状，若 $\gamma=1$，表示死亡风险不随时间变化而改变，即为指数分布。故指数分布是 Weibull 分布在 $\gamma=1$ 时的特例。

分布函数为
$$F(t)=1-\exp[-\lambda t^{\gamma}] \tag{15-23}$$

生存函数为
$$S(t)=1-F(t)=\exp[-\lambda t^{\gamma}] \tag{15-24}$$

风险函数为
$$h(t)=\frac{f(t)}{S(t)}=\lambda\gamma t^{(\gamma-1)} \tag{15-25}$$

（二）带协变量的 Weibull 分布模型(Weibull 回归模型)

1. 模型

设 X_1，X_2，…，X_m 为生存时间的 m 个影响因素，定义：$X=(1,X_1,X_2,\cdots,X_m)$ 为危险因素向量(协变量向量)，则服从于 Weibull 分布的生存时间 T，其概率密度函数为

$$f(t,X)=\lambda(X)\gamma t^{(\gamma-1)}\exp(-\lambda(X)t^{\gamma}) \tag{15-26}$$

其中：$\lambda(X)=\exp(X\beta')=\exp(\beta_0+\beta_1X_1+\cdots+\beta_mX_m)$。

因此，Weibull 回归模型有 $m+2$ 个参数。

分布函数为
$$F(t,X)=1-\exp[-\lambda(X)t^{\gamma}] \tag{15-27}$$

生存函数为
$$S(t,X)=1-F(t,X)=\exp[-\lambda(X)t^{\gamma}] \tag{15-28}$$

风险函数为
$$h(t,X)=\frac{f(t,X)}{S(t,X)}=\lambda(X)\gamma t^{(\gamma-1)} \tag{15-29}$$

2. 模型中参数的意义

形状参数 γ 的意义可用图 15-5 与图 15-6 来说明。

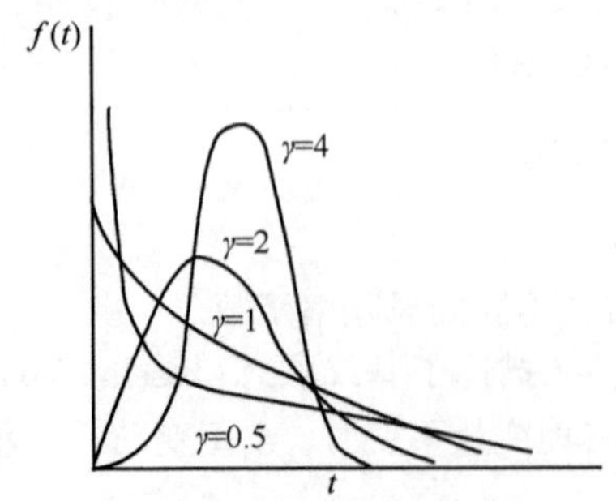

图 15-5 Weibull 密度函数曲线示意($\lambda=1$ 时)

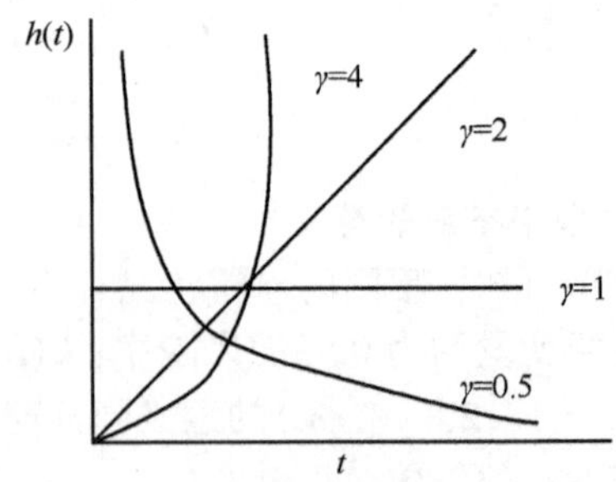

图 15-6 Weibull 风险函数曲线示意($\lambda=1$ 时)

从图 15-5 可看出当 λ 不变时，γ 值大的曲线分布较集中，反之曲线较离散；图 15-6 显示，当 $\gamma<1$ 时，$h(t)$ 随时间递降，$\gamma>1$ 时，$h(t)$ 则随时间而递增，它决定了风险率随时间变化的速度。这里不难理解，为什么将 γ 称之为形状参数了。

3. 参数的估计及其假设检验

同样可通过最大似然法估计模型中的参数(常用 Newton-Raphson 迭代法求解)。用似然比 χ^2 检

验对模型进行检验，用 Wald 检验或似然比检验对变量进行检验。

生存分析的参数模型很多，作为应用工作者，在选择模型时，可考虑：①进行残差分析；②根据 Pseudo R^2的取值大小作出评价，一般认为其取值越大，模型拟合得越好。

第四节 生存资料的半参数统计方法

实际研究工作中，有时生存时间的准确分布难以获得，因而用参数回归模型就显得困难。1972 年 DR. Cox 提出了比例风险模型(proportional hazard model，PHM)，较好地解决了这一问题。该模型在表达形式上与参数模型类似，分析时以生存时间的长短作为分析的基础，但对生存时间的分布形式没有做事先假定，所以该方法被称为半参数法(semi-parametric method)。由于是 Cox 首先提出，所以又简称为 Cox 回归模型(简称 Cox 模型)。该方法适应性较强，在生存分析中有特殊的地位。

一、Cox 模型概述

(一) Cox 模型的基本形式

Cox 模型假定风险率由两部分组成，一部分是基线风险率 $h_0(t)$，另一部分是含有协变量(covariate)X 的指数函数，两者相乘，得到在协变量作用下的风险率：

$$h(t,\ X)=h_0(t)\ \mathrm{e}^{(\beta_1X_1+\beta_2X_2+\cdots+\beta_mX_m)} \tag{15-30}$$

基线风险率 $h_0(t)$表示所有协变量取 0 时的个体在时点 t 的风险率。

若记

$$\mathrm{RR}(t)=\frac{h(t,\ X)}{h_0(t)}=e^{(\beta_1X_1+\beta_2X_2+\cdots+\beta_mX_m)} \tag{15-31}$$

$\mathrm{RR}(t)$表示在时间 t、协变量向量 X 下，个体风险率相对于基线水平的风险率之比，流行病学称之为相对危险度(relative risk，RR)。可见，$\mathrm{RR}(t)$是不随时间 t 的变化而改变，因此 Cox 模型也被称为比例风险模型(PHM)。

(二) Cox 模型中参数的意义

由公式(15-31)两边取对数，得

$$\ln\mathrm{RR}(t)=\ln\frac{h(t,\ X)}{h_0(t)}=\beta_1X_1+\cdots+\beta_mX_m \tag{15-32}$$

可见 β_i 的含义是指：当其他变量固定时，X_i每改变一个单位所引起的相对危险度对数值的改变量。相对危险度对数值与时间无关，如果该假定不满足，也就是说协变量的作用是随时间而变化的，此时 Cox 模型显然不妥，可考虑用非比例风险模型(nonproportional hazard model)来解决(参看其他相关著作)。

(三) Cox 模型的参数估计

为了绕过 $h_0(t)$这部分无法估计参数的困境，Cox 回归不直接利用生存时间作为回归方程的因变量，而是用风险函数的相对比值 $\frac{h(t,\ X)}{h_0(t)}$ (即相对危险度 RR)作为因变量。同时正是由于 $h_0(t)$的分布未作定义，普通的最大似然法估计参数失效，Cox 回归提出了偏似然函数(partial likelihood function)的概念，用 Newton-Raphson 迭代求出 β_i 的最大偏似然估计值。Cox 模型的参数估计公式非常复杂，手工计算几乎是无法实现的，只能借助 SPSS、SAS、Stata 等统计软件实现。

（四）Cox 模型的假设检验

其假设检验常见的有记分检验(score test)、Wald 检验和似然比检验。这三种检验是渐近等价的，当样本含量较大时，三种检验的结论一致。一般认为：记分检验更适合于新变量的引入，Wald 检验更适合于模型中原有变量的剔除，而似然比检验对新变量的引入和模型中原有变量的剔除均能胜任。

（五）Cox 模型的条件与诊断

Cox 模型诊断的最重要的方面是相对危险度对数值必须与时间无关，又称比例风险假定，判断某个变量是否满足比例风险假定，可以分析该变量不同分组条件下的生存曲线有无交叉，若有明显交叉则表示不满足风险比例假定，若没有明显交叉则表示满足风险比例假定。Cox 回归中各个协变量之间要求不存在多重共线性(可参看多元线性回归的要求和检验方法)。Cox 回归中样本含量的要求至少是协变量个数的 10~15 倍。

（六）Cox 回归分析的结果解释

1. 偏回归系数的含义

1）当回归模型中只有一个协变量 X 时，Cox 回归模型中该变量 X 前的回归系数是 β。若 X 为二分类变量，$X=1$ 表示暴露于某危险因素，$X=0$ 表示未暴露，表示暴露的风险是不暴露的 e^{β} 倍。若 X 为有序分类变量或者连续型变量，则 e^{β} 表示 X 每增加一个等级或每增加一个单位的相对于不增加时的风险率之比(RR)。

2）当回归模型中有多个协变量时，e^{β_j} 表示其他协变量固定，X_j 每增加一个等级或每增加一个单位的相对于不增加时的风险率之比(RR)。

2. 预后指数(prognosis index，PI)

预后指数又叫危险指数，用于对个体的预后进行评价，预后指数越大，预后就越差。在 Cox 模型中第 i 个观察对象的预后指数为

$$\mathrm{PI}_i=\beta_1 X_{i1}+\beta_1 X_{i2}+\cdots+\beta_m X_{im} \tag{15-33}$$

式中 X_{ij} 是指第 i 个观察对象的第 j 个协变量的取值。可以根据所有观察者的预后指数求出若干百分位数，将观察对象分为低危组、中危组和高危组等，从而采取有针对性的治疗方案，提高生存率。

二、Cox 回归模型的应用

（一）Cox 回归模型的用途

Cox 回归模型可以用来建立多个风险因素估计生存或死亡的风险模型，并且该模型可以估计各个风险因素的相对危险度。同时 Cox 回归模型可以估计患病后的预后指数和患者随时间变化的生存率。

（二）Cox 回归实例分析

例 15-6 某临床研究想比较 A、B 两种治疗方案对某疾病的治疗效果。A 组(分组 = 0)观察 12 例患者，B 组(分组 = 1)治疗 13 例患者；每组患者检验其肾功能(肾功能正常者记录为 0，肾功能

不正常者记录结果为 1)；记录每个患者的生存时间(天)和观察结果(观察结果是死亡的记作 1，观察结果是截尾的记作 0)。资料整理见表 15-6，问不同的治疗方案和肾功能对患者的生存时间是否有影响?

表 15-6 25 例某疾病患者在两种治疗方案下的生存时间 (单位：天)

编号	分组	肾功能	生存时间	观察结果	编号	分组	肾功能	生存时间	观察结果
1	0	1	8	1	13	1	0	180	1
2	0	0	852	0	14	1	0	632	1
3	0	1	52	1	15	1	0	2240	0
4	0	0	220	1	16	1	0	195	1
5	0	1	63	1	17	1	0	76	1
6	0	0	8	1	18	1	0	70	1
7	0	0	1976	0	19	1	1	13	1
8	0	0	1296	0	20	1	1	23	1
9	0	0	1460	0	21	1	0	1296	1
10	0	1	63	1	22	1	0	210	1
11	0	0	1328	0	23	1	0	700	1
12	0	0	365	0	24	1	1	18	1
					25	1	0	1990	0

Cox 回归的运算与多元线性回归类似，工作量大，且涉及自变量筛选、回归诊断等，通常需要借助专业统计软件，如 SPSS、SAS 等。

分组、肾功能、生存时间、观察结果分别命名为 group、kidney、time、state 进行 Cox 回归分析，结果见表 15-7。

表 15-7 25 例某疾病患者的多因素 Cox 回归分析结果

变量	偏回归系数(b_j)	SE(b_j)	Wald	P 值	RR	总体 RR 的 95.0%CI	
						下限	上限
kidney	4.105	1.165	12.429	0.000	60.670	6.190	594.605
group	1.243	0.599	4.302	0.038	3.466	1.071	11.220

Wald 检验的结果表示 group、kidney 均有统计意义，两个变量对生存时间均有影响。Cox 回归方程如下所示：

$$RR(t)=\frac{h(t,\ X)}{h_0(t)}=e^{(1.243\text{group}+4.105\text{kidney})}$$

$RR=e^{1.243}=3.466$ 的含义：当患者肾功能相同时，治疗方案 B 死亡的风险是方案 A 的 3.466 倍，即治疗方案 B 相对于方案 A 患者死亡的风险增加 2.466 倍。

$RR=e^{4.105}=60.67$ 的含义：肾功能不正常的患者死亡风险是肾功能正常患者的 60.67 倍，即肾功能不正常的患者相对于肾功能正常的患者死亡风险增加 59.67 倍.

$RR=e^{1.243+4.105}=210.148$ 的含义：肾功能不全患者使用治疗方案 B 的死亡风险是肾功能正常患者使用 A 方案治疗的 210.148 倍，也就是肾功能不全患者使用治疗方案 B 的死亡风险比肾功能正常患者使用 A 方案治疗增加 209.148 倍。

本例题中第一个观察对象的预后指数 $PI_1 = 1.243 \times 0 + 4.105 \times 1 = 4.105$，其余观察对象类似可以求解，最后求出 25 个观察对象的预后指数为 0.000 ~ 5.348。PI_1 比较大，靠近最大值 5.348，说明第一个观察对象的预后较差，属于高危组。

一、单选题

1. 进行生存分析时，下列不属截尾资料的是(　　)。
A. 随访结束时仍存活者　B. 随访期内找不到者　C. 随访期内死于本病者
D. 随访期内死于其他病因者　E. 以上均不是

2. 生存分析中的生存时间是指(　　)。
A. 观察开始至终止的时间　B. 观察开始至失访的时间　C. 确诊至死亡的时间
D. 手术至死亡的时间　E. 出院至失访的时间

3. 生存曲线下降的坡度越陡，表示(　　)。
A. 生存时间越短　B. 生存时间越长　C. 生存概率越大
D. 与生存时间无关　E. 以上均不是

4. 随访资料作生存分析的条件是(　　)。
A. 有一定的例数　B. 有一定的死亡数　C. 自变量取值不随时间变化
D. 自变量的作用大小不随时间变化　E. 死亡比例不能太小

5. Cox 回归的因变量是(　　)。
A. 生存时间　B. 结局变量　C. 生存时间和结局变量
D. 完全数据　E. 正态和方差齐性

6. Cox 回归方法属于(　　)。
A. 参数法　B. 非参数法　C. 半参数法
D. logistic 回归　E. 以上均不是

7. Kaplan-Meier 法属于(　　)。
A. 参数法　B. 非参数法　C. 半参数法
D. logistic 回归　E. 以上均不是

8. log-rank 检验属于(　　)。
A. 参数法　B. 非参数法　C. 半参数法
D. logistic 回归　E. 以上均不是

9. 生存分析中，描述生存时间的集中趋势宜用(　　)。
A. 算术平均数　B. 几何均数　C. 中位数
D. 百分位数　E. 众数

二、问答题

1. 生存分析中出现截尾数据的原因有哪些?
2. 生存率与生存概率有什么区别与联系?
3. 为什么两样本的生存时间比较不能用 t 检验或 Z 检验?

三、计算题

1. 某疾病受吸烟(X_1)和饮酒(X_2)的影响，其中，$X_1 = 1$ 为吸烟，$X_1 = 0$ 为不吸烟；$X_2 = 1$ 为饮酒，$X_2 = 0$ 为不饮酒。建立了两种因子的 Cox 模型，经分析得 X_1 与 X_2 的回归系数分别为 $\beta_1 = 0.8755$，$\beta_2 = 0.5108$。
(1) 试说明 β_1 与 β_2 的意义。
(2) 试写出 Cox 模型。
(3) 试求既吸烟又饮酒者发病的危险度与既不吸烟又不饮酒者发病的危险度之比值，即比例风险度。

(唐艳林　刘丽群)

第十六章
常用综合评价方法

综合评价的方法在医疗保险实践和科学研究过程中有着非常广泛的应用，学习和掌握常用的综合评价方法有重要的理论与实际意义。本章主要介绍综合评价的概念、类型、步骤、常用的综合评价方法、指标的选择和权重的确定,以便在实际工作中选择使用。

第一节　综合评价概述

一、综合评价的概念

综合评价，是利用一定的统计指标体系，采用特定的评价模型和方法，对被评价对象多个方面的数量特征进行高度的抽象和综合，转化为综合评价值，进而确定现象的优劣、类型或对现象进行排序的一种统计方法。综合评价方法通常就是指多指标综合评价技术，是综合考察多个有关因素，依据多个有关指标进行总评价的方法。

综合评价包括五大要素：被评价对象、评价指标(体系)、权重系数、综合评价模型、评价者。综合评价不等同于多个指标的简单相加，而是评价者依据一定的评价目的，搜集大量的数据资料，建立评价指标体系，确定指标权重系数，然后将各评价指标的信息集中，依据其内在联系进行适当加工提炼，并结合工作实践，用数理统计方法或生物统计方法等制定出恰当的综合评价模型，最终对被评价对象的优劣等级进行较为客观的判断，从而为决策提供依据。

二、综合评价的类型与常用方法

根据评价目的，综合评价分为对多个研究对象分类、比较排序和对某一对象整体评价；根据指标定量化程度可分为定量评价、定性评价；根据评价领域可分为临床评价、卫生评价、管理评价、医疗保险评价等；根据评价的时间可分为预评价、中期评价、期末评价。

综合评价有许多不同的方法，如综合指数法、TOPSIS 法、层次分析法、秩和比(RSR)法、主成分分析和因子分析法、模糊综合评价法、灰色系统法、神经网络法等，这些方法各具特色，各有利弊。

三、综合评价的步骤

进行多因素综合评价，实质上就是一个科学研究和决策的过程，原则上应该包括设计、搜集资料、整理资料、分析资料等阶段，一般包括以下步骤。

1）明确评价的目的和对象：不同的研究目的，不同的评价对象其选择的方法和指标应该是不同的。

2）根据目的建立评价指标体系：这是综合评价中最基本也最重要的内容，是综合评价的基础和依据，目前较多的是采用目标分解的方法构建不同层次的评价指标，包括：选择评价指标、确定指标的评价等级和界限标准、预处理评级指标等。

3）选择评价方法及其模型：根据评价目的、资料的数据特征，结合评价方法的特点选择恰当的评价方法，根据已掌握的历史资料建立评价模型。包括指标权重构造、标准值和评价规则的确定等，这是综合评价研究中最复杂、也是内容最为丰富的部分。

4）对预处理的数据实施评价：综合评价过程不是逐个指标顺次完成的，而是通过一些特殊方法将多个指标的评价同时完成的；在综合评价过程中，一般要根据指标的重要性进行加权处理；评价结果不再是具有具体含义的统计指标，而是以指数或分值表示参评单位“综合状况”的排序。指标值综合方法常用的有乘法综合法、线性加权综合法等。

5）完善综合评价模型：在实践中，对综合评价模型进行考评，不断地补充、修正、完善，使之具有一定的科学性、实用性、先进性，然后推广应用。

例如，对医院的医疗质量进行综合评价：首先，根据评价医院医疗质量的目的，由相关专家根据医疗质量管理的理论知识和实践经验，选择适宜的一级指标，采用目标分解的方法逐级分解，获得多级指标的评价指标体系。然后，确定指标的等级、界限、权重，并对指标进行方向一致性、无量纲处理等。最后，对采集到的评价资料进行预处理后，利用评价指标体系进行综合评价、等级排序。

四、评价指标的选择和权重的确定

（一）指标选择的方法

指标选择是综合评价的基础。常用的筛选评价指标方法有系统分析法和文献分析优选法。系统分析法是凭借经验从整体出发，对与评价结果有关的指标按系统（或属性、类别）划分，在对各系统的指标进行分析的基础上，通过专家评分，确定主次，再从各系统内筛选主要的指标作为评价指标。当缺乏有关历史资料或者难以数量化时，此法可较简便地确定评价指标集。文献资料分析优选法，即全面查阅有关文献资料，分析各指标的优缺点并加以取舍。

此外，为了保证筛选指标的客观性，可采用以下方法辅助进行指标初筛。

1. 逐个指标假设检验

依据历史或文献资料，按照可能的结果将评价对象分组，逐个指标进行假设检验，挑选有统计学意义的指标作为评价指标。

2. 回归分析方法

依据历史或文献资料，将所有可能的指标作为自变量，可能的评价结果作为应变量进行多重线性回归分析，根据标准化偏回归系数的绝对值进行指标排序；或对偏回归系数逐个进行假设检验，选取在某一检验水准上对评价结果有统计学意义的指标作为评价指标。也可以用逐步回归的方法，在最终的回归方程中，只包含了对应变量有统计学意义的指标。这种方法比较常用。

3. 聚类分析方法

用指标聚类的方法，从每一类指标中寻找最有代表性的作为评价指标，从而减少指标的数量。

4. 德尔菲专家咨询法

这是一种向专家发函、征求意见的调研方法。在指标体系较为复杂时，通常采用此法，能较快地征集专家的意见，形成较高质量的评价指标体系，还可以同时进行权重的确定。

其他常用的数学工具筛选方法还有最小均方差法、极小极大离差法、相关系数法等。

指标体系的确定具有很大的主观性，虽然指标体系的确定有经验确定和数学方法两种，但是多数研究中均采用经验确定法。确立指标体系的数学方法可以降低选取指标体系的主观随意性，但由于所采用的样本集合不同，也不能保证指标体系的唯一性。在实际工作中，往往综合使用多种方法进行指标筛选，在获得较为满意的专业解释的基础上，优先考虑那些被多种方法同时选入的指标。

（二）指标筛选的标准

一般说来，指标的筛选要遵循以下的原则：重要性和实用性、有效性、特异性、敏感性、代表性、可靠性、可获得性、导向性等。指标宜少不宜多，宜简不宜繁。综合性指标要优先选择，可减少指标数量，简化指标体系，应优先选择。

1）重要性和实用性：要求所选指标是较为公认的重要而实用的指标，能反映某一方面的情况。

2）有效性：指标能确切地反映评价目标的内容和实现的程度。

3）特异性：指标能从一定角度有针对性地反映某个方面的信息，而不能被其他指标所代替。

4）敏感性：指标灵敏，区分度好，能反映事物的变化水平。

5）代表性：要求指标信息量大，能综合反映事物信息，能在一定程度反映其他指标（如落选指标）的信息。

6）可靠性：要求指标能真实可靠地反映实际的情况。

7）可获得性：指标容易获得，并尽可能地利用常规登记报告资料。

8）导向性：指标能起到导向作用，能根据评价结果指导工作的方向，能起到追查原因和溯源的作用。

还要注意指标的层次性，区分好包含关系、上下层级关系，这样有利于确定每层重点，并有效地进行关键指标分析评价，以及评价的具体操作。实际的评价活动中，应该使定量指标与定性指标相结合，这样可以利用两者的优势，弥补双方的不足，以保证评价的全面性、客观性。

（三）指标权重的确定

在综合评价时，由于事物本身发展的不平衡性，有些指标在综合水平形成中的作用大些，有些则较小，因此需要加权处理。权重确定方法的选择可以根据研究主体的特点进行，并遵循以下原则：系统优化原则、遵循客观实际原则、民主与集中相结合原则等。当指标是分层级时，尚需计算组合权重系数。

确定指标权重的方法有很多，总体来说可以分为主观与客观两类。主观赋权评估法采取定性的方法，由专家根据经验进行主观判断而得到权数，然后再对指标进行综合评估。如层次分析法、专家调查法（Delphi 法）、环比评分法、最小平方法、移动平均法、指数平滑法、三点法等，其中层次分析法（AHP 法）是实际应用中使用得最多的方法，它将复杂问题层次化，将定性问题定量化。客观赋值方法主要有最大熵技术法、变异系数法、双极值距离法、简单相关系数法、复相关系数法。其中最大熵权技术法用得较多，这种赋权法所使用的数据是决策矩阵，所确定的属性权重反映了属性值的离散程度。

1. 专家评分法

通过专家个人判断或者专家会议的形式。由专家给各评价指标的相对重要程度打分，通常用百分制或十分制，有时候也可以采用等差或等比评分法。然后计算每一评价指标的平均分，如果不考虑专家的权威程度，则应计算每一指标的加权平均分数，作为各指标的权重。实际上，大多数情况下由于专家的擅长领域有差别，还需要根据擅长系数和专家意见一致性系数来估计专家评分的合理性。

1）专家擅长系数：理论上是指某一专家对擅长领域中所提问题作出正确应答的概率。计算公式为

$$q = 1 - 2p \tag{16-1}$$

其中，q 为擅长系数，p 为错答率，通常 q 不应小于 0.80。实践中常由专家自我评价。

2）专家意见一致性系数设参与评价的专家数为 m，待评价指标数为 n，则反映全部专家对全部 n 个指标权重评估的一致程度的指标称为一致性系数，以 w 表示。一致性系数为 0~1，越接近 1，专家对全部指标评分的协调程度越好。

下面给出计算步骤。

1）先按专家对 n 个指标的评分编秩 R_{ij}(第 i 个指标第 j 个专家的评分秩)，遇到相同评分计算平均秩，分别计算第 i 个指标的秩和 T_i，最后再计算各指标的平均秩和 $\bar{T}$。

$$T_i = \sum R_{ij}, \quad \bar{T} = \sum_{i=1}^{n} T_i/n 。 \tag{16-2}$$

2）计算一致性系数：

$$w = \sum d_i^2/(\sum d_i^2) \tag{16-3}$$

式中 $\sum d_i^2 = \sum (T_I - \bar{T})^2, (\sum d_i^2)_{\max} = m^2(n^3 - n)/12$。

当有相同秩时，要对 w 校正：

$$w_c = 12 \sum d_i^2/[m^2(n^3 - n) - m \sum (t_k^3 - t_k)] \tag{16-4}$$

式中 t_k 为第 k 个相同秩的个数。

2. 客观方法

一些统计分析方法可以得到评价指标权重的客观信息。如多重线性回归和逐步回归分析结果方程中的标准偏回归系数、贡献率等，计数资料判别分析中的指数，计量资料判别分析中各因子贡献率，主成分分析中因子载荷和贡献率等，都可以为确定评价指标权重提供信息。还可以根据专业知识自行设计计算权重的公式(略)。

第二节　综合评分法

综合评分法，是建立在专家评价基础上的一种综合评价方法。这种方法用于评价指标无法用统一的量纲进行定量分析的场合，而采用无量纲的分数进行综合评价。

综合评分法是先分别按不同指标的评价标准对各评价指标进行评分，然后采用加权相加，求得总分。第一，确定评价项目，即哪些指标采取此法进行评价。第二，制定出评价等级和标准。先制定出各项评价指标统一的评价等级或分值范围，然后制定出每项评价指标每个等级的标准，一般是定性与定量相结合。第三，制定评分表。内容包括所有的评价指标及其等级区分和打分。第四，根据指标和等级评出分数值。评价者搜集和指标相关的资料，对评价对象打分。第五，数据处理和评价。确定各单项评价指标得分；计算各组的综合评分和评价对象的总评分。最后，评价结果的运用。将各评价对象的综合评分，按原先确定的评价目的，予以运用。

一、评价指标的等级分值确定方法

（一）专家评分法

由专家或专家组根据专业知识或者实践经验，确定各等级的分值。一般按照评价等级的优劣顺序采取从高分到低分的原则，高分为优，低分为劣。多用于定性和半定量资料的评分。

（二）离差法

对于定量资料的均数、标准差可以计算得到的情况下，采用均数加减标准差的方式划分评价等级并赋值。多用于近似正态分布的定量资料评价。

（三）百分位数法

在计算某指标的不同百分位数的基础上，采用某些特定的百分位数值来划分等级，并分别赋以适当的分值，多用于分布不明或偏态分布的定量资料的评分。

（四）标准分法

其原理与离差法相同，但是评价等级可以更多更细。

二、综合评分计算方法

（一）指标值的无量纲化

为消除指标之间不同计量单位对指标数值的影响，需要把不同量纲的指标值转化为可以直接相加的无量纲数值。常用的方法有标准差法、极值差法、功效系数法等。

设有 n 个被评价对象 $A_i(1 \leqslant i \leqslant n)$，$p$ 个评价指标 $f_j(1 \leqslant j \leqslant p)$，$X_{ij}(1 \leqslant i \leqslant n,\ 1 \leqslant j \leqslant p)$ 表示第 i 个被评价对象的第 j 个评价指标的实际值，经无量纲化处理后的指标值 X'_{ij}。

1）标准差法：按照式 $X'_{ij} = (X_{ij} - \bar{X})/S_j$ 变换，式中 $\bar{X}_j$，S_j 分别为各指标值的均数和标准差。

2）极值差法：按照式 $X'_{ij} = (X_{ij} - m_j)/(M_j - m_j)$ 变换，式中 M_j 为第 j 个指标的最大值，m_j 为第 j 个指标的最小值。

3）功效系数法：首先对每个指标确定阈值，即确定满意值（上限值）和允许值（下限值），常使用被评价对象中的最优值和最劣值。然后按照公式 $X'_{ij} = c + d(X_{ij} - m_j)/(M_j - m_j)$ 变换，式中 M_j、m_j 分别为第 j 个指标的最优值（最大值）、最劣值（最小值），c，d 为常数，一般取 0.6 和 0.4，主要取决于使用者的设计，也可以是 0.7 和 0.3、0.8 和 0.2 等，但 $c + d = 1$。

（二）指标值的同向一致化

指标值的同向一致化是为了使指标的变化指向相同的方向。一般情况下，经过指标的同向一致化处理，使全部指标均变为高优指标。

定性指标一般通过专家评价的方式获得评分值，分值越高越好，或者构造模糊隶属函数进行定性指标的量化，但要使得到的模糊隶属函数数值越大越好。

定量指标分为判断型指标和数值型指标。判断型指标只能通过分析指标合格与否作出基本判断，指标值为合格或不合格，合格为满分，不合格为最低分。数值型指标分为：

1）极大型指标：即期望取值越大越好，也称高优指标。

2）极小型指标：即期望取值越小越好，也称低优指标，一般逆指标转换即可变为正向指标，如倒数法等。

3）中间型指标：即期望取值为适当中间值最好，也称适度指标，可按照下式变换：

$$X' = \begin{cases} 2(X-m)/(M-m), & m \leqslant X \leqslant (M+m)/2 \\ 2(M-x)/(M-m), & (M+m)/2 \leqslant X \leqslant m \end{cases} \tag{16-5}$$

其中，M、m 为可能取值的最大值、最小值。

4）区间型指标，即期望取值落在某个确定的区间最好。可按照下式变换：

$$X' \begin{cases} 1-(a-X)/c, & X<a \\ 1, & a \leqslant X \leqslant b \\ 1-(X-b)/c, & X>b \end{cases} \tag{16-6}$$

其中，[a，b]为最佳区间，$c = \max\{a-m, M-b\}$，M，m 为可能取值的最大值、最小值。

（三）总评分计算方法

1）累加法：将各评价指标所得分数直接相加，以其总和为总分，然后按照总分高低顺序确定各评价对象的优劣。此方法简单易行，有时不够灵敏。

2）连乘法：将各评价指标所得分数相乘，以其连乘积为总分，然后按照总分高低顺序确定各评价对象的优劣。此法使各评价对象的差距放大，灵敏度较高。

3）加乘法：将各评价指标按其内在的联系分成若干亚组，首先计算各亚组评分之和，再将各亚组的评分值连乘，以其连乘积为总分，据此确定各评价对象的优劣。

4）加权法：对评价指标按其相对重要性分配权重系数，然后以上面的方法进行累计总分，据总分高低确定各评价对象的优劣。该法使得重点突出，结果较为可靠；不足之处，权重计算较烦琐。

第三节　综合指数法

指数是一种特殊的相对数。广义的概念可以理解为，用来测定一个变量(或一组变量)相对于某个(或某些)特定变量值大小的相对数，也就是说，各种相对指标都可以称为指数；狭义的指数是用来反映那些不能直接相加的各种事物组成的某种现象或者结果的综合变动的相对数。综合指数法综合了多个指标的报告期数据(或监测数据)和基期数据(或标准数据)的信息，定量的反映多个指标的综合平均变动程度。一方面可以利用综合指数进行多因素分析，固定其中某一个或几个指标，观察另外指标的变动程度；另一方面，也可以综合观察多个指标同时变动时，对某一结果或现象的影响方向和程度，进而评价其优劣。

一、指数分类

1）按照反映的总体范围不同可分为个体指数和总指数。个体指数，反映某一事物或者某一现象的动态变化，例如门诊专家挂号费价格指数。个体指数计算简单，为单因素指数，只要计算报告期(或监测)数据与比较数据(或标准数据)的比值就可以了。

总指数，说明多种不同事物或现象在不同时间的总变动，实质上是反映多种不同事物的平均变动的方向和程度的相对数，是一种多因素的指数，计算较为复杂。

2）按照所反映的现象的性质的不同可分为数量指标指数和质量指标指数。

数量指标指数主要反映规模水平的变化，如门诊工作量指数等。

质量指标指数主要反映工作质量好坏，管理水平的高低变化等，如治疗效果指数等。

3）按照事物或现象对比时间的不同可分为动态指数与静态指数。动态指数说明现象或事物在不同时间的发展变化，如物价变动指数。

静态指数说明现象或事物在同一时间条件下的对比状况，如不同类别的商品的价格指数等。

二、综合指数法计算步骤

（一）选择适当的指标

在占有大量可靠的历史资料的基础上，选择恰当的评价指标，既要少而精，又要能全面反映评价对象的某现象或某结果的质量特征。

（二）确定权重

根据本章权重确定方法确定指标权重系数。

（三）确定综合指数的计算模式

根据实测数据与规定标准，综合考虑，确定综合指数计算模式，原则上分子分母包含的总体范围要一致；反映的现象（或结果）的变动程度限于它所综合的资料范围内的变动程度。

（四）合理划分评价等级

一般情况下可以直接比较综合指数，确定待评价对象的优劣等级。有时候，根据实际情况和工作需要，应规定评价对象的指数值范围，将评价对象划入相应的等级。

（五）检验评价模式的可靠性

用已知评价结果的历史资料的有关指标测量值代入评价模型，计算综合指数，对比其符合程度。只有符合程度高时，才有推广价值。

第四节　层次分析法

一、基本概念

层次分析法是美国匹兹堡大学教授 A. L.Saaty 于 20 世纪 70 年代提出的一种系统分析方法。它综合定性与定量分析，模拟人的决策思维过程，来对多因素复杂系统，特别是难以定量描述的社会系统进行分析。目前，AHP 是分析多目标、多准则的复杂公共管理问题的有力工具。它具有思路清晰、方法简便、适用面广、系统性强等特点，便于普及推广，可成为人们工作和生活中思考问题、解决问题的一种方法。它最适宜于解决那些难以完全用定量方法进行分析的公共决策问题。

AHP 将人们的思维过程和主观判断数学化，不仅简化了系统分析与计算工作，而且有助于决策者保持其思维过程和决策原则的一致性，对于那些难以全部量化处理的复杂的问题，能得到比较满意的决策结果。因此，它在政策分析、产业结构研究、科技成果评价、发展战略规划、人才考核评价以及发展目标分析等许多方面得到广泛的应用。

二、基本原理

应用 AHP 解决问题的思路是，首先，把要解决的问题分层次系列化，将问题分解为不同的组成因素，按照因素之间的相互影响和隶属关系将其分层聚类组合，形成一个递阶的、有序的层次结构模型。然后，对模型中每一层次因素的相对重要性，依据人们对客观现实的判断给予定量表示，再利用数学方法确定每一层次全部因素相对重要性次序的权值。最后，通过综合计算各层因素相对重要性的权值，得到最低层（方案层）相当于最高层（总目标）的相对重要性次序的组合权值，以此作为评价和选择方案的依据。

三、基本步骤

（一）建立层次结构模型

运用 AHP 进行系统分析，首先要将所包含的因素分组，每一组作为一个层次，把问题条理化、层次化，构造层次分析的结构模型。大体上可分为：目标层，这一层次中只有一个元素，一般是分析问题的预定目标或理想结果；准则层，这一层次包括了为实现目标所涉及的中间环节，它可由若干个层次组成，包括所需要考虑的准则，子准则；措施层或方案层，表示为实现目标可供选择的各种措施、决策、方案等。

层次数与问题的复杂程度及分析的详尽程度有关，一般可不受限制。为了避免由于支配的元素过多而给两两比较判断带来困难，每层次中各元素所支配的元素一般地不要超过 9 个，若多于 9 个时，可将该层次再划分为若干子层。

（二）构造判断矩阵

判断矩阵是 AHP 工作的出发点，构造判断矩阵是 AHP 的关键一步。AHP 的信息基础主要是人们对每一层次各因素的相对重要性给出的判断，这些判断用数值表示出来，写成矩阵形式就是判断矩阵。当上、下层之间关系被确定之后，需确定与上层某元素(目标 A 或某个准则 Z)相联系的下层各元素在上层元素之中所占的比重。假定 A 层中因素 A_k 与下一层次中因素 B_1，B_2，…，B_n 有联系，则构造的判断矩阵见表 16-1。

表 16-1　判断矩阵

A_k	B_1	B_2	…	B_n
B_1	b_{11}	b_{12}	…	b_{1n}
B_2	b_{21}	b_{22}	…	b_{2n}
⋮	⋮	⋮	⋮	⋮
B_n	b_{n1}	b_{22}	…	b_{nn}

表中，b_{ij} 是对于 A_k 而言，B_i 对 B_j 的相对重要性的数值表示。判断矩阵表示针对上一层次某因素而言，本层次与之有关的各因素之间的相对重要性。填写判断矩阵的方法是：向填写人(专家)反复询问：针对判断矩阵的准则，其中两个元素两两比较哪个重要，重要多少。对重要性程度，Saaty 等人提出用 1~9 尺度赋值，即 Saaty 标度。

表 16-2　Saaty 标度含义表

重要性标度	含义
1	表示两个元素相比，具有同等重要性
3	表示两个元素相比，前者比后者稍重要
5	表示两个元素相比，前者比后者明显重要
7	表示两个元素相比，前者比后者强烈重要
9	表示两个元素相比，前者比后者极端重要
2，4，6，8	表示上述判断的中间值倒数
	若元素 i 与元素 j 的重要性之比为 b_{ij} 则元素 j 与元素 i 的重要性之比为 $b_{ji}=\frac{1}{b_{ij}}$

判断矩阵具有对称性，因此在填写时，通常先填写 $b_{ii}=1$ 部分，然后再仅需判断及填写上三角形或下三角形的 $n(n-1)/2$ 个元素就可以了。

采用 1~9 的比例标度的依据是：①心理学的实验表明，大多数人对不同事物在相同属性上差别的分辨能力为5~9级，采用1~9的标度反映了大多数人的判断能力；②大量的社会调查表明，1~9的比例标度早已为人们所熟悉和采用；③科学考察和实践表明，1~9的比例标度已完全能区分引起人们感觉差别的事物的各种属性。

（三）层次排序和权重计算

所谓层次单排序是指根据判断矩阵计算对于上一层某因素而言本层次与之有联系的因素的重要性次序的权值。它是本层次所有因素相对上一层而言的重要性进行排序的基础。利用同一层次中所有层次单排序的结果，就可以计算针对上一层次而言本层次所有因素重要性的权值，这就是层次总排序。层次总排序需要从上到下逐层顺序进行计算权重有和法、根法、幂法，这里简要介绍幂法。

1）计算判断矩阵每一层初始权重系数 W_i'

$$W_i' = \sqrt[n]{a_{i1}a_{i2}\times\cdots\times a_{in}} \quad (i=1,\ 2,\ \cdots,\ n) \tag{16-7}$$

2）计算归一化权重系数 w_j

$$W_i' = W_i' = \sum_{i=1}^{n} W_i' \quad (i=1,\ 2,\ \cdots,\ n) \tag{16-8}$$

3）求最大特征根 λ_{max}

$$\lambda_{max} = \frac{1}{n}\sum_{i=1}^{n}\frac{\sum_{i=1}^{n} a_{ij}w_j}{w_i} \quad (i,\ j=1,\ 2,\ \cdots,\ n) \tag{16-9}$$

4）一致性检验

计算一致性系数(consistency index，CI)：CI = ($\lambda_{max}-n/(n-1)$)。显然，当判断矩阵具有完全一致性时，$CI=0$。$\lambda_{max}-n$ 越大，CI越大，判断矩阵的一致性越差。

计算一致性比率(consistency ratio，CR)：CR = CI/RI，RI为平均随机一致性指数，见表16-3。对于1阶、2阶判断矩阵，RI只是形式上的，1阶、2阶判断矩阵总是完全一致的。当阶数大于2时，判断矩阵的一致性指标CI，与同阶平均随机一致性的指标RI之比即为判断矩阵的随机一致性比率当CR<0.1时认为判断矩阵的一致性是可接受的；当CR≥0.1时，应该对判断矩阵适当修正。

表16-3　1~9阶矩阵的平均随机一致性指数

阶数	1	2	3	4	5	6	7	8	9
RI	0.00	0.00	0.58	0.90	1.12	1.24	1.32	1.41	1.45

（四）综合评价

将各元素的各层的权重系数连乘后相加，即得到总目标的综合评价得分。根据综合评分可以比较优劣。

四、层次分析法的优点和局限性

层次分析法的优点主要表现在以下方面。系统性，层次分析法把研究对象作为一个系统，按照分解、比较判断、综合的思维方式进行决策，成为继机理分析、统计分析之后发展起来的系统分析的重要工具。实用性，层次分析法把定性和定量方法结合起来，能处理许多用传统的最优化技术无法着手的实际问题，应用范围很广，同时，这种方法使得决策者与决策分析者能够相互沟通，决策者甚至可以直接应用它，这就增加了决策的有效性。简洁性，具有中等文化程度的人即可以了解层次分析法的基本原理并掌握该法的基本步骤，计算也非常简便，并且所得结果简单明确，容易被决策者了解和掌握。

局限性主要表现在以下方面。只能从原有的方案中优选一个出来，没有办法得出更好的新方案。该法中的比较、判断以及结果的计算过程都是粗糙的，不适用于精度较高的问题。从建立层次结构模型到给出成对比较矩阵，人主观因素对整个过程的影响很大，这就使得结果难以让所有的决策者接受。当然采取专家群体判断的办法是克服这个缺点的一种途径。

五、应用举例

某医院对2008~2012年工作质量利用层次分析法进行综合评价。

1）构建层次结构模型：该例一级指标1项，二级指标3项，三级指标7项。总目标(一级指标)：医院工作质量；二级目标：医疗质量、医疗工作量、医疗工作效率；三级目标：出院患者治愈有效率、病房病死率、急诊人数站总诊疗百分比(此3项隶属于医疗质量)，平均每日住院人数、平均每日门诊人次数(此2项隶属于医疗工作质量)，病床利用效率值、实际病床使用率(此2项隶属于医疗工作效率)。

2）构建判断矩阵：对各元素对比打分，计算权重系数,如二级指标权重见表16-4。

表16-4　二级指标权重判断矩阵

	医疗质量	医疗工作量	医疗工作效率
医疗质量	1	2	3
医疗工作量	1/2	1	2
医疗工作效率	1/3	1/2	1

3)计算各层指标初始权重系数和归一化权重系数:如二级指标权重计算结果见表16-5。

表16-5　二级指标权重计算结果

顺序	权重系数/w_i	归一化权重系数 w_i	特征根 λ_i
1	1.8171	0.5396	3.0093
2	1.0000	0.2970	3.0888
3	0.5503	0.1634	3.0092

4）求出各项指标的组合权重系数，见表16-6。

表16-6　某医院2008~2012年工作质量层次分析法综合评价结果

指标名称	权重系数(C)	2008年	2009年	2010年	2011年	2012年	平均值
有效率(X_1)	0.2283	95.8	96.1	95.5	95.2	95.2	95.6
病死率(X_2)	0.1596	1.9	2.0	1.3	1.2	1.4	1.6
急诊占总诊比(X_3)	0.0879	7.3	7.4	7.8	7.7	8.1	7.7
平均每日住院数(X_4)	0.1980	46.4	41.2	29.0	63.1	61.2	61.2
平均每日门诊量(X_5)	0.0990	1402	1592	1664	1714	1788	1632
病床利用效率(X_6)	0.1090	6863.9	5152.0	5441.5	10648.8	7144.2	7050.1
实际病床使用率(X_7)	0.0545	99.7	84.5	91.4	108.1	102.4	97.2
综合指数(V)	0.93	0.88	0.99	1.15	1.07		
排序结果	4	5	3	1	2		

病死率为负向指标，故设 $V=\overline{X}_i/X_i$，其他正向指标 $V=X_i/\overline{X}_i$，最后综合指数为 $V=\sum_{i=1}^{m}V_i\times C(X)$，根据此指数可对工作质量进行评价排序。另外，每一层指标尚可计算一致性比率 CR，限于篇幅，此处略。

第五节 TOPSIS 法

一、基本概念

TOPSIS 法是 Technique for Order Preference by Similarity to Ideal Solution 的缩写，即理想方案相似性的顺序优选技术，它是一种多目标决策方法。在医院绩效决策、卫生评价、卫生管理中有广泛的应用。

TOPSIS 法的基本思想是：基于归一化后的原始数据矩阵，找出有限方案中的最优方案和最劣方案(分别用最优向量和最劣向量表示)，然后分别计算诸评价对象与最优方案和最劣方案的距离，获得各评价对象与最优方案的相对接近程度，以此作为评价优劣的依据。

二、基本步骤

设有 n 个被评价对象，m 个评价指标，建立原始数据矩阵：n 行 m 列。

1）指标一致化：TOPSIS 法要求所有评价指标的方向属性一致。常用的方法是把低优指标(负向指标)倒数化。

2）归一化原始数据：

$$a_{ij}=X_{ij}/\sqrt{\sum_{i=1}^{n}X_{ij}^2}\quad（X_{ij}\text{为高优指标}）\tag{16-10}$$

$$a_{ij}=(1/X_{ij})\sqrt{\sum_{i=1}^{n}(1/X_{ij})^2}\quad（X_{ij}\text{为低优指标}）\tag{16-11}$$

3）确定最优方案和最劣方案：最优方案：$a^+=(a_{i1}^+,a_{i2}^+,\cdots,a_{im}^+)$；最劣方案：$a^-=(a_{i1}^-,a_{i2}^-,\cdots,a_{im}^-)$。其中，$a_{ij}^+$和 a_{ij}^-分别表示评价对象在第 j 个评价指标实测值的最大值和最小值 D_i^+。

4）计算第 i 个评价对象与最优方案 D_i^+ 和最劣方案的距离 D_i^-

$$D_i^+=\sqrt{\sum_{j=1}^{m}(a_{ij}^+-a_{ij})^2}\ ,\ D_i^-=\sqrt{\sum_{j=1}^{m}(a_{ij}^+-a_{ij})^2}$$

5）计算第 i 个评价对象与最优方案的接近程度 C_i：

$$C_i=D_i^-/(D_i^++D_i^-)\quad(i=1,\ 2,\ \cdots,\ n)$$

C_i越接近 1 表明被评价对象越接近最优方案，可按照 C_i的大小对被评价对象的评价结果(或者方案)排序。

三、TOPSIS 法的优缺点

TOPSIS 法是一种多目标决策方法，适用于处理多目标决策问题。具有以下优点。TOPSIS 法原理简单，能同时进行多个对象评价，结果分辨率高、评价客观，具有较好的合理性和适用性，实用价值较高。TOPSIS 法对原始数据的信息利用最为充分，其结果能精确地反映各评价方案之间的差距，TOPSIS 对数据分布及样本含量，指标多少没有严格的限制，数据计算亦简单易行,不仅适合小样本资料，也适用于多个评价对象、多指标的大样本资料。利用 TOPSIS 法进行综合评价，可得出良好的可比性评价排序结果。

TOPSIS 法的缺点是 C_i 只能反映各评价对象内部的相对接近度，并不能反映与理想的最优方案的相对接近程度。

四、应用举例

试根据表 16-7 数据，采用 TOPSIS 法对某市人民医院 2011~2013 年的医疗质量进行综合评价。

表 16-7 某市人民医院 2011~2013 年的医疗质量

年度	床位周转次数	床位周转率/%	平均住院日	出入院诊断符合率/%	手术前后诊断符合率/%	三日确诊率/%	治愈好转率/%	病死率/%	危重患者抢救成功率/%	院内感染率/%
2011	20.97	113.81	18.73	99.42	99.80	97.28	96.08	2.57	94.53	4.60
2012	21.41	116.12	18.39	99.32	99.14	97.00	95.65	2.72	95.32	5.99
2013	19.13	102.85	17.44	99.49	99.11	96.20	96.50	2.02	96.22	4.79

1. 指标一致化

在原始数据指标中，平均住院日、病死率、院内感染率三个指标的数值越低越好，这三个指标为低优指标；其他指标数值越高越好，为高优指标。低优指标转化为高优指标，绝对数低优指标 x 可使用倒数法($100/x$)；相对数低优指标 x，可使用差值法($1-x$)。这里，平均住院日采用倒数转化，病死率、院内感染率采用差值转化。转化后数据见表 16-8。

表 16-8 转化指标值

年度	床位周转次数	床位周转率/%	平均住院日	出入院诊断符合率/%	手术前后诊断符合率/%	三日确诊率/%	治愈好转率/%	病死率/%	危重患者抢救成功率/%	院内感染率/%
2011	20.97	113.81	5.34	99.42	99.80	97.28	96.08	97.43	94.53	95.40
2012	21.41	116.12	5.44	99.32	99.14	97.00	95.65	97.28	95.32	94.01
2013	19.13	102.85	5.73	99.49	99.11	96.20	96.50	97.98	96.22	95.21

2. 计算归一化原始数据

例如，计算 2011 年床位周转次数归一化值：

$$a_{11}=\frac{20.97}{\sqrt{20.97^2+21.41^2+19.13^2}}=0.59$$

其余归一化数值以此类推，见表 16-9。

表 16-9 归一化矩阵值

年度	床位周转次数	床位周转率	平均住院日	出入院诊断符合率	手术前后诊断符合率	三日确诊率	治愈好转率	病死率	危重患者抢救成功率	院内感染率
2011	0.590	0.592	0.560	0.577	0.580	0.580	0.577	0.577	0.572	0.581
2012	0.602	0.604	0.570	0.577	0.576	0.578	0.575	0.576	0.577	0.572
2013	0.538	0.535	0.601	0.578	0.576	0.574	0.580	0.580	0.583	0.579

3. 确定最优方案和最劣方案

$$a^{+}=(0.602,0.604,0.601,\ 0.578,\ 0.580,\ 0.580,\ 0.580,\ 0.580,\ 0.583,\ 0.581)$$

$$a^{-}=(0.538,\ 0.535,\ 0.560,\ 0.577,\ 0.576,\ 0.574,\ 0.575,\ 0.576,\ 0.570,\ 0.572,\ 0.572)$$

4. 计算各年度 D^+和 D^-

例如，计算 2013 年 D^+和 D^-：

$$D^+ = \sqrt{(0.602-0.538)^2+(0.604-0.535)^2+\cdots+(0.581-0.579)^2} = 0.094$$

$$D^- = \sqrt{(0.538-0.538)^2+(0.535-0.535)^2+\cdots+(0.572-0.579)^2} = 0.044$$

其余各年依此类推，见表 16-10。

5. 计算各年 C_i

例如，计算 2013 年 C_i：

$$C_i = \frac{0.044}{0.094+0.044} = 0.319$$

其余各年依此类推，见表 16-10。

表 16-10 不同年度指标值与最优值的相对接近程度及排序结果

年份	D^+	D^-	C_i	排序结果
2011	0.045	0.078	0.634	2
2012	0.034	0.095	0.736	1
2013	0.094	0.044	0.319	3

由表 16-10 的排序结果可知 2012 年医疗质量最好。

第六节 秩和比法

秩和比法是我国统计学家田凤调教授于 1988 年提出的一种新的综合评价方法，它是利用秩和比 RSR(rank sum ratio)进行统计分析的一种方法，该法在医疗卫生等领域的多指标综合评价、统计预测预报、统计质量控制等方面已得到广泛的应用。秩和比是一个内涵较为丰富的综合性指标，它是指行(或列)秩次的平均值，是一个非参数统计量，具有 0~1 连续变量的特征，近年来秩和比统计方法不断完善和充实。

一、基本思想

秩和比是一种将多项指标综合成一个具有 0~1 连续变量特征的统计量，也可看成 0~100 的计分。多用于现成统计资料的再分析。不论所分析的问题是什么，计算的 RSR 越大越好。为此，在编秩时要区分高优指标和低优指标，有时还要引进不分高低的情况。例如，评价预期寿命、受检率、合格率等可视为高优指标；发病率、病死率、超标率为低优指标。在疗效评价中，不变率、微效率等可看作不分高低的指标。指标值相同时应编以平均秩次。

秩和比综合评价法基本原理是在一个 n 行 m 列矩阵中，通过秩转换，获得无量纲统计量 RSR；在此基础上，运用参数统计分析的概念与方法，研究 RSR 的分布；以 RSR 值对评价对象的优劣直接排序或分档排序，从而对评价对象作出综合评价。

二、秩和比法的基本步骤

（一）编秩

将 n 个评价对象的 m 个评价指标列成 n 行 m 列的原始数据表。编出每个指标各评价对象的秩，其中高优指标从小到大编秩，低优指标从大到小编秩，同一指标数据相同者编平均秩。

（二）计算秩和比

计算秩和比 RSR：根据公式 $\mathrm{RSR}_i=\sum_{j=1}^{m}\frac{R_{ij}}{m\times n}$ 计算，式中 $i=1,2,\cdots,n$；R_{ij} 为第 i 行第 j 列元素的秩，最小 RSR = $1/n$，最大 RSR = 1。当各评价指标的权重不同时，计算加权秩和比（WRSR），其计算公式为 $w\mathrm{RSR}_i=\frac{1}{n}\sum_{j=1}^{m}w_jR_{ij}$，$W_j$ 为第 j 个评价指标的权重，$\sum W_j=1$。通过秩和比（RSR）值的大小，就可对评价对象进行综合排序，这种利用 RSR 综合指标进行排序的方法称为直接排序。但是在通常情况下还需要对评价对象进行分档，特别是当评价对象很多时，如几十个或几百个评价对象，这时更需要进行分档排序，由此应首先找出 RSR 的分布。

（三）计算概率单位

计算概率单位 Probit：将 RSR（或 WRSR）值由小到大排成一列，值相同的作为一组，编制 RSR（或 WRSR）频率分布表，列出各组频数 f，计算各组累计频数 $\sum f$；确定各组 RSR（或 WRSR）的秩次范围 R 和平均秩次 $\overline{R}$；计算累计频率 $P=\mathrm{AR}/n$；将百分率 p 转换为概率单位 Probit，Probit 为百分率 P 对应的标准正态离差 Z 加 5。

（四）计算直线回归方程

以累计频率所对应的概率单位 Probit 为自变量，以 RSR（或 WRSR）值为因变量，计算直线回归方程，即 RSR（WRSR）$=a+b\times\mathrm{Probit}$。

（五）分档排序

根据标准正态离差 μ 分档，分档数目可根据试算结果灵活掌握，最佳分档应该是各档方差一致，相差具有显著性，一般分 3~5 档。

依据各分档情况下概率单位 Probit 值，按照回归方程推算所对应的 RSR（或 WRSR）估计值对评价对象进行分档排序。具体的分档数根据实际情况决定。

三、秩和比法的优缺点

秩和比评价法的优点：以非参数法为基础，对指标的选择无特殊要求，适于各种评价对象；此方法计算用的数值是秩次，可以消除异常值的干扰，合理解决指标值为零时在统计处理中的困惑，它融合了参数分析的方法，结果比单纯采用非参数法更为精确，既可以直接排序，又可以分档排序，使用范围广泛，且不仅可以解决多指标的综合评价，也可用于统计测报与质量控制中。但是秩和比评价法的缺点：排序的主要依据是利用原始数据的秩次，最终算得的 RSR 值反映的是综合秩次的差距，而与原始数据的顺位间的差距程度大小无关，这样在指标转化为秩次时会失去一些原始数据的信息，如原始数据的大小差别等。另外，当 RSR 值实际上不满足正态分布时，分档归类的结果与实际情况会有偏差，且只能回答分级程度是否有差别，不能进一步回答具体的差别情况。为了解决这个问题，一些学者对秩和比评价法的进行了改进，提出了非整秩次秩和比法，此方法用类似于线性插值的方式对指标值进行编秩，以改进 RSR 法编秩方法的不足，所编秩次与原指标值之间存在定量的线性对应关系，从而克服了 RSR 法秩次化时易损失原指标值定量信息的缺点。请参见有关书籍。

四、应用实例

某医院对护士考核有4个指标，它们分别是：业务考核成绩(X_1)、操作考核结果(X_2)、科内测评(X_3)和工作量考核(X_4)；表16-11是某病区8名护士(待评对象)的考核结果，利用秩和比综合评价法对其进行综合评价。

表16-11　某病区8名护士的考核结果

待评对象(i)	X_1	X_2	X_3	X_4
1	86	优	100	233.9
2	92	良	98.2	192.9
3	88	良	99.1	311.1
4	72	良	95.5	274.9
5	70	优	97.3	263.6
6	94	优	100	182.3
7	84	良	91.97	220.6
8	50	良	91.97	182.0

第一步：分别对要评价的各项指标进行编秩，见表16-12。

表16-12　评价的各项指标编秩

待评对象(i)	X_1	X_2	X_3	X_4
1	86(5)	优(6)	100(7.5)	233.9(5)
2	92(7)	良(3)	98.2(5)	192.9(3)
3	88(6)	良(3)	99.1(6)	311.1(8)
4	72(3)	良(3)	95.5(3)	274.9(7)
5	70(2)	优(7.5)	97.3(4)	263.6(6)
6	94(8)	优(7.5)	100(7.5)	182.3(2)
7	84(4)	良(3)	91.97(1.5)	220.6(4)
8	50(1)	良(3)	91.97(1.5)	182.0(1)

第二步：计算第i个待评对象的秩和比。

$$\mathrm{RSR}_i = \sum_{j=1}^{m} \frac{R_{ij}}{m \times n} \qquad (16\text{-}12)$$

其中m为指标个数，n为待评对象数，R_{ij}为第i个待评对象第j个指标的秩次，RSR_i值即为第i个待评对象多指标的平均秩次，其值越大越优，见表16-13。如果将8名护士进行排序，则可根据8名护士的秩和比(RSR)，按由大到小排列就可得到8名护士由好到差的所有排序；如果要将8名护士分成几档，则还需继续进行以下的步骤。

表 16-13 各护士 4 项护理考核指标编秩及 RSR 值

待评对象(i)	X_1	X_2	X_3	X_4	RSR
1	86(5)	优(6)	100(7.5)	233.9(5)	0.7344
2	92(7)	良(3)	98.2(5)	192.9(3)	0.5313
3	88(6)	良(3)	99.1(6)	311.1(8)	0.7188
4	72(3)	良(3)	95.5(3)	274.9(7)	0.5000
5	70(2)	优(7.5)	97.3(4)	263.6(6)	0.6094
6	94(8)	优(7.5)	100(7.5)	182.3(2)	0.7813
7	84(4)	良(3)	91.97(1.5)	220.6(4)	0.3906
8	50(1)	良(3)	91.97(1.5)	182.0(1)	0.2031

第三步：确定 RSR 的分布。

将表 16-13 的 RSR 值由小到大进行排列，计算向下累计频率，查《百分数与概率单位对照表》(附表 18)，得到所对应的概率单位值(Y)，见表 16-14。

表 16-14 计算概率单位值

RSR	频数(f)	累积频数	$\bar{R}$	$(\bar{R}/n)\times 100\%$	Y
0.2031	1	1	1	12.5	3.8197
0.3906	1	2	2	25.0	4.3255
0.5000	1	3	3	37.5	4.6814
0.5313	1	4	4	50.0	5.0000
0.6094	1	5	5	62.5	5.3186
0.7188	1	6	6	75.0	5.6745
0.7344	1	7	7	87.5	6.1503
0.7813	1	8	8	96.9*	6.8663

注：其中数据 96.9*是利用 $(1-\frac{1}{4n})\times 100\%$ 估计的

第四步：求回归方程：$\hat{RSR}=a+bY$。

将概率单位值 Y 作为自变量，秩和比 RSR 作为因变量，经线性回归分析，因变量 RSR 与自变量概率单位值 Y 的线性回归方程为：$\hat{RSR}=0.1877Y-0.4232$，经 F 检验，$F=59.078$ ($P=0.0002$)，说明所求线性回归方程具有统计学意义。

第五步：将 8 名护士进行分档，分多少档根据评价对象具体要求确定，如果将 8 名护士分为优良差三档，根据统计学家田凤调教授提供的一个分档标准，分档见表 16-15。

表 16-15 8 名护士分档表

等级	Y	$\hat{RSR}$	护士归档
差	<4	<0.3276	8
良	4~	0.3276~	2，4，5，7
优	6~	0.703~	1，3，6

注意事项：①本例评估护士的四个指标都是高优指标，所以指标越高秩次越高，如果有些指

标是低优指标，则结论反之；②如果认为评估护士的四个指标重要性不同，则权重不同。如果业务考核成绩（X_1）占 40%、操作考核结果成绩（X_2）占 30%、科内测评成绩（X_3）占 10%、工作量考核成绩（X_4）占 20%，则护士甲的 RSR 值计算为：护士 1 的 RSR = [40% × 5 + 30% × 6 + 10% × 7.5 + 20% × 5]/8 = 0.69375。类似可得到其他护士的 RSR 值，依据以上步骤就可得到护士的加权秩和比排序分档。

第七节　主成分分析

如何利用多指标对医疗保险进行评价？如果仅选用其中一个指标来评价，尽管方便，却损失了很多有用的信息，容易产生片面的结论；如果分别用每个指标来评价，那么这种评价只能是孤立的，而不是综合的。主成分分析（principle component analysis）是实现这一目的的有效途径之一，它是将原来众多且相关的指标所蕴藏的信息集中到少数几个相互独立的综合变量的方法。

一、主成分的定义与性质

（一）主成分的定义

测得 n 例儿童的身高（X_1）与体重（X_2）的资料，对其进行标准变换后的变量为 Z_1和 Z_2，显然这两个指标是高度相关的，这些散点分布在一条直线的近旁，若以此直线为 C_1轴，另取一条垂直于 C_1轴的直线为 C_2轴。在 C_1 C_2平面上，这 n 个点是沿着 C_1轴散开的；又由于 C_2轴与 C_1轴垂直，故 C_2不随 C_1的变化而变化（即两者不相关）。也就是说这 n 个点的变异主要反映在 C_1方向上，在 C_2轴方向的变异很小（图 16-1）。所以研究这 n 个点的变异主要考虑 C_1值的大小，可以忽略 C_2值的差异。也就是用 C_1一个指标替代了原来的 Z_1和 Z_2两个指标来分析这 n 个对象的变异。C_1，C_2与 Z_1，Z_2有如下数学关系：$C_1 = l_{11}Z_1 + l_{12}Z_2$；$C_2 = l_{21}Z_1 + l_{22}Z_2$。

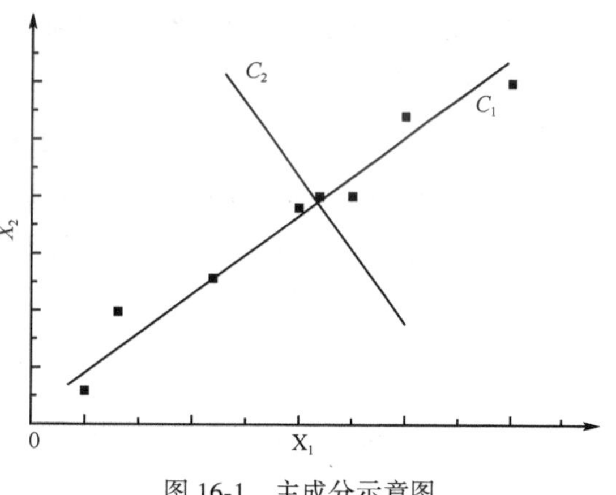

图 16-1　主成分示意图

新变量是原变量的线性函数，C_1，C_2即为原变量的主成分，且将 C_1称为 X_1，X_2的第 1 主成分，提供原指标信息最多，C_2为 X_1，X_2的第 2 主成分，提供的信息次之。若有 p 个观察指标，则可求得 p 个主成分，依次称为第 1 主成分，第 2 主成分，…，所提供的信息也依次减少，称这种统计分析方法为主成分分析。

（二）主成分的性质

对 n 个对象测得 p 个指标，当 p 个指标间存在相关关系时，一般可通过一定的数学变换找到 p 个新变量 C_1，C_2，…，C_p，它们满足：

1）各 C_i是原指标的线性组合，且它们彼此垂直（正交）；

2）各 C_i间互相独立：即 i 不等于 j 时，$\mathrm{Cov}(C_i, C_j) = 0$；

3）各 C_i的方差是原指标相关矩阵的特征根（eigenvalue）：$\mathrm{var}(C_i) = \lambda_i$；

4）各 C_i的方差之和是原指标的个数：$\sum_{i=1}^{p} \mathrm{var}(C_i) = p$；

5）各 C_i 的系数平方和为 1：$l_{i1}^2 + l_{i2}^2 + \cdots + l_{ip}^2 = 1$ $(i = 1, 2, \cdots, p)$；

各 C_i 提供了原指标所含的全部信息，C_1 提供的信息最多，C_2 次之，…，C_p 最少，分别称为原指标的第 i 个主成分。

二、主成分的求法

1）首先，对所研究的样本进行变量的无量纲化，标准化是其最常用的无量纲化的方法。记 $\overline{X}_i$ 与 S_i 为变量 X_i 的样本均数和样本标准差$(i = 1, 2, \cdots, p)$。

$$Z_i = \frac{X_i - \overline{X}_i}{S_i} \tag{16-13}$$

显然，Z_i 服从均数为 0，标准差为 1 的正态分布。

2）对变换后的变量 Z_i 求相关矩阵：

$$R = \begin{pmatrix} r_{11} & \cdots & r_{1p} \\ \vdots & & \vdots \\ r_{p1} & \cdots & r_{pp} \end{pmatrix} \tag{16-14}$$

3）求 R 的特征根 λ_i，并将它们从大到小排列

$$\lambda_1 \geqslant \lambda_2 \geqslant \cdots \geqslant \lambda_p \tag{16-15}$$

4）求 R 关于 λ_i 的满足正规条件下的特征向量(eigenvector)：$L_i = (l_{i1}, l_{i2}, \cdots, l_{ip})$，写出主成分 C_i 与变量 Z_i 的线性表达式

$$C_i = L_i Z = \sum_{j=1}^{p} l_{ij} Z_i \tag{16-16}$$

5）计算各主成分 C_i 的贡献率和累计贡献率；

6）确定主成分个数，根据累计贡献率大小和特征根大小确定主成分个数；

7）解释主成分的实际意义。

三、应用实例

现有 13 名儿童的身高(X_1，cm)、体重(X_2，kg)、胸围(X_3，cm)、性别(X_4，男=1，女=2)、月龄(X_5)、心象面积(Y，cm^2)资料见表 20-1。为便于计算和理解，现截取其中身高与体重两个变量进行主成分计算。

表 16-16 13 名儿童身高与体重情况

编号	X_1	X_2	X_3	X_4	X_5	Y
1	95.5	14.0	53.5	1	32	49.64
2	92.0	13.0	52.0	1	35	41.61
3	89.0	12.5	53.5	1	33	35.81
4	168.0	53.5	82.0	1	176	100.14
5	117.0	19.7	56.0	1	96	67.20
6	113.0	18.1	55.0	1	96	60.00
7	122.0	21.6	57.3	1	96	58.00
8	91.0	11.0	48.0	2	30	35.39
9	91.0	11.5	47.0	2	33	44.98

续表

编号	X_1	X_2	X_3	X_4	X_5	Y
10	91.0	12.5	50.0	2	33	29.51
11	156.0	55.0	83.0	2	176	94.66
12	163.0	54.0	79.0	2	178	87.42
13	130.0	25.0	58.0	2	84	62.00
均数	116.81	24.72	59.56	1.46	84.46	58.95
标准差	29.36	17.31	12.86	0.52	59.17	23.10

资料来源：曹素华，《实用医学多因素统计方法》，上海医科大学出版社 1998，170

1）按公式(16-13)对 X_1，X_2进行标准化变换，以削除原指标的度量单位。

$$Z_1=\frac{X_1-\overline{X}_1}{S_1}=\frac{X_1-116.81}{29.36}$$

$$Z_2=\frac{X_2-\overline{X}_2}{S_2}=\frac{X_2-24.72}{17.31}$$

2）求 Z_1，Z_2的相关系数矩阵：

$$R=\begin{pmatrix}1 & 0.9664\\0.9664 & 1\end{pmatrix}$$

3)求 R 的特征根，并将其按大小排列

解方程组

$$\begin{Bmatrix}1-\lambda & 0.9664\\0.9664 & 1-\lambda\end{Bmatrix}=0$$

得两个根 1.9664 和 0.0336，取较大为 λ_1，较小的为 λ_2，也就是 $\lambda_1=1.9664$，$\lambda_2=0.0336$。

4）求特征向量 L_i及主成分 $C_i(i=1,2)$。

解方程组

$$\begin{cases}l_{11}+0.9664l_{12}=1.9664\ l_{11}\\0.9664l_{11}+l_{12}=1.9664\ l_{12}\\l_{11}^2+l_{12}^2=1\end{cases}$$

得 $l_{11}=0.7071$，$l_{12}=0.7071$，相应的第 1 主成分为：$C_1=0.7071Z_1+0.7071Z_2$，

再将 λ_2代入，解方程组

$$\begin{cases}l_{21}+0.9664l_{22}=0.0336\ l_{21}\\0.9664l_{21}+l_{22}=0.0336\ l_{22}\\l_{21}^2+l_{22}^2=1\end{cases}$$

得 $l_{21}=0.7071$，$l_{22}=-0.7071$，相应的第 2 主成分：$C_2=0.7071Z_1-0.7071Z_2$。

四、主成分个数的确定及其实际意义

主成分分析的目的之一是简化数据结构，用比较少的主成分 C_1，C_2，…，C_m代替原 p 个观测指标($m\leqslant p$)，此时要求 m 个主成分保留的信息与原 p 个观测指标的信息相近。每个主成分都是 p 个指标的线性组合，因此各主成分的实际意义是不明确的。因此，主成分分析的任务不仅要决定保留几个主成分，还要对所保留的主成分的实际意义作出合理的解释。

（一）主成分个数的确定

一个综合指标应尽可能多地反映原变量数据的“信息”，所谓数据信息主要反映在数据的方差上，方差越大，包含的信息就越多。p 个标准化量的方差之和为 p，p 个主成分的方差亦为 p，每个主成分的方差为其特征根，且有 $\sum \lambda_i = p$。若 p 个主成分全部保留，则原数据的全部信息都将被保留。

$Q = \dfrac{\lambda_k}{\sum_{i=1}^{p} \lambda_i} = \dfrac{\lambda_k}{p}$ 为第 k 个主成分的贡献率，表示第 k 个主成分($k=1, 2, \cdots, m$)提供的信息量在总的信息量中所占的比例，显然第一主成分的贡献率最大。

累计贡献率为前 m 个主成分贡献率之和，即 $\dfrac{\sum_{k=1}^{m} \lambda_k}{p}$。累计贡献率越大，说明 m 个变量保留原变量的信息越多，但累计贡献率与保留的主成分的个数多少亦有关系，因此要权衡利弊。一般而论，累计贡献率不低于 80% 可以接受；也有人主张保留特征根大于 1 的主成分。在实际工作中，可从研究者希望得到的累计贡献率并结合特征值大小来确定所需的主成分个数。

（二）实际意义

主成分 $C_1\ C_2 \cdots C_m$ 是对原变量的综合，原变量都是有明确的实际意义的，那么线性组合后的新变量（即主成分）的实际意义是什么呢？对于主成分的解释可以帮助我们分析影响系统结构的主要因素和系统特征。如上例 13 名儿童身高与体重的主成分分析结果，$\lambda_1 = 1.9664$，$\lambda_2 = 0.0336$，$\lambda_1 + \lambda_2 = 2$，第 1 主成分的贡献率 $= \lambda_1/(\lambda_1 + \lambda_2) = 1.9664/2 = 0.98318 = 98.318\%$，第 2 主成分的贡献率 $= \lambda_2/(\lambda_1 + \lambda_2) = 0.0336/2 = 0.01682 = 1.682\%$。

若以第 1 主成分代替原来两个指标，仅损失 1.682% 的信息，可见该例的两个变量几乎只需一个主成分来解释，那么这个主成分有何实际意义呢？

由表达式 $C_1 = 0.7071Z_1 + 0.7071Z_2$ 可见，Z_1，Z_2 的系数均为正，且绝对值相等，说明身高、体重测量值越大（且系数相等），C_1 值也越大，可以认为 C_1 综合反映了儿童机体大小的综合指标；由表达式 $C_2 = 0.7071Z_1 - 0.7071Z_2$ 可见，Z_1，Z_2 的系数绝对值相等符号相反，前者为正，后者为负，说明身高越高，第 2 主成分越大，而体重越大，第 2 主成分越小，似乎与儿童的体型有关。

需说明的是：对主成分的解释有时并非如此简单和典型，它首先要求分析工作者对所分析的系统有很好的了解，其次能够协助专业人员进行主成分命名的数学手段主要依赖于测度该主成分与原变量系统的相关性。

一、简答题

1. 综合评价的概念和一般步骤。
2. 综合评价指标选择的原则和方法。
3. 确定指标权重的常用方法。
4. 综合评分法和综合指数法的区别。
5. 层次分析法的步骤。
6. Topsis 法的基本步骤。
7. 主成分分析的基本思想。

二、计算题

1. 某医疗保险行政管理部门，对市属的三所三甲医院的某病种医疗质量进行综合评价，请按照 Topsis 法进行评价,并思考，还可以采用何种综合评价法。

表 16-17　三所三甲医院某病种医疗质量指标

机构	平均住院日	病死率	抢救成功率	治愈好转率	院内感染率
甲医院	7.3	1.01	78.3	97.5	2.0
乙医院	7.4	0.80	91.1	98.0	2.0
丙医院	7.3	0.62	91.5	97.3	3.2

（张胜利）

第十七章
常用统计预测方法

在现代商业医疗保险中，为了改善保险核定(underwriting，简称核保)，保险定价和制定合理的市场营销策略，统计预测模型被广泛地应用于分析或区分各类危险因素。统计预测模型可以帮助保险公司有效地进行商业运作，使得医疗保险价格制定和市场营销建立在实际数据分析的基础上，而不再是只凭直觉进行。

第一节　医疗保险统计预测模型概述

一、统计预测模型在医疗保险统计中的作用

统计预测模型就是通过分析搜集积累的实际数据从中找出数据之间的潜在关系，归纳出对于保险市场定价和市场营销有用的结论。具体而言，统计预测模型将在以下方面改善医疗保险市场的运营。

(一) 发现以前未知的或定量不准确的危险性

现代统计预测模型应用多元统计模型，在分析大量实际数据的基础上检验现有保险定价和运营的假设条件是否确实成立。比如在考虑保险赔付是否将不同年龄段的危险性给予足够的重视，年轻人显然各种疾病的发病率都比较低，假如投保人群中老人比例偏高，则各种疾病的发病率和就诊率也会偏高，保险赔付也就会相应增加。又比如原先假设的疾病发病率或就诊率是否与实际吻合。如果偏低，则保险赔付额就会大于原来的预测，保险利润就会减少。相反，如果原先假设的疾病发病率或就诊率偏高，则保险价格就会偏高，这有可能会影响市场拓展导致份额(market share)偏低。

(二) 统计预测模型有助于发现相似的人群(同质人群)和具有不同特点的人群(异质人群)

同样是学生人群，如果生活在条件较好的城市并养成了良好的生活习惯，则他们的发病率和医院就诊率就会较低。然而，如果生活在卫生条件较差的同样年龄段的学生，则发生各种疾病的概率就会增大，因此而产生的就诊费用就会增加。

统计预测模型的目的之一就是区分异质人群并从中发现同质人群，从而对各同质人群的危险性进行定量分析。在此基础上制定合理的保险价格，吸引更多的人加入这一保险计划。

随着现代计算机技术的迅猛发展，我们现在可以对大量数据进行复杂的统计运算。这种统计分析不仅有助于发现与人群健康相关的新的因素(比如空气污染)和各变量之间的新的关系，而且能及时对这种关系进行量化，从而能很快地应用到价格和市场营销上。

二、医疗保险统计预测的一般步骤

（一）设定所要研究的问题及适用范围

在进行医疗保险统计预测分析时，第一步就是要确立所要研究的问题并明确适用的人群。例如我们可以建立一个统计预测模型来预测下一年度冬季本地学生中上呼吸道感染的发病率及相应的就诊费用和赔付额。在该例子中，所要研究的问题就是建立一个统计预测模型来预测下一年度上呼吸道感染的发病率及相应的就诊费用和赔付额，其中就诊费用包括门诊、急诊、住院治疗以及处方药的费用。就诊费用高，保险赔付额当然也高。该例的适用范围包含两方面的内容：其一是冬季，一般我国将每年的 11 月份至次年的 2 月份定义为冬季，即其他月份发生的上呼吸道感染将不包括在这一统计预测模型之内；其二是本地学生，假设本研究仅包含在本地大学上学的学生，那将包括所有在校大学生，硕士研究生和博士研究生，但本地的其他学生将不包括在内，比如中小学生。

（二）搜集数据

统计预测离不开数据。数据的质量是预测模型可靠与否的先决条件。没有合适的数据，任何统计预测模型都很难令人信服。所以一旦确定研究的目的和应用范围，就需要着手搜集适用的原始数据。常见的数据来源有内源性和外源性，包括医院就诊数据，保险公司赔付数据，人口调查数据等。无论数据来源于何处，一定要保证它能用于解决所要研究的问题。

确定数据来源后，接下来就是要从中提取适用的数据并核实这些数据，必要时还要对数据进行清理(data cleaning)。在这一过程中要务必小心不要把有用的数据忽略或排除在外。忽略有用的数据经常会导致统计预测模型的失准。

（三）建立模型

可用于医疗保险统计预测的统计模型有多种，包括广义线性模型(generalized linear model)、决策树分析(decision tree analysis)、logistic 回归、鲍克斯-詹金斯模型等。究竟选择何种模型取决于研究目的以及数据的类型和结构。

第二节　时间序列模型概述

一、时间序列模型简介

医疗保险统计的重要目的之一就是以尽可能低廉的价格为保险受益人提供最好的保护。在这一决策过程中统计预测可以发挥极其重要的作用。统计预测涉及概率论、数学、统计学、经济学、金融学以及计算机科学，其中统计模型是进行统计预测的关键。

医疗保险统计预测最常见的应用是利用现有的历年来的医疗保险数据，包括投保人及所有保险受益人的个人资料、健康状况、医疗就诊资料以及保险赔付额等预测在未来一段时间内的医疗保险赔付额。

常用的统计预测方法有外延法(extrapolative methods)、自变量法(explanatory variable methods)和模拟数据模型法(simulation modeling methods)等。其中时间序列模型法既有外延法的基本思想，又有自变量法的特点。本节将通过实例介绍时间序列模型在医疗保险统计预测中的应用。

二、时间序列数据的特点

时间序列数据来源于一段时间内对某一指标的连续观察，在医疗保险统计分析中常见的时间跨度有一周，一个月，一个季度，一年，连续十年或更长时间。数据搜集的时间越长，数据越丰富，就越能作出可靠的预测。观察的指标可以多种多样，比如某特定人群夏季一个月中腹泻的发病率，一个月内的胃肠道疾病的住院率等。以夏季胃肠道疾病的门诊量为例，其数据搜集可以按天，也可以按周、月或者按季度搜集，然后进行分析。

（一）时间序列数据的相关性

时间序列数据下一时点的数据与上一时点的数据通常是高度相关的。随着外延时间跨度的增加，这种相关性随之减弱。

正是因为这种邻近时段数据的高度相关性，我们才可以利用现有的数据来预测将来的情况。这是利用时间序列模型进行统计预测的基本出发点。

（二）时间序列数据的变异性

时间序列数据中通常隐藏四个来源的变异：趋势变化（trend）、周期性变化（the cyclical variation）、季节性变化（the seasonal variation）以及不规则的变化（the irregular variation）。

1. 趋势变化

当时间序列数据积累到一定程度后，经常就可以看到其中的时间趋势变化。某一些时间序列数据其长期变化趋势可能是持续上扬（upward），另一些数据可能显示持续性地下降（downward），还要的可能保持基本稳定（stay the same over time）。图 17-1 显示的是 2005~2014 年中国 GDP 的变化。在这十年中，中国的 GDP 从 19300 亿美元升至 92400 亿美元，呈稳定增长趋势。

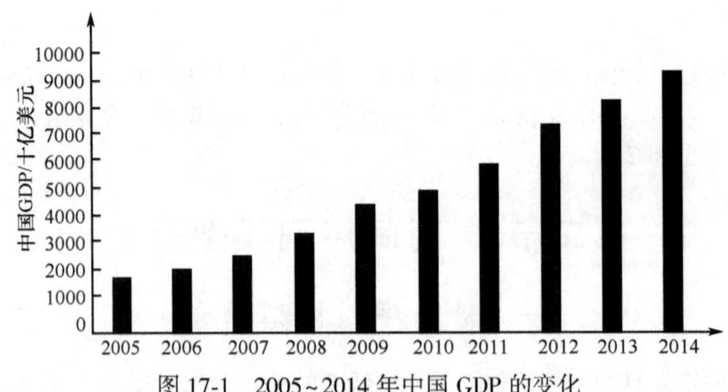

图 17-1　2005~2014 年中国 GDP 的变化

数据来源：http://www.tradingeconomics.com/china/gdp(accessed 10/24/2014)

图 17-2 显示的是中国自 1975 年以来胃肠道传染病病例数（×10 万）的变化趋势。从这张图可以看出，中国的胃肠道传染病病例数自 20 世纪 70 年代中期以来呈稳定下降趋势。

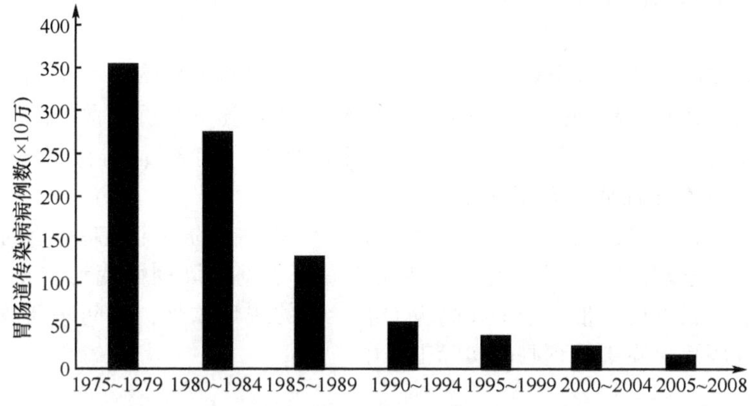

图 17-2　1975 年以来中国胃肠道传染病病例数(x10 万)的变化趋势

数据来源：http://www.plosone.org/article/info%3Adoi%2F10.1371%2Fjournal.pone.0031076(accessed 10/24/2014)

图 17-3 显示的是近三十年来胃肠道传染病病死率(%)。从图中可以看出自 20 世纪 90 年代以来，病死率虽然仍在下降，但已基本保持稳定。

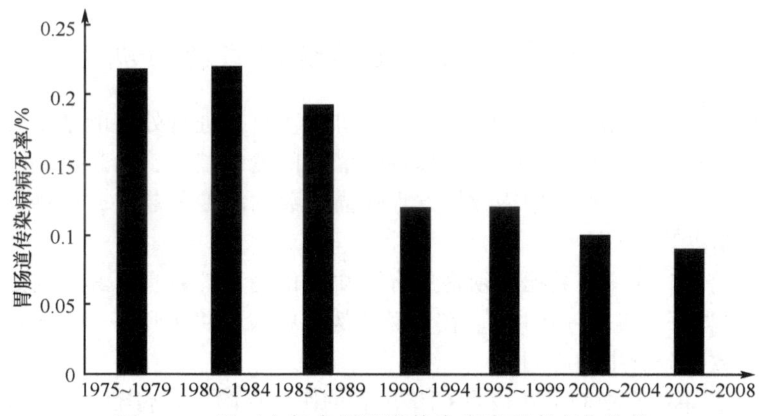

图 17-3　近三十年来胃肠道传染病病死率变化趋势

数据来源：http://www.plosone.org/article/info%3Adoi%2F10.1371%2Fjournal.pone.0031076(accessed 10/24/2014)

2. 周期性变化

很多日常现象都呈现出周期性的变化，比如购买医疗保险的人一般在年底或年初较多，这种现象以一年为周期，周而复始。

3. 季节性变化

季节性变化亦称为季节变动(seasonal pattern)。这种季节波动可能由多种因素造成的，常见的有：

1）天气的周期性变动，即季节的周期往复；

2）体温在 24 小时内的变动，或居民用电在 24 小时内的变化；

3）工作或学习效率在一周内的变化。

在时间序列数据分析中，这种季节性的变化经常只是对正常变化的干扰(nuisance)。它经常会干扰对潜在趋势的研究。比较突出的一个例子是某些上呼吸道感染的发生率，它受季节因素，或更准确地说是受气温的影响很大。因此在时间序列数据分析中经常要对这种季节性变化作出调整，以便发现隐藏在这种季节性变化之后的真实的上呼吸道感染年发生率的变化趋势，并最终对在未来几年内因上呼吸道感染而需要支付的医疗保险赔付作出正确的预测。

4. 不规则变化

时间序列的不规则变化可以分解成两个部分。一是受偶然事件影响引起的变化，这类变化一般很难预测，但通常比较容易识别。常见的这类偶然事件有气温严重异常(偏高或偏低)，突发性传染病流行以及地震等；二是存在于数据中的随机变化，有时人们将其称为数据中的噪声(noise)。噪声实际存在于任何时间序列数据之中。

时间序列数据分析的目的在于从大量现有数据中发现潜在的规律和趋势。时间序列模型包含了一些较为复杂的数学理论，尤其是我们还必须考虑到数据的周期性变动和其他一些随机变化。随着计算机技术的迅猛发展，借助于一些高级的或专用的统计软件，时间序列数据分析已日趋为人们接受并应用到医疗保险统计预测的实际工作中。

第三节　时间序列数据分析介绍

在多数情况下人们都会以拟合直线回归模型作为时间序列数据初步分析的首选方法。本节就通过这一方法来介绍时间序列数据分析的基本概念。由于本书第十章提供了详尽的拟合直线回归模型的介绍，因此本章将主要介绍其他时间序列统计预测分析的常用方法。

一、具有线性变化趋势的数据分析

移动平均法(the moving average method)是对时间序列数据进行处理的基本方法之一，它不仅可以对时间序列数据作平滑处理(smoothing)以探索潜在的变化趋势，而且可以大致描述数据中隐藏的季节性变化。相对于直线回归中用数学方程式描述数据的变化趋势，这种移动平均法仅是对时间序列数据作平滑处理。

移动平均法适用的时间序列数据必须是具有线性变化趋势的数据，其变化必须具有一定的周期性或称重复性(例如每三年为一周期)。在下面的例子中我们将采用一个模拟的数据来介绍移动平均法在时间序列数据分析中的应用。

表 17-1 提供了某单位在 2000~2012 年门诊患者的医疗保险的赔付额。在计算三年移动平均值时第一步是计算出第一个三年期的合计，也就是将 2000 年、2001 年和 2002 年的数据相加得到合计为 88560 元。将这一合计值除以 3 即可得到这三年的平均值：88560 / 3 = 29520 元(计算过程中所有小数均已四舍五入，下同)。将这两个计算值分别放入这一个三年期的中间一年，即 2001 年(表 17-1)。按同样的方法即可计算出 2002~2011 年的三年移动平均值。

表 17-1　三年移动平均法计算门诊患者医疗保险赔付额

年度	门诊患者医疗保险赔付额/元	3 年总和	3 年平均
2000	28560	—	—
2001	28895	88560	29520
2002	31105	90555	30185
2003	30555	95905	31968
2004	34245	100135	33378
2005	35335	106785	35595
2006	37205	109265	36422
2007	36725	114110	38037

续表

年度	门诊患者医疗保险赔付额/元	3 年总和	3 年平均
2008	40180	117820	39273
2009	40915	127740	42580
2010	46645	136040	45347
2011	48480	141978	47326
2012	46853	—	—

除了计算三年移动平均法之外，常用的还有五年移动平均法和七年移动平均法等，但一般不用偶数年的移动平均法，比如二年、四年或六年移动平均等。

在使用移动平均法时需要注意数据的时间跨度。如果数据是以季度为时间单位搜集的，通常应该计算每个季度的移动平均值。如果数据是以一周内每天为时间单位，则通常要计算每天的移动平均值。例如要观察第一年十一月至来年二月间某医院上呼吸道感染的门诊患者数的变化趋势，就要分别计算出周一、周二至周五每天的移动平均值。这是因为人们在周一至周五的集居性不同于周末，从周一到周五，人们在白天主要与同事或同学在一起，而周末则与家人在一起。因此最好分别计算在这一观察期内周一至周日每天的三周移动平均值。如果周一和周二的门诊患者数较多，表明家庭可能是主要的传染途径，相反如果是周三至周六的门诊患者数较多，则可能反映工作场所或学校是主要的传染源。

二、季节性变化的分析方法

许多时间序列数据中都隐藏着季节性变化，例如饮料销售、汽车销售、住宅建设。在医疗保险领域，最突出的例子包括夏季的急性胃肠道疾病和冬春季的上呼吸道感染。

（一）季度指数

季度指数(seasonal index)是一个总称。分析资料的具体时间单位不同其名称不同，如时间单位为周时可称为每周指数，时间单位为月份时则可称为月度指数等。在医疗保险行业，会计一般会在月底作月度结算，因此就需要 12 个月份的指数来代表一年中每个月的变化情况，这些指数就是月份指数或月度指数。

季度指数是一个百分数，以全年平均为基础，将每个季度的实际数除以全年平均值。如果这一百分数高于 100，则说明这个季度的实际数高于全年平均，相反如果这一百分数低于 100，则表明本季度的实际数低于全年平均。

表 17-2 显示的是某一单位历年来每季度医疗保险处方药的赔付额，最后一列给出的是季度指数。2000 年的季度指数表明前 3 季度赔付的处方药小于全年平均，尤其是第一季度，而第四季度则大大高于全年平均，达 139%。2002 年和 2003 年的情况有所不同。表中数据显示第一和第二季度仍低于全年平均，但第三季度和第四季度都高于全年平均。到 2012 年，仍是第一季度的医疗保险处方药赔付额低于全年平均(94%)，第二和第三季度都高于全年平均，第四季度则与全年平均持平。

表 17-2　医疗保险处方药赔付额(元)的月份指数

年份/季度	医疗保险处方药赔付额/元	年度按季度平均	季度指数/%
2000Q1	7430		74
2000Q2	9575		95
2000Q3	9220		92
2000Q4	14040	10066	139
2001Q1	6435		65
2001Q2	9305		94
2001Q3	10170		103
2001Q4	13695	9901	138
2002Q1	8280		76
2002Q2	9590		88
2002Q3	11325		104
2002Q4	14510	10926	133
2003Q1	8455		77
2003Q2	10165		92
2003Q3	10705		97
2003Q4	14660	10996	133
2004Q1	9235		79
2004Q2	10785		93
2004Q3	11590		100
2004Q4	14870	11620	128
2005Q1	9885		80
2005Q2	11640		94
2005Q3	12395		100
2005Q4	15495	12354	125
2006Q1	10705		83
2006Q2	11495		89
2006Q3	13030		100
2006Q4	16650	12970	128
2007Q1	11450		90
2007Q2	12495		98
2007Q3	12620		99
2007Q4	14435	12750	113
2008Q1	10035		77
2008Q2	11650		89
2008Q3	11920		92
2008Q4	18480	13021	142
2009Q1	10785		82

续表

年份/季度	医疗保险处方药赔付额/元	年度按季度平均	季度指数/%
2009Q2	12645		96
2009Q3	11975		91
2009Q4	17235	13160	131
2010Q1	12495		88
2010Q2	12495		88
2010Q3	12520		88
2010Q4	19170	14170	135
2011Q1	11230		83
2011Q2	12690		94
2011Q3	13520		100
2011Q4	16605	13511	123
2012Q1	12165		94
2012Q2	13365		103
2012Q3	13235		102
2012Q4	12922	12922	100

（二）移动平均比率法

1. 移动平均比率法概述

在时间序列数据分析中最常用的分析季节变化的方法称为移动平均比率法(the ratio-to-moving-average method)。该方法能去除时间序列数据中潜在的趋势变化、周期性变化和不规则变化，有较广的应用范围。

下面将仍然用表 17-2 中的数据来介绍这种方法。表 17-2 中的数据显示的是 2000~2012 年各季度医疗保险处方药赔付额，从中可以看到几乎在每一年里都是第四季度的赔付额最高，第一季度的赔付额最低。此外，赔付额也在逐年上升。比如 2000 年第四季度的赔付额是 14040 元，2001 年第四季度略有下降，但 2002 年第四季度上升至 14510，这种趋势持续至 2010 年，该年度第四季度的赔付额达到 19170 元，是 2000 年第四季度的 137%。图 17-4 显示了这 13 年间各季度医疗保险处方药赔付额的总体上升趋势。

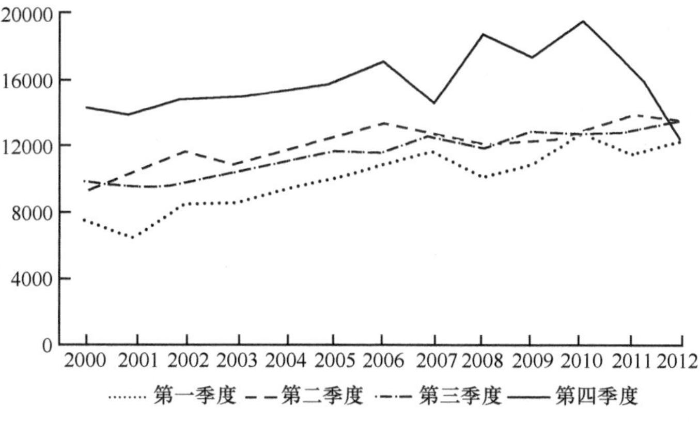

图 17-4　2000~2012 年各季度医疗保险处方药赔付额(元)

2. 移动平均比率法步骤

1）确定每四个季度的移动合计。2000 年是该时间序列数据的起始年，所以就将所有该年度四个季度的数据相加并将合计值放在第二和第三季度之间。然后将 2000 年第二至第四季度和 2001 年第一季度的数据合计获得第二个合计值，同样地放在这四个季度的中间位置，即 2000 年第三和第四季度之间。类推，重复这一运算过程直至获得最后一个合计值并将其放在 2012 年第二和第三季度之间。

2）将每一个四个季度的移动合计值除以 4 即可计算出四个季度的移动均数。表 17-3 中第一个四个季度合计值为 40265 元，将其除以 4 即得移动平均值 10066 元。

3）将相邻两个移动均数相加和除以 2 即得移动均数的中位数。表 17-3 中第一和第二个移动均数分别为 10066 元和 9818 元，相加后除以 2 即得 9942 元。由于这一中值来源于相邻的两个移动均数，所以将这个中位数放在这两个相邻移动均数的中间。这正好是原始数据的位置。

4）第四步就是计算移动平均比率法季度指数。方法是将表 17-3 中第二列的医疗保险处方药赔付额(元)原始数据除以移动平均值的中位数。以 2000 年第三季度为例，将 9220 元除以 9942 即得 0. 927。

5）从表 17-3 最后一列的移动平均比率法季度指数可以看出，历年第三季度的指数分别是 0. 927，1. 004，1. 034，0. 965 等。为了分析历年相同季度的指数变化，可以将表 17-3 最后一列的数据重新排列组合。表 17-4 显示的就是重组后的数据。

表 17-3　医疗保险处方药赔付额的移动平均比率法季度指数计算

年份/季度	医疗保险处方药赔付额/元	四个季度合计	四个季度移动均数	移动平均值的中位数	移动平均比率法季度指数
2000Q1	7430				
2000Q2	9575				
		40265	10066		
2000Q3	9220			9942	0. 927
		39270	9818		
2000Q4	14040			9784	1. 435
		39000	9750		
2001Q1	6435			9869	0. 652
		39950	9988		
2001Q2	9305			9944	0. 936
		39605	9901		
2001Q3	10170			10132	1. 004
		41450	10363		
2001Q4	13695			10398	1. 317
		41735	10434		
2002Q1	8280			10578	0. 783
		42890	10723		
2002Q2	9590			10824	0. 886
		43705	10926		

续表

年份/季度	医疗保险处方药赔付额/元	四个季度合计	四个季度移动均数	移动平均值的中位数	移动平均比率法季度指数
2002Q3	11325			10948	1.034
		43880	10970		
2002Q4	14510			11042	1.314
		44455	11114		
2003Q1	8455			11036	0.766
		43835	10959		
2003Q2	10165			10978	0.926
		43985	10996		
2003Q3	10705			11094	0.965
		44765	11191		
2003Q4	14660			11269	1.301
		45385	11346		
2004Q1	9235			11457	0.806
		46270	11568		
2004Q2	10785			11594	0.930
		46480	11620		
2004Q3	11590			11701	0.990
		47130	11783		
2004Q4	14870			11889	1.251
		47985	11996		
2005Q1	9885			12097	0.817
		48790	12198		
2005Q2	11640			12276	0.948
		49415	12354		
2005Q3	12395			12456	0.995
		50235	12559		
2005Q4	15495			12541	1.236
		50090	12523		
2006Q1	10705			12602	0.849
		50725	12681		
2006Q2	11495			12826	0.896
		51880	12970		
2006Q3	13030			13063	0.997
		52625	13156		
2006Q4	16650			13281	1.254

续表

年份/季度	医疗保险处方药赔付额/元	四个季度合计	四个季度移动均数	移动平均值的中位数	移动平均比率法季度指数
		53625	13406		
2007Q1	11450			13355	0.857
		53215	13304		
2007Q2	12495			13027	0.959
		51000	12750		
2007Q3	12620			12573	1.004
		49585	12396		
2007Q4	14435			12291	1.174
		48740	12185		
2008Q1	10035			12098	0.830
		48040	12010		
2008Q2	11650			12516	0.931
		52085	13021		
2008Q3	11920			13115	0.909
		52835	13209		
2008Q4	18480			13333	1.386
		53830	13458		
2009Q1	10785			13464	0.801
		53885	13471		
2009Q2	12645			13316	0.950
		52640	13160		
2009Q3	11975			13374	0.895
		54350	13588		
2009Q4	17235			13569	1.270
		54200	13550		
2010Q1	12495			13618	0.918
		54745	13686		
2010Q2	12495			13928	0.897
		56680	14170		
2010Q3	12520			14012	0.894
		55415	13854		
2010Q4	19170			13878	1.381
		55610	13903		
2011Q1	11230			14028	0.801
		56610	14153		
2011Q2	12690			13832	0.917

续表

年份/季度	医疗保险处方药赔付额/元	四个季度合计	四个季度移动均数	移动平均值的中位数	移动平均比率法季度指数
		54045	13511		
2011Q3	13520			13628	0.992
		54980	13745		
2011Q4	16605			13829	1.201
		55655	13914		
2012Q1	12165			13878	0.877
		55370	13843		
2012Q2	13365			13382	0.999
		51687	12922		
2012Q3	13235				
2012Q4	12922				

6）将表17-4中各个季度的均数(0.813，0.931，0.971 和 1.281)相加应该很接近4，实际计算值是3.996。这中间的差异是由于计算过程中四舍五入造成的。因此必须引进一个校正系数(correction factor，CF)：

$$CF=\frac{4.000}{3.996}=1.001$$

表 17-4　医疗保险处方药赔付额的移动平均比率法季度指数分析

年份	医疗保险处方药赔付额/元				合计
	第一季度	第二季度	第三季度	第四季度	
2000			0.927	1.435	
2001	0.652	0.936	1.004	1.317	
2002	0.783	0.886	1.034	1.314	
2003	0.766	0.926	0.965	1.301	
2004	0.806	0.93	0.99	1.251	
2005	0.817	0.948	0.995	1.236	
2006	0.849	0.896	0.997	1.254	
2007	0.857	0.959	1.004	1.174	
2008	0.830	0.931	0.909	1.386	
2009	0.801	0.950	0.895	1.270	
2010	0.918	0.897	0.894	1.381	
2011	0.801	0.917	0.992	1.201	
2012	0.877	0.999			
合计	9.756	11.175	10.679	14.086	
均数($\bar{x}$)	0.813	0.931	0.971	1.281	3.996
校正后的指数*	0.814	0.932	0.972	1.282	4.000
校正后的指数/%	81.4	93.2	97.2	128.2	

* 校正后的指数 = $\bar{x}\times CF$

7）表 17-4 最后一行显示的就是经校正后的移动平均比率法季度指数再乘以 100 后的结果。从这一指数来看，2000~2012 年，每年的前三季度的医疗保险处方药赔付额都低于各季度的评价，其中第一季度最低，第二季度稍高，第三季度再高，而第四季度则大大高于各季度平均，达到季度平均的 128.2%。

三、数据的去季节化

季度指数或月份指数在分析时间序列数据中隐藏的季节性变化非常有用。原始数据经过季度指数调整后就可以进一步研究该数据中潜在的长期变化趋势和周期性变化。

仍用上述医疗保险处方药赔付额（元）的数据来介绍去季节化（deseasonalize）过程。表 17-5 中第一和第二列分别是年度/季度和原始的医疗保险处方药赔付额（元）。第三列是计算所得的移动平均比率法季度指数（%）。将第二列的原始医疗保险处方药赔付额（元）除以第三列移动平均比率法季度指数（%）再乘以 100 即得去季节化后的医疗保险处方药赔付额（元）。

表 17-5　医疗保险处方药赔付额的去季节化分析

年份/季度	医疗保险处方药赔付额/元	移动平均比率法季度指数/%	去季节化后的医疗保险处方药赔付额/元
2000Q1	7430	81.4	9128
2000Q2	9575	93.2	10274
2000Q3	9220	97.2	9486
2000Q4	14040	128.2	10952
2001Q1	6435	81.4	7905
2001Q2	9305	93.2	9984
2001Q3	10170	97.2	10463
2001Q4	13695	128.2	10683
2002Q1	8280	81.4	10172
2002Q2	9590	93.2	10290
2002Q3	11325	97.2	11651
2002Q4	14510	128.2	11318
2003Q1	8455	81.4	10387
2003Q2	10165	93.2	10907
2003Q3	10705	97.2	11013
2003Q4	14660	128.2	11435
2004Q1	9235	81.4	11345
2004Q2	10785	93.2	11572
2004Q3	11590	97.2	11924
2004Q4	14870	128.2	11599
2005Q1	9885	81.4	12144
2005Q2	11640	93.2	12489
2005Q3	12395	97.2	12752
2005Q4	15495	128.2	12087

续表

年份/季度	医疗保险处方药赔付额/元	移动平均比率法季度指数/%	去季节化后的医疗保险处方药赔付额/元
2006Q1	10705	81.4	13151
2006Q2	11495	93.2	12334
2006Q3	13030	97.2	13405
2006Q4	16650	128.2	12988
2007Q1	11450	81.4	14066
2007Q2	12495	93.2	13407
2007Q3	12620	97.2	12984
2007Q4	14435	128.2	11260
2008Q1	10035	81.4	12328
2008Q2	11650	93.2	12500
2008Q3	11920	97.2	12263
2008Q4	18480	128.2	14415
2009Q1	10785	81.4	13249
2009Q2	12645	93.2	13568
2009Q3	11975	97.2	12320
2009Q4	17235	128.2	13444
2010Q1	12495	81.4	15350
2010Q2	12495	93.2	13407
2010Q3	12520	97.2	12881
2010Q4	19170	128.2	14953
2011Q1	11230	81.4	13796
2011Q2	12690	93.2	13616
2011Q3	13520	97.2	13909
2011Q4	16605	128.2	12952
2012Q1	12165	81.4	14945
2012Q2	13365	93.2	14340
2012Q3	13235	97.2	13616
2012Q4	12922	128.2	10079

因为季节性的变化已经被去除，所以表 17-5 第四列的去季节化后的医疗保险处方药赔付额(元)可以被认为反映了医疗保险处方药赔付额(元)的真实变化趋势，包括真实的趋势变化，周期性变化和不规则变化。

图 17-5 显示了实际的医疗保险处方药赔付额(元)和经去季节化后的医疗保险处方药赔付额(元)的变化趋势。数据经去季节化后，实际上去除了很多的干扰，将有助于我们进行长期趋势分析。

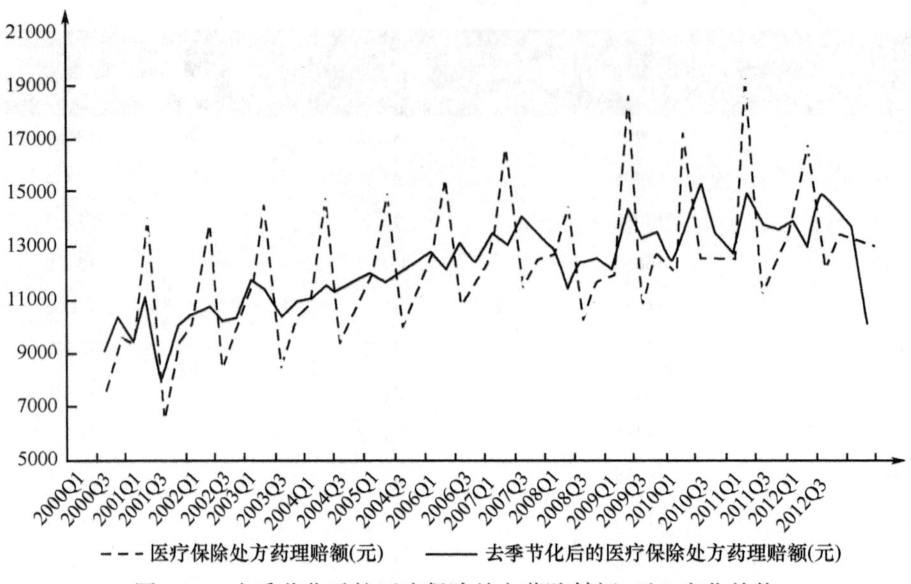

图 17-5 去季节化后的医疗保险处方药赔付额(元)变化趋势

四、预测模型的建立

利用去季节化后的历史数据，人们常用线性回归模型进行统计预测。本书第十章已经介绍了线性回归模型，其基本形式为

$$\hat{Y} = a + bt \tag{17-1}$$

注意在这一线性回归模型中自变量 X 为时间变量 t 所代替。

根据去季节化后的医疗保险处方药赔付额(元)获得了以下线性回归方程：

$$\hat{Y} = 9950 + 84t$$

该方程的回归系数为 84，说明自 2000 年第一季度至 2012 年第四季度，去季节化后的医疗保险处方药赔付额(元)在基线水平 9950 元的基础上平均每季度上涨 84 元。

表 17-6 医疗保险处方药赔付额的预测分析

年份/季度	时点(t)	医疗保险处方药赔付额/元	去季节化后的医疗保险处方药赔付额/元	预测值*/元	预测误差
2000Q1	1	7430	9128	10034	906
2000Q2	2	9575	10274	10118	-156
2000Q3	3	9220	9486	10202	716
2000Q4	4	14040	10952	10286	-666
2001Q1	5	6435	7905	10370	2465
2001Q2	6	9305	9984	10454	470
2001Q3	7	10170	10463	10538	75
2001Q4	8	13695	10683	10622	-61
2002Q1	9	8280	10172	10706	534

续表

年份/季度	时点(t)	医疗保险处方药赔付额/元	去季节化后的医疗保险处方药赔付额/元	预测值*/元	预测误差
2002Q2	10	9590	10290	10790	500
2002Q3	11	11325	11651	10874	-777
2002Q4	12	14510	11318	10958	-360
2003Q1	13	8455	10387	11042	655
2003Q2	14	10165	10907	11126	219
2003Q3	15	10705	11013	11210	197
2003Q4	16	14660	11435	11294	-141
2004Q1	17	9235	11345	11378	33
2004Q2	18	10785	11572	11462	-110
2004Q3	19	11590	11924	11546	-378
2004Q4	20	14870	11599	11630	31
2005Q1	21	9885	12144	11714	-430
2005Q2	22	11640	12489	11798	-691
2005Q3	23	12395	12752	11882	-870
2005Q4	24	15495	12087	11966	-121
2006Q1	25	10705	13151	12050	-1101
2006Q2	26	11495	12334	12134	-200
2006Q3	27	13030	13405	12218	-1187
2006Q4	28	16650	12988	12302	-686
2007Q1	29	11450	14066	12386	-1680
2007Q2	30	12495	13407	12470	-937
2007Q3	31	12620	12984	12554	-430
2007Q4	32	14435	11260	12638	1378
2008Q1	33	10035	12328	12722	394
2008Q2	34	11650	12500	12806	306
2008Q3	35	11920	12263	12890	627
2008Q4	36	18480	14415	12974	-1441
2009Q1	37	10785	13249	13058	-191
2009Q2	38	12645	13568	13142	-426
2009Q3	39	11975	12320	13226	906
2009Q4	40	17235	13444	13310	-134
2010Q1	41	12495	15350	13394	-1956
2010Q2	42	12495	13407	13478	71
2010Q3	43	12520	12881	13562	681
2010Q4	44	19170	14953	13646	-1307
2011Q1	45	11230	13796	13730	-66

续表

年份/季度	时点(t)	医疗保险处方药赔付额/元	去季节化后的医疗保险处方药赔付额/元	预测值*/元	预测误差
2011Q2	46	12690	13616	13814	198
2011Q3	47	13520	13909	13898	-11
2011Q4	48	16605	12952	13982	1030
2012Q1	49	12165	14945	14066	-879
2012Q2	50	13365	14340	14150	-190
2012Q3	51	13235	13616	14234	618
2012Q4	52	12922	10079	14318	4239
平均误差**					670

* 预测值(元) = 9950 + 84t

** 平均误差 = 预测误差绝对值的均数

表 17-6 的最后一行显示的是平均误差。它是将表中最后一列预测误差取绝对值后进行算术平均所得。这一分析显示平均误差仅为 670 元，约为 2000 年第一季度至 2012 年第四季度所有医疗保险处方药赔付额(表中第三列)平均数(12182 元)的 5.5%。可以认为，该预测精度完全可以满足对季度数据进行预测的需要。

第四节 鲍克斯-詹金斯模型

自回归移动平均模型(auto-regressive and moving average model)，由两位统计学家 George Box 和 Gwilym Jenkins 于 1970 年提出。根据其自回归系列数(the number of auto-regression terms，通常用 p 代表)，随机系列数(the number of random or white noise terms，常以 d 代表)以及移动平均系列数(the number of moving average terms，常以 q 代表)自回归移动平均模型可以分成不同类型。统称为鲍克斯-詹金斯模型(Box-Jenkins Model)。自回归移动平均模型已被广泛地应用于大规模的，存在高度自相关的时间序列数据，分析进行各类经济预测。

Box-Jenkins Mode 分为三类：自回归模型，简称 AR(p)模型；移动平均模型，简称 MA(q)模型；自回归移动平均模型，简称 ARMA(p,q)模型。无论哪一类，其建模过程基本上要经历三个阶段。

1）模型识别(model identification and model selection)：根据给出的时间序列样本，判断序列应属何种模型，其阶数是多少。一般可采用俭省原则，使所选择的模型，系数尽量少且残差平方和最小。

2）参数估计(parameter estimation)：根据识别的模型及其阶数，对模型中的参数进行估计。最常用的参数估计方法有最大似然比法(maximum likelihood estimation)和非线性最小二乘法(non-linear least-squares estimation)。

3）模型检验(model checking)：在上述基础上，应用拟合的结果来检查残差。一个良好的拟合所产生的残差是随机分布的，均数和方差恒定。可通过残差自相关函数进行检验。

一、平稳与非平稳的时间序列

平稳性是时间序列数据分析中最重要的概念，它反映了时间序列数据的主要特点。平稳时间序列数据具有恒定的平均值(mean)和方差(variance)，它们不随时间而变化。不满足这一条件的就是非平稳时间序列数据(图 17-6)。

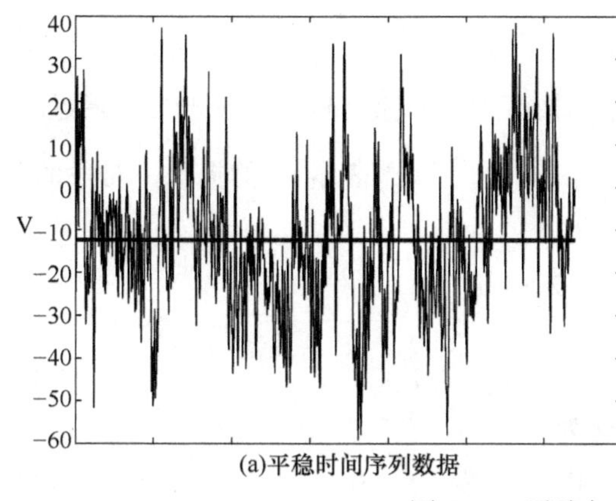

(a)平稳时间序列数据

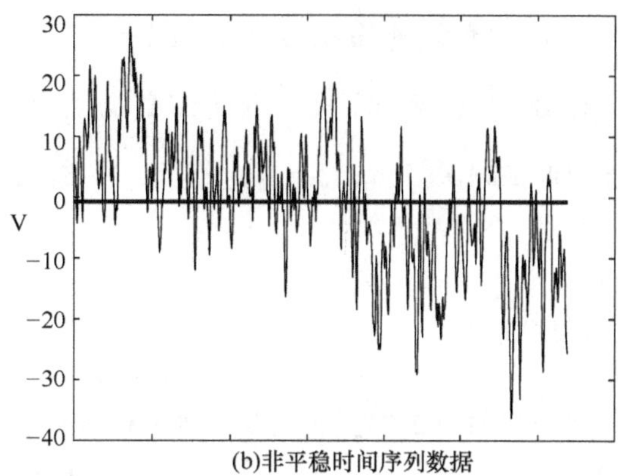

(b)非平稳时间序列数据

图 17-6　平稳与非平稳的时间序列数据

以 x_t 表示时间序列($t=1,2,\cdots,T$)，它可以是平稳序列也可以是非平稳序列；用 z_t 表示一个平稳时间序列($t=1,2,\cdots,T$)，其均数为 μ。

若定义：

$$w_t = z_t - \mu , \qquad t=1,2,\cdots,T,$$

显然，w_t 也是一个平稳序列，其均数等于 0。

二、平 稳 模 型

通常有两种基本的平稳模型：自回归模型(auto-regression model，AR)与移动平均模型(moving-average model，MA)。也可以是两者的组合，称之为混合的自回归/移动平均模型(auto-regression moving-average model，ARMA)。在各种不同模型中用记号 (p，q) 来表示，p 给出了自回归模型中的系数数目，q 是移动平均模型中的系数数目。

(一) 自回归模型 (p，0)

自回归模型 (p，0) 简称为 AR(p)。在自回归模型中，平稳时间序列 w_t 与它最近的 p 项以及未知噪声 a_t 之间是线性关系：

$$w_t = \varphi_1 w_{t-1} + \varphi_2 w_{t-2} + \cdots + \varphi_p w_{t-p} + a_t \tag{17-2}$$

式中 φ_i ($i=1,2,\cdots,p$) 为自回归系数，噪声 a_t 是随机发生的，其均数为零，方差为 σ^2。a_t 是由一些未知的、微小因素对平稳时间序列 w_t 的影响迭加所造成的误差。

最简单、经常碰到为 AR(1,0) 和 AR(2,0) 模型，分别为

$$w_t = \varphi_1 w_{t-1} + a_t \tag{17-3}$$

与

$$w_t = \varphi_1 w_{t-1} + \varphi_2 w_{t-2} + a_t \tag{17-4}$$

为了确保平稳的条件，在 AR(1,0)模型中 φ_1 必须在-1 到 +1 之间取值；对 AR(2,0)模型，相应的取值界限：($-1<\varphi_2<1$)、($\varphi_1+\varphi_2<1$)以及($\varphi_2-\varphi_1<1$)。值得注意的是，由于 $w_t=z_t-\mu$，故建立的模型在实际应用时，应该还原。于是还原后

$$\text{AR}(1,\ 0): z_t = \mu(1-\varphi_1) + \varphi_1 zt_{-1} + a_t$$

$$\text{AR}(2,\ 0): z_t = \mu(1-\varphi_1-\varphi_2) + \varphi_1 z_{t-1} + \varphi_2 z_{t-2} + \alpha_t$$

其更一般的形式：

$$z_t = \varphi_0 + \varphi_1 z_{t-1} + \varphi_2 z_{t-2} + \cdots + \varphi_p z_{t-p} + \alpha_t \tag{17-5}$$

（二）移动平均模型（0，q）

移动平均模型（0，q）简记为MA(q)。在移动平均模型中，平稳时间序列 w_t 与 q 个最近的、提前一时段预测误差(a_{t-1}，a_{t-2}，$\cdots$,a_{t-q})以及即时噪声 α_t 有关。令 $\hat{z}_{t-j}$ 表示 z_{t-j} 的提前一时段的预测值。有

$$\alpha_{t-j}=z_{t-j}-\hat{z}_{t-j}\qquad (j=1,2,\cdots,q)$$

模型成为

$$w_t=-\theta_1\alpha_{t-1}-\theta_2\alpha_{t-2}-\cdots-\theta_q\alpha_{t-q}+\alpha_t \tag{17-6}$$

对于和MA(0,2)两种最常出现的模型，通常表达为

$$w_t=-\theta_1\alpha_{t-1}+\alpha_t \text{ 和 } w_t=-\theta_1\alpha_{t-1}-\theta\alpha_{t-2}+\alpha_t \tag{17-7}$$

模型系数的允许取值区间同式(17-4)。也应注意，由于 $w_t=z_t\text{-}\mu$，故建立的模型在实际应用时，应该还原。于是还原后：

$$\text{MA}(0,1):z_t=\mu-\theta_1\alpha_{t-1}+\alpha_t$$

$$\text{MA}(0,2):z_t=\mu-\theta_1\alpha_{t-1}-\theta_2\alpha_{t-2}+\alpha_t$$

对原始序列，更一般地MA(0,1)表达为

$$z_t=\theta_0+\alpha_t-\theta_1\alpha_{t-1}-\theta_2\alpha_{t-2}-\cdots-\theta\alpha_{t-q} \tag{17-8}$$

（三）自回归移动平均模型（p，q）

自回归移动平均模型（p，q）简记为ARMA(p，q)。该模型中，需求项 w_t 与 p 个最近的项（$w_{t-1},w_{t-2},\cdots,w_{t-p}$）、$q$ 个最近的预测误差（$\alpha_{t-1},\alpha_{t-2},\cdots,\alpha_{t-p}$）以及即时噪声 α_t 有关。

$$w_t=\varphi_1 w_{t-1}+\cdots+\varphi_p w_{t-p}\text{-}\theta_1\alpha_{t-1}-\cdots-\theta_q\alpha_{t-q}+\alpha_t \tag{17-9}$$

对原始时间序列而言（z_t）：

$$z_t=\theta_0+\varphi_1 z_{t-1}+\cdots+\varphi_p z_{t-p}-\theta_1\alpha_{t-1}-\cdots-\theta_q\alpha_{t-q}+\alpha_t \tag{17-10}$$

三、自相关函数

它给出了 $w_1,w_2,\cdots,w_t$ 之间相关程度的一种度量。滞后 k 个时段的自相关是 w_t 和 w_{t-k} 之间的相关。以 ρ_k 表示该自相关函数的理论值(总体)。显然 $k=0$ 时，$\rho_0=1$；而 $k>1$ 时，有 $-1\leqslant\rho_k\leqslant 1$。自相关函数表示在所有 k 值范围内，全部 ρ_k 值的关系。

由于上述各平稳模型中，存在唯一自相关函数，该函数以后用于模型识别，最能代表所研究的时序序列模型。

对于最常用的五种模型，其理论自相关函数分别如下。

$$\text{AR}(1):\rho_k=\varphi_1^k(k\geqslant 1)$$

$$\text{AR}(2):\rho_1=\frac{\varphi_1}{(1\text{-}\varphi_2)},\rho_k=\varphi_1\rho_{k-1}+\varphi_2\rho_{k-2}(k\geqslant 2)$$

$$\text{MA}(1):\rho_1=\frac{-\theta_1}{(1+\theta_1^2)},\rho_k=0\ (k\geqslant 2)$$

$$\text{MA}(2):\rho_1=\frac{-\theta_1(1-\theta_2)}{1+\theta_1^2+\theta_2^2},\rho_2=\frac{-\theta_2}{1+\theta_1^2+\theta_2^2},\rho_k=0\ (k\geqslant 3)$$

$$\text{ARMA}(1,1):\rho_1=\frac{(1-\theta_1\varphi_1)(\varphi_1-\theta_1)}{1+\theta_1^2-2\varphi_1\theta_1},\rho_k=\rho_{k-1}\varphi_1\ (k\geqslant 2)$$

四、差　分

以上模型适用于平稳时间序列。但在实际工作中时间序列数据并非都符合这一要求。对于非平稳时间序列数据，可以用差分技巧将非平稳序列变换到平稳序列来实现对时间序列数据的分析。

差分算子用∇表示。对于需求项 x_t，经过差分：$\nabla x_t = x_t - x_{t-1}$。

同理，再进行一次差分(称为二阶差分)：$\nabla(\nabla x_t) = \nabla x_t - \nabla x_{t-1} = x_t - 2x_{t-1} + x_{t-2}$；

三阶差分：$\nabla(\nabla^2 x_t) = \nabla x_t - 2\nabla x_{t-1} + \nabla x_{t-2} = x_t - 3x_{t-1} + 3x_{t-2} - x_{t-3}$。

类推，把原序列变换到平稳时间序列所需要的差分阶数用 d 表示。因而平稳序列 z_t 与原序列 x_t 间有 $z_t = \nabla^d x_t$ 的关系。

表 17-7 显示的是将原始非平稳时间序列数据(第 1、2 列)变换成平稳序列。

表 17-7　非平稳时间序列数据变换成平稳序列

t	x_t	∇x_t	$\nabla^2 x_t$	t	x_t	∇x_t	$\nabla^2 x_t$
1	8	—	—	7	20	3	1
2	9	1	—	8	25	5	2
3	12	3	2	9	31	6	1
4	11	-1	-4	10	34	3	-3
5	15	4	5	11	37	3	0
6	17	2	-2	12	38	1	-2

本例经过一阶差分后，列于表 17-7 第 3 列，如图 17-8 所示，可见仍不是太理想。再行一次差分(二阶差分)后列于表 17-7 第 4 列，如图 17-9 所示，序列已相当平稳。

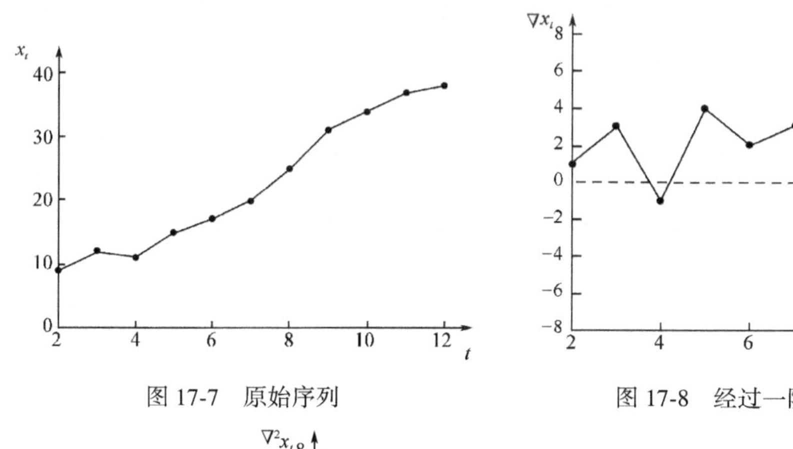

图 17-7　原始序列　　图 17-8　经过一阶差分后的序列

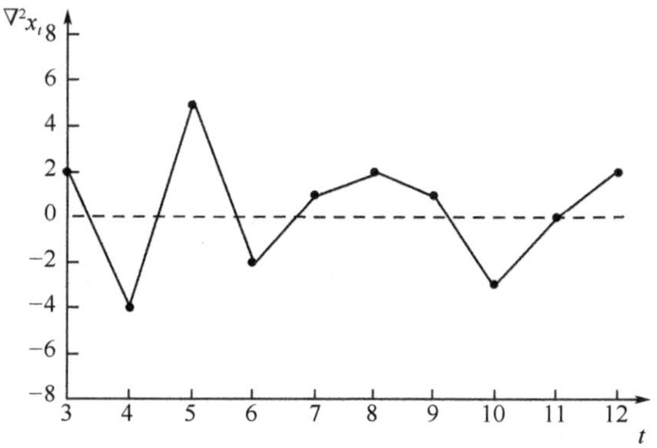

图 17-9　经过二阶差分后，序列曲线变得平稳

五、鲍克斯-詹金斯模型

(一)鲍克斯-詹金斯模型的一般形式

要使鲍克斯-詹金斯模型既适用于平稳时间序列，也适用于非平稳时间序列。模型以 (p,d,q) 表示，即 ARMA(p, d, q) 。

在所有情形下：$z_t = \nabla^d x_t$ ，且 $w_t = z_t - \mu_0$

$$\text{ARMA}(1, d,0): w_t = \varphi_1 w_{t-1} + \alpha_t$$
$$(2, d,0): w_t = \varphi_1 w_{t-1} + \varphi_2 w_{t-2} + \alpha_t$$
$$(0, d,1): w_t = -\theta_1 \alpha_{t-1} + \alpha_t$$
$$(0, d,2): w_t = -\theta_1 \alpha_{t-1} - \theta_2 \alpha_{t-2} + \alpha_t$$
$$(1, d,1): w_t = \varphi_1 w_{t-1} - \theta_1 \alpha_{t-1} + \alpha_t$$

(二) 模型识别

根据给出的时间序列样本，判断序列应属何种模型，其阶数是多少。一般可采用俭省原则，使所选择的模型，系数尽量少且残差平方和最小。对于所考虑的特定序列 $x_1, x_2, \cdots, x_t$ ，模型拟合的首要任务是要确定最能代表此序列的模型。这就要求根据需求的历史分析求出参数 (p,d,q) 的估计值。用于此目的的主要工具是自相关函数。

(三) 参数估计

根据识别的模型及其阶数，用最大似然比法或非线性最小二乘法对模型中的参数 $(\varphi_1, \cdots, \varphi_p; \theta_1, \cdots, \theta_q)$ 进行估计，得到 $(\hat{\varphi}_1, \cdots, \hat{\varphi}_p; \hat{\theta}_1, \cdots, \hat{\theta}_q)$ 。这一过程通常用计算机软件完成。

(四) 模型检验

在上述基础上，应用拟合的结果来检查残差，一个良好的拟合所产生的残差是随机分布的、均数和方差恒定。

检验拟合优度，是利用残差 $e_t = z_t - \hat{z}_t$ 来实现的(式中 $\hat{z}_t$ 是 z_t 的拟合值)。由生成的残差通过残差自相关函数进行检验。

$$r_k = \frac{\sum (e_t - \bar{e})(e_{t-k} - \bar{e})}{\sum (e_t - \bar{e})^2} \tag{17-11}$$

检验自相关函数用 χ^2 检验：

$$\chi^2 = n \sum_1^k r_k^2 , \upsilon = k - (p + q) \tag{17-12}$$

式中 $n = T-(p + q + d)$ 。若 $P > 0.05$，则拟合的方程可以接受。

(五) 预测

在预测之前，首先要做的事情就是将采用 w_t 序列所计算的模型变换成原始时间序列 x_t 的关系式。当然，变换要考虑所取得差分的阶数 d。

若 $d = 0$：$w_t = x_t - \bar{x}_t$ ；$d = 1$：$w_t = x_t - x_{t-1}$ ；$d = 2$：$w_t = x_t - 2x_{t-1} + x_{t-1}$ 。

（六）预测的可信区间

由于时间序列数据分析的特点，在对未来邻近时段进行预测时准确性较高(可信区间较小)。随着预测向着未来逐步延伸时，其可靠性就逐渐变小，相应地可信区间就逐渐变大。用软件同时可以计算未来第 τ 个时段预测值的95%可信区间和99%可信区间。

表17-8所列的是某市1981~1995年居民肺癌死亡率(1/10万)资料，分性别和合计统计。试预测未来五年的趋势。

Box-Jenkins的时间序列模型要求时间序列是平稳时间序列，由于本例资料均为非平稳的，故采用了一级差分后的时间序列来建立ARMA(p,q)模型，称之为ARIMA(p,1,q)模型。

表17-8 利用ARIMA模型预测1996~2000某市肺癌死亡率(1/10万)

年份	男性		女性		合计	
	实际值	拟合值	实际值	拟合值	实际值	拟合值
1981	24.64		12.29		18.74	
1982	30.35		11.5		21.35	
1983	28.63		12.67	12.63	21.01	
1984	27.64		12.75	13.2	20.54	20.92
1985	31.06	30.27	12.35	13.66	22.15	22.6
1986	35.44	33.22	14.93	14.03	25.68	24.56
1987	33.88	32.96	16.37	14.77	25.55	25.29
1988	31.93	32.74	15.84	15.5	24.27	24.36
1989	36.03	35.98	13.81	15.99	25.44	25.83
1990	37.55	39.47	16.92	16.18	27.71	28.3
1991	40.29	39.29	15.2	16.93	28.33	29.18
1992	39.27	39.64	16.89	17.18	28.59	29.16
1993	45.06	41.08	17.35	17.76	31.85	30.25
1994	42.53	42.46	18.28	18.25	30.99	31.89
1995	41.30	43.00	19.92	18.81	31.13	31.06
(预测值)						
1996		47.08		19.51		33.63
1997		48.3		19.98		35.25
1998		48.24		20.51		35.17
1999		48.25		21.04		35.55
2000		51.72		21.57		37.14

表17-9列出了拟合模型的参数估计及模型检验。

表17-9 模型参数估计及模型检验

性别	ARIMA	系数						残差	R^2	P值
	(p, 1, q)	θ_0	θ_1	θ_2	φ_1	φ_2	φ_3	平方和		
男	ARIMA(3,1,2)	1.3456	-0.2634	-0.6659	-0.8863	-0.6889	-0.5998	30.66	0.656	>0.05
女	ARIMA(1,1,1)	0.5334	-0.9136	—	0.0615	—	—	15.24	0.464	>0.05
合计	ARIMA(2,1,1)	0.9379	-0.9777	—	0.0869	-0.6864	—	6.64	0.752	>0.05

作为任何一种预测，误差应小到为人们所接受且有实际意义。本研究所建立的模型，其误差小，拟合效果好(表17-9)，足以为作为有关决策的依据。

由于大多数与模型有关的统计方法都是假设观察数据是独立或不相关的，然而在医学研究、保险研究领域，许多按时间排列的大量观察数据是不独立的或者说在统计上是相关的。因而在过去一些有关的研究中，其结论不甚理想。事实上，这种数据之间的相互依存或相关性恰恰是最重要和最有用的特性。时间序列分析正是分析随时间变化的随机数据序列的一种统计方法。一个国家的 GDP，各种医疗保险数据比如门诊患者医疗保险赔付额(元)和医疗保险处方药赔付额(元)以及肺癌死亡率随时间的变化趋势等正是这样一种数据，所以人们常用时间序列模型来分析这一类数据。

与回归分析模型不同，时间序列模型不是根据与其他变量的因果关系来预测一个变量的未来变化，而是根据被预测变量过去的变化规律来建立模型，然后利用这个模型来预测该变量在未来一段时间内的变化。因此，时间序列模型是一种先进的外推方法。利用时间序列模型不需要知道影响预测变量的因果关系。事实上，引起医疗保险数据变化的因素多种多样且随时间变化不断，故时间序列模型是一个较好的预测模型。

1. 时间序列数据的变异来源有哪些?

2. 在对时间序列数据进行移动平滑处理时，如何确定是用三年还是五年或是七年的移动平滑法?

3. 一保险公司在 2001~2005 年共获得以下医疗保险销售额。

年度	医疗保险销售额/百万元
2001	1.1
2002	1.5
2003	2.0
2004	2.4
2005	3.1

1）分析经对数转换后的趋势(拟合线性回归模型)。

2）请计算这 5 年平均每年的增长率(%)。

3）假设年增长率保持不变，请预测 2008 年的销售额。

4. 某医疗保险公司搜集了一投保单位 2000~2005 年不同季节的医疗保险赔付额数据如下：

年度	季度	医疗保险赔付额/万元	年度	季度	医疗保险赔付额/万元
2000	冬季	6.7	2003	冬季	7.0
	春季	4.6		春季	5.5
	夏季	10.0		夏季	10.8
	秋季	12.7		秋季	15.0
2001	冬季	6.5	2004	冬季	7.1
	春季	4.6		春季	5.7
	夏季	9.8		夏季	11.1
	秋季	13.6		秋季	14.5
2002	冬季	6.9	2005	冬季	8.0
	春季	5.0		春季	6.2
	夏季	10.4		夏季	11.4
	秋季	14.1		秋季	14.9

1）试用移动平均比率法计算季度指数季度指数和去季节化后的医疗保险赔付额(万元)。

2）根据去季节化后的医疗保险赔付额(万元)拟合线性回归方程。

3）试解释所拟合线性回归方程中的各项参数。

5. 平稳与非平稳的时间序列数据有何差异(单选题)?

1）平稳的时间序列数据是指数据不随时间变化而非平稳的时间序列数据是指数据在不断变化。

2）平稳时间序列数据具有恒定的平均值和方差而非平稳的时间序列数据的平均值和方差在变化。

3）平稳时间序列数据具有恒定的平均值而非平稳的时间序列数据的方差保持不变。

6. 有一组以季度为单位的时间序列数据，经计算得知第一，二和三季度的季度指数分别为0.8，-0.9和0.95，请从以下答案中找出正确的第四季度的季度指数：

1）第四季度的季度指数是0。

2）第四季度的季度指数是-0.85.

3）第四季度的季度指数是3.15.

4）第四季度的季度指数一定大于或等于4.

5）数据不全，无法计算第四季度的季度指数。

7. 自回归移动平均模型中 p，d，q 各代表什么含义?

8. 比较线性回归预测和自回归移动平均模型有何异同。在实际工作中应该怎样选择应用?

（林　海　李君荣）

第十八章

统计图表

统计表与统计图是对统计资料进行描述的重要方法，是事物间对比、分析的重要工具。经过对资料分析并计算出各项指标后，常用统计表或统计图来表达分析结果，以其代替冗长的文字叙述，便于分析和对比。因此，统计图表制作合理与否，对统计分析的质量乃至科研论文的质量均有重要影响。本章主要内容主要涉及医疗保险研究中，常出现在科研论文中的统计表与统计图，对其他用途的统计图表，均不在讨论之列。

第一节 统 计 表

一、统计表概述

统计表是统计资料的一种重要表现形式，用线条交错组成的表格，将统计数字资料有机地反映出来，说明现象的数量特征及相互之间的联系。统计表有广义和狭义之分，广义的统计表包括各种计算用表、搜集资料用表、整理资料的汇总表以及科研究论文用表等，狭义统计表则特指科研报告或论文中出现的统计分析用表，本章仅介绍狭义的统计表。

二、统计表的列表原则

统计表的列表原则一是要重点突出，简单明了。即一张表一般只说明一个中心内容，使人一目了然，不要包罗万象；二是要主谓分明，层次清楚，即表格的主辞(被说明的部分)与宾辞(需说明的部分)的位置不要错乱，标目的安排及分组要层次清楚，符合专业逻辑。

三、统计表的结构及列表的基本要求

(一) 统计表的结构

统计表的基本构成包括编号与标题、标目、线条和数字等。其基本形式见表18-1。

表18-1 某市2012年国内生产总值及其构成

项目	国内生产总值/亿元	比重/%
总消费	2774.65	45.9
总投资	2673.61	44.3
净出口	591.75	9.8
合计	6040.00	100.0

(二) 统计表列表的基本要求

1. 标题及编号

统计表的标题是统计表的名称，应概括地说明表的主要内容，必要时注明资料来源的时间和

地点，写在表格上方正中央位置。若有多张统计表，可将其编号，如表1、表2等按序排列，若只有一张表格，则可用附表表示。编号应放在标题前面，与标题同行。

2. 标目

统计表的标目是表格内的项目，文字应简明，若有度量单位必须注明。标目有横标目与纵标目之分。横标目列在表的左侧，说明横行数字的意义，它是表中被研究、被说明的事物，为表的主语；纵标目列在表的上端，说明各纵列数字的意义，横标目常表达被研究事物的各项统计指标，为表的谓语。主语和谓语连贯起来通常能读成一句完整而通顺的话。常见的缺点是标目过多，层次不清。

3. 线条

统计表原则上不用竖线和斜线，采用横线。线条不宜过多，除上面的顶线，下面的底线，以及1~2条分隔线，其余线条一般均省去，这就是很多杂志社稿约中所谓的"三线表"。注意表的左上角不宜有斜线，如一张表中横标目的内容较多时可适当留空(一般为半行)。

4. 数字

统计表内数字一律用阿拉伯字表示，同一指标的小数位数应一致，位次对齐(右对齐)。

5. 备注

表中不能出现文字说明，如需文字说明时，可用" * "等符号标出，并将注释写在统计表底线下面。备注不是必须的，通常可以没有备注。

四、统计表的种类

(一) 统计表按主辞分组

根据横标目的复杂程度，统计表可大致分为简单表和复合表。

1. 简单表

主辞(横标目)不作任何分组，只是将总体标目的名称简单罗列或者将标目按照逻辑顺序排列成的统计表即为简单表，见表18-2。

表 18-2 某市2012年底参加基本医疗保险统计表

区名	人口数/万人	参保率/%
甲区	16.5	98.6
乙区	20.6	97.9
丙区	12.2	98.0

2. 复合表

主辞(横标目)按两个或者两个以上的分组标志进行复合分组的统计表即为复合表,见表18-3。

表 18-3 某保险公司岗位和员工人数统计表

岗位	性别	员工数/人	比重/%
管理类	男性	320	22.86
	女性	280	20.00
营销岗	男性	500	35.71
	女性	300	21.43
合计		1400	100.00

（二）统计表按宾辞分组

1. 宾辞指标的简单设计

宾辞指标(纵标目)的简单设计是指将宾辞的各个指标平行排列设计，见表18-4。

表18-4　某两家保险公司2013年员工的性别和工龄构成

公司	员工人数	性别		工龄/年				
		男	女	<1	1~	3~	5~	10~
甲公司	956	573	383	102	232	145	216	261
乙公司	520	232	288	140	200	77	68	35
合计	1476	805	671	242	412	202	264	276

2. 宾辞指标的复合设计

宾辞指标的复合设计是将宾辞的各个指标结合在一起作重叠设计，这样能够更深入全面地描述研究纵标目的特征。具体采用何种设计形式，应根据研究目的及数据资料的具体情况来决定。在宾辞指标的复合设计中应避免将宾辞指标划分得过多过细，以免统计表显得庞杂混乱，见表18-5。

表18-5　2013年某两家保险公司员工的性别和工龄(年)构成

公司	男			女			合计		
	1~	5~	10~	1~	5~	10~	1~	5~	10~
甲	276	115	182	243	81	59	519	196	241
乙	190	31	11	267	17	4	457	48	15
合计	466	146	193	510	98	63	976	244	256

五、统计表的常见错误

如果不遵守统计表的制作原则和基本要求就会使得统计表条理不清，不便于阅读，影响资料的描述和比较，常见的错误以及解决办法有以下四点。

1）内容繁杂　一张表一般只有一个主题，如果有多个主题就应该把表分开。

2）标题不恰当　标题要能反映表的主要内容，并且要简明扼要，不可冗长。

3）标目安排不合理　标目是表的框架，要层次分明，符合阅读顺畅的原则。

4）数字或线条不规范　相同指标小数位数要求一致，缺失值的填写要规范，不要出现斜线或竖线。

例18-1　指出表18-6的缺陷，并作合理修改。

表18-6　某中药的疗效观察(原表)

效果 / 总例数	有效						无效	
	小计		治愈		好转			
	例	%	例	%	例	%	例	%
100	94	94.0	34	34.0	60	60.0	6	6.0

表 18-6 的目的是表达某中药治疗胃溃疡的疗效，所以存在标题不明确的情况，表格从左至右阅读不顺畅是由于标目设计不合理导致，此外，表格中出现了竖线和斜线，也不符合制表原则。表 18-7 对这些错误作了修改。

表 18-7 某年某医院某中药治疗胃溃疡疗效观察(修改表)

疗效	病例数	构成比/%
治愈	34	34.0
好转	60	60.0
无效	6	6.0
合计	100	100.0

六、注意事项

统计表要能够清楚地反映客观现象总体的数量特征，便于分析运用，因此，在编制统计表的过程中，应注意以下七点。

1）重点突出，简单明了。即一张表一般只包括一个中心内容，使人一目了然，不要包罗万象。

2）统计表的标题设计应简明、准确，防止文字累赘及意义上的含糊不清。标题应注明资料来源的时间和地点，写在表格上方正中央位置。有序号时，序号应放在标题前面，与标题同行。当论文中仅有一张表格时，可写成“附表”，多张表格可写成表 1、表 2 等。

3）统计表主辞和宾辞的排列顺序要反映出内容上的逻辑关系，避免混乱无序，层次不清。

4）统计表的数字填写，应注意对位整齐，字迹要清晰端正。表内数字一律用阿拉伯字表示，相同数字不允许用“同上”“同左”字样表示，原数照填。表内不宜留空格，无数字用“－”表示，数字若是“0”，则填明“0”，暂缺或未记录或无法计算可用“…”表示。

5）填写统计资料，要注明计量单位。当全表只有一种计量单位时，可以把它写在表头的右上方。

6）统计表的上端和下端，应用粗线绘制，表中线一律用细线绘制，表的左、右两端习惯上不画线，采用开口式。

7）备注一般不列入表内，必要时可用“＊、＊＊、#、△”标注(上标)，并在表的下方注释,一张统计表的备注不宜太多。

第二节 统 计 图

一、统计图绘制的基本要求

统计图(statistical chart)是用点、线、面或立体图形等形式直观地表达统计资料的数值大小、分布情况、发展变化趋势或相互关系，便于读者比较、理解和记忆，易留下明晰和深刻的印象。由于统计图对数量关系的表达较粗略，不便于做深入细致的分析，需要时结合相应的统计表使用。医疗保险工作中常见的统计图条形图、直方图、饼图、环形图、线图、箱线图、散点图、雷达图等。不管是哪种统计图，其绘制的基本要求有：

①根据资料性质和分析目的选择适合的图形。

②要有确切的标题和编号。标题要简明、扼要地说明该图要表达的中心内容，必要时注明资料

来源的时间、地点。多张图可用图1、图2等序号，当文中仅有一张图可写成“附图”。应注意的是，标题及序号应写在图的下方正中央的位置。

③以纵横轴为坐标绘制的图形，一般都只取第一象限为作图区，两轴的交点为起点，纵横两轴应有刻度、数量单位和标目，横轴尺度自左而右，纵轴尺度自下而上，数量一律从小到大，等距标明，纵横两轴的比例一般以5∶7为宜。直方图和条图纵坐标从0开始，标明0点。

④在同一图内比较两种以上的事物时，可用不同的线条、图标、图案或颜色表示，并附图例说明。图例的位置一般在图的下方、右方或图区的空白处，位置要与图体协调。

二、常用统计图及其绘制方法

（一）条形图

条形图(bar graph)是用等宽直条的长短来表示相互独立事物的数值大小，有单式条图(图18-1)和复式条图(图18-2)等。

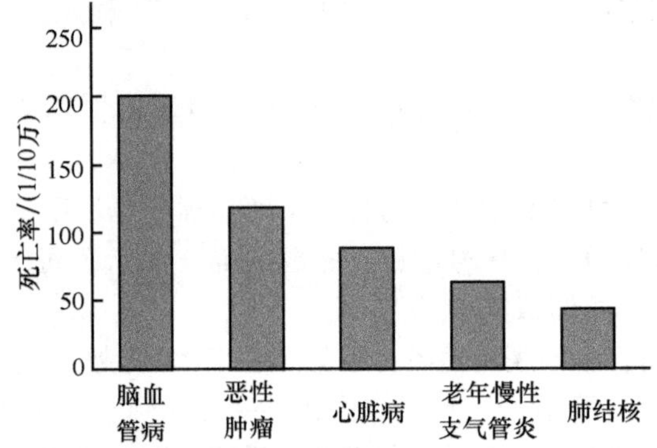

图18-1　某地年某地几种主要疾病死亡率

图18-2　某地1952年与1992年三种疾病死亡率

条图绘制步骤：

1）先绘制坐标轴，横轴为各个指标，纵轴是指标的数值大小，纵轴必须从0开始。

2）在横轴上画出等宽的直条，直条高度与指标的数值大小要相等，直条之间保持相同间距。

3）复式条图要注意用不同颜色或纹理加以区分，并附上图例。

此外，尚有一种条图，称为误差条图(err-bar graph)，形如图18-3所示，在有重复测量的医学研究中应用日益广泛。图中直条的高度代表均数，“天线”代表标准差或标准误；当直条代表率时，“天线”则代表率的标准误。在用直条表示均数的基础上，同时附上标准差的范围，以反映每组数据的离散情况。

表18-8　三种营养素喂养小鼠三周的体重均数与标准差　（单位：g）

营养素	均数	标准差
A	32.64	5.05
B	51.18	5.42
C	65.57	6.23

将表18-8的数据绘制成误差条图，如图18-3所示。

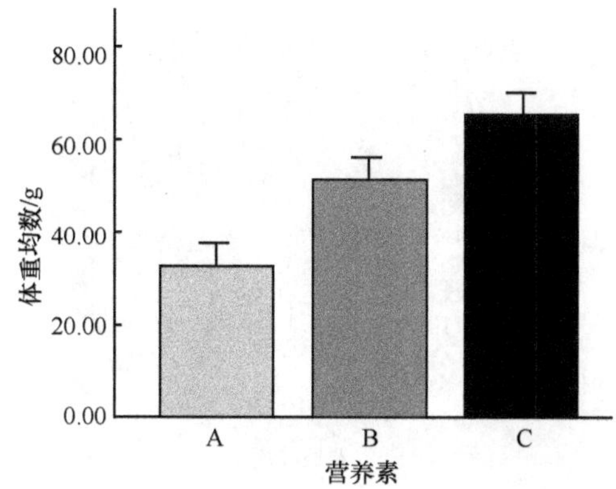

图 18-3　三种营养素下小鼠体重的误差条图

（二）直方图

直方图(histogram)是用矩形的宽度和高度来表示频数分布的图形。在平面直角坐标中，横轴表示数据分组，纵轴表示次数或频率，这样，各组与相应的频数就形成了一个矩形，即直方图。通过直方图可以观察数据分布的大体形状，如分布是否对称等。

注意：直方图与条形图不同。首先，条形图中的每一矩形表示一个类别，其宽度没有意义，而直方图的宽度则表示各组的组距。其次，由于分组数据具有连续性，直方图的各矩形通常是连续排列，而条形图则是分开排列。最后，条形图主要用于绘制相互独立的组别间数据的图示，而直方图主要用于绘制定量数据(连续性资料)频数分布的图示。

（三）圆图

圆图常用来表示事物内部各部分的构成比，对于研究结构性问题十分有用。圆图的绘制步骤如下：

1）绘制一圆。圆的整个 360 度算为 100%，每一部分从圆中分割一个扇形，扇形的弧度为这部分构成比乘以 360 度。

2）把圆看做时钟，从时钟 12 点的位置顺时针依次绘出构成比从大到小相对应的各个扇形，“其他”排在最后。

3）在圆中对各部分扇形标不同颜色，并注上构成比大小，必要时附上图例。

表 18-9　1998 年我国部分县前五位死因构成

死亡原因	构成比/%
脑血管病	25.70
呼吸系病	16.07
恶性肿瘤	15.04
损伤与中毒	11.56
心脏疾病	11.41
其他疾病	20.22

根据表 18-9 绘制成图 18-4。

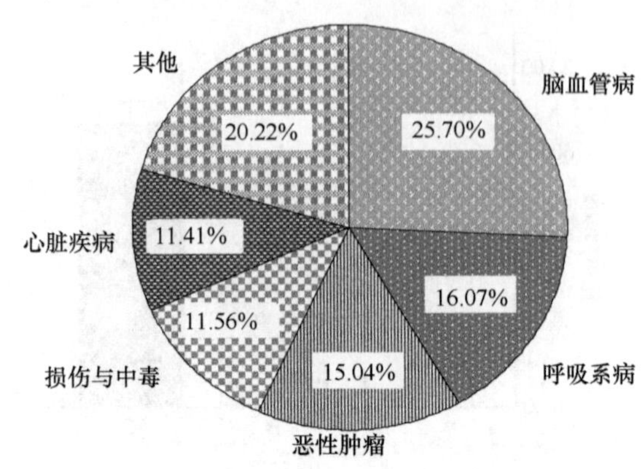

图 18-4 我国部分县 1998 年的死因构成

（四）环形图

圆图只能显示一个样本各类别频数所占的比例(构成比)，如果要比较多个样本的构成，则需要绘制多个饼图，这种做法既不经济也不便于比较。能不能用一个图形同时比较多个样本的构成呢？可以将圆图叠放在一起，挖去中间的部分就可以了，这就是环形图(doughnut chart)。

环形图与圆图类似，但又有区别。环形图中间有一个“空洞”，每个样本用一个环来表示，样本中每一类别的频数比例用环中的一部分表示。因此环形图可显示多个样本的构成比例，利用多个样本构成的比较研究。

表 18-10 是 2010 年三个地区社会保险各项支出数据，绘制环形图比较三个地区的社会保险各项支出构成，如图 18-6 所示。

表 18-10 2010 年三个地区社会保险各项支出额 （单位：亿元）

地区	合计	失业保险	医疗保险	工伤保险	生育保险
甲地区	109.2	14.9	84.2	6.9	3.2
乙地区	139.5	16.8	108.5	8.6	5.6
丙地区	177.8	27.8	132.7	10.5	6.8

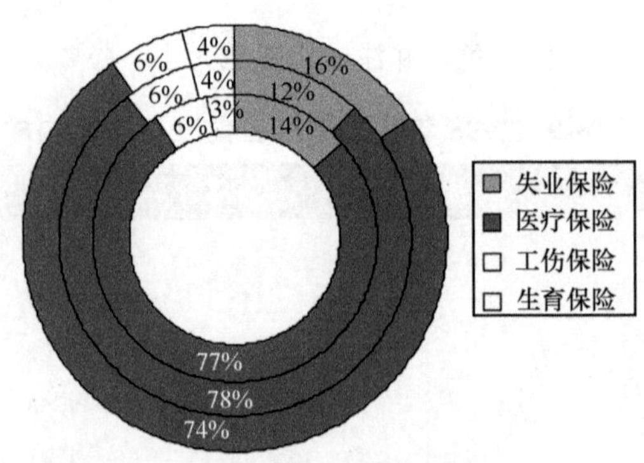

图 18-5 2010 年三个地区的社会保险各项支出构成环形图

图 18-5 中最里边的一个环为甲地区的社会保险各项支出额构成，向往依次是乙地区和丙地区。

（五）线图

线图(line graph)是用线段的升降来表示统计指标的变化趋势，或某现象随另一现象的变迁情况，适用于连续型变量资料。绘制线图时需要注意以下几点。

1）普通线图的纵横轴都是算术尺度，横轴通常为连续性的变量，如年份、年龄等，纵轴为统计指标，如均数、频数、率等。

2）纵轴通常从0开始，如果最小值与0差距很大，可在纵轴基部作断口，以求美观。横轴可以不从0开始，如果以组段为单位，则每组均以组段下限为起点，但绘制的坐标点应采用组段的中点。相邻的坐标点以直线相连，不要绘制成光滑的曲线。

3）纵横轴的比例要恰当，通常以5:7为宜。

4）若有两条以上线条时，要用不同颜色或线型加以区别，并附上图例。如将表18-11资料绘制成图18-6。

表18-11 某市1949~1957年15岁以下儿童结核病和白喉死亡率

年份	结核死亡率/(1/10万)	白喉死亡率/(1/10万)
1949	150.2	20.1
1950	148.0	16.6
1951	141.0	14.0
1952	130.0	11.8
1953	110.4	10.7
1954	98.2	6.5
1955	72.6	3.9
1956	68.0	2.4
1957	54.8	1.3

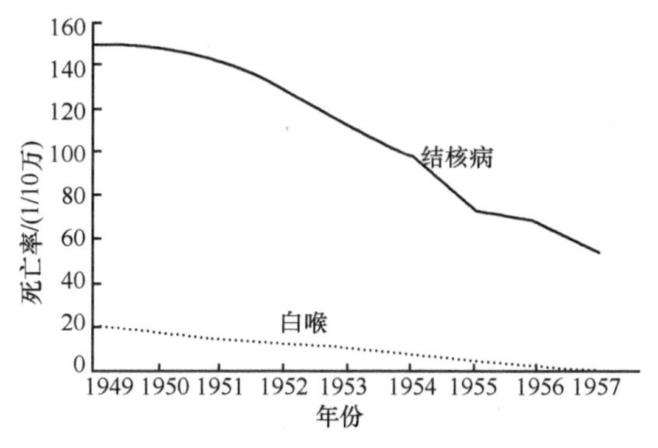

图18-6 某市1949~1957年儿童结核病与白喉病的死亡率

5）误差线图是线图的扩展，当每个点是重复测量的资料时，此时各点是重复数据的均数，用标准差表示其变异范围，如图18-7所示。

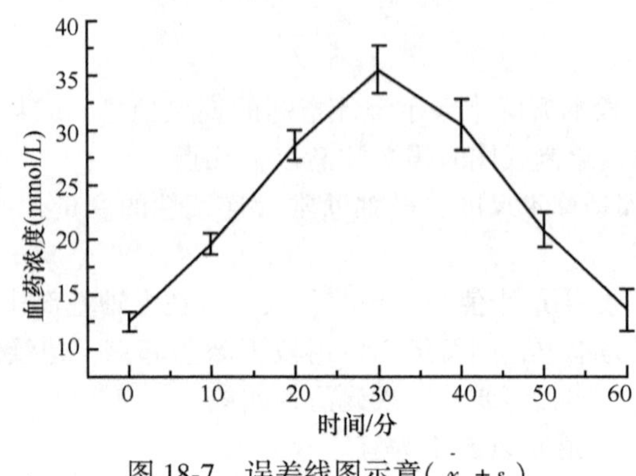

图 18-7　误差线图示意($\bar{x} \pm s$)

(六) 半对数线图

半对数线图(semi logarithmic line graph)用来表示事物的变化速度(相对比)。绘制时，横轴为算术尺度，通常为连续型的变量如时间等，纵轴为对数尺度。表 18-12 反映出由 A 到 B 的变化，分别在算术格纸和半对数格纸上呈现的不同的效果。从表中可以看出，这三次变化绝对差相差悬殊，但是其变化速度却是相同的。由此可见，半对数线图可以反映事物发展变化的速度。将表 18-11 中的资料绘制成半对数线图，如图 18-8 所示。

表 18-12　绝对差与相对差的比较

$A \rightarrow B$	绝对差(A-B)	相对比(A/B)	对数差($\lg A - \lg B$)
1000 → 100	900	10	1
100 → 10	90	10	1
10 → 1	9	10	1

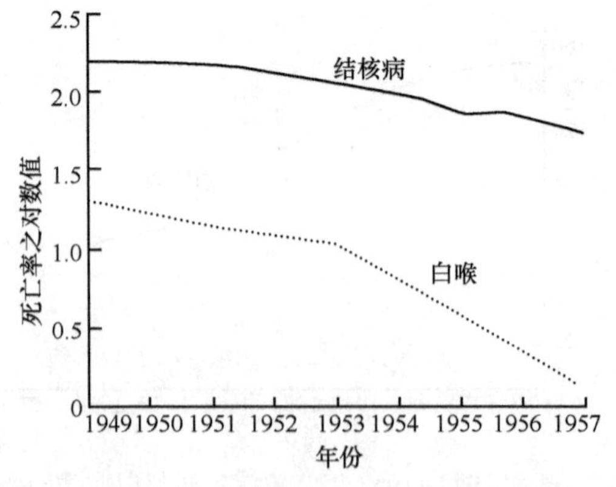

图 18-8　某市 1949~1957 年儿童结核病与白喉病死亡率的下降速度比较

(七) 箱图

箱图(box chart)是由一组数据的最大值(maximum)、最小值(minimum)、中位数(median)、两个四分位数(quartiles)这 5 个值绘制而成的。它不仅可用于反映一组数据分布的特征，比如，分布是否对称，是否存在离群点等，还可以进行多组数据分布特征的比较，这也是箱线图的最大优点之一。绘制箱图时，首先找出一组数据的5个特征值，即最大值、最小值、中位数和两个四分位数(下四分位数和上四分位数)，然后连接两个四分位数画出箱子，再将两个极值点与箱子相连接，中位数在箱子里面。

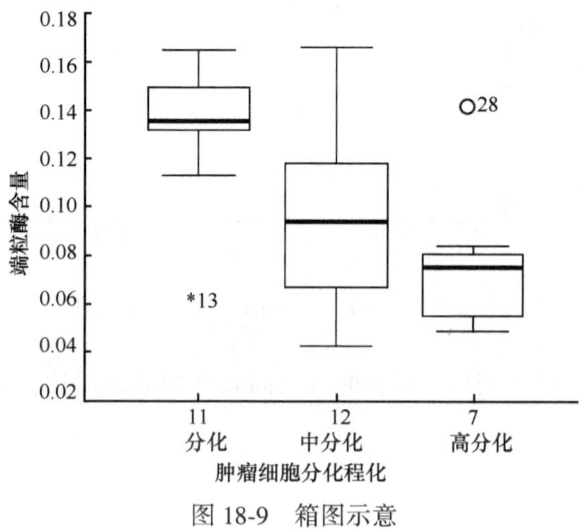

图 18-9 箱图示意

(八) 散点图

散点图(scatter diagram)是用二维坐标展示两个变量之间关系的一种图形，它用点的密集程度和趋势表示两个变量间的相关关系；横轴与纵轴各代表一种事物(变量)，纵轴与横轴尺度的起点，均不一定从0开始，每对数据在坐标轴中用一个点表示，n 对数据点在坐标系中形成了 n 个散点，其图形称为散点图。

表18-13是10家保险企业的销售收入和广告费用数据，绘制散点图并观察它们之间的关系。

表 18-13 10家保险企业的销售收入和广告费用 (单位：万元)

企业编号	销售收入	广告费用
1	618	45
2	3195	430
3	1675	240
4	753	160
5	1942	390
6	1019	80
7	906	50
8	673	130
9	2395	410
10	1267	200
合计	14443	2135

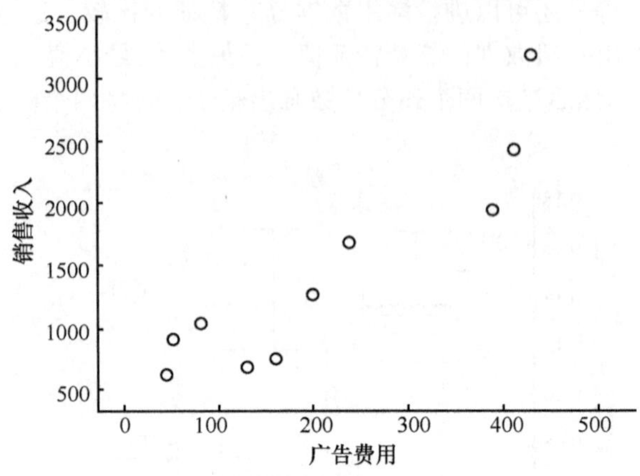

图 18-10　广告费用与销售收入的散点图

从图 18-10 可以看出，广告费用与销售收入之间具有明显的线性关系，随着广告费用的增加，销售收入也随之增加。

（九）雷达图

雷达图(radar chart)是从一个点出发，用每一条射线代表一个变量，多个变量的数据点连接成线，即围成一个区域，多个样本围成多个区域，就是雷达图，利用它可以研究多个样本之间的相似程度。

表 18-14　2006 年京津沪三地按收入法计算的经济指标　（单位：亿元）

地区	劳动者报酬	生产税净额	固定资产折旧	营业盈余
北京	3496. 57	1161. 55	1251. 09	1961. 07
天津	1383. 36	775. 09	595. 09	1605. 61
上海	3756. 56	1623. 36	1730. 51	3255. 94

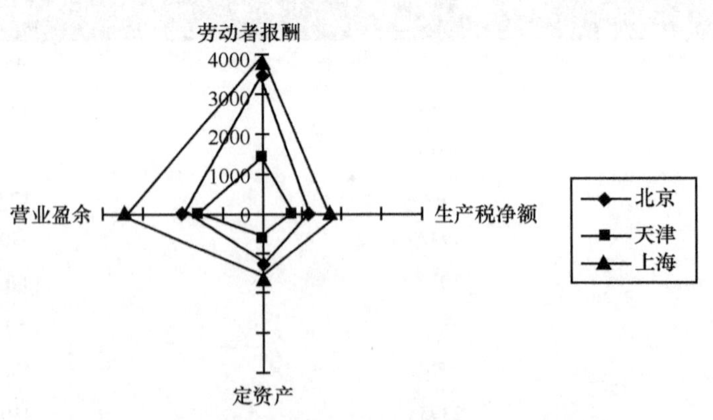

图 18-11　2006 年北京、天津、上海地区生产总值的雷达图

图 18-11 是 2006 年北京、天津、上海按收入法计算的地区生产总值数据资料的雷达图，从图上可以看出，上海各项总值普遍高于北京、天津，北京次之，天津最少。三个地区的各项结构具有很大的相似性。

绘制雷达图时，各变量的取值不要有太大的差异，并且尽可能具有相同的计量单位，否则雷达图的形状很难进行比较。如果各变量的取值差异较大或计量单位不同，要对数据进行标准化转换后再绘制的雷达图较为妥当。

第三节　合理使用统计图表

合理使用统计图表是做好统计分析的最基本技能，统计图表是展示数据的有效方式。在日常生活中，阅读报纸杂志，查阅文献资料，或浏览计算机网络资料时都能看到大量的统计图表。统计表可以将大量的杂乱无章的数据资料在一张简明的表格中条理清晰地展示出来，统计图可以更生动形象地展示数据。显然，统计图表要比枯燥的数字、文字更加容易理解。

使用计算机可以绘制出各种形式的统计图表，一张精心设计的图表可以有效地把数据呈现出来。但要注意的是，使用图表的目的是让人更容易理解和看懂数据，所以在制作图表时要注重对数据的表达，而不要在图形的修饰上花费太多的时间和精力。精心设计的图表可以准确表达数据所要传递的信息，为了能够清晰地显示数据、合理地表达统计目的，设计时应将图表绘制得尽可能简洁些。一张好的图表应包括以下基本特征：①显示数据；②让读者把注意力集中在图形的内容上，而不是制作图表的程序上；③避免歪曲；④强调数据之间的比较；⑤一张图表说明一个问题；⑥有对图表的统计描述和文字说明。

一、思考题

1.统计表的种类有哪些？编制统计表要注意哪些问题？

2.定性数据和定量数据的图示方法各有哪些？

3.直方图与条形图有何不同？

4.饼图与环形图有什么不同？

5.雷达图的用途有哪些？

6.统计图的基本特征有哪些？

二、练习题

1.为评价保险行业的服务质量，随机抽取100个投保人构成一个样本。服务质量的等级分别表示为：A. 好；B. 较好；C. 一般；D. 较差；E. 差。调查结果如下：

B	E	C	C	A	D	C	B	A	E
D	A	C	B	C	A	D	B	C	C
D	E	C	E	E	B	A	C	D	E
A	B	D	D	C	A	E	D	C	B
C	B	C	E	D	B	C	C	B	C
A	D	B	C	C	A	E	D	C	B
B	A	C	D	E	A	B	D	D	C
B	E	C	C	A	D	C	B	A	E
D	A	C	B	C	D	E	C	E	B
C	B	C	E	D	B	C	C	B	C

1）绘制一张服务质量等级分类的统计表。

2）绘制一张条形图，反映评价等级的分布。

3）绘制一张饼图，反映评价等级的构成。

2.为确定保险公司业务员的年工作业绩(单位：万元)，在一家公司随机抽取100人进行考核，所得数据如下：

618	601	565	598	622	627	602	592	591	588
617	595	583	576	608	610	595	635	607	605
584	592	561	566	600	649	613	612	579	596
603	577	633	698	573	598	598	606	590	591
609	608	585	558	582	551	641	617	620	629
604	621	583	602	596	599	574	595	591	585
619	622	581	597	647	589	585	607	581	626
625	564	618	583	636	591	593	594	612	728
616	615	629	610	592	590	589	571	597	599
613	593	601	588	594	606	568	608	606	600

根据上面的数据绘制直方图，说明数据分布的特点。

3.甲乙两家保险公司各有50名业务员，年末考评成绩的分布如下：

考评成绩	人数	
	甲公司	乙公司
优	5	8
良	8	17
中	20	11
合格	11	10
不合格	6	4
合计	50	50

1）根据上面的数据，画出两个公司考评成绩的环形图，比较它们的构成。

2）画出雷达图，比较两个公司考评成绩的分布是否相似。

4.下表是10名保险专业大二学生6门主要课程的考试成绩，分别绘制各科考试成绩和10名学生考试成绩的箱线图，并分析它们的分布特征。

课程名称	学生编号									
	1	2	3	4	5	6	7	8	9	10
线性代数	65	95	51	74	78	63	91	82	75	55
西方经济学	76	90	97	71	70	93	86	83	78	81
保险学概论	85	78	81	95	70	67	82	72	80	77
统计学	68	75	70	84	73	60	76	81	88	75
基础会计学	55	91	68	73	84	81	70	69	94	71
英语	74	87	85	69	90	80	77	84	91	70

（吕　杰）

第十九章 医疗保险统计报表体系

统计报表制度存在于各行各业，有着非常广泛的应用。在医疗保险实践研究领域，统计报表在各级行政主管部门都有非常严格的规定，其政策性很强，但随着医改的深化、管理水平的提高和科学技术的不断进步，统计报表的内容和要求都会发生改变。作为卫生管理类专业人员，掌握了解相关内容有很重要的现实需求和理论意义。

第一节 医疗保险统计报表体系概述

一、建立医疗保险统计报表体系的意义

体系是一个科学术语，泛指一定范围内或同类的事物按照一定的秩序和内部联系组合而成的整体。医疗保险统计报表体系是由不同类型医疗保险统计报表制度组成的整体。

统计报表制度，是以原始记录或核算资料为基础,按一定的表格形式和时间顺序，自下而上搜集统计资料中，为保证所搜集资料的统一性和时效性，由国家统计部门或国务院各业务部门统一制发，要求各级统计人员在组织统计调查中必须遵循的统一规定。医疗保险统计报表制度是由人力资源社会保障部(简称人社部)、国家卫生和计划生育委员会(简称国家卫生计生委)、中华人民共和国保险监督管理委员会(简称保监会)发布，由各地方、各部门(单位)组织填报统计报表，省级相关机构汇总及时上报的制度。

建立医疗保险统计报表体系，完善医疗保险统计报表制度，是管理部门获得高质量统计数据的保证。高质量统计数据是准确判断医疗保险形势、正确分析医疗保险系统运作中存在的问题、作出科学决策的前提条件；高质量统计数据是支撑医疗保险事业科学发展的重要基础；高质量统计数据为管理部门制定和落实医疗保障的规划计划、政策法规、为完善医疗保险制度提供科学的依据。

二、医疗保险统计报表体系

（一）医疗保险统计报表体系组成

根据经营性质不同，我国医疗保险可分为社会医疗保险和商业医疗保险。目前，城镇职工基本医疗保险、城镇居民基本医疗保险、新型农村合作医疗(简称新农合)是我国社会医疗保险的具体形式。其中城镇职工基本医疗保险、城镇居民基本医疗保险由人力资源和社会保障部门监督管理。除基本医疗保险外，人力资源和社会保障部门尚负责补充医疗保险的监管工作。新农合在多数地区由卫生计生部门监督管理。商业医疗保险由中国保监会监督管理。

1. 人力资源和社会保障统计报表制度

2008 年 3 月 31 日，在原中华人民共和国人事部与中华人民共和国劳动和社会保障部的基础上

组建了中华人民共和国人力资源和社会保障部。同年10月，人社部发布了《人力资源和社会保障统计报表制度》，将原人事部、劳动和社会保障部的定期统计报表进行综合分类、统一编号形成128张报表，其中医疗保险报表10张，补充保险和稽核报表中有一张涉及补充医疗保险。此后，人社部每年都会发布《人力资源和社会保障统计报表制度》，制度中统计报表每2年修订一次，报国家统计局批准。至2014年与社会医疗保险统计有关的报表增加至15张。

2. 全国新型农村合作医疗调查制度

2007年，原卫生部下发了经国家统计局批准备案的《全国新型农村合作医疗统计调查制度》，自2008年起正式执行。该《调查制度》包括新型农村合作医疗县(区、县级市)社会经济与参合情况、基金筹集情况、基金分配与支出情况、住院补偿、门诊补偿、其他补偿和经办机构人员及收支情况等7个调查项目。2013年，国家卫生计生委根据职责和工作需要，对原有统计调查制度进行了修订，发布了《2013国家卫生和计划生育统计调查制度》，形成了全国卫生资源与医疗服务、卫生监督、疾病控制、妇幼卫生、新型农村合作医疗、计划生育、卫生计生信访等7项调查制度，经国家统计局批准备案，2013年起执行，有效期至2015年。其中《全国新型农村合作医疗调查制度》中包含7张统计报表。

3. 健康保险统计制度

2008年4月10日，保监会发布了《健康保险统计制度》，此制度是继《交强险统计制度》《农业保险统计制度》《养老保险统计制度》之后推出的又一项专项统计制度。健康保险统计制度共分为健康保险、健康保障委托管理业务和健康服务三个部分。基础报表11张，分析报表14张。

（二）医疗保险统计报表制度的内容

医疗保险统计报表制度包括填表说明、报表目录、报表表式三个部分。

填表说明阐述统计目的、统计范围、统计项目及内容、调查的方式、报送频度、报送部门、指标解释等内容。

报表目录简要列出报表制度中涉及的统计报表的表号、名称、报告期别、填报单位、统计范围、报送日期、报送方式等项目。填报单位须遵照报表目录中的有关内容进行报表的填报和报送。

报表的表式是报表制度的主体部分，它主要包括表名、主栏项目、宾栏指标、补充资料、填报单位签章、填报人签名和报送日期等。

三、医疗保险统计报表

医疗保险统计报表包括社会医疗保险统计报表和商业医疗保险统计报表。

我国社会医疗保险统计报表分为城镇医疗保险报表(含基本医疗保险报表和补充医疗保险报表)、新型农村合作医疗制度报表。

除社会医疗保险统计报表和商业医疗保险统计报表外，民政部负责组织填报的社会服务统计报表中关于医疗救助的内容也可列入医疗保险统计报表范畴。

1. 城镇医疗保险统计报表

由15张统计报表组成，目录见表19-1。

表 19-1　城镇医疗保险统计报表目录

表号	表名	报告期别	统计对象范围	报送单位	报送日期	接收单位
HI1 号	城镇基本医疗保险参保人员情况	月报	参加城镇职工、城镇居民（含城乡统筹）基本医疗保险的单位和人员	各省、自治区、直辖市社会保险经办机构	月后 7 日前	社保中心
HI2 号	农民工参加其他形式医疗保险情况	月报	参加医疗保险的单位和人员	同上	月后 7 日前	同上
HI3 号	参加城镇职工基本医疗保险人员及特殊人员情况	年（季）报	参加城镇职工基本医疗保险的单位和人员	同上	季报：季后 25 日前；年报：次年 2 月底前	同上
HI4 号	城镇职工基本医疗保险费征缴情况	年（季）报	参加城镇职工基本医疗保险的单位和人员	同上	同上	同上
HI5 号	城镇职工基本医疗保险职工医疗费用支出情况	年（季）报	参加城镇职工基本医疗保险的单位和人员	同上	同上	同上
HI5 续	城镇职工基本医疗保险退休人员医疗费用支出情况	年（季）报	参加城镇职工基本医疗保险的单位和退休人员	同上	同上	同上
HI6 号	城镇居民（含城乡统筹）基本医疗保险参保人员情况	年（季）报	参加城镇居民（含城乡统筹）基本医疗保险的人员	同上	同上	同上
HI7 号	城镇居民（含城乡统筹）基本医疗保险缴费和财政补助情况	年（季）报	参加城镇居民（含城乡统筹）基本医疗保险的人员	同上	同上	同上
HI8 号	城镇居民（含城乡统筹）基本医疗保险医疗费用支出情况（按参保人群分类）	年（季）报	参加城镇居民（含城乡统筹）基本医疗保险的人员	同上	同上	同上
HI9 号	城镇居民（含城乡统筹）基本医疗保险医疗费用支出情况（按医疗机构分类）	年（季）报	参加城镇居民（含城乡统筹）基本医疗保险的人员	同上	同上	同上
HI10 号	城镇职工基本医疗保险异地就医情况	年（季）报	参加城镇职工基本医疗保险的单位和人员	同上	同上	同上
HI11 号	城镇居民基本医疗保险异地就医情况	年（季）报	参加城镇居民基本医疗保险的人员	同上	同上	同上

续表

表号	表名	报告期别	统计对象范围	报送单位	报送日期	接收单位
HI12 号	新型农村合作医疗情况	年(半年)报	参加新型农村合作医疗的人员	同上	半年报：7月25日前；年报：次年2月底前	同上
HI13 号	城镇居民基本医疗保险生育保障医疗费用支出情况	年(半年)报	参加城镇居民基本医疗保险的人员	同上	同上	同上
SI1 号	补充保险情况	年报	参加补充保险的单位	同上	次年2月底前	同上

2. 全国新型农村合作医疗调查制度

由7张报表组成，目录见表19-2。

表19-2　全国新型农村合作医疗调查制度

表号	表名	报告期别	填报范围	报送单位	报送日期及方式
卫计统52表	社会经济与参合情况调查表	季报/年报	开展新农合的县(市、区)	新农合省级管理机构	季后20日内/次年1月25日前逐级上报
卫计统53表	新农合基金筹集情况调查表	季报/年报	同上	同上	同上
卫计统54表	新农合基金分配与支出情况调查表	年报	同上	同上	次年1月25日前逐级上报
卫计统54-1表	新农合补偿情况调查表(住院补偿)	季报/年报	同上	同上	季后20日内/次年1月25日前逐级上报
卫计统54-2表	新农合补偿情况调查表(门诊补偿)	季报/年报	同上	同上	同上
卫计统54-3表	新农合补偿情况调查表(其他补偿)	季报/年报	同上	同上	同上
卫计统55表	新农合经办机构调查表	年报	同上	同上	次年1月25日前逐级上报

3. 商业医疗保险统计报表(健康保险报表)

包括基础报表11张，分析报表14张。目录见表19-3和表19-4。

表 19-3　健康保险基础报表目录

表号	表名	报告期别	适用范围
表 1	健康保险财务统计表	月报	各保险集团(控股)公司、各保险公司
表 2	长期健康保险原保险保费收入统计表	月报	各保险集团(控股)公司、各保险公司
表 3	健康保险经营利润表	月报	各保险集团(控股)公司、各保险公司
表 4	健康保险销售渠道统计表	月报	各保险集团(控股)公司、各保险公司
表 5	健康保险业务统计表	季报	各保险集团(控股)公司、各保险公司
表 6	费用补偿型医疗保险理赔统计表	月报	各保险集团(控股)公司、各保险公司
表 7	个人长期重疾险因统计表	半年报	各保险集团(控股)公司、各保险公司
表 8	健康保险专项业务财务统计表	季报	各保险集团(控股)公司、各保险公司
表 9	健康保险专项业务业务统计表	季报	各保险集团(控股)公司、各保险公司
表 10	健康保障委托管理业务统计表	季报	各保险集团(控股)公司、各保险公司
表 11	健康服务统计表	月报	各保险集团(控股)公司、各保险公司

表 19-4　健康保险分析报表目录

表号	表名	报告期别	适用范围
分析表 1	全国各地区健康保险保险责任月报表	月报	各保险集团(控股)公司、各保险公司
分析表 2	人寿保险公司健康保险保险责任月报表	月报	各保险集团(控股)公司、各保险公司
分析表 3	财产保险公司健康保险保险责任月报表	月报	各保险集团(控股)公司、各保险公司
分析表 4	全国各地区健康保险销售对象月报表	月报	各保险集团(控股)公司、各保险公司
分析表 5	人寿保险公司健康保险销售对象月报表	月报	各保险集团(控股)公司、各保险公司
分析表 6	财产保险公司健康保险销售对象月报表	月报	各保险集团(控股)公司、各保险公司
分析表 7	全国各地区健康保险主要经营指标月报表	月报	各保险集团(控股)公司、各保险公司
分析表 8	人寿保险公司健康保险主要经营指标月报表	月报	各保险集团(控股)公司、各保险公司
分析表 9	财产保险公司健康保险主要经营指标月报表	月报	各保险集团(控股)公司、各保险公司
分析表 10	健康保障委托管理业务与健康保险专项业务季报表	季报	各保险集团(控股)公司、各保险公司
分析表 11	各保险公司健康保障委托管理业务与健康保险专项业务季报表	季报	各保险集团(控股)公司、各保险公司
分析表 12	全国各地区健康保障委托管理业务与健康保险专项业务季报表	季报	各保险集团(控股)公司、各保险公司
分析表 13	各保险公司费用补偿型医疗险理赔统计季报表	季报	各保险集团(控股)公司、各保险公司
分析表 14	个人长期重疾险简单赔付发生率表		各保险集团(控股)公司、各保险公司

第二节　不同保险类型的医疗保险统计报表

一、社会医疗保险统计报表

(一) 城镇医疗保险统计报表

1. 城镇基本医疗保险参保人员情况(人社统 HI1 表)

本表为月报表，对城镇基本医疗保险(包括职工医疗保险和居民医疗保险)的参保情况进行统计。具体表式和统计指标见表19-5。

表 19-5　城镇基本医疗保险参保人员情况

填报单位名称：________　　年________月________　　单位：人

			职工医疗保险									居民医疗保险					
							实施统账结合		单建统筹基金								
		城镇基本医疗保险参保人数合计	参保人数小计	#农民工人数	#灵活就业人员人数	#实施统账结合人数	职工期末数	退休人员期末数	职工期末数	退休人员期末数	享受待遇人数	参保人数小计	#城乡统筹	#农民工人数	#灵活就业人员人数	享受待遇人数	城乡统筹
甲栏	序号	1	2	3	4	5	6	7	8	9	10	11	12	13	14	15	16
总计	1																

补充资料：1. 城镇职工医疗保险一次性缴费涉及参保人员________人。2. 领取失业保险金人员参加城镇职工医疗保险人数________人。3. 外国人参保人数________人。4. 台湾居民在大陆就业参保人数________人；香港居民在大陆就业参保人数________人；澳门居民在大陆就业参保人数________人。5. 从新型农村合作医疗转入城乡统筹人数________人，向卫生部门报送的参保人数________人。

单位负责人签章：________处(科)负责人签章：________填表人签章：________报出日期：　年　月　日

(1) 主要概念和指标解释

实施统账结合指参加城镇职工基本医疗保险(在社保或医保经办机构参保登记并已建立缴费记录档案)并在社保或医保经办机构建立个人账户。单建统筹基金指参加城镇职工基本医疗保险但未建立个人账户。参加城镇居民基本医疗保险、城乡统筹居民医疗保险指在经办机构参保登记并已建立当年缴费记录。

宾栏：

城镇基本医疗保险参保人数：指报告期末参加城镇职工基本医疗保险和城镇居民基本医疗保险人数的合计数。

农民工参加城镇职工基本医疗保险人数：指报告期末非城镇户口在城镇就业人员参加城镇职工基本医疗保险的人数。

灵活就业人员参加城镇职工医疗保险人数：指报告期末非全日制、暂时性和弹性工作等以灵活方式就业的人员参加城镇职工基本医疗保险的人数。

实施统账结合灵活就业人数：灵活就业人员参加城镇职工医疗保险人中实施统账结合办法的灵活就业人员数。

参加实施统账结合的职工期末人数和退休人员期末人数：指报告期末参加城镇职工基本医疗保险并实施统账结合办法的职工人数和退休人员数，包括符合医疗照顾条件的人员。

参加单建统筹基金的职工期末人数：指截止报告期末参加城镇职工基本医疗保险但未建立个人账户的职工人数。包括参加原劳动部门开展的大病医疗费用统筹的职工。

参加单建统筹基金的退休人员期末人数：指报告期末参加城镇职工基本医疗保险但未建立个人账户的退休人员人数。包括参加原劳动部门开展的大病医疗费用统筹和退休人员医疗费用社会统筹的人员。

城镇职工基本医疗保险享受待遇人数：指年初至报告期末享受城镇职工基本医疗保险待遇的人数。

城镇居民参保人数：指报告期末，按规定参加城镇居民基本医疗保险的人数。

城乡统筹参保人数：指报告期末，参加由人力资源和社会保障部门管理的城乡统筹居民基本医疗保险的人数。

农民工参加城镇居民基本医疗保险人数：指报告期末非城镇户口在城镇就业人员参加城镇居民基本医疗保险的人数。

灵活就业人员参加城镇居民医疗保险人数：指报告期末非全日制、暂时性和弹性工作等以灵活方式就业的人员参加城镇居民基本医疗保险的人数。

城镇居民享受待遇人数：指年初到报告期末，按规定享受城镇居民基本医疗保险待遇的人数。

城乡统筹享受待遇人数：指年初到报告期末，按规定享受城乡统筹居民基本医疗保险待遇的人数。

补充资料：

城镇职工医疗保险一次性缴费涉及参保人数：指年初至报告期末，关闭、破产企业等为享受城镇职工基本医疗保险退休待遇而一次性缴纳基本医疗保险费涉及的参保人员数。

从新型农村合作医疗转入城乡统筹人数：指年初至报告期末，按照当地城乡统筹医疗保险制度规定，原参加新型农村合作医疗的人员转入城乡统筹的人数。

(2)逻辑关系式

宾栏：(1)＝(2)＋(11)，(2)＝(6)＋(7)＋(8)＋(9)，(2)>(3)，(2)>(4)，(4)>(5)，(11)>(12)，(11)>(13)，(11)>(14)，(15)>(16)。

2. 农民工参加其他形式医疗保险情况(人社统 HI2 号)

本表为月报表，对农民工参加综合保险、劳务工医疗保险、新农合和其他形式医疗保险情况进行统计。具体表式和统计指标见表 19-6。

表 19-6　农民工参加其他形式医疗保险情况

填报单位名称：________　　年____月____　　单位：人，万元

		参保人数	基金情况		
			本期实缴	本期支付	累计结存
甲　栏	序号	1	2	3	4
总　计	1				
综合保险	2				
劳务工医疗保险	3				
新型农村合作医疗	4				
其他形式	5				

单位负责人签章：________处(科)负责人签章：________填表人签章：________报出日期：　年　月　日

(1)主要指标解释

甲栏：

综合保险：指参加为外来从业人员建立的保险项目的人数，参保人员可按规定享受老年补贴、住院医疗待遇和工伤或意外补偿。

劳务工医疗保险：指参加单独为外来从业人员设立的医疗保险项目的人数。

新型农村合作医疗：指按照新型农村合作医疗政策参保，由社会保险经办机构管理的人数。

其他形式：指参加上述三种形式以外的农民工医疗保险项目的人数。

宾栏：

参保人数：指截止报告期末非城镇户口在城镇就业的人员以城镇职工基本医疗保险以外的方式参保，并由经办机构单独列账管理的其他形式医疗保险的人数。

本期实缴：指年初到报告期内参加城镇职工基本医疗保险以外其他形式医疗保险的缴费单位、个人实际缴纳的医疗保险费。

本期支付：指年初到报告期末实际支付的全部医疗保险待遇。

累计结存：指截止报告期末历年基金累计结存。

(2)逻辑关系式：

甲栏：(1) = (2) + (3) + (4) + (5)

3、参加城镇职工基本医疗保险人员及特殊人员情况(人社统 HI3 号)

本表为季报、年报表，是对企业、事业、机关、其他社会团体参加城镇职工基本医疗保险人员和特殊人员参保、缴费、享受待遇情况进行统计。具体表式和统计指标见表 19-7。

表 19-7　参加城镇职工基本医疗保险人员及特殊人员情况

填报单位名称：＿＿＿＿＿年＿季＿＿＿＿＿单位：人

		参保单位户数	参保人数									期末缴费人数	享受待遇人数	特殊人员人数		
			合计	实施统账结合				单建统筹基金						医疗照顾人员	离休及老红军	1-6级革命伤残军人
				职工		退休人员		职工		退休人员						
				期末数	平均数	期末数	平均数	期末数	平均数	期末数	平均数					
甲栏	序号	1	2	3	4	5	6	7	8	9	10	11	12	13	14	15
总计	1															
一、企业	2															
二、事业	3															
三、机关	4															
四、其他人员	5															

补充资料：参保职工中女性＿＿人，退休人员中女性＿＿人；参保企业职工中国有企业＿＿人，集体企业＿＿人，私营企业＿＿人。

单位负责人签章：＿＿处(科)　负责人签章：＿＿填表人签章：＿＿报出日期：　年　月　日

(1)主要指标解释

甲栏：

企业指以国家统计局、国家工商行政管理局颁布的《关于划分企业登记注册类型的规定》(国统字[1998]200 号，以下简称《规定》)中确定的企业类型。国有企业指《规定》中代码为“110”的企业。集体企业指《规定》中代码为“120”的企业。其他企业指《规定》中代码为“130”~“190”的企业。港、澳、台及外资企业指《规定》中代码为“200”~“340”的企业。

事业指根据当地政府规定，参加由人力资源和社会保障部门经办的社会医疗保险业务的事业单位。

机关指根据当地政府规定，参加由人力资源和社会保障部门经办的社会医疗保险业务的机关单位。

其他人员指个体工商户及其帮工、自由职业者、失业后未终止社会保险关系等以个人身份参加社会医疗保险的人员。

宾栏：

参保单位户数：指报告期内参加城镇职工基本医疗保险的企业、个体工商户、事业、机关、社会团体等单位户数。

参保人数合计：指报告期末参加城镇职工基本医疗保险（实施统账结合和单建统筹基金）的职工人数和退休人数的合计。

实施统账结合的职工期末人数和退休人员期末数、单建统筹基金的职工期末人数和退休人员期末人数同 HI1 表。

实施统账结合的职工平均数和退休人员平均数：指报告期内参加城镇职工基本医疗保险并实施统账结合办法的职工平均人数和退休人员平均人数。

单建统筹基金的职工平均数和退休人员平均数：指报告期内参加城镇职工基本医疗保险但未建立个人账户的职工平均人数和退休人员平均人数。

享受待遇人数：指报告期内享受城镇职工基本医疗保险待遇的人数。

特殊人员人数：指报告期末医疗费用由社会保险经办机构单独分账管理的人员数(包括按照国家和各地规定享受医疗照顾或医疗保健待遇的职工、退休人员；离休人员及老红军；1~6 级革命伤残军人)。

补充资料中私营企业指《关于划分企业登记注册类型的规定》中代码为“170”的企业。

（2）逻辑关系式

甲栏：(1) = (2) + (3) + (4) + (5)；宾栏：(2) = (3) + (5) + (7) + (9)。

4. 城镇职工基本医疗保险费征缴情况（人社统 HI4 号）

本表为季报、年报表，对参加城镇职工基本医疗保险的单位及其职工医疗保险费缴纳情况进行统计。具体表式和统计指标见表 19-8。

表 19-8 城镇职工基本医疗保险费征缴情况

填报单位名称：______年______季________________单位：万元

<table>
<tr><th colspan="2" rowspan="3"></th><th colspan="11">实施统账结合</th><th colspan="7">单建统筹基金</th></tr>
<tr><th colspan="2">缴费基数总额</th><th rowspan="2">期初欠费</th><th colspan="2">本期应缴</th><th colspan="3">本期实缴</th><th rowspan="2">本期补缴</th><th rowspan="2">期末累计欠费</th><th rowspan="2">#财政欠费</th><th rowspan="2">缴费基数总额</th><th rowspan="2">期初欠费</th><th rowspan="2">本期应缴</th><th rowspan="2">本期实缴</th><th rowspan="2">本期补缴</th><th rowspan="2">期末累计欠费</th><th rowspan="2">#财政欠费</th></tr>
<tr><th>单位</th><th>个人</th><th>单位</th><th>个人</th><th>单位</th><th>#划入个人账户</th><th>个人</th></tr>
<tr><td>甲栏</td><td>序号</td><td>1</td><td>2</td><td>3</td><td>4</td><td>5</td><td>6</td><td>7</td><td>8</td><td>9</td><td>10</td><td>11</td><td>12</td><td>13</td><td>14</td><td>15</td><td>16</td><td>17</td><td>18</td></tr>
<tr><td>总计</td><td>1</td><td></td><td></td><td></td><td></td><td></td><td></td><td></td><td></td><td></td><td></td><td></td><td></td><td></td><td></td><td></td><td></td><td></td><td></td></tr>
<tr><td>企业</td><td>2</td><td></td><td></td><td></td><td></td><td></td><td></td><td></td><td></td><td></td><td></td><td></td><td></td><td></td><td></td><td></td><td></td><td></td><td></td></tr>
<tr><td>事业</td><td>3</td><td></td><td></td><td></td><td></td><td></td><td></td><td></td><td></td><td></td><td></td><td></td><td></td><td></td><td></td><td></td><td></td><td></td><td></td></tr>
<tr><td>机关</td><td>4</td><td></td><td></td><td></td><td></td><td></td><td></td><td></td><td></td><td></td><td></td><td></td><td></td><td></td><td></td><td></td><td></td><td></td><td></td></tr>
<tr><td>其他人员</td><td>5</td><td></td><td></td><td></td><td></td><td></td><td></td><td></td><td></td><td></td><td></td><td></td><td></td><td></td><td></td><td></td><td></td><td></td><td></td></tr>
</table>

补充资料：1. 实施统账结合的基本医疗保险跨年度预缴及一次性缴费__________万元。

2. 实施单建统筹基金的基本医疗保险跨年度预缴及一次性缴费__________万元。

单位负责人签章：______处(科)负责人签章：________填表人签章：________报出日期： 年 月 日

（1）主要指标解释

甲栏同人社统 HI3 号表。

宾栏：

实施统账结合的缴费基数总额：指报告期内参加城镇职工基本医疗保险并实施统账结合办法的单位及个人缴纳基本医疗保险费的工资总额，按缴费人员的应缴口径计算。

实施统账结合的期初欠费：指上年末参加城镇职工基本医疗保险并实施统账结合办法的缴费单位、个人累计欠缴的基本医疗保险费金额(本金)。

实施统账结合的本期应缴：指报告期内参加城镇职工基本医疗保险并实施统账结合办法的缴费单位、个人，按规定的标准计算出来的应缴纳的基本医疗保险费，不包括应补上年度末之前历年累计欠缴的基本医疗保险费金额。

实施统账结合的本期实缴：指报告期内参加城镇职工基本医疗保险并实施统账结合办法的缴费单位、个人，实际缴纳的基本医疗保险费，不包括补缴的上年度末之前的历年欠费和跨年度(或跨季度)的预缴金额、启动金。

单位实缴划入个人账户金额：指报告期内参加城镇职工基本医疗保险并实施统账结合办法的缴费单位，实际划入个人账户的基本医疗保险费金额(本金)。

实施统账结合的本期补缴：指报告期内参加城镇职工基本医疗保险并实施统账结合办法的缴费单位、个人，补缴上年度末之前累计欠缴的基本医疗保险费金额(本金)。

实施统账结合的期末累计欠费合计：指报告期末参加城镇职工基本医疗保险并实施统账结合办法的单位、个人，累计欠缴的基本医疗保险费金额(本金)。

实施统账结合的期末累计财政欠费：指报告期末参加城镇职工基本医疗保险并实施统账结合，按有关规定由财政承担但未拨付到位的基本医疗保险费累计额(本金)。

单建统筹基金的缴费基数总额：指报告期内参加城镇职工基本医疗保险但未建立个人账户的单位及个人缴纳基本医疗保险费的工资总额，按缴费人员的应缴口径计算。

单建统筹基金的期初欠费：指上年末参加城镇职工基本医疗保险但未建立个人账户的缴费单位、个人，累计欠缴的基本医疗保险费金额(本金)。

单建统筹基金的本期应缴指：报告期内参加城镇职工基本医疗保险但未建立个人账户的缴费单位、个人，按规定的标准计算出来的应缴纳的基本医疗保险费，不包括应补上年度末之前历年累计欠缴的基本医疗保险费金额。

单建统筹基金的本期实缴：指报告期内参加城镇职工基本医疗保险但未建立个人账户的缴费单位、个人，实际缴纳的基本医疗保险费，不包括补缴的上年度末之前的历年欠费和跨年度(或跨季度)的预缴金额。

单建统筹基金的本期补缴：指报告期内参加城镇职工基本医疗保险但未建立个人账户的单位、个人，补缴上年度末之前累计欠缴的基本医疗保险费金额(本金)。

单建统筹基金的期末累计欠费合计：指报告期末参加城镇职工基本医疗保险但未建立个人账户的单位、个人，累计欠缴的基本医疗保险费金额(本金)。

实施单建统筹基金的期末累计财政欠费：指报告期末参加城镇职工基本医疗保险但未建立个人账户,按有关规定由财政承担但未拨付到位的基本医疗保险费累计额(本金)。

补充资料：

实施统账结合的跨年度预缴及一次性缴费：指报告期内参加城镇职工基本医疗保险并实施统账结合办法的单位个人预先缴纳跨年度或一次性趸缴的基本医疗保险费金额。

单建统筹基金的跨年度预缴及一次性缴费：指报告期内参加城镇职工基本医疗保险但未建立个人账户的单位预先缴纳跨年度或一次性趸缴的基本医疗保险费金额。

(2) 逻辑关系式

甲栏：(1) = (2) + (3) + (4) + (5)；

宾栏：(3) + (4) + (5) − (6) − (8) − (9) = (10)，(4) ≥ (6)，(5) ≥ (8)，(6) ≥ (7)，(10) ≥

(11),(13)+(14)－(15)－(16)＝(17)，(14)≥(15)，(17)≥(18)。

5. 城镇职工基本医疗保险医疗费用支出情况报表(人社统 HI5 号)

(1) 城镇职工基本医疗保险职工医疗费用支出情况报表

本表为季报、年报表，对参加城镇职工基本医疗保险职工的医疗费用支出情况(包括普通门急诊、门诊大病、住院)进行统计。具体表式和统计指标见表 19-9。

表 19-9　城镇职工基本医疗保险职工医疗费用支出情况

填报单位名称：________年________季______________

		定点医疗机构数（个）	非公立机构数	普通门(急)诊		门诊大病				
				费用支出合计（万元）	就诊人次（人次）	费用支出合计（万元）	#统筹支付	#自付	#自费	就诊人次（人次）
甲　栏	序号	1	2	3	4	5	6	7	8	9
总　计	1									
其中：社区医疗机构	2									
一、三级医疗机构	3									
二、二级医疗机构	4									
三、一级医疗机构	5									
四、未定级医疗机构	6									

续表

		住院											
		费用支出合计（万元）	按支出类别分类						按支出构成分类			出院人次（人次）	住院床日（床日）
			#药品费		#检查治疗费		#服务设施费		#统筹支付	#自付	#自费		
			目录内	目录外	政策内	政策外	政策内	政策外					
甲　栏	序号	10	11	12	13	14	15	16	17	18	19	20	21
总　计	1												
其中：社区医疗机构	2												
一、三级医疗机构	3												
二、二级医疗机构	4												
三、一级医疗机构	5												
四、未定级医疗机构	6												

补充资料：1. 享受门诊大病待遇人数______________人，出院人数______________人。

2. 定点零售药店__________个，其中：非公立定点零售药店______个。职工用个人账户基金在定点零售药店购买药品费用支出______________万元。

3. 统筹地区________个，其中地级______个，县级______个。

4. 享受生育保险待遇______人次，其中生育人数______人，计划生育______人次；生育医疗费用支出______万元，其中统筹支付______万元。

5. 非公立营利性定点医疗机构______个，非营利性定点医疗机构______个。

单位负责人签章：______处(科)负责人签章：______填表人签章：______报出日期：　　年　　月　　日

主要指标解释：

甲栏中医疗机构级别指卫生行政部门评定的级别。

宾栏所统计费用、就诊人次、出院人次、住院床日均为在定点医疗机构发生。

定点医疗机构数：指经办机构在本统筹地区内确定的定点医疗机构数。

非公立定点医疗机构数：指非政府举办，不纳入财政预算，由社会及个人出资举办的各类定点医疗机构。

普通门(急)诊费用支出合计：指报告期内参加城镇职工基本医疗保险职工普通门(急)诊就诊发生的医疗费用的合计。包括基本医疗保险个人账户、社会统筹基金、公务员医疗补助资金、大额医疗费用补助资金支付和个人支付的医疗费用(本表以下费用支出合计都包括这几项)。

普通门(急)诊人次：指报告期内参加城镇职工基本医疗保险职工普通门(急)诊就诊的人次数。

门诊大病费用支出合计：指报告期内参加城镇职工基本医疗保险职工门诊大病就诊发生的医疗费用的合计。

门诊大病：指按当地政府有关规定列入城镇职工基本医疗保险统筹基金支付范围的门诊病种。

门诊大病统筹支付：指报告期内按当地政策确定为门诊大病的人员门诊大病医疗费用按规定由统筹基金支付的金额。

门诊大病自付：指按当地政策确定为门诊大病人员门诊大病医疗费用中，属城镇职工基本医疗保险支付范围，并按照政策规定应由个人部分支付的费用。

门诊大病自费：指按当地政策确定为门诊大病人员门诊大病医疗费用中，不属于城镇职工基本医疗保险支付范围而全部由个人支付的费用。

门诊大病就诊人次：指报告期内参加城镇职工基本医疗保险职工在定点医疗机构门诊大病就诊的人次数。

住院费用支出合计：指报告期内参加城镇职工基本医疗保险的职工住院期间所发生的全部医疗费用的合计。

政策范围内住院药品费：指报告期内参加城镇职工基本医疗保险的人员住院期间发生的属城镇职工基本医疗保险支付范围内的全部药品费用，包括西药、中成药、中草药费等。

政策范围外住院药品费：指报告期内参加城镇职工基本医疗保险的人员住院期间发生的属城镇职工基本医疗保险支付范围外的全部药品费用，包括西药、中成药、中草药费等。

政策范围内住院检查治疗费：指报告期内参加城镇职工基本医疗保险的人员住院期间发生的属城镇职工基本医疗保险支付范围内的所有检查和治疗费用的总额，包括检查费、治疗费、放射费、化验费、输血费、手术费等。

政策范围外住院检查治疗费：指报告期内参加城镇职工基本医疗保险的人员住院期间发生的属城镇职工基本医疗保险支付范围外的所有检查和治疗费用的总额，包括检查费、治疗费、放射费、化验费、输血费、手术费等。

政策范围内住院服务设施费：指报告期内参加城镇职工基本医疗保险的人员在定点医疗机构住院期间发生的城镇职工基本医疗保险支付范围内的服务设施费用的总额。

政策范围外住院服务设施费：指报告期内参加城镇职工基本医疗保险的人员住院期间发生的城镇职工基本医疗保险支付范围外的服务设施费用的总额。

住院统筹支付：指报告期内参加城镇职工基本医疗保险人员住院期间所发生的医疗用按规定由统筹基金支付的金额。

住院自付：指在实际发生的住院医疗费用中，属城镇职工基本医疗保险支付范围，并按照政策规定应由个人部分支付的费用。

住院自费：指在实际发生的住院医疗费用中，按照有关规定不属于城镇职工基本医疗保险支付范围而全部由个人支付的费用。

出院人次：指报告期内参加城镇职工基本医疗保险职工住院治疗出院(包括死亡)的人次数。

住院床日：指报告期内参加城镇职工基本医疗保险职工在住院治疗累计住院床日数。

补充资料：

享受门诊大病待遇人数：指报告期内按当地政策确定为门诊大病人员并到医疗机构就医的人数。

出院人数：指报告期内参加城镇职工基本医疗保险人员在定点医疗机构住院治疗出院(包括死亡)的人数。

职工用个人账户基金在定点零售药店购买的药品费用支出：指报告期内参加城镇职工基本医疗保险职工用个人账户基金在定点零售药店购买药品费用的总额。

以下几个指标由城镇职工基本医疗保险基金解决职工生育保险医疗待遇的地方填写。

享受生育保险待遇人次：指报告期内参加城镇职工医疗保险人员按规定享受生育保险待遇的总人次。包括本期因生育和计划生育而享受生育保险待遇的人次数。

生育医疗费用支出：指报告期内参加城镇职工医疗保险人员在定点医疗机构因生育(含产前检查)发生的医疗费用。

生育医疗费用统筹支出：指报告期内参加城镇职工医疗保险人员在定点医疗机构因生育(含产前检查)发生的医疗费用按规定由统筹基金支付的金额。

非公立营利性定点医疗机构：指医疗服务所得收益可用于投资者经济回报弥补的定点非公立医疗机构。

非公立非营利性定点医疗机构：指为社会公众利益服务而设立运营的医疗机构，不以营利为目的，其收入用于弥补医疗服务成本的定点非公立医疗机构。

逻辑关系式：

甲栏：(1) = (3) + (4) + (5) + (6)，(1) ≥ (2)；

宾栏：(1) > (2)，(5) ≥ (6) + (7) + (8)，(10) ≥ (11) + (12) + (13) + (14) + (15) + (16)，(10) ≥ (17) + (18) + (19)。

(2) 城镇职工基本医疗保险退休人员医疗费用支出情况(人社统 HI5 号续表)

本表为季报、年报表，对参加城镇职工基本医疗保险的退休人员的医疗费用支出情况进行统计。表式和统计指标同 HI5 号表，此报表甲栏和宾栏同人社统 HI5 表，不再赘述。

6. 城镇居民(含城乡统筹)基本医疗保险参保人员情况(人社统 HI6 号)

本表为季报、年报表，对参加城镇居民基本医疗保险的参保人员构成情况进行统计。具体表式和统计指标见表 19-10。

表 19-10　城镇居民(含城乡统筹)基本医疗保险参保人员情况

填报单位名称：＿＿＿＿＿＿＿＿年＿＿＿季＿＿＿＿＿＿＿＿单位：人

		参保人数														享受待遇人数	
				成年人					中小学生儿童					大学生			
		合计	城乡统筹	小计	#低保	#重残	#低收入老年人	#其他困难人员	小计	#低保	#重残	#低收入家庭未成年人	#其他困难人员	小计	#困难人员		城乡统筹
甲栏	序号	1	2	3	4	5	6	7	8	9	10	11	12	13	14	15	16
总计	1																

补充资料：1. 参保人数中女性＿＿＿人(年报报送)。2. 15-49 岁参加城镇居民基本医疗保险＿＿＿人，享受生育保障待遇＿＿＿人次。(年报报送)3. 港澳台学生参保＿＿＿人。

单位负责人签章：＿＿处(科)负责人签章：＿＿填表人签章：＿＿报出日期：　年　月　日

(1) 主要指标解释

宾栏中低保由民政部门核定资格，重残由残联部门核定资格，低收入由统筹地区认定，其他困难人群指除按国务院规定享受财政补助的成年人以外的，由省及市县规定的纳入地方财政补助范围的其他成年困难居民。大学生指在大中专院校学习的学生。困难大学生由教育部核定资格。

补充资料：

享受生育保障待遇人次：指年初至报告期末参加城镇居民基本医疗保险、城乡统筹居民基本医疗保险，年龄在15-49岁之间的参保人数中按规定享受生育保障待遇的人次，主要包括享受生育和计划生育医疗待遇的人次数。

(2) 逻辑关系式

宾栏：(1)≥(2),(1)=(3)+(8)+(13),(3)≥(4)+(5)+(6)+(7),

(8)≥(9)+(10)+(11)+(12),(13)≥(14),(15)≥(16)。

7. 城镇居民(含城乡统筹)基本医疗保险缴费和财政补助情况(人社统 HI7 号)

本表为季报、年报表，对城镇居民基本医疗保险个人缴费、医疗救治基金补助个人缴费、财政资金补助个人情况进行统计。具体表式和统计指标见表19-11。

(1) 主要指标解释

甲栏同 HI6 宾栏。

宾栏：

个人缴费人数：指报告期末参加城镇居民基本医疗保险、城乡统筹居民基本医疗保险并按规定个人缴纳医疗保险费的人数。

个人缴费金额：指年初到报告期末参加城镇居民基本医疗保险、城乡统筹居民基本医疗保险并按规定个人缴纳医疗保险费的金额。

医疗救助资金补助个人缴费人数：指报告期末，由医疗救助资金补助参加城镇居民基本医疗保险、城乡统筹居民基本医疗保险个人缴纳医疗保险费的人员数。

医疗救助资金补助个人缴费金额：指年初到报告期末，由医疗救助资金补助参加城镇居民基本医疗保险、城乡统筹居民基本医疗保险个人缴纳医疗保险费的金额。

本期应补财政补助资金：指报告期内按参保居民筹资标准有关规定当年应由各级财政补助的资金额。

本期实补财政补助资金：指报告期内按规定当年各级财政实际到位的补助资金额。

财政补拨往年未到位资金合计：指报告期内当年各级财政补拨往年未到位的资金额，不含补拨当年未到位资金。

财政补助累计未到位资金合计：指报告期内按规定应由各级财政承担但未拨付到位的历年累计资金额。

(2) 逻辑关系式

甲栏：(1)≥(2)+(7)+(12)，(2)≥(3)+(4)+(5)+(6)，(7)≥(8)+(9)+(10)+(11)，(12)≥(13)；

宾栏：(5)≥(9)+(13),(6)≥(10)+(14)，(7)≥(11)+(15)，(8)≥(12)+(16)。

表 19-11　城镇居民(含城乡统筹)基本医疗保险缴费和财政补助情况

填报单位名称：________　年________季________　单位：人、万元

		个人缴费		医疗救助资金补助个人缴费		财政补助资金(普补)											
						合计				#中央财政				#省级财政			
		人数	金额	人数	金额	本期应补	本期实补	补拨往年未到位	累计未到位	本期应补	本期实补	补拨往年未到位	累计未到位	本期应补	本期实补	补拨往年未到位	累计未到位
甲栏	序号	1	2	3	4	5	6	7	8	9	10	11	12	13	14	15	16
总计	1																
一、成年人	2																
其中：1. 低保	3																
2. 重残	4																
3. 低收入家庭	5																
4. 其他困难人员	6																
二、中小学生	7																
其中：1. 低保	8																
2. 重残	9																
3. 低收入家庭未	10																
4. 其他困难人员	11																
三、大学生	12																
其中：困难人员	13																

单位负责人签章：_____处(科)　负责人签章：_____　填表人签章：_______　报出日期：____年____月____日

8. 城镇居民(含城乡统筹)基本医疗保险医疗费用支出情况(按参保人群分类)(人社统 HI8 号)

本表为季报、年报表，对参加城镇居民医疗保险的成年人、学生儿童、大学生门诊(包括普通门急诊和门诊大病)、住院医疗费用支出情况进行统计。具体表式和统计指标见表 19-12。

表 19-12　城镇居民(含城乡统筹)基本医疗保险医疗费用支出情况(按参保人群分类)

填报单位名称：_______年___季________________单位：万元、人次、床日

		普通门急诊					门诊大病				
		就诊人次	#门诊统筹	费用	#门诊统筹医疗费	#门诊统筹支付	就诊人次	费用	#统筹支付	#自付	#自费
甲栏	序号	1	2	3	4	5	6	7	8	9	10
总计	1										
一、成年人	2										
#老年人	3										
二、学生儿童	4										
三、大学生	5										

续表

		住院											
		出院人次	住院床日	费用	按支出类别分类						按支出构成分类		
					#药品费		#检查治疗费		#服务设施费		#统筹基金支付	#自付	#自费
					目录内	目录外	政策内	政策外	政策内	政策外			
甲栏	序号	11	12	13	14	15	16	17	18	19	20	21	22
总计	1												
一、成年人	2												
#老年人	3												
二、学生儿童	4												
三、大学生	5												

补充资料：享受门诊统筹待遇人数___人；享受门诊大病待遇人数_______人；享受住院待遇人数_______人。

单位负责人签章：___处(科)负责人签章：_______填表人签章：_______报出日期：　年　月　日

(1) 主要指标解释

本表所涉及城镇居民医疗保险费用支出包括城镇居民基本医疗保险和城乡统筹居民基本医疗保险费用支出。

宾栏各指标统计的是报告期内参加城镇居民基本医疗保险人员在定点医疗机构就诊和费用支出情况。

门诊统筹：指按照《关于开展城镇居民基本医疗保险门诊统筹的指导意见》(人社部发[2009]66号)开展的城镇居民基本医疗保险门诊统筹。

补充资料中享受门诊统筹待遇人数指报告期内享受统筹基金支付普通门(急)诊费用的人数。

(2) 逻辑关系式

甲栏：(1)≥(2)+(4)+(5)，(2)≥(3)；

宾栏：(1)≥(2)，(3)≥(4)，(4)≥(5)，(7)≥(8)+(9)+(10)，

(13)≥(14)+(15)+(16)+(17)+(18)+(19)，(13)≥(20)+(21)+(22)。

9. 城镇居民(含城乡统筹)基本医疗保险医疗费用支出情况(按医疗机构分类)(人社统 HI9 号)

本表为季报、年报表，是对参加城镇居民医疗保险的居民在不同级别医疗机构门诊(包括普通门急诊和门诊大病)、住院医疗费用支出情况进行统计。具体表式和统计指标见表 19-13。

(1) 主要指标解释

本表所涉及城镇居民医疗保险费用支出包括城镇居民基本医疗保险和城乡统筹居民基本医疗保险费用支出。

宾栏：

普通门急诊首诊人次：指报告期内在首诊定点医疗机构就诊的参加城镇居民基本医疗保险的人员人次。

普通门急诊转诊人次：指报告期内首诊定点医疗机构向高级别定点医疗机构或高级别定点医疗机构向低级别定点医疗机构转诊的人次。

普通门急诊统筹支付中首诊支付：指报告期内参加城镇居民基本医疗保险的人员在首诊定点医疗机构就诊发生的普通门(急)诊费用中由统筹基金支付的金额。

表 19-13　城镇居民(含城乡统筹)基本医疗保险医疗费用支出情况(按医疗机构分类)

填报单位名称：________年________季________________单位：人、人次、万元

		普通门急诊											
		就诊人次（人次）	#门诊统筹			费用	#门诊统筹医疗费	#门诊统筹支付				#自付	#自费
				#首诊	#转诊			小计	#首诊	#转诊	#药品		
甲　栏	序号	1	2	3	4	5	6	7	8	9	10	11	12
总　　计	1												
其中：社区医疗机构	2												
一、三级医疗机构	3												
二、二级医疗机构	4												
三、一级医疗机构	5												
四、未定级医疗机构	6												

		门诊大病					
		就诊人次（人次）	费用	#统筹支付		#自付	#自费
					#药品		
甲　栏	序号	13	14	15	16	17	18
总　　计	1						
其中：社区医疗机构	2						
一、三级医疗机构	3						
二、二级医疗机构	4						
三、一级医疗机构	5						
四、未定级医疗机构	6						

补充资料：普通门急诊就诊人数________人，其中：门诊统筹就诊人数________人。门诊大病就诊人数 ________人。

		住院											
		出院人次	住院床日	费用	按支出类别分类						按支出构成分类		
					#药品费		#检查治疗费		#服务设施费		#统筹支	#自付	#自费
					#目录内#	目录外	#政策内	#政策外	#政策内	#政策外付			
甲　栏	序号	1	2	3	4	5	6	7	8	9	10	11	12
总　　计	1												
其中：社区医疗机构	2												
一、三级医疗机构	3												
二、二级医疗机构	4												
三、一级医疗机构	5												
四、未定级医疗机构	6												

补充资料：异地就医人员中，异地安置居住退休人员____人，异地工作____人，异地转诊____人，异地急诊____人。

单位负责人签章：______处(科)负责人签章：________填表人签章：__________报出日期：　年　月　日

普通门急诊统筹支付中转诊支付：指报告期内参加城镇居民基本医疗保险的人员在首诊定点医疗机构就诊后转诊发生的费用中由统筹基金支付的金额。

(2) 逻辑关系式

甲栏：(1) = (3) + (4) + (5) + (6)，(1) ≥ (2)；

宾栏：表 19-9 及续表 1：(1) ≥ (2)，(2) ≥ (3) + (4)，(5) ≥ (6)，(6) ≥ (7) + (11) + (12)，(7) ≥ (8) + (9)，(7) ≥ (10)，(14) ≥ (15) + (17) + (18)，(15) ≥ (16)。

续表 2：(3) ≥ (4) + (5) + (6) + (7) + (8) + (9)，(3) ≥ (10) + (11) + (12)。

10. 城镇职工基本医疗保险异地就医情况(人社统 HI10 号)

本表为季报、年报表，对城镇职工基本医疗保险参保人员(包括在职和退休)异地就医情况进行统计。具体表式和统计指标见表 19-14。

表 19-14 城镇职工基本医疗保险异地就医情况

填报单位名称：________年______季____________单位：人、人次、万元、床日

		异地就医登记备案人数	异地就医人数	普通门(急)诊		门诊大病					住院					
				费用支出合计	就诊人次	费用支出合计	#统筹支付	#自付	#自费	就诊人次	费用支出合计	按支出构成分类			出院人次	住院床日
												#统筹支付	#自付	#自费		
甲　栏	序号	1	2	3	4	5	6	7	8	9	10	11	12	13	14	15
总　计	1															
一、在职	2															
其中：省内	3															
省外	4															
二、退休	5															
其中：省内	6															
省外	7															

补充资料：异地就医人员中，异地安置居住退休人员____人，异地工作____人，异地转诊____人，异地急诊____人。

单位负责人签章：____处(科)负责人签章：________填表人签章：________报出日期：　年　月　日

(1) 主要指标解释

宾栏：

异地就医登记备案人数：指年初至报告期末，在本统筹地区参加城镇职工基本医疗保险人员因异地居住、工作、转诊、急诊等原因在本统筹地区经办机构办理异地就医备案的人数。

异地就医人数：指年初至报告期末，本统筹地区城镇职工基本医疗保险参保人员发生异地就医人数。

普通门(急)诊费用支出合计和普通门(急)诊人次：指报告期内本统筹地区的城镇职工基本医疗保险参保人员异地就医中，发生普通门(急)诊就诊的医疗费用和普通门(急)诊就诊的人次数。

门诊大病费用支出合计和门诊大病就诊人次：指报告期内本统筹地区的城镇职工基本医疗保险参保人员异地就医中，发生门诊大病的医疗费用和门诊大病就诊的人次数。

住院费用支出合计：指报告期内本统筹地区的城镇职工基本医疗保险参保人员异地就医中，

发生住院的医疗费用。

出院人次和住院床日：指报告期内本统筹地区的城镇职工基本医疗保险参保人员异地就医出院（包括死亡）的人次数和累计住院床日数。

补充资料：

异地安置居住退休人数：指年初至报告期末，本统筹地区城镇职工基本医疗保险人员中发生异地就医的异地安置退休人员数，具体指经国家组织动员支援边疆等地建设，按国家有关规定办理退休手续后，已按户籍管理规定异地安置的参保退休人员以及异地长期居住的退休人员在居住地就诊人数。

异地工作人数：指年初至报告期末，本统筹地区城镇职工基本医疗保险人员中发生异地就医的异地工作人员数，具体指按当地规定常驻异地工作的人员，因病在工作地就医的人数。

异地转诊人数：指年初至报告期末，本统筹地区城镇职工基本医疗保险人员中发生异地就医的异地转诊人员数，具体指参保人员因当地医疗条件所限转至统筹地区外就诊的人数。

异地急诊人数：指年初至报告期末，本统筹地区城镇职工基本医疗保险人员中发生异地就医的异地急诊人员数，具体指参保人员短期出差、学习培训或度假等期间，在异地发生疾病并就地紧急诊治的人数。

（2）逻辑关系式

甲栏：（1）=（2）+（5），（2）≥（3），（2）≥（4），（5）≥（6），（5）≥（7）；

宾栏：（5）≥（6）+（7）+（8），（10）≥（11）+（12）+（13）。

11. 城镇居民基本医疗保险异地就医情况（人社统 HI11 号）

本表为季报、年报表，对城镇居民基本医疗保险参保人员（包括在职和退休）异地就医情况进行统计。具体表式和统计指标见表 19-15。

表 19-15 城镇居民基本医疗保险异地就医情况

填报单位名称：____________年___季________单位：人、人次、万元、床日

		异地就医登记备案人数	异地就医人数	普通门(急)诊			门诊大病				住院						
				费用支出合计	#门诊统筹医疗费	就诊人次	费用支出合计	#统筹支付	#自付	#自费	就诊人次	费用支出合计	按支出构成分类			出院人次	住院床日
													#统筹支付	#自付	#自费		
甲 栏	序号	1	2	3	4	5	6	7	8	9	10	11	12	13	14	15	16
总 计	1																
其中：省内	2																
省外	3																

补充资料：异地就医人员中，异地居住___人，异地转诊___人，异地急诊___人。

单位负责人签章：___处（科）负责人签章：___填表人签章：___报出日期： 年 月 日

（1）主要指标解释

宾栏中住院出院人次和住院床日指报告期内本统筹地区的城镇居民基本医疗保险参保人员异地就医出院（包括死亡）的人次数和累计住院床日数。

补充资料：

异地转诊人数：指年初至报告期末，本统筹地区城镇居民基本医疗保险人员中发生异地就医的异地转诊人员数，具体指参保人员因当地医疗条件所限转至统筹地区外就诊的人数。

异地急诊人数：指年初至报告期末，本统筹地区城镇居民基本医疗保险人员中发生异地就医的异地急诊人员数，指参保人员短期外出期间，在异地发生疾病并就地紧急诊治的人数。

（2）逻辑关系式

甲栏：(1)≥(2)，(1)≥(3)；

宾栏：(3)≥(4)，(6)≥(7)+(8)+(9)，(11)≥(12)+(13)+(14)。

12. 新型农村合作医疗情况（人社统 HI12 号）

本报表为半年报、年报表，对参加新农合、享受新农合待遇人数、门诊和住院补偿人数、门诊和住院费用支出、补偿情况进行统计。具体表式和统计指标见表 19-16。

表 19-16　新型农村合作医疗情况

填报单位名称：________年______半年______________单位：人、人次、万元

		参保人数	享受待遇人数	门诊			住院			其他补偿费用
				费用支出	#补偿费用	补偿人次	费用支出	#补偿费用	补偿人次	
甲栏	序号	1	2	3	4	5	6	7	8	9
总计	1									

单位负责人签章：____处(科)负责人签章：________填表人签章：______报出日期：　年　月　日

（1）主要指标解释

本表由人力资源和社会保障部门管理新农合的统筹地区填写。

参保人数：指报告期末参加由人力资源和社会保障部门管理的新农合的人数。

其他补偿费用：指报告期内参加新农合人员体检及其他费用由新农合基金支付的金额。

（2）逻辑关系式

宾栏：(3)≥(4)，(6)≥(7)。

13. 城镇居民基本医疗保险生育保障医疗费用支出情况（人社统 HI13 号）

本报表为为半年报、年报表，对城镇居民基本医疗保险参保人员生育保障人数和医疗费用的支出情况进行统计。具体表式和统计指标见表 19-17。

表 19-17　城镇居民基本医疗保险生育保障医疗费用支出情况

填报单位名称：____________________年____半年____________单位：人、人次、万元

		生育								新生儿人数
		产前检查			住院分娩					
		就诊人数	医疗费用	#统筹基金支付	出院人数	医疗费用	#统筹基金支付	#个人自付	#个人自费	
甲　栏	序号	1	2	3	4	5	6	7	8	9
总　计	1									
1. 三级医疗机构	2									
2. 二级医疗机构	3									
3. 一级及以下医疗机构	4									

单位负责人签章：______处(科)负责人签章：________填表人签章：______报出日期：　年　月　日

（1）主要指标解释

宾栏：

产前检查就诊人数：指报告期内参加城镇居民基本医疗保险的人员在定点医疗机构进行产前检查的人数。

产前检查医疗费用：指报告期内参加城镇居民基本医疗保险的人员在定点医疗机构就诊发生的产前检查费用的合计。

出院人数：指告期内参加城镇居民基本医疗保险的人员在定点医疗机构住院分娩出院的人数。

新生儿人数：指按规定，报告期内享受城镇居民基本医疗保险待遇的新生儿人数。

（2）逻辑关系式

甲栏：（1）=（2）+（3）+（4）；

宾栏：（2）≥（3），（5）≥（6）+（7）+（8）。

14. 补充保险情况（人社统 SI1 号）

本表为年报表，其中六项指标是对补充医疗保险情况进行统计。具体表式和统计指标见表 19-18。

（1）主要指标解释

公务员医疗补助实际享受补助人数：指报告期内享受公务员医疗补助的公务员人数，如报告期内一人享受两次以上待遇，按一人计算。

参加大额医疗费用补助人员期末数 ：指报告期末参加为解决封顶线以上人员的医疗费用和门（急）诊大额医疗费而建立的补充医疗保险的人数。

其他补充医疗保险参加人员期末数：指报告期末参加由社保经办机构管理的除公务员医疗补助、职工大额医疗费用互助以外其他形式的补充医疗保险的人员数（含职工、退休）。

其他补充医疗保险享受待遇人数：如报告期内一人享受两次以上待遇，按一人计算。

表 19-18　补充保险情况

填报单位名称：_______　　年_______　　单位：人

		养老保险		医疗保险					
		参加企业年金		公务员医疗补助		职工大额医疗费用补助		其他补充医疗保险	
		参保人数	享受待遇的离退休人数	列入补助范围人数	实际享受补助人数	参保人数	实际享受补助人数	参保人数	享受待遇人数
甲栏	序号	1	2	3	4	5	6	7	8
总计	1								
一、企业	2								
二、事业	3								
三、机关	4								
四、其他人员	5								

单位负责人签章：_______处（科）　负责人签章：_______　填表人签章：_______　报出日期：___年___月___日

（2）逻辑关系式：甲栏：（1）=（2）+（3）+（4）+（5）。

（二）全国新型农村合作医疗调查制度

1. 社会经济与参合情况调查表（卫计统 52 表）

本表为季报、年报表，对各行政区社会经济情况和参合情况进行调查。具体表式和统计指标见表 19-19。

表 19-19　社会经济与参合情况调查表

省(自治区、直辖市):
地(市、州、盟):
县(市、区、旗):_______年_______季_______

指标名称	代码	计量单位	数量
甲	乙	丙	1
一、新农合启动时间	101	—	
二、乡(镇、街道)数	102	个	
三、行政村数	103	个	
四、农村总户数	104	户	
五、总人口数	105	人	
六、农业人口数	106	人	
七、农村医疗救助对象人数	107	人	
八、参加新农合户数	108	户	
九、参加新农合人数	109	人	
十、民政部门资助参合人数	110	人	
十一、上年生产总值	111	万元	
十二、上年财政收入	112	万元	
十三、上年财政支出	113	万元	
十四、上年农民人均纯收入	114	元	

填报单位:_______　单位负责人:_______　填表人:_______　联系电话:_______　报出日期:___年___月___日
填报说明:季度报表只填写 101 项、105-107 项、109-110 项

主要指标解释:一至七填报的数据均为上一年度数据,乡(镇、街道)数、行政村数、农村总户数、总人口数以当地统计局公布数据为准。农业人口数以当地统计局公布数据为准,无农业人口统计数字的县(市、区)可按当地统计局公布的乡村人口数填报。农村医疗救助对象人数以当地民政部门公布数据为准。

参加新农合的户数到本年度新农合筹资截止时,实际参加新农合的户数。

参加新农合的人数:到本年度新农合筹资截止时,已缴纳参加新农合资金的人口数。

2. 新农合基金筹集情况调查表(卫计统 53 表)

本表为季报、年报表,对各行政区新农合基金筹集情况进行调查。具体表式和统计指标见表 19-20。

表 19-20　新农合基金筹集情况调查表

省(自治区、直辖市):
地(市、州、盟):
县(市、区、旗):_______年_______季_______

指标名称	代码	计量单位	数量
甲	乙	丙	1
一、基金总额	201	万元	
二、本年度筹资总额	202	万元	

续表

指标名称	代码	计量单位	数量
甲	乙	丙	1
其中：中央财政	203	万元	
地方财政	204	万元	
其中：省级财政	205	万元	
市级财政	206	万元	
县级财政	207	万元	
乡级财政	208	万元	
个人缴纳	209	万元	
其中：个人自付	210	万元	
医疗救助缴纳	211	万元	
其他资助	212	万元	
利息收入	213	万元	
其他	214	万元	
三、上年结转	215	万元	
其中：统筹基金结转	216	万元	
其中：风险基金结转	217	万元	
家庭账户基金结转	218	万元	

填报单位:_______　单位负责人：_______　填表人：_______　联系电话：_______　报出日期：___年___月___日

填报说明：季度报表只填写 202~214 项，为本年内截止到本季度末的累计数

（1）主要指标解释

基金总额：指本年度的筹资总额和新农合基金上一年结转金额的合计数。

本年度筹资总额：指为本年度筹集的，实际进入新农合专用账户的基金数额，包括本年的中央及地方财政配套资金、农民个人缴纳资金(包含民政部门及其他相关部门代缴的救助资金)、新农合基金本年度产生的全部利息收入及其他渠道实际筹集到的新农合基金额，不含上年结转资金。

上年结转：指上一年度新农合基金结余额，转入本年度新农合基金的资金数额(上年新农合基金总额减去上年新农合基金支出总额)，含统筹基金结转和家庭账户基金结转。

（2）逻辑关系式

201 项 = 202 项 + 215 项；202 项 = 203 项 + 204 项 + 209 项 + 213 项 + 214 项；

204 项 = 205 项 + 206 项 + 207 + 208 项；209 项 = 210 项 + 211 项 + 212 项；215 项 = 216 项 + 218 项。

3. 新农合基金分配与支出情况调查表(卫计统 54 表)

本表为年报表，对新农合基金分配与支出情况进行统计。具体表式和统计指标见表 19-21。

（1）具体指标解释

本年度基金分配：指根据本地新农合实施方案，对本年度实际到位的新农合基金(即本年度筹资总额)按其不同使用目的划分到统筹基金、门诊家庭账户基金和风险基金的情况。

表 19-21 新农合基金分配与支出情况调查表

省(自治区、直辖市)：
地(市、州、盟)：
县(市、区、旗)：_______ 年_______

指标名称	代码	计量单位	数量
甲	乙	丙	1
一、本年度基金分配	—	—	—
本年度筹资总额	301	万元	
其中：统筹基金	302	万元	
其中：计提风险基金	303	万元	
门诊家庭账户基金	304	万元	
二、本年度基金支出	—	—	—
本年度基金支出总额	305	万元	
其中：统筹基金支出	306	万元	
其中：动用风险基金	307	万元	
购买大病保险支出	308	万元	
门诊家庭账户基金支出	309	万元	

填报单位：_______ 单位负责人：_______ 填表人：_______ 联系电话：_______ 报出日期：___年___月___日

统筹基金：指根据本地新农合实施方案，从新农合基金中划分出来，以统筹的形式进行管理，用于对参合人员住院、门诊或某些特殊项目进行补偿的基金数额。

门诊家庭账户基金：指根据本地新农合实施方案，从新农合基金中划分出来，以家庭账户的形式进行管理，用于对参合人员门诊进行补偿的基金数额。

本年度计提风险基金：指根据本地新农合实施方案，本年度按规定比例从筹集的新农合基金中提取的风险基金数额。

本年度动用风险基金：本年度由于新农合基金非正常超支而造成新农合基金临时周转困难而动用风险基金数。发生基金超支，但从基金历年结余中列支而没有动用风险基金的，不填写该项。

购买大病保险支出：指根据本地新农合实施方案，从新农合基金中按照一定比例或额度划出的购买商业保险公司大病保险的基金数额。

(2) 逻辑关系式

301 项 = 302 项 + 304 项；305 项 = 306 项 + 309 项；

305 项 = 308 项 + “卫计统 54-1 表”411 项 + “卫计统 54-2 表”507 项 + “卫计统 54-2 表”513 项 + “卫计统 54-3 表”603 项 + “卫计统 54-3 表”610 项 + “卫计统 54-3 表”612 项 + “卫计统 54 - 3 表”614 项。

4. 新农合住院补偿情况调查表(卫计统 54-1 表)

本表为季报、年报表，对新农合住院补偿情况进行调查。具体表式和统计指标见表 19-22。

(1) 主要指标解释

住院人次数包括获得住院补偿和未获得住院补偿的参合人员的住院人次数。

住院总费用包括获得住院补偿和未获得住院补偿的参合人员的住院总费用。

住院补偿人次数：指本年度内，参合人员因疾病住院获得补偿(不包括对参合孕产妇计划内住院分娩给予的定额补偿)的人次数。

获得补偿的参合人员住院总费用：指本年度内，参合人员中因疾病住院获得补偿(不包括对参合孕产妇计划内住院分娩给予的定额补偿）的人员住院发生的医疗总费用。

住院补偿金额：指本年度内，参合人员因疾病住院获得补偿（不包括对参合孕产妇计划内住院分娩给予的定额补偿）的金额。

（2）逻辑关系式

403 项 = 404 项 + 405 项 + 406 项；407 项 = 408 项 + 409 项 + 410 项；

411 项 = 412 项 + 413 项 + 414 项；401 项≥403 项；402 项≥407 项。

表 19-22　新农合补偿情况调查表（住院补偿）

省（自治区、直辖市）：

地（市、州、盟）：

县（市、区、旗）：______年______季______

指标名称	代码	计量单位	数量
甲	乙	丙	1
一、参合农民住院	—	—	—
人次数	401	人次	
总费用	402	万元	
二、参合农民住院补偿	—	—	—
补偿人次数	403	人次	
其中：县外医疗机构	404	人次	
县级医疗机构	405	人次	
乡级医疗机构	406	人次	
住院总费用	407	万元	
其中：县外医疗机构	408	万元	
县级医疗机构	409	万元	
乡级医疗机构	410	万元	
补偿金额	411	万元	
其中：县外医疗机构	412	万元	
县级医疗机构	413	万元	
乡级医疗机构	414	万元	

填报单位：______　单位负责人：______　填表人：______　联系电话：______　报出日期：___年___月___日

填报说明：季度报表只填写 401～403 项、407 项、411 项，为本季度当季发生数

5. 新农合门诊补偿情况调查表（卫计统 54-2 表）

本表为季报、年报表，对新农合门诊补偿情况进行调查。具体表式和统计指标见表 19-23。

（1）主要指标解释

门诊补偿人次数：指本年度内，参合人员获得门诊补偿的人次数。门诊统筹和家庭账户两种形式分别统计。

门诊统筹总费用：指本年度内，以门诊统筹形式获得门诊补偿的参合人员门诊发生的总费用。

门诊补偿金额：指本年度内，参合人员获得的门诊补偿金额。

（2）逻辑关系式

501 项≥502 项 + 503 项；504 项≥505 项 + 506 项；507 项≥508 项 + 509 项；510 项≥511 项 + 512 项；513 项≥514 项 + 515 项。

表 19-23　新农合补偿情况调查表(门诊补偿)

省(自治区、直辖市)：
地(市、州、盟)：
县(市、区、旗)：________年________季________

指标名称	代码	计量单位	数量
甲	乙	丙	1
一、门诊统筹形式	—	—	—
补偿人次数	501	人次	
其中：乡级医疗机构	502	人次	
村级医疗机构	503	人次	
总费用	504	万元	
其中：乡级医疗机构	505	万元	
村级医疗机构	506	万元	
补偿金额	507	万元	
其中：乡级医疗机构	508	万元	
村级医疗机构	509	万元	
二、家庭账户形式	—	—	—
补偿人次数	510	人次	
其中：乡级医疗机构	511	人次	
村级医疗机构	512	人次	
补偿金额	513	万元	
其中：乡级医疗机构	514	万元	
村级医疗机构	515	万元	

填报单位:_______　单位负责人：_______　填表人：_______　联系电话：_______　报出日期：___年___月___日
填报说明：季度报表只填写 501 项、504 项、507 项、510 项、513 项，为本季度当季发生数

6. 新农合其他补偿情况调查表(卫计统 54-3 表)

本表为季报、年报表，对住院分娩(定额补偿)、大病保险、特殊病种大额门诊、体检以及其他补偿进行调查。具体表式和统计指标见表 19-24。

(1) 主要指标解释

住院分娩(定额补偿)：指根据本地新农合实施方案，本年度内，对参合孕产妇计划内住院分娩给予定额补偿。

住院分娩(定额补偿)的住院总费用：指本年度内，获得补偿的计划内住院分娩的参合孕产妇住院发生的总费用。

大病保险补偿人次数：指本年度内，商业保险公司通过新农合大病保险基金对患大病发生高额医疗费用的参合农民给予补偿的人次数。

大病保险总费用：指本年度内，获得商业保险公司大病保险补偿的参合农民发生的医药总费用。

大病保险新农合补偿金额：指根据本地新农合实施方案，本年度内，获得商业保险公司大病保险补偿的参合农民在新农合中获得的补偿金额。

大病保险补偿金额：指根据本地新农合实施方案，本年度内，商业保险公司通过新农合大病保险基金对患大病发生高额医疗费用的参合农民给予补偿的金额。

特殊病种大额门诊补偿人次：指根据本地新农合实施方案，本年度内，对参合人员患有特殊病种所产生的大额门诊费用进行补偿的人次数。特殊病种大额门诊补偿一般是指对在门诊治疗的某些疾病(通常为慢性病、高额治疗费用的疾病等)制定不同于普通门诊的补偿办法。

特殊病种大额门诊总费用：指本年度内，参合人员中，获得特殊病种大额门诊补偿的人员发生的大额门诊费用。

特殊病种大额门诊补偿金额：指根据本地新农合实施方案，本年度内，参合人员获得特殊病种大额门诊补偿的金额。

体检：指根据本地新农合实施方案，本年度内，对参合人员进行体检的人次数及从新农合基金中支出的费用。

其他补偿：指根据本地新农合实施方案，本年度内，从新农合基金中支出的，除住院、门诊、住院分娩、体检以及特殊病种大额门诊之外，对参合人员的某些项目按规定补偿的情况。

表 19-24　新农合补偿情况调查表(其他补偿)

省(自治区、直辖市)：

地(市、州、盟)：

县(市、区、旗)：________年________季________

指标名称	代码	计量单位	数量
甲	乙	丙	1
一、住院分娩(定额补偿)	—	—	—
补偿人次数	601	人次	
总费用	602	万元	
补偿金额	603	万元	
二、大病保险	—	—	—
补偿人次数	604	人次	
总费用	605	万元	
新农合补偿金额	606	万元	
大病保险补偿金额	607	万元	
三、特殊病种大额门诊	—	—	—
补偿人次数	608	人次	
总费用	609	万元	
补偿金额	610	万元	
四、体检	—	—	—
人次数	611	人次	
支出	612	万元	
五、其他补偿	—	—	—
补偿人次数	613	人次	
补偿金额	614	万元	
项目(请注明)	615	—	

填报单位：________　单位负责人：________填表人：________　联系电话：________

7. 新农合经办机构调查表(卫计统 55 表)

本表为年报表，对新农合经办机构进行调查。具体表式和统计指标见表 19-25。

(1) 主要指标解释

编制人数：指由编办行文确定的全县(包括乡镇)新农合经办机构工作人员数。县级定编人数是指县本级经办机构定编人数，不含派出到乡镇的定编人员。

实有人数：指全县(包括乡镇)新农合经办机构现有专(兼)职工作人员数。县级实有人数是指县本级经办机构专(兼)职工作人员人数，不含派出到乡镇的专(兼)职工作人员。

人员支出：指用于支付全县(包括乡镇)新农合经办机构人员工资、奖金等的支出。

公用支出：指用于支付全县新农合日常管理的办公费、业务费等的支出。

专项支出：指用于支付全县新农合建设专项资金的支出。

(2) 逻辑关系式：705 项 = 706 项 + 707 项；708 项 = 709 项 + 710 项 + 711 项 + 712 项。

表 19-25　新农合经办机构调查表

省(自治区、直辖市)：

地(市、州、盟)：

县(市、区、旗)：______年______

指标名称	代码	计量单位	数量
甲	乙	丙	1
一、编制人数	701	人	
其中：县级	702	人	
二、实有人数	703	人	
其中：县级	704	人	
三、经费收入	705	万元	
其中：财政拨款	706	万元	
其他收入	707	万元	
四、经费支出	708	万元	
其中：人员支出	709	万元	
公用支出	710	万元	
专项支出	711	万元	
其他支出	712	万元	

填报单位：______　单位负责人：______　填表人：______　联系电话：______　报出日期：___年___月___日

二、医疗救助统计报表

医疗救助是指国家和社会针对那些因为贫困而没有经济能力进行治病的公民实施专门的帮助和支持。它通常是在政府有关部门的主导下，社会广泛参与，通过医疗机构针对贫困人口的患病者实施的恢复其健康、维持其基本生存能力的救治行为。

社会服务统计季报表是由民政部制定，国家统计局批准，用来统计社会服务综合情况、社会工作情况、成员组织情况以及其他社会服务情况的报表。社会服务统计报表为季报表。其中社会工作的情况统计包括社会救助情况的统计，医疗救助统计包含在社会救助情况统计之中，在城市对民政部门城市医疗救助人次数、民政部门资助参加医疗保险人数两个指标进行统计，在农村对民政部门农村医疗救助人次数、民政部门资助参加合作医疗人数进行统计，医疗救助人次又细分为住院救助人次和门诊救助人次。

三、商业医疗保险统计报表

（一）健康保险基础报表

1. 健康保险财务统计表

本表为月报表，此报表统计疾病保险、医疗保险、失能保险、护理保险四项业务，每项业务统计原保险保费收入、赔付支出、退保金三类项目，原保险保费收入、赔付支出适用于短期和长期健康险项目，退保金适用于长期健康险项目。

具体表式参见保监会发布的《健康保险统计制度统计报表取值关系》中的表1：健康保险财务统计表(月报)。

2. 长期健康保险原保险保费收入统计表

本表为月报表，此报表统计疾病保险、医疗保险、失能保险、护理保险四项业务，每项业务统计新单保费、续期保费、新单和续期保费合计三个项目，其中新单保费中包含新单趸缴保费子项目。

具体表式参见保监会发布的《健康保险统计制度统计报表取值关系》中的表2：长期健康保险原保险保费收入统计表(月报)。

3. 健康保险经营利润表

本表为月报表，此报表包括短期健康险、长期健康险、合计三个项目，统计指标包括已赚保费、保险业务支出、承保利润、分摊的投资收益、经营利润相关指标。

已赚保费 = 原保险保费收入 + 分保费收入 − 分出保费 − 提取未到期责任准备金

短期健康险经营利润 = 承保利润 + 分摊的投资收益

长期健康险经营利润 = 原保费收入 + 分保费出入 − 分出保费 − 保险业务支出 + 分摊的投资收益

具体表式参见保监会发布的《健康保险统计制度统计报表取值关系》中的表3：健康保险经营利润表(月报)。

4. 健康保险销售渠道统计表

本表为月报表，健康保险销售渠道包括个人代理、公司直销、保险专业代理、银行邮政代理、其他兼业代理、保险经纪业务六个渠道。每个渠道统计原保险保费收入、手续费及佣金支出、保单件数、承保人次、保险金额五个指标。

具体表式参见保监会发布的《健康保险统计制度统计报表取值关系》中的表4：健康保险销售渠道统计表(月报)。

5. 健康保险业务统计表

本为季报表，此报表统计疾病保险、医疗保险、失能保险、护理保险四项业务，每项业务统计保单件数、承保人次、保险金额、已决赔付人次、未决赔付人次、已决赔付金额、未决赔付金额七个指标。

具体表式参见保监会发布的《健康保险统计制度统计报表取值关系》中的表5：健康保险业务统计表(季报)。

6. 费用补偿型医疗保险理赔统计表

本表为月报表，此报表统计短期个人健康险、短期团体健康险、长期个人健康险、长期团体健康险四个项目，每个项目统计已决赔付人次(细分为总人次、门诊、住院、其他)、已决赔付金额(细分为总金额、门诊、住院、其他)两个指标。已决赔付金额指统计期内已立案且已结案的累计赔款和给付金额，包括已决赔款和已决给付金额。对短期险填报已决赔款指标，对长期险填报已决给付金额指标。

具体表式参见保监会发布的《健康保险统计制度统计报表取值关系》中的表6：费用补偿型医疗保险理赔统计表(月报)。

7. 个人长期重疾险因统计表

个人长期重疾险因统计表为半年报表，此报表对恶性肿瘤、急性心肌梗死、脑中风后遗症、重大器官移植术或造血干细胞移植术、冠状动脉搭桥术(或称冠状动脉旁路移植术)、终末期肾病(或称慢性肾衰竭尿毒症期)、其他重大疾病、其他等8方面险因进行统计，统计指标包括期末有效承保人次和已决赔付人次。

具体表式参见保监会发布的《健康保险统计制度统计报表取值关系》中的表7：个人长期重疾险因统计表(半年报)。

8. 健康保险专项业务财务统计表

本表为季报表，专项业务包括新农合、新农合补充、城镇职工基本医疗、城镇职工补充医疗、城镇居民基本医疗、城镇居民补充医疗、医疗救助、企事业团体补充医疗8项业务。统计项目包括原保险保费收入、应收保费、赔付支出、专属费用、分摊的共同费用5个指标。

具体表式参见保监会发布的《健康保险统计制度统计报表取值关系》中的表8：健康保险专项业务财务统计表(季报)。

9. 健康保险专项业务业务统计表

本表为季报表，专项业务包括新农合、新农合补充、城镇职工基本医疗、城镇职工补充医疗、城镇居民基本医疗、城镇居民补充医疗、医疗救助、企事业团体补充医疗8项业务。每项业务统计开办市县数、保单件数、应参保人数、期末有效承保人次、已决赔付人次、已决赔付金额6个指标。

具体表式参见保监会发布的《健康保险统计制度统计报表取值关系》中的表9：健康保险专项业务业务统计表(季报)。

10. 健康保障委托管理业务统计表

本表为季报表，委托管理业务包括新农合、新农合补充、城镇职工基本医疗、城镇职工补充医疗、城镇居民基本医疗、城镇居民补充医疗、医疗救助、企事业团体补充医疗、其他委托管理业务9项业务，统计指标包括开办市县数、委托管理件数、应参保人数、实际参保人数、委托管理资金、补偿人次、补偿金额、理算人次、理算金额、管理费收入、专属费用11个指标。

具体表式参见保监会发布的《健康保险统计制度统计报表取值关系》中的表10：健康保障委托管理业务统计表(季报)。

11. 健康服务统计表

本表为月报表，此报表统计健康服务合同件数、参加健康服务人数、健康服务业务收入、健康服务业务支出四个指标，每个指标从本年累计、上年同期、同比增长三方面进行统计。

具体表式参见保监会发布的《健康保险统计制度统计报表取值关系》中的表11：健康服务统计表(月报)。

(二) 健康保险分析报表

1. 全国各地区健康保险保险责任月报表

本报表对全国(分集团、总公司本级、东部地区、中部地区、西部地区)健康保险(包括疾病保险、医疗保险、失能保险和护理保险)的原保险保费收入、赔付支出、短期险综合赔付率、退保金、长期险退保率等几个指标及这些指标的同比变化情况进行统计。

具体表式参见保监会发布的《健康保险统计制度统计分析表》分析表1：全国各地区健康保险保险责任月报表。

2. 人寿保险公司健康保险保险责任月报表

本报表对中资、外资各人寿保险公司健康保险(包括疾病保险、医疗保险、失能保险和护理保险)的原保险保费收入、赔付支出、短期险综合赔付率、退保金、长期险退保率等几个指标及这些指标的同比变化情况进行统计。

具体表式参见保监会发布的《健康保险统计制度统计分析表》分析表2：人寿保险公司健康保险保险责任月报表。

3. 财产保险公司健康保险保险责任月报表

本报表对中资、外资各财产保险保险公司健康保险(包括疾病保险、医疗保险、失能保险和护理保险)的原保险保费收入、赔付支出、短期险综合赔付率、退保金、长期险退保率等几个指标及这些指标的同比变化情况进行统计。

具体表式参见保监会发布的《健康保险统计制度统计分析表》分析表3：财产保险公司健康保险保险责任月报表。

4. 全国各地区健康保险销售对象月报表

本报表对全国(分集团、总公司本级、东部地区、中部地区、西部地区)健康保险(包括个人保险和团体保险)的原保险保费收入、新单保费、新单保费占比、新单期缴业务占比、续期保费、赔付支出、退保金等几个指标及这些指标的同比增长情况进行统计。

具体表式参见保监会发布的《健康保险统计制度统计分析表》分析表4：全国各地区健康保险销售对象月报表。

5. 人寿保险公司健康保险销售对象月报表

本报表对中资、外资各人寿保险公司健康保险(包括个人保险和团体保险)的原保险保费收入、新单保费、新单保费占比、新单期缴业务占比、续期保费、赔付支出、退保金等几个指标及这些指标的同比增长情况进行统计。

具体表式参见保监会发布的《健康保险统计制度统计分析表》分析表5：人寿保险公司健康保险销售对象月报表。

6. 财产保险公司健康保险销售对象月报表

本报表对中资、外资各财产保险保险公司健康保险(包括个人保险和团体保险)的原保险保费收入、赔款支出两个指标及这两个指标的同比增长情况进行统计。

具体表式参见保监会发布的《健康保险统计制度统计分析表》分析表6：财产保险公司健康保险销售对象月报表。

7. 全国各地区健康保险主要经营指标月报表

本报表对全国(分集团、总公司本级、东部地区、中部地区、西部地区)健康保险(包括短期健康险和长期健康险)的原保险保费收入、应收保费、应收保费率、赔付支出、经营利润5个指标及这些指标的同比变化情况进行统计，并对短期健康保险和长期健康保险的原保险保费收入、赔款支出、承保利润、承保利润率、已赚保费综合费用率、综合赔付率、综合成本率7个指标及指标的同比变化情况进行统计。

具体表式参见保监会发布的《健康保险统计制度统计分析表》分析表7：全国各地区健康保险主要经营指标月报表。

8. 人寿保险公司健康保险主要经营指标月报表

本报表对中资、外资各人寿保险公司健康保险的原保险保费收入、应收保费、应收保费率、赔付支出、经营利润5个指标及这些指标的同比变化情况进行统计，并对短期健康保险和长期健康保险的原保险保费收入、赔款支出、承保利润、承保利润率、已赚保费综合费用率、综合赔付率、综合成本率7个指标及指标的同比变化情况进行统计。

具体表式参见保监会发布的《健康保险统计制度统计分析表》分析表8：人寿保险公司健康保险主要经营指标月报表。

9. 财产保险公司健康保险主要经营指标月报表

本报表对中资、外资各财产保险保险公司的原保险保费收入、应收保费、应收保费率、赔款支出、承保利润、承保利润率、已赚保费综合费用率、综合赔付率、综合成本率、经营利润 10 个指标及这些指标的同比变化情况进行统计。

具体表式参见保监会发布的《健康保险统计制度统计分析表》分析表 9：财产保险公司健康保险主要经营指标月报表。

10. 健康保障委托管理业务与健康保险专项业务季报表

本报表对新农合、新农合补充、城镇职工基本医疗、城镇职工补充医疗、城镇居民基本医疗、城镇居民补充医疗、医疗救助、企事业团体补充医疗 8 项业务（包括健康保障委托管理业务与健康保险专项业务）的业务状况进行统计。涉及的指标包括开办市县数量、业务件数（包括本年累计新增和期末有效两项）、应参保人数、实际参保人数、参保率、本年累计新增委托管理资金（包括进账、不进账、合计三项）、原保险保费收入、赔付与补偿人次、理算人次、赔付与补偿金额、次均赔付与补偿金额、理算金额、次均理算金额等指标，赔付与补偿人次、理算人次从总人次、门诊人次、住院人次及其他四方面进行统计，赔付与补偿金额、次均赔付与补偿金额、理算金额、次均理算金额从总金额、门诊金额、住院金额及其他四个方面进行统计。其中，参保率 = 实际参保人数÷应参保人数，次均补偿与赔付金额 =（已决赔款 + 已决给付金额 + 补偿金额）÷（已决赔付人次 + 补偿人次），次均理算金额 = 理算金额÷理算人次。

具体表式参见保监会发布的《健康保险统计制度统计分析表》分析表 10：健康保障委托管理业务与健康保险专项业务季报表。

11. 各保险公司健康保障委托管理业务与健康保险专项业务季报表

本报表对中资、外资各人寿保险公司和中资、外资各财产保险保险公司开展新农合、新农合补充、城镇职工基本医疗、城镇职工补充医疗、城镇居民基本医疗、城镇居民补充医疗、医疗救助、企事业团体补充医疗 8 项业务的情况进行统计。统计指标包括开办市县数量（细分为小计、委托管理、健康保险）、本年累计新增委托管理资金（细分为小计、进账、不进账）、原保险保费收入。

具体表式参见保监会发布的《健康保险统计制度统计分析表》分析表 10：各保险公司健康保障委托管理业务与健康保险专项业务季报表。

12. 全国各地区健康保障委托管理业务与健康保险专项业务季报表

本报表对全国（分集团、总公司本级、东部地区、中部地区、西部地区）开展新农合、新农合补充、城镇职工基本医疗、城镇职工补充医疗、城镇居民基本医疗、城镇居民补充医疗、医疗救助、企事业团体补充医疗 8 项业务的情况进行统计。统计指标包括开办市县数量（细分为小计、委托管理、健康保险）、本年累计新增委托管理资金（细分为小计、进账、不进账）、原保险保费收入。

具体表式参见保监会发布的《健康保险统计制度统计分析表》分析表 12：全国各地区健康保障委托管理业务与健康保险专项业务季报表。

13. 各保险公司费用补偿型医疗险理赔统计季报表

本报表对中资、外资各人寿保险公司和中资、外资各财产保险保险公司的费用补偿型医疗险理赔情况进行统计，统计指标包括费用补偿型医疗险简单赔付发生率（%）（细分为短期、长期、个人、团体、合计）和次均赔付金额（元）（细分为短期、长期、个人、团体、合计）。

具体表式参见保监会发布的《健康保险统计制度统计分析表》分析表 13：各保险公司费用补偿型医疗险理赔统计季报表。

14. 个人长期重疾险简单赔付发生率表

本报表对恶性肿瘤、急性心肌梗死、脑中风后遗症、重大器官移植术或造血干细胞移植术、冠状动脉搭桥术（或称冠状动脉旁路移植术）、终末期肾病（或称慢性肾衰竭尿毒症期）、其他重大疾病和其他险因 8 大险因的期末有效承保人次、已决赔付人次、占比、个人长期重疾简单赔付发生率进行统计。

具体表式参见保监会发布的《健康保险统计制度统计分析表》分析表 14：个人长期重疾险简单赔付发生率表。

案例：2008～2012 年新型农村合作医疗统计数据见附表。

附表 新型农村合作医疗情况

年份	开展新农合县(市、区)(个)	参加新农合人数(亿人)	参合率(%)	人均筹资(元)	当年基金支出(亿元)	补偿受益人次(亿人次)
2008	2729	8.15	91.53	96.30	662.31	5.85
2009	2716	8.33	94.19	113.36	922.92	7.59
2010	2678	8.36	96.00	156.57	1187.84	10.87
2011	2637	8.32	97.48	246.21	1710.19	13.15
2012	2566	8.05	98.26	308.50	2408.00	17.45

（摘自 2013 中国卫生统计年鉴）

问题：

1）这些数据从何而来？

2）这些数据由哪个部门搜集的？

提示：这些数据是由卫生行政部门填写新农合统计报表逐级上报到原卫生部，原卫生部统计信息中心汇总而来。

1. 我国的医疗保险报表统计调查制度包括哪几项制度？
2. 医疗保险统计制度的内容包括哪些？
3. 各项报表统计制度从哪些方面进行调查？

（韩冬梅）

第二十章
计算机数据管理与分析

随着科学技术的发展，数据正以前所未有的速度在迅速增长。能够进行数据管理的软件很多，如 Excel、Access、Epi info 等，本章将要介绍的 EpiData 是一款免费的数据管理软件，自面世以来，以其强大的功能和简单的操作深受用户青睐，特别是其数据录入和核查功能更使其在社会调查、医药卫生领域备受欢迎。而在数据统计分析部分，本章将要介绍的是 SPSS，这是国际上最流行并具有权威性的统计分析软件之一，其最显著的特点是菜单和对话框的操作方式，易学易用，因此备受非统计学专业人员青睐。

第一节　EpiData 3.1 数据管理

EpiData 数据管理软件由丹麦欧登塞组织开发，具有界面友好、操作简单、方便实用等特点，目前已经广泛应用于社会学、公共卫生、临床医学等研究领域。EpiData 软件可随时更新升级(www.epidata.dk/)。目前最新版本为 Epidata3.1。本节着重介绍 EpiData3.1 软件管理数据的各项功能。

一、EpiData 软件概述

EpiData 软件最重要的功能是将纸质的调查问卷转化成为数字化的调查表，以方便进行数据的录入、管理及后续的统计分析。同时该软件可在数据录入的过程中及数据录入完成后对数据进行核查，从而控制数据录入的质量。

EpiData 软件的安装、运行不依赖于系统文件夹中的任何文件，可以通过 setup.exe 文件在计算机中安装程序，也可以拷贝 EpiData.exe 文件到计算机中，直接使用。

二、EpiData 软件界面

EpiData 界面可分为菜单栏、工具条、按钮栏等部分，如图 20-1 所示。

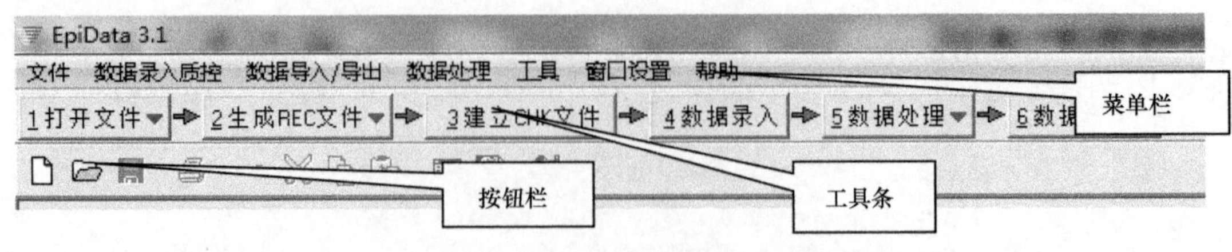

图 20-1　EpiData 软件操作界面

利用 EpiData 软件进行调查表输入，可以按照工具条所展现的步骤进行：①打开文件：打开已有的调查表文件，或者建立新的调查表文件(.QES)，该文件决定数据库的结构；②生成 REC 文件：根据调查表文件建立空数据库文件(.REC)，用于存放数据；③建立 CHK 文件：建立数据核查文件(.CHK)，可存放数据的核对规则，控制数据的录入质量；④数据录入；⑤数据处理；⑥数据导出。

三、建立调查表文件

建立调查表文件是建立数据库、进行数据录入和管理的第一步。有三种方式可以进行调查表文件的建立：①点击菜单栏的“文件”→“生成调查表文件(.QES)”；②在工具条中点击“1. 打开文件”→“建立新 QES 文件”；③点击按钮栏的 🗋，窗口中会自动显示一个空白的文档，可以调入调查表，即数据录入的框架。编辑完成后，保存该调查表文件，扩展名为 .QES。

例 20-1　为了了解老年人社区获得性肺炎的危险因素，编制了如图 20-2 所示的调查表(部分项目)，拟用 EpiData3.1 建立数据库，并进行数据的录入。

1、姓名：__________
2、出生年月：________年_____月
3、性别：1=男 2=女
4、身高：______厘米
5、学历：1=小学 2=中学 3=大专 4=大学 5=研究生以上
6、发病前是否习惯性饮酒(白酒每周至少2 两以上，或啤酒3 瓶以上):1=是 2=否
(若否则跳转至问题7)
6.1 开始饮酒的年龄_____岁
6.2 发病前饮酒的类型和饮酒量为(可多选):≥50 度的白酒:____两/每天
≤38 度的白酒:____两/每天
啤酒______瓶/每天
6.3 发病后是否习惯性饮酒:1=是 2=否
7、发病前是否吸烟(每天1 支以上，持续1 年以上):1=是 2=否

图 20-2　老年人社区获得性肺炎危险因素调查表(部分项目)

调查表文件的建立在 EpiData 文本编辑器中进行，可以自行编写调查表文件，也可以直接复制 word、TXT 等版本的调查表后进行编辑，如图 20-3 所示。编写完毕后，点击保存，生成以“EpiData 文件”为文件名的 .QES 文件。

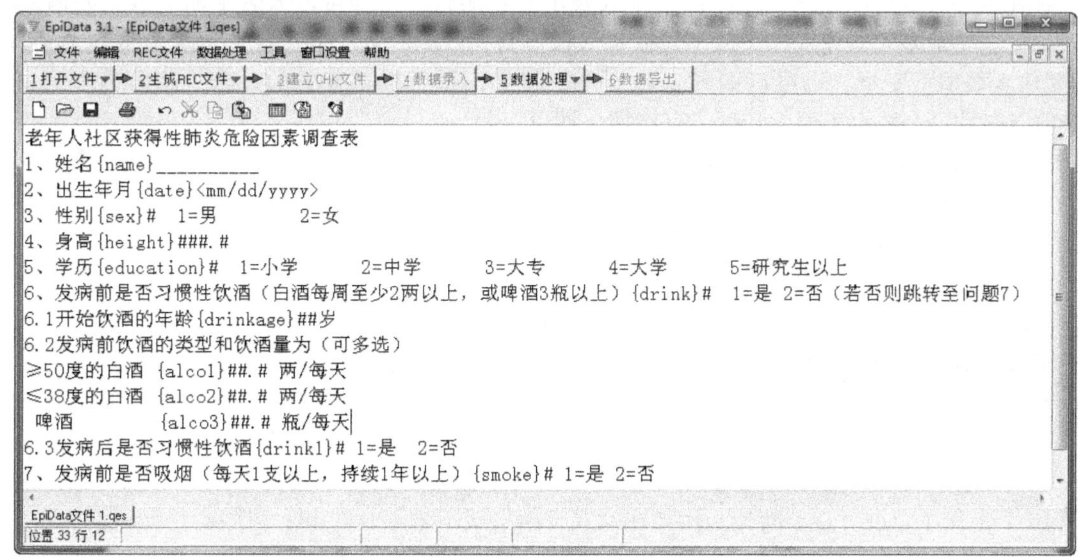

图 20-3　EpiData 文本编辑器(编写调查表文件界面)

（一）调查表文件的结构和内容

EpiData 调查表文件决定了数据库的数据结构和用户输入界面。调查表文件由三部分组成：①变量(字段)标签：是对变量进行解释和说明的文字部分。如例题中的第一个变量："姓名"即为变量标签，是对变量"name"进行说明的部分；②变量(字段)名：EpiData 文件中"{}"中的部分即为变量名。在同一数据库内，各个变量名必须唯一。详细的命名原则参见后续部分；③变量(字段)类型及录入格式：EpiData 文件中数值型变量用符号"#"表示，"#"的个数表示变量的长度，即可输入数字的个数。如例题中变量"height"的输入格式是###.#，表示应该以三位整数和一位小数的形式输入身高数据。其余各种变量类型参见后续部分。

（二）变量类型

点击菜单"编辑"→"字段编辑器"，或者点击按钮栏，都可以打开变量类型选择列表，如图 20-4 所示。从中选择合适的变量类型插入即可。

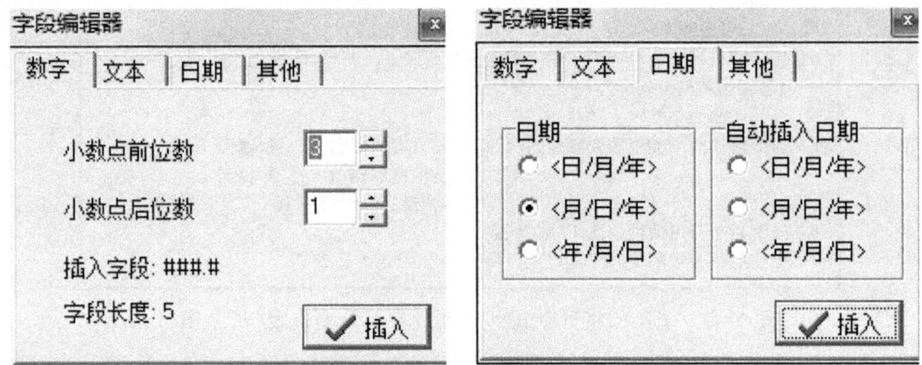

图 20-4　字段编辑器

1. 数值型变量

数值型变量用符号"#"表示，"#"的个数表示变量的长度，即可输入数字的个数。如输入"###"表示输入时最多只能输入三个数字。变量最长允许 14 个字符。EpiData 中，可以通过直接输入"#"来输入数值型变量，也可以如图 20-4 所示，将光标移至输入变量的地方，调出字段编辑器，在对话框中设定小数点前后的长度，点击插入即可。

2. 字符型变量

字符型变量用下划线"_"表示，下划线的数目表示变量的长度，变量最长允许 80 个字符。字符型变量允许输入所有字符，其中一个中文字需占有 2 个字符。

3. 日期型变量

EpiData3.1 中日期型变量有三种，变量形式分别为

欧式日期<dd/mm/yyyy>

美式日期<mm/dd/yyyy>

习惯的日期格式<yyyy/mm/dd>

录入日期的过程中允许输入数字和斜线"/"。日期变量的长度通常为 10 个字符，若输入字符不满 10 个，程序会进行自动转换。例如在欧式日期格式下输入 060514，程序会自动转换成 06/05/2014。用 2 位数表示年份时，程序会将 50-99 默认为 20 世纪，将 00-49 默认为 21 世纪。

4. ID 号型变量

是指能够自动生成 ID 号的变量，每录入一条记录，ID 号自动 + 1，用<IDNUM>表示。数据库中，记录号默认从 1 开始，也可自行修改起始 ID 编码。如图 20-5 所示。

5. 逻辑变量

逻辑变量用<Y>表示，只允许输入 Y，N，1，0。输入“1”时，系统会自动转化为“Y”，如果输入其他字符，会出错。

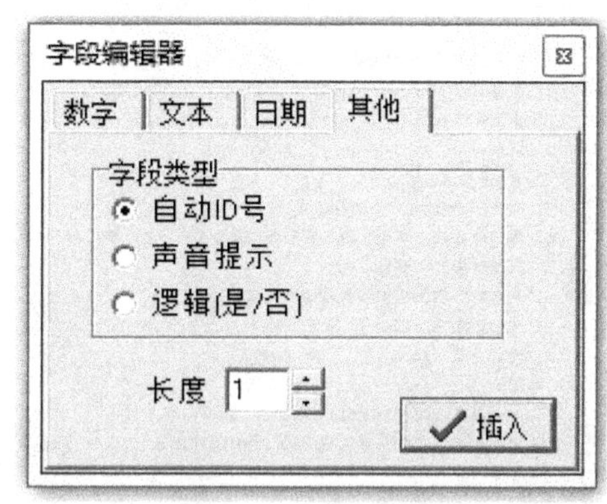

图 20-5　ID 号型变量

（三）定义变量名

EpiData 中的变量名第一个字符一定为字母（A ~ Z），其余部分可以包含字母和数字，最多 10 个字符。变量名的命名方式有两种：①将第一个单词作为变量名；②使用“{}”内的内容自动添加变量名。点击“文件”→“选项”→“生成 REC 文件”后可设置变量名，如图 20-6 所示。亦可点击图标，或者工具条“生成 REC 文件”→“数据格式预览”，可通过预览 REC 文件的方式了解程序采用的变量名、变量类型及长度，显示在文本编辑器的左下方，如图 20-7 所示。此时，光标所在位置为变量“height”，允许输入的数字为 0-9，变量长度为 5。数据预览格式即数据的录入界面，预览完毕后，可点击“文件”→“关闭数据表”关闭数据格式预览。

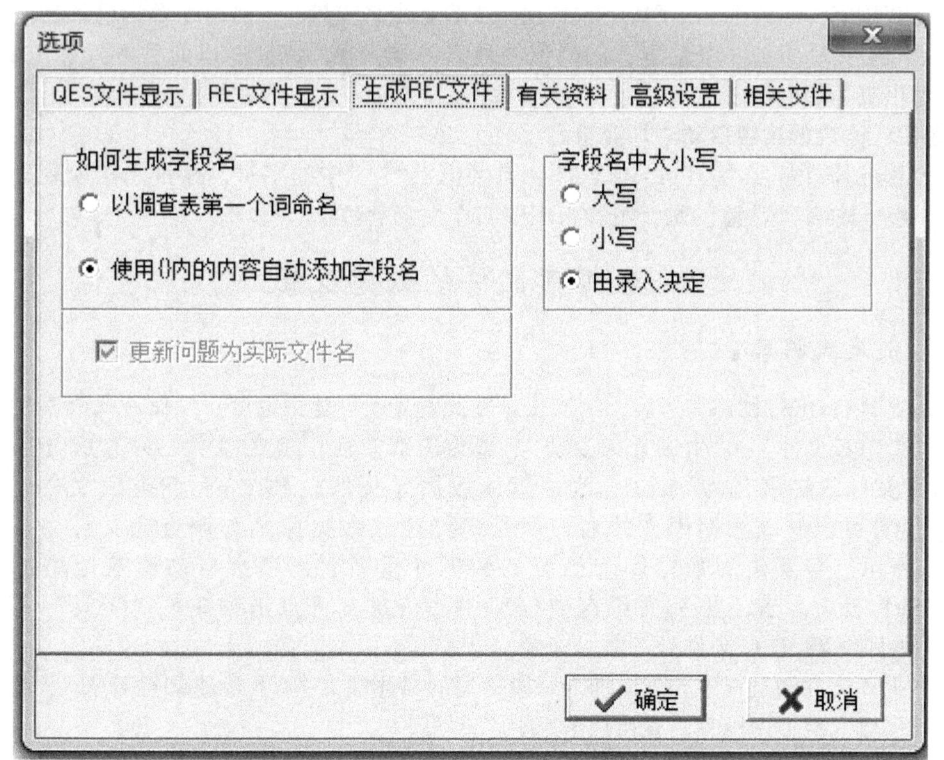

图 20-6　变量名定义方式及大小写的设置

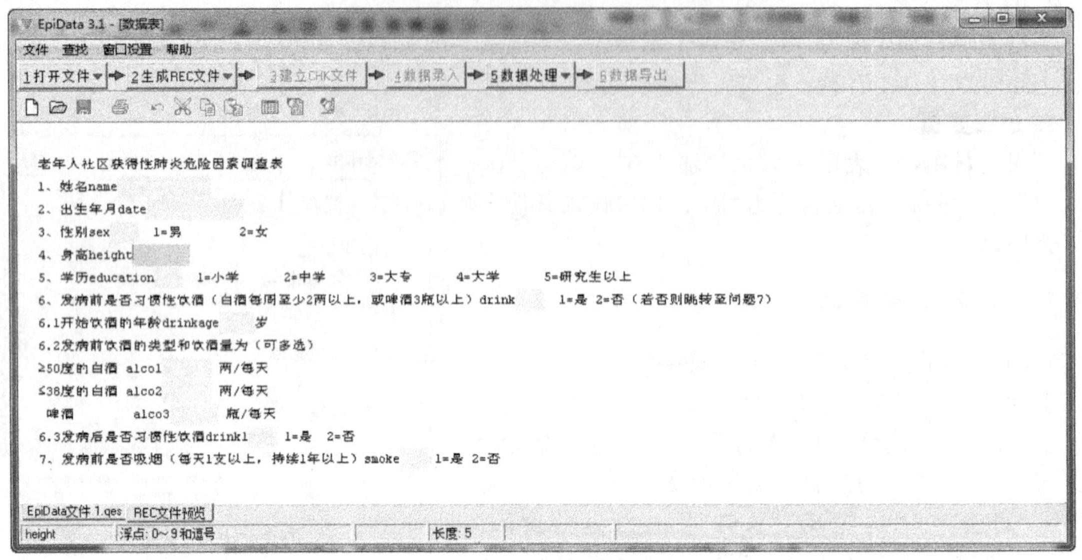

图 20-7　变量名、类型及长度

1. 将第一个单词作为变量名

此时，程序会自动将变量编码左侧解释性文字中的第一个单词作为变量名。如果单词的长度超过 10 个字符，则选取该单词的前 10 个字符作为变量名。如果该字符串为字母，则直接将其作为变量名；若该字符串为中文，则以 field1、field2 等来命名变量名。若一个单词已经使用过，再次出现时，程序会自动添加一个数字，以确保变量名的唯一性。因此，以此种方式确定变量名时，建议直接写出真正的变量名。

2. 使用"{}"内的内容自动添加变量名

强烈推荐此种命名方式。EpiData 软件会自动识别"{}"中的字符，并将之作为变量名，字符不能超过 10。同样需要注意的是，不能采用中文作为变量名。

四、数据库文件的创建及修改

（一）创建数据库

调查表文件(.QES)创建完毕后，第二步是在此基础上创建数据库，操作方式有两种：①点击工具条"生成 REC 文件"→"生成 REC 文件"；②点击菜单栏中"REC 文件"→"生成 REC 文件"。

数据库文件的扩展名为 .REC，程序默认数据库文件(.REC)和调查表文件(.QES)名称相同，尽管可以修改数据库文件名，但是仍然建议数据库名与调查表文件名保持一致，如图 20-8 所示。若新建的数据库与已有的数据库重名，程序会自动覆盖原先的数据库，则原有信息将丢失。若不想丢失原有数据库中的信息，可点击菜单栏"工具"→"根据修改的 QES 文件更新 REC 文件"。

生成数据库文件的过程中，可以加入一段简短的描述性文字(不超过 50 个字符)，此为数据库标签，也可不输入数据库标签，直接点击"确定"即可。

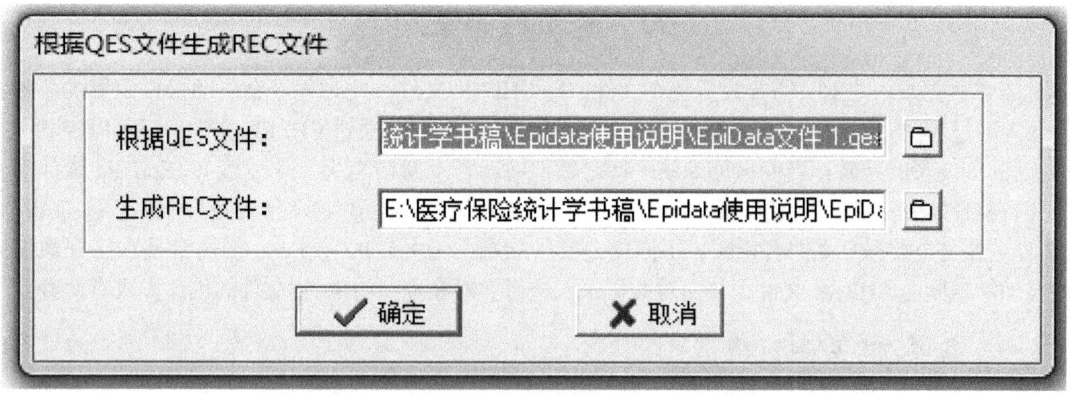

根据QES文件生成REC文件

根据QES文件：统计学书稿\Epidata使用说明\EpiData文件 1.qes

生成REC文件：E:\医疗保险统计学书稿\Epidata使用说明\EpiDa

✔ 确定　✘ 取消

图 20-8　根据 QES 文件生成 REC 文件

（二）修改数据库

对于一个已经录有数据的调查表文件，可以修改数据库的结构，如增加/删减变量、修改变量的定义等。修改之后，原先的数据库以文件名“Filename. old. rec”存放在相同的文件夹中。具体操作如下：

1）打开调查表文件(. QES)，按照需要进行编辑，增加/删减变量等。

2）保存修改后的调查表文件，然后关闭。

3）点击菜单栏中“工具”→“根据修改的 QES 文件更新 REC 文件”。

4）选择修改后的调查表文件和准备修改的数据库。

（三）重新定义变量名

具体操作为：“工具”→“字段重命名”，在弹出的对话框中进行修改，如图 20-9 所示。重新定义变量名后，原有数据库会被另存为 Filename. old. rec，以备需要时恢复。

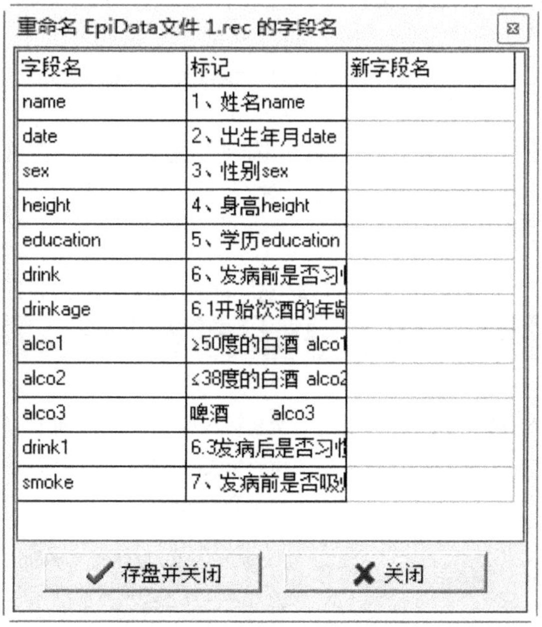

重命名 EpiData文件 1.rec 的字段名

字段名	标记	新字段名
name	1、姓名name	
date	2、出生年月date	
sex	3、性别sex	
height	4、身高height	
education	5、学历education	
drink	6、发病前是否习	
drinkage	6.1开始饮酒的年	
alco1	≥50度的白酒 alco1	
alco2	≤38度的白酒 alco2	
alco3	啤酒　alco3	
drink1	6.3发病后是否习	
smoke	7、发病前是否吸	

✔ 存盘并关闭　✘ 关闭

图 20-9　重新定义变量名

五、建立核查文件

通常在数据录入之前，需要设置核查文件，即CHECK文件，此时程序会自动根据设置的条件，在数据录入的过程中，实时检查录入数据的正确性、合理性。同时，通过CHECK文件，还可以控制数据录入的流程(如变量的跳转：当变量值为某一特定数值时，自动跳转至另一个变量)。EpiData软件对数据录入进行核查的方法有：①字段录入限制；②字段录入值限制；③字段录入条件限制；④逻辑检查。CHECK文件名与数据库文件名相同，不同的是其扩展名，为“. CHK”。EpiData通常是在打开数据库文件时自动加载同名CHECK文件，从而对数据录入进行实时核查。CHECK文件的创建方式有两种：

(一) 菜单/工具条创建

关闭所有的“. QES”和“. REC”文件，点击菜单栏“数据录入质控”→“添加/修改录入质控程序”，或者点击工具条“3. 建立CHK文件”，选择需要建立CHECK文件的REC文件后，出现如下对话框，如图20-10所示，该方式可以指定或修改变量的CHECK命令。

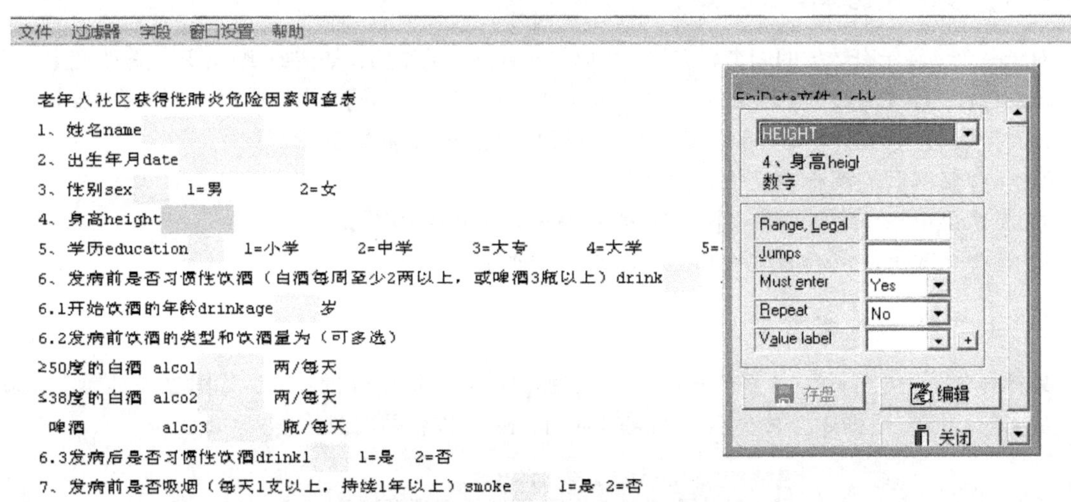

图20-10 菜单中添加CHECK命令对话框

表20-1列出的是CHECK命令对话框的各个选项及定义方法。需要注意的是该对话框定义的是以变量为核查单位的实时CHECK命令，只针对特定的变量发挥作用。同时，针对同一变量的所有CHECK命令都可以组合使用。

表20-1 CHECK命令对话框各个选项的含义及其定义方法

项目	含义	定义方法
变量名	正在编写CHECK命令的变量	可通过下拉菜单的方式进行选择
Range	允许录入的数值范围	直接输入允许范围，形如“*a*-*b*”，上下限可以省略其中一个
Legal	允许值，允许录入的单个值列表	直接输入允许值，以“，”隔开。若既有范围，又有允许值，则范围必须在前
Jumps	变量跳转，输入后立即转到另一特定变量	形如“跳转值>目标变量命”。如1>*s*5，表示当录入值为1时，跳转至变量*s*5。或者输入完跳转值和大于号后，鼠标直接点击目标变量，也可以实现变量的跳转

续表

项目	含义	定义方法
Must enter	该变量必须输入数值	默认“no”，若选择 yes，则必须录入数值，否则无法进入下一个变量
Repeat	重复前次录入的数值	默认“no”，若选择 yes，则重复前一条记录当前变量的数值
Value label	数值标签	对录入的数值加上对应的文字注释，解释每个数值代表的含义。点击“+”，会弹出编辑器直接定义

针对数据库文件“EpiData 文件 1. REC”，编写 CHECK 命令见表 20-2。

表 20-2　CHECK 文件内容

变量名	变量含义	定义项目	定义内容
Date	出生年月	Must enter Range	Yes 01/01/1900-12/31/1964
Sex	性别	Must enter Legal	Yes 1，2
Height	身高	Must enter Range	Yes 100. 1-199. 9
Education	学历	Must enter Range	Yes 1~5
Drink	病前饮酒史	Must enter Jumps	Yes 1>drinkage,2>smoke
Drinkage	开始饮酒的年纪	Range	1~99
Alco1	≥58 度白酒	Range	0. 1~30. 0
Alco2	≤38 度白酒	Range	0. 1~30. 0
Alco3	啤酒	Range	0. 1~30. 0
Smoke	病前吸烟	Must enter Jumps	Yes

（二）编辑器编写 CHECK 命令

通常情况下，第一种方法可以进行最基本的 CHECK 设置，而后使用编辑器添加更复杂的 CHECK 指令或者文件水平上的 CHECK 命令。这些命令包括公式计算、逻辑检查、数据录入完毕检查等。

1. CHECK 命令的结构

CHECK 文件中的所有命令都保存在块(blocks)中，EpiData 中有两种块：标签块和变量块。所有与某个变量相关的命令都保存在一个变量块中。变量块是以变量名开始，以命令 END 结束，用来进行变量水平的数据核查，如图 20-11 所示。

第一行表示一个变量名为 education 的变量块开始，第二行表示输入范围 1~5，第三行表示变量必须输入，第四行为 END，表示该变量块结束。

2. 常见的 CHECK 命令

1）LEGAL/COMMENT LEGAL。是对变量允许录入的内容进行限定，在录入数据的过程中按 F9 键，程序会自动弹出一个允许值及其含义的列表，如图 20-12 所示。如果录入过程中出现了非法值，程序会自动弹窗提示出错。LEGAL 命令形式如下：

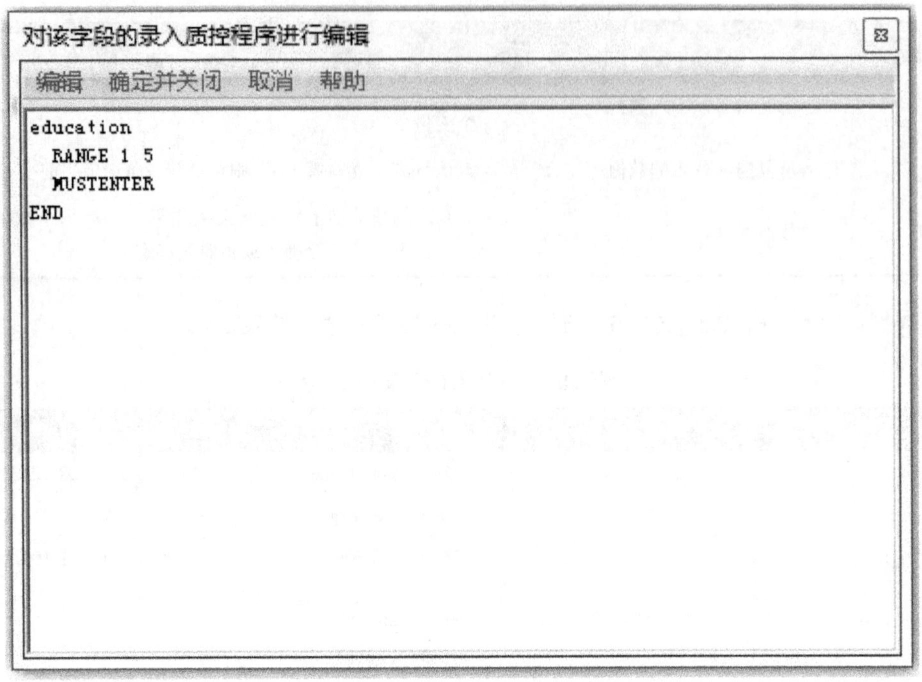

对该字段的录入质控程序进行编辑
编辑 确定并关闭 取消 帮助
education
RANGE 1 5
MUSTENTER
END

图 20-11　education 的变量块

LEGAL
值 1
值 2
END
2）RANGE。为变量定义一组允许的数值。例如：
RANGE 0 10：允许录入 0 到 10 之间的数值；
RANGE – INFINITY 99 ：允许值为≤99。

对该字段的录入质控程序进行编辑
编辑 确定并关闭 取消 帮助
sex
LEGAL
1
2
END
MUSTENTER
END

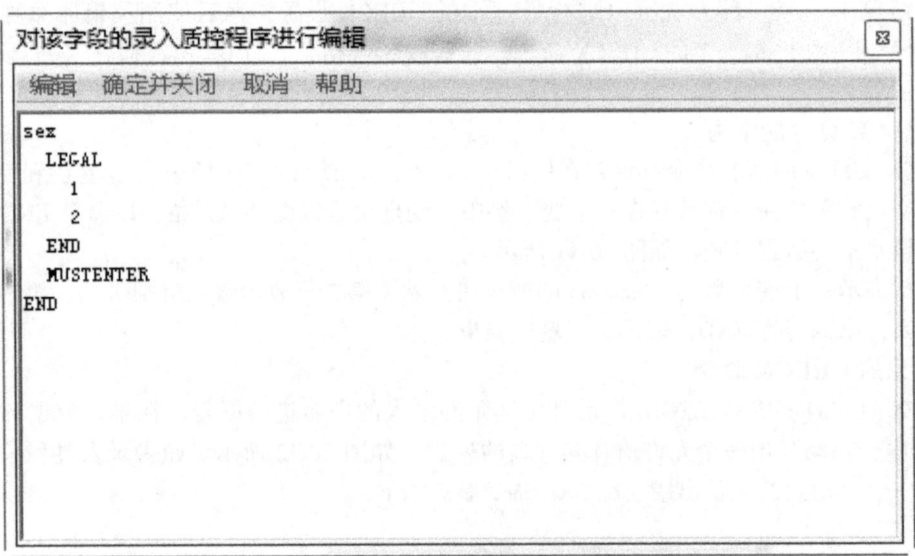

图 20-12　允许值及其含义列表

3）JUMPS。即跳转命令。当本变量录入完成后，按照本变量指定值跳转到指定变量继续录入。JUMPS 是一个块命令，必须以 END 结束。在 JUMPS 和 END 之间，必须指定：当前变量可能录入的数值及与指定数值对应的、跳转的目标变量名。例如：

```
JUMPS
  1Drinkage
  2Smoke
  3END
  4WRITE
  END
```

该命令的意思是当本变量的录入值是 1 时，跳转至变量 drinkage，数值为 2 时，跳转至变量 smoke，数值为 3 时，会直接跳至该记录的最后一个变量。若数值为 4，程序会自动弹出“是否存盘”对话框。

4）AOTUJUMPS/GOTO。当本变量录入完成后，直接跳转至指定变量继续录入。例如：

AUTOJUMPS　v10 或者 GOTO　v10

AOTUJUMPS　END 使光标直接跳转至该条记录的最后一个变量

AOTOJUMPS　WRITE 程序会弹出“是否存盘”的对话框。

5）LET。赋值计算，使变量值等于某个数值或者某个算式的计算结果。LET 这个单词可以写也可以不写，例如：

LET v10 = INTEGER(v4/v8)

需要注意：命令中等号左侧的变量名必须是数据库中已有的变量，否则该计算结果不能保存在数据库中。

6）KEY。关键变量，指定某变量是数据库的关键变量，并作为识别数据记录的标志，这是建立数据库关联的关键。一个数据库可以设置多个关键变量，例如：

```
IDNUMBER
KEY UNIQUE
END
NAME
KEY
END
```

指定“IDNUMBER”和“NAME”变量为该数据库的关键变量。KEY 命令实际上是为其所设置的变量创建了一个索引，可以加速寻找含有某个特定变量值的记录的过程。如果是 KEY UNIQUE，则表示该变量的录入值在数据库中是唯一的，防止数据重复录入。但是如果将姓名设置为 KEY UNIQUE，诸如“张三”这样的名字在数据库中只能出现一次，似乎不太现实，因此通常不会将姓名设置为关键变量，而“IDNUMBER”则可以设置为 KEY UNIQUE，从而保证记录的唯一性。

7）IF…THEN…ELSE…ENDIF。根据指定条件执行相应的命令。需要注意的是必须以 ENDIF 结束。命令中可嵌套其他的 IF…THEN 命令。例如：

IF(v4>5)AND(v5<8)THEN

条件表达式中必须有布尔逻辑结果(“真”或“假”)。条件表达式中可以包含几个部分，各部分之间用 AND 或者 OR 连接。每部分必须用“()”。

8）AFTER ENTER。设置一个命令块，在当前变量录入完毕后执行，必须以 END 结束。例如：

```
ID
MUSTTNEER
```

```
AFTER ENTRY
UID = V1 * 100 + ID
GOTO   V4
END
END
```

表示 ID 变量值必须录入，在录入完成后，变量 UID 的数值根据该赋值语句自动生成，然后，光标直接跳转至变量 v4。随后的 END 是 AFTERTNTRY 命令的结束语，最后的 END 是 ID 变量块的结束语。

9）BEFORE ENTER。设置一个命令块，其中的命令在当前变量激活但是尚未录入数据时执行，必须以 END 结束。

10）HELP。使用该命令可以自动弹出一个消息框，消息框中的内容可以自行设定。例如：

HELP“是否继续(y/n)?” KEYS = ”YN”。

六、输入数据

调查表文件(. QES)、数据库文件(. REC)和 CHECK 文件(. CHK)创建完毕后，就可以开始输入数据了。输入数据有以下几种方式。

1）点击菜单栏 “文件”→“打开 EpiData 文件”，选择要打开的数据库(. REC)。

2）点击菜单栏“数据导入/导出” →“数据录入/编辑”，选择要打开的数据库(. REC)。

3）点击工具条“4. 数据录入”，选择要打开的数据库(. REC)。

数据录入界面如图 20-13 所示。

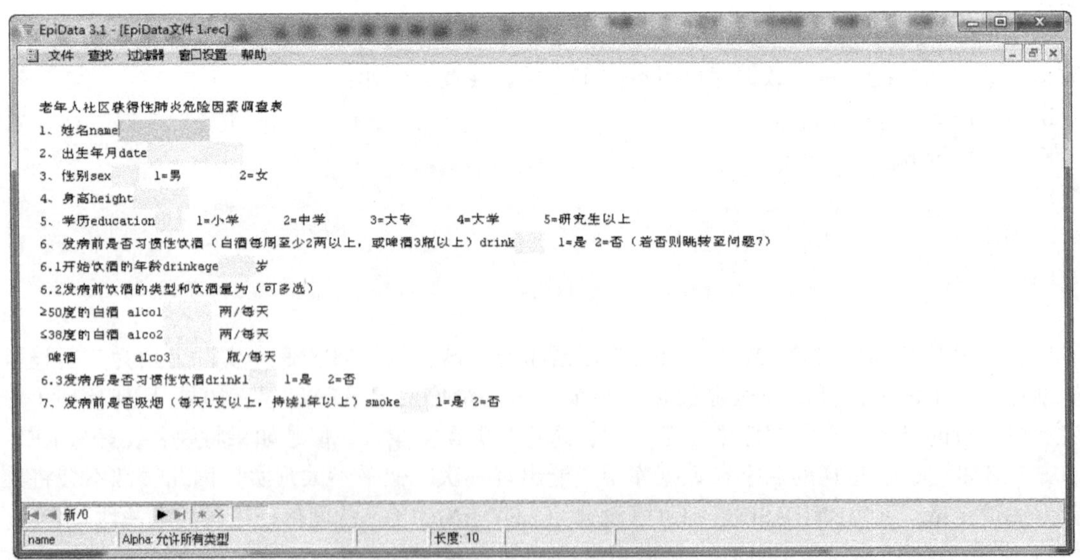

图 20-13 数据录入界面

从数据录入界面可以看出，阴影部分为数据录入位置，其余内容与调查表内容基本相同。窗口下方可以看出该变量的录入控制提示。当一条记录中所有数据录入完毕，程序会自动提示录入员，是否保存该记录。若要终止录入，可以点击 菜单中“文件”→“关闭数据表”或者点击窗口右上角的 ×。

（一）变量间的跳转

可在 CHECK 文件中事先建立变量间跳转的规则，使用 Enter 键、Tab 键、或者↓键激活下一个变量。但是，如果在数据录入的过程中，使用鼠标实现变量间的跳转，则 CHECK 文件中的跳转规则会失效，因此，应尽量避免使用鼠标。

（二）记录之间的跳转

数据录入窗口的下方有一个导航条，可以实现记录的跳转。

图 20-14　导航条

图 20-14 显示当前数据库中共有 2 条记录，现在位于第一条记录。可点击、、等实现记录之间的跳转。表示可以开始录入新记录。表示可以删除记录或者恢复一条删除的记录。

（三）查找记录

如果已知要查找的记录号，可以点击菜单栏“查找”→“定位记录”，后输入记录号即可；若不知道记录号，可以点击菜单栏“查找”→“查找记录”，程序会弹出如下对话框，如图 20-15 所示。程序默认在当前变量上进行搜索。

查找记录

F4键选择字段	查找内容
name	
查找内容示范:	
abcd	<>abcd
=abcd	*abcd
<1234	abcd*
>1234	*abcd*

选项
- 区别大小写
- 只针对整个单词
- 忽略已删除的记录

查找方向
- 向前至末记录
- 向后查找至首记录
- 对全部记录

复位　确定　取消

图 20-15　查找记录窗口

七、数据库管理

（一）双录入核对

为了保证数据录入的质量，一般来说会要求双遍录入。双遍录入有两种情形，第一种是独立双录，即两个录入员分别录入同一份数据，保存为两个不同的数据库。第二种是实时双录，即第二次录入数据时实时与第一次录入的数据进行对比，即时核查、更正。

1. 独立双录

独立双录入时，点击菜单栏“工具”→“复制 REC 文件结构”，将已经建立好的数据库文件复制为另一个结构完全一样的新数据库文件，但是不包含已经录入的数据，如图 20-16 所示，通常可以选择不复制字符型变量，如姓名、地址等。

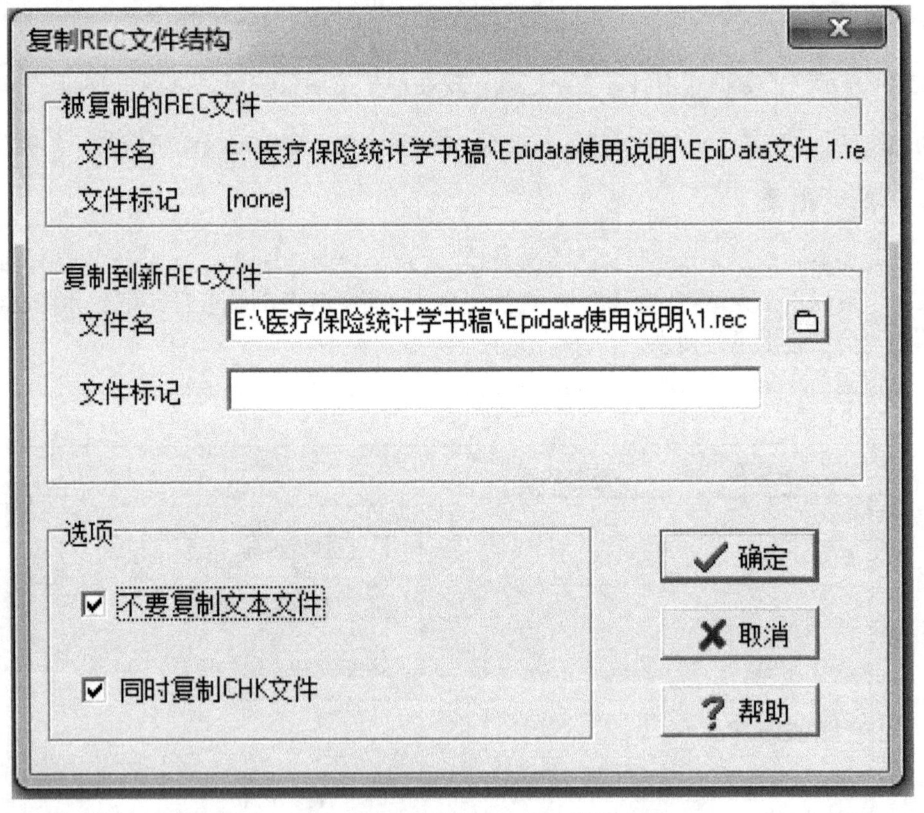

图 20-16　复制 REC 文件结构

2. 一致性检验

当双录入完毕后，点击菜单栏“数据处理”→“一致性检验(对调查表双录入后的差异比对)”，选择要进行比对的两个数据库文件名，并设置一些核查参数，如图 20-17 所示，最后生成一致性检验报告，报告中可以提示双录入中不一致的部分，如图 20-18 所示。

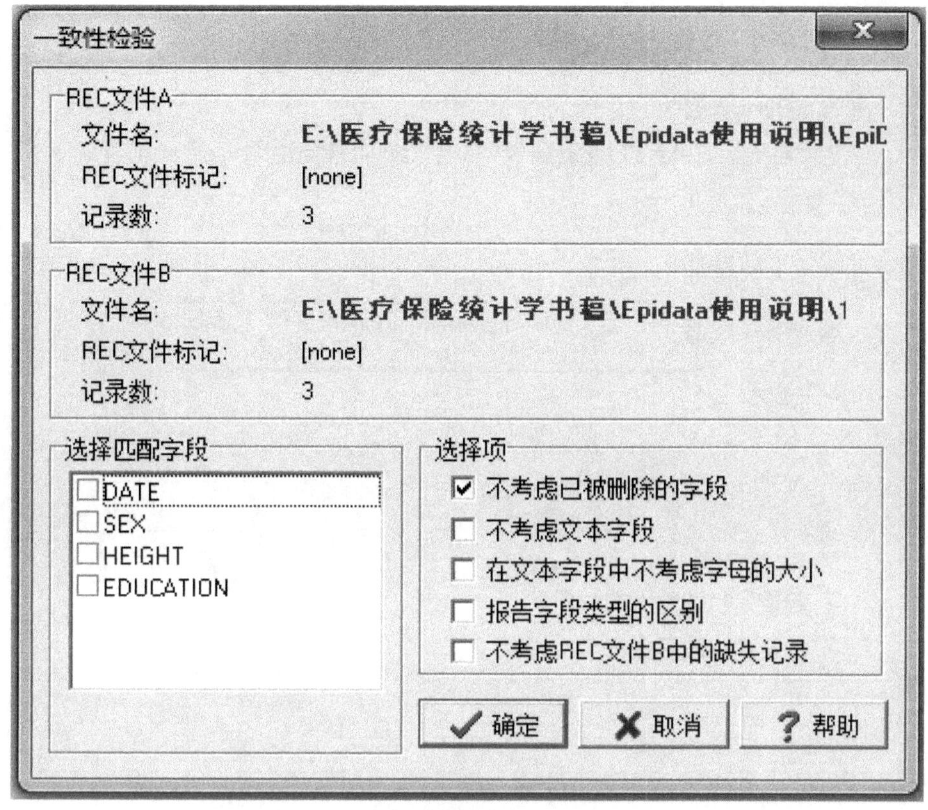

图 20-17　对两个数据库文件进行核查界面

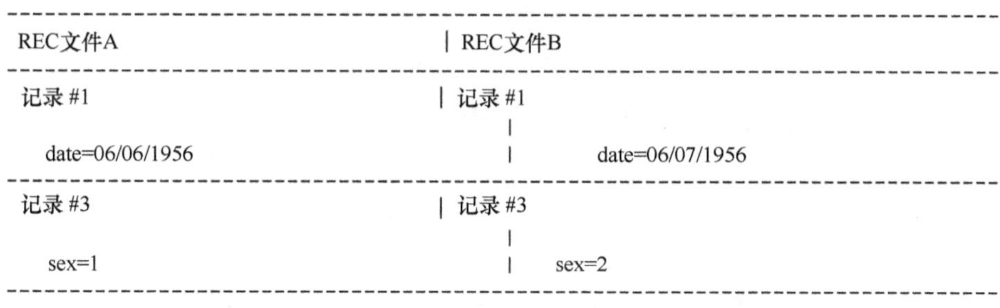

REC文件A	REC文件B
记录 #1	记录 #1
date=06/06/1956	date=06/07/1956
记录 #3	记录 #3
sex=1	sex=2

图 20-18　双录入后一致性检验结果报告

3. 实时双录

这是在 EpiData3. 02 以上的版本中新增的功能，可以实现第二遍录入过程中的实时核查。操作顺序如下：

1）首先录入全部数据。

2）其次创建实时双录数据库。具体操作为：点击菜单栏“工具”→“准备双录入实时校验”，选择数据库后点击“按字段匹配记录”，后选择关键字段（通常可采用 ID 号等唯一性变量），同时点击“双录入时忽略文本字段”，如图 20-19 所示。如果在第二次录入的过程中出现了两次录入不一致的情形，程序会给出提示，如图 20-20 所示，从而实现实时的检查和更正。

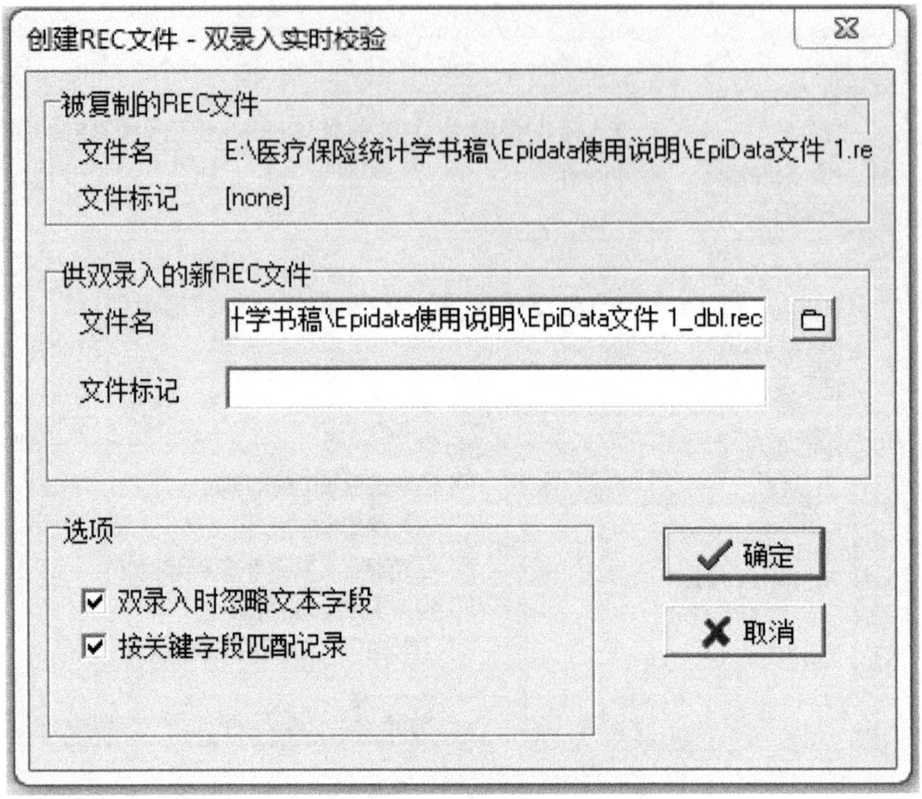

图 20-19 创建实时双录入对话框

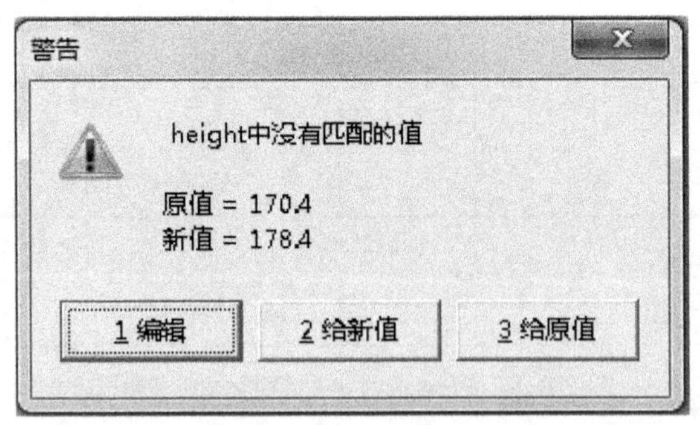

图 20-20 实时双录入时出错的提示框

（二）数据库的追加与合并

该功能可将两个数据库合并建立成另一个新的数据库。追加是将两个结构完全一样的数据库或者基本一样的数据库连接起来，相当于增加了记录数。合并是两个结构不同、但是有 1~3 个相同变量（通常选择 ID 变量或者 key 变量）的数据库进行合并，相当于增加了数据库的变量数。具体操作如下：

点击菜单栏“数据导入/导出” →“纵向追加记录/横向合并字段”，选择需要追加/合并的两个数据库，点击“确定”，如图 20-21 所示。弹出的对话框中显示了两个数据库的情况。输入新的数据库文件名，选择追加 Append 或者合并 Merge。

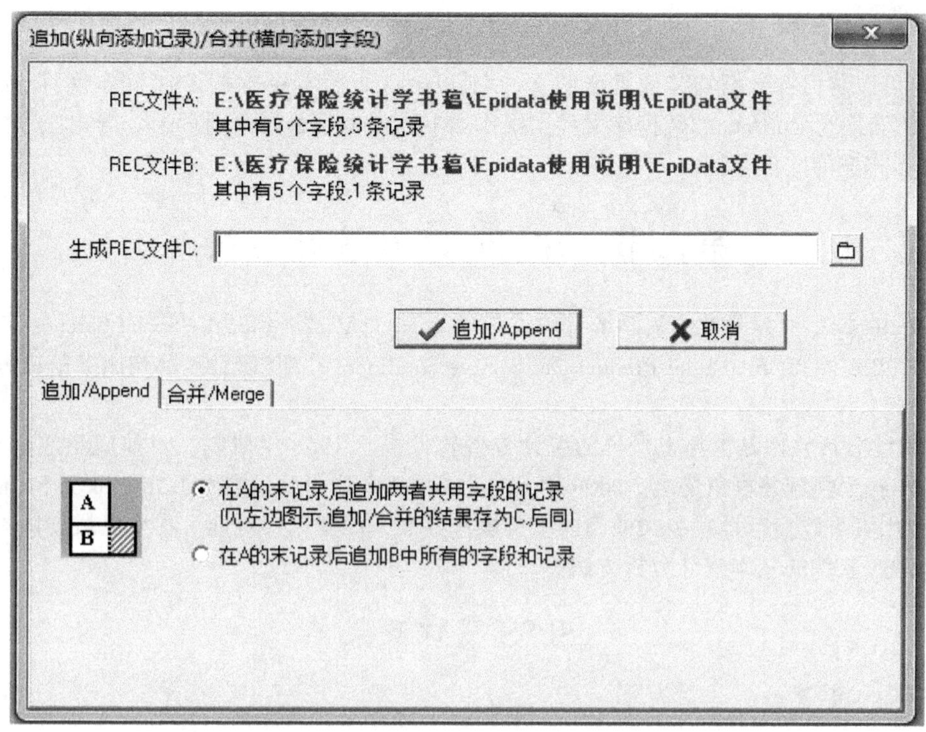

图 20-21　建立追加/合并数据库对话框

八、数据库的导出与导入

（一）数据库导出

该功能可以将数据库文件，即录入的记录导出为其他可供进一步分析和处理的文件类型，如TXT 文件(文本文件)、DBF 文件(dBaseⅢ文件)、XLS 文件(Excel 文件)、DTA 文件(Stata 文件)、SPS 文件(SPSS 文件)、SAS 文件等。操作方式有两种，如下：

1）点击菜单栏“数据导入/导出”→“数据导出”，选择所需的文件类型。

2）点击工具条“6. 数据导出”，选择所需的文件类型。

若采用 SPSS 软件进行数据的统计分析，导出 EpiData 数据库的方式如下：

1）将 EpiData 数据库文件(.rec)导出为 SPSS 命令文件(后缀为 .sps)，见图 20-22。需要注意的是，该命令文件并不是 SPSS 数据库文件(.sav)，需要在 SPSS 软件中进行正确的转化后，才能被调用并进行相应的统计分析，具体操作过程见下一节。

2）将 EpiData 数据库文件(.rec)导出为 Eecel 文件(.xls)、Stata 文件(.dta)等，打开 SPSS 软件并直接调用。

图 20-22　将数据库文件导出为 SPSS 程序文件

（二）数据导入

该功能可以将保存数据的其他类型的文件（EpiData3.1 版本中支持 TXT 文本文件、DBF 文件、SAS 文件），转换为 EpiData 的数据库文件。操作如下：点击菜单栏“数据导入/导出”，点击“导入数据”，选择相应的文件类型。

第二节 SPSS 22.0 统计分析

SPSS Statistics，原意是社会科学统计软件包（Statistical Package for the Social Sciences）首字母的缩写。现在 SPSS 意指“Statistical Product and Service Solutions”，即“统计产品与服务解决方案”，缩写仍为 SPSS。

SPSS 统计分析软件是世界上最早的统计分析软件，于 1968 年研制，目前广泛应用于自然科学、社会科学各个领域并享负盛名。2009 年 IBM 收购 SPSS 公司后，推出了 IBM SPSS Statistics 多国语言版，使用者可以自行设置英文或简体中文操作界面，深受用户欢迎。本文以最新版本 22.0 为例，介绍 SPSS 软件的基本统计分析方法。

一、SPSS 窗口及菜单

（一）SPSS 窗口

1. 数据编辑窗口

数据编辑（Data Editor）窗口由数据窗口（Data View）和变量窗口（Variable View）组成，是一个标准的关系型数据库下的二维数据表，一行代表一个个案（记录），一列代表一个变量。数据窗口中可进行数据文件的录入、查看和编辑，每行代表一个个案的取值情况；变量窗口可用于变量的定义、编辑和显示，每行代表一个变量的具体属性。两个窗口可相互切换。如果同时打开了多个数据文件，则每个文件都有单独的数据编辑器窗口。数据文件的扩展名 .sav。

2. 结果输出窗口

显示计算输出的全部结果，病可对结果进行编辑和保存，以便查看。结果文件的扩展名 .spo。

3. 程序编辑窗口

可以通过编辑程序以实现不能通过对话框使用的特殊功能，或者保存已经执行过的命令，便于以后使用。打开程序编辑窗口的方式有两种：①点击菜单栏“File”→“New”→ “Syntax”，打开程序编辑窗口（Syntax Editor）；②通过对话框进行统计分析时，点击 Paste 按钮，从而以激活程序窗口。程序文件的扩展名是 .sps。

这三个窗口是用户经常使用的，除此以外，还有透视表编辑器（主要用于修改显示在透视表中的输出，可以编辑文字、添加颜色、选择隐藏或显示结果等）、图表编辑器（可以对图表的分辨率、颜色、字体、大小等进行编辑）和文本输出编辑器（可以修改字体、颜色、大小）等。

（二）SPSS 菜单

SPSS 的菜单栏共有 11 个选项：①File：文件管理菜单，包括文件的建立、打开、保存、显示、重命名、存储库等；②Edit：编辑菜单，包括文本的复制、剪切、粘贴、查找、插入变量、插入记录及选项，选项中，可以进行不同语言之间的切换，方便读者使用；③View：视图菜单，包括状态栏、工具栏、菜单编辑器、字体、值标签等；④Data：数据管理菜单：包括变量的排序、选择、记录的筛选、数据库文件的合并和拆分、变量的赋权等；⑤Transform：转换菜单，包括变量值的计算、重新编码、缺失值替代、随机数字生成等；⑥Analyze：分析菜单，包括具体的统计分析过程；⑦：直销菜单；⑧Graph：作图菜单，可以绘制各种不同的统计图；⑨实用程序：⑩window：窗口菜单，包括窗口的显示、拆分和排列等；⑪ Help：帮助菜单，提供帮助和指导。

二、SPSS 数据文件的建立

SPSS 软件中建立数据文件的方式有两种：一是读取其他格式的数据库文件；二是直接通过数据编辑器录入变量及其变量值，从而建立数据文件。

（一）读取其他数据文件

直接读取其他格式的数据库文件，如 . xls、. sta、. sas、. dat 等，如直接读取上一节中保存的 Excel 文件(. xls)，具体操作为："File" →"Open"→"Data"，如图 20-23 所示。SPSS 软件与众多数据管理软件和统计分析软件具有良好的兼容性，也是其获得广泛使用的原因之一。

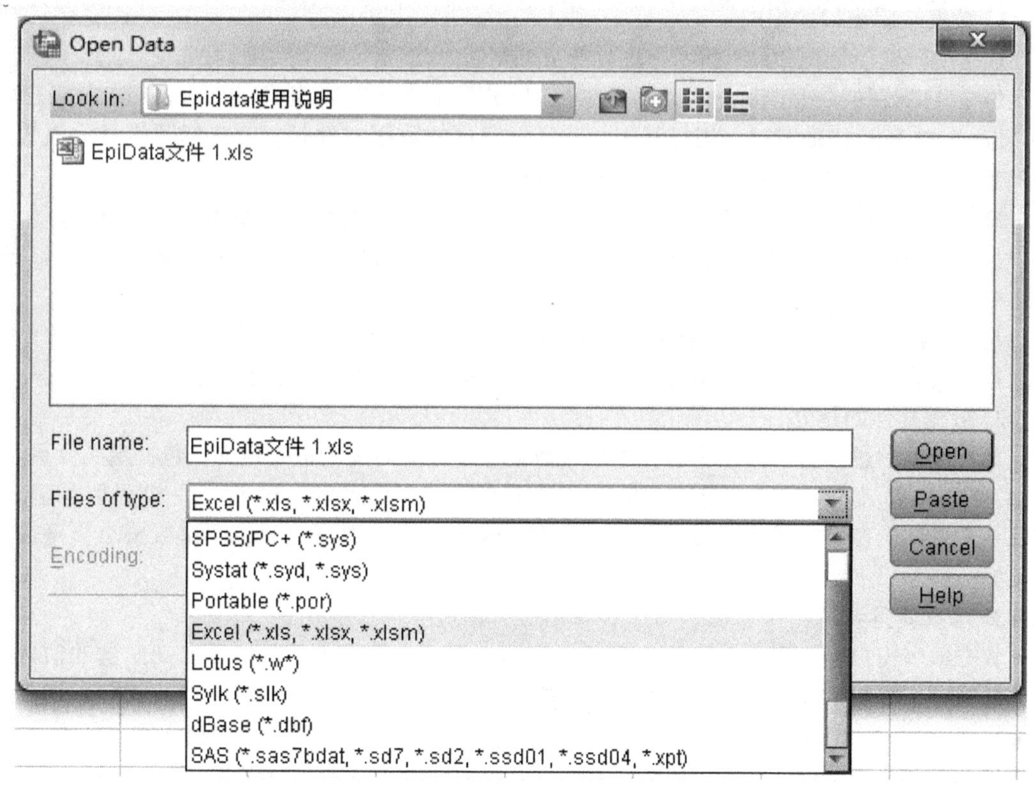

图 20-23　SPSS 读取其他数据文件的操作界面

若是由 EpiData 生成的 SPSS 命令文件(. sps)，需要在 SPSS 中进行相应的转化，才能读取数据，操作如下：

"File" →"Open"→"Syntax"，打开 SPSS 命令文件(. sps)，提示在数据导出过程中生成了两个文件，分别是 SPSS 命令文件(. sps)和含有原始数据的 ASCII 文本文件(. txt)。

选中全部命令，点击"运行"，则可读取数据，如图 20-24 所示。

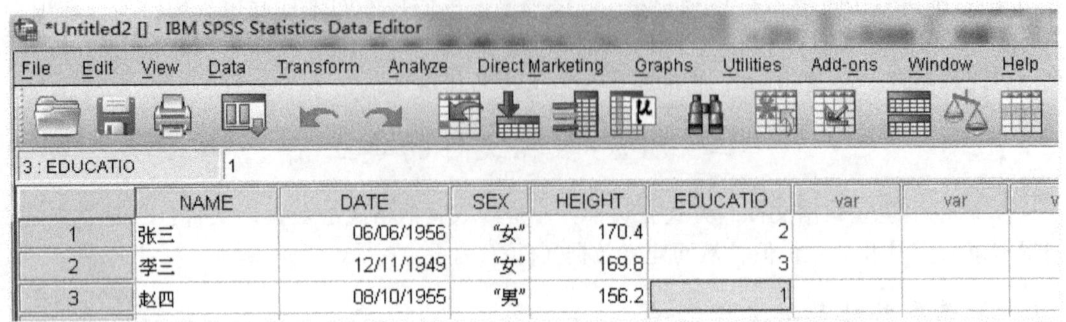

图 20-24 SPSS 数据库

（二）通过数据编辑窗口建立文件

1. 数据编辑窗口的组成

数据编辑窗口如图 20-24 所示，由几部分的组成。

1）窗口标题栏。是当 SPSS 启动成功后，屏幕最上方标有名为“Untitled1[DataSet0]-IBM SPSS Statistics Data Editor”的窗口，当打开一个已经保存过的数据文件时，窗口标题栏显示该数据文件的名字。窗口标题栏下方依次为菜单栏和工具栏。

2）当前数据栏。为工具栏下面左边一栏，显示当前光标位置上的变量名和记录号。

3）数据输入栏。在当前数据栏右边，显示光标位置上的数据值，从键盘输入的数据先显示在该栏中，回车后，则显示在光标定位的单元格中。

4）数据显示区。为当前数据栏下面的二维平面表格区域，表格顶部显示变量名，各单元格中显示各变量值。所选定的单元格边框被加黑，其数据将显示在数据显示栏中。

2. 数据文件的建立

录入数据的过程分为两个步骤：①录入数据之前，应对变量进行定义，包括定义变量名、变量类型、变量长度、变量标签(或变量值标签)及变量的格式(显示宽度、对齐方式、缺失值标记)等；②将每一个具体的变量值录入至数据库单元格内。输入了一个数据之后，回车或按↓，再输入第二个数据……。

3. 修改变量名

数据编辑窗口中，鼠标单击左下方的“Variable View“菜单就可以打开定义变量的窗口。系统默认的第一个变量名 VAR00001，可以进行修改。变量名以字母或者汉字开头，其后可为字母、数字或除了“?”“-”“!”和“ * ”等特殊字符以外的字符。系统不区分变量名中英文字母的大小写。如：ABC 和 abc 被认为是同一变量。同时可对变量其他属性的默认值进行修改。

4. 变量类型与宽度

单击变量类型 Type 后的…按钮，可以展开 Variable Type 变量类型对话框，如图 20-25 所示。对话框左边显示有 9 种可供选择的变量类型，包括①Numeric 标准数值型；②Comma 带逗点的数值型，数值的整数部分从右向左每三位加一逗点；③Dot 加点数值型，无论数值大小，均以整数形式表示，每三位加一小点；④ Scientific Notation 科学计数型；⑤Date 日期型，可从软件指定的日期格式中加以选择；⑥Dollar 带有美元符号的货币数值型；⑦Custom Currency 自定义型，可自定义数值宽度和小数位数；⑧String 字符型；⑨Restricted Numeric 受限制数值型，不使用数位分组的形式。其中，以标准数值型、日期型和字符型最为常用。参数框中 Width 表示数值的总宽度(默认为 8)，Decimal 为小数位数(默认为 2)，可根据需要进行修改。

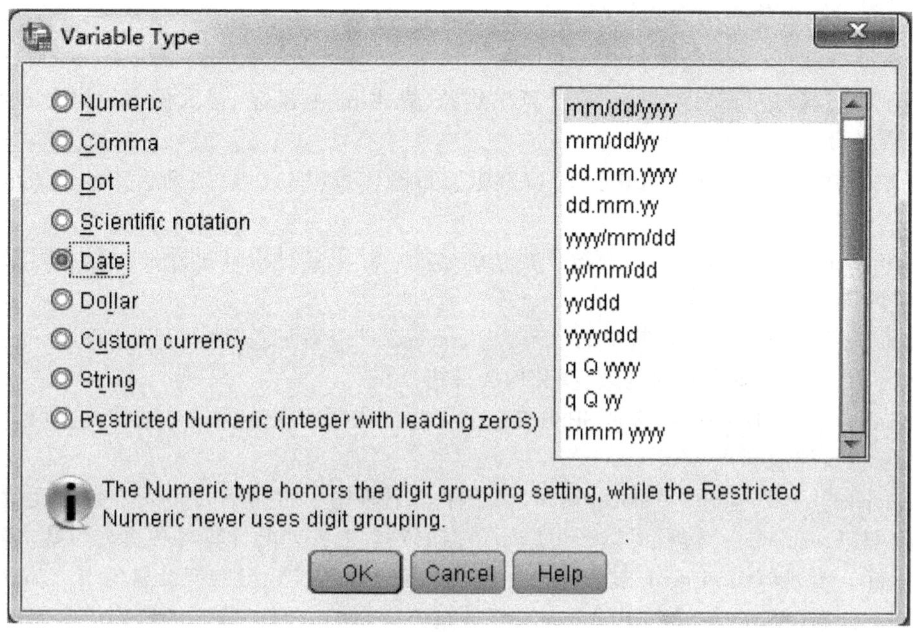

图 20-25　变量类型对话框

5. 变量标签及变量值标签

变量标签 Label 可对变量进行解释和说明，单击 Label 对应单元格直接填写标签内容。变量值标签 Value 是对变量的取值进行说明。例如，在输入性别变量时，“1”表示男性，“2”表示女性，如图 20-26 所示。

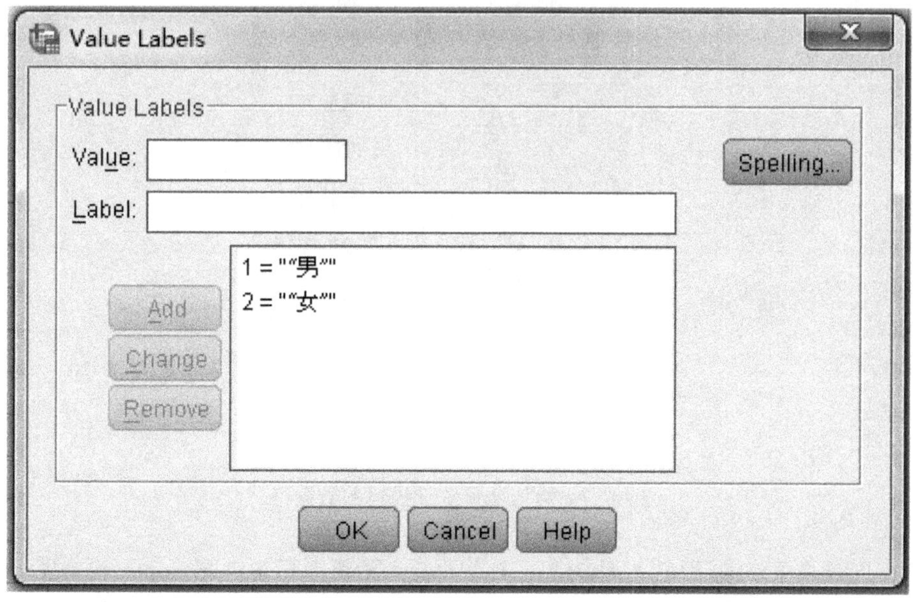

图 20-26　变量值标签对话框

除此以外，对变量进行完整的定义，还可以定义变量的缺失值、数据列宽(默认是 8 个字符)以及数据窗口中变量值的对齐方式(左、中、右三种形式)。

三、数值变量资料的统计描述

对数值变量资料进行统计描述，可计算出均数、算术和、标准差、最大值、最小值、方差、极差及均数的标准误等统计量。

例 20-1 某市 2013 年测得 150 名 12 岁健康男童的体重(kg)，数据见第三章，请对其进行统计描述。

SPSS Statistics 中很多模块都具有统计描述的功能，除了各种统计推断的过程会附带描述性结果外，跟统计描述相关的子菜单有：

1）“Analyze”→“Reports”：其中的“Case Summaries”个案汇总项中可以计算出一些常用的描述性统计量，而且还提供了几何均数、调和均数等指标。

2）“Analyze” →“Tables”：这是 SPSS 专门为了生成出版级报表而设计的模块，可以根据用户需求生成复杂的表格。

3）“Analyze”→“Descriptive statistics”：该子菜单下集中了常用的几个用于数值变量统计描述的过程。频率(Frequencies)过程可以产生原始数据的频数表，并能计算各种百分位数、集中趋势和离散趋势指标。描述(Descriptive)过程用于一般性的统计描述，输出的统计量稍少，却是使用频率最高的过程。探索(Explore)过程用于分布不清的数值变量的分析，除了可以提供常见的描述性指标外，还可以列出极端值、截尾均数等，同时还可绘制出茎叶图、直方图、P-P 图、Q-Q 图等。

操作步骤如下：

1）先建立数据文件(录入原始数据)，此例仅有一个变量：weight，表示 12 岁男童的体重，并以文件名 weight. sav 保存，数据格式如图 20-27 所示。

	weight
1	25.20
2	34.90
3	34.30
4	38.10
5	41.30
6	27.80
7	33.80
8	37.70
9	28.40
10	33.50

图 20-27 数值变量统计描述的数据格式

2）在数据窗菜单栏内选择“Analyze”→“Descriptive Statistics” →“Descriptives”，展开对话框如图 20-28 所示，将“weight”变量选入“Variable”窗口中，点击“Options”出现对话框，如图 20-29 所示，根据需要选择描述性统计量，而后点击“continue”，返回到主对话框后，点击“OK”，结果见表 20-3。

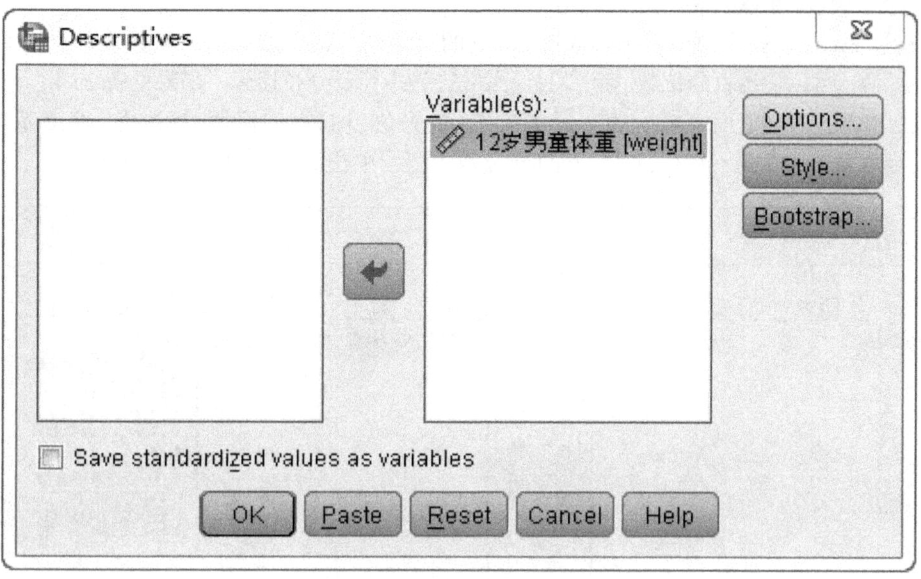

图 20-28　Descriptive 对话框

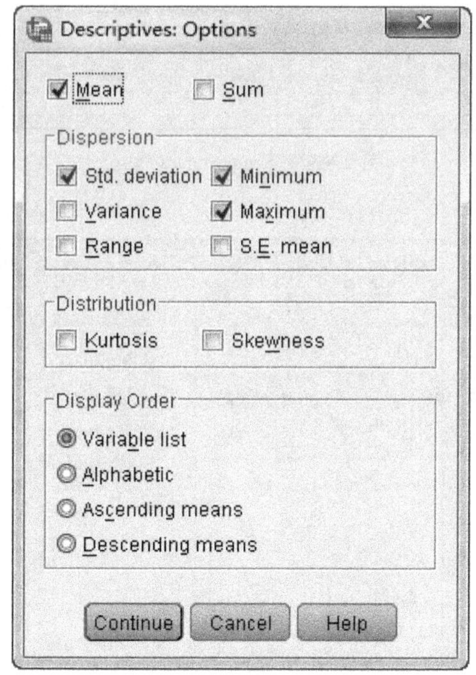

图 20-29　Option 对话框

表 20-3　数值变量统计描述结果表

	N	Minimum	Maximum	Mean	Std. Deviation
12 岁男童体重	150	20. 10	51. 20	36. 0413	6. 14981
Valid *N*(listwise)	150				

输出的结果依次是样本含量 150，最小值 20. 1，最大值 51. 2，样本均数 36. 0413，标准差 6. 14981。除了 SPSS 默认输出的这五个描述性指标，在“Descriptive”功能中还可以提供方差、求和、

极差、均数标准误、偏度系数和峰度系数等。

如果选择“Frequency”子菜单，出现如图 20-30 的对话框，程序默认输出频数表。点击“Statistics”，如图 20-31 所示，可以输出百分位数、集中趋势、离散趋势指标及分布指标，结果见表 20-4。

软件输出结果，自上而下依次为：样本含量、缺失值、均数、中位数、标准差、偏度系数、偏度系数标准误、峰度系数、峰度系数标准误、下四分位数 P25，中位数及上四分位数 P75。

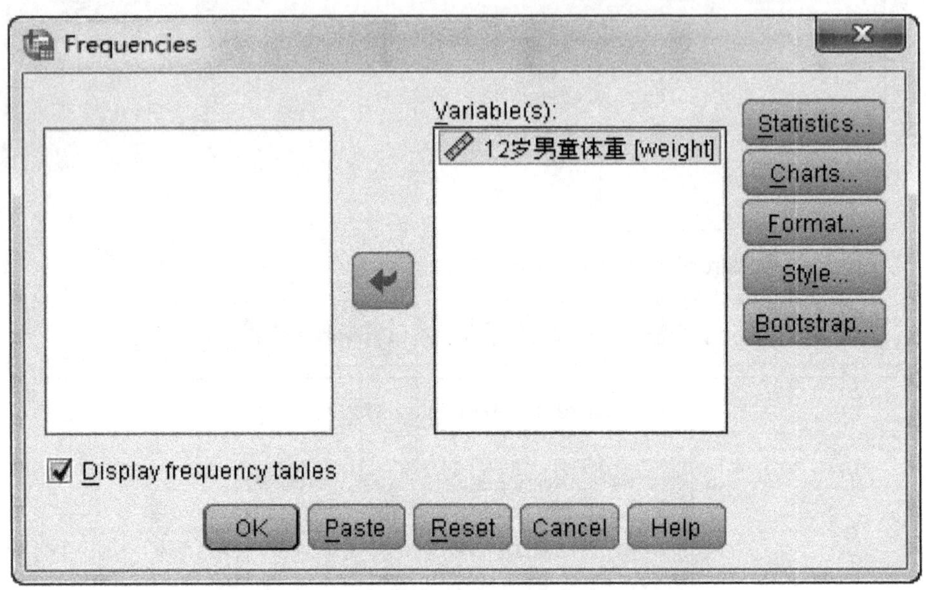

图 20-30 Frequency 对话框

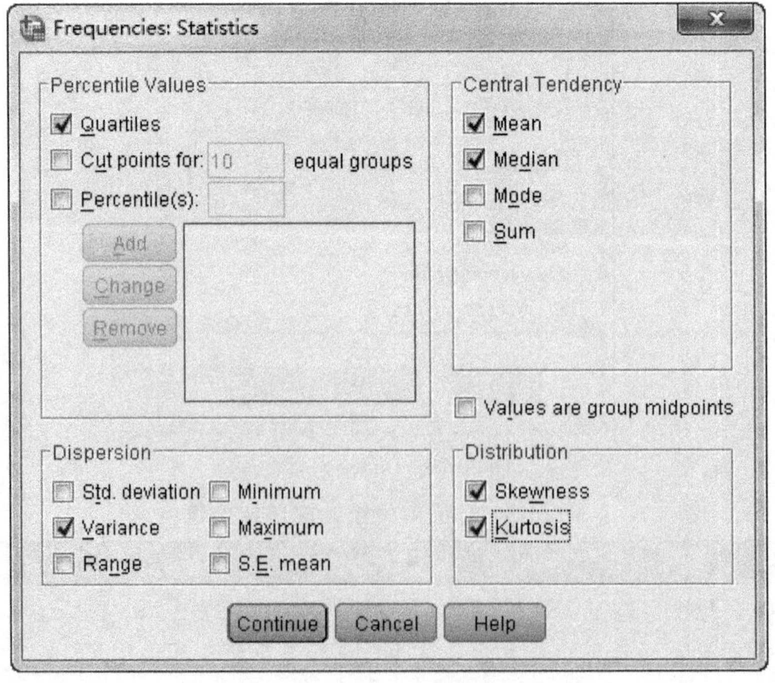

图 20-31 Frequency 中 Statistics 对话框

表 20-4　数值变量统计描述结果表(frequency 过程) 12 岁男童体重

N	Valid	150
	Missing	0
Mean		36.0413
Median		36.2000
Variance		37.820
Skewness		-0.050
Std. Error of Skewness		0.198
Kurtosis		-0.032
Std. Error of Kurtosis		0.394
Percentiles	25	32.4000
	50	36.2000
	75	40.3000

四、数值变量资料的统计推断

数值变量资料的统计推断包含两个过程，一是参数估计，二是假设检验。

（一）总体均数的区间估计

例 20-2　以 12 岁男童体重数据为例，求其总体均数 95% 的可信区间。

操作步骤如下：

依次点击"Analyze"→"Descriptive statistics"→"Explore"→"Statistics"，选择 Descriptives，结果见表 20-5。可知总体均数 95% 的可信区间为：35.0491~37.0335kg。此外，explore 过程还给出了其他描述性统计量。

表 20-5　Explore 过程分析结果

			Statistic	Std. Error
12 岁男童体重	Mean		36.0413	0.50213
	95% Confidence Interval for Mean	Lower Bound	35.0491	
		Upper Bound	37.0335	
	5% Trimmed Mean		36.0644	
	Median		36.2000	
	Variance		37.820	
	Std. Deviation		6.14981	
	Minimum		20.10	
	Maximum		51.20	
	Range		31.10	
	Interquartile Range		7.90	
	Skewness		-0.050	0.198
	Kurtosis		-0.032	0.394

（二）t 检验

t 检验是对两个均数的差别有无统计学意义进行检验的过程。根据研究设计不同，共有三种不同的比较方式。

1. 单样本 t 检验

单样本 t 检验(One-Sample T Test)主要用于观察性研究(调查)，其目的是推断样本代表的未知总体均数 μ 是否与一个已知的总体均数 μ_0 相同，μ_0 一般为理论值、标准值或经过大量观察所得的稳定值等。

例 20-3 利用例 20-1 的资料，假如该省 12 岁男孩平均体重为 35kg，问该市 12 岁男孩体重是否高于一般？

SPSS 软件操作步骤如下：

读取数据文件 weight. sav，或直接录入原始数据。

菜单栏中依次点击“Analyze”→“Compare Means”→“One-Sample T Test”，展开单样本 t 检验对话框，如图 20-32 所示，将变量“weight”选至 “Test variable”框中，并在“Test value”中填入已知的总体均数“35”，点击“ok”。结果见表 20-6。

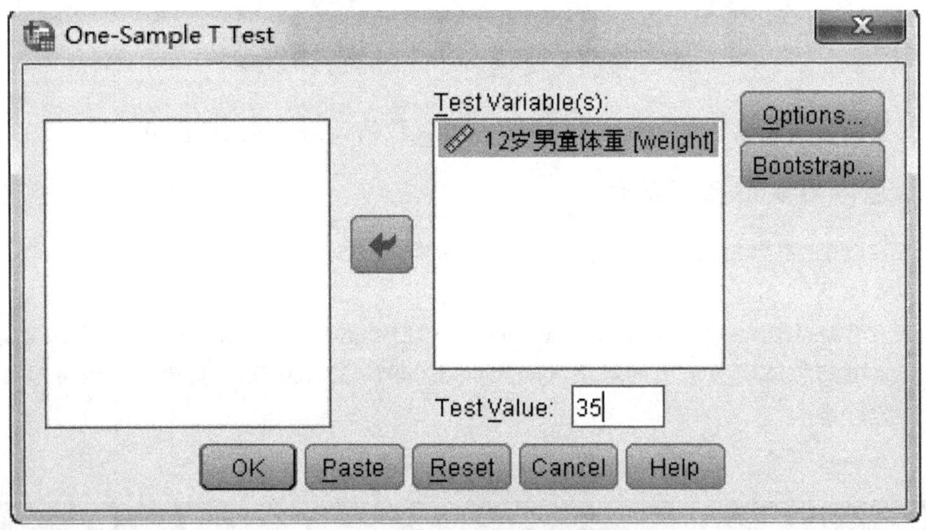

图 20-32 单样本 t 检验对话框

表 20-6 单样本 t 检验结果表

	N	Mean	Std. Deviation	Std. Error Mean
12 岁男童体重	150	36. 0413	6. 14981	0. 50213

One-Sample Test

	Test Value = 35					
	t	df	Sig. (2-tailed)	Mean Difference	95% Confidence Interval of the Difference	
					Lower	Upper
12 岁男童体重	2. 074	149	0. 040	1. 04133	0. 0491	2. 0335

表 20-6 中，首先给出了描述性统计量的结果，分别是样本含量、样本均数、标准差及样本均数的标准误。单样本 t 检验结果显示：$t = 2.074$，自由度 = 149，$P = 0.040$。两均数之差 = 1.04，差值的 95% 可信区间为(0.0491，2.0335)，可知样本均数与总体均数的差异具有统计学意义，可

以认为该市 12 岁男童体重不同于一般，可信区间显示，该市 12 岁男童的体重较高。

2. 配对样本 *t* 检验

配对样本 t 检验(Paired Sample*T* test)，用于配对设计成对数据的差值与总体均数"0"的比较。

例 20-4　为研究尼莫地平的降压效果，现选用高血压患者 10 例，分别测得服药前与服药后一个疗程的舒张压(kPa)，试分析此药对血压是否有显著性的影响，数据参见本书中例 6-5。

SPSS 软件操作步骤如下：

建立数据文件：定义变量：治疗前、治疗后，数据格式如图 20-33 所示。

before	after
110.00	85.00
113.00	87.00
105.00	100.00
110.00	95.00
95.00	80.00
120.00	95.00
110.00	110.00
108.00	93.00
105.00	95.00
100.00	90.00

图 20-33　配对 *t* 检验数据格式

点击"Analyze" →"Compare　Means"→"Paired － Samples T　Test"，展开配对 *t* 检验对话框，如图 20-34 所示，将"before"和"after"变量指定为配对变量，点击"OK"，结果见表 20-7。

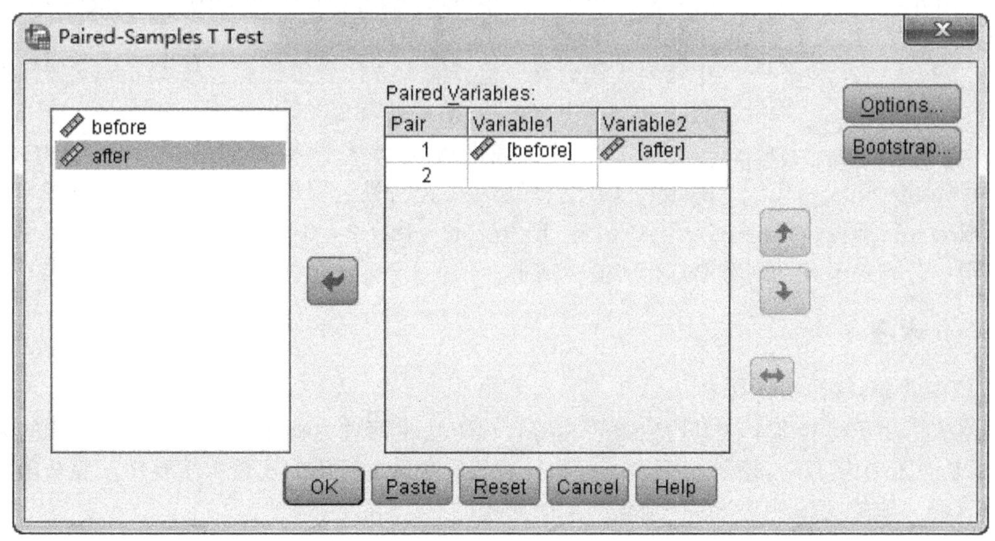

图 20-34　配对 *t* 检验对话框

表 20-7　配对 t 检验结果表

	Paired Differences					t	df	Sig. (2-tailed)
	Mean	Std. Deviation	Std. Error Mean	95% Confidence Interval of the Difference				
				Lower	Upper			
Pair 1 before-after	14.6000	8.78382	2.77769	8.31643	20.88357	5.256	9	0.001

结果显示，用药前和用药后血压差值均数 = 14.6，差值标准差 8.78，差值标准误 2.78，差值 95% 可信区间为(8.32，20.88)。配对 t 检验 t = 5.256，自由度 = 9，P = 0.001，因此，认为治疗前后血压值不同，治疗后血压值下降，该药有效。

3. 独立样本 t 检验

独立样本 t 检验(Independent Samples T Test)主要用于完全随机设计两组的情景，或者观察性研究两个独立样本的比较。

glu	group
1.20	1.00
1.80	1.00
1.30	1.00
0.70	1.00
1.30	1.00
1.70	1.00
1.20	1.00
1.00	1.00
0.80	1.00
1.00	1.00
0.70	2.00
0.90	2.00

图 20-35　独立样本 t 检验数据格式

例 20-5　某医院内分泌科为了观察某进口新药治疗 2 型糖尿病患者的效果，将 20 名 2 型糖尿病患者随机分成 2 组，一组接受该新药，另一组接受传统的 2 型糖尿病药物二甲双胍，测得空腹血糖(mmol/L)降低值，问两药的疗效有无差别，数据参见本书例 6-8。

SPSS 软件操作步骤如下：

建立数据文件，此例中有两个变量：group(1-二甲双胍，2-进口药)和 Glu-血糖值，数据格式如图 20-35 所示。

点击"Analyze"→"Compare Means"→"Independent Samples T Test"，展开独立样本 t 检验主对话框，如图 20-36 所示。将"glu"血糖值作为检验变量，放入"Test Variable"中；选择"group"作为分组变量，单击 Define Groups 按钮，在 Define Groups 对话框中选择 Use specified values，并在 Group 后面分别输入代表两组的变量值，本例中输入 1 代表第一组，输入 2 代表第二组，按 Continue 按钮返回主对话框，点击"OK"。结果见表 20-8。

表 20-8 中，首先是方差齐性检验的结果，F = 3.034，P = 0.099，因此资料满足方差齐性的要求。若方差齐，独立样本检验的结果选取第一行即可，本例中，t = -0.615，自由度 df = 18，P = 0.546，因此进口药和二甲双胍疗效无差别，若方差不齐，则看第二行 t'检验结果。

(三) 方差分析

1. 单向方差分析

方差分析用于检验多个样本均数是否相等，该方法是两独立样本 t 检验的扩展。单向方差分析(One Way ANOVA)不考虑干扰因素的影响，对效应变量进行组间比较。主要用于完全随机设计多组的情景，或者观察性研究多个独立样本的比较。

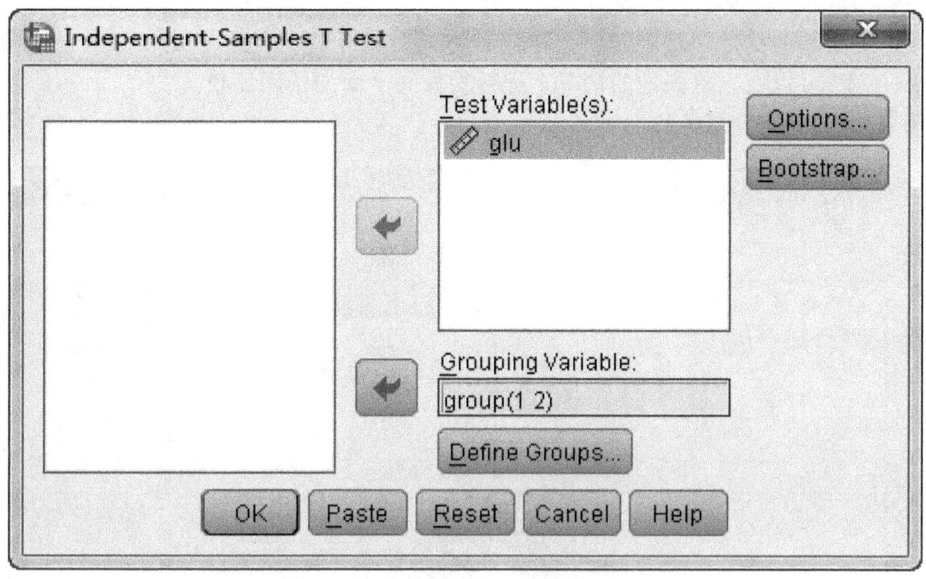

图 20-36 独立样本 t 检验对话框

表 20-8 独立样本 t 检验结果表

		Levene′s Test for Equality of Variances		t-test for Equality of Means						
		F	Sig.	*t*	df	Sig. (2-tailed)	Mean Difference	Std. Error Difference	95% Confidence Interval of the Difference	
									Lower	Upper
glu	Equal variances assumed	3. 034	0. 099	-0. 615	18	00. 546	-0. 13000	0. 21137	-0. 57407	0. 31407
	Equal variances not assumed			-0. 615	15. 048	0. 548	-0. 13000	0. 21137	-0. 58040	0. 32040

例 20-6 为了研究北京机关工作人员血脂水平，随机抽取了不同年龄男性各 10 名，检测他们的总胆固醇(TC)含量(mmol/L)，问三个年龄组的总胆固醇平均含量之间是否有差别，数据见本书例 7-1。

SPSS 软件操作步骤如下：

建立数据文件，此例中有两个变量：group(1-青年组，2-中年组，3-老年组)(分组变量)和总胆固醇含量 X(效应变量)，数据格式与独立样本 t 检验一致，如图 20-35 所示。

点击“Analyze”→“Compare means”→“One-Way ANOVA”，进入主对话框，将胆固醇含量 X 选入“Dependent List”，group 变量选入“Factor”，如图 20-37 所示。

点击“Option”，选择“Descriptive”进行变量的描述性统计和“Homogeneity of Variance”进行方差齐性检验。

点击“Post Hoc”，选择多重比较的方法。方差分析中如果总体均数之间存在差异，就可以进行多重比较以确定哪些均数间存在差别。单因素方差分析中提供的多重比较方法，如图 20-38 所示。选择“SNK”法可以在方差齐性的情况下进行均数间全面的两两比较。

分析结果见表 20-9~表 20-12。

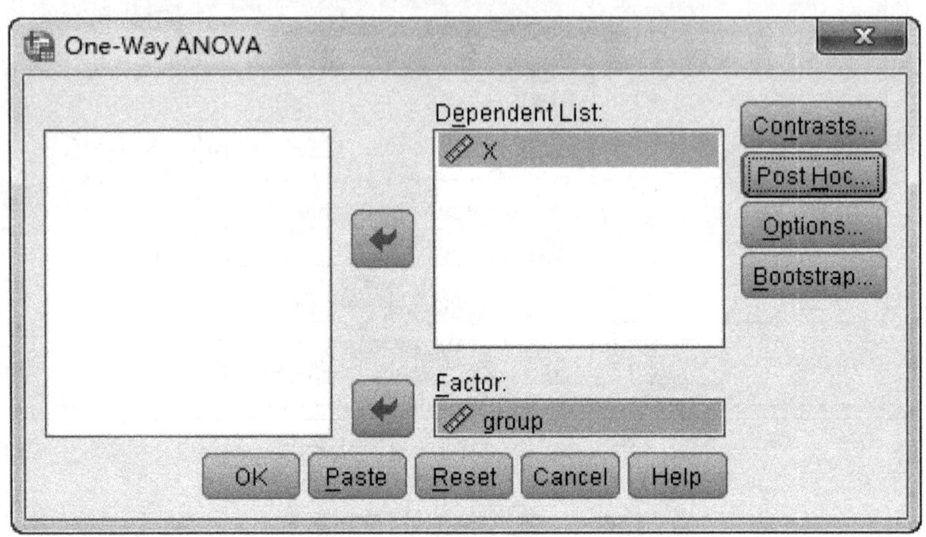

图 20-37　单因素方差分析对话框

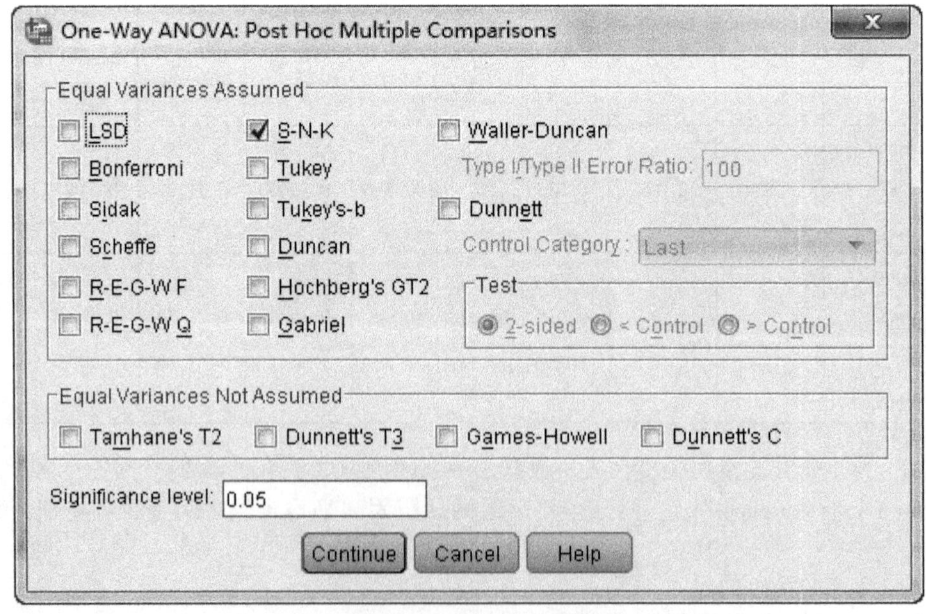

图 20-38　单因素方差分析-多重比较

表 20-9 显示了描述性结果，分别给出了各组的均数、标准差、标准误、均数 95% 可信区间、最大值和最小值等。

表 20-9　单向方差分析描述性结果表

	N	Mean	Std. Deviation	Std. Error	95% Confidence Interval for Mean		Minimum	Maximum
					Lower Bound	Upper Bound		
1.00	10	5.0040	0.15057	0.04761	4.8963	5.1117	4.78	5.21
2.00	10	5.1020	0.11213	0.03546	5.0218	5.1822	4.89	5.25
3.00	10	5.1900	0.09381	0.02966	5.1229	5.2571	4.98	5.31
Total	30	5.0987	0.14014	0.02559	5.0463	5.1510	4.78	5.31

表 20-10　方差齐性检验结果

Levene Statistic	df1	df2	Sig.
1.937	2	27	0.164

表 20-10 显示了方差齐性检验结果，Levene 统计量 = 1.937，$P = 0.164$，因此满足方差齐性的要求。

表 20-11　单因素方差分析结果

	Sum of Squares	df	Mean Square	*F*	Sig.
Between Groups	0.173	2	0.087	5.897	0.008
Within Groups	0.396	27	0.015		
Total	0.570	29			

表 20-11 分别给出了组间变异、组内变异、自由度、组间均方、组内均方，$F = 5.897$，$P = 0.008$，因此均数间存在差别，不同年龄组机关工作人员总胆固醇含量不同。

表 20-12　SNK 法结果

group	*N*	Subset for alpha = 0.05	
		1	2
1.00	10	5.0040	
2.00	10	5.1020	5.1020
3.00	10		5.1900
Sig.		0.082	0.116

Means for groups in homogeneous subsets are displayed

a. Uses Harmonic Mean Sample Size = 10.000

多重比较的结果显示：青年组和中年组无区别，中年组与老年组无区别，青年组和老年组有区别。

2. 双向方差分析

双向方差分析用于随机区组设计，效应指标为定量资料，控制区组变量（干扰因素）的影响，对效应变量的组间比较。

例 20-7　将 18 名原发性血小板减少症患者按年龄相近的原则配为 6 个区组，每个区组中的 3

名患者随机分配到 A、B、C 三个治疗组中，测得患者治疗后的血小板升高值，数据见本书例7-2，问3种治疗方法的疗效有无差别。

SPSS 软件操作步骤如下：

建立数据文件，此例中有三个变量：X(血小板升高值，效应变量)，treat(1-A 组，2-B 组，3-C 组)和 block(区组变量，表示 1~6 个区组)，数据格式如图 20-39 所示。

X	treat	block
3.80	1.00	1.00
4.60	1.00	2.00
7.60	1.00	3.00
8.60	1.00	4.00
6.40	1.00	5.00
6.20	1.00	6.00
6.30	2.00	1.00
6.30	2.00	2.00
10.20	2.00	3.00
9.20	2.00	4.00
8.10	2.00	5.00
6.90	2.00	6.00
8.00	3.00	1.00
11.90	3.00	2.00

图 20-39 随机区组设计方差分析数据格式

点击“Analyze” → “General Linear Model” → “Univariate”，将变量 X 选入“Dependent List”，将 treat 和 block 选入“Fixed factor”，点击“Model”，选择 Custom，点击“type”中的“Main Effect”，分析主效应。

结果见表 20-13。可知对 treat 治疗方式进行检验，$F = 79.338$，$P = 0.000$，因此不同治疗方式效果不同；对 block 进行检验，$F = 12.333$，$P = 0.001$，可知不同区组之间有差别。

表 20-13 双向方差分析结果表

Source	Type III Sum of Square	df	Mean Square	F	Sig.
Corrected Model	179.135[a]	7	25.591	31.477	0.000
Intercept	1409.805	1	1409.805	1734.077	0.000
treat	129.003	2	64.502	79.338	0.000
block	50.132	5	10.026	12.333	0.001
Error	8.130	10	0.813		
Total	1597.070	18			
Corrected Total	187.265	17			

a. R Squared = 0.957(Adjusted R Squared = 0.926)

五、分类变量资料的统计推断

χ^2 检验是最常用于分类变量资料的假设检验方法，主要用于两个或多个样本率或构成比的比较，此外也可以用于两个分类变量之间的关联性分析，及频数分布的拟合优度检验。

（一）四格表资料的χ^2检验

例 20-8　为了解城镇居民医疗保险参保情况，某研究者随机抽取甲、乙两社区进行调查，调查结果见本书例题 9-1，问两社区城镇居民的医疗保险参保率是否有差别。

SPSS 软件操作步骤如下：

建立数据文件：SPSS 可以作为记录数据的载体，因此在调查/实验完成后，可以将记录直接保存为 SPSS 的原始数据形式，此时，一条记录对应一个研究对象。另一种记录数据的形式是频数表格式，仅记录每一变量各类别的频数，这样的形式比较直观，但是在分析过程中需要采用赋权命令“Weight Cases”指定频数变量。

本例中应输入三个变量，row（行变量，表示不同社区）、column（列变量，表示参保和不参保），freq（表示四格表频数）。数据文件如图 20-40 所示。

row	column	freq
1.00	1.00	96.00
1.00	2.00	15.00
2.00	1.00	82.00
2.00	1.00	33.00

图 20-40　四格表资料卡方检验数据格式

指定 freq 为频数变量：点击“Data”→“Weight Cases”，选择 Weight Cases by Freq。

点击“Analyze”→“Descriptive Statistics”→“Crosstabs”，选择变量 row 进入“Rows”，选择变量 column 进入“Columns”。

点击“Statistics”，选择“chi-square”。结果见表 20-14。可知，本例中最小理论频数为 23.58，因此 Pearson 卡方检验的结果$\chi^2=7.783$，$P=0.005$，甲乙两社区参保率不同。

表 20-14　四格表资料卡方检验结果

	Value	df	Asymp. Sig.（2-sided）	Exact Sig.（2-sided）	Exact Sig.（1-sided）
Pearson Chi-Square	7.783[a]	1	0.005		
Continuity Correction[b]	6.902	1	0.009		
Likelihood Ratio	7.949	1	0.005		
Fisher's Exact Test				0.006	0.004
Linear-by-Linear Association	7.748	1	0.005		
N of Valid Cases	226				

a. 0 cells（0.0%）have expected count less than 5. The minimum expected count is 23.58

b. Computed only for a 2x2 table

（二）配对四格表χ^2检验

例 20-9　某研究者用两种不同方法对 81 份肺癌患者血清学样品进行检测，结果见本书例 9-8，问两种血清学检测方法的阳性率有无差异。

SPSS 软件操作步骤如下：

a	b	freq
1.00	1.00	26.00
2.00	1.00	15.00
1.00	2.00	30.00
2.00	2.00	10.00

图 20-41　配对χ^2检验数据格式

建立数据文件：本例应输入三个变量，freq 表示频数变量，a（表示甲法，1-阳性，2-阴性），b（乙法，1-阳性，2-阴性），数据格式如图 20-41 所示。

指定 freq 为频数变量：点击“Data”→“Weight Cases”，选择 Weight Cases by Freq，点击“Analyze”→“Nonparametric tests”→“Related samples”，点击 run，后进行设置：“Objective”中指定目标，“Fields”中指定要分析的变量，本例

中为 a，b；“Settings”中可以设置选项，并对数据分析过程进行微调。

分析过程中也可以点击“Analyze” → “Nonparametric test” → “Legacy dialogs”→ “2 Related Samples”，将变量 a，b 选入右侧 Test Pairs，选择 McNemar 法。结果见表 20-15 和表 20-16。

表 20-15 配对四格表

a	b	
	1.00	2.00
1.00	26	30
2.00	15	10

表 20-16 配对四格表χ^2 检验结果

	a & b
N	81
Chi-Square[b]	4.356
Asymp. Sig.	0.037

a. McNemar Test

b. Continuity Corrected

结果可知，χ^2 = 4.356，P = 0.037，甲乙两种方法检出阳性率不同。

（三）行×表资料的χ^2 检验

method	result	freq
1.00	1.00	56.00
1.00	2.00	22.00
2.00	1.00	38.00
2.00	2.00	45.00
3.00	1.00	17.00
3.00	2.00	63.00

图 20-42 行×表χ^2 检验的数据格式

例 20-10 某研究者将 241 例急性淋巴细胞白血病患者随机分为 3 组，分别采用 A、B、C 三种治疗方案进行治疗，结果见本书例题 9-4，问三种不同疗法白血病的缓解率有无差别。

SPSS 软件操作步骤如下：

建立数据文件：本例中应输入三个变量，method 表示方法，分别为 A 法、B 法和 C 法，result 表示结局，分别为缓解和未缓解，freq 表示频数，数据文件如图 20-42 所示。

指定 freq 为频数变量：点击“Data”→“Weight Cases”，选择 Weight Cases by Freq 。

点击“Analyze” →“Descriptive Statistics” →“Crosstabs”，选择变量 method 进入“Rows”，选择变量 result 进入“Columns”。

点击“Statistics”，选择“chi-square”，结果见表 20-17。结果显示所有的理论频数都大于 5，χ^2 = 40.615，P = 0.000，因此三种方法的缓解率不同。

表 20-17 行×表χ^2 检验的结果表

	Value	df	Asymp. Sig.(2-sided)
Pearson Chi-Square	40.615[a]	2	0.000
Likelihood Ratio	42.565	2	0.000
Linear-by-Linear Association	40.435	1	0.000
N of Valid Cases	241		

a. 0 cells(0.0%) have expected count less than 5. The minimum expected count is 35.93

六、回归与相关

（一）直线回归

直线回归也称线性回归、简单回归，用回归方程的形式反应两个数值变量之间数量上的依存关系。这两个变量中，一个作为自变量(independent variable)，一个作为因变量(dependent variable)。

例 20-11　某地测得 10 名 3 岁儿童的体表面积(m^2)与体重(kg)资料，数据见本书例 11-1,试求由体重推算体表面积的回归方程。

SPSS 软件操作步骤如下：

建立数据文件：本例输入两个变量，第一列 X 表示体重，第二列 Y 表示体表面积。

绘制散点图：点击“Graph”→“legacy Dialog”→ “scatter/dot”→ “simple”，指定自变量和因变量，绘制散点图。当散点图提示两变量间存在线性趋势时，线性相关和回归才有意义。本例中，体重和体表面积之间的散点图如图 20-43 所示，可见，线性趋势存在。

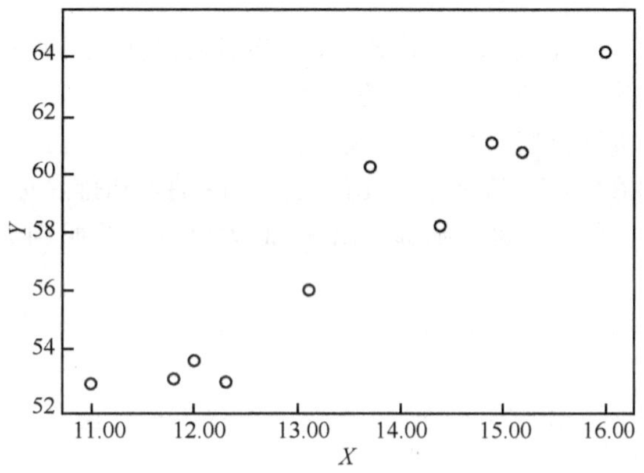

图 20-43　体重(X)和体表面积(Y)散点图

线性回归：点击“Analyze”→“Regression”→“Linear”，展开线性回归对话框，如图 20-44 所示。

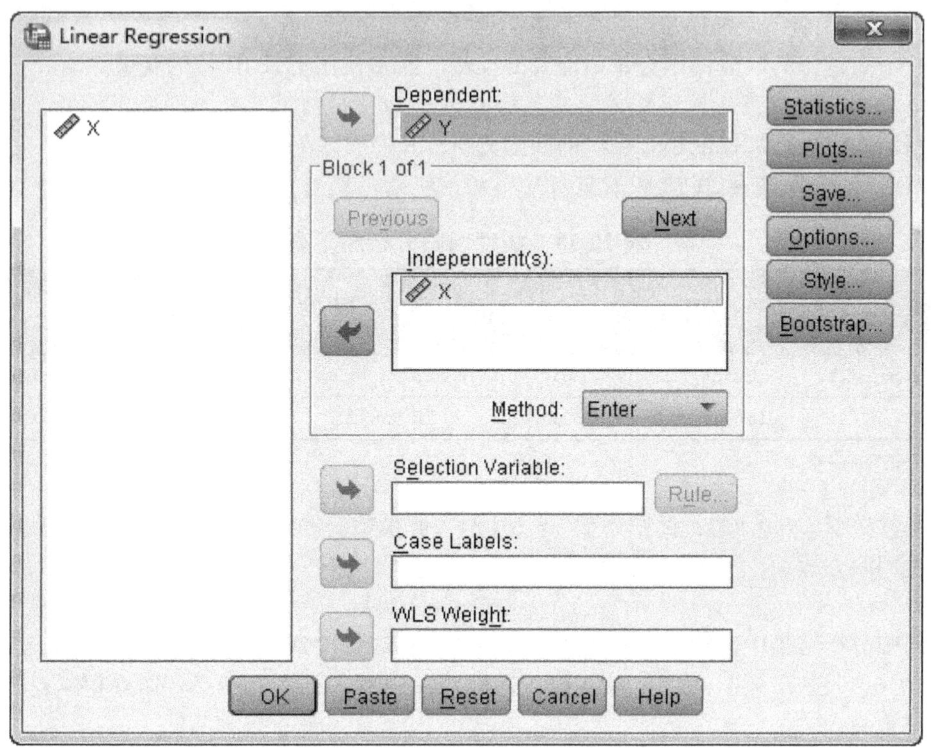

图 20-44　线性回归对话框

各部分说明如下：

Dependent

选入回归分析的因变量，本例中为体表面积(Y)。

Block

由 Previous 和 Next 两个按钮组成，用于将 Independent 框中选入的自变量进行分组。分组后的自变量可以采用不同的选入方式：前进、后退、逐步等。

Independent

选入回归分析的自变量，本例中为体重(X)。

Method

自变量的选入方法，有 Enter、Stepwise、Remove、Backward、Forward 五种。该选项对当前 Independent 框中的所有变量均有效。默认的选入方法为 Enter 法。

Enter：强行进入法，所有自变量全部纳入模型。

Stepwise：逐步法，可在 option 选项中事先设定变量的纳入和排除标准。

Remove：强制剔除法，只出不进，筛选是以 block 为单位，按照剔除标准将同一 block 内的变量一次全部剔除。

Backward：后退法，对已经纳入方程的变量按照 Y 的贡献由小到大依次剔除，直到方程中所有变量均不符合剔除标准。

Forward：前进法，只进不出，对已经纳入方程的变量不再考虑其显著性，直到方程外所有变量均达不到入选标准。

Selection Variable

选入一个筛选变量，并利用右侧 Rules 建立一个选择条件，只有满足条件的记录才会进入回归分析。这一操作与“Date”菜单中的“select data”等价。

Case Labels

选择一个变量，其取值将作为每条记录的标签。通常使用记录 ID 号的变量。

WLS>>

可利用该按钮进行加权最小二乘法的回归分析。

点击“OK”。结果见表 20-18 和表 20-19。

表 20-18 线性回归分析结果表

Model		Unstandardized Coefficients		Standardized Coefficic	t	Sig.
		B	Std. Error	Beta		
1	(Constant)	0.252	0.034		7.370	0.000
	X	0.024	0.003	0.958	9.435	0.000

a. Dependent Variable: Y

可知，常数项 $a=0.252$，回归系数 $b=0.024$，假设检验的结果提示，线性回归关系存在，由此可以建立回归方程：

$$\hat{Y}=0.252+0.024X$$

线性回归分析结果中还给出了利用方差分析法进行线性关系假设检验的结果。见表 20-19。可知 $SS_{回归}=0.014$, $SS_{残差}=0.001$, $F=89.01$, $P=0.000$，显示回归有意义，体重和体表面积之间的回归方程有意义。

表 20-19 线性回归分析中方差分析结果表

Model		Sum of Squares	df	Mean Square	F	Sig.
1	Regression	0.014	1	0.014	89.010	0.000[b]
	Residual	0.001	8	0.000		
	Total	0.015	9			

a. Dependent Variable: Y

b. Predictors: (Constant), X

(二) 线性相关

例 20-12 以例 20-11 数据进行线性相关分析。

SPSS 软件操作步骤如下:

建立数据文件:本例输入两个变量,X 表示体重,Y 表示体表面积。

点击"Analyze"→"Correlate"→"Bivariate",将变量 X 和 Y 移至 Variables 矩形框中。

对话框下部 Correlation Coefficients 栏中列出了三种相关系数,可根据资料的性质选用:

Pearson 相关复选项,即简单相关系数。

Kendall's tau-b 复选项,即 Kendall 秩相关系数。

Spearman 相关复选项,计算等级相关系数。

线性相关分析的结果见表 20-20。结果显示,体重和体表面积之间的线性相关系数为 0.958,假设检验的结果显示 $P = 0.000$,说明存在线性相关关系。

表 20-20 体重和体表面积线性相关分析结果表

		X	Y
X	Pearson Correlation	1	0.958**
	Sig. (2-tailed)		0.000
	N	10	10
Y	Pearson Correlation	0.958**	1
	Sig. (2-tailed)	0.000	
	N	10	10

**. Correlation is significant at the 0.01 level(2-tailed)

(三) 多重线性回归

多重线性回归(multiple linear regression)是研究一个因变量与多个自变量之间线性关系的统计分析方法。

例 20-13 搜集了某地 29 名 13 岁男童身高 $X1$(cm),体重 $X2$(kg),肺活量 $Y(L)$的信息,数据见本书例 11-4,试建立肺活量与身高、体重的多元线性回归方程。

SPSS 软件操作步骤如下:

建立数据文件,本例中输入三个变量,分别是身高、体重和肺活量,数据结构如图 20-45 所示。

X1	X2	Y
135.10	32.00	1.75
163.60	46.20	2.75
156.20	37.10	2.75
167.80	41.50	2.75
145.00	33.00	2.50
165.50	49.50	3.00
153.30	41.00	2.75
160.50	47.20	2.25
147.60	40.50	2.00
155.10	44.70	2.75

图 20-45 多重线性回归数据结构

点击"Analyze" →"Regression"→ "linear",系统弹出主对话框如图 20-46。将肺活量(Y)放入 Dependent 框中,将身

高($X1$)和体重($X2$)放入 Independent 框中。

Method

自变量的选入方法，有 Enter、Stepwise、Remove、Backward、Forward 五种。该选项对当前 Independent 框中的所有变量均有效。默认的选入方法为 Enter 法。各种方法的说明及选择见直线回归。

Selection Variable

选入一个筛选变量，并利用右侧 Rules 建立一个选择条件，只有满足条件的记录才会进入回归分析。这一操作与“Date”菜单中的“select data”等价。

Case Labels

选择一个变量，其取值将作为每条记录的标签。通常使用记录 ID 号的变量。

WLS>>

可利用该按钮进行加权最小二乘法的回归分析。

点击“Statistics”出现对话框，如图 20-47 所示。

其中 Regression Coefficients 组：定义回归系数的输出情况，选中 Estimates 可输出回归系数及其标准误，t 值和 p 值，还有标准化的回归系数 beta；选中 Confidence intervals 则输出每个回归系数的 95% 可信区间。默认只选中 Estimates。

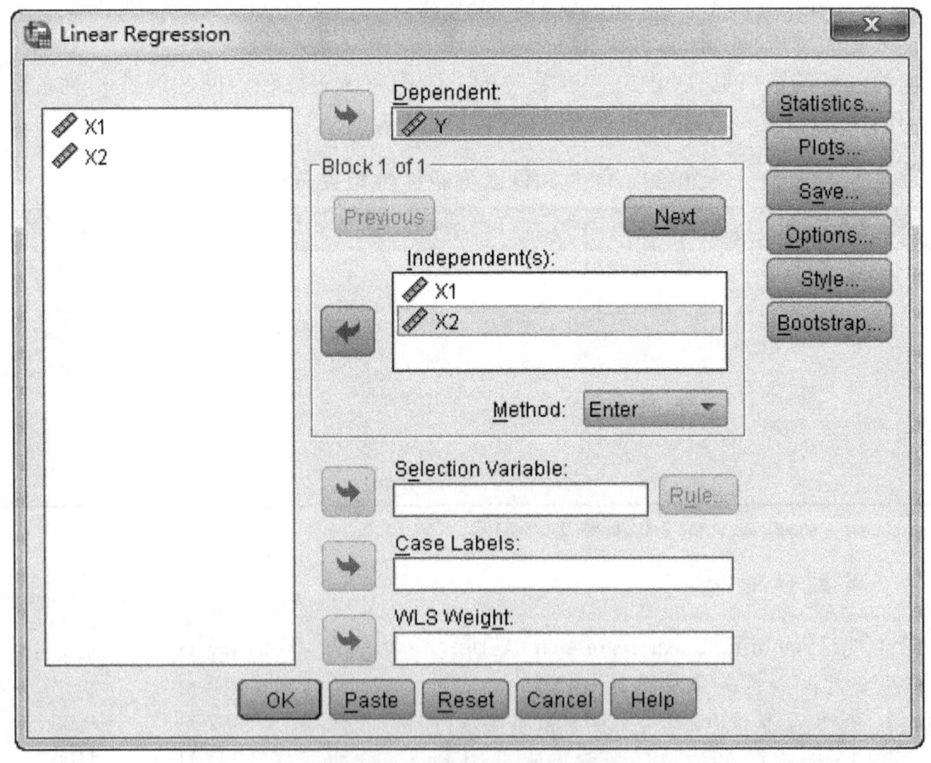

图 20-46 多重线性回归对话框

Residuals 组：可输出残差诊断的信息，可选的有 Durbin-Watson 残差序列相关性检验、超出规定的 n 倍标准误的残差列表。

Model fit 框：模型拟合过程中进入、退出的变量列表，以及一些有关拟合优度检验的指标，如 R，R^2和调整的 R^2，标准误及方差分析表。

R squared change 框：显示模型拟合过程中 R^2、F 值和 P 值的改变情况。

Descriptives 框：提供一些变量描述，如有效例数、均数、标准差等，同时还给出一个自变量间的相关矩阵。

Part and partial correlations 框：显示自变量间的相关、部分相关和偏相关系数。

Collinearity diagnostics 框：共线性诊断的统计量，如特征根（Eigenvalues）、方差膨胀因子（VIF）等。

Plots：可绘制回归分析诊断或预测图。

Save：可以存储中间结果，包括预测值系列、残差系列、距离（Distances）系列、预测值可信区间系列、波动统计量系列。

Options：可设置回归分析的一些选项，如纳入排除标准、是否在模型中放置常数项等。

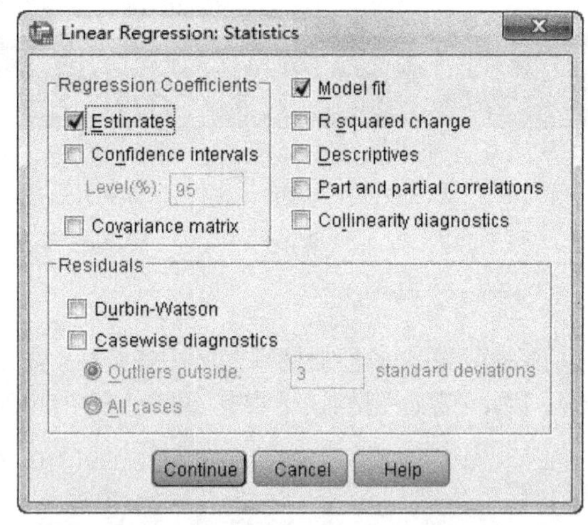

图 20-47　多重线性回归分析 statistics 对话框

多重线性回归分析结果见表 20-21～表 20-24。

表 20-21　多重线性回归分析结果-变量筛选方法

Model	Variables Entered	Variables Removed	Method
1	$X2$, $X1^b$	.	Enter

a. Dependent Variable：Y

b. All requested variables entered

该表显示的是变量进入/退出模型的情况。本例中，进入模型的自变量为 X1 和 X2，，没有移出的变量。变量的进入/退出方法是 Enter 法。

表 20-22　多重线性回归模型拟合情况

Model	R	R Square	Adjusted R Square	Std. Error of the Estimate
1	0.739^a	0.546	0.511	0.31366

a. Predictors：(Constant)，$X2$，$X1$

该表显示的是模型的拟合优度情况。显示在该模型中，相关系数 R 为 0.739，决定系数 R^2 为 0.546，校正的决定系数为 0.511。其中校正决定系数可作为变量筛选的指标之一。

表 20-23　多重线性回归模型检验结果

Model		Sum of Squares	df	Mean Square	F	Sig.
1	Regression	3.076	2	1.538	15.632	0.000^b
	Residual	2.558	26	0.098		
	Total	5.634	28			

a. Dependent Variable：Y

b. Predictors：(Constant)，$X2$，$X1$

该表显示的是采用方差分析法进行模型检验的结果，$F=15.632$，$P=0.000$，模型具有统计学意义。在模型有意义的前提下，可进行偏回归系数的假设检验，结果如下。

表 20-24 多重线性回归方程参数表

Model		Unstandardized Coefficients		Standardized Coefficic	t	Sig.
		B	Std. Error	Beta		
1	(Constant)	-0.566	1.240		-0.456	0.652
	X1	0.005	0.011	0.094	0.474	0.639
	X2	0.054	0.016	0.667	3.382	0.002

a. Dependent Variable: Y

该表显示的是多重线性回归方程中各参数及假设检验的结果。本例采用默认的 enter 法进行自变量的选择，因此全部自变量都在方程中，可知方程中自变量 X1 无意义，X2 有意义，多重线性回归方程如下：

$$\hat{Y} = -0.566 + 0.005X1 + 0.054X2$$

七、非参数统计

非参数统计方法不依赖于特定的总体分布类型，不对总体的分布类型作任何假设，比较的是总体的分布或者分布的位置是否相同，适用范围较广。非参数统计中体系相对完善、效能较高的方法是秩和检验。

（一）Wilcoxon 符号秩检验

该方法用于配对设计数值资料差值的比较或者单个样本与已知总体中位数的比较。

例 20-14 某城市调查了两家定点医院急性单纯性阑尾炎、胆囊结石伴慢性胆囊炎、子宫肌瘤等 9 个单病种费用结算情况，数据见本书例 12-1，试分析两家定点医院医疗费用结算情况是否一致。

SPSS 软件操作步骤如下：

建立数据文件，本例中输入两个变量，表示甲、乙两医院各病种的费用，数据结构同配对设计 t 检验，如图 20-33 所示。

点击“Analyze” →“Nonparametric Tests” →“Legacy Dialogs” →“2 related samples”，弹出对话框后，将两变量放入“Test Pairs”，并在“Test Type”下勾选“Wilcoxon”，如图 20-48 所示。

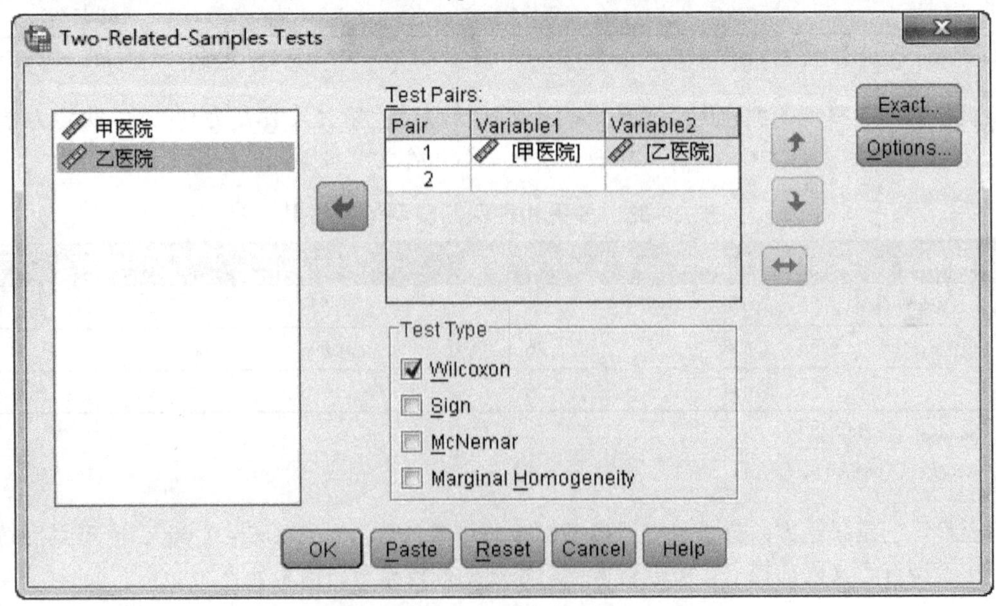

图 20-48 Wilcoxon 符号秩和检验对话框

点击"OK"后，结果见表 20-25。可知甲乙两医院 9 个病种的费用经过比较，$Z=-0.352$，$P=0.725$，差异无统计学意义，两医院费用结算情况一致。

表 20-25 配对符号秩和检验结果

	乙医院 - 甲医院
Z	-0.352[b]
Asymp. Sig. (2-tailed)	0.725

a. Wilcoxon Signed Ranks Test

b. Based on positive ranks

（二）Man-Whitney *U* 检验

该方法适用于两组独立数值变量资料或者等级资料的比较，推断两样本代表的总体分布是否相同。

例 20-15 某保险公司在两个营销部中调查 20 名营销员的年度营销额，数据见本书例 12-3，试分析两个部门的营销额是否有差别。

SPSS 软件操作步骤如下：

建立数据文件，本例中输入两个变量，X 表示营销额，group 表示部门(1-部门 1，2-部门 2)，数据结构同两独立样本 t 检验，如图 20-35 所示。

点击"Analyze"→"Nonparametric Tests"→"Legacy Dialogs"→"2 independent samples"，将变量"X"放入"Test Variable List"框中，将变量"group"放入"Grouping Variable"中，并点击"Define Groups"完成两组别的指定。在"Test Type"下勾选"Mann-Whitney U"，如图 20-49 所示，点击"OK"。

结果见表 20-26 和表 20-27。表 20-26 给出了各组的秩和及平均秩次，表 20-27 给出了检验的结果，$Z=-1.439$，$P=0.15$，因此两部门营销额无差别。

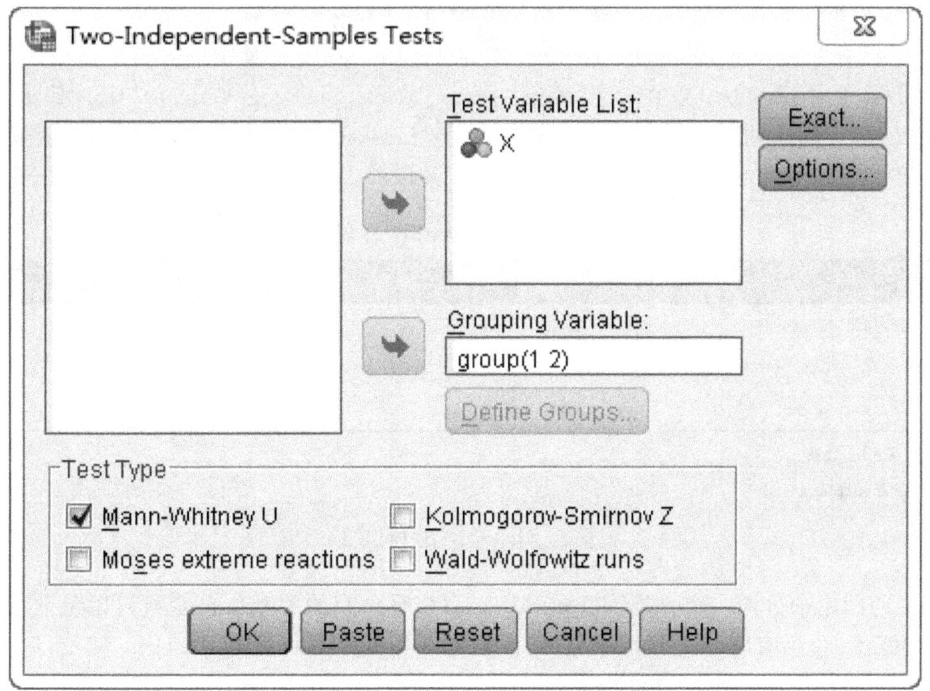

图 20-49 Man-Whitney *U* 检验对话框

表 20-26　Man-Whitney U 检验描述性结果

	group	N	Mean Rank	Sum of Ranks
	1.00	10	8.60	86.00
X	2.00	10	12.40	124.00
	Total	20		

表 20-27　Man-Whitney U 检验结果

	X
Mann-Whitney U	31.000
Wilcoxon W	86.000
Z	-1.439
Asymp. Sig. (2-tailed)	0.150
Exact Sig. [2 * (1-tailed Sig.)]	0.165[b]

a. Grouping Variable: group

b. Not corrected for ties

（三）Kruskal-Walis H 检验

该方法适用于多组数值变量资料或等级资料的比较，推断多个样本代表的总体分布是否相同。

例 20-16　某市医疗保险基金管理中心对不同年龄段参保职工的个人医保账户进行抽查，以了解个人账户资金节余情况，数据见本书例 12-5，问不同年龄段参保职工个人账户节余是否有差异。

SPSS 软件操作步骤如下：

建立数据文件，本例中输入两个变量，X 表示个人账户节余，g 表示不同年龄组(1：<35 岁组，2：35-45 岁组，3：>45 岁组)，数据结构同 Man-Whitney U 检验。

点击“Analyze”→“Nonparametric Tests”→“Legacy Dialogs”→“K independent samples”，将变量“X”放入“Test Variable List”框中，将变量“group”放入“Grouping Variable”中，并点击“Define Groups”完成三个组别的指定。在“Test Type”下勾选“Kruskal-Wallis H”，点击“OK”。结果见表 20-28，表 20-29。可知$\chi^2=10.057$，$P=0.007$，不同年龄段参保职工个人账户节余情况不同。

表 20-28　Kruskal-Wallis H 检验结果

	X
Chi-Square	10.057
df	2
Asymp. Sig.	0.007

a. Kruskal Wallis Test

b. Grouping Variable: g

八、logistic 回归

Logistic 回归用来分析一个分类因变量和一组自变量之间的关系，自变量可以是数值变量，也可以是分类变量(包括有序分类和无序分类)。根据因变量分类的不同，Logistic 回归可分为两分类 logistic 回归、有序分类 logistic 回归和无序多分类 logistic 回归模型。本书仅介绍最基本的两分类 logistic 回归模型。

例 20-17　某医生拟研究冠心病是否与年龄、性别、心电图异常是否有关，搜集相关数据，试构造 logistic 回归模型分析哪些因素与冠心病有关。

SPSS 软件操作步骤如下：

建立数据文件：本例中输入 4 个变量，分别是 sex（sex = 1 表示男性，sex = 0 表示女性）、ctg（ctg = 0 表示心电图正常，ctg = 1 表示心电图轻度异常，ctg = 2 表示心电图重度异常）、age 和 ca（ca = 0 表示未患病，ca = 1 表示患病），数据结构见图 20-50。

sex	ctg	age	ca
0.00	0.00	28.00	0.00
1.00	0.00	42.00	1.00
0.00	1.00	46.00	0.00
1.00	1.00	45.00	0.00
0.00	0.00	34.00	0.00
1.00	0.00	44.00	1.00
0.00	1.00	48.00	1.00
1.00	1.00	45.00	1.00
0.00	0.00	38.00	0.00
1.00	0.00	45.00	0.00

图 20-50　logistic 回归数据结构

点击"Analyze"→"Regression"→"Binary logistic"，弹出二分类 logistic 回归对话框，如图 20-51 所示。将因变量 ca 放入"Dependent"框，将自变量 sex、ctg、age 放入"Covariates"框中。其余选项的说明可参考直线回归部分。

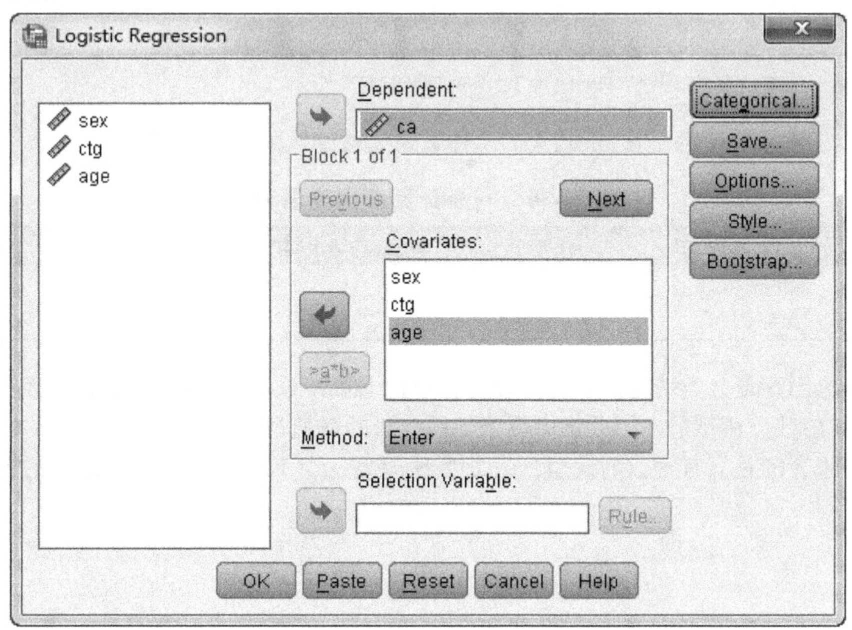

图 20-51　logistic 回归对话框

特别需要注意的是“Categorical”选项，当自变量是多分类(尤其是无序多分类，即名义变量)时，应该采用该选项将这类变量转化为 $k-1$ 个哑变量(k 为该变量的水平数)，同时，还可定义以何水平作为比较的参照水平，如图 20-52 所示。

结果见表 20-29~表 20-37。

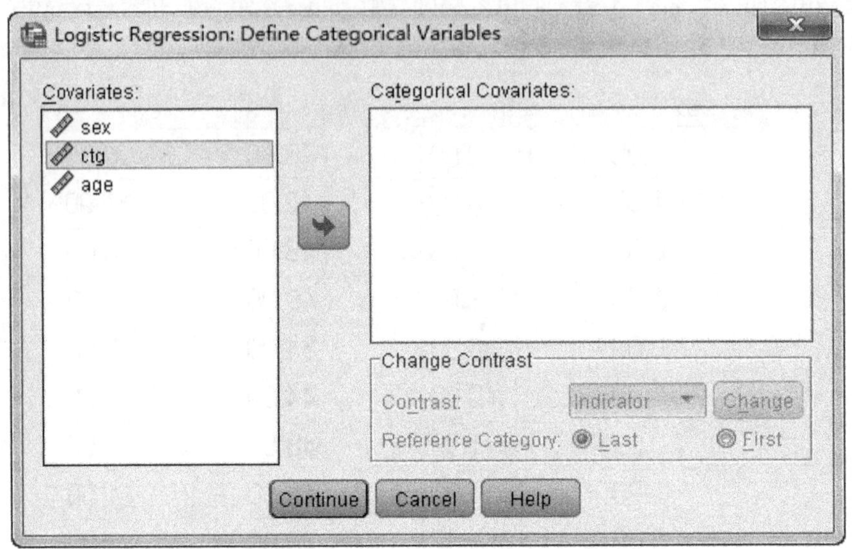

图 20-52　logistic 回归哑变量定义框

表 20-29　logistic 回归结果

Unweighted Cases[a]		N	Percent
	Included in Analysis	67	100.0
Selected Cases	Missing Cases	0	0.0
	Total	67	100.0
Unselected Cases	0	0	0.0
Total	67	100.0	100.0

a. If weight is in effect, see classification table for the total number of cases

该表列出了纳入分析的个体数、缺失的个体数及未被纳入的个体数等信息。

表 20-30　logistic 回归因变量编码

Original Value	Internal Value
未患病	0
患病	1

表 20-30 为因变量分类情况列表，需要注意的是 Binary Logistic 过程默认是以因变量较大取值的概率 $P(Y=1)$ 建立模型的。因此有必要了解因变量的赋值情况，以便作出正确的解释。

表 20-31 拟合的是只有常数的模型，为分类预测表，当不纳入任何自变量时的预测准确率正确率为 53.7%。

表 20-31 logistic 回归 block 0 过程

	Observed		Predicted		
			ca		Percentage Correct
			未患病	患病	
Step 0	ca	未患病	0	31	0.0
		患病	0	36	100.0
	Overall Percentage				53.7

a. Constant is included in the model

b. The cut value isV 0.500

表 20-32 block0 过程时 logistic 回归模型

		B	S. E.	Wald	df	Sig.	Exp(B)
Step 0	Constant	0.150	0.245	0.372	1	0.542	1.161

表 20-32 为模型中只有常数项而无自变量时的回归参数及其检验结果，尚未纳入模型中其余自变量的分析结果见表 20-33，初步可以认为，在 0.05 检验水准下，sex、ctg 与因变量之间的联系具有统计学意义。同时若将全部自变量纳入模型，Scoreχ^2 = 12.504，P = 0.006，说明全模型具有统计学意义。

表 20-33 单变量分析结果

			Score	df	Sig.
Step 0	Variables	sex	4.120	1	0.042
		ctg	4.614	1	0.032
		age	3.781	1	0.052
	Overall Statistics		12.504	3	0.006

表 20-34 模型系数的全局检验

		Chi-square	df	Sig.
Step 1	Step	13.606	3	0.003
	Block	13.606	3	0.003
	Model	13.606	3	0.003

表 20-34 列出的是模型系数的全局检验结果，当采用默认的 enter 法筛选自变量时，Step 统计量为每一步与前一步相比的似然比检验结果；Block 统计量是指若将 block1 与 block 0 相比的似然比检验结果；Model 统计量则是上一个模型与现在方程中变量出现变化后模型的似然比检验结果。可见 3 种检验的结果相同，说明至少一个自变量有意义。

表 20-35 模型情况

Step	-2 Log likelihood	Cox & Snell R Square	Nagelkerke R Square
1	78.902[a]	0.184	0.246

a. Estimation terminated at iteration number 4 because parameter estimates changed by less than 0.001

表 20-35 列出了 -2log likelihood 值及两种决定系数的数值，其中 -2log likelihood 值可用于变量筛选过程中模型的选择。

表 20-36 列出了当自变量纳入模型后个体预测正确率为 65.7%，相对于模型中只有常数项时，正确率有所上升。

表 20-36　自变量引入模型后预测情况

Observed			Predicted		
			ca		Percentage Correct
			未患病	患病	
Step 0	ca	未患病	18	13	58.1
		患病	10	26	72.2
	Overall Percentage				65.7

a. The cut value is 0.500

表 20-37　logistic 回归模型参数及检验

		B	S.E.	Wald	df	Sig.	Exp(B)
Step 1[a]	sex	1.228	0.566	4.702	1	0.030	3.416
	ctg	0.778	0.393	3.921	1	0.048	2.178
	age	0.074	0.035	4.416	1	0.036	1.077
	Constant	-4.542	1.830	6.160	1	0.013	0.011

a. Variable(s) entered on step 1: sex, ctg, age

表 20-37 为方程中各自变量检验情况列表，这是 logistic 回归分析结果中最重要的一部分。输出的结果包括最终引入模型的自变量及常数项的系数(B)、标准误(SE)、Wald 卡方值(Wald)、自由度(df)、P 值(Sig)、以及 OR 值(Exp(β))。本例中，三个自变量均有统计学意义。每个自变量对应的 Exp(β)可以反应其对因变量的作用。如性别的 OR = 3.416，表示在其他自变量保持不变的情况下，男性(sex = 1)和女性相比(sex = 0)，冠心病发病的危险性改变 3.416 倍。这里的解释方式是自变量高水平和低水平相比，导致自变量向高水平发展的作用强度，说明男性患冠心病的危险是女性的 3.416 倍。年龄 age 的 OR 值为 1.097，表示年龄每增加一岁，患冠心病的危险增加 1.097 倍。最后得到

$$\text{logit}(P) = -4.542 + 1.228\text{sex} + 0.778\text{ctg} + 0.074\text{age}$$

九、Cox 回归模型

Cox 回归模型常用于生存分析中，研究多个因素对生存时间的影响。

例 20-18　为了比较 A, B 两种治疗方案的效果，A 组治疗 12 例患者，B 组治疗 13 例患者，每位患者检验其肾功能，记录每位患者的生存时间(天)和结局，数据见本书例 15-6，问治疗方案和肾功能对患者的生存时间是否有影响？

SPSS 软件操作步骤如下：

建立数据文件：本例中输入 4 个变量，分别是 group(0-A 组，1-B 组)、kidney(0-肾功能正常，1-肾功能不正常)、生存时间 time、结局 state(0-截尾，1-死于该病)，数据结构如图 20-53 所示。

点击"Analyze"→"Survival"→"Cox Regression"，弹出 Cox 回归对话框，如图 20-54 所示。将变量 time 放入"Time"框，将变量 state 放入"Status"框中，表示生存状态，并定义数值 1 表示结局发生。将变量 group 和 kidney 放入"Covariates"框中，表示待研究的自/协变量。"Method"框中提供了自变量进入 Cox 回归方程的方法，有 enter 法、forward 法等，各方法的区别参考线性回归部分，默认的方法是 enter。"Strata"表示分层变量。

group	kidney	time	state
0.00	1.00	8.00	1.00
0.00	0.00	852.00	0.00
0.00	1.00	52.00	1.00
0.00	0.00	220.00	1.00
0.00	1.00	63.00	1.00
0.00	0.00	8.00	1.00
0.00	0.00	1976.00	0.00
0.00	0.00	1296.00	0.00
0.00	0.00	1460.00	0.00
0.00	1.00	63.00	1.00

图 20-53　Cox 回归分析数据结构

其他按钮的功能：

“Categorical”：可将分类变量转化为 $k-1$ 个哑变量进行分析（k 为该变量的水平数），对于无序多分类变量尤为重要。

“Plots”选项列出了 Cox 回归中的统计图，Survival 表示累计生存函数曲线；Hazard 表示累计风险函数散点图等，可根据需要选择。

“Save”选项列出了和生存函数有关的指标，如“Survival function”表示累计生存率估计值；“Hazard function”表示风险函数等。

“Option”选项列出了模型统计量。如“CI for exp(*B*)”表示相对危险度的可信区间，“Display baseline function”表示输出风险基准函数。

结果见表 20-38～表 20-40。

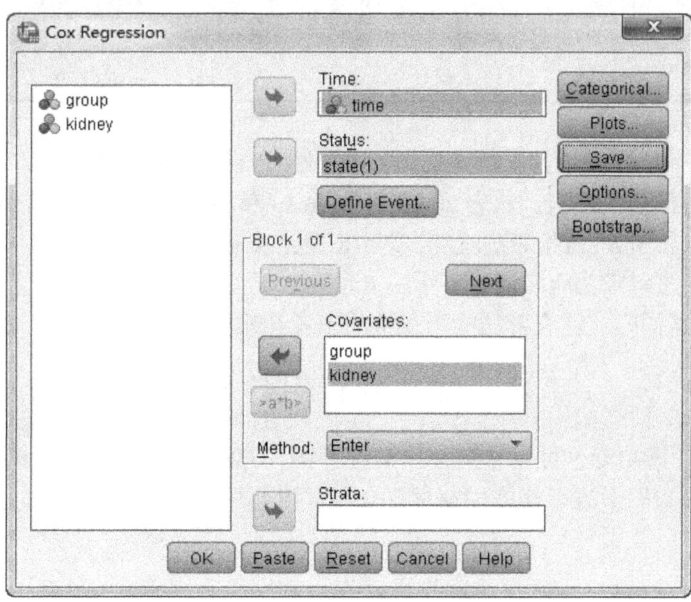

图 20-54　Cox 回归对话框

表 20-38 Cox 回归分析概述

		N	Percent
Cases available in analysis	Event[a]	17	68.0%
	Censored	8	32.0%
	Total	25	100.0%
Cases dropped	Cases with missing values	0	0.0%
	Cases with negative time	0	0.0%
	Censored cases before the earliest event in a stratum	0	0.0%
	Total	0	0.0%
Total		25	100.0%

a. Dependent Variable: time

上表列出了总例数 25，截尾例数 8，发生结局 17 例。

表 20-39 Cox 回归模型检验

-2 Log Likelihood	Overall (score)			Change From Previous Step			Change From Previous Block		
	Chi-square	df	Sig.	Chi-square	df	Sig.	Chi-square	df	Sig.
71.415	27.021	2	0.000	22.669	2	0.000	22.669	2	0.000

a. Beginning Block Number 1. Method = Enter

本例题采用默认的 enter 法选择自变量，表 20-39 列出了当纳入自变量后，Cox 模型的检验结果。可知模型有意义，至少一个自变量有意义。

表 20-40 Cox 回归模型参数

	B	SE	Wald	df	Sig.	Exp(B)	95.0% CI for Exp(*B*)	
							Lower	Upper
group	1.243	0.599	4.302	1	0.038	3.466	1.071	11.220
kidney	4.105	1.165	12.429	1	0.000	60.670	6.190	594.605

表 20-40 是对 Cox 回归方程各参数的估计，*B* 为偏回归系数、SE 为偏回归系数标准误，Wald 统计量用于偏回归系数的假设检验，从表 20-40 可知 group 和 kidney 两变量均有统计学意义，均能影响患者的生存时间。Exp(*B*)为相对危险度，即 RR 值，表示死亡风险的比值。本例中变量 group 的 RR = 3.466，表示在患者肾功能相同时，疗法 *B* 的死亡风险是 *A* 的 3.466 倍。变量 kidney 的 RR = 60.67，表示在疗法相同时，伴有肾功能不正常的患者其死亡风险是肾功能正常患者的 60.67 倍。

十、常见统计图的制作

SPSS 有较强的作图功能，可以绘制常用的统计图，其制作过程分为两步：建立数据文件、生成图形，必要时候可对图形进行修饰。本章仅介绍常用的几种统计图的制作。

（一）条图

条图(bar chart)是用等宽直条的高度来表示数据的图形。可绘制出单式条图和复式条图。

例 20-19 将表 20-41 资料绘成条图。

表 20-41 2002 年某市婴儿、新生儿和幼儿的死亡率(‰)

地区	婴儿	新生儿	幼儿
市区	10.6	6.4	0.7
郊县	12.7	8.1	1.7

1. 建立数据文件

如图 20-55 所示。

2. 图形生成

点击 Graphs→Legacy Dialogs→Bar，展开对话框如图 20-56 所示。选择所需的条图类型。

Simple 单式条图

Cluster 复式条图

Stacked 分段式条图

本例选择 Cluster。并选择图形中数据描述方式(Data in Chart Are)有：

Summaries for groups of cases：以某个分类变量的分组情况为基础，反映以组为单位的变量指标。

Summaries of separate variables：反映统计资料中多个变量。

Values of individual cases：反映某个变量的所有取值情况。

本例中选择“Summaries for groups of cases”。点击“define”后弹出如图 20-57 所示的对话框，依次将变量选入相应框中，点击“ok”本例中生成的复式条图如图 20-58 所示。

地区	儿童	死亡率
市区	婴儿	10.60
市区	新生儿	6.40
市区	幼儿	0.70
郊县	婴儿	12.70
郊县	新生儿	8.10
郊县	幼儿	1.70

图 20-55 条图数据录入结构

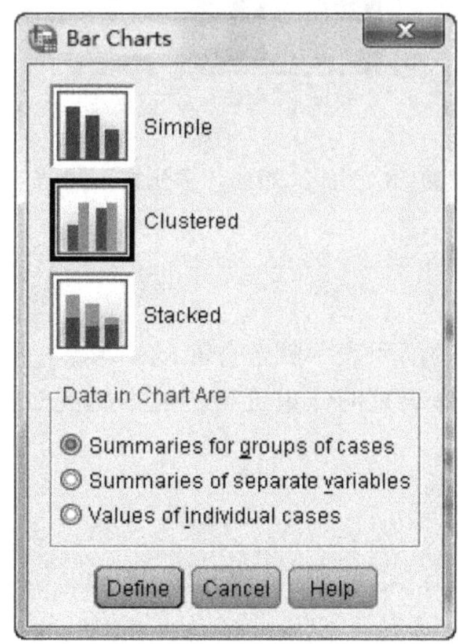

图 20-56 条图绘制选项

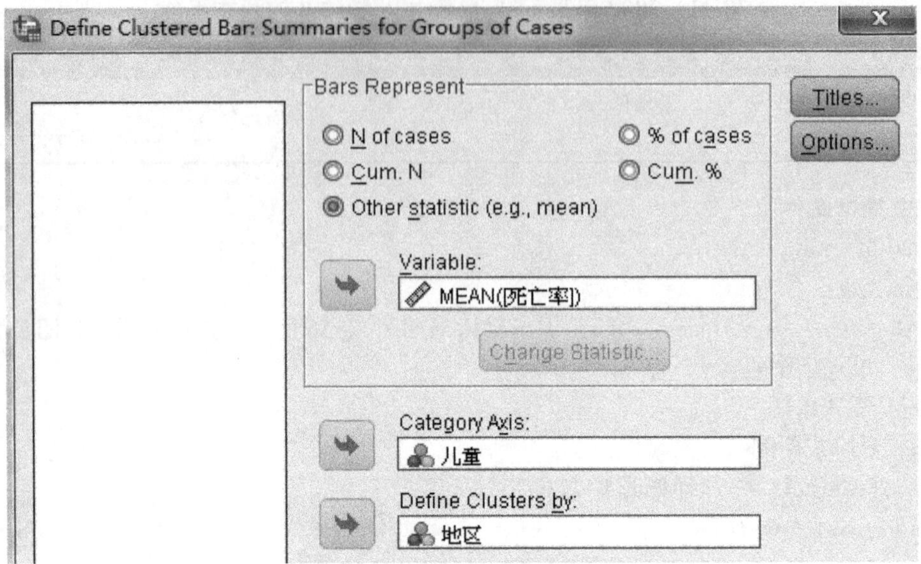

图 20-57　条图设置对话框

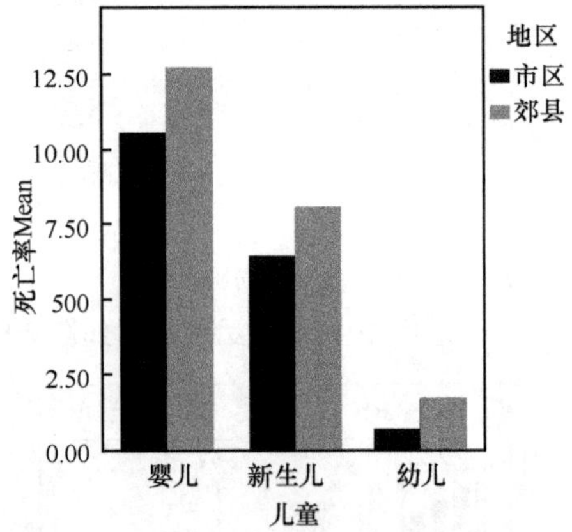

图 20-58　市区、郊县儿童死亡率复式条图

（二）直方图

直方图(histogram)是用矩形的面积表示频数分布的图形。

例 20-20　将 150 名 12 岁健康男童的体重资料，数据见例 20-1，绘制成直方图。

1. 建立数据文件

如图 20-27 所示。

2. 生成直方图

点击 Graphs→Legacy Dialogs→histogram，展开如图 20-59 所示。将变量引入“Variable”框，生成的直方图如图 20-60 所示。

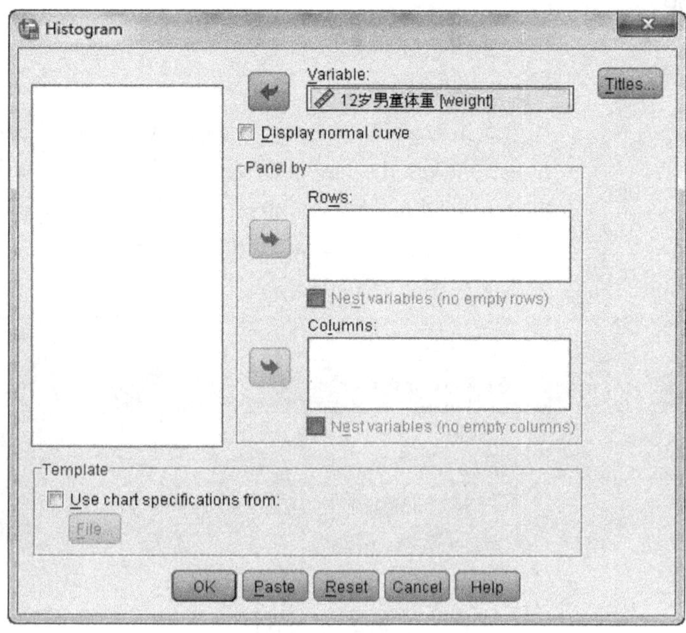

图 20-59　直方图绘制对话框

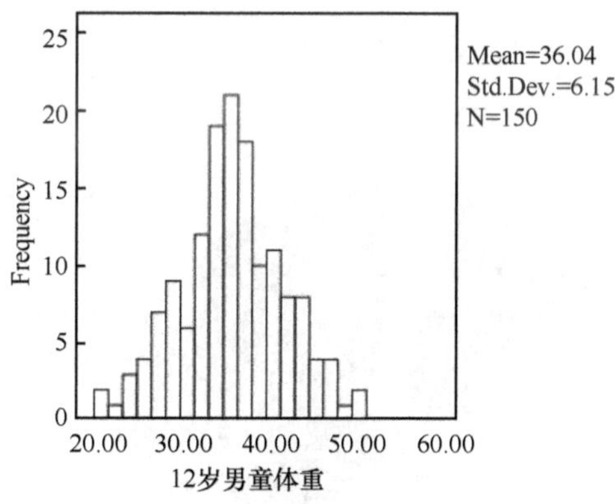

图 20-60　12 岁男童体重分布直方图

（三）饼图

饼图(pie chart)是用圆形及圆内扇形的角度来表示数值大小的图形，主要用于表示一个样本(或总体)中各类别的频数占全部频数的比例。

例 20-21　将某地区某年死因构成比资料，见表 20-42，绘制饼图。

表 20-42　某地某年死因构成比资料

死因分类	构成比/%
心血管疾病	35.48
脑血管疾病	31.80
恶性肿瘤	18.60
呼吸系统	9.62
其他	4.50

1. **建立数据文件**

死因分类	构成比
心血管疾病	35.48
脑血管疾病	31.80
恶性肿瘤	18.60
呼吸系统	9.62
其他	4.50

图 20-61 饼图数据录入格式

如图 20-61 所示。

2. **生成图形**

点击 Graphs→Legacy Dialogs→pie，选中“Summaries for groups of cases”，单击“Define”，进入饼图主对话框，如图 20-62。在“Slices Represent”中选择“Sum of variables”，“Variable”框中选入“构成比”变量，“Define Slices by”框中选入“死因分类”变量，点击 OK，生成的饼图如图 20-63 所示。

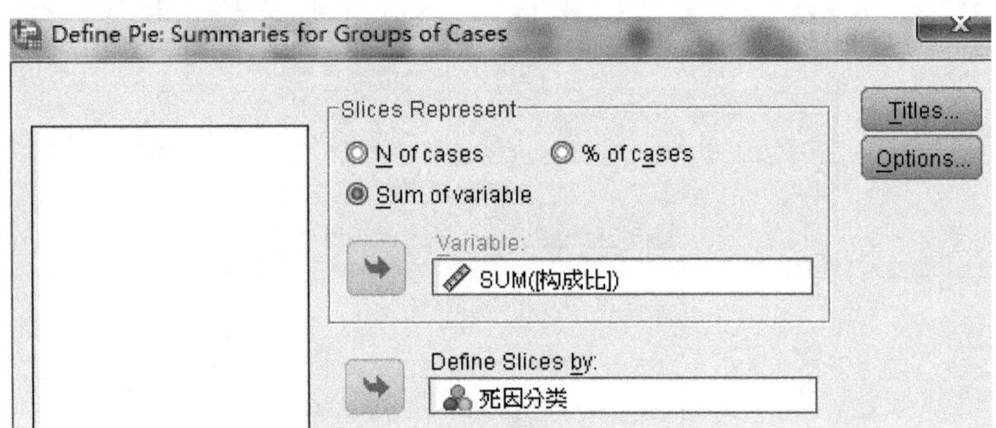

图 20-62 饼图绘制对话框

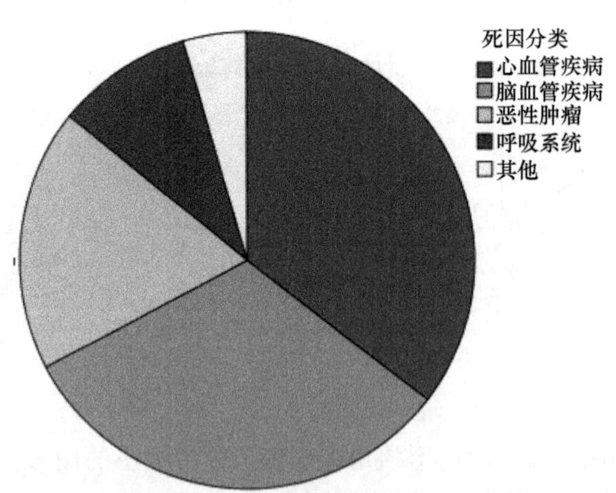

图 20-63 某地某年死因构成比情况

（四）线图

线图(line chart)适用于连续性变量资料。用线段的上升和下降来表示某事物因时间或条件而变化的趋势，或某现象随另一现象变迁的情况。

例 20-22 某地居民 1950~1970 年结核病死亡率，数据见表 18-10。

1. **建立数据文件**

如图 20-64 所示。

2. 生成图形

点击 Graphs→Legacy Dialogs→line，进入线图主对话框，如图 20-65 所示。SPSS 提供了三种类型线图的绘制。

Simple ：单线图，用一条折线表示某事物的变化趋势。

Multiple：多线图，用多条折线表示多个事物的变化趋势。

Drop-line：垂线图，反映多个事物差距的线图。

年份	结核死亡率
1950	173.90
1952	156.80
1954	142.00
1956	127.80
1958	97.70
1960	71.30
1962	59.20
1964	46.00
1966	37.50
1968	36.50
1970	32.30

图 20-64　线图数据格式

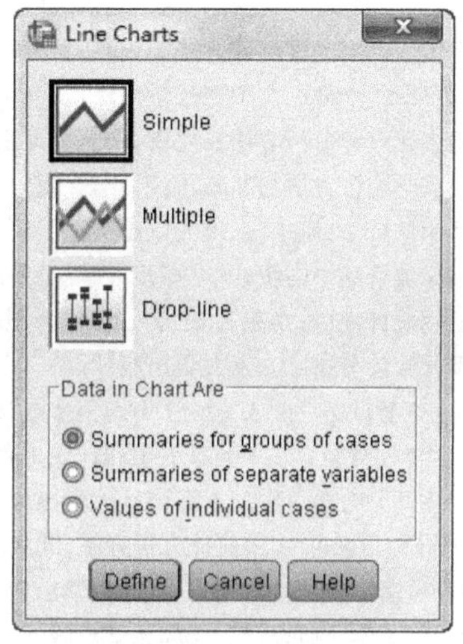

图 20-65　线图主对话框

本例中选择“Simple”，点击“Summaries for groups of cases”，点击“Define”，进入线图绘制对话框，“Lines Represent”中选择“Other statistics[e. g. mean]”，“Variable”框中选择“结核死亡率”，“Category Axis”框中选入“年份”，点击 OK。生成的线图如图 20-66 所示。

图 20-66　某地 1950-1970 年间结核病死亡率

（五）散点图

见直线回归部分。

（刘丽群　唐艳林）

主要参考文献

曹素华.1998. 实用医学多因素统计方法. 上海:上海医科大学出版社.

常兆光,王清河,杜彩凤.2009. 应用统计学方法,石油工业出版社.

陈峰.2000. 医用多元统计分析方法. 北京:中国统计出版社.

陈峰.2003. 现代医学统计方法与Stata应用(第2版). 北京:中国统计出版社.

陈启光.2007. 医学统计学,南京:东南大学出版社.

段广才.2002. 临床流行病学与统计学,郑州大学出版社.

方积乾.2013. 卫生统计学(第7版). 北京:人民卫生出版社.

高惠旋.2004. 多元统计分析. 北京大学出版社.

国家卫生和计划生育委员会.2013.《2013中国卫生统计年鉴》.

国家卫生和计划生育委员会.2013国家卫生和计划生育统计调查制度.2013. 北京:中国协和医科大学出版社.

何晓群.2007. 应用回归分析. 中国人民统计大学出版社.

蒋庆琅(方积乾,等译).1998. 实用统计分析方法,北京医科大学和中国协和医科大学联合出版.

李君荣,孙峰.2009. 医学统计学. 江苏:江苏大学出版社.

李君荣,孙峰.2012. 医学科研设计. 江苏大学出版社.

李君荣,杨江林.2003. 医疗保险统计学. 北京:人民卫生出版社.

李晓松.2013. 医学统计学(第3版). 北京:高等教育出版社.

林平.1990. 中医临床科研选题设计与分析. 开封:河南大学出版社.

刘建萍,黄思霞,熊应进.2005. 新编统计学原理学习指导. 北京:中国物价出版社.

卢祖洵.2012. 社会医疗保险学. 北京:人民卫生出版社。

罗家洪,徐天和.2006. 医学统计学,科学出版社.

内森. 凯菲茨(郑真真等译).1999. 应用数理人口学(第2版). 华夏出版社.

裴光,徐文虎.2009. 中国健康统计制度研究. 北京:中国财政经济出版社.

彭非,王伟.2004. 基础统计学教程. 中国财政经济出版社.

人力资源社会保障部.2013.《2014年人力资源和社会保障统计报表制度》.

尚磊.2014. 卫生管理统计学. 北京:中国统计出版社.

宋素芳.2007. 生物统计附试验设计. 河南科学技术出版社.

孙振球,徐勇勇.2010. 医学统计学(第3版),人民卫生出版社.

王福彦.2013. 简明医学统计学,科学出版社.

吴可杰.2012. 统计学原理. 南京:南京大学出版社.

吴明礼.2002. 统计学. 北京:中国统计出版社.

夏剑锋.2005. 统计学原理. 武汉:武汉理工大学出版社.

许军.2006. EpiData 3.02数据管理软件实用教程. 北京:军事医学科学出版社.

薛留根.2013. 应用非参数统计. 北京:科学出版社.

颜红.2010. 医学统计学. 北京:人民卫生出版社.

于红梅.2005. 卫生统计学学习指导,中国协和医科大学出版社.

余锦华,杨维权.2005. 多元统计分析. 广州:中山大学出版社.

余松林.1991. 临床随访资料的统计分析方法. 北京:人民卫生出版社.

宇传华.2006. SPSS统计与分析. 北京:电子工业出版社.

张剑,安海忠.2012. 社会研究方法. 大连:东北财经大学出版社.

张文彤,闫洁.2004. SPSS统计分析基础教程. 北京:高等教育出版社.

中国保健监督管理委员会 . 2008.《健康统计保险制度》.

Emmett J Vaughan. 2014. Fundamentals of Risk and Insurance(11 ed). John Wiley & Sons, Inc.

Robert H Shumway. 2006. Time Series Analysis and Its Applications With R Examples (Second Edition). Springer Science + Business Media, LLC.

Ronald N Forthofer. 2007. BIOSTATISTICS: a guide to design, analysis, and discovery. (2ed). Elsevier Inc.

Sampritt Chatterjee. 2006. Regression analysis by example(4 ed). John Wiley & Sons, Inc.

Wayne W Daniel. 1995. Biostatistics-a foundation for analysis in the health science (6Ed). John Wiley & Sons, Inc.

附录 统计用表

附表 1 标准正态分布曲线下的面积，$\Phi(-z)$值

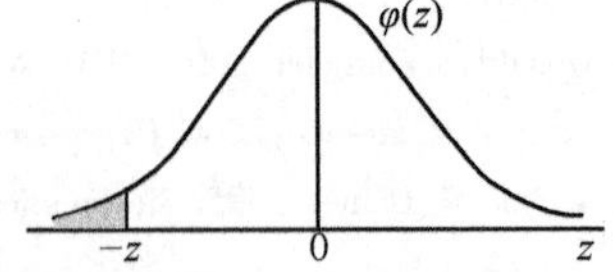

−z	0.00	0.01	0.02	0.03	0.04	0.05	0.06	0.07	0.08	0.09
−3.0	0.0013	0.0013	0.0013	0.0012	0.0012	0.0011	0.0011	0.0011	0.0010	0.0010
−2.9	0.0019	0.0018	0.0018	0.0017	0.0016	0.0016	0.0015	0.0015	0.0014	0.0014
−2.8	0.0026	0.0025	0.0024	0.0023	0.0023	0.0022	0.0021	0.0021	0.0020	0.0019
−2.7	0.0035	0.0034	0.0033	0.0032	0.0031	0.0030	0.0029	0.0028	0.0027	0.0026
−2.6	0.0047	0.0045	0.0044	0.0043	0.0041	0.0040	0.0039	0.0038	0.0037	0.0036
−2.5	0.0062	0.0060	0.0059	0.0057	0.0055	0.0054	0.0052	0.0051	0.0049	0.0048
−2.4	0.0082	0.0080	0.0078	0.0075	0.0073	0.0071	0.0069	0.0068	0.0066	0.0064
−2.3	0.0107	0.0104	0.0102	0.0099	0.0096	0.0094	0.0091	0.0089	0.0087	0.0084
−2.2	0.0139	0.0136	0.0132	0.0129	0.0125	0.0122	0.0119	0.0116	0.0113	0.0110
−2.1	0.0179	0.0174	0.0170	0.0166	0.0162	0.0158	0.0154	0.0150	0.0146	0.0143
−2.0	0.0228	0.0222	0.0217	0.0212	0.0207	0.0202	0.0197	0.0192	0.0188	0.0183
−1.9	0.0287	0.0281	0.0274	0.0268	0.0262	0.0256	0.0250	0.0244	0.0239	0.0233
−1.8	0.0359	0.0351	0.0344	0.0336	0.0329	0.0322	0.0314	0.0307	0.0301	0.0294
−1.7	0.0446	0.0436	0.0427	0.0418	0.0409	0.0401	0.0392	0.0384	0.0375	0.0367
−1.6	0.0548	0.0537	0.0526	0.0516	0.0505	0.0495	0.0485	0.0475	0.0465	0.0455
−1.5	0.0668	0.0655	0.0643	0.0630	0.0618	0.0606	0.0594	0.0582	0.0571	0.0559
−1.4	0.0808	0.0793	0.0778	0.0764	0.0749	0.0735	0.0721	0.0708	0.0694	0.0681
−1.3	0.0968	0.0951	0.0934	0.0918	0.0901	0.0885	0.0869	0.0853	0.0838	0.0823
−1.2	0.1151	0.1131	0.1112	0.1093	0.1075	0.1056	0.1038	0.1020	0.1003	0.0985
−1.1	0.1357	0.1335	0.1314	0.1292	0.1271	0.1251	0.1230	0.1210	0.1190	0.1170
−1.0	0.1587	0.1562	0.1539	0.1515	0.1492	0.1469	0.1446	0.1423	0.1401	0.1379
−0.9	0.1841	0.1814	0.1788	0.1762	0.1736	0.1711	0.1685	0.1660	0.1635	0.1611
−0.8	0.2119	0.2090	0.2061	0.2033	0.2005	0.1977	0.1949	0.1922	0.1894	0.1867
−0.7	0.2420	0.2389	0.2358	0.2327	0.2296	0.2266	0.2236	0.2206	0.2177	0.2148
−0.6	0.2743	0.2709	0.2676	0.2643	0.2611	0.2578	0.2546	0.2514	0.2483	0.2451
−0.5	0.3085	0.3050	0.3015	0.2981	0.2946	0.2912	0.2877	0.2843	0.2810	0.2776
−0.4	0.3446	0.3409	0.3372	0.3336	0.3300	0.3264	0.3228	0.3192	0.3156	0.3121
−0.3	0.3821	0.3783	0.3745	0.3707	0.3669	0.3632	0.3594	0.3557	0.3520	0.3483
−0.2	0.4207	0.4168	0.4129	0.4090	0.4052	0.4013	0.3974	0.3936	0.3897	0.3859
−0.1	0.4602	0.4562	0.4522	0.4483	0.4443	0.4404	0.4364	0.4325	0.4286	0.4247
0.0	0.5000	0.4960	0.4920	0.4880	0.4840	0.4801	0.4761	0.4721	0.4681	0.4641

注：$\Phi(z) = 1 - \Phi(-z)$

附表 2 t 界值表

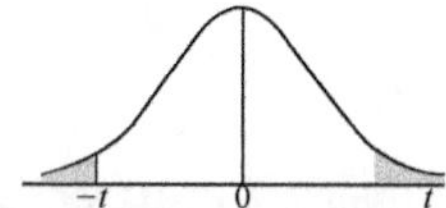

自由度	概率，P									
	单侧： 0.25	0.20	0.10	0.05	0.025	0.01	0.005	0.0025	0.001	0.0005
ν	双侧： 0.50	0.40	0.20	0.10	0.05	0.02	0.01	0.005	0.002	0.001
1	1.000	1.376	3.078	6.314	12.706	31.821	63.657	127.321	318.309	636.619
2	0.816	1.061	1.886	2.920	4.303	6.965	9.925	14.089	22.327	31.599
3	0.765	0.978	1.638	2.353	3.182	4.541	5.841	7.453	10.215	12.924
4	0.741	0.941	1.533	2.132	2.776	3.747	4.604	5.598	7.173	8.610
5	0.727	0.920	1.476	2.015	2.571	3.365	4.032	4.773	5.893	6.869
6	0.718	0.906	1.440	1.943	2.447	3.143	3.707	4.317	5.208	5.959
7	0.711	0.896	1.415	1.895	2.365	2.998	3.499	4.029	4.785	5.408
8	0.706	0.889	1.397	1.860	2.306	2.896	3.355	3.833	4.501	5.041
9	0.703	0.883	1.383	1.833	2.262	2.821	3.250	3.690	4.297	4.781
10	0.700	0.879	1.372	1.812	2.228	2.764	3.169	3.581	4.144	4.587
11	0.697	0.876	1.363	1.796	2.201	2.718	3.106	3.497	4.025	4.437
12	0.695	0.873	1.356	1.782	2.179	2.681	3.055	3.428	3.930	4.318
13	0.694	0.870	1.350	1.771	2.160	2.650	3.012	3.372	3.852	4.221
14	0.692	0.868	1.345	1.761	2.145	2.624	2.977	3.326	3.787	4.140
15	0.691	0.866	1.341	1.753	2.131	2.602	2.947	3.286	3.733	4.073
16	0.690	0.865	1.337	1.746	2.120	2.583	2.921	3.252	3.686	4.015
17	0.689	0.863	1.333	1.740	2.110	2.567	2.898	3.222	3.646	3.965
18	0.688	0.862	1.330	1.734	2.101	2.552	2.878	3.197	3.610	3.922
19	0.688	0.861	1.328	1.729	2.093	2.539	2.861	3.174	3.579	3.883
20	0.687	0.860	1.325	1.725	2.086	2.528	2.845	3.153	3.552	3.850
21	0.686	0.859	1.323	1.721	2.080	2.518	2.831	3.135	3.527	3.819
22	0.686	0.858	1.321	1.717	2.074	2.508	2.819	3.119	3.505	3.792
23	0.685	0.858	1.319	1.714	2.069	2.500	2.807	3.104	3.485	3.768
24	0.685	0.857	1.318	1.711	2.064	2.492	2.797	3.091	3.467	3.745
25	0.684	0.856	1.316	1.708	2.060	2.485	2.787	3.078	3.450	3.725
26	0.684	0.856	1.315	1.706	2.056	2.479	2.779	3.067	3.435	3.707
27	0.684	0.855	1.314	1.703	2.052	2.473	2.771	3.057	3.421	3.690
28	0.683	0.855	1.313	1.701	2.048	2.467	2.763	3.047	3.408	3.674
29	0.683	0.854	1.311	1.699	2.045	2.462	2.756	3.038	3.396	3.659
30	0.683	0.854	1.310	1.697	2.042	2.457	2.750	3.030	3.385	3.646
31	0.682	0.853	1.309	1.696	2.040	2.453	2.744	3.022	3.375	3.633
32	0.682	0.853	1.309	1.694	2.037	2.449	2.738	3.015	3.365	3.622
33	0.682	0.853	1.308	1.692	2.035	2.445	2.733	3.008	3.356	3.611
34	0.682	0.852	1.307	1.691	2.032	2.441	2.728	3.002	3.348	3.601
35	0.682	0.852	1.306	1.690	2.030	2.438	2.724	2.996	3.340	3.591
36	0.681	0.852	1.306	1.688	2.028	2.434	2.719	2.990	3.333	3.582
37	0.681	0.851	1.305	1.687	2.026	2.431	2.715	2.985	3.326	3.574
38	0.681	0.851	1.304	1.686	2.024	2.429	2.712	2.980	3.319	3.566
39	0.681	0.851	1.304	1.685	2.023	2.426	2.708	2.976	3.313	3.558
40	0.681	0.851	1.303	1.684	2.021	2.423	2.704	2.971	3.307	3.551
50	0.679	0.849	1.299	1.676	2.009	2.403	2.678	2.937	3.261	3.496
60	0.679	0.848	1.296	1.671	2.000	2.390	2.660	2.915	3.232	3.460
70	0.678	0.847	1.294	1.667	1.994	2.381	2.648	2.899	3.211	3.435
80	0.678	0.846	1.292	1.664	1.990	2.374	2.639	2.887	3.195	3.416
90	0.677	0.846	1.291	1.662	1.987	2.369	2.632	2.878	3.183	3.402
100	0.677	0.845	1.290	1.660	1.984	2.364	2.626	2.871	3.174	3.390
200	0.676	0.843	1.286	1.653	1.972	2.345	2.601	2.839	3.131	3.340
500	0.675	0.842	1.283	1.648	1.965	2.334	2.586	2.820	3.107	3.310
1000	0.675	0.842	1.282	1.646	1.962	2.330	2.581	2.813	3.098	3.300
∞	0.6745	0.8416	1.2816	1.6449	1.9600	2.3263	2.5758	2.8070	3.0902	3.2905

附表 3　χ^2 界值表

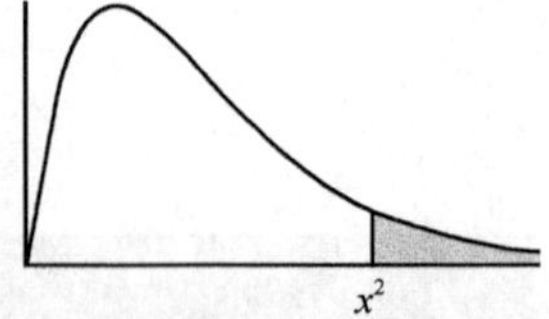

自由度 ν	概率，P												
	0.995	0.990	0.975	0.950	0.900	0.750	0.500	0.250	0.100	0.050	0.025	0.010	0.005
1					0.02	0.10	0.45	1.32	2.71	3.84	5.02	6.63	7.88
2	0.01	0.02	0.05	0.10	0.21	0.58	1.39	2.77	4.61	5.99	7.38	9.21	10.60
3	0.07	0.11	0.22	0.35	0.58	1.21	2.37	4.11	6.25	7.81	9.35	11.34	12.84
4	0.21	0.30	0.48	0.71	1.06	1.92	3.36	5.39	7.78	9.49	11.14	13.28	14.86
5	0.41	0.55	0.83	1.15	1.61	2.67	4.35	6.63	9.24	11.07	12.83	15.09	16.75
6	0.68	0.87	1.24	1.64	2.20	3.45	5.35	7.84	10.64	12.59	14.45	16.81	18.55
7	0.99	1.24	1.69	2.17	2.83	4.25	6.35	9.04	12.02	14.07	16.01	18.48	20.28
8	1.34	1.65	2.18	2.73	3.49	5.07	7.34	10.22	13.36	15.51	17.53	20.09	21.95
9	1.73	2.09	2.70	3.33	4.17	5.90	8.34	11.39	14.68	16.92	19.02	21.67	23.59
10	2.16	2.56	3.25	3.94	4.87	6.74	9.34	12.55	15.99	18.31	20.48	23.21	25.19
11	2.60	3.05	3.82	4.57	5.58	7.58	10.34	13.70	17.28	19.68	21.92	24.72	26.76
12	3.07	3.57	4.40	5.23	6.30	8.44	11.34	14.85	18.55	21.03	23.34	26.22	28.30
13	3.57	4.11	5.01	5.89	7.04	9.30	12.34	15.98	19.81	22.36	24.74	27.69	29.82
14	4.07	4.66	5.63	6.57	7.79	10.17	13.34	17.12	21.06	23.69	26.12	29.14	31.32
15	4.60	5.23	6.26	7.26	8.55	11.04	14.34	18.25	22.31	25.00	27.49	30.58	32.80
16	5.14	5.81	6.91	7.96	9.31	11.91	15.34	19.37	23.54	26.30	28.85	32.00	34.27
17	5.70	6.41	7.56	8.67	10.09	12.79	16.34	20.49	24.77	27.59	30.19	33.41	35.72
18	6.26	7.01	8.23	9.39	10.86	13.68	17.34	21.60	25.99	28.87	31.53	34.81	37.16
19	6.84	7.63	8.91	10.12	11.65	14.56	18.34	22.72	27.20	30.14	32.85	36.19	38.58
20	7.43	8.26	9.59	10.85	12.44	15.45	19.34	23.83	28.41	31.41	34.17	37.57	40.00
21	8.03	8.90	10.28	11.59	13.24	16.34	20.34	24.93	29.62	32.67	35.48	38.93	41.40
22	8.64	9.54	10.98	12.34	14.04	17.24	21.34	26.04	30.81	33.92	36.78	40.29	42.80
23	9.26	10.20	11.69	13.09	14.85	18.14	22.34	27.14	32.01	35.17	38.08	41.64	44.18
24	9.89	10.86	12.40	13.85	15.66	19.04	23.34	28.24	33.20	36.42	39.36	42.98	45.56
25	10.52	11.52	13.12	14.61	16.47	19.94	24.34	29.34	34.38	37.65	40.65	44.31	46.93
26	11.16	12.20	13.84	15.38	17.29	20.84	25.34	30.43	35.56	38.89	41.92	45.64	48.29
27	11.81	12.88	14.57	16.15	18.11	21.75	26.34	31.53	36.74	40.11	43.19	46.96	49.64
28	12.46	13.56	15.31	16.93	18.94	22.66	27.34	32.62	37.92	41.34	44.46	48.28	50.99
29	13.12	14.26	16.05	17.71	19.77	23.57	28.34	33.71	39.09	42.56	45.72	49.59	52.34
30	13.79	14.95	16.79	18.49	20.60	24.48	29.34	34.80	40.26	43.77	46.98	50.89	53.67
40	20.71	22.16	24.43	26.51	29.05	33.66	39.34	45.62	51.81	55.76	59.34	63.69	66.77
50	27.99	29.71	32.36	34.76	37.69	42.94	49.33	56.33	63.17	67.51	71.42	76.15	79.49
60	35.53	37.48	40.48	43.19	46.46	52.29	59.33	66.98	74.40	79.08	83.30	88.38	91.95
70	43.28	45.44	48.76	51.74	55.33	61.70	69.33	77.58	85.53	90.53	95.02	100.43	104.22
80	51.17	53.54	57.15	60.39	64.28	71.14	79.33	88.13	96.58	101.88	106.63	112.33	116.32
90	59.20	61.75	65.65	69.13	73.29	80.62	89.33	98.65	107.57	113.15	118.14	124.12	128.30
100	67.33	70.06	74.22	77.93	82.36	90.13	99.33	109.14	118.50	124.34	129.56	135.81	140.17

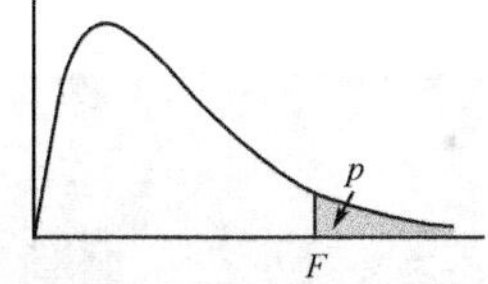

附表 4.1 *F* 界值表(方差分析用，单侧界值)

上行 $P=0.05$，下行 $P=0.01$

分母的自由度 ν_2	分子的自由度，ν_1											
	1	2	3	4	5	6	7	8	9	10	11	12
1	161.45	199.50	215.71	224.58	230.16	233.99	236.77	238.88	240.54	241.88	242.98	243.91
	4052.18	4999.50	5403.35	5624.58	5763.65	5858.99	5928.36	5981.07	6022.47	6055.85	6083.32	6106.32
2	18.51	19.00	19.16	19.25	19.30	19.33	19.35	19.37	19.38	19.40	19.40	19.41
	98.50	99.00	99.17	99.25	99.30	99.33	99.36	99.37	99.39	99.40	99.41	99.42
3	10.13	9.55	9.28	9.12	9.01	8.94	8.89	8.85	8.81	8.79	8.76	8.74
	34.12	30.82	29.46	28.71	28.24	27.91	27.67	27.49	27.35	27.23	27.13	27.05
4	7.71	6.94	6.59	6.39	6.26	6.16	6.09	6.04	6.00	5.96	5.94	5.91
	21.20	18.00	16.69	15.98	15.52	15.21	14.98	14.80	14.66	14.55	14.45	14.37
5	6.61	5.79	5.41	5.19	5.05	4.95	4.88	4.82	4.77	4.74	4.70	4.68
	16.26	13.27	12.06	11.39	10.97	10.67	10.46	10.29	10.16	10.05	9.96	9.89
6	5.99	5.14	4.76	4.53	4.39	4.28	4.21	4.15	4.10	4.06	4.03	4.00
	13.75	10.92	9.78	9.15	8.75	8.47	8.26	8.10	7.98	7.87	7.79	7.72
7	5.59	4.74	4.35	4.12	3.97	3.87	3.79	3.73	3.68	3.64	3.60	3.57
	12.25	9.55	8.45	7.85	7.46	7.19	6.99	6.84	6.72	6.62	6.54	6.47
8	5.32	4.46	4.07	3.84	3.69	3.58	3.50	3.44	3.39	3.35	3.31	3.28
	11.26	8.65	7.59	7.01	6.63	6.37	6.18	6.03	5.91	5.81	5.73	5.67
9	5.12	4.26	3.86	3.63	3.48	3.37	3.29	3.23	3.18	3.14	3.10	3.07
	10.56	8.02	6.99	6.42	6.06	5.80	5.61	5.47	5.35	5.26	5.18	5.11
10	4.96	4.10	3.71	3.48	3.33	3.22	3.14	3.07	3.02	2.98	2.94	2.91
	10.04	7.56	6.55	5.99	5.64	5.39	5.20	5.06	4.94	4.85	4.77	4.71
11	4.84	3.98	3.59	3.36	3.20	3.09	3.01	2.95	2.90	2.85	2.82	2.79
	9.65	7.21	6.22	5.67	5.32	5.07	4.89	4.74	4.63	4.54	4.46	4.40
12	4.75	3.89	3.49	3.26	3.11	3.00	2.91	2.85	2.80	2.75	2.72	2.69
	9.33	6.93	5.95	5.41	5.06	4.82	4.64	4.50	4.39	4.30	4.22	4.16
13	4.67	3.81	3.41	3.18	3.03	2.92	2.83	2.77	2.71	2.67	2.63	2.60
	9.07	6.70	5.74	5.21	4.86	4.62	4.44	4.30	4.19	4.10	4.02	3.96
14	4.60	3.74	3.34	3.11	2.96	2.85	2.76	2.70	2.65	2.60	2.57	2.53
	8.86	6.51	5.56	5.04	4.69	4.46	4.28	4.14	4.03	3.94	3.86	3.80
15	4.54	3.68	3.29	3.06	2.90	2.79	2.71	2.64	2.59	2.54	2.51	2.48
	8.68	6.36	5.42	4.89	4.56	4.32	4.14	4.00	3.89	3.80	3.73	3.67
16	4.49	3.63	3.24	3.01	2.85	2.74	2.66	2.59	2.54	2.49	2.46	2.42
	8.53	6.23	5.29	4.77	4.44	4.20	4.03	3.89	3.78	3.69	3.62	3.55
17	4.45	3.59	3.20	2.96	2.81	2.70	2.61	2.55	2.49	2.45	2.41	2.38
	8.40	6.11	5.18	4.67	4.34	4.10	3.93	3.79	3.68	3.59	3.52	3.46
18	4.41	3.55	3.16	2.93	2.77	2.66	2.58	2.51	2.46	2.41	2.37	2.34
	8.29	6.01	5.09	4.58	4.25	4.01	3.84	3.71	3.60	3.51	3.43	3.37
19	4.38	3.52	3.13	2.90	2.74	2.63	2.54	2.48	2.42	2.38	2.34	2.31
	8.18	5.93	5.01	4.50	4.17	3.94	3.77	3.63	3.52	3.43	3.36	3.30
20	4.35	3.49	3.10	2.87	2.71	2.60	2.51	2.45	2.39	2.35	2.31	2.28
	8.10	5.85	4.94	4.43	4.10	3.87	3.70	3.56	3.46	3.37	3.29	3.23
21	4.32	3.47	3.07	2.84	2.68	2.57	2.49	2.42	2.37	2.32	2.28	2.25
	8.02	5.78	4.87	4.37	4.04	3.81	3.64	3.51	3.40	3.31	3.24	3.17
22	4.30	3.44	3.05	2.82	2.66	2.55	2.46	2.40	2.34	2.30	2.26	2.23
	7.95	5.72	4.82	4.31	3.99	3.76	3.59	3.45	3.35	3.26	3.18	3.12
23	4.28	3.42	3.03	2.80	2.64	2.53	2.44	2.37	2.32	2.27	2.24	2.20
	7.88	5.66	4.76	4.26	3.94	3.71	3.54	3.41	3.30	3.21	3.14	3.07
24	4.26	3.40	3.01	2.78	2.62	2.51	2.42	2.36	2.30	2.25	2.22	2.18
	7.82	5.61	4.72	4.22	3.90	3.67	3.50	3.36	3.26	3.17	3.09	3.03
25	4.24	3.39	2.99	2.76	2.60	2.49	2.40	2.34	2.28	2.24	2.20	2.16
	7.77	5.57	4.68	4.18	3.85	3.63	3.46	3.32	3.21	3.13	3.06	2.99

附表 4.2 *F* 界值表(方差分析用,单侧界值)

分母的自由度 ν_2	分子的自由度，ν_1											
	14	16	20	24	30	40	50	75	100	200	500	∞
1	245.36	246.46	248.01	249.05	250.10	251.14	251.77	252.62	253.04	253.68	254.06	254.31
	6142.67	6170.10	6208.73	6234.63	6260.65	6286.78	6302.52	6323.56	6334.11	6349.97	6359.50	6365.86
2	19.42	19.43	19.45	19.45	19.46	19.47	19.48	19.48	19.49	19.49	19.49	19.50
	99.43	99.44	99.45	99.46	99.47	99.47	99.48	99.49	99.49	99.49	99.50	99.50
3	8.71	8.69	8.66	8.64	8.62	8.59	8.58	8.56	8.55	8.54	8.53	8.53
	26.92	26.83	26.69	26.60	26.50	26.41	26.35	26.28	26.24	26.18	26.15	26.13
4	5.87	5.84	5.80	5.77	5.75	5.72	5.70	5.68	5.66	5.65	5.64	5.63
	14.25	14.15	14.02	13.93	13.84	13.75	13.69	13.61	13.58	13.52	13.49	13.46
5	4.64	4.60	4.56	4.53	4.50	4.46	4.44	4.42	4.41	4.39	4.37	4.37
	9.77	9.68	9.55	9.47	9.38	9.29	9.24	9.17	9.13	9.08	9.04	9.02
6	3.96	3.92	3.87	3.84	3.81	3.77	3.75	3.73	3.71	3.69	3.68	3.67
	7.60	7.52	7.40	7.31	7.23	7.14	7.09	7.02	6.99	6.93	6.90	6.88
7	3.53	3.49	3.44	3.41	3.38	3.34	3.32	3.29	3.27	3.25	3.24	3.23
	6.36	6.28	6.16	6.07	5.99	5.91	5.86	5.79	5.75	5.70	5.67	5.65
8	3.24	3.20	3.15	3.12	3.08	3.04	3.02	2.99	2.97	2.95	2.94	2.93
	5.56	5.48	5.36	5.28	5.20	5.12	5.07	5.00	4.96	4.91	4.88	4.86
9	3.03	2.99	2.947	2.90	2.86	2.83	2.80	2.77	2.76	2.73	2.72	2.71
	5.01	4.92	4.81	4.73	4.65	4.57	4.52	4.45	4.41	4.36	4.33	4.31
10	2.86	2.83	2.77	2.74	2.70	2.66	2.64	2.60	2.59	2.56	2.55	2.54
	4.60	4.52	4.41	4.33	4.25	4.17	4.12	4.05	4.01	3.96	3.93	3.91
11	2.74	2.70	2.65	2.61	2.57	2.53	2.51	2.47	2.46	2.43	2.42	2.40
	4.29	4.21	4.10	4.02	3.94	3.86	3.81	3.74	3.71	3.66	3.62	3.60
12	2.64	2.60	2.54	2.51	2.47	2.43	2.40	2.37	2.35	2.32	2.31	2.30
	4.05	3.97	3.86	3.78	3.70	3.62	3.57	3.50	3.47	3.41	3.38	3.36
13	2.55	2.51	2.46	2.42	2.38	2.34	2.31	2.28	2.26	2.23	2.22	2.21
	3.86	3.78	3.66	3.59	3.51	3.43	3.38	3.31	3.27	3.22	3.19	3.17
14	2.48	2.44	2.39	2.35	2.31	2.27	2.24	2.21	2.19	2.16	2.14	2.13
	3.70	3.62	3.51	3.43	3.35	3.27	3.22	3.15	3.11	3.06	3.03	3.00
15	2.42	2.38	2.33	2.29	2.25	2.20	2.18	2.14	2.12	2.10	2.08	2.07
	3.56	3.49	3.37	3.29	3.21	3.13	3.08	3.01	2.98	2.92	2.89	2.87
16	2.37	2.33	2.28	2.24	2.19	2.15	2.12	2.09	2.07	2.04	2.02	2.01
	3.45	3.37	3.26	3.18	3.10	3.02	2.97	2.90	2.86	2.81	2.78	2.75
17	2.33	2.29	2.23	2.19	2.15	2.10	2.08	2.04	2.02	1.99	1.97	1.96
	3.35	3.27	3.16	3.08	3.00	2.92	2.87	2.80	2.76	2.71	2.68	2.65
18	2.29	2.25	2.19	2.15	2.11	2.06	2.04	2.00	1.98	1.95	1.93	1.92
	3.27	3.19	3.08	3.00	2.92	2.84	2.78	2.72	2.68	2.62	2.59	2.57
19	2.26	2.21	2.16	2.11	2.07	2.03	2.00	1.96	1.94	1.91	1.89	1.88
	3.19	3.12	3.00	2.92	2.84	2.76	2.71	2.64	2.60	2.55	2.51	2.49
20	2.22	2.18	2.12	2.08	2.04	1.99	1.97	1.93	1.91	1.88	1.86	1.84
	3.13	3.05	2.94	2.86	2.78	2.69	2.64	2.57	2.54	2.48	2.44	2.42
21	2.20	2.16	2.10	2.05	2.01	1.96	1.94	1.90	1.88	1.84	1.83	1.81
	3.07	2.99	2.88	2.80	2.72	2.64	2.58	2.51	2.48	2.42	2.38	2.36
22	2.17	2.13	2.07	2.03	1.98	1.94	1.91	1.87	1.85	1.82	1.80	1.78
	3.02	2.94	2.83	2.75	2.67	2.58	2.53	2.46	2.42	2.36	2.33	2.31
23	2.15	2.11	2.05	2.01	1.96	1.91	1.88	1.84	1.82	1.79	1.77	1.76
	2.97	2.89	2.78	2.70	2.62	2.54	2.48	2.41	2.37	2.32	2.28	2.26
24	2.13	2.09	2.03	1.98	1.94	1.89	1.86	1.82	1.80	1.77	1.75	1.73
	2.93	2.85	2.74	2.66	2.58	2.49	2.44	2.37	2.33	2.27	2.234	2.21
25	2.11	2.07	2.01	1.96	1.92	1.87	1.84	1.80	1.78	1.75	1.73	1.71
	2.89	2.81	2.70	2.62	2.54	2.45	2.40	2.33	2.29	2.23	2.19	2.17

附表 4.3　*F* 界值表(方差分析用,单侧界值)

分母的自由度 ν_2	分子的自由度，ν_1											
	1	2	3	4	5	6	7	8	9	10	11	12
26	4.23	3.37	2.98	2.74	2.59	2.47	2.39	2.32	2.27	2.22	2.18	2.15
	7.72	5.53	4.64	4.14	3.82	3.59	3.42	3.29	2.18	3.09	2.02	2.96
27	4.21	3.35	2.96	2.73	2.57	2.46	2.37	2.31	2.25	2.20	2.17	2.13
	7.68	5.49	4.60	4.11	3.78	3.56	3.39	3.26	3.15	3.06	2.99	2.93
28	4.20	3.34	2.95	2.71	2.56	2.45	2.36	2.29	2.24	2.19	2.15	2.12
	7.64	5.45	4.57	4.07	3.75	3.53	3.36	3.23	3.12	3.03	2.96	2.60
29	4.18	3.33	2.93	2.70	2.55	2.43	2.35	2.28	2.22	2.18	2.14	2.10
	7.60	5.42	4.54	4.04	3.37	3.50	3.33	3.20	3.09	3.00	2.93	2.87
30	4.17	3.32	2.92	2.69	2.53	2.42	2.33	2.27	2.21	2.16	2.13	2.09
	7.56	5.39	4.51	4.02	3.70	3.47	3.30	3.17	3.07	2.98	3.91	2.84
32	4.15	3.29	2.90	2.67	2.51	5.40	2.31	2.24	2.19	2.14	2.10	2.07
	7.50	5.34	4.46	3.97	3.65	3.43	3.26	3.13	3.02	2.93	2.86	2.80
34	4.13	3.28	2.88	2.65	2.49	2.38	2.99	2.23	2.17	2.12	2.08	2.05
	7.44	5.29	4.42	3.93	3.61	3.39	3.22	3.09	2.98	2.89	2.82	2.76
36	4.11	3.26	2.87	2.63	2.48	2.36	2.28	2.21	2.15	2.11	2.07	2.03
	7.40	5.25	4.38	3.89	3.57	3.35	3.18	3.05	2.95	2.86	2.79	2.72
38	4.10	3.24	2.85	2.62	2.46	2.35	2.26	2.19	2.14	2.09	2.05	2.02
	7.35	5.21	4.34	3.86	3.54	3.32	3.15	3.02	2.92	2.83	2.75	2.69
40	4.08	3.23	2.84	2.61	2.45	3.34	2.25	2.18	2.12	2.08	2.04	2.00
	7.31	5.18	4.31	3.83	3.51	3.29	3.12	2.99	2.89	2.80	2.73	2.66
42	4.07	3.22	2.83	2.59	2.44	2.32	2.24	2.17	2.11	2.06	2.03	1.99
	7.28	5.15	4.29	3.80	3.49	3.27	3.10	2.97	2.86	2.78	2.70	2.64
44	4.06	3.21	2.82	2.58	2.43	2.31	2.23	2.16	2.10	2.05	2.01	1.98
	7.25	5.12	4.26	3.78	3.47	3.24	3.08	2.95	2.84	2.75	2.68	2.62
46	4.05	3.20	2.81	2.57	2.42	2.30	2.22	2.15	2.09	2.04	2.00	1.97
	7.22	5.10	4.24	3.76	3.44	3.22	3.06	2.93	2.82	2.73	2.66	2.60
48	4.04	3.19	2.80	2.57	2.41	2.29	2.21	2.14	2.08	2.03	1.99	1.96
	7.19	5.08	4.22	3.74	3.43	3.20	3.04	2.91	2.80	2.71	2.64	2.58
50	4.03	3.18	2.79	2.56	2.40	2.29	2.20	2.13	2.07	2.03	1.99	1.95
	7.17	5.06	4.20	3.72	3.41	3.19	3.02	2.89	2.78	2.70	2.63	2.56
60	4.00	3.15	2.76	2.53	2.37	2.25	2.17	2.10	2.04	1.99	1.95	1.92
	7.08	4.98	4.13	3.65	3.34	3.12	2.95	2.82	2.72	2.63	2.56	2.50
70	3.98	3.13	2.74	2.50	2.35	2.23	2.14	2.07	2.02	1.97	1.93	1.89
	7.01	4.92	4.07	3.60	3.29	3.07	2.91	2.78	2.67	2.59	2.51	2.45
80	3.96	3.11	2.72	2.49	2.33	2.21	2.13	2.06	2.00	1.95	1.91	1.88
	6.96	4.88	4.04	3.56	3.26	3.04	2.87	2.74	2.64	2.55	2.48	2.42
100	3.94	3.09	2.70	2.46	2.31	2.19	2.10	2.03	1.97	1.93	1.89	1.85
	6.90	4.82	3.98	3.51	3.21	2.99	2.82	2.69	2.59	2.50	2.43	2.37
125	3.92	3.07	2.68	2.44	2.29	2.17	2.08	2.01	1.96	1.91	1.87	1.83
	6.84	4.78	3.94	3.47	3.17	2.95	2.79	2.66	2.55	2.47	2.39	2.33
150	3.90	3.06	2.66	2.43	2.27	2.16	2.07	2.00	1.94	1.89	1.85	1.82
	6.81	4.75	3.91	3.45	3.14	2.92	2.76	2.63	2.53	2.44	2.37	2.31
200	3.89	3.04	2.65	2.42	2.26	2.14	2.06	1.98	1.93	1.88	1.84	1.80
	6.76	4.71	3.88	3.41	3.11	2.89	2.73	2.60	2.50	2.41	2.34	2.27
400	3.86	3.02	2.63	2.39	2.24	2.12	2.03	1.96	1.90	1.85	1.81	1.78
	6.70	4.66	3.83	3.37	3.06	2.85	2.68	2.56	2.45	2.37	2.29	2.23
1000	3.85	3.00	2.61	2.38	2.22	2.11	2.02	1.95	1.89	1.84	1.80	1.76
	6.66	4.63	3.80	3.34	3.04	3.82	2.66	2.53	2.43	2.34	2.27	2.20
∞	3.84	3.00	2.60	2.37	2.21	2.10	2.01	1.94	1.88	1.83	1.79	1.75
	6.64	4.60	3.78	3.32	3.02	2.80	2.64	2.51	2.41	2.32	2.21	2.18

附表 4.4 *F* 界值表(方差分析用)

分母的自由度 ν_2	分子的自由度，ν_1											
	14	16	20	24	30	40	50	75	100	200	500	∞
26	2.09	2.05	1.99	1.95	1.90	1.85	1.82	1.78	1.76	1.73	1.71	1.69
	2.86	2.78	2.66	2.58	2.50	2.42	2.36	2.29	2.25	2.19	2.16	2.13
27	2.08	2.04	1.97	1.93	1.88	1.84	1.81	1.76	1.74	1.71	1.69	1.67
	2.82	2.75	2.63	2.55	2.47	2.38	2.33	2.26	2.22	2.16	2.12	2.10
28	2.06	2.02	1.96	1.91	1.87	1.82	1.79	1.75	1.73	1.69	1.67	1.65
	2.79	2.72	2.60	2.52	2.44	2.35	2.30	2.23	2.19	2.13	2.09	2.06
29	2.05	2.01	1.94	1.90	1.85	1.81	1.77	1.73	1.71	1.67	1.65	1.64
	2.77	2.69	2.57	2.49	2.41	2.33	2.27	2.20	2.16	2.10	2.06	2.03
30	2.04	1.99	1.93	1.89	1.84	1.79	1.76	1.72	1.70	1.66	1.64	1.62
	2.74	2.66	2.55	2.47	2.39	2.30	2.25	2.17	2.13	2.07	2.03	2.01
32	2.01	1.97	1.91	1.86	1.82	1.77	1.74	1.69	1.67	1.63	1.61	1.59
	2.70	2.62	2.50	2.42	2.34	2.25	2.20	2.12	2.08	2.02	1.98	1.96
34	1.99	1.95	1.89	1.84	1.80	1.75	1.71	1.67	1.65	1.61	1.59	1.57
	2.66	2.58	2.46	2.38	2.30	2.21	2.16	2.08	2.04	1.98	1.94	1.91
36	1.98	1.93	1.87	1.82	1.78	1.73	1.69	1.65	1.64	1.59	1.56	1.55
	2.62	2.54	2.43	2.35	2.26	2.18	2.12	2.04	2.00	1.94	1.90	1.87
38	1.96	1.92	1.85	1.81	1.76	1.71	1.68	1.63	1.61	1.57	1.54	1.53
	2.59	2.51	2.40	2.32	2.23	2.14	2.09	2.01	1.97	1.90	1.86	1.84
40	1.95	1.90	1.84	1.79	1.74	1.69	1.66	1.61	1.59	1.55	1.53	1.51
	2.56	2.48	2.37	2.29	2.20	2.11	2.06	1.98	1.94	1.87	1.83	1.80
42	1.94	1.89	1.83	1.78	1.73	1.68	1.65	1.60	1.57	1.53	1.51	1.49
	2.54	2.46	2.34	2.26	2.18	2.09	2.03	1.95	1.91	1.85	1.80	1.78
44	1.92	1.88	1.81	1.77	1.72	1.67	1.63	1.59	1.56	1.52	1.49	1.48
	2.52	2.44	2.32	2.24	2.15	2.07	2.01	1.93	1.89	1.82	1.78	1.75
46	1.91	1.87	1.80	1.76	1.71	1.65	1.62	1.57	1.55	1.51	1.48	1.46
	2.50	2.42	2.30	2.22	2.13	2.04	1.99	1.91	1.86	1.80	1.76	1.73
48	1.90	1.86	1.79	1.75	1.70	1.64	1.61	1.56	1.54	1.49	1.47	1.45
	2.48	2.40	2.28	2.20	2.12	2.02	1.97	1.89	1.84	1.78	1.73	1.70
50	1.89	1.85	1.78	1.74	1.69	1.63	1.60	1.55	1.52	1.48	1.46	1.44
	2.46	2.38	2.27	2.18	2.10	2.01	1.95	1.87	1.82	1.76	1.71	1.68
60	1.86	1.82	1.75	1.70	1.65	1.59	1.56	1.51	1.48	1.44	1.41	1.39
	2.39	2.31	2.20	2.12	2.03	1.94	1.88	1.79	1.75	1.68	1.63	1.60
70	1.84	1.79	1.72	1.67	1.62	1.57	1.53	1.48	1.45	1.40	1.37	1.35
	2.35	2.27	2.15	2.07	1.98	1.87	1.83	1.74	1.70	1.62	1.57	1.54
80	1.82	1.77	1.70	1.65	1.60	1.54	1.54	1.45	1.43	1.38	1.35	1.32
	2.31	2.23	2.12	2.03	1.94	1.85	1.79	1.70	1.65	1.58	1.53	1.49
100	1.79	1.75	1.68	1.63	1.57	1.52	1.48	1.42	1.39	1.34	1.31	1.28
	2.27	2.19	2.07	1.98	1.89	1.80	1.74	1.65	1.60	1.52	1.47	1.43
120	1.77	1.73	1.66	1.60	1.55	1.49	1.45	1.40	1.36	1.31	1.27	1.25
	2.23	2.15	2.03	1.94	1.85	1.76	1.69	1.60	1.55	1.47	1.41	1.37
150	1.76	1.71	1.64	1.59	1.54	1.48	1.44	1.38	1.34	1.29	1.25	1.22
	2.20	2.12	2.00	1.92	1.83	1.73	1.66	1.57	1.52	1.43	1.38	1.33
200	1.74	1.69	1.62	1.57	1.52	1.46	1.41	1.35	1.32	1.26	1.22	1.19
	2.17	2.09	1.97	1.89	1.79	1.69	1.63	1.53	1.48	1.39	1.33	1.28
400	1.72	1.67	1.60	1.54	1.49	1.42	1.38	1.32	1.28	1.22	1.17	1.13
	2.13	2.05	1.92	1.84	1.75	1.64	1.58	1.48	1.42	1.32	1.24	1.19
1000	1.70	1.65	1.58	1.53	1.47	1.41	1.36	1.30	1.26	1.19	1.13	1.08
	2.10	2.02	1.90	1.81	1.72	1.61	1.54	1.44	1.38	1.28	1.19	1.11
∞	1.69	1.64	1.57	1.52	1.46	1.39	1.35	1.28	1.24	1.17	1.11	1.00
	2.08	2.00	1.88	1.79	1.70	1.59	1.52	1.42	1.36	1.25	1.15	1.00

附表 5.1 *F* 界值表(方差齐性检验用,双侧界值)

$P = 0.05$

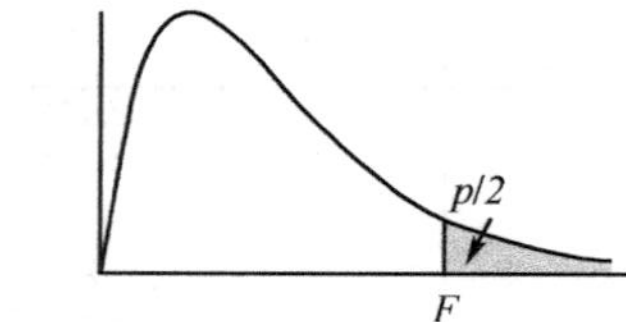

分母的自由度 ν_2	分子的自由度, ν_1															
	1	2	3	4	5	6	7	8	9	10	12	15	20	30	60	∞
1	647.79	799.50	864.16	899.58	921.85	937.11	948.22	956.66	963.28	968.63	976.71	984.87	993.10	1001.41	1009.80	1018.26
2	38.51	39.00	39.17	39.25	39.30	39.33	39.36	39.37	39.39	39.40	39.41	39.43	39.45	39.46	39.48	39.50
3	17.44	16.04	15.44	15.10	14.88	14.73	14.62	14.54	14.47	14.42	14.34	14.25	14.17	14.08	13.99	13.90
4	12.22	10.65	9.98	9.60	9.36	9.20	9.07	8.98	8.90	8.84	8.75	8.66	8.56	8.46	8.36	8.26
5	10.01	8.43	7.76	7.39	7.15	6.98	6.85	6.76	6.68	6.62	6.52	6.43	6.33	6.23	6.12	6.02
6	8.81	7.26	6.60	6.23	5.99	5.82	5.70	5.60	5.52	5.46	5.37	5.27	5.17	5.07	4.96	4.85
7	8.07	6.54	5.89	5.52	5.29	5.12	4.99	4.90	4.82	4.76	4.67	4.57	4.47	4.36	4.25	4.14
8	7.57	6.06	5.42	5.05	4.82	4.65	4.53	4.43	4.36	4.30	4.20	4.10	4.00	3.89	3.78	3.67
9	7.21	5.71	5.08	4.72	4.48	4.32	4.20	4.10	4.03	3.96	3.87	3.77	3.67	3.56	3.45	3.33
10	6.94	5.46	4.83	4.47	4.24	4.07	3.95	3.86	3.78	3.72	3.62	3.52	3.42	3.31	3.20	3.08
11	6.72	5.26	4.63	4.28	4.04	3.88	3.76	3.66	3.59	3.53	3.43	3.33	3.23	3.12	3.00	2.88
12	6.55	5.10	4.47	4.12	3.89	3.73	3.61	3.51	3.44	3.37	3.28	3.18	3.07	2.96	2.85	2.72
13	6.41	4.97	4.35	4.00	3.77	3.60	3.48	3.39	3.31	3.25	3.15	3.05	2.95	2.84	2.72	2.60
14	6.30	4.86	4.24	3.89	3.66	3.50	3.38	3.29	3.21	3.15	3.05	2.95	2.84	2.73	2.61	2.49
15	6.20	4.77	4.15	3.80	3.58	3.41	3.29	3.20	3.12	3.06	2.96	2.86	2.76	2.64	2.52	2.40
16	6.12	4.69	4.08	3.73	3.50	3.34	3.22	3.12	3.05	2.99	2.89	2.79	2.68	2.57	2.45	2.32
17	6.04	4.62	4.01	3.66	3.44	3.28	3.16	3.06	2.98	2.92	2.82	2.72	2.62	2.50	2.38	2.25
18	5.98	4.56	3.95	3.61	3.38	3.22	3.10	3.01	2.93	2.87	2.77	2.67	2.56	2.44	2.32	2.19
19	5.92	4.51	3.90	3.56	3.33	3.17	3.05	2.96	2.88	2.82	2.72	2.62	2.51	2.39	2.27	2.13
20	5.87	4.46	3.86	3.51	3.29	3.13	3.01	2.91	2.84	2.77	2.68	2.57	2.46	2.35	2.22	2.09
21	5.83	4.42	3.82	3.48	3.25	3.09	2.97	2.87	2.80	2.73	2.64	2.53	2.42	2.31	2.18	2.04
22	5.79	4.38	3.78	3.44	3.22	3.05	2.93	2.84	2.76	2.70	2.60	2.50	2.39	2.27	2.14	2.00
23	5.75	4.35	3.75	3.41	3.18	3.02	2.90	2.81	2.73	2.67	2.57	2.47	2.36	2.24	2.11	1.97
24	5.72	4.32	3.72	3.38	3.15	2.99	2.87	2.78	2.70	2.64	2.54	2.44	2.33	2.21	2.08	1.94
25	5.69	4.29	3.69	3.35	3.13	2.97	2.85	2.75	2.68	2.61	2.51	2.41	2.30	2.18	2.05	1.91
26	5.66	4.27	3.67	3.33	3.10	2.94	2.82	2.73	2.65	2.59	2.49	2.39	2.28	2.16	2.03	1.88
27	5.63	4.24	3.65	3.31	3.08	2.92	2.80	2.71	2.63	2.57	2.47	2.36	2.25	2.13	2.00	1.85
28	5.61	4.22	3.63	3.29	3.06	2.90	2.78	2.69	2.61	2.55	2.45	2.34	2.23	2.11	1.98	1.83
29	5.59	4.20	3.61	3.27	3.04	2.88	2.76	2.67	2.59	2.53	2.43	2.32	2.21	2.09	1.96	1.81
30	5.57	4.18	3.59	3.25	3.03	2.87	2.75	2.65	2.57	2.51	2.41	2.31	2.20	2.07	1.94	1.79
40	5.42	4.05	3.46	3.13	2.90	2.74	2.62	2.53	2.45	2.39	2.29	2.18	2.07	1.94	1.80	1.64
60	5.29	3.93	3.34	3.01	2.79	2.63	2.51	2.41	2.33	2.27	2.17	2.06	1.94	1.82	1.67	1.48
120	5.15	3.80	3.23	2.89	2.67	2.52	2.39	2.30	2.22	2.16	2.05	1.94	1.82	1.69	1.53	1.31
∞	5.02	3.69	3.12	2.78	2.57	2.41	2.29	2.19	2.11	2.05	1.94	1.83	1.71	1.57	1.39	1.00

附表 5.2　*F* 界值表（方差齐性检验用，双侧界值）

$P = 0.10$

分母的自由度 ν_2	分子的自由度，ν_1															
	1	2	3	4	5	6	7	8	9	10	12	15	20	30	60	∞
1	161.45	199.50	215.71	224.58	230.16	233.99	236.77	238.88	240.54	241.88	243.91	245.95	248.01	250.10	252.20	254.31
2	18.51	19.00	19.16	19.25	19.30	19.33	19.35	19.37	19.38	19.40	19.41	19.43	19.45	19.46	19.48	19.50
3	10.13	9.55	9.28	9.12	9.01	8.94	8.89	8.85	8.81	8.79	8.74	8.70	8.66	8.62	8.57	8.53
4	7.71	6.94	6.59	6.39	6.26	6.16	6.09	6.04	6.00	5.96	5.91	5.86	5.80	5.57	5.69	5.63
5	6.61	5.79	5.41	5.19	5.05	4.95	4.88	4.82	4.77	4.74	4.68	4.62	4.56	4.50	4.43	4.37
6	5.99	5.14	4.76	4.53	4.39	4.28	4.21	4.15	4.10	4.06	4.00	3.94	3.87	3.81	3.74	3.67
7	5.59	4.74	4.35	4.12	3.97	3.87	3.79	3.73	3.68	3.64	3.57	3.51	3.44	3.38	3.30	3.23
8	5.32	4.46	4.07	3.84	3.69	3.58	3.50	3.44	3.39	3.35	3.28	3.22	3.15	3.08	3.01	2.93
9	5.12	4.26	3.86	3.63	3.48	3.37	3.29	3.23	3.18	3.14	3.07	3.01	2.94	2.86	2.79	2.71
10	4.96	4.10	3.71	3.48	3.33	3.22	3.14	3.07	3.02	2.98	2.91	2.85	2.77	2.70	2.62	2.54
11	4.84	3.98	3.59	3.36	3.20	3.09	3.01	2.95	2.90	2.85	2.79	2.72	2.65	2.57	2.49	2.40
12	4.75	3.89	3.49	2.26	3.11	3.00	2.91	2.85	2.80	2.75	2.69	2.62	2.54	2.47	2.38	2.30
13	4.67	3.81	3.41	3.18	3.03	2.92	2.83	2.77	2.71	2.67	2.60	2.53	2.46	2.38	2.30	2.21
14	4.60	3.74	3.34	3.11	2.96	2.85	2.76	2.70	2.65	2.60	2.53	2.16	2.39	2.31	2.22	2.13
15	4.54	3.68	3.29	3.06	2.90	2.79	2.71	2.64	2.59	2.54	2.48	2.40	2.33	2.25	2.16	2.07
16	4.49	3.63	3.24	3.01	2.85	2.74	2.66	2.59	2.54	2.49	2.42	2.35	2.28	2.19	2.11	2.01
17	4.45	3.59	3.20	2.96	2.81	2.70	2.61	2.55	2.49	2.45	2.38	2.31	2.23	2.15	2.06	1.96
18	4.41	3.55	3.16	2.93	2.77	2.66	2.58	2.51	2.46	2.41	2.34	2.27	2.19	2.11	2.02	1.92
19	4.38	3.52	3.13	2.90	2.74	2.63	2.54	2.48	3.42	2.38	2.31	2.23	2.16	2.07	1.98	1.88
20	4.35	3.49	3.10	2.87	2.71	2.60	2.51	2.45	2.39	2.35	2.28	2.20	2.12	2.04	1.95	1.84
21	4.32	3.47	3.07	2.84	2.68	2.57	2.49	2.42	2.37	2.32	2.25	2.18	2.10	2.01	1.92	1.81
22	4.30	3.44	3.05	2.82	2.66	2.55	2.46	2.40	2.34	2.30	2.23	2.15	2.07	1.98	1.89	1.78
23	4.28	3.42	3.03	2.80	2.64	2.53	2.44	2.37	2.32	2.27	2.20	2.13	2.05	1.96	1.86	1.76
24	4.26	3.40	3.01	2.78	2.62	2.51	2.42	2.36	2.30	2.25	2.18	2.11	2.03	1.94	1.84	1.73
25	4.24	3.39	2.99	2.76	2.60	2.49	2.40	2.34	2.28	2.21	2.16	2.09	2.01	1.92	1.82	1.71
26	4.23	3.37	2.98	2.74	2.59	2.47	2.39	2.32	2.27	2.22	2.15	2.07	1.99	1.90	1.80	1.69
27	4.21	3.35	2.96	2.73	2.57	2.46	2.37	2.31	2.25	2.20	2.13	2.06	1.97	1.88	1.79	1.67
28	4.20	3.34	2.95	2.71	2.56	2.45	2.36	2.29	2.24	2.19	2.12	2.04	1.96	1.87	1.77	1.65
29	4.18	3.33	2.93	2.70	2.55	2.43	2.35	2.28	2.22	2.18	2.10	2.03	1.94	1.85	1.75	1.64
30	4.17	3.32	2.92	2.69	2.53	2.42	2.33	2.27	2.21	2.16	2.09	2.02	1.93	1.84	1.74	1.62
40	4.08	3.23	2.84	2.61	2.45	2.34	2.25	2.18	2.12	2.08	2.00	1.92	1.84	1.74	1.64	1.51
60	4.00	3.15	2.76	2.53	2.37	2.25	2.17	2.10	2.04	1.99	1.92	1.84	1.75	1.65	1.53	1.39
120	3.92	3.07	2.68	2.45	2.29	2.18	2.09	2.02	1.96	1.91	1.83	1.75	1.66	1.55	1.43	1.25
∞	3.84	3.00	2.60	2.37	2.21	2.10	2.01	1.94	1.88	1.83	1.75	1.67	1.57	1.46	1.32	1.00

附表 6.1 百分率的可信区间

$1-\alpha=95\%$

n	X: 0*	1	2	3	4	5	6	7	8	9	10	11	12	13
1	0-97.5													
2	0-84.2	0-98.7												
3	0-70.8	0.8-90.6	9.4-99.2											
4	0-60.2	0.6-80.6	6.8-93.2											
5	0-52.2	0.5-71.6	5.3-85.3	14.7-94.7										
6	0-45.9	0.4-64.1	4.3-77.7	11.8-88.2										
7	0-41.0	0.4-57.9	3.7-71.0	9.9-81.6	18.4-90.1									
8	0-36.9	0.3-52.7	3.2-65.1	8.5-75.5	15.7-84.3									
9	0-33.6	0.3-48.2	2.8-60.0	7.5-70.1	13.7-78.8	21.2-86.3								
10	0-30.8	0.3-44.5	2.5-55.6	6.7-65.2	12.2-73.8	18.7-81.3								
11	0-28.5	0.2-41.3	2.3-51.8	60.-61.0	10.9-69.2	16.7-76.6	23.4-83.3							
12	0-26.5	0.2-38.5	2.1-48.4	5.5-57.2	9.9-65.1	15.2-72.3	21.1-78.9							
13	0-24.7	0.2-36.0	1.9-45.4	5.0-53.8	9.1-61.4	13.9-68.4	19.2-74.9	25.1-80.8						
14	0-23.2	0.2-33.9	1.8-42.8	4.7-50.8	8.4-58.1	12.8-64.9	17.7-71.1	23.0-77.0						
15	0-21.8	0.2-31.9	1.7-40.5	4.3-48.1	7.8-55.1	11.8-61.6	16.3-67.7	21.3-73.4	26.6-78.7					
16	0-20.6	0.2-30.2	1.6-38.3	4.0-45.6	7.3-52.4	11.0-58.7	15.2-64.6	19.8-70.1	24.7-75.3					
17	0-19.5	0.1-28.7	1.5-36.4	3.8-43.4	6.8-49.9	10.3-56.0	14.2-61.7	18.4-67.1	23.0-72.2	27.8-77.0				
18	0-18.5	0.1-27.3	1.4-34.7	3.6-41.4	6.4-47.6	9.7-53.5	13.3-59.0	17.3-64.3	21.5-69.2	26.0-74.0				
19	0-17.6	0.1-26.0	1.3-33.1	3.4-39.6	6.1-45.6	9.1-51.2	12.6-56.6	16.3-61.6	20.3-66.5	24.4-71.1	28.9-75.6			
20	0-16.8	0.1-24.9	1.2-31.7	3.2-37.9	5.7-43.7	8.7-49.1	11.9-54.3	15.4-59.2	19.1-63.9	23.1-68.5	27.2-72.8			
21	0-16.1	0.1-23.8	1.2-30.4	3.0-36.3	5.4-41.9	8.2-47.2	11.3-52.2	14.6-57.0	18.1-61.6	21.8-66.0	25.7-70.2	29.8-74.3		
22	0-15.4	0.1-22.8	1.1-29.2	2.9-34.9	5.2-40.3	7.8-45.4	10.7-50.2	13.9-54.9	17.2-59.3	20.7-63.6	24.4-67.8	28.2-71.8		
23	0-14.8	0.1-21.9	1.1-28.0	2.8-33.6	5.0-38.8	7.5-43.7	10.2-48.4	13.2-52.9	16.4-57.3	19.7-61.5	23.2-65.5	26.8-69.4	30.6-73.2	
24	0-14.2	0.1-21.1	1.0-27.0	2.7-32.4	4.7-37.4	7.21-42.2	9.8-46.7	12.6-51.1	15.6-55.3	18.8-59.4	22.1-63.4	25.6-67.2	29.1-70.9	
25	0-13.7	0.1-20.4	1.0-26.0	2.5-31.2	4.5-36.1	6.8-40.7	9.4-45.1	12.1-49.4	14.9-53.5	18.0-57.5	21.1-61.3	24.4-65.1	27.8-68.7	31.3-72.2

* 单侧 97.5% 的可信区间

附表 6.2 百分率的可信区间

$1-\alpha=95\%$

n	X													
	0*	1	2	3	4	5	6	7	8	9	10	11	12	13
26	0-13.2	0.1-19.6	0.9-25.1	2.4-30.2	4.4-34.9	6.6-39.4	9.0-43.6	11.6-47.8	14.3-51.8	17.2-55.7	20.2-59.4	23.4-63.1	26.6-66.6	29.9-70.1
27	0-12.8	0.1-19.0	0.9-24.3	2.4-29.2	4.2-33.7	6.3-38.1	8.6-42.3	11.1-46.3	13.8-50.2	16.5-54.0	19.4-57.6	22.4-61.2	25.5-64.7	28.7-68.1
28	0-12.3	0.1-18.3	0.9-23.5	23-28.2	4.0-32.7	6.1-36.9	8.3-41.0	10.7-44.9	13.2-48.7	15.9-52.4	18.6-55.9	21.5-59.4	24.5-62.8	27.4-66.1
29	0-11.9	0.1-17.8	0.8-22.8	2.2-27.4	3.9-31.7	5.8-35.8	8.0-39.7	10.3-43.5	12.7-47.2	15.3-50.8	17.9-54.3	20.7-57.7	23.5-61.1	26.4-64.3
30	0-11.6	0.1-17.2	0.8-22.1	2.1-26.5	3.8-30.7	5.6-34.7	7.7-38.6	9.9-42.3	12.3-45.9	14.7-49.4	17.3-52.8	19.9-56.1	22.7-59.4	25.5-62.6
31	0-11.2	0.1-16.7	0.8-21.4	2.0-25.8	3.6-29.8	5.5-33.7	7.5-37.5	9.6-41.1	11.9-44.6	14.2-48.0	16.7-51.4	19.2-54.6	21.8-57.8	24.5-60.9
32	0-10.9	0.1-16.2	0.8-20.8	2.0-25.0	3.5-29.0	5.3-32.8	7.2-36.4	9.3-40.0	11.5-43.4	13.7-46.7	16.1-50.0	18.6-53.2	21.1-56.3	23.7-59.4
33	0-10.6	0.1-15.8	0.7-20.2	1.9-24.3	3.4-28.2	5.1-31.9	7.0-35.5	9.0-38.9	11.1-42.3	13.3-45.5	15.6-48.7	18.0-51.8	20.4-54.9	22.9-57.9
34	0-10.3	0.1-15.3	0.7-19.7	1.9-23.7	3.3-27.5	5.0-31.1	6.8-34.5	8.7-37.9	10.7-41.2	12.9-44.4	15.1-47.5	17.4-50.5	19.7-53.5	22.2-56.4
35	0-10.0	0.1-14.9	0.7-19.2	1.8-23.1	3.2-26.7	4.8-30.3	6.6-33.6	8.4-36.9	10.4-40.1	12.5-43.3	14.6-46.3	16.9-49.3	19.1-52.2	21.5-55.1
36	0-9.7	0.1-14.5	0.7-18.7	1.8-22.5	3.1-26.1	4.7-29.5	6.4-32.8	8.2-36.0	10.1-39.2	12.1-42.2	14.2-45.2	16.3-48.1	18.6-51.0	20.8-53.8
37	0-9.5	0.1-14.2	0.7-18.2	1.7-21.9	3.0-25.4	4.5-28.8	6.2-32.0	8.0-35.2	9.8-38.2	11.8-41.2	13.8-44.1	15.9-47.0	18.0-49.8	20.2-52.5
38	0-9.3	0.1-13.8	0.6-17.7	1.7-21.4	2.9-24.8	4.4-28.1	6.0-31.3	7.7-34.3	9.6-37.3	11.4-40.2	13.4-43.1	15.4-45.9	17.5-48.7	19.6-51.4
39	0-9.0	0.1-13.5	0.6-17.3	1.6-20.9	2.9-24.2	4.3-27.4	5.9-30.5	7.5-33.5	9.3-36.5	11.1-39.3	13.0-42.1	15.0-44.9	17.0-47.6	19.1-50.2
40	0-8.8	0.1-13.2	0.6-16.9	1.6-20.4	2.8-23.7	4.2-26.8	5.7-29.8	7.3-32.8	9.1-35.6	10.8-38.5	12.7-41.2	14.6-43.9	16.6-46.5	18.6-49.1
41	0-8.6	0.1-12.9	0.6-16.5	1.5-19.9	2.7-23.1	4.1-26.2	5.6-29.2	7.2-32.1	8.8-34.9	10.6-37.6	12.4-40.3	14.2-42.9	16.1-45.5	18.1-48.1
42	0-8.4	0.1-12.6	0.6-16.2	1.5-19.5	2.7-22.6	4.0-25.5	5.4-28.5	7.0-31.4	8.6-34.1	10.3-36.8	12.1-39.5	13.9-42.0	15.7-44.6	17.6-47.1
43	0-8.2	0.1-12.3	0.6-15.8	1.5-19.1	2.6-22.1	3.9-25.1	5.3-27.9	6.8-30.7	8.4-33.4	10.0-36.0	11.8-38.6	13.5-41.2	15.3-43.7	17.2-46.1
44	0-8.0	0.12-12.0	0.6-15.5	1.4-18.7	2.5-21.7	3.8-24.6	5.2-27.4	6.6-30.1	8.2-32.7	9.8-35.3	11.5-37.8	13.2-40.3	15.0-42.8	16.8-45.2
45	0-7.9	0.1-11.8	0.5-15.1	1.4-18.3	2.5-21.2	3.7-24.1	5.1-26.8	6.5-29.5	8.0-32.1	9.6-34.6	11.2-37.1	12.9-39.5	14.6-41.9	16.4-44.3
46	0-7.7	0.1-11.5	0.5-14.8	1.4-17.9	2.4-20.8	3.6-23.6	4.9-26.3	6.3-28.9	7.8-31.4	9.4-33.9	10.9-36.4	12.6-38.8	14.3-41.1	16.0-43.5
47	0-7.5	0.1-11.3	0.5-14.5	1.3-17.5	2.4-20.4	3.5-23.1	4.8-25.7	6.2-28.3	7.6-30.8	9.1-33.3	10.7-35.7	12.3-38.0	13.9-40.3	15.6-42.6
48	0-7.4	0.1-11.1	0.5-14.3	1.3-17.2	2.3-20.0	3.5-22.7	4.7-25.2	6.1-27.8	7.5-30.2	8.9-32.6	10.5-35.0	12.0-37.3	13.6-39.6	15.3-41.8
49	0-7.3	0.1-10.9	0.5-14.0	1.3-16.9	2.3-19.6	3.4-22.2	4.6-24.8	5.9-27.2	7.3-29.7	8.8-32.0	10.2-34.3	11.8-36.6	13.3-38.9	14.9-41.1
50	0-7.1	0.1-10.6	0.5-13.7	1.3-16.5	2.2-19.2	3.3-21.8	4.5-24.3	5.8-26.7	7.2-29.1	8.6-31.4	10.0-33.7	11.5-36.0	13.1-38.2	14.6-40.3

* 单侧 97.5% 可信区间

附表 6. 3 百分率的可信区间

$1-\alpha = 95\%$

n	X											
	14	15	16	17	18	19	20	21	22	23	24	25
26												
27	31. 9-71. 3											
28	30. 6-69. 4											
29	29. 4-67. 5	32. 5-70. 6										
30	28. 3-65. 7	31. 3-68. 7										
31	27. 3-64. 0	30. 2-66. 9	33. 1-69. 8									
32	26. 4-62. 3	29. 1-65. 3	31. 9-68. 1									
33	25. 5-60. 8	28. 1-63. 6	30. 8-66. 5	33. 5-69. 2								
34	24. 6-59. 3	27. 2-62. 1	29. 8-64. 9	32. 4-67. 6								
35	23. 9-57. 9	26. 3-60. 6	28. 8-63. 4	31. 4-66. 0	34. 0-68. 6							
36	23. 1-56. 5	25. 5-59. 2	27. 9-61. 9	30. 4-64. 5	32. 9-67. 1							
37	22. 5-55. 2	24. 8-57. 9	27. 1-60. 5	29. 5-63. 1	31. 9-65. 6	34. 4-68. 1						
38	21. 8-54. 0	24. 0-56. 6	26. 3-59. 2	28. 6-61. 7	31. 0-64. 2	33. 4-66. 6						
39	21. 2-52. 8	23. 4-55. 4	25. 6-57. 9	27. 8-60. 4	30. 1-62. 8	32. 4-65. 2	34. 8-67. 6					
40	20. 6-51. 7	22. 7-54. 2	24. 9-56. 7	27. 0-59. 1	29. 3-61. 5	31. 5-63. 9	33. 8-66. 2					
41	20. 1-50. 6	22. 1-53. 1	24. 2-55. 5	26. 3-57. 9	28. 5-60. 3	30. 7-62. 6	32. 9-64. 9	35. 1-67. 1				
42	19. 6-49. 5	21. 6-52. 0	23. 6-54. 4	25. 6-56. 7	27. 7-59. 0	29. 8-61. 3	32. 0-63. 6	34. 2-65. 8				
43	19. 1-48. 5	21. 0-50. 9	23. 0-53. 3	25. 0-55. 6	27. 0-57. 9	29. 1-60. 1	31. 2-62. 3	33. 3-64. 5	35. 5-66. 7			
44	18. 6-47. 6	20. 5-49. 9	22. 4-52. 2	24. 4-54. 5	26. 3-56. 8	28. 3-59. 0	30. 4-61. 2	32. 5-63. 3	34. 6-65. 4			
45	18. 2-46. 6	20. 0-49. 0	21. 9-51. 2	23. 8-53. 5	25. 7-55. 7	27. 7-57. 8	29. 6-60. 0	31. 7-62. 1	33. 7-64. 2	35. 8-66. 3		
46	17. 7-45. 8	19. 5-48. 0	21. 4-50. 2	23. 2-52. 5	25. 1-54. 6	27. 0-56. 8	28. 9-58. 9	30. 9-61. 0	32. 9-63. 1	34. 9-65. 1		
47	17. 3-44. 9	19. 1-47. 1	20. 9-49. 3	22. 7-51. 5	24. 5-53. 6	26. 4-55. 7	28. 3-57. 8	30. 2-59. 9	32. 1-61. 9	34. 1-63. 9	36. 1-65. 9	
48	17. 0-44. 1	18. 7-46. 3	20. 4-48. 4	22. 2-50. 5	24. 0-52. 6	25. 8-54. 7	27. 6-56. 8	29. 4-58. 8	31. 4-60. 8	33. 3-62. 8	35. 2-64. 8	
49	16. 6-43. 3	18. 3-45. 4	19. 9-47. 5	21. 7-49. 6	23. 4-51. 7	25. 2-53. 8	27. 0-55. 8	28. 8-57. 8	30. 7-59. 8	32. 5-61. 7	34. 4-63. 7	36. 3-65. 6
50	16. 2-42. 5	17. 9-44. 6	19. 5-46. 7	21. 2-48. 8	22. 9-50. 8	24. 7-52. 8	26. 4-54. 8	28. 2-56. 8	30. 0-58. 7	31. 8-60. 7	33. 7-62. 6	35. 5-64. 5

附表 6.4　百分率的可信区间

$1-\alpha=99\%$

n	X													
	0*	1	2	3	4	5	6	7	8	9	10	11	12	13
1	0-99.5													
2	0-92.9	0.3-99.7												
3	0-82.9	0.2-95.9	4.1-99.8											
4	0-73.4	0.1-88.9	2.9-97.1											
5	0-65.3	0.1-81.5	2.3-91.7	8.3-97.7										
6	0-58.6	0.1-74.6	1.9-85.6	6.6-93.4										
7	0-53.1	0.1-68.5	1.6-79.7	5.5-88.2	11.8-94.5									
8	0-48.4	0.1-63.2	1.4-74.2	4.7-83.0	10.0-90.0									
9	0-44.5	0.1-58.5	1.2-69.3	4.2-78.1	8.7-85.4	14.6-91.3								
10	0-41.1	0.1-54.4	1.1-64.8	3.7-73.5	7.7-80.9	12.8-87.2								
11	0-38.2	0-50.9	1.0-60.8	3.3-69.3	6.9-76.7	11.4-83.1	16.9-88.6							
12	0-35.7	0-47.7	0.9-57.3	3.0-65.5	6.2-72.8	10.3-79.1	15.2-84.4							
13	0-33.5	0-44.9	0.8-54.1	2.8-62.1	5.7-69.1	9.4-75.5	13.8-81.1	18.9-86.2						
14	0-31.5	0-42.4	0.8-51.2	2.6-58.9	5.3-65.8	8.7-72.0	12.7-77.7	17.2-82.8						
15	0-29.8	0-40.2	0.7-48.6	2.4-56.1	4.9-62.7	8.0-68.8	11.7-74.4	15.9-79.5	20.5-84.1					
16	0-28.2	0-38.1	0.7-46.3	2.2-53.4	4.5-59.9	7.5-65.8	10.9-71.3	14.7-76.4	19.0-81.0					
17	0-26.8	0-36.3	0.6-44.1	2.1-51.0	4.3-57.3	7.0-63.1	10.1-68.5	13.7-73.4	17.6-78.1	21.9-82.4				
18	0-25.5	0-34.6	0.6-42.2	2.0-48.8	4.0-54.9	6.5-60.5	9.5-65.8	12.8-70.7	16.5-75.3	20.5-79.5				
19	0-24.3	0-33.1	0.6-40.4	1.9-46.8	3.8-52.7	6.2-58.2	9.0-63.3	12.1-68.1	15.5-72.6	19.2-79.5	23.2-80.8			
20	0-23.3	0-31.7	0.5-38.7	1.8-44.9	3.6-50.7	5.8-56.0	8.5-61.0	11.4-65.7	14.6-70.1	18.1-74.3	21.8-78.2			
21	0-22.3	0-30.4	0.5-37.2	1.7-43.2	3.4-48.8	5.5-53.9	8.0-58.8	10.8-63.4	13.8-67.7	17.1-71.8	20.5-75.8	24.2-79.5		
22	0-21.4	0-29.2	0.5-35.8	1.6-41.5	3.2-47.0	5.3-52.0	7.6-56.7	10.2-61.2	13.1-65.5	16.2-69.5	19.5-73.4	22.9-77.1		
23	0-20.6	0-28.1	0.5-34.5	1.5-40.1	3.1-45.3	5.0-50.2	7.3-54.8	9.7-59.2	12.5-63.4	15.4-67.4	18.5-71.2	21.8-74.8	25.2-78.2	
24	0-19.8	0-27.1	0.4-33.2	1.5-38.7	2.9-43.8	4.8-48.5	6.9-53.0	9.3-57.3	11.9-61.4	14.6-65.3	17.6-69.0	20.7-72.6	24.0-76.0	
25	0-19.1	0-26.2	0.4-32.1	1.4-37.4	2.8-42.4	4.6-47.0	6.6-51.4	8.9-55.5	11.3-59.5	14.0-63.3	16.8-67.0	19.7-70.5	22.8-73.9	26.1-77.2

* 单侧 99.5% 可信区间

附表 6.5 百分率的可信区间

$1-\alpha=99\%$

n	x													
	0*	1	2	3	4	5	6	7	8	9	10	11	12	13
26	0-18. 4	0-25. 3	0. 4-31. 0	1. 3-36. 2	2. 7-41. 0	4. 4-45. 5	6. 4-49. 8	8. 5-53. 8	10. 9-57. 8	13. 4-61. 5	16. 1-65. 1	18. 9-68. 6	21. 8-71. 9	24. 9-75. 1
27	0-17. 8	0-24. 5	0. 4-30. 0	1. 3-35. 1	2. 6-39. 7	4. 2-44. 1	6. 1-48. 3	8. 2-52. 3	10. 4-56. 1	12. 6-59. 7	15. 4-63. 3	18. 1-66. 7	20. 9-70. 0	23. 8-73. 1
28	0-17. 2	0-23. 7	0. 4-29. 1	1. 2-34. 0	2. 5-38. 5	4. 1-42. 8	5. 9-46. 9	7. 9-50. 8	10. 0-54. 5	12. 3-58. 1	14. 8-61. 6	17. 3-64. 9	20. 0-68. 1	22. 8-71. 3
29	0-16. 7	0-23. 0	0. 4-28. 2	1. 2-33. 0	2. 4-37. 4	3. 9-41. 6	5. 6-45. 5	7. 6-49. 3	9. 6-53. 0	11. 9-56. 5	14. 2-59. 9	16. 7-63. 2	19. 2-66. 4	21. 9-69. 5
30	0-16. 2	0-22. 3	0. 4-27. 4	1. 2-32. 0	2. 3-36. 3	3. 8-40. 4	5. 4-44. 3	7. 3-48. 0	9. 3-51. 6	11. 4-55. 0	13. 7-58. 3	16. 0-61. 6	18. 5-64. 7	21. 1-67. 7
31	0-15. 7	0-21. 6	0. 3-26. 6	1. 1-31. 1	2. 3-35. 3	3. 7-39. 3	5. 3-43. 1	7. 0-46. 7	9. 0-50. 2	11. 0-53. 6	13. 2-56. 9	15. 5-60. 0	17. 8-63. 1	20. 3-66. 1
32	0-15. 3	0-21. 0	0. 3-25. 9	1. 1-30. 3	2. 2-34. 4	3. 5-38. 3	5. 1-41. 9	6. 8-45. 5	8. 7-48. 9	10. 6-52. 2	12. 7-55. 4	14. 9-58. 5	17. 2-61. 6	19. 6-64. 5
33	0-14. 8	0-20. 4	0. 3-25. 2	1. 1-29. 5	2. 1-33. 5	3. 4-37. 3	4. 9-40. 9	6. 6-44. 3	8. 4-47. 7	10. 3-50. 9	12. 3-54. 1	14. 4-57. 1	16. 6-60. 1	18. 9-63. 0
34	0-14. 4	0-19. 9	0. 3-24. 5	1. 0-28. 7	2. 0-32. 6	3. 3-36. 3	4. 8-39. 8	6. 4-43. 2	8. 1-45. 5	10. 0-49. 7	11. 9-52. 8	13. 9-55. 8	16. 1-58. 7	18. 3-61. 5
35	0-14. 0	0-19. 4	0. 3-23. 9	1. 0-28. 0	2. 0-31. 8	3. 2-35. 4	4. 6-38. 9	6. 2-42. 2	7. 9-45. 4	9. 7-48. 5	11. 5-51. 5	13. 5-54. 5	15. 5-57. 4	17. 1-60. 1
36	0-13. 7	0-18. 9	0. 3-23. 3	1. 0-27. 3	1. 9-31. 0	3. 1-34. 6	4. 5-37. 9	6. 0-41. 2	7. 6-44. 3	9. 4-47. 4	11. 2-50. 4	13. 1-53. 3	15. 1-56. 1	17. 1-58. 8
37	0-13. 3	0-18. 4	0. 3-22. 7	0. 9-26. 6	1. 9-30. 3	3. 0-33. 7	4. 4-37. 1	5. 8-40. 2	7. 4-43. 3	9. 1-46. 3	10. 9-49. 2	12. 7-52. 1	14. 6-54. 8	16. 6-57. 5
38	0-13. 0	0-18. 0	0. 3-22. 2	0. 9-26. 0	1. 8-29. 6	3. 0-33. 0	4. 2-36. 2	5. 7-39. 3	7. 2-42. 4	8. 8-45. 3	10. 6-48. 2	12. 3-49. 8	14. 2-53. 7	16. 1-56. 3
39	0-12. 7	0-17. 6	0. 3-21. 7	0. 9-25. 4	1. 8-28. 0	2. 9-32. 2	4. 1-35. 4	5. 5-38. 5	7. 0-41. 4	8. 6-44. 3	10. 3-47. 1	12. 0-49. 8	13. 8-52. 5	15. 7-55. 1
40	0-12. 4	0-17. 2	0. 3-21. 2	0. 9-24. 8	1. 7-28. 3	2. 8-31. 5	4. 0-34. 6	5. 4-37. 6	6. 8-40. 5	8. 4-43. 4	10. 0-46. 1	11. 7-48. 8	13. 4-51. 4	15. 3-54. 0
41	0-12. 1	0-16. 8	0. 3-20. 7	0. 8-24. 3	1. 7-27. 6	2. 7-30. 8	3. 9-33. 9	5. 2-36. 8	6. 6-39. 7	8. 1-42. 5	9. 7-45. 2	11. 4-47. 8	13. 1-50. 4	14. 8-52. 9
42	0-11. 9	0-16. 4	0. 2-20. 3	0. 8-23. 8	1. 6-27. 1	2. 7-30. 2	3. 8-33. 2	5. 1-36. 1	6. 5-38. 9	7. 9-41. 6	9. 5-44. 3	11. 1-46. 8	12. 7-49. 4	14. 5-51. 9
43	0-11. 6	0-16. 0	0. 2-19. 8	0. 8-23. 3	1. 6-26. 5	2. 6-29. 6	3. 7-32. 5	5. 0-35. 3	6. 3-38. 1	7. 7-40. 8	9. 2-43. 4	10. 8-45. 9	12. 4-48. 4	14. 1-50. 9
44	0-11. 3	0-15. 7	0. 2-19. 4	0. 8-22. 8	1. 6-25. 9	2. 5-29. 0	3. 6-31. 8	4. 9-34. 6	6. 2-37. 3	7. 6-40. 0	9. 0-42. 5	10. 5-45. 0	12. 1-47. 5	13. 7-49. 9
45	0-11. 1	0-15. 4	0. 2-19. 0	0. 8-22. 3	1. 5-25. 4	2. 5-28. 4	3. 6-31. 2	4. 7-33. 9	6. 0-36. 6	7. 4-39. 2	8. 8-41. 2	10. 3-44. 2	11. 8-46. 6	13. 4-48. 9
46	0-10. 9	0-15. 1	0. 2-18. 6	0. 7-21. 9	1. 5-24. 9	2. 4-27. 8	3. 5-30. 6	4. 6-33. 3	5. 9-35. 9	7. 2-38. 4	8. 6-40. 9	10. 0-43. 3	11. 5-45. 7	13. 1-48. 0
47	0-10. 7	0-14. 8	0. 2-18. 3	0. 7-21. 5	1. 5-24. 4	2. 4-27. 3	3. 4-30. 0	4. 5-32. 7	5. 7-35. 2	7. 0-37. 7	8. 4-40. 2	9. 8-42. 5	11. 3-44. 9	12. 8-47. 2
48	0-10. 5	0-14. 5	0. 2-17. 9	0. 7-21. 0	1. 4-24. 0	2. 3-26. 8	3. 3-29. 5	4. 4-32. 1	5. 6-34. 6	6. 9-37. 0	8. 2-39. 4	9. 6-41. 8	11. 0-44. 1	12. 5-46. 3
49	0-10. 2	0-14. 2	0. 2-17. 6	0. 7-20. 7	1. 4-23. 5	2. 3-26. 3	3. 3-28. 9	4. 3-31. 5	5. 5-34. 0	6. 7-36. 4	8. 0-38. 7	9. 4-41. 0	10. 8-43. 3	12. 2-45. 5
50	0-10. 1	0-13. 9	0. 2-17. 3	0. 7-20. 3	1. 4-23. 1	2. 2-25. 8	3. 2-28. 4	4. 2-30. 9	5. 4-33. 3	6. 6-35. 7	7. 9-38	9. 2-40. 3	10. 6-42. 5	12. 0-44. 7

* 单侧 99. 5% 可信区间

附表 6.6　百分率的可信区间

$1-\alpha = 99\%$

n	x											
	14	15	16	17	18	19	20	21	22	23	24	25
26												
27	26. 9-76. 2											
28	25. 7-74. 3											
29	24. 7-72. 4	27. 6-75. 3										
30	23. 7-70. 7	26. 5-73. 5										
31	22. 8-69. 0	25. 5-71. 8	28. 2-74. 5									
32	22. 0-67. 4	24. 6-70. 1	27. 2-72. 8									
33	21. 3-65. 8	23. 7-68. 5	26. 2-71. 2	28. 8-73. 8								
34	20. 6-64. 3	22. 9-67. 0	25. 3-69. 6	27. 8-72. 2								
35	19. 9-62. 9	22. 2-65. 5	24. 5-68. 1	26. 9-70. 6	29. 4-73. 1							
36	19. 3-61. 5	21. 5-64. 1	23. 7-66. 7	26. 0-69. 2	28. 4-71. 6							
37	18. 7-60. 2	20. 8-62. 7	23. 0-65. 3	25. 2-67. 7	27. 5-70. 1	29. 9-72. 5						
38	18. 1-58. 9	20. 2-61. 4	22. 3-63. 9	24. 5-66. 3	26. 7-68. 7	29. 0-71. 0						
39	17. 6-57. 7	19. 6-60. 2	21. 7-162. 6	23. 8-65. 0	25. 9-67. 4	28. 1-69. 7	30. 3-71. 9					
40	17. 1-56. 5	19. 1-59. 0	21. 0-61. 4	23. 1-63. 7	25. 8-66. 1	27. 3-68. 3	29. 5-70. 5					
41	16. 7-65. 4	18. 5-57. 8	20. 5-60. 2	22. 4-62. 5	24. 5-64. 8	26. 5-67. 0	28. 6-69. 2	30. 8-71. 4				
42	16. 2-54. 3	18. 1-56. 7	19. 9-59. 0	21. 8-61. 3	23. 8-63. 6	25. 8-65. 8	27. 8-67. 9	29. 9-70. 1				
43	15. 8-53. 2	17. 6-65. 6	19. 4-57. 9	21. 3-60. 2	23. 2-62. 4	25. 1-64. 6	27. 1-66. 7	29. 1-68. 8	31. 2-70. 9			
44	15. 4-52. 2	17. 2-54. 5	18. 9-56. 8	20. 7-59. 0	22. 6-61. 2	24. 5-63. 4	25. 4-65. 5	28. 4-67. 6	30. 4-69. 6			
45	15. 1-51. 3	16. 7-53. 5	18. 5-55. 8	20. 2-58. 0	22. 0-60. 1	23. 9-62. 3	25. 7-64. 3	27. 7-66. 4	29. 6-68. 4	31. 6-70. 4		
46	14. 7-50. 3	16. 3-52. 6	10. 8-54. 8	19. 7-56. 9	21. 5-59. 1	23. 3-61. 2	25. 1-63. 2	27. 0-65. 3	28. 9-67. 2	30. 8-69. 2		
47	14. 4-49. 4	16. 0-51. 6	17. 6-53. 8	19. 3-55. 9	21. 0-58. 0	22. 7-60. 1	24. 5-62. 1	26. 3-64. 1	28. 2-66. 1	30. 0-68. 1	31. 9-70. 0	
48	14. 0-48. 5	15. 6-50. 7	17. 2-52. 9	18. 8-55. 0	20. 5-57. 0	22. 2-59. 1	23. 9-61. 1	25. 7-63. 1	27. 5-65. 0	29. 3-66. 9	31. 2-68. 8	
49	13. 7-47. 7	15. 2-49. 8	16. 8-52. 0	18. 4-54. 0	20. 0-56. 1	21. 7-58. 1	23. 4-60. 1	25. 1-62. 0	26. 9-63. 9	28. 6-65. 8	30. 5-67. 7	32. 3-69. 5
50	13. 4-46. 9	14. 9-49. 0	16. 4-51. 1	18. 0-53. 1	19. 6-55. 1	21. 2-57. 1	22. 9-59. 1	24. 5-61. 0	26. 3-62. 9	28. 0-64. 8	29. 8-66. 6	31. 6-68. 4

附表 7　Poisson 分布 λ 的可信区间

样本计数 X	95%		99%		样本计数 X	95%		99%	
	下限	上限	下限	上限		下限	上限	下限	上限
1	0.03	5.57	0.01	7.43	51	37.97	67.06	34.48	72.44
2	0.24	7.22	0.10	9.27	52	38.84	68.19	35.30	73.61
3	0.62	8.77	0.34	10.95	53	39.70	69.32	36.13	74.79
4	1.09	10.24	0.67	12.57	54	40.57	70.46	36.95	75.96
5	1.62	11.67	1.08	14.13	55	41.43	71.59	37.78	77.14
6	2.20	13.06	1.54	15.64	56	42.30	72.72	38.60	78.31
7	2.81	14.42	2.04	17.12	57	43.07	73.85	39.43	79.48
8	3.45	15.76	2.57	18.56	58	44.04	74.98	40.26	80.65
9	4.12	17.08	5.13	19.98	59	44.91	76.11	41.09	81.81
10	4.80	18.39	3.72	21.38	60	45.79	77.23	41.93	82.98
11	5.49	19.68	4.33	22.77	61	46.66	78.36	42.76	84.14
12	6.20	20.96	4.95	24.13	62	47.54	79.48	43.60	85.31
13	6.92	22.23	5.59	25.48	63	48.41	80.60	44.43	86.47
14	7.66	23.40	6.24	26.82	64	49.29	81.73	45.27	87.63
15	8.40	24.74	6.90	28.15	65	50.17	82.85	46.11	88.79
16	9.15	25.98	7.58	29.47	66	51.04	83.97	46.95	89.95
17	9.91	27.22	8.26	30.78	67	51.92	85.09	47.80	91.10
18	10.67	28.45	8.96	32.08	68	52.80	86.21	48.64	92.26
19	11.44	29.67	9.66	33.37	69	53.69	87.32	49.48	93.41
20	12.22	30.89	10.37	34.66	70	54.57	88.44	50.33	94.57
21	13.00	32.10	11.09	35.94	71	55.45	89.56	51.18	95.72
22	13.79	33.31	11.81	37.21	72	56.34	90.67	52.02	96.87
23	14.58	34.51	12.54	38.47	73	57.22	91.79	52.87	98.02
24	15.38	35.71	13.28	39.73	74	58.11	92.90	53.72	99.17
25	16.18	36.90	14.00	40.99	75	58.99	94.01	54.57	100.32
26	16.99	38.10	14.74	42.24	76	59.88	95.12	55.42	101.47
27	17.80	39.28	15.49	43.49	77	60.77	96.24	56.28	102.61
28	18.61	40.47	16.25	44.73	78	61.66	97.35	57.13	103.76
29	19.43	41.65	17.00	45.97	79	62.55	98.46	57.99	104.90
30	20.25	42.83	17.77	47.20	80	63.44	99.57	58.84	106.05
31	21.07	44.00	18.53	48.43	81	64.33	100.68	59.70	107.19
32	21.89	45.17	19.31	49.65	82	65.22	101.78	60.55	108.33
33	22.72	46.34	20.08	50.88	83	66.11	102.89	61.41	109.47
34	23.55	47.51	20.86	52.10	84	67.00	104.00	62.27	110.61
35	24.39	48.68	21.64	53.31	85	67.90	105.10	63.13	111.75
36	25.22	49.84	22.42	54.53	86	68.79	106.21	63.99	112.89
37	26.06	51.00	23.21	55.74	87	69.68	107.31	64.85	114.03
38	26.90	52.16	24.00	56.95	88	70.58	108.42	65.72	115.16
39	27.74	53.31	24.79	58.15	89	71.47	109.52	66.58	116.30
40	28.58	54.47	25.59	59.35	90	72.37	110.62	67.44	117.43
41	29.43	55.62	26.38	60.55	91	73.27	111.73	68.31	118.57
42	30.28	56.77	27.18	51.75	92	74.17	112.83	69.17	119.70
43	31.13	57.92	27.99	62.95	93	75.06	113.93	70.04	120.84
44	31.98	59.07	28.79	64.14	94	75.96	115.03	70.91	121.97
45	32.83	60.21	29.60	65.33	95	76.86	116.13	71.77	123.10
46	33.68	61.36	30.41	66.52	96	77.76	117.23	72.64	124.23
47	34.53	62.50	31.22	67.71	97	78.66	118.33	73.51	125.36
48	35.39	63.64	32.03	68.89	98	79.56	119.43	74.38	126.49
49	36.25	64.78	32.85	70.07	99	80.46	120.53	75.25	127.62
50	37.11	65.92	33.66	71.26	100	81.36	121.63	76.12	128.75

附表 8 *q* 界值表(Student-Newman-Keuls 法用)

上行 $P = 0.05$，下行 $P = 0.01$

ν	组数，α								
	2	3	4	5	6	7	8	9	10
5	3.64	4.60	5.22	5.67	6.03	6.33	6.58	6.80	6.99
	5.70	6.98	7.80	8.42	8.91	9.32	9.67	9.97	10.24
6	3.46	4.34	4.90	5.30	5.63	5.90	6.12	6.32	6.49
	5.24	6.33	7.03	7.56	7.97	8.32	8.61	8.87	9.10
7	3.34	4.16	4.68	5.06	5.36	5.61	5.82	6.00	6.16
	4.95	5.92	6.54	7.01	7.37	7.68	7.94	8.17	8.37
8	3.26	4.04	4.53	4.89	5.17	5.40	5.60	5.77	5.92
	4.75	5.64	6.20	6.62	6.96	7.24	7.77	7.68	7.86
9	3.20	3.95	4.41	4.76	5.02	5.24	5.43	5.59	5.74
	4.60	5.43	5.96	6.35	6.66	6.91	7.13	7.33	7.49
10	3.15	3.88	4.33	4.15	4.91	5.12	5.30	5.46	5.60
	4.48	5.27	5.77	6.14	6.43	6.67	6.87	7.05	7.21
12	3.08	3.77	4.20	4.51	4.75	4.95	5.12	5.27	5.39
	4.32	5.05	5.50	5.84	6.10	6.32	6.51	6.67	6.81
14	3.03	3.70	4.11	4.41	4.64	4.83	4.99	5.13	5.25
	4.21	4.89	5.32	5.63	5.88	6.08	6.26	6.41	6.54
16	3.00	3.65	4.05	4.33	4.56	4.74	4.90	5.03	5.15
	4.13	4.79	5.19	5.49	5.72	5.92	6.08	6.22	6.35
18	2.97	3.61	4.00	4.28	4.49	4.67	4.82	4.96	5.07
	4.07	4.70	5.09	5.38	5.60	5.79	5.94	6.08	6.20
20	2.95	3.58	3.96	4.23	4.45	4.62	4.77	4.90	5.01
	4.02	4.64	5.02	5.29	5.51	5.69	5.84	5.97	6.09
30	2.89	3.49	3.85	4.10	4.30	4.46	4.60	4.72	4.82
	3.89	4.45	4.80	5.05	5.24	5.40	5.54	5.65	5.76
40	2.86	3.44	3.79	4.04	4.23	4.39	4.52	4.63	4.73
	3.82	4.37	4.70	4.93	5.11	5.26	5.39	5.50	5.60
60	2.83	3.40	3.74	3.98	4.16	4.31	4.44	4.55	4.65
	3.76	4.28	4.59	4.82	4.99	5.13	5.25	5.36	5.45
120	2.80	3.36	3.68	3.92	4.10	4.24	4.36	4.47	4.56
	3.70	4.20	4.50	4.71	4.87	5.01	5.12	5.21	5.30
∞	2.77	3.31	3.63	3.86	4.03	4.17	4.29	4.39	4.47
	3.64	4.12	4.40	4.60	4.76	4.88	4.99	5.08	5.16

附表 9　Dunnett 检验临界值表(双侧)

(表中横行数字，上行　$P=0.05$，下行　$P=0.01$)

误差的自由度(v)	处理数(不包括对照组) T								
	1	2	3	4	5	6	7	8	9
5	2.57	3.03	3.39	3.66	3.88	4.06	4.22	4.36	4.49
	4.03	4.63	5.09	5.44	5.73	5.97	6.18	6.36	6.53
6	2.45	2.86	3.18	3.41	3.60	3.75	3.88	4.00	4.11
	3.71	4.22	4.60	4.88	5.11	5.30	5.47	5.61	5.74
7	2.36	2.75	3.04	3.24	3.41	3.54	3.66	3.76	3.86
	3.50	3.95	4.28	4.52	4.71	4.87	5.01	5.13	5.24
8	2.31	2.67	2.94	3.13	3.28	3.40	3.51	3.60	3.68
	3.36	3.77	4.06	4.27	4.44	4.58	4.70	4.81	4.90
9	2.26	2.61	2.86	3.04	3.18	3.29	3.39	3.48	3.55
	3.25	3.63	3.90	4.09	4.24	4.37	4.48	4.57	4.65
10	2.23	2.57	2.81	2.97	3.11	3.21	3.31	3.39	3.46
	3.17	2.52	3.78	3.95	4.10	4.21	4.31	4.40	4.47
11	2.20	2.53	2.76	2.92	3.05	3.15	3.24	3.31	3.38
	3.11	3.45	3.68	3.85	3.98	4.09	4.18	4.26	4.33
12	2.18	2.50	2.72	2.88	3.00	3.10	3.18	3.25	3.32
	3.05	3.39	3.61	3.76	3.89	3.99	4.08	4.15	4.22
13	2.16	2.48	2.69	2.84	2.96	3.06	3.14	3.21	3.27
	3.01	3.33	3.54	3.69	3.81	3.91	3.99	4.06	4.13
14	2.14	2.46	2.67	2.81	2.93	3.02	3.10	3.17	3.23
	2.98	3.29	3.49	3.64	3.75	3.84	3.92	3.99	4.05
15	2.13	2.44	2.64	2.79	2.90	2.99	3.07	3.13	3.19
	2.95	3.25	3.45	3.59	3.70	3.79	3.86	3.93	3.99
16	2.12	2.42	2.63	2.77	2.88	2.96	3.04	3.10	3.16
	2.92	3.22	3.41	3.55	3.65	3.74	3.82	3.88	3.93
17	2.11	2.41	2.61	2.75	2.85	2.94	3.01	3.08	3.13
	2.90	3.19	3.38	3.51	3.62	3.70	3.77	3.83	3.89
18	2.10	2.40	2.59	2.73	2.84	2.92	2.99	3.05	3.11
	2.88	3.17	3.35	3.48	3.58	3.67	3.74	3.80	3.85
19	2.09	2.39	2.58	2.72	2.82	2.90	2.97	3.04	3.69
	2.86	3.15	3.33	3.46	3.55	3.64	3.70	3.76	3.81
20	2.09	2.38	2.57	2.70	2.81	2.89	2.96	3.02	3.07
	2.85	3.13	3.31	3.43	3.53	3.61	3.67	3.73	3.78
24	2.06	2.35	2.53	2.66	2.76	2.84	2.91	2.96	3.01
	2.80	3.07	3.24	3.36	3.45	3.52	3.58	3.64	3.69
30	2.04	2.32	2.50	2.62	2.72	2.79	2.86	3.91	2.96
	2.75	3.01	3.17	3.28	3.37	3.44	3.50	3.55	3.59
40	2.02	2.29	2.47	2.58	2.67	2.75	2.81	2.86	2.90
	2.70	2.95	3.10	3.21	3.29	3.36	3.41	3.46	3.50
60	2.00	2.27	2.43	2.55	2.63	2.70	2.76	2.81	2.85
	2.66	2.90	3.04	3.14	3.22	3.28	3.33	3.38	3.42
120	1.98	2.24	2.40	2.51	2.59	2.66	2.71	2.76	2.80
	2.62	2.84	2.98	3.08	3.15	3.21	3.25	3.30	3.33
∞	1.96	2.21	2.37	2.47	2.55	2.62	2.67	2.71	2.75
	2.58	2.79	2.92	3.01	3.08	3.14	3.18	3.22	3.25

附表 10 *T* 界值表(配对比较的符号秩检验用)

n	单侧: 0.05 双侧: 0.10	0.025 0.05	0.01 0.02	0.005 0.010
5	0—15			
6	2—19	0—21		
7	3—25	2—26	0—28	
8	5—31	3—33	1—35	0—36
9	8—37	5—40	3—42	1—44
10	10—45	8—47	5—50	3—52
11	13—53	10—56	7—59	5—61
12	17—61	13—65	9—69	7—71
13	21—70	17—74	12—79	9—82
14	25—80	21—84	15—90	12—93
15	30—90	25—95	19—101	15—105
16	35—101	29—107	23—113	19—117
17	41—112	34—119	27—126	23—130
18	47—124	40—131	32—139	27—144
19	53—137	46—144	37—153	32—158
20	60—150	52—158	43—167	37—173
21	67—164	58—173	49—182	42—189
22	75—178	65—188	55—198	48—205
23	83—193	73—203	62—214	54—222
24	91—209	81—219	69—231	61—239
25	100—225	89—236	76—249	68—257
26	110—241	98—253	84—267	75—276
27	119—259	107—271	92—286	83—295
28	130—276	116—290	101—305	91—315
29	140—295	126—309	110—325	100—335
30	151—314	137—328	120—345	109—356
31	163—333	147—349	130—366	118—378
32	175—353	159—369	140—388	128—400
33	187—374	170—391	151—410	138—423
34	200—395	182—413	162—433	148—447
35	213—417	195—435	173—457	159—471
36	227—439	208—458	185—481	171—495
37	241—462	221—482	198—505	182—521
38	256—485	235—506	211—530	194—547
39	271—509	249—531	224—556	207—573
40	286—534	264—556	238—582	220—600
41	302—559	279—582	252—609	233—628
42	319—584	294—609	266—637	247—656
43	336—610	310—636	281—665	261—685
44	353—637	327—663	296—694	276—714
45	371—664	343—692	312—723	291—744
46	389—692	361—720	328—753	307—774
47	407—721	378—750	345—783	322—806
48	426—750	396—780	362—814	339—837
49	446—779	415—810	379—846	355—870
50	466—809	434—841	397—878	373—902

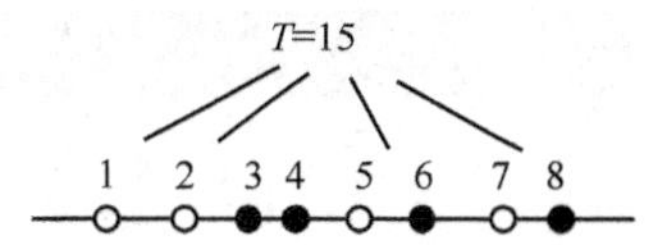

附表 11 *T* 界值表(两组比较的秩和检验用)

	单侧	双侧
1 行	$P=0.050$	$P=0.10$
2 行	$P=0.025$	$P=0.05$
3 行	$P=0.01$	$P=0.02$
4 行	$P=0.0050$	$P=0.01$

n_1(较小)	n_2-n_1										
	0	1	2	3	4	5	6	7	8	9	10
2				3—13	3—15	3—17	4—18	4—20	4—22	4—24	5—25
							3—19	3—21	3—23	3—25	4—26
3	6—15	6—18	7—20	8—22	8—25	9—27	10—29	10—32	11—34	11—37	12—39
			6—21	7—23	7—26	8—28	8—31	9—33	9—36	10—38	10—41
					6—27	6—30	7—32	7—35	7—38	8—40	8—43
							6—33	6—36	6—39	7—41	7—44
4	11—25	12—28	13—31	14—34	15—37	16—40	17—43	18—46	19—49	20—52	21—55
	10—26	11—29	12—32	13—35	14—38	14—42	15—45	16—48	17—51	18—54	19—57
		10—30	11—33	11—37	12—40	13—43	13—47	14—50	15—53	15—57	16—60
			10—34	10—38	11—41	11—45	12—48	12—52	13—55	13—59	14—62
5	19—36	20—40	21—44	23—47	24—51	26—54	27—58	28—62	30—65	31—69	33—72
	17—38	18—42	20—45	21—49	22—53	23—57	24—61	26—64	27—68	28—72	29—76
	16—39	17—43	18—47	19—51	20—55	21—59	22—63	23—67	24—71	25—75	26—79
	15—40	16—44	16—49	17—53	18—57	19—61	20—65	21—69	22—73	22—78	23—82
6	28—50	29—55	31—59	33—63	35—67	37—71	38—76	40—80	42—84	44—88	46—92
	26—52	27—57	29—61	31—65	32—70	34—74	35—79	37—83	38—88	40—92	42—96
	24—54	25—59	27—63	28—68	29—73	30—78	32—82	33—87	34—92	36—96	37—101
	23—55	24—60	25—65	26—70	27—75	28—80	30—84	31—89	32—94	33—99	34—104
7	39—66	41—71	43—76	45—81	47—86	49—91	52—95	54—100	56—105	58—110	61—114
	36—69	38—74	40—79	42—84	44—89	46—94	48—99	50—104	52—109	54—114	56—119
	34—71	35—77	37—82	39—87	40—93	42—98	44—103	45—109	47—114	49—119	51—124
	32—73	34—78	35—84	37—89	38—95	40—100	41—106	43—111	44—117	45—122	47—128
8	51—85	54—90	56—96	59—101	62—106	64—112	67—117	69—123	72—128	75—133	77—139
	49—87	51—93	53—99	55—105	58—110	60—116	62—122	65—127	67—133	70—138	72—144
	45—91	47—97	49—103	51—109	53—115	56—120	58—126	60—132	62—138	64—144	66—150
	43—93	45—99	47—105	49—111	51—117	53—123	54—130	56—136	58—142	60—148	62—154
9	66—105	69—111	72—117	75—123	78—129	81—135	84—141	87—147	90—153	93—159	96—165
	62—109	65—115	68—121	71—127	73—134	76—140	79—146	82—152	84—159	87—165	90—171
	59—112	61—119	63—126	66—132	68—139	71—145	73—152	76—158	78—165	81—171	83—178
	56—115	58—122	61—128	63—135	65—142	67—149	69—156	72—162	74—169	76—176	78—183
10	82—128	86—134	89—141	92—148	96—154	99—161	103—167	106—174	110—180	113—187	117—193
	78—132	81—139	84—146	88—152	91—159	94—166	97—173	100—180	103—187	107—193	110—200
	74—136	77—143	79—151	82—158	85—165	88—172	91—179	93—187	96—194	99—201	102—208
	71—139	73—147	76—154	79—161	81—169	84—176	86—184	89—191	92—198	94—206	97—213

附表 12 *H* 界值表（三组比较的秩和检验 Kruskal-Wallis 法）

n	n_1	n_2	n_3	0.01	0.05	0.025	0.01	0.001
8	5	2	1	4.200	5.000			
	4	2	2	4.458	5.333	5.500		
	4	3	1	4.056	5.208	5.833		
	3	3	2	4.556	5.361	5.556		
9	7	1	1	4.267				
	6	2	1	4.200	4.822	5.600		
	5	2	2	4.373	5.160	6.000	6.533	
	5	3	1	4.018	4.960	6.044		
	4	3	2	4.511	5.444	6.000	6.444	
	4	4	1	4.167	4.967	6.176	6.667	
	3	3	3	4.622	5.600	5.956	7.200	
10	8	1	1	4.418				
	7	2	1	4.200	4.706	5.727		
	6	2	2	4.545	5.345	5.745	6.655	
	6	3	1	3.909	4.855	5.945	6.873	
	5	3	2	4.651	5.251	6.004	6.909	
	5	4	1	3.987	4.985	5.858	6.955	
	4	3	3	4.709	5.791	6.155	6.745	
	4	4	2	4.555	5.455	6.327	7.036	
11	8	2	1	4.011	4.909	5.240		
	7	2	2	4.526	5.143	5.818	7.000	
	7	3	1	4.173	4.952	5.758	7.303	
	6	3	2	4.682	5.348	6.136	6.970	
	6	4	1	4.038	4.947	5.856	7.106	
	5	3	3	4.533	5.648	6.315	7.079	8.727
	5	4	2	4.541	5.273	6.068	7.205	8.591
	5	5	1	4.109	5.127	6.000	7.309	
	4	4	3	4.545	5.598	6.394	7.144	8.909
12	8	2	2	4.587	5.356	5.817	6.663	
	8	3	1	4.010	4.881	6.064	6.804	
	7	3	2	4.582	5.357	6.201	6.839	8.654
	7	4	1	4.121	4.986	5.791	6.986	
	6	3	3	4.590	5.615	6.436	7.410	8.692
	6	4	2	4.494	5.340	6.186	7.340	8.827
	6	5	1	4.128	4.990	5.951	7.182	
	5	4	3	4.549	5.656	6.410	7.445	8.795
	5	5	2	4.623	5.338	6.346	7.338	8.938
	4	4	4	4.654	5.692	6.615	7.654	9.269
13	8	3	2	4.451	5.316	6.195	7.022	8.791
	8	4	1	4.038	5.044	5.885	6.973	8.901
	7	3	3	4.603	5.620	6.449	7.228	9.262
	7	4	2	4.549	5.376	6.184	7.321	9.198
	7	5	1	4.035	5.064	5.953	7.061	9.178
	6	4	3	4.604	5.160	6.538	7.500	9.170
	6	5	2	4.596	5.338	6.196	7.376	9.189
	6	6	1	4.000	4.945	5.923	7.121	9.692
	5	4	4	4.668	5.657	6.657	7.760	9.168
	5	5	3	4.545	5.705	6.549	7.578	9.284
14	8	3	3	4.543	5.617	6.588	7.350	9.426
	8	4	2	4.500	5.393	6.193	7.350	9.293
	8	5	1	3.967	4.869	5.864	7.110	9.579
	7	4	3	4.527	5.623	6.578	7.550	9.670
	7	5	2	4.485	5.393	6.221	7.450	9.640
	7	6	1	4.033	5.067	6.067	7.254	9.747
	6	4	4	4.595	5.681	6.667	7.795	9.681
	6	5	3	4.535	5.602	6.667	7.590	9.669
	6	6	2	4.438	5.140	6.210	7.467	9.752
	5	5	4	4.523	5.666	6.760	7.823	9.606
15	8	4	3	4.529	5.623	6.562	7.585	9.742
	8	5	2	4.466	5.415	6.260	7.440	9.781
	8	6	1	4.015	5.015	5.933	7.256	9.840
	7	4	4	4.562	5.650	6.707	7.814	9.841
	7	5	3	4.535	5.607	6.627	7.697	9.874
	7	6	2	4.500	5.357	6.223	7.490	10.060
	7	7	1	3.986	4.986	6.057	7.157	9.871
	6	5	4	4.522	5.661	6.750	7.936	9.961
	6	6	3	4.558	5.625	6.725	7.725	10.150
	5	5	5	4.560	5.780	6.740	8.000	9.920
16	8	4	4	4.561	5.779	6.750	7.853	10.010
	8	5	3	4.514	5.614	6.614	7.706	10.040
	8	6	2	4.463	5.404	6.294	7.522	10.110
	8	7	1	4.045	5.041	6.047	7.308	10.030
	7	5	4	4.542	5.733	6.738	7.931	10.160
	7	6	3	4.550	5.689	6.694	7.756	10.260
	7	7	2	4.491	5.398	6.382	7.491	10.240
	6	5	5	4.547	5.729	6.788	8.028	10.290
	6	6	4	4.548	5.724	6.812	8.000	10.340
17	8	5	4	4.549	5.718	6.782	7.992	10.290
	8	6	3	4.575	5.678	6.658	7.796	10.370
	8	7	2	4.451	5.403	6.339	7.571	10.360
	8	8	1	4.044	5.039	6.005	7.134	10.160
	7	5	5	4.571	5.708	6.835	8.108	10.450
	7	6	4	4.562	5.706	6.787	8.039	10.460
	7	7	3	4.613	5.688	6.708	7.810	10.450
	6	6	5	4.542	5.765	6.848	8.124	10.520
18	8	5	5	4.555	5.769	6.843	8.116	10.640
	8	6	4	4.563	5.743	6.795	8.045	10.630
	8	7	3	4.556	5.698	6.671	7.827	10.540
	8	8	2	4.509	5.408	6.351	7.654	10.460
	7	6	5	4.560	5.770	6.857	8.157	10.460
	7	7	4	4.563	5.766	6.788	8.142	10.690
	6	6	6	4.643	5.801	6.889	8.222	10.890
19	8	6	5	4.550	5.750	6.867	8.226	10.890
	8	7	4	4.548	5.759	6.837	8.118	10.840
	8	8	3	4.555	5.734	6.682	7.889	10.690
	7	7	6	4.530	5.730	6.897	8.257	11.000
	7	7	5	4.546	5.746	6.886	8.257	10.920
20	8	6	6	4.599	5.770	6.932	8.313	11.100
	8	7	6	4.551	5.782	6.884	8.242	11.030
	8	8	4	4.579	5.743	6.886	8.168	10.970
	7	7	6	4.568	5.793	6.927	8.345	11.130
21	8	7	6	4.553	5.781	6.917	8.333	11.280
	8	8	5	4.573	5.761	6.920	8.297	11.180
	7	7	7	4.594	5.818	6.954	8.378	11.320
22	8	7	7	4.585	3.802	6.980	8.363	11.420
	8	8	6	4.572	5.779	6.953	8.367	11.370
23	8	8	7	4.571	5.791	6.980	8.419	11.550
24	8	8	8	4.595	5.805	6.995	8.465	11.700
27	9	9	9	4.582	5.845	7.041	8.564	11.950
	∞	∞	∞	4.605	5.991	7.378	9.210	13.820

附表 13 r 界值表

自由度 ν	概率，P 单侧 0.25	0.10	0.05	0.025	0.01	0.005	0.0025	0.001	0.0005
	双侧 0.50	0.20	0.10	0.05	0.02	0.01	0.005	0.002	0.001
1	0.707	0.951	0.988	0.997	1.000	1.000	1.000	1.000	1.000
2	0.500	0.800	0.900	0.950	0.980	0.990	0.995	0.998	0.999
3	0.404	0.687	0.805	0.878	0.934	0.959	0.974	0.986	0.991
4	0.347	0.608	0.729	0.811	0.882	0.917	0.942	0.963	0.974
5	0.309	0.551	0.669	0.755	0.833	0.875	0.906	0.935	0.951
6	0.281	0.507	0.621	0.707	0.789	0.834	0.870	0.905	0.925
7	0.260	0.472	0.582	0.666	0.750	0.798	0.836	0.875	0.898
8	0.242	0.443	0.549	0.632	0.715	0.765	0.805	0.847	0.872
9	0.228	0.419	0.521	0.602	0.685	0.735	0.776	0.820	0.847
10	0.216	0.398	0.497	0.576	0.658	0.708	0.750	0.795	0.823
11	0.206	0.380	0.476	0.553	0.634	0.684	0.726	0.772	0.801
12	0.197	0.365	0.457	0.532	0.612	0.661	0.703	0.750	0.780
13	0.189	0.351	0.441	0.514	0.592	0.641	0.683	0.730	0.760
14	0.182	0.338	0.426	0.497	0.574	0.623	0.664	0.711	0.742
15	0.176	0.327	0.412	0.482	0.558	0.606	0.647	0.694	0.725
16	0.170	0.317	0.400	0.468	0.542	0.590	0.631	0.678	0.708
17	0.165	0.308	0.389	0.456	0.529	0.575	0.616	0.662	0.693
18	0.160	0.299	0.378	0.444	0.515	0.561	0.602	0.648	0.679
19	0.156	0.291	0.369	0.433	0.503	0.549	0.589	0.635	0.665
20	0.152	0.284	0.360	0.423	0.492	0.537	0.576	0.622	0.652
21	0.148	0.277	0.352	0.413	0.482	0.526	0.565	0.610	0.640
22	0.145	0.271	0.344	0.404	0.472	0.515	0.554	0.599	0.629
23	0.141	0.265	0.337	0.396	0.462	0.505	0.543	0.588	0.618
24	0.138	0.260	0.330	0.388	0.453	0.496	0.534	0.578	0.607
25	0.136	0.255	0.323	0.381	0.445	0.487	0.524	0.568	0.597
26	0.133	0.250	0.317	0.374	0.437	0.479	0.515	0.559	0.588
27	0.131	0.245	0.311	0.367	0.430	0.471	0.507	0.550	0.579
28	0.128	0.241	0.306	0.361	0.423	0.463	0.499	0.541	0.570
29	0.126	0.237	0.301	0.355	0.416	0.456	0.491	0.533	0.562
30	0.124	0.233	0.296	0.349	0.409	0.449	0.484	0.526	0.554
31	0.122	0.299	0.291	0.344	0.403	0.442	0.477	0.518	0.546
32	0.120	0.225	0.287	0.339	0.397	0.436	0.470	0.511	0.539
33	0.118	0.222	0.283	0.334	0.392	0.430	0.464	0.504	0.532
34	0.116	0.219	0.279	0.329	0.386	0.424	0.458	0.498	0.525
35	0.115	0.216	0.275	0.325	0.381	0.418	0.452	0.492	0.519
36	0.113	0.213	0.271	0.320	0.376	0.413	0.446	0.486	0.513
37	0.111	0.210	0.267	0.316	0.371	0.408	0.441	0.480	0.507
38	0.110	0.207	0.264	0.312	0.367	0.403	0.435	0.474	0.501
39	0.108	0.204	0.261	0.308	0.362	0.398	0.430	0.469	0.495
40	0.107	0.202	0.257	0.304	0.358	0.393	0.425	0.463	0.490
41	0.106	0.199	0.254	0.301	0.354	0.389	0.420	0.458	0.484
42	0.104	0.197	0.251	0.297	0.350	0.384	0.416	0.453	0.479
43	0.103	0.195	0.248	0.294	0.346	0.380	0.411	0.449	0.474
44	0.102	0.192	0.246	0.291	0.342	0.376	0.407	0.444	0.469
45	0.101	0.190	0.243	0.288	0.338	0.372	0.403	0.439	0.465
46	0.100	0.188	0.240	0.285	0.335	0.368	0.399	0.435	0.460
47	0.099	0.186	0.238	0.282	0.331	0.365	0.395	0.431	0.456
48	0.098	0.184	0.235	0.279	0.328	0.361	0.391	0.427	0.451
49	0.097	0.182	0.233	0.276	0.325	0.358	0.387	0.423	0.447
50	0.096	0.181	0.231	0.273	0.322	0.354	0.384	0.419	0.443

附表 14　Kendall 等级相关系数 r_k 界值表

n	P 0.05	P 0.01	n	P 0.05	P 0.01
			21	0.267	0.371
			22	0.264	0.359
			23	0.257	0.352
4	1.000	1.000	24	0.246	0.341
5	0.800	1.000	25	0.240	0.333
6	0.733	0.867	256	0.237	0.329
7	0.619	0.810	27	0.231	0.322
8	0.571	0.714	28	0.228	0.312
9	0.500	0.667	29	0.222	0.310
10	0467	0.600	30	0.218	0.301
11	0.418	0.564	31	0.213	0.295
12	0.394	0.545	32	0.210	0.290
13	0.359	0.513	33	0.205	0.288
14	0.363	0.473	34	0.201	0.280
15	0.333	0.467	35	0.197	0.277
16	0.317	0.433	36	0.194	0.273
17	0.309	0.426	37	0.192	0.267
18	0.294	0.412	38	0.189	0.263
19	0.287	0.392	39	0.188	0.260
20	0.274	0.379	40	0.185	0.256

附表 15 r_s 界值表

n	概率，P 单侧	0.25	0.10	0.05	0.025	0.01	0.005	0.0025	0.001	0.0005
	双侧	0.50	0.20	0.10	0.05	0.02	0.01	0.005	0.002	0.001
4		0.600	1.000	1.000						
5		0.500	0.800	0.900	1.000	1.000				
6		0.371	0.657	0.829	0.886	0.943	1.000	1.000		
7		0.321	0.571	0.714	0.786	0.893	0.929	0.964	1.000	1.000
8		0.310	0.524	0.643	0.738	0.833	0.881	0.905	0.952	0.976
9		0.267	0.483	0.600	0.700	0.783	0.833	0.867	0.917	0.933
10		0.248	0.455	0.564	0.648	0.745	0.794	0.830	0.879	0.903
11		0.236	0.427	0.536	0.618	0.709	0.755	0.800	0.845	0.873
12		0.217	0.406	0.503	0.587	0.678	0.727	0.769	0.818	0.846
13		0.209	0.385	0.484	0.560	0.648	0.703	0.747	0.791	0.824
14		0.200	0.367	0.464	0.538	0.626	0.679	0.723	0.771	0.802
15		0.189	0.354	0.446	0.521	0.604	0.654	0.700	0.750	0.779
16		0.182	0.341	0.429	0.503	0.582	0.635	0.679	0.729	0.762
17		0.176	0.328	0.414	0.485	0.566	0.615	0.662	0.713	0.748
18		0.170	0.317	0.401	0.472	0.550	0.600	0.643	0.695	0.728
19		0.165	0.309	0.391	0.460	0.535	0.584	0.628	0.677	0.712
20		0.161	0.299	0.380	0.447	0.520	0.570	0.612	0.662	0.696
21		0.156	0.292	0.370	0.435	0.508	0.556	0.599	0.648	0.681
22		0.152	0.284	0.361	0.425	0.496	0.544	0.586	0.634	0.667
23		0.148	0.278	0.353	0.415	0.486	0.532	0.573	0.622	0.654
24		0.144	0.271	0.344	0.406	0.476	0.521	0.562	0.610	0.642
25		0.142	0.265	0.337	0.398	0.466	0.511	0.551	0.598	0.630
26		0.138	0.259	0.331	0.390	0.457	0.501	0.541	0.587	0.619
27		0.136	0.255	0.324	0.382	0.448	0.491	0.531	0.577	0.608
28		0.133	0.250	0.317	0.375	0.440	0.483	0.522	0.567	0.598
29		0.130	0.245	0.312	0.368	0.433	0.475	0.513	0.558	0.589
30		0.128	0.240	0.306	0.362	0.425	0.467	0.504	0.549	0.580
31		0.126	0.236	0.301	0.356	0.418	0.459	0.496	0.541	0.571
32		0.124	0.232	0.296	0.350	0.412	0.452	0.489	0.533	0.563
33		0.121	0.229	0.291	0.345	0.405	0.446	0.482	0.525	0.554
34		0.120	0.225	0.287	0.340	0.399	0.439	0.475	0.517	0.547
35		0.118	0.222	0.283	0.335	0.394	0.433	0.468	0.510	0.539
36		0.116	0.219	0.279	0.330	0.388	0.427	0.462	0.504	0.533
37		0.114	0.216	0.275	0.325	0.382	0.421	0.456	0.497	0.526
38		0.113	0.212	0.271	0.321	0.378	0.415	0.450	0.491	0.519
39		0.111	0.210	0.267	0.317	0.373	0.410	0.444	0.485	0.513
40		0.110	0.207	0.264	0.313	0.368	0.405	0.439	0.479	0.507
41		0.108	0.204	0.261	0.309	0.364	0.400	0.433	0.473	0.501
42		0.107	0.202	0.257	0.305	0.359	0.395	0.428	0.468	0.495
43		0.105	0.199	0.254	0.301	0.355	0.391	0.423	0.463	0.490
44		0.104	0.197	0.251	0.298	0.351	0.386	0.419	0.458	0.484
45		0.103	0.194	0.248	0.294	0.347	0.382	0.414	0.453	0.479
46		0.102	0.192	0.246	0.291	0.343	0.378	0.410	0.448	0.474
47		0.101	0.190	0.243	0.288	0.340	0.374	0.405	0.443	0.469
48		0.100	0.188	0.240	0.285	0.336	0.370	0.401	0.439	0.465
49		0.098	0.186	0.238	0.282	0.333	0.366	0.397	0.434	0.460
50		0.097	0.184	0.235	0.279	0.329	0.363	0.393	0.430	0.456

附表 16 随机排列表($n = 20$)

编号	1	2	3	4	5	6	7	8	9	10	11	12	13	14	15	16	17	18	19	20	*rs*
1	1	15	19	13	17	5	4	7	9	14	12	18	10	16	11	20	3	6	2	8	-0. 1519
2	13	19	15	11	4	10	17	9	5	7	12	14	1	18	8	2	3	16	20	6	-0. 1850
3	13	12	20	3	9	6	14	17	1	16	19	18	7	4	10	2	3	11	15	8	-0. 1955
4	2	12	7	11	5	8	15	10	6	17	20	18	9	16	1	19	14	4	3	13	0. 1368
5	4	7	20	13	6	19	2	14	16	5	18	3	17	1	11	9	15	10	8	12	-0. 0090
6	15	4	1	12	17	19	13	8	7	14	18	9	10	16	11	2	3	6	5	20	-0. 0947
7	10	11	1	18	5	12	14	20	19	8	3	17	4	9	6	13	7	15	16	2	-0. 0692
8	14	7	9	18	17	5	6	20	11	12	2	4	13	10	15	3	16	8	1	19	-0. 1128
9	3	16	6	14	13	10	5	1	9	12	19	11	20	15	18	7	8	17	4	2	0. 0361
10	4	13	1	19	10	11	6	17	15	2	7	12	3	18	14	9	16	8	20	5	0. 1729
11	13	5	20	3	8	15	4	19	7	6	12	17	14	2	11	1	18	10	16	9	0. 0301
12	2	16	9	18	13	8	11	19	1	10	15	7	20	5	12	6	3	17	14	4	-0. 0947
13	7	15	5	9	11	10	13	6	17	14	16	1	19	4	8	3	20	18	12	2	0. 0316
14	14	13	15	1	17	12	5	3	16	4	8	20	10	11	18	19	6	2	7	9	-0. 1188
15	8	7	6	4	5	14	10	16	12	17	11	20	19	15	13	3	9	18	1	2	0. 0496
16	1	2	18	19	11	12	17	9	8	7	5	13	16	4	6	15	20	3	14	10	0. 0827
17	6	18	7	19	8	10	20	9	17	16	1	5	3	14	4	11	13	12	2	15	-0. 1865
18	19	14	15	1	4	3	13	18	9	11	16	5	2	12	7	10	20	8	6	17	-0. 0181
19	13	3	14	11	20	5	17	16	1	8	9	12	2	18	15	6	4	10	19	7	-0. 0647
20	9	17	12	7	8	6	15	10	2	20	13	5	11	1	3	16	19	18	4	14	0. 0677
21	7	13	10	11	20	5	4	14	15	16	9	19	18	8	1	2	17	3	12	6	-0. 1835
22	17	9	11	4	6	15	16	8	14	2	12	10	20	1	18	13	3	5	19	7	-0. 0496
23	11	8	4	10	19	3	17	15	16	7	1	18	20	2	6	9	12	13	14	5	-0. 0105
24	8	11	10	13	17	18	15	19	2	5	6	16	9	4	7	3	14	1	20	12	-0. 1729
25	1	10	15	19	6	9	20	7	14	12	16	4	8	2	18	11	5	3	17	13	-0. 0195
26	6	18	3	10	19	1	14	5	20	11	16	2	17	7	4	12	9	8	15	13	0. 0421
27	20	1	16	3	14	12	19	4	15	7	10	18	13	5	8	2	6	9	17	17	-0. 1218
28	14	10	16	9	5	3	20	2	4	11	12	18	13	1	7	15	19	17	6	6	0. 0526
29	11	16	5	4	15	17	13	6	18	2	14	19	1	9	3	8	12	7	10	20	-0. 0286
30	15	9	18	4	2	7	3	17	12	1	10	16	14	20	19	2	13	8	6	11	0. 0301

附表 17 随机数字表

编号	1~10					11~20					21~30					31~40					41~50				
1	88	69	22	93	86	34	87	52	64	67	85	29	90	06	61	39	00	58	69	23	82	05	45	29	18
2	37	96	71	27	39	38	18	07	31	33	95	66	33	65	76	78	61	05	59	93	01	86	01	65	56
3	39	50	41	65	95	02	02	75	18	06	28	77	31	87	37	63	95	22	59	54	75	42	23	99	69
4	44	61	61	04	61	45	05	67	02	96	13	89	39	65	59	88	52	12	85	06	94	30	76	13	09
5	35	52	42	71	12	02	94	23	59	81	19	41	24	83	74	92	34	41	08	61	6	15	12	16	00
6	35	19	33	29	64	84	15	27	27	99	84	18	68	46	13	41	86	65	37	20	97	10	25	23	95
7	40	07	33	74	07	56	84	60	82	46	20	34	70	39	29	21	38	52	39	38	25	56	19	69	29
8	16	50	08	32	88	00	48	34	47	73	05	81	52	56	16	42	17	39	50	53	00	05	74	25	50
9	04	23	41	25	70	09	53	50	72	17	09	04	86	65	46	48	98	53	04	37	23	09	65	88	33
10	39	03	86	03	69	79	78	09	55	84	51	48	82	38	88	47	09	02	77	78	36	97	78	68	92
11	20	97	61	38	82	00	79	54	59	42	86	89	36	81	80	41	36	23	21	41	04	70	12	41	66
12	00	21	45	44	37	80	85	61	07	94	98	65	41	55	83	01	18	39	14	38	47	16	64	53	25
13	92	47	80	25	30	75	30	35	43	65	38	73	27	99	20	98	94	36	88	48	85	78	26	90	08
14	41	97	55	77	12	21	70	47	75	94	29	95	56	39	87	92	56	56	16	50	23	92	39	70	56
15	09	67	70	42	77	87	07	01	07	27	68	36	27	55	63	42	04	15	44	57	07	09	29	33	77
16	24	36	37	95	29	02	72	27	39	27	17	65	96	55	67	67	27	42	57	18	09	35	27	60	34
17	72	88	99	63	42	10	48	10	08	83	59	10	30	21	74	04	71	83	88	28	42	62	02	58	04
18	48	97	89	54	53	53	54	20	99	09	56	45	49	26	21	88	73	89	93	53	67	52	65	52	03
19	51	16	11	09	24	89	07	72	74	51	33	13	00	94	84	81	92	02	48	92	53	29	93	06	53
20	75	67	53	15	79	79	73	43	38	75	92	54	80	72	91	82	07	58	05	66	36	41	60	29	53
21	45	64	16	79	62	83	03	74	43	82	26	74	85	68	91	53	59	45	45	28	63	99	42	29	97
22	66	91	82	85	42	11	78	95	18	69	38	77	70	71	91	87	06	94	69	54	22	63	40	94	67
23	72	83	61	98	37	97	89	54	56	27	41	30	79	28	87	75	81	39	21	77	94	41	34	52	37
24	03	50	92	81	20	92	72	87	22	30	38	30	88	33	64	28	34	65	60	30	86	91	97	94	54
25	99	52	61	47	98	43	52	67	36	05	91	56	46	35	83	46	95	41	08	11	26	17	70	88	25
26	74	94	92	22	30	14	04	63	87	13	87	89	74	39	89	03	98	70	21	56	64	80	59	23	26
27	32	98	72	70	22	66	98	76	70	59	32	94	81	58	43	64	39	57	45	35	84	28	30	83	11
28	39	10	95	09	83	90	49	94	58	13	81	18	18	67	77	82	72	56	20	74	36	85	94	06	94
29	23	79	88	40	92	91	63	73	79	37	19	37	52	72	71	78	22	38	61	52	20	61	72	01	62
30	91	67	82	72	10	88	51	63	69	46	56	66	58	21	91	90	82	26	84	91	52	27	37	01	86
31	29	82	41	79	19	53	18	04	38	49	88	41	12	04	32	20	88	70	21	24	73	92	03	78	19
32	63	95	60	38	71	96	42	47	71	48	23	05	01	72	07	13	25	92	42	35	15	89	79	83	56
33	55	89	21	83	51	06	83	19	78	32	01	19	99	99	48	54	60	31	59	33	10	31	30	92	99
34	51	22	66	68	24	72	32	64	47	78	59	12	53	96	94	50	43	56	34	56	28	80	82	3	82
35	38	26	96	14	31	17	38	69	63	65	63	16	95	25	83	48	12	91	69	77	69	33	39	25	83
36	24	04	51	07	44	21	58	47	02	59	65	11	86	41	80	33	41	63	95	78	53	36	61	59	60
37	21	36	55	87	64	80	41	28	84	58	73	69	97	96	37	80	05	88	50	75	07	81	88	12	23
38	92	00	95	46	70	36	92	21	65	40	58	21	23	55	89	68	61	60	47	71	52	83	22	37	31
39	27	09	02	96	73	52	82	60	25	18	57	74	39	81	79	88	19	99	56	15	89	91	26	74	34
40	52	94	64	60	62	92	16	76	14	55	43	41	88	86	87	03	08	02	24	71	33	70	88	98	75
41	49	95	47	95	95	45	50	75	87	20	29	11	29	52	30	96	30	66	27	57	95	92	57	35	90
42	29	67	86	51	76	34	07	57	64	71	02	81	26	00	97	00	74	63	87	88	53	93	69	55	53
43	27	55	02	92	10	16	36	11	08	16	58	25	63	15	84	91	53	34	39	98	09	51	45	23	55
44	62	79	06	85	40	85	01	97	47	43	64	39	58	24	77	19	07	89	98	20	82	00	85	54	09
45	90	68	20	46	68	39	77	57	86	97	18	76	19	20	17	61	17	39	18	70	89	86	88	12	84
46	94	71	25	51	24	38	01	94	19	91	32	87	73	19	43	69	18	82	83	47	71	87	22	21	80
47	04	84	08	54	85	19	59	46	33	95	77	91	26	61	94	95	16	82	88	96	59	41	26	94	53
48	84	79	41	24	48	02	30	30	84	66	34	61	15	44	76	50	66	72	89	26	29	63	61	86	02
49	73	68	33	46	81	37	83	92	02	73	05	11	69	17	65	37	84	70	17	68	28	41	76	92	30
50	09	98	42	09	49	19	20	43	72	64	97	97	74	78	65	11	14	83	53	76	98	75	65	83	85

附表 18 百分数与概率单位对照表

%	0.0	0.1	0.2	0.3	0.4	0.5	0.6	0.7	0.8	0.9
0	—	1.9098	2.1218	2.2522	2.3470	2.4242	2.4879	2.5427	2.5911	2.6344
1	2.6737	2.7096	2.7429	2.7788	2.8027	2.8299	2.8556	2.8799	2.9031	2.9251
2	2.9463	2.9665	2.9859	3.0046	3.0226	3.0400	3.0569	3.0732	3.0890	3.1043
3	3.1192	3.1337	3.1478	3.1616	3.1750	3.1881	3.2009	3.2134	3.2256	3.2378
4	3.2493	3.2608	3.2721	3.2831	3.2940	3.3046	3.3151	3.3253	3.3354	3.3454
5	3.3551	3.3648	3.3742	3.3836	3.3928	3.4018	3.4107	3.4195	3.4282	3.4368
6	3.4452	3.4536	3.4618	3.4699	3.4780	3.4859	3.4937	3.5015	3.5091	3.5167
7	3.5242	3.5316	3.5389	3.5462	3.5534	3.5605	3.5675	3.5745	3.5813	3.5882
8	3.5949	3.6016	3.6083	3.6148	3.6213	3.6278	3.6342	3.6405	3.6468	3.6531
9	3.6592	3.6654	3.6715	3.6775	3.6835	3.6894	3.6953	3.7012	3.7070	3.7127
10	3.7184	3.7241	3.7298	3.7354	3.7409	3.7464	3.7519	3.7574	3.7628	3.7681
11	3.7735	3.7788	3.7840	3.7893	3.7945	3.7996	3.8048	3.8099	3.8150	3.8200
12	3.8250	3.8300	3.8350	3.8399	3.8448	3.8497	3.8545	3.8593	3.8641	3.8689
13	3.8736	3.8783	3.8830	3.8877	3.8923	3.8969	3.9015	3.9061	3.9107	3.9152
14	3.9197	3.9242	3.9286	3.9331	3.9375	3.9419	3.9463	3.9506	3.9550	3.9593
15	3.9636	3.9678	3.9721	3.9763	3.9806	3.9848	3.9890	3.9931	3.9973	4.0014
16	4.0055	4.0096	4.0137	4.0178	4.0218	4.0259	4.0299	4.0339	4.0379	4.0419
17	4.0458	4.0498	4.0537	4.0567	4.0615	4.0654	4.0693	4.0731	4.0770	4.0808
18	4.0816	4.0884	4.0922	4.0960	4.0998	4.1035	4.1073	4.1110	4.1147	4.1184
19	4.1221	4.1258	4.1295	4.1331	4.1367	4.1404	4.1440	4.1476	4.1512	4.1548
20	4.1584	4.1619	4.1655	4.1690	4.1726	4.1761	4.1796	4.1831	4.1866	4.1901
21	4.1936	4.1970	4.2005	4.2039	4.2074	4.2108	4.2142	4.2176	4.2210	4.2244
22	4.2278	4.2312	4.2343	4.2379	4.2412	4.2446	4.2479	4.2512	4.2546	4.2579
23	4.2612	4.2644	4.2677	4.2710	4.2743	4.2775	4.2808	4.2840	4.2872	4.2905
24	4.2937	4.2969	4.3001	4.3033	4.3065	4.3097	4.3129	4.3160	4.3192	4.3224
25	4.3255	4.3287	4.3318	4.3349	4.3380	4.3412	4.3443	4.3474	4.3505	4.3536
26	4.3567	4.3597	4.3628	4.3659	4.3689	4.3720	4.3750	4.3781	4.3811	4.3842
27	4.3872	4.3902	4.3932	4.3962	4.3992	4.4022	4.4052	4.4082	4.4112	4.4142
28	4.4172	4.4201	4.4231	4.4260	4.4290	4.4319	4.4349	4.4378	4.4408	4.4437
29	4.4466	4.4495	4.4524	4.4554	4.4583	4.4612	4.4641	4.4670	4.4698	4.4727
30	4.5756	4.4785	4.4813	4.4842	4.4871	4.4899	4.4928	4.4956	4.4985	4.5013
31	4.5041	4.5070	4.5098	4.5126	4.5155	4.5183	4.5211	4.5239	4.5267	4.5295
32	4.5323	4.5351	4.5379	4.5407	4.5435	4.5462	4.5490	4.5518	4.5546	4.5573
33	4.5601	4.5628	4.5656	4.5684	4.5711	4.5739	4.5760	4.5793	4.5821	4.5818
34	4.5875	4.5903	4.5930	4.5957	4.5981	4.6011	4.6039	4.6066	4.6093	4.6120
35	4.6147	4.6174	4.6201	4.6228	4.6255	4.6281	4.6308	4.6335	4.6362	4.6389
36	4.6415	4.6442	4.6469	4.6495	4.6522	4.6549	4.6575	4.6602	4.6628	4.6655
37	4.6681	4.6708	4.6734	4.6761	4.6787	4.6814	4.6840	4.6866	4.6893	4.6919
38	4.6915	4.6971	4.6998	4.7024	4.7050	4.7076	4.7102	4.7129	4.7155	4.7181
39	4.7207	4.7233	4.7259	4.7285	4.7311	4.7337	4.7363	4.7389	4.7415	4.7441
40	4.7467	4.7492	4.7518	4.7544	4.7570	4.7596	4.7622	4.7647	4.7673	4.7699
41	4.7725	4.7750	4.7776	4.7802	4.7827	4.7853	4.7879	4.7904	4.7930	4.7955
42	4.7981	4.8007	4.8032	4.8058	4.8083	4.8109	4.8134	4.8160	4.8185	4.8211
43	4.8236	4.8262	4.8287	4.8313	4.8338	4.8363	4.8389	4.8414	4.8440	4.8465
44	4.8490	4.8516	4.8541	4.8566	4.8592	4.8617	4.8642	4.8668	4.8693	4.8718
45	4.8743	4.8769	4.8794	4.8819	4.8814	4.8870	4.8895	4.8920	4.8945	4.8970
46	4.8996	4.9021	4.9046	4.9071	4.9096	4.9122	4.9147	4.9172	4.9197	4.9222
47	4.9247	4.9272	4.9298	4.9323	4.9348	4.9373	4.9398	4.9423	4.9448	4.9473
48	4.9498	4.9524	4.9549	4.9574	4.9599	4.9624	4.9649	4.9674	4.9699	4.9724
49	4.9749	4.9774	4.9799	4.9825	4.9850	4.9875	4.9900	4.9925	4.9950	4.9975
50	5.0000	5.0025	5.0050	5.0075	5.0100	5.0125	5.0150	5.0175	5.0201	5.0226
51	5.0251	5.0276	5.0301	5.0326	5.0351	5.0376	5.0401	5.0426	5.0451	5.0476
52	5.0502	5.0527	5.0552	5.0577	5.0602	5.0627	5.0652	5.0677	5.0702	5.0728
53	5.0753	5.0778	5.0803	5.0828	5.0853	5.0878	5.0904	5.0929	5.0954	5.0979
54	5.1004	5.1030	5.1055	5.1080	5.1105	5.1130	5.1156	5.1181	5.1206	5.1231

续表

%	0.0	0.1	0.2	0.3	0.4	0.5	0.6	0.7	0.8	0.9
55	5.1257	5.1282	5.1307	5.1332	5.1358	5.1383	5.1408	5.1434	5.1459	5.1484
56	5.1510	5.1535	5.1560	5.1586	5.1611	5.1637	5.1662	5.1687	5.1713	5.1738
57	5.1764	5.1789	5.1815	5.1840	5.1866	5.1891	5.1917	5.1942	5.1968	5.1993
58	5.2019	5.2045	5.2070	5.2096	5.2121	5.2147	5.2173	5.2198	5.2224	5.2250
59	5.2257	5.2301	5.2327	5.2353	5.2378	5.2404	5.2430	5.2456	5.2482	5.2508
60	5.2533	5.2559	5.2585	5.2611	5.2637	5.2663	5.2689	5.2715	5.2741	5.2767
61	5.2793	5.2819	5.2845	5.2871	5.2898	5.2924	5.2950	5.2976	5.3002	5.3029
62	5.3055	5.3081	5.3107	5.3134	5.3160	5.3186	5.3213	5.3239	5.3266	5.3292
63	5.3319	5.3345	5.3372	5.3398	5.3425	5.3451	5.3478	5.3505	5.3531	5.3558
64	5.3585	5.3611	5.3638	5.3665	5.3692	5.3719	5.3745	5.3772	5.3799	5.3826
65	5.3853	5.3880	5.3907	5.3934	5.3961	5.3989	5.4016	5.4043	5.4070	5.4097
66	5.4125	5.4152	5.4179	5.4207	5.4234	5.4261	5.4289	5.4316	5.4344	5.4372
67	5.4399	5.4427	5.4454	5.4482	5.4510	5.4538	5.4565	5.4593	5.4621	5.4649
68	5.4677	5.4705	5.4733	5.4761	5.4789	5.4817	5.4845	5.4874	5.4902	5.4930
69	5.4959	5.4987	5.5015	5.5044	5.5072	5.5101	5.5129	5.5158	5.5187	5.5215
70	5.5244	5.5273	5.5302	5.5330	5.5359	5.5388	5.5417	5.5446	5.5476	5.5505
71	5.5534	5.5563	5.5592	5.5622	5.5651	5.5681	5.5710	5.5740	5.5769	5.5799
72	5.5828	5.5858	5.5888	5.5918	5.5948	5.5978	5.6008	5.6038	5.6068	5.6098
73	5.6128	5.6158	5.6189	5.6219	5.6250	5.6280	5.6311	5.6341	5.6372	5.6403
74	5.6433	5.6464	5.6495	5.6526	5.6557	5.6588	5.6620	5.6651	5.6682	5.6713
75	5.6745	5.6776	5.6808	5.6840	5.6871	5.6903	5.6935	5.6967	5.6999	5.7031
76	5.7063	5.7095	5.7128	5.7160	5.7192	5.7225	5.7257	5.7290	5.7323	5.7356
77	5.7388	5.7421	5.7454	5.7488	5.7521	5.7554	5.7588	5.7621	5.7655	5.7688
78	5.7722	5.7756	5.7790	5.7824	5.7858	5.7892	5.7926	5.7961	5.7995	5.8030
79	5.8064	5.8099	5.8134	5.8169	5.8204	5.8239	5.8274	5.8310	5.8345	5.8381
80	5.8416	5.8452	5.8488	5.8524	5.8560	5.8596	5.8633	5.8669	5.8705	5.8743
81	5.8779	5.8816	5.8853	5.8890	5.8927	5.8965	5.9002	5.9040	5.9078	5.9116
82	5.9154	5.9192	5.9230	5.9269	5.9307	5.9346	5.9385	5.9424	5.9463	5.9502
83	5.9542	5.9581	5.9621	5.9661	5.9701	5.9741	5.9782	5.9822	5.9863	5.9904
84	5.9945	5.9986	6.0027	6.0069	6.0110	6.0152	6.0194	6.0237	6.0279	6.0322
85	6.0364	6.0407	6.0450	6.0494	6.0537	6.0581	6.0625	6.0669	6.0714	6.0758
86	6.0803	6.0848	6.0893	6.0939	6.0985	6.1031	6.1077	6.1123	6.1170	6.1217
87	6.1264	6.1311	6.1359	6.1407	6.1455	6.1503	6.1552	6.1601	6.1650	6.1700
88	6.1750	6.1800	6.1850	6.1901	6.1952	6.2004	6.2055	6.2107	6.2160	6.2212
89	6.2265	6.2319	6.2372	6.2426	6.2481	6.2536	6.2591	6.2646	6.2702	6.2759
90	6.2816	6.2873	6.2930	6.2988	6.3047	6.3106	6.3165	6.3225	6.3285	6.3346
91	6.3408	6.3469	6.3532	6.3595	6.3658	6.3722	6.3787	6.3852	6.3917	6.3984
92	6.4051	6.4118	6.4187	6.4255	6.4325	6.4395	6.4466	6.4538	6.4611	6.4684
93	6.4758	6.4833	6.4909	6.4985	6.5063	6.5141	6.5220	6.5301	6.5382	6.5464
94	6.5548	6.5632	6.5718	6.5805	6.5893	6.5982	6.6072	6.6164	6.6258	6.6352
95	6.6449	6.6546	6.6646	6.6747	6.6849	6.6954	6.7060	6.7169	6.7279	6.7392
	97	100	101	102	105	106	109	110	113	115
96	6.7507	6.7624	6.7744	6.7866	6.7991	6.8119	6.8250	6.8384	6.8522	6.8663
	117	120	122	125	128	131	134	138	141	145
97	6.8808	6.8957	6.9110	6.9268	6.9431	6.9600	6.9774	6.9954	7.0141	7.0335
	149	153	158	163	169	174	180	187	191	202

续表

%	0.00	0.01	0.02	0.03	0.04	0.05	0.06	0.07	0.08	0.09
98.0	7.0537	7.0558	7.0579	7.0600	7.0621	7.0642	7.0663	7.0684	7.0706	7.0727
98.1	7.0749	7.0770	7.0792	7.0814	7.0836	7.0858	7.0880	7.0902	7.0924	7.0947
99.2	7.0969	7.0992	7.1015	7.1038	7.1061	7.1084	7.1107	7.1130	7.1154	7.1177
88.3	7.1201	7.1224	7.1248	7.1272	7.1297	7.1321	7.1345	7.1370	7.1394	7.1419
98.4	7.1444	7.1469	7.1494	7.1520	7.1545	7.1571	71596	7.1622	7.1348	7.1675
98.5	7.1701	7.1727	7.1754	7.1781	7.1808	7.1835	7.1862	7.1890	7.1917	7.1945
98.6	7.1973	7.2001	7.2029	7.2058	7.2086	7.2115	7.2144	7.2173	7.2203	7.2232
98.7	7.2262	7.2292	7.2322	7.2353	7.2383	7.2414	7.2445	7.2476	7.2508	7.2539
98.8	7.2571	7.2603	7.2636	7.2668	7.2701	7.2734	7.2768	7.2801	7.2835	7.2869
98.9	7.2904	7.2938	7.2973	7.3009	7.3044	7.3080	7.3116	7.3152	7.3189	7.3226
99.0	7.3263	7.3301	7.3339	7.3378	7.3416	7.3455	7.3195	7.3535	7.3575	7.3615
99.1	7.3656	7.3698	7.3739	7.3781	7.3824	7.3867	7.3911	7.3954	7.3999	7.4044
99.2	7.4089	7.4135	7.4181	7.4228	7.4276	7.4324	7.4372	7.4422	7.4471	7.4522
99.3	7.4573	7.4624	7.4677	7.4730	7.4783	7.4838	7.4893	7.4949	7.5006	7.5063
99.4	7.5121	7.5181	7.5241	7.5302	7.5364	7.5427	7.5491	7.5556	7.5622	7.5690
99.5	7.5758	7.5828	7.5899	7.5972	7.6045	7.6121	7.6191	7.6276	7.6356	7.6437
99.6	7.6521	7.6606	7.6693	7.6783	7.6874	7.6968	7.7065	7.7164	7.7266	7.7370
99.7	7.7578	7.7589	7.7703	7.7822	7.7944	7.8070	7.8202	7.8338	7.8180	7.8627
99.8	7.8782	7.8943	7.9112	7.9290	7.9478	7.9677	7.9889	8.0115	8.0357	8.0618
99.9	8.0902	8.1214	8.1559	8.1947	8.2389	8.2905	8.3528	8.4316	8.5401	8.7190